Gerd Trommer

SATURNIN

Verschwörer für Rom

Historischer Roman

Mitteldeutscher Verlag
Halle · Leipzig

ISBN 3-354-00527-0

Lizenz-Nr. 444-300/22/89 · 7001
Printed in the German Democratic Republic
Illustrationen und Einband: Harry Jürgens
Gesamtherstellung: Karl-Marx-Werk Pößneck V 15/30
Best.-Nr. 639 487 7

01650

Wählte Ungnade,
wo Gehorsam
nicht Ehre brachte.

Grabinschrift des
Johann F. A. von der Marwitz

ERSTES BUCH

I

»Er ist tot.«

Mehr sagte er nicht, der Türhüter, und wollte schnell die Tür wieder schließen, die er nur einen Spalt breit geöffnet hatte, um des Besuchers Begehr vernehmen zu können. Doch der Mann vor dem Tor verhinderte es mit dem Fuß. Vergeblich versuchte der Torsklave, den Türflügel zuzuschieben.

»Herr, bitte geh, sonst werde ich ausgepeitscht. Mein Herr, der edle Gaius Ofonius Tigellinus, hat mir ausdrücklich befohlen, keinen Menschen einzulassen. Ich weiß nichts über den vormaligen Besitzer dieses Landgutes, nur, daß er tot ist«, flehte der Sklave.

»Tot? Rubellius Plautus ist tot?« murmelte der Besucher. »Und die Domina?«

Der Sklave antwortete nicht, sondern nutzte die Verwirrung des ungebetenen Gastes, schob dessen Fuß hinaus und schlug die Tür zu.

Quintus Barea Soranus ließ es geschehen und wiederholte kopfschüttelnd: »Er ist tot. Rubellius ist tot.« Plötzlich wurde ihm schwindlig. Er mußte sich an die Mauer lehnen, um nicht zu fallen. Kalter Schweiß trat ihm auf die Stirn. Er preßte die Zähne aufeinander und schloß die Augen.

»Soranus«, hörte er eine Stimme, die ihm aus großer Ferne zu kommen schien. Erst, als sich eine Hand auf seine Schulter legte, öffnete er die Augen und sah das besorgte Gesicht seines Adjutanten.

»Es tut mir leid, Saturnin, doch diese Tür bleibt uns verschlossen, denn Rubellius Plautus ist tot.«

»Aber . . .«

Soranus ließ seinen jungen Adjutanten nicht ausreden,

sondern ergänzte selbst, was der hatte sagen wollen, daß Rubellius Plautus bei seiner Abreise aus Ephesos in bester geistiger und körperlicher Verfassung gewesen sei. Während der letzten Worte hatte sich Soranus bereits zum Gehen gewandt. Vorsichtig und langsam, Schritt vor Schritt setzend, verließ er das ungastliche Landgut. Saturnin, der sich der Gangart seines Vorgesetzten anpaßte, beobachtete ihn besorgt.

Quintus Barea Soranus, Senator und nun durch kaiserlichen Befehl abberufener Statthalter der Provinz Asia, versuchte mit höchster Willensanspannung, seinen schwankenden Gang zu korrigieren. Als Soldat und Vorgesetzter, so sprach er sich bei jedem Schritt Mut zu, darf ich keine Schwäche zeigen. »Wir werden noch einige Meilen reiten müssen bis zur nächsten Herberge«, sagte er verärgert.

»Soranus, es geht dir nicht gut, dieser Anfall . . .«

Der alte Senator winkte ab. Es war ihm unangenehm, äußerte man sich zu seiner angegriffenen Gesundheit. Schweigend schritten er und sein Adjutant durch die von blühenden Hecken gesäumte Allee. Als sie auf der Straße angelangt waren, blieb Soranus stehen und blickte auf das weiße Haus zurück. Um seinen Mund zuckte es.

Während der Senator noch das Landgut seines toten Freundes betrachtete, ging Saturnin zu einem nur wenige Schritte entfernt bei den grasenden Pferden wartenden jungen Mann. Er sah die Enttäuschung im runden Gesicht des Tribunen Cornelius, als er ihm befahl, die Tiere zum Aufbruch fertig zu machen.

»Mir ist eben eingefallen, daß ein alter Centurio, der mit mir in Britannien bei der zehnten Legion war, ganz in der Nähe ein Gehöft hat, das er Plautus verdankt. Bestimmt weiß dieser Pomperius, den wir immer nur Eisenarm nannten, woran Rubellius Plautus gestorben ist und warum ein Fremder auf dessen Landgut sich eingenistet hat«, sagte Soranus keuchend, dem es nur mit äußerster Anstrengung und mit Hilfe Saturnins gelungen war, seinen Rappen zu besteigen, den er nun mit einem leichten Schlag in Trab setzte. Die beiden Tribunen folgten. Nach einem halbstündigen Ritt entlang der sich durch Wiesen und Obstbaumhaine windenden Straße folgte Soranus einem in ein Wäldchen abbiegenden Weg, der nach einer Viertelmeile auf einer Lichtung endete. Soranus brachte den Rappen zum Stehen. Auch die Tribunen zügelten ihre Tiere. Die drei Männer starrten wortlos auf die rußgeschwärzten geborstenen Mauern und die verkohlten Balken, traurige Überreste eines Bauernhauses. Ächzend ließ sich der Senator aus dem Sattel gleiten und näherte sich den Trümmern, stieg über Gesteinsbrocken und Holzbohlen und verschwand hinter Mauerresten, dabei einen Schwarm Krähen aufscheuchend, die kreischend davonstoben. Saturnin und Cornelius, die nicht von den Pferden gestiegen waren, sahen sich ratlos an. Ein leichter Aufschrei ließ sie zusammenzukken, dann behend abspringen und zu ihrem Vorgesetzten eilen. Ein Bild des Grauens. Zwei menschliche Kadaver, teilweise von Tieren säuberlich skelettiert, teilweise von Myriaden Fliegen beklebt, penetrant stinkend, waren der Grund für des Senators Schrei gewesen.

»Eisenarm und seine Frau?« fragte Saturnin.

Der düster auf die Leichenreste blickende Soranus nickte. Cornelius und Saturnin schleppten eiligst Steine herbei und häuften sie auf die Kadaver, dann faßten sie den wie versteinert stehenden Senator an den Armen und zogen ihn mit zu den Pferden. Soranus ließ es geschehen. Schweigend ritten sie davon, ohne sich nochmals umzublicken. Saturnins sorgenvoller Blick galt nur Soranus. Es war viel gewesen, was in kurzer Zeit auf den alten Senator eingestürmt war. Erst die unerwartete, vor dem Ablauf der Amtszeit erfolgte Abberufung als Statthalter der Provinz Asia, dann die unruhige und anstrengende Überfahrt von Ephesos nach Brundisium und der Ritt in der glühenden Hitze von der Hafenstadt bis hierher, wo statt Rast und Behagen im Hause des Freundes Plautus oder dem seines ehemaligen Centurio Pomperius nur Tod und Entsetzen ihn erwarteten.

Als hätte Soranus Saturnins Gedanken erraten, drehte er sich zu seinem Adjutanten und sagte, dabei den Rappen zu langsamem Gang zwingend, daß mit fortschreitendem Alter die Verluste zunähmen, während Zugewinne seltener würden und schließlich vollends ausblieben. Der Tod müsse als Teil des Lebens begriffen werden, auch wenn diese Erkenntnis nur durch ständig wiederkehrenden Schmerz gewonnen werden könne. Der Senator trieb seinen Rappen wieder an.

Die Sonne stand schon hoch im Nachmittag, ihre Strahlen fielen schräg auf das Pflaster, als sie endlich an der Herberge anlangten, einem einstöckigen Gebäude am Fuße eines sanft ansteigenden und mit Pinien bewachsenen Hügels. Auf der Veranda saßen um diese Stunde nur wenige Gäste. Es waren Händler, die einen Imbiß einnahmen, um dann bald wieder aufzubrechen. Der Wirt, dessen massige Gestalt sich aus der Tür schob, musterte abschätzend die neuen Gäste, sah die staubigen Brustpanzer und die Rangzeichen und fragte freundlich nach den Wünschen. Kaum hatte Soranus geendet, rief der Riese einen Pferdeknecht herbei und bat die Gäste ins Haus.

Als Soranus und seine Tribunen nach einem kalten Bad und in frischen Gewändern die Veranda betraten, erwartete sie bereits ein gedeckter Tisch. Während Cornelius mit gutem Appetit Stück um Stück des Lammbratens verzehrte und dazu einen großen Becher des herben und durststillenden Landweins trank, aßen Soranus und Saturnin nur wenig. Der Senator kaute langsam und bedächtig, den Blick gedankenversunken auf die hinter fernen Hügeln untergehende Sonne gerichtet. Saturnin, der ihn beobachtete, bezweifelte, daß der alte Mann den Sonnenuntergang überhaupt wahrnahm. Seine Gedanken schienen weit entfernt zu sein.

Der Wirt riß mit seiner Frage nach weiteren Wünschen Soranus aus der Versunkenheit. Ruckartig drehte der Senator sich dem Fragenden zu, fixierte ihn einen Augenblick und sagte unvermittelt, er möge ihm die näheren Umstände von Rubellius Plautus' Tod mitteilen. Der Wirt erschrak, sein schwammiges Gesicht zuckte, nervös zwinkerten seine Augenlider. Er schüttelte den Kopf, wodurch das Zucken der Backen auf das Kinn übertragen wurde. Den Namen habe er noch nie gehört, beteuerte er. Soranus fragte lächelnd, warum er dann so erschrecke. Der Riese tat erstaunt. Ob er Pomperius kenne, lenkte der Senator ab.

»Ja, denn er und sein Sohn tranken manchmal einen Becher bei mir«, sprudelte der Dicke hastig hervor, erfreut, eine Antwort geben zu können.

»Pomperius ist tot. Weißt du, was mit seinem Sohn geschehen ist?«

»Er ist tot? Ich weiß nichts. Ich bin nur ein einfacher Herbergswirt.«

Der Kerl lügt, dachte Saturnin, der den Wirt seit Soranus' Frage nach Rubellius unablässig beobachtete.

»Dann kennst du auch einen gewissen Tigellinus nicht?« ließ ihm der Senator keine Ruhe.

Das Gesicht des Wirts verzog sich vor Schreck, begann erneut zu zucken, aber nur einen Augenblick.

»Ich weiß nichts, gar nichts, denn um andere Leute kümmere ich mich nicht«, beteuerte er mit seltsam schriller Stimme.

»Ein Wirt, der nicht weiß, was in seiner näheren Umgebung geschieht, hat seinen Beruf verfehlt. Da du aber kein schlechter Vertreter deines Standes bist, bist du ein Lügner. Ein Lügner aus Angst. Vor wem fürchtest du dich?«

Der Dicke begann zu zittern und stotterte, daß er nichts sagen dürfe, verbesserte sich aber schnell und ersetzte ›dürfe‹ durch ›könne‹.

»Deine Angst verrät genug. Es besteht ein Zusammenhang zwischen Rubellius', Pomperius' Tod und diesem Tigellinus«, folgerte Soranus und sprach damit seinen Verdacht aus, daß auch sein Freund genau wie Eisenarm keines natürlichen Todes gestorben sein könnte.

Cornelius unterbrach sein Essen und horchte auf, blickte zu Saturnin, der den Wirt beobachtete, dann zu Soranus, auf dessen Gesicht die Flammen der von der Wirtsfrau nun entzündeten Lampen bizarre Schatten warfen.

»Ich weiß nichts. Wenn du eine Auskunft haben willst, dann frage den Mulio, der kann dir bestimmt alles sagen«, erwiderte der Wirt.

»Mulio? Wer ist der Mulio?«

»Ein Maultierzüchter und -händler, der einmal bessere Tage gesehen hat. Man munkelt, daß er sogar mit dem Kaiser bekannt ist. Sein Landgut liegt bei Compsa.« Er heiße Veparanus oder Veparianus, fuhr der Wirt fort, als Soranus nach dem wirklichen Namen des Mulio fragte.

»Oder Vespasianus?« fragte der Senator interessiert.

»Richtig, Vespasianus heißt der Mulio«, frohlockte der Wirt.

»Vespasianus? Ist das der mit der Toga voller Pferdeäpfel?« mischte sich Saturnin ein.

Soranus nickte und dachte an die peinliche Begebenheit, als Kaiser Caligula mit einer parthischen Abordnung in einer Nebenstraße Roms durch einen Haufen Pferdedung waten mußte. Aus Wut über diese Blamage ließ er Vespasian, dem verantwortlichen Beamten für den Zustand der Straßen Roms, die Toga mit Straßendreck und Pferdeäpfeln füllen. Soranus äußerte dem Wirt seinen Zweifel, daß der Senator, Feldherr und gewesene Statthalter Titus Flavius Vespasianus und besagter Mulio, selbst bei Namensgleichheit, ein und dieselbe Person seien. Der Dicke beharrte auf seiner Behauptung.

»Seltsam«, sagte Saturnin, »über Plautus' und Pomperius' Tod und über diesen Tigellinus wußtest du nichts, aber den Tratsch über den Mulio kennst du bestens.«

Der Wirt setzte zu einer Rechtfertigung an, doch Soranus winkte ab, erhob sich, erklärte das abendliche Mahl für beendet. Die Tribunen standen ebenfalls auf. Cornelius trank im Stehen schnell noch den restlichen Wein aus.

»Ich werde morgen diesen Mulio besuchen«, entschied Soranus.

»Und ist er mein Freund Vespasian, dann werde ich einiges erfahren.«

II

Belustigt verfolgte Saturnin die Bewegungen der beiden Sklaven, die die Mahlzeit auftrugen. Der eine lahmte derart, daß er bei jedem Schritt zu fallen drohte, während der andere so schlecht sah, daß er beim Weinausschenken nur mit äußerster Mühe die Becheröffnung traf. Das lebhafte Gespräch zwischen Soranus und dem Gastgeber interessierte ihn nicht sonderlich. Erinnerungen alter Männer, die sich an Taten aus längst entschwundenen Zeiten berauschten und erheiterten. Saturnin bemühte sich, nicht zuzuhören, was aber nicht so recht gelingen wollte. Immer wieder schnappte er Satzfetzen auf. Cornelius dagegen lohnte die abgestandenen Späße der beiden Alten mit einem herzhaften Lachen. Saturnins Blick wanderte durch das Speisezimmer. Alles atmete eine bäuerliche Einfachheit und Schlichtheit, drückte man es vornehm aus, Geschmacklosigkeit wäre ehrlicher. Hier war genau der Punkt erreicht, wo Sparsamkeit in Geiz und Schlichtheit in Schäbigkeit umschlug. Das Essen, leicht übertrieben die Bezeichnung, rief bei Saturnin unangenehme Erinnerungen an die ersten Jahre seines Legionärsdaseins bei der Legion VII Gemina wach. Damals tischte man ihnen auch dauernd diesen Fraß aus Erbsmus und zähem altem Huhn auf. Wahrscheinlich ist das Zeug, in großen Mengen gekauft, so billig, daß vom Verpflegungsgeld für die verantwortlichen Offiziere einiges abfällt, überlegte Saturnin. Sein Blick fiel auf den Hausherrn. Das also war Titus Flavius Vespasianus, den man den Mulio nannte. Der Spitzname, so schien es dem Tribunen, paßte haargenau zu dem viereckigen, nahezu kahlen Schädel, der zerfurchten Stirn, der starken, fleischigen Nase, dem langen schmallippigen Mund. Ein Bauer, mehr nicht, eben ein richtiger Mulio ... Unvermittelt sah er in die grünbraunen Augen, die tief unter den Stirnwülsten lagen und deren scharfer und lauernder Blick gar nicht zu dem massigen und träge wirkenden Körper zu passen schien. Saturnin hielt dem durchdringenden Mustern stand, bis Vespasian die Augen auf den Teller senkte und gelangweilt in seinem Essen herumstocherte. Unverhohlen betrachtete Saturnin das vorspringende Kinn des Mulio, das auf Unnachgiebigkeit und Willenskraft schließen ließ. Auch als Vespasian wieder aufblickte, die Beobachtung durch den Gast mit einem Lächeln beantwortete, wandte er den Blick nicht ab.

Soranus erzählte noch immer über längst Vergangenes aus der gemeinsamen Dienstzeit in Britannien.

In diesem Augenblick bereute Saturnin, daß er Soranus zu diesem Mulio begleitet hatte, statt zu seiner Schwester und deren Mann nach Rom weiterzureisen. Nun versaß er hier seine Zeit, um sich die Geschichten alter Männer anzuhören. War nicht soeben der Name Plautus gefallen? Der Tribun sah, wie der Mulio mit den kurzen dicken Fingern über das Kinn fuhr und mit einer Antwort zögerte.

»Keine angenehme Sache«, begann der Mulio. Seine Stimme klang hart und hatte etwas Knarrendes. Mißtrauisch wanderte sein Blick über Cornelius und Saturnin, und er fuhr erst fort, als ihm Soranus beruhigend zugenickt hatte. »Eine Verkettung von Mißverständnissen oder der Wille der Götter?« Vespasian unterbrach und blickte scheinheilig zur Decke empor. »Verkettung von Mißverständnissen oder Götterwille beeinflußten den Kaiser, als er Rubellius' Tod befahl.«

»Nero hat Rubellius töten lassen?« brüllte Soranus, sprang hoch und hätte beinahe den Tisch umgerissen. »Er hat ihn töten, ihn ermorden lassen. Warum nur?« wiederholte der Senator mit leiser werdender Stimme. Er habe es geahnt, befürchtet, aber immer gehofft, sich zu irren. Dann sank Soranus auf die Liege zurück.

Vespasian hatte ohne Regung den Gefühlsausbruch des Freundes beobachtet.

Ein gefühlloser Mensch, dachte Saturnin angewidert. Als hätte er des Tribunen Gedanken erraten, versuchte Vespasian sich zu rechtfertigen. Soranus lachte böse, als der Mulio berichtete, Rubellius sei wegen kaiserfeindlicher Verschwörung verurteilt worden.

»Etwas Dümmeres ist Nero nicht eingefallen? Als Künstler müßte er eigentlich mehr Phantasie haben. Rubellius, der nichts so sehr wie Abgeschiedenheit und Ruhe liebte, um seinen philosophischen Neigungen leben zu können, ein Verschwörer? Absurd!« Soranus hob den grauhaarigen Kopf und sah Vespasian an, der dem Blick auszuweichen versuchte.

»Er war kein Verschwörer. Du weißt das ebenso gut wie ich.«

»Seit mich der Kaiser«, der Flavier suchte nach Worten, wobei seine faltige Stirn noch faltiger wurde, »nicht mehr in seiner Nähe haben will, weil ich seinen künstlerischen Darbietungen nicht das notwendige Verständnis entgegenbringe, was auch stimmt, denn ich verstehe nichts von Kunst, weder von Dicht- noch Gesangeskunst, vom Tanz ganz zu schweigen, bin ich nicht mehr sicher in meinen politischen Urteilen.«

»Du bist aus des Kaisers Nähe verbannt?«

Der Flavier strich verlegen über das Kinn, lächelte, wobei sein breiter Mund sich beinahe den Ohren näherte. »Verbannt ist ein zu hartes Wort. Er will mich in nächster Zeit nicht mehr sehen, weil ich bei einem seiner Auftritte eingeschlafen bin. Verdenken kann ich es ihm nicht, denn wäre ich Kaiser und man hörte mir nicht zu, wäre ich ebenfalls verstimmt.«

Soranus wollte Einzelheiten über Rubellius' Tod wissen. Der Mulio hob die Schultern und setzte zu einer Antwort an, als die Tür zur Terrasse mit donnerndem Krach aufsprang. Alle zuckten vor Schreck zusammen. Vespasian sprang auf, sein Gesicht wurde weiß vor Zorn, als er den im Türrahmen steckenden Speer sah. Saturnin folgte dem Hausherrn hinaus auf die Terrasse und gewahrte im Hof den Übeltäter, einen schwarzgelockten Jungen von vierzehn oder fünfzehn Jahren mit den unverkennbaren Zügen der Flavier, nur daß sie bei dem Kinde anmutiger und zierlicher wirkten und noch nicht das Grobschlächtige des Alten hatten. Aber es war das breite Gesicht und der viereckige Schädel Vespasians.

»Du verdammter Nichtsnutz, habe ich dir nicht befohlen, nicht hier mit dem Speer zu werfen, sondern hinten bei den Ställen. Ich werde dich auspeitschen lassen, ich werde dich züchtigen«, schrie der Mulio mit vor Wut bebender Stimme, stampfte mit den Füßen auf und konnte sich nicht beruhigen über den mißratenen Bengel, der ihn vorzeitig in den Hades bringe.

Der so Gescholtene schaute seinen eifernden Vater trotzig und herausfordernd und ohne jedwede Angst und Reue an.

Saturnin riß den Speer aus dem Holz, wog ihn prüfend in der Hand und rief: »Siehst du das Astloch in der Pinie hinter dir? Tritt zur Seite, Junge!« Der Sohn Vespasians gehorchte. Der Tribun zog die Rechte mit der Waffe über die Schulter zurück und kniff dabei das linke Auge zu. Wie ein Blitz fuhr der Speer aus seiner Hand und zitterte im Stamm des Baumes.

»Genau ins Astloch«, schrie der Junge begeistert, kam näher und starrte den Tribunen an. Fragte dann, wer er sei, stellte sich selbst als Titus Flavius Domitianus vor, bat aber, Domitian genannt zu werden, denn Titus werde sein älterer Bruder, Vaters Liebling, gerufen. »Mein Bruder, Vaters Liebling«, wiederholte Domitian, wobei der gehässige Unterton nicht zu überhören war, »kann auch gut werfen, er kann alles besser als ich.«

»Er ist bestimmt viel älter als du. Du wirst es auch lernen, ich zeige es dir. Übrigens, ich bin der Tribun Lucius Antonius Saturninus.«

Vespasians Zorn legte sich, als Cornelius und Saturnin sich seines Sohnes annahmen und mit ihm im Garten verschwanden. Er hakte Soranus freundschaftlich unter, ging mit ihm ins Haus zurück und schloß die Tür. Nun könne man ungestört reden, begann er, kaum daß er und Soranus sich gesetzt hatten. »Ich will dir sagen, warum Rubellius wirklich sterben mußte. Du errätst es nicht. Weil er sich – genau wie Nero – der Abstammung von Augustus rühmen konnte. In Rom darf es aber nur einen männlichen Nachkommen des Augustus geben, den Kaiser. Erst ließ er Rubellius verbannen, doch das ist dir bestens bekannt, warst du ja der Statthalter seiner Verbannungsprovinz, dann begnadigen zur Rückkehr nach Italien, um ihn bequem töten zu können. Aus gleichem Grunde wurde Faustus Sulla getötet.«

»Das ist doch nicht möglich!« brauste Soranus auf.

»In Rom ist alles möglich, seit der Prätorianerpräfekt Burrus tot ist und Tigellinus an seine Stelle trat. Ein gefährlicher Ort, den man besser meiden sollte«, entgegnete Vespasian.

»Tigellinus? Er hat sich das Landgut des Rubellius angeeignet. Hilf mir auf die Sprünge, dieser Mensch war doch mit einem Skandal bekannt geworden, der mir nicht mehr genau in Erinnerung ist.«

»Tigellinus wurde von Caligula verbannt, weil er einer der kaiserlichen Schwestern ein wenig zu nahe getreten war. Als Pferdezüchter war er denn doch nicht standesgemäß genug, um des Kaisers Schwager zu werden. Hätte Caligula gewußt, daß aus dem Pferdezüchter einst der Gardepräfekt würde, vielleicht wäre er gnädiger gewesen«, kicherte Vespasian. »Nero beförderte Tigellinus zunächst zum Präfekten der Stadtkohorten, weil er ausgezeichnete Pferde für des Kaisers Circus lieferte. Seit Burrus' Tod steht er den Prätorianern vor. Hüte dich vor ihm, er ist gefährlich und zu allem fähig! Octavia ist auch tot. Neue Augusta ist Poppäa Sabina, Othos ehemalige Frau. Du siehst, in Rom hat sich einiges getan.«

»Und Seneca? Warum läßt er als Berater und Minister des Kaisers derlei Verbrechen wie die Ermordung von Rubellius und Sulla zu?«

»Seneca«, erwiderte Vespasian verächtlich, »wurde nach Burrus' Tod beiseitegeschoben wie ein nutzloses Gerät. Er hat jeglichen Einfluß verloren. Von Philosophen habe ich nie etwas gehalten, weil sie mit ihren Wortspielereien nur die Gemüter verwirren und . . .«

»Ich kenne deine Abneigung zur Genüge. Seneca wurde also von Nero das Mitspracherecht entzogen. Armes Rom, armer Saturnin.«

»Warum bedauerst du deinen Adjutanten?«

»Seine Schwester ist mit Annäus Serenus, einem Neffen Senecas, verheiratet, und er hat sich Hoffnungen gemacht, daß ihm diese Verbindung manche Tür aufstieße.«

»Eher das Gegenteil, sie wird ihm manche Tür verschließen. Auf dem Palatin und vor allem bei Tigellinus, der Seneca haßt, ist Bekanntschaft oder familiäre Bindung mit der Annäer-Sippe schon ein erstes Anzeichen für Verschwörung und Staatsfeindschaft. Auch dich möchte ich bitten, vorsichtig zu sein. Dein Glaube an römische Ehrsamkeit ist zur Zeit nicht gefragt. Gleiches habe ich auch Thrasea Paetus zu bedenken gegeben, der glaubt, durch Reden die Lage ändern zu können. Man verliert leicht sein Leben, aber gerade das brauchen wir noch«, lachte Vespasian und leerte seinen Becher. »Wie geht es deinen Kindern?« wechselte er unvermittelt das Thema.

Über das sorgenvolle Gesicht des alten Statthalters zog ein entspanntes Lächeln, als er von seinem tüchtigen Sohn berichtete, der bei Corbulo als Tribun diene, und von seiner Tochter Servilia, die in Annius Pollio einen würdigen Gatten gefunden habe. Dann fragte er nach Vespasians Söhnen.

»Auf Titus bin ich stolz, er wird es einmal weit bringen, weiter als ich. Aber Domitian, dieses Früchtchen, von dessen unüberlegten Handlungen du bereits eine Kostprobe erhalten hast, macht mir Sorgen. Laß uns einmal nachsehen, ob deine Tribunen ihm das Speerwerfen beizubringen vermochten.«

Die beiden Männer beobachteten, wie Saturnin dem Jungen das Geheimnis des Speerwerfens erklärte und dessen Arm führte.

Der Mulio nickte anerkennend, als Domitian die große

hölzerne Zielfigur nicht mehr verfehlte. »Ein toller Bursche, dein Adjutant. Sähe ich so aus, flögen mir die schönsten Weiber zu«, bemerkte Vespasian mit Bedauern.

»Noch immer nicht genug mit deinen sechsundfünfzig Jahren?«

»Vierundfünfzig«, verbesserte der Flavier. »Davon kann man nie genug bekommen«, lächelte er und zog genießerisch die Zunge durch die Zähne.

Saturnin, der nun bemerkte, daß sie beobachtet wurden, bat Domitian, seinem Vater einen guten Wurf vorzuführen.

»Ach, mein Vater«, seufzte der Junge, »hat eh nur an mir zu nörgeln. Jetzt fängt mein Bruder auch schon damit an.« Domitian trat näher zu Saturnin und flüsterte, wobei er einen vorsichtigen Blick auf den im Schatten vor sich hin dösenden Cornelius warf, daß er manchmal beide hasse und sich deshalb gegen sie auflehne.

»In deinem Alter muß man gehorchen«, belehrte ihn der Tribun.

»Ich will aber nicht, ich will tun und lassen, was *ich* will!«

Erstaunt über den Anspruch eines Vierzehnjährigen, gab Saturnin zu bedenken, daß vor dem Wollen das Gehorchen stünde, selbst er als Tribun dürfe noch nicht wollen, sondern müsse gehorchen. »Nur wer gehorchen kann, Domitian, vermag auch zu befehlen. Gehorsam ist einer der Eckpfeiler, der Rom zu dem erhob, was es ist.«

»Pah, was ist denn Rom jetzt? Nero ist doch kein Kaiser, sondern ein Komödiant, den man absetzen sollte . . .«

»Junge, bist du von Sinnen?« schnitt ihm Saturnin das Wort ab. »Das ist Majestätsbeleidigung!«

Domitian lachte und zieh den Tribunen der Angst vor dem Kaiser.

»Genau wie mein alter Herr und mein tapferer großer Bruder. Nur ich habe keine Angst vor dem Rotbart. Trüge ich die Toga virilis, wäre Centurio oder Tribun, würde ich Nero stürzen.«

»Domitian, sag nie wieder derlei Dinge, denn kämen sie

in falsche Ohren, würde deine Familie leiden müssen«, beschwor ihn der Tribun.

»Ich hasse Nero, denn ein Kaiser muß anders sein, muß ein Feldherr sein und kein tanzender und singender Weichling.«

»Denken darfst du das, aber nicht aussprechen«, riet Saturnin.

»Nur noch eine Frage, Tribun. Muß man sich als wahrer Römer nicht gegen einen unfähigen Kaiser auflehnen?«

Saturnin schaute nachdenklich zum Himmel, sah die tiefstehende Sonne, die die Schatten der Bäume und Gebäude länger werden ließ. Eine schwere Frage! Was konnte, was durfte er dem Jungen antworten?

»Beim Hades, woher hast du diese aufrührerischen Gedanken? Gegen einen Kaiser sich zu erheben ist ein Staatsverbrechen, das durch nichts beschönigt und entschuldigt werden kann«, erwiderte Saturnin unwillig mit einem ihm bei den Legionen eingehämmerten Satz, weil er keine eigene Antwort fand.

»Es war nur ein Spaß, mit dem ich deine Gesinnung prüfen wollte. Natürlich ist ein Kaiser wie Nero über jeglichen Vorwurf der Unfähigkeit erhaben«, entgegnete Domitian.

Mißtrauisch musterte Saturnin den jungen Flavier, der ihn treuherzig mit großen dunklen Augen ansah. Wagte es dieser frühreife und aufsässige Knabe, ihn zu foppen? »Ich weiß, daß es nur ein Scherz war, doch auch Scherze können mitunter tödlich sein, zumindest bei humorlosen Herrschern«, beendete der Tribun das Gespräch.

In dieser Nacht fand Saturnin lange keinen Schlaf. Er richtete sich mitten in der Nacht auf, betrachtete das in die Kammer fallende Mondlicht und lauschte. Alles war still, nur Cornelius' leises regelmäßiges Atmen war zu hören. Domitian ging dem Tribunen nicht aus dem Sinn, nicht die verwirrenden Fragen und die hintergründigen Antworten. War es nur Nachplappern von einmal Gehörtem oder eigenes Denken? grübelte Saturnin. Behandelte der alte Mulio den aufgeweckten Knaben richtig, und brachte er ihm das notwendige Verständnis entgegen? Kaum. Wäre sonst dieser Trotz, der sich zu Haßausbrüchen steigerte, in dem Jungen?

Was gehen mich diese Flavier an, versuchte Saturnin sich zu beruhigen. Ich habe meine eigenen Probleme. Morgen reite ich nach Rom und bleibe nicht einen Tag länger in diesem Compsa. Nur Soranus zuliebe bin ich hier. Er streckte sich wieder auf dem Lager aus und schlief endlich ein.

III

Er schreckte auf und war sofort hellwach. An dem im Zimmer weitergewanderten Mondstrahl konnte er als erfahrener Soldat erkennen, daß es weit nach Mitternacht war. Vom Hof drang Hufschlag herauf, dann Hämmern ans Tor, schließlich Stimmen. Bald lag wieder Stille über dem Haus. Saturnin wußte, daß er nun bis zum Morgen wach läge und erst zur Zeit des Aufstehens vor Müdigkeit einschlafen würde. Schon als Junge hatte er darunter gelitten, durch das leiseste Geräusch aus dem Schlaf gerissen zu werden. Die Schwester hatte ihn verspottet, daß er einen Schlaf habe wie ein Wachhund. Er war dann nachts immer in Vaters Bibliothek geschlichen, um vor der brennenden Lampe auf dem Altar der Hausgötter zu lesen. Einmal, entsann sich Saturnin, war er vom unbemerkt eingetretenen Vater eine Weile beobachtet worden. Als er den Vater bemerkte, hatte er beim Versuch, die Schriftrolle zu verstecken, beinahe die Lampe heruntergerissen. Der Vater hatte die Rolle genommen und vorwurfsvoll gesagt: »Mein Sohn liest heimlich nachts die ›Ars amatoria‹ des Ovid und das mit vierzehn Jahren! Darüber sprechen wir noch! Warum liest du nachts?« Weil ich nicht schlafen kann und schlaflose Nächte vertane Zeit sind, hatte er geantwortet. Der Vater hatte gelächelt, gütig und verständnisvoll, dann nach dem

Versmaß gefragt. Elegisches Versmaß. Die Lektüre sei nicht ganz umsonst gewesen, hatte der Vater geantwortet.

So besaßen schlaflose Nächte ihr Gutes, nutzte man sie zum Lesen und Nachdenken. Der anstrengende Dienst in den Legionen hatte tagsüber wenig oder gar keine Zeit dazu gelassen, was Saturnin bedauerte. Und trotzdem war er gerne Soldat, denn was hätte er, Sproß eines provinzrömischen Ritters, anderes tun sollen? Jetzt, da die Eltern tot waren, ersetzte die Legion das Elternhaus.

Saturnin stand auf, ging auf Fußspitzen zur Tür, öffnete sie behutsam und trat auf den Gang hinaus. Langsam tastete er sich zur Treppe und fühlte, als er zum Erdgeschoß hinabstieg, die Kühle der Steine an den nackten Füßen. Wie unter Zwang folgte er dem Lichtschein aus einem hinter dem Atrium gelegenen Raum. Plötzlich blieb er stehen und lauschte den klar vernehmbaren Stimmen. Deutlich unterschied er Vespasians knarrende Stimme von einer hellen, metallen klingenden. Vorsichtig schlich er weiter, bis er durch einen Spalt des Vorhangs den späten Gast sehen konnte. Der braunlockige junge Mann konnte nur Titus sein. Saturnin wollte sich zurückziehen, da er nun den Urheber des schlafstörenden Lärms kannte, doch Neugier ließ ihn verharren.

Der alte Flavier schien wie verwandelt. Das mürrisch Schweigsame war einer freundlichen Redseligkeit gewichen. Er wollte viel von seinem Sohn wissen, fragte gezielt nach Einzelheiten über den Aufstand der Königin Boudica in Britannien und nach Suetonius Paulinus, dem Titus als Tribun diente, fragte nach Kämpfen gegen die aufständischen Briganten und Siluren. Ausführlich berichtete Titus.

»Ich sitze hier und verkümmere, statt eine Legion zu führen«, seufzte Vespasian. »Warum gibt mir der Kaiser keine Legion? Ich will ja keine Provinz, sondern nur eine Legion. Warum hat mich Nero so gestraft und mich vom tätigen Leben gewaltsam ausgeschlossen? Ich will mein Leben nicht als Mulio beschließen!«

»Nicht so laut, Vater. Du weckst deine Gäste«, mahnte Titus.

Vespasian dämpfte sofort seine Stimme, so daß Saturnin Mühe hatte zu verstehen. Manches entging ihm, doch der Sinn war erfaßbar: Klage und nichts als Klage über das unverdiente Los. Der Alte ist ehrgeizig und seine Gelassenheit nur gespielt, erkannte Saturnin aus des Flaviers bitteren und unzufriedenen Reden.

»Ich war auf dem Palatin und brachte eine Botschaft von Paulinus«, unterbrach Titus den jammernden Mulio.

»Und?«

»Nero sang mir und dem Hofe eine Eigenkomposition zur Leier über den römischen Sieg in Britannien vor. Ich klatschte wie wild und schrie mich heiser vor Begeisterung, die anderen übrigens auch. Dann kam Nero zu mir, tätschelte meine Wange und sagte: ›Den Göttern sei Dank, daß wenigstens einer aus der flavischen Familie wahre und hohe Kunst zu schätzen weiß.‹«

»Der elende Komödiant!« schrie Vespasian. »Nur weil ich bei seinem Gekrächze eingeschlafen bin, hat er mich aller Ämter beraubt und aus seiner Nähe verbannt.«

»So etwas tut man auch nicht, Vater, schon aus Höflichkeit. Und dem Imperator gegenüber, der sich nun einmal für einen großen Künstler hält und erwartet, daß alle Welt dies gebührend würdigt, gleich gar nicht«, wies der Sohn den Vater zurecht.

Vespasian lachte und erinnerte den Sohn an dessen Verstöße gegen die Höflichkeit. Titus erwiderte dem Alten, daß es um diplomatische Höflichkeit ginge. Dazu gehöre eben, daß man die Eitelkeit eines Herrschers nicht verletzen dürfe.

»Soll ich, der ich von wirklicher Kunst schon nichts verstehe, bei dieser kaiserlich verordneten Kunst vor Begeisterung brüllen und applaudieren? Das kann ich nicht. Dazu bin ich nicht Höfling oder Diplomat genug, wie du es ausdrücken würdest. Da bleibe ich lieber Mulio und träume von einer Legion, als sie mir durch demütigende Unterwürfigkeit zu erschleichen.«

»Vater, deshalb mag ich dich, weil du dir selber treu bleibst. Du sollst kein schmeichelnder Kaiserdiener werden, doch provozieren darfst du den Imperator nicht. Als Burrus noch lebte, hättest du dir manches erlauben dürfen, aber unter Tigellinus wird jede Lappalie zum Delikt.«

Saturnin fühlte die Kälte an den Füßen. Abwechselnd trat er von einem Fuß auf den anderen. Nun sollte ich meinen unwürdigen Horchposten verlassen, dachte er und bückte sich, um die kalten Füße zu reiben. Als er von Soranus sprechen hörte, richtete er sich auf und lauschte. Man würde Soranus in Rom keinen guten Empfang bereiten, weil er der Freund des Staatsfeindes Rubellius Plautus sei und weil er sich Nero widersetzt habe, vernahm Saturnin deutlich.

»Widersetzt?« fragte Vespasian.

»Ja, als Nero eine Abordnung unter Führung seines Freigelassenen Acratus nach Achaia und Asia entsandte, um Kunstgegenstände für den Palatin zu sammeln, besser zu requirieren, da weigerten sich die Bürger von Pergamon und Ephesos, Acratus die ausgesuchten Dinge auszuhändigen. Dein Freund Soranus hielt seine Hand über die widersetzlichen Städte und verbot sogar dem Acratus, Statuen aus Pergamon und Ephesos nach Rom zu schaffen. Nero soll getobt haben.«

Der Lauscher schmunzelte, war ihm dieses Vorkommnis doch bestens bekannt. Auch Vespasian kicherte und bemerkte, daß er seinem alten Freund Soranus soviel Mut gar nicht zugetraut hätte.

»Du bist ein Freund des Mannes, der sich dem Kaiser widersetzt hat.« Scharf und hart sprach es Titus aus, so daß es Saturnin unbehaglich wurde.

»Auch Thraseas Freund bist du. Alles Männer, die Nero nicht mag. Weißt du, was das bedeutet?« fuhr Titus unerbittlich fort.

»Ich bin in Gefahr«, keuchte Vespasian. »Doch soll ich meine Freunde verraten?«

»Niemand spricht von verraten, nur meiden sollst du sie.

Wir dürfen jetzt nicht Tigellinus' Argwohn erregen und müssen klug sein.«

»Was heißt klug sein? In meinem Alter und nach so vielen Tiefschlägen wird man nicht mehr klug. Außerdem, was habe ich noch zu verlieren.«

»Man kann dir jeglichen Besitz nehmen, dich töten wie Rubellius, mir und Domitian schaden«, erwiderte Titus kalt, wobei sich sein Gesicht veränderte und einen grausamen Zug bekam, wie Saturnin sehen konnte.

Was er tun solle, fragte der alte Flavier erregt.

»Vorsichtig sein! Niemandem deine wahre Gesinnung zeigen, auch Soranus nicht. Nicht, daß ich deinen Freund für einen Verräter hielte, aber unter der Folter wird selten ein Geheimnis bewahrt. Tigellinus' Leute . . .«

Titus flüsterte unhörbar für Saturnin. »Was sind das für Männer, Soranus' Tribunen?« sprach er wieder mit vernehmbarer Lautstärke.

»Zwei junge Männer, der eine schlicht, einfach und gutgläubig, der andere schwer durchschaubar, ein wenig hochmütig, waffengewandt in einer Weise, daß er sogar Domitian, diesem Tölpel, das Pilumwerfen beizubringen vermag.«

Dann müsse er allerdings außergewöhnliche Fähigkeiten besitzen, lachte Titus, denn das habe nicht einmal er geschafft.

»Domitian ist vernarrt in diesen Saturnin.«

»Ich werde ihn mir einmal genauer ansehen, bevor er abreist. Doch jetzt sollten wir uns langsam zur Ruhe begeben.«

Schnell entfernte sich Saturnin, huschte die Stufen empor und schob schweratmend den Riegel vor, lehnte sich an die Tür, um sich zu beruhigen. Dieser Titus wollte ihn kennenlernen. Er ihn ebenfalls. Was er gehört hatte, war nicht ermutigend, nach Rom zu reisen, wo es lebensgefährlich war, ehrlich zu sein. Rom muß entweder eine Stadt des Schweigens oder der Lüge sein, dachte Saturnin und streckte sich auf seinem Lager aus.

IV

Erst war es nur ein Schemen, der plötzlich aus dem sich im Luftzug bauschenden Vorhang in das Schlafgemach huschte. Beim Schreiten zur Raummitte formte er sich zur menschlichen Gestalt, zur wohlproportionierten Figur einer Frau, die immer näher kam und erst unmittelbar vor dem Bett verharrte.

Der Schlafende wälzte sich unruhig und stöhnte wie in tiefem Schmerz. Mit einem Male richtete er sich auf, hob die Hand in Richtung der Gestalt, sein Stöhnen wandelte sich zu einem Seufzer der Erleichterung: »Agrippina, den Göttern sei Dank, du lebst!«

»Nein, Seneca, ich bin tot. Du und Burrus, ihr habt mich verraten, ihr ließet meinen Sohn zum Muttermörder werden. Fluch über euch! Fluch über dich, Seneca! Wie vereinbart sich deine Rechtfertigung von Neros Muttermord vor dem Senat mit deiner Schrift ›Über die Milde‹? Mein Blut komme über dich, wie es bereits über Burrus kam und auch über mein Ungeheuer von Sohn kommen wird! Sei verflucht!«

»Geh weg, Agrippina, geh weg«, rief Seneca voller Qual.

Die Gestalt lachte und raffte schamlos ihr Gewand bis zum Bauch hoch, entblößte die wohlgeformten Beine, die schwellenden Oberschenkel, das schwarze Dreieck.

Er erschrak, als er die breite Wunde über der Scham sah, aus der in mehreren Bahnen Blut rann. Ihm wurde übel.

»Seneca«, mahnte unerbittlich die Gestalt, wobei ihr Zeigefinger auf die blutige Öffnung wies, »sieh dir genau an, was das Vieh Anicetus mir angetan hat!«

Seneca stöhnte laut.

»Und dies hier«, ihr Finger fuhr in das Gekräusel der Haare, beschrieb einen schrägen Strich zur Leistenbeuge, kam blutbeschmiert in die Höhe, »verdanke ich Abaritus, Anicetus' Komplizen. Es nützt dir nichts, weiser Seneca, die Augen zu bedecken. Die Schuld bleibt, mich, deine

Kaiserin, verraten zu haben. Nicht mit einem einzigen Wort hast du mich verteidigt, du Wortgewaltiger. Du schicktest meinem Sohn Nero noch Glückwünsche und priesest meine Ermordung als staatsrettende Tat. Die Furien werden dich dafür hetzen, dich und meinen Sohn. Du wirst ruhelos sein und schutzlos, wenn sie dich ereilen. Kein Burrus wird dich verteidigen, denn ihn hat Tisiphone bereits in ihre Arme genommen. Alekto und Megaira sind auf deiner Spur, um dich in Tisiphones Netz zu treiben. Leb wohl, Seneca, wir sehen uns bald wieder, aber jenseits des Styx.« Die Gestalt löste sich auf wie ein Nebelhauch.

»Hilfe . . . Hilfe«, schrie er gellend. Ein paarmal, dann sank er schluchzend auf sein Lager zurück.

»Lucius«, sagte eine weiche Stimme.

Der Philosoph schlug die Augen auf, fuhr mit der Hand darüber. Die Frauengestalt blieb. Er wischte nochmals über die Augen. Vergeblich. »Geh weg, Agrippina, du hast mich genug gequält«, sagte er matt.

»Ich bin es, Paulina, deine Frau. Du hattest wieder diese schrecklichen Alpträume.« Sie legte ihre Hand auf seine schweißnasse Stirn.

»Ist es wahr, Paulina?« fragte er ängstlich.

Sie nickte und reichte ihm die andere Hand, an der er sich mühsam hochzog. Er sah sie an und sagte erleichtert: »Den Göttern sei Dank, du bist es wirklich. Ich dachte, sie wäre es. Dann war es nur ein Traum. Sie hat mich verflucht, mir die Furien an den Hals gewünscht, mir geweissagt, daß ich Burrus bald in den Hades folge. Aber es war nur ein Traum.« Er bemerkte, daß es bereits heller Tag war und die Sonne ins Schlafgemach schien. Die Schatten der Nacht verflüchtigten sich, er lebte und wollte seine Tage bewußt erleben. Behend drehte er die Beine aus dem Bett. Ein Zeichen für Paulina, sein Schlafzimmer zu verlassen, um das Morgenmahl richten zu lassen.

Erfrischt durch sein tägliches kaltes Morgenbad, betrat er die Terrasse, küßte die Gattin, strich ihr mit seiner knochigen und mit braunen Pigmentflecken gesprenkelten Hand über den Arm. Dann setzte er sich zu ihr, nahm das Glas Milch und tauchte das grobe Gerstenbrot ein. Während er langsam und bedächtig aß, sah er Paulina unverwandt an. Sie ist sanft und verständnisvoll, dachte er zärtlich. Er versuchte, sich seine erste Frau vorzustellen, die schöner als Paulina, aber leicht verletzbar, eitel und ohne Verständnis gewesen war. Dauernd hielt sie mir vor, wie sie an mir leide, worauf sie verzichte an meiner Seite, erinnerte sich Seneca. Sosehr er sich mühte, er brachte ihr Bild nicht mehr zustande, denn immer mengten sich Paulinas gütige Züge dazwischen. Unversehens mußte er husten, weil ein Brotkrümel die Luftröhre reizte. Sein hageres Gesicht färbte sich bis zum kahlen Schädel dunkelrot. Er mußte sich eine Weile quälen, um den Fremdkörper, der ihn belästigte, wieder abzuhusten. Besorgt beobachtete ihn Paulina. Lächelnd nickte er ihr zu. Kein Grund zur Sorge. Als er wieder ruhig und normal atmete, versuchte er, den unterbrochenen Gedanken fortzusetzen. Es wollte indes nicht gelingen. Etwas anderes stieg aus der Vergangenheit herauf, der Traum der letzten Nacht. Er mußte an seinen verstorbenen Freund Burrus, den Prätorianerpräfekten, denken, mit dem er zusammen, von Kaiserin Agrippina berufen, als Berater und Erzieher des jungen Nero gewirkt hatte. Nahezu unumschränkt hatten er und Burrus damals das Imperium regiert. Eine glückliche Zeit für Rom, da ein tüchtiger Soldat und ein Philosoph an der Spitze eines Weltreiches standen! Doch bereits hier, sinnierte Seneca, muß die Wurzel des großen und nicht wiedergutzumachenden Fehlers gelegen haben, der den jungen Kaiser auf die falsche Bahn brachte, ohne daß wir es bemerkten. Nicht bemerkten? Oder nicht bemerken wollten in unserem Glücksrausch, den Macht verleiht! Und eines Tages hatte das liebenswerte kleine Tier den Kopf aus dem Ei gesteckt, mit einem Ruck die Schalen zerbrochen und – als Drache mit weit aufgerissenem und feuerspeiendem Rachen das erste Opfer zwischen den mörderischen Zähnen zermalmt: Agrippina, die eigene Mutter. Und keiner wehrte es dem Ungeheuer, im Gegenteil, alle halfen dem Mörder, auch Burrus und ich!

Der alte Philosoph verzog das Gesicht, als litte er großen Schmerz.

»Eine Schande, eine Gemeinheit!« schrie er. »Nein, Borniertheit war es, wie sie sonst nur Idioten eigen ist, die den Ast absägen, auf dem sie sitzen. Burrus und ich haben auch selbst unseren Ast abgesägt, wir Toren!« Er schlug sich gegen die Stirn, erhob sich abrupt, ging zum Ende der Veranda und blickte in den Garten hinaus, wo Sklaven die Erde unter den Akanthussträuchern lockerten, den Kieselsteinweg glätteten, hervorlugende Grashälmchen ausrissen und dabei miteinander schwatzten und lachten. Seneca lehnte sich an die mit Efeu und Geißblatt umrankte Säule der Pergola, beobachtete den zwischen Anemonen und Lilien aufsteigenden Wasserstrahl, dann schweifte sein Blick hinauf in die grünen Hänge der Albanerberge. Nach einer Weile kehrte er zu Paulina zurück und setzte sich wieder. »Ich habe unverzeihliche Dinge getan in meinem Leben und weiß nicht, warum. Aus Unbekümmertheit, aus politischen Erwägungen, aus Gewinnsucht oder aus Machtgier?« begann er unvermittelt das Gespräch.

»Aus Leichtgläubigkeit«, warf sie leise ein.

Er reckte den kahlen Schädel vor, um ihrem Gesicht näher zu kommen. Fragend sah er ihr in die Augen. Leichtgläubigkeit? Aber Leichtgläubigkeit ist Dummheit und steht einem Philosophen schlecht zu Gesicht, denn alles ist zu bezweifeln, schon die Griechen wußten es. Ein Philosoph, der nicht zweifelt, hat das Recht verloren, sich so zu nennen, denn er ist dann ein Glaubender, und ein Glaubender gibt weiter, was andere ihm einblasen und nicht beweisbar ist. Somit wird er zum Priester einer fremden Meinung und schlimmstenfalls bewußter Lügen. Und er, der weise Seneca, hatte sich zum Priester des Jünglings Nero und dessen Kultes erniedrigen lassen. O heilige Einfalt! Die Erkenntnis schmerzte. Er nahm langsam den Kopf zurück und lehnte sich an die weichgepolsterte Rückwand seines Sitzes.

»Leichtgläubigkeit, Paulina, zudem einem Halbwüchsigen gegenüber, ist eine Schande!«

Ihren Versuch, ihn zu rechtfertigen, tat er mit einem Wink und einer Selbstbezichtigung, daß er ein Dummkopf und ein eitler und sich selbst überhebender Tor gewesen sei, unwirsch und unwiderruflich ab. Er werde dafür bezahlen müssen, und, er unterbrach lächelnd, Dummheit koste viel. Ein Geräusch ließ ihn auffahren, kurz nur, denn es war ein ihm vertrautes Geräusch, das er fünf Jahre lang beinahe täglich gehört hatte: das Knirschen genagelter Prätorianerstiefel. »Willkommen, Serenus. Du bist allein?« begrüßte er den Neffen, der, vom Garten kommend, die Veranda betrat.

Annäus Serenus, der Sohn seines Bruders Lucius Annäus Novatus, ein hochgewachsener kräftiger Mann Ende der Dreißig, riß den Helm vom Kopf und drückte den schmächtigen Onkel an seine gepanzerte Brust. Dann küßte er Paulina auf die Stirn. Publius habe Fieber, erklärte er. Claudia könne das kranke Kind nicht allein lassen und erwarte zudem die Rückkehr ihres Bruders, auch er müsse bald zurück.

Paulina und Seneca tauschten einen enttäuschten Blick.

»Dein Schwager kommt zurück nach Rom? Ist denn seine Dienstzeit in Asia bei Soranus bereits abgelaufen?« fragte Seneca ungläubig.

»Eine dumme Geschichte, Onkel. Nero hat Soranus vorzeitig als Statthalter abgelöst, und Saturnin, der beim neuen Statthalter nicht wieder als einfacher Tribun beginnen wollte, während er bei Soranus Adjutant war, schied mit ihm aus dem Dienst.«

»Ob er recht daran tat?«

Serenus zuckte die Schultern.

»Du blutest«, sagte Paulina plötzlich und erhob sich sofort, um die Wunde am Bein des Neffen zu besehen. Dann verließ sie die Veranda, um Statilius, den Hausarzt, zu holen.

»Nur eine Schramme, Onkel. Lausige Straßenräuber hatten es auf meinen Araber abgesehen, nicht der Rede wert.«

»Am hellichten Tag überfielen dich Straßenräuber? Das gefällt mir nicht. Da Paulina gerade nicht da ist, können wir darüber sprechen. Hat man Rubellius Plautus sehr gequält?«

»Nein. Nero ließ sich den Kopf bringen, besah ihn eingehend und soll sich spöttisch über Plautus' lange Nase geäußert haben.«

»Gemein und abgeschmackt«, empörte sich Seneca.

»Die Früchte deiner Erziehung«, erwiderte Serenus zynisch. »Du bist mit Plato vergleichbar, der den Tyrannen Dionys bessern wollte, nur Nero ist edler als der Herrscher von Syrakus, denn er hat dich nicht in die Sklaverei verkauft.«

Seneca ertrug schweigend die Vorwürfe des Neffen.

»Aber die größere Schuld kommt Burrus zu, der sich und die Prätorianer verkaufte.«

»Laß dich nicht stören, einen Toten mit Steinen zu bewerfen«, entgegnete Seneca bissig.

»Verzeih, Onkel, ich wollte dich nicht kränken, außerdem ist es müßig, über die Vergangenheit zu rechten. Woran schreibst du jetzt?«

Freudig griff der Philosoph die Frage des Neffen auf, war sie doch eine Brücke zu einem angenehmeren Gesprächsthema. Er schreibe darüber, was er nun im Übermaße besitze, die Muße, ein Büchlein, das er ihm, Serenus, zu widmen gedenke.

Paulinas und des Arztes Kommen unterbrach das Gespräch. Statilius, ein hagerer Alter, untersuchte das Bein des Prätorianercenturios, wusch und verband die Wunde, ohne eine Miene zu verziehen, die Auskunft über die Verletzung hätte geben können, und verschwand dann wieder. Paulina setzte sich aufatmend und zufrieden wieder zu den Männern, wobei sie Statilius' spätes Kommen entschuldigte, der einen Sklaven noch habe behandeln müssen, der von einem Pferd getreten worden sei.

»Danke«, sagte Serenus und besah den sauberen Verband an seinem Bein. »Über die Muße schreibst du, Onkel, und mir willst du dein Opus widmen? Ich freue mich. Eine Schrift über die Muße kann auch vom Mißtrauischsten nicht falsch gedeutet und als kaiserfeindlich ausgelegt werden.«

Der alte Philosoph lächelte hintergründig. Dann fragte er, wie es seinem Bruder gehe und ob er die ihm gewidmeten Bücher ›Über den Zorn‹ und ›Vom glücklichen Leben‹ bereits gelesen habe.

»Natürlich hat er sie gelesen, aber geäußert hat er sich nicht, zumindest nicht zu mir. Dein berühmter Neffe Marcus Annäus Lucanus liest nun deine Schriften, um beim Schreiben seiner ›Pharsalia‹ von deinem Stil zu profitieren. Doch nun muß ich nach Rom zurück, lebt wohl. Sobald Publius gesund ist, wird euch Claudia mit ihm besuchen.«

Nachdenklich sah Seneca dem Neffen nach, dessen rostroter Umhang sich im Luftzug des eiligen Schrittes bauschte, und fühlte mit einem Male Angst um ihn. Straßenräuber? Unwahrscheinlich! Er befürchtete, daß hinter dem Überfall eine andere Absicht sich verbarg als der Raub eines Pferdes. Er stand auf, küßte Paulina und ging in sein Arbeitszimmer.

Auf dem breiten Schreibtisch am Fenster, von dem sein Blick auf eine Platanengruppe fiel, die einen Teich säumte, fand er alles zum Weiterschreiben bereit. Nur einen frischen Wiesenblumenstrauß und eine Karaffe mit kaltem, klarem Quellwasser hatte Paulinas Aufmerksamkeit hinzugefügt.

Wort für Wort las er das bereits Geschriebene und mußte lächeln über Serenus' Einschätzung, daß in einem Buch über die Muße nichts für einen Herrscher Anstößiges zu entdecken sei. »Und nun noch eins«, begann Seneca den letzten Satz sich laut vorzulesen, »wer zurückgezogen lebt, kann das tun, und zwar meiner Meinung nach nicht nur so, daß er sich mit der Zurückgezogenheit abfindet, sondern daß er sich freiwillig für sie entscheidet!« Er ergriff die Feder, tauchte sie ein und fügte zwischen dem ›das‹ und dem ›tun‹

den Zusatz ›durchaus nach dem Grundsatz des Chrysipp‹ klein über der Zeile ein. Dann las er nochmals laut. Nun schrieb er weiter: »Wir Stoiker sind nicht der Meinung, der Weise werde in jedem beliebigen Staate wirken. Ist es überhaupt wichtig, wie der Weise zu einem Leben in Zurückgezogenheit kommt, dadurch, daß ihm ein Staat fehlt oder daß er einem Staat fehlt? Es sei denn, es gäbe überall einen richtigen Staat. Wer aber wählerisch ist, wird nie einen finden. Wie muß der Staat, so frage ich, dem der Weise seine Kräfte zur Verfügung stellen soll, beschaffen sein?«

Seneca setzte die Feder ab, hob den Kopf und sah zusammengekniffenen Auges auf die Platanen. Wie muß der Staat beschaffen sein? sann er vor sich hin. Wie Rom, wo ich glaubte, eine harmonische Einheit von Senat und Princeps, eine Art ›Concordia ordinum‹, schaffen zu können? Nein! Denn dies war ein Irrtum gewesen. Die Schwächen Neros hatten sich potenziert durch die Mängel des Principats, und dadurch war ein Monstrum aus Gewalttätigkeit und Willkür entstanden, wo er eine auf Milde, auf ›clementia‹ fußende Staatsform erwartet hatte. Doch so kann ich es nicht schreiben! Ich muß es diplomatisch umschreiben, den Sachverhalt verschlüsselt bei Griechen und Karthagern ansiedeln. Kluge werden es verstehen.

»Etwa wie der Staat der Athener«, schrieb er weiter, »in dem ein Sokrates verurteilt wird, aus dem ein Aristoteles fliehen muß, um der Verurteilung zu entgehen, wo gehässiger Neid die Tugenden erstickt? Sicher bist du doch mit mir der Meinung, daß kein Weiser für einen solchen Staat wirksam werden wird! Soll sich der Weise etwa in karthagische Staatsdienste begeben, wo ständig Aufruhr herrscht und ihr Freiheitssinn gerade den Besten zum Verhängnis werden kann, wo Rechtschaffenheit und Tugend nichts gelten, wo man gegen Feinde unmenschliche Grausamkeit und selbst gegen das eigene Volk Feindseligkeit übt? Auch einen solchen Staat wird er fliehen! Wollte ich jetzt alle Staaten einzeln durchgehen, würde ich keinen finden, der den Weisen oder den der Weise ertragen könnte. Wenn sich jener von uns erträumte Staat nämlich nicht finden läßt, dann müssen sich einfach alle zurückziehen, eben weil nirgendwo zu finden ist, was allein verdiente, der Zurückgezogenheit vorgezogen zu werden.« Aufatmend legte er den Federhalter beiseite, lehnte sich zurück und drückte die Hand auf das hämmernde Herz. Schreiben erregte ihn. Würde er es so stehenlassen können? Er wartete eine Weile, ehe er das Geschriebene las. Er fand es gelungen bis auf den Schluß. Der schien ihm zu direkt, zu politisch. Seneca schloß die Augen und dachte angestrengt nach. Etwas allgemein Menschliches und eingängig Verständliches müßte es sein. Eine Frage, deren Beantwortung er dem Leser überließ und für deren falsche Deutung er, Lucius Annäus Seneca, nicht verantwortlich gemacht werden konnte, dünkte ihm passend. Er ergänzte: »Sagt mir einer, eine Seefahrt sei doch etwas Wunderschönes, weigert sich aber sogleich, ein Meer zu befahren, wo Schiffbrüche nichts Außergewöhnliches und plötzliche Stürme, die den Steuermann in völlig andere Richtung treiben, recht häufig sind, verbietet er mir dann nicht überhaupt die Abfahrt, mag er nun die Seefahrt noch so sehr loben?«

Unter das letzte Wort zog er einen dicken waagerechten Strich, nahm dann die erste Rolle und kalligraphierte die Überschrift: Ad Serenum de otio.

Geschafft! Er fühlte sich erleichtert. Ein paar Tage würde er seine Schrift liegen lassen, ehe er sie korrigierte, kopierte und Serenus zusandte. Ein schönes Gefühl, seine Fehler, die Fehler eines Menschen, der es besser hätte wissen müssen als alle, in Gleichnisse gehüllt den Römern zu gestehen und sie damit zu warnen, an Veredlung zu glauben, wo nur Unedles gedieh.

V

Hochsommerliche Hitze brütete über Rom. Das geschäftige Treiben des Vormittags ebbte nach der sechsten Stunde ab, und nachmittägliche Schläfrigkeit breitete sich allenthalben aus: In den Winkeln der Subura dösten Handwerker im Schatten ihrer Werkstätten und fächelten sich Kühlung zu. Hunde rekelten sich träge im Schutze der Häusermauern. Nur wem es nicht gelungen war, den Backofen Rom zu verlassen und Verpflichtungen auszuweichen, mußte sich der Glut aussetzen. Der Kaiser, wollte ein Gerücht wissen, sei in seinem geliebten Antium und ließe Freigelassene die Geschäfte auf dem Palatin führen. Ob der gefürchtete Tigellinus den Göttlichen begleitete oder in Rom als dessen allsehendes Auge wachte, entzog sich der Phantasie der Gerüchtemacher, denn der Präfekt war sogar für sie zu unberechenbar.

In einer stillen, schmalen Gasse unterhalb des Mons Pincius lag die kleine Villa des Annäus Serenus, die im Vergleich zu den umliegenden marmornen Prunkbauten sich bescheiden, wenn nicht sogar ärmlich ausnahm. Aber langstämmige Platanen, deren Wipfel pilzartig ausladend über die Mauer lugten, gaben dem Anwesen einen Hauch von ländlicher Idylle. Eine leichte Brise brachte vom Pincio den würzigen Geruch alter Kiefern, der sich mit dem Blumenduft der Gärten mischte.

Claudia Antonia saß in einem bequemen Polstersessel auf der Veranda und bat wiederholt ihre Besucherin, sich doch zu setzen. Servilia, die Tochter des Barea Soranus, eine kleine, zarte, schwarzhaarige junge Frau, beteuerte, daß sie keine Zeit habe. Nur die Sorge um ihren Vater, dessen Ankunft sie seit Tagen erwarte, habe sie zu ihr, Claudia, getrieben, da ihr Bruder den Vater begleite.

»Was soll ihnen zugestoßen sein, Servilia? Beide sind erwachsene Männer und nicht verheiratet, vielleicht ist ihnen unterwegs die Liebe begegnet?«

»Wie kannst du nur solche Scherze machen? Mein Vater ist nicht mehr der Jüngste und würde nach Mutters Tod keine andere Frau mehr lieben können.«

Ach, kleines Dummchen, dachte Claudia, was weißt du, was Männer alles können, selbst wenn die eigenen Frauen noch am Leben sind. Aber es sei wahr, räumte sie ein, ihr Bruder ließ lange, beängstigend lange auf sich warten. »Sie werden bald kommen«, tröstete sie Soranus' Tochter.

»Hoffentlich«, erwiderte Servilia leise und verabschiedete sich.

Kaum hatte der Gast die Veranda verlassen, polterte Serenus heran.

»Daß Soldaten immer solchen Lärm machen müssen«, lachte Claudia und erwiderte den Kuß ihres Mannes. Ob er Servilia noch begegnet sei, fragte sie.

»Ja. Sie sah elend aus. Hat sie Kummer? Macht ihr der Gesundheitszustand ihres Mannes Angst? Annius Pollio ist von sehr zarter Beschaffenheit.«

»Sie sorgt sich um ihren Vater.«

»Ach was, Soranus ist ein Soldat, hart und zäh. Ich weiß, nach unseren Berechnungen sind er und Saturnin schon Wochen überfällig, doch es besteht kein Grund zur Sorge.«

»Du bist verletzt?« fragte sie besorgt, als sie den Verband an seinem Bein bemerkte.

Der Araber habe gescheut und ihn abgeworfen, er sei dabei unglücklich auf einen Stein gefallen, beruhigte er sie. Paulina und Seneca ließen grüßen, doch er müsse zuerst ein Bad nehmen, sagte er, bereits zum Gehen gewandt.

Claudia rekelte sich in ihrem Sessel und beobachtete den alten Themistokles, der durch das Peristyl ging, um Serenus frische Tücher ins Bad zu bringen. Sie lächelte. Eine gute und treue Seele, dieser alte Grieche, auch wenn er dieser Sekte der Christianer angehörte, die einen jüdischen Zimmermann, der wie ein gewöhnlicher Sklave am Kreuz gestorben war, als ihren Gott verehrten. Wie es Publius gehe, rief sie ihm zu. Er schliefe sich gesund, antwortete Themistokles, ohne stehenzubleiben und nur mit einer leichten Kopfbewegung in Richtung seiner Herrin, die es nun nicht länger auf der Veranda hielt, sondern leise ins Zimmer ihres Sohnes ging. Sie sah Aspasia, eine junge griechische Sklavin, mit dem Rücken zur Tür gekehrt, am Bette des Knaben sitzen, der ruhig und friedlich schlief. Unbemerkt, um das Kind nicht zu wecken und die Griechin nicht zu erschrekken, verließ Claudia den Raum.

Im Bad fand sie Serenus bäuchlings auf einer Pritsche liegend, die Fäuste als Stütze unter dem Kinn und vor sich hin starrend. Sie rückte sich einen Schemel zurecht, so daß sie ihm ganz nahe saß, und strich zärtlich über sein Haar. »Du denkst nach? Bedrückt dich etwas?«

»Wen Rom heute nicht bedrückt, der ist entweder töricht oder hat kein Gewissen. Drei Senatoren ließ er kurzerhand wegen Majestätsbeleidigung hinrichten«, entgegnete er.

»Er hat Angst, und Angst macht grausam, weil man überall Gefahren wittert.«

Serenus richtete sich auf und sah sie nachdenklich an.

»Weißt du, manchmal denke ich, schuld an allem ist dieser Tigellinus. Seit er Präfekt ist und dauernd Nero umschwänzelt, hat sich der Kaiser total verändert. Als Burrus und Onkel noch das Sagen hatten, gab es keine Todesurteile wegen harmloser Äußerungen. Übrigens, Tigellinus gibt ein großes Festmahl, und wir sind eingeladen. Aber ich glaube, wir sollten absagen.«

Endlich einmal ein Ereignis, das die Monotonie des Alltags durchbrach, ein gesellschaftliches Ereignis, bei dem alle sich zeigten, die in Rom Ansehen hatten, dachte sie erregt, und er wollte die Ehre, Gast des wohl mächtigsten Mannes nach dem Kaiser zu sein, ausschlagen. Unmöglich!

»Du kannst nicht ablehnen, denn es käme einer Beleidigung gleich.«

Auf Serenus' Stirn bildeten sich zwischen den Brauen genau über der Nasenwurzel zwei tiefe Furchen, Zeichen seines Unmuts. Er gestand sich, daß sie recht hatte, denn er durfte es nicht wagen, seinem Vorgesetzten eine Absage zu erteilen. Tigellinus war nachtragend und rachsüchtig und zudem eitel. Er, ein Neffe Senecas und Sproß eines uralten spanischen Rittergeschlechts, mußte vor einem hergelaufenen Pferdezüchter sich demütigen, um sich und seine Familie nicht zu gefährden. So weit war es mit Rom gekommen!

»Wir gehen, weil wir gehen müssen«, sagte er finster.

»Vielleicht wird es amüsant und man lernt interessante Leute kennen«, versuchte sie, seinen Mißmut zu vertreiben.

Amüsant, dachte er voller Hohn, natürlich ist es amüsant zu sehen, wie sich Emporkömmlinge und Neureiche in ihrer primitiven Eitelkeit spreizen. Tyrannen und Mörder sind für einfältige Naturen immer interessant. Er musterte sie fragend. War sie einfältig? Ja und nein, wie wohl jeder Mensch. Sie war nur lebenshungrig und glaubte, dieses Gastmahl sei das Leben, wie sie es sich vorstellte. Vielleicht, so hoffte er, erkannte sie die Hohlheit und Verlogenheit der neuen Aristokratie und würde für immer genug haben.

»Möglich, daß es amüsant wird«, sagte er, um sie nicht zu kränken.

Zärtlich küßte sie ihn und sagte leise: »Danke.«

Als sie das Bad verlassen hatte, streckte er sich wieder auf der Pritsche aus, ihm kam dabei ein Gedanke: Er müßte die Prätorianer verlassen, um nicht länger der Willkür dieses Tigellinus ausgeliefert zu sein. Ein Posten in einer der Provinzen, fern von Rom, fern von Nero und dem Präfekten. Er träumte sich in eine weiße sonnenbeschienene Stadt mit üppiger Vegetation, an einem tiefblauen Fluß. Antiochia, Cyrene oder irgendeine Stadt in Kilikien. Mit Saturnin würde er es besprechen, denn der hätte Verständnis. Käme er doch endlich! Hermes, Schutzherr der Wanderer und Götterbote, bringe ihn eilends herbei!

Und der Sohn des Zeus und der Maia, der Gott mit dem Flügelhut und dem Caduceus, dem zwei verschlungene Schlangen tragenden Stab, erhörte die Bitte, denn drei Tage später stand der sehnlich Erwartete im Atrium.

»Lucius, endlich«, rief Claudia und fiel dem Bruder um den Hals.

»Sei willkommen. Wir haben dich früher erwartet«, begrüßte Serenus den Schwager und sah ihn bewundernd an. So jung und schon Tribun, die ersten Phaleren klimpern auch bereits auf seinem Brustpanzer!

Den Grund seiner verspäteten Ankunft in Rom werde er noch erzählen, versprach Saturnin.

Publius, der sich schüchtern hinter seinen Eltern verborgen hatte, kam auf den Ruf Claudias herbei. Neugierig, beinahe ängstlich, blickte er zu Saturnin auf. Der Mann war so entsetzlich groß, größer als der Vater, überhaupt größer als alle, die er kannte. Stark mußte er sein, um das lange Schwert an seiner Seite schwingen zu können. Die Stiefel und auch die Beine waren voller Dreck. Genau wie bei mir, verglich der Junge, doch Mutter sagt, Erwachsene machen sich nicht schmutzig.

»Du bist also Publius, ich bin dein Onkel Lucius«, sagte Saturnin und nahm den Knaben hoch. »Du bist ein echter Antonier, ich sehe es dir an. Ein kleines Geschenk habe ich dir mitgebracht.« Er setzte Publius wieder auf den Boden und kramte in seiner hinter ihm stehenden Reisetasche, der er drei Gegenstände entnahm. Einen von schützendem Stoff eingehüllten Dolch reichte er dem Knaben, der ihn mit staunend aufgerissenen Augen entgegennahm und in die Luft stach und hieb. Claudia legte er eine in Gold gefaßte und an einem Kettchen befestigte Gemme um den Hals, und Serenus erhielt eine kleine silberne Artemisstatue. Ihren Dank wehrte er mit einer Handbewegung ab. »Ein erfrischendes Bad wäre Dank genug, denn ›Heiß war der Tag und hatte bereits vollendet die Mitte.‹«

»Ovid«, sagte Claudia verträumt, »als Kind hast du ihn heimlich gelesen. Mir gabst du die ›Tristien‹, ich mußte weinen. Vater wurde böse, als er es erfuhr. Entsinnst du dich?«

Saturnin nickte.

Wie sie sich ähneln, dachte Serenus, als man sich beim Mahl im Triclinium gegenübersaß und er die Geschwister eingehend musterte. Das gleiche schmale Gesicht mit den hohen Backenknochen, die gerade Nase, die gleichen kleinen, eng am Kopf liegenden Ohren, die gleiche Regelmäßigkeit der Züge bis zum Haaransatz; unterschiedlich waren die Münder, voll und geschwungen bei Claudia, schmallippig bei ihrem Bruder. Auch in bestimmten Empfindungen schien es Gleichklang zu geben, der gleiche verträumte Ausdruck der Augen, als sie über Ovid und die damit verbundenen Erinnerungen sprachen.

»Ich bin neugierig nun, was dein Kommen so verzögert hat«, sagte Claudia.

Saturnin stützte sich auf das Kissen, trank genüßlich seinen Wein und blickte versonnen vor sich hin. Die letzten Tage mochte er um nichts in der Welt missen. Er erinnerte sich, wie ihn der ältere Sohn Vespasians gebeten hatte, noch ein bis zwei Tage zu bleiben. Aus zwei waren zehn geworden.

»Lucius, träumst du?« stieß ihn die Schwester an.

»Ich habe an so manches denken müssen.«

Er möge erzählen, forderten ihn Serenus und Claudia auf.

Saturnin berichtete von Vespasian und dessen Söhnen und wie er mit Titus die Umgebung von Compsa durchstreift und dabei unvergeßlich schöne Tage erlebt habe.

Claudia lachte spöttisch und bemerkte, sie wisse genau, was er mit Titus Unvergeßliches erlebt habe.

Der Bruder überhörte ihre Anzüglichkeit und versetzte sich zurück in die Tage, da ihn Titus in das kleine Haus geführt hatte, in dem junge, gutgewachsene und hübsche Mädchen einem der ältesten Gewerbe der Welt nachgingen. Der Flavier hatte befohlen, keine anderen Kunden einzulassen, und alle DienerInnen der Venus angewiesen, ihre Künste nur für sie beide allein zu geben. Drei Tage waren sie geblieben, nein vier, am letzten Tag, an dem sie kein Glied mehr zu rühren in der Lage waren, ruhten sie und wurden hingebungsvoll von den Mädchen gepflegt, um wenigstens zu Pferde sitzen zu können. Mit dem Lob, bisher die besten Priester am Altar der Venus gewesen zu sein, hatten sie dann das gastfreundliche Haus verlassen.

»Ich habe in diesen Tagen einiges erfahren, was ich bisher noch nicht kannte«, sagte er, zu seiner Schwester gewandt.

»Das glaube ich unbesehen«, erwiderte sie bissig.

»Titus ist als Lebemann bekannt, der die Frauen zu sich nimmt wie andere die tägliche Nahrung«, glaubte Serenus erläutern zu müssen, wechselte dann das Thema, weil es Claudia verstimmte, und fragte seinen Schwager unvermittelt, was er in Rom zu tun gedenke.

Saturnin überraschte diese unvermutete Frage, so daß er einen Moment keine Antwort fand. Zielte Serenus' Frage darauf, wie lange er, Saturnin, Gast dieses Hauses bleiben wolle? Claudia und der Schwager hatten ihn eingeladen, er sei ihnen immer willkommen, hatten sie geschrieben. Er sah beide forschend an und glaubte nicht, daß sie es bereits bereuten, ihn in ihr Haus geladen zu haben. Aber was war es dann?

»Ich dachte, Rom sei meinem Aufstieg dienlicher als die Provinz, da mein Schwager zufällig der Neffe des einflußreichen Seneca ist . . .«

»Hör auf!« schrie Serenus wütend.

»Entschuldige«, bat er unmittelbar nach seinem Ausbruch, als er Claudias vorwurfsvollen und Saturnins erschrockenen Blick bemerkte.

»Mein Onkel kann mit keinem Einfluß mehr aufwarten, sondern bedarf selbst einer schützenden Hand.«

»Ich muß mich entschuldigen, Serenus. Es war töricht von mir, zumal ich von Soranus wußte, daß dein Onkel nach Burrus' Tod beim Kaiser in Ungnade gefallen war. Der Mulio hat es ihm erzählt. Mulio nennt man Vespasian. Mach dir keine Gedanken, ich werde mein Fortkommen finden, und wenn ich Tigellinus meine Dienste anbiete.«

Zornig wollte Serenus seinen Schwager zurechtweisen,

unterließ es aber in Gegenwart Claudias, die stolz von der Einladung zu des Präfekten Gastmahl berichtete.

Ob er sie begleiten könne, denn zu gerne würde er diesen Tigellinus, dessen Name in aller Munde sei, persönlich kennenlernen.

»Du wirst ihn früh genug kennenlernen, denn er ist allgegenwärtig, und vielleicht wirst du dir eines Tages wünschen, du hättest ihn nie gesehen«, entgegnete Serenus spöttisch.

Das Gespräch zerfaserte in Belangloses und stockte schließlich.

Claudia verließ das Triclinium, um nach Publius zu sehen, wie sie vorgab, aber in Wahrheit, weil sie wußte, Serenus wollte mit Saturnin allein sprechen.

»Du bist zu keiner günstigen Zeit nach Rom gekommen. Ausweisungen, Kerker und Hinrichtungen drohen jedem, der aus irgendeinem Grunde Neros und Tigellinus' Mißtrauen geweckt hat. Es steht schlimm, Lucius, am liebsten würde ich Rom verlassen.«

»Du bist verrückt!« entfuhr es Saturnin. »Prätorianer zu sein ist eine Vorzugsstellung, von der Legionäre nicht einmal zu träumen wagen.«

»Ich pfeife darauf, denn ich will nicht mitschuldig werden, wenn Tigellinus aus der Garde eine Mörderbande macht, die nur noch eine Aufgabe hat, nämlich alle zu beseitigen, die ihm und Nero im Wege stehen. Ich bin Soldat und kein besoldeter Mörder.«

»Du übertreibst.«

»Rubellius Plautus? Übertreibe ich wirklich? Ich könnte dir eine lange Liste von Verurteilten geben, die alle weiter nichts verbrochen haben, als Tigellinus' Mißfallen zu erregen. Lucius, verlasse Rom, verkrieche dich in irgendeinem Winkel, bis hier alles vorüber ist, denn ewig kann es nicht so weitergehen. Bitte schweige darüber, auch zu Claudia, was ich dir jetzt anvertrauen werde. Wir, die gesamte Annäer-Familie, sind in großer Gefahr. Tigellinus haßt meinen Onkel und wird nicht eher ruhen, bis er ihn vernichtet hat. Auch uns, meinen Onkel Mela, meinen Vater, meinen Vetter Lucanus und mich, wird er vernichten.«

»Ich kenne dich nicht wieder, Serenus. Angst war früher für dich ein Begriff, der in deinem Wortschatz nicht einmal enthalten war, und nun ist ein Gefühl daraus geworden, das dir den Blick für das Wirkliche trübt.«

Nervös drückte Serenus den Silberbecher mit seinen kräftigen Händen. Sein Schwager, dessen Kommen er so herbeigesehnt und auf dessen Rat er so gehofft hatte, war eine grenzenlose Enttäuschung für ihn. Genau wie seine Schwester wollte er nicht glauben, was er, Serenus, bereits bitter und anschaulich erfahren hatte. Wie konnte ein Mensch nur so naiv sein? Mißmutig erhob sich Serenus und verließ unter einem Vorwand das Triclinium.

Auch Saturnin war enttäuscht. Alles war so anders, als er sich vorgestellt hatte. Serenus wirkte verbittert und verängstigt, auch Claudia, so spürte er, war nicht gerade glücklich. Eine nicht zu beschreibende Spannung bestand zwischen ihnen. Hätte er in Ephesos bleiben sollen? Unsinn! Seine Nerven waren überreizt und spielten ihm einen Streich. Serenus' Niedergeschlagenheit hatte ihn angesteckt wie eine Krankheit und ihm alle Freude genommen. Ruhe mußte er finden nach den Anstrengungen der letzten Wochen, das war alles, versuchte er sein Unbehagen zu erklären. Hastig trank er seinen Becher leer und fühlte sich bereits besser. Der Wein vertrieb die unangenehmen Gedanken. Ein Schatten zog plötzlich über das rötliche Licht der einfallenden Abendsonne. Saturnin richtete sich auf und bemerkte die Gestalt im Hintergrund des Zimmers. Ob er Wünsche habe, fragte sie.

»Mehr als genug«, lachte der Tribun.

»Sag sie mir, die Herrin befahl mir, dir jeden zu erfüllen.«

»Die meisten meiner Wünsche sind unerfüllbar.«

»Dann nenn mir die erfüllbaren.«

Er betrachtete sie eingehend. Ein ausgesprochen hübsches Mädchen, jung und von aufreizender Figur, Claudia will mir auch in ihrem Hause bieten, was ich mit Titus erlebt habe, damit ich mich wohl fühle, dachte er belustigt. Fragte, wie sie heiße.

»Aspasia.«

»Griechin? Weißt du, wer Aspasia war?«

»Griechin genau wie die Gattin des Perikles«, beantwortete sie seine Fragen.

»Du bist klug, will es mir scheinen. Alle Wünsche sollst du mir erfüllen? Auch mit mir schlafen?«

»Auch das.«

Sein Mund wurde trocken. Er spülte mit Wein und fragte, ob ihr das nichts ausmache.

»Ich bin Sklavin und habe zu gehorchen.«

Er sprang auf, drückte sie an sich, spürte ihren Körper, ihre Brüste und küßte sie. Ohne Widerstreben ließ sie es geschehen, aber auch ohne jegliches Entgegenkommen. Ihr Körper blieb leblos. Saturnin ließ sie los und wollte wissen, ob sie mit ihrem Herrn geschlafen habe. Ohne zu zögern, bejahte sie.

»Weiß das deine Herrin?« fragte er barsch.

»Natürlich, geschah es doch auf ihren Befehl.«

Saturnin glaubte, sich verhört zu haben, und schrie, sie lüge.

Ihre dunklen Augen sahen ihn traurig an, leise sagte sie: »Ich lüge nicht.«

Saturnin lief im Triclinium auf und ab, Ausdruck seiner Verwirrung. Das durch den Wein vertriebene Unbehagen stellte sich wieder ein und dazu der Verdacht, zwischen Claudia und Serenus ... Unsinn, die römischen Frauen hatten sich damit abgefunden oder abfinden müssen, daß ihre Männer die Sklavinnen beschliefen, indem sie sich in gleicher Weise revanchierten oder sich damit rechtfertigten, daß dies nicht als Untreue zählte, da Untreue nur auf andere Menschen bezogen war. Sklaven und Sklavinnen galten nicht als Menschen. Das Beilager mit ihnen war einer Unzucht mit Tieren vergleichbar. Aber daß eine Römerin und dazu seine Schwester ihren Gatten per Befehl in ein anderes

Bett schickte, verstand der Tribun nicht. Hatte Claudia einen Geliebten? Führte sie mit Serenus nurmehr eine Scheinehe?

»Soll ich heute nacht zu dir kommen?«

»Nein, vielleicht erwartet dich dein Herr, und der hat die älteren Ansprüche«, wies er sie schroff ab und verließ das Triclinium. Er wußte, daß er lieber in Ephesos hätte bleiben sollen.

VI

Der Schmerz brachte ihn wieder zu sich. Die Augen hielt er noch geschlossen. Erst nach einer Weile hob er die Lider und sah – nichts. Ringsum tiefe Finsternis und nicht der geringste Lichtschimmer. Pomperius schloß wieder die Augen und versuchte mit den Händen über das Gesicht zu streichen. Die Ketten ließen diese Bewegung nicht zu. Auch die Beine konnte er nur wenig anheben. Selbst um seinen Bauch spannte sich ein Eisen und verhinderte eine Bewegung der Hüften. Und wieder der Schmerz des geschundenen Körpers. Die eisernen Ringe an den Hand- und Fußgelenken und um den nackten Bauch brannten auf der wunden Haut. Ich bin verloren und werde in dieser Finsternis verfaulen, dachte er verzweifelt, flehte aber gleichzeitig um Hilfe. »Jupiter, ich bin erst zwanzig Jahre alt und habe nichts Böses getan, wofür du mich strafen mußt. So hilf mir doch!« Plötzlich fröstelte er, und seine Zähne schlugen aufeinander. Dann schrie er auf vor Ekel, als etwas über seinen Körper trippelte. Er brüllte. In der Ecke raschelte es, und schließlich verstummte auch dies. Stille, erdrückende Stille in der Finsternis. Pomperius lauschte angestrengt. Atmete da nicht ein Mensch? Er fürchtete sich und rief: »Wer ist da?« Nichts. Dann lachte er laut und gellend, denn er hatte sein eigenes Atmen vernommen.

Ich werde wahnsinnig, durchfuhr ihn der Schreck. Er versuchte krampfhaft, sich zu beruhigen und zu erinnern. Zunächst gelang es nicht, denn der schmerzende Kopf versagte ihm den Dienst. Endlich, ganz schwach, verschwommen und ohne klare Konturen, durchbrachen Schemen die Leere. Er sah die Umrisse eines Bauernhofes, sah sich auf dem Acker, sah die Eltern das wenige Vieh füttern ... Pomperius' Vorstellung brach ab. Es dauerte geraume Zeit, ehe der dröhnende Schädel wieder gehorchte. Da war der Bauernhof, da waren die Eltern, da war er, und er hatte einen Schlag auf den Kopf erhalten. In einem engen Loch, gefesselt, neben ihm noch andere Männer, hatte er das Bewußtsein wiedererlangt. In Abständen hatten Bewaffnete die anderen Gefangenen einen nach dem anderen abgeholt. Keiner war zurückgekehrt. Er war als vorletzter geholt worden ...

Pomperius stöhnte. Wie ein glühendes Eisen stach der Schmerz an den Schläfen. Er biß auf die Unterlippe, bis sie blutete. Langsam ließ die Pein nach. Seine Zunge fuhr über die aufgerissene Lippe. Zwei, vielleicht waren es drei Bewaffnete gewesen, versuchte er sich zu erinnern, hatten ihn aus dem Loch in einen Saal geschleppt, vor einen Mann in einem Sessel, an dessen Gesicht er sich nicht mehr entsinnen konnte, sosehr er sich auch mühte. Nur die Stimme, diese seltsam weiche, wohlklingende Stimme, die ihn nach seinem Namen gefragt und ihm befohlen hatte, niederzuknien, tönte in Pomperius fort. Er sei ein freier Bauer und kniee vor keinem Menschen, hatte er dem Manne geantwortet, worauf ihn die Bewaffneten zu Boden geworfen hatten. Vor ohnmächtiger Wut hatte er geweint. Der Mann mit der weichen Stimme hatte ihm gestattet, sich wieder zu erheben. Dann war er auf sein Anliegen gekommen, hatte ihm gedroht, er werde zum Mörder seiner Eltern, leistete er, Pomperius, ihm nicht einen Dienst. Schließlich hatte er eine Schuldverschreibung seines Vaters an Rubellius Plautus verlesen, der in einem Dürrejahr, entsann sich Pomperius, ihm Geld geliehen hatte. Was er mit Rubellius zu tun habe, hatte er gefragt. Er sei dessen Erbe, hatte die sanfte Stimme geantwortet, und brauche sich nun nicht mehr vorzustellen. Gaius

Ofonius Tigellinus, hatte er geschrien. Der Präfekt hatte gelacht. Dann war er in einen Keller geschleppt, an in der Wand eingelassene Schellen gekettet und ausgepeitscht worden. Wie Feuer hatten die Schläge gebrannt, und er hatte geschrien wie ein Hammel beim Schlachten. Auf einer Pritsche war er wieder zu sich gekommen, später hatte man ihn nochmals geprügelt. Das war das letzte, woran sich Pomperius erinnerte. Und seitdem lag er hier im Dunkel, angekettet, voller Angst, verzweifelt. Warum sperrte ihn Tigellinus hier ein? Er würde ihm doch jeden Dienst erweisen, um seine Eltern zu retten und um dieser Finsternis zu entkommen.

Plötzlich krachte das Schloß, die Tür sprang auf, Fackelschein ergoß sich in das Loch. Der Gefangene mußte die Augen schließen. Man machte sich an seinen Fesseln zu schaffen. Er solle aufstehen, befahl man ihm. Pomperius versuchte es, doch sein Körper gehorchte nicht. Mit einem Ruck riß man ihn hoch. Vor Schmerz brüllte er auf und sackte zusammen, als man ihn losließ.

»Schleppt ihn raus! Erst ins Bad, der Kerl stinkt wie eine Kloake, dann steckt ihn in andere Fetzen, denn so können wir ihn unserem Herrn nicht zumuten.«

Gesäubert und in eine grobe Tunika gehüllt, wurde Pomperius vor den Präfekten geführt. Er schaute ihn unverwandt an, um sich die Gesichtszüge, an die er sich nicht hatte erinnern können, für immer einzuprägen. Er wurde enttäuscht, denn Tigellinus war eine elegante und gepflegte Erscheinung, ein wenig zu protzig gekleidet in seinen mit goldenen Schließen besetzten Stiefeln und seinem mit Goldstickereien verzierten Gewand und den vielen Ringen an den Fingern, und sein Gesicht verriet weder Brutalität noch Bosheit, ja nicht einmal männliche Härte.

»Wenn du mich genug gemustert hast, dann können wir zur Sache kommen«, begann Tigellinus nachsichtig lächelnd das Gespräch. »Für den Dienst, den ich von dir benötige, bedarf es einiger spezieller Fertigkeiten, die meine

Leute dir beibringen werden. Solltest du mich hintergehen wollen, dann weißt du, was dir geschieht, deshalb die kleinen Proben im voraus. Du wirst mich nicht enttäuschen?«

»Nein, edler Tigellinus. Und meine Eltern? Erläßt du ihnen die Schulden und vertreibst sie nicht aus ihrem Haus?«

»Aber, Pomperius, ich bin doch kein Unmensch. Deine Eltern bleiben bis ans Ende ihres Lebens in ihrem Haus, wenn du mich zufriedenstellst.«

»Was soll ich tun?«

»Das wird sich zeigen, je nachdem sich deine Fähigkeiten entwickeln. Übrigens, bist du Christ?«

Pomperius verneinte.

Tigellinus nickte und rief seinen Wächtern zu, sich ans Werk zu begeben. Pomperius wurde weggeführt. Der Präfekt wandte sich zu seinem Adjutanten, der schweigend den Vorgängen beigewohnt hatte.

»Fuscus, du bürgst mir dafür, daß alles nach Plan verläuft.«

Der Adjutant, ein kräftiger mittelgroßer Mann mit blondem Haar, nickte dienstbeflissen.

»In sechs Stunden beginnt mein Gastmahl. Stell dir vor, Fuscus, sie kommt.«

Als Fuscus verständnislos grinste, fuhr ihn Tigellinus an, daß er noch zu jung sei, um das zu verstehen. »Auch Nero will mein Fest mit selbstgedichteten und -komponierten Liedern bereichern«, ergänzte er lächelnd.

»Na, dann viel Spaß«, bemerkte Fuscus sarkastisch.

»Auch du wirst diesen Spaß haben. Doch lieber ertrage ich seinen Singsang als seine Einmischung in meine Geschäfte. Je mehr er sich seinen Künsten widmet, desto größere Freiheiten eröffnen sich uns. Für nächste Woche habe ich ein großes Wagenrennen vorgesehen. Alle Wagenlenker sind eingeweiht und bezahlt. Der Kaiser kann gar nicht anders als gewinnen.«

»Tigellinus, du denkst an alles«, bewunderte ihn Fuscus.

Bescheiden wehrte der Präfekt das Lob ab und bemerkte, daß die wahrhaft großen Dinge erst später kämen. Dann reichte er dem Adjutanten eine Rolle.

Fuscus las und verneigte sich. »Wie soll ich dir für das großherzige Geschenk danken?«

»Durch fortwährende und bedingungslose Treue. Du hattest doch einmal den Wunsch geäußert, ein kleines Landgut besitzen zu wollen. Nach dem Tode des Faustus Sulla war dieses herrenlos, so daß ich mir erlaubte, es dir zu schenken. Laß nun mein Pferd bringen! Ich erwarte von dir, daß du heute abend nüchtern bleibst und Augen und Ohren offenhältst. Versäume mein Zeichen nicht. Verwickle unseren Freund in ein Gespräch, animiere ihn zum Trinken, bringe ihm die spanische Tänzerin, die bereits eingeweiht wurde. Versichere ihn meiner Wertschätzung und stelle ihm eine Beförderung in Aussicht.«

Fuscus versprach, alles zur Zufriedenheit des Präfekten auszuführen.

VII

In Rom ließ sich gut leben, wenn man seinem Hang zur Aufrichtigkeit nicht nachgab. Rom war eine prächtige Stadt, deren Pracht eine Lüge und deren Lüge eine Pracht war. Wer sich äußerte, log. Log aus Angst, aus Bequemlichkeit, aus Ehrgeiz und Eigennutz, aus Haß und Bosheit. Wer aufrichtig war, hatte selten Gelegenheit, es lange zu sein. Immer hatte die Lüge einen menschlich verständlichen, also einen verzeihbaren Grund, denn Lüge war lebenserhaltend, während Aufrichtigkeit das Leben vergällte oder sogar jäh beendete.

Noch Tage nach Tigellinus' Festmahl kreisten Saturnins Gedanken um dieses Ereignis, das ihm wie ein unwirkliches Satyrspiel erschienen war, faszinierend, verlockend, aber verlogen. Der Höhepunkt der Verlogenheit war der Auftritt des Kaisers gewesen. Saturnin mußte lachen, dachte er

daran, wie Nero, selbstgefällig das Kinn in das Fett des kurzen Halses gepreßt, die Leier sich hatte reichen lassen und dann erst einmal wartete, bis absolute Stille herrschte, ehe er mit seinem Lied über Hektors Tod begann. Die Stimme Neros war spröde, die Musik schrill und dissonant, der Text kitschig und sentimental, mit Gewalt gereimt. Alles eine Zumutung, fast eine Qual. Statt zu fordern: Aufhören, überschlugen sich die Gäste vor Beifall, schrien wie die Wahnsinnigen. Und er? Er hatte ebenfalls geklatscht und ›Bravo, Göttlicher‹ gebrüllt. Angewidert verzog Saturnin den Mund. Schlimmer als diese bestellte Applausorgie für den Kaiser schien ihm die unverhüllte und eindeutige Bemühung des Präfekten um Claudias Gunst. Und Claudias Eitelkeit hatte das Werben Tigellinus' offensichtlich genossen. Der Präfekt kannte die schwachen Stellen der Frauen. Armer Serenus, seufzte Saturnin, was hast du dem Präfekten entgegenzusetzen, der deine Frau begehrt? Er trat hinaus in den Garten und setzte sich auf eine der Marmorbänke inmitten der Taxushecken. Meine Schwester ist unzufrieden mit ihrem Leben, dachte der Tribun bekümmert, hätte sie sonst die plumpe Annäherung des Präfekten auf seinem Fest geduldet?

Der Kies knirschte. Die lange, klapperdürre Gestalt des alten Griechen näherte sich. Saturnin fragte ihn, wo seine Schwester sei. Sie habe sich in die Stadt hinunter tragen lassen, Besorgungen und Besuch bei der edlen Servilia, erwiderte der Alte und wollte vorübergehen.

»Themistokles, du bist schon einige Jahre hier im Hause, sag mir ehrlich, seit wann dieses seltsam gespannte Verhältnis zwischen meiner Schwester und ihrem Mann besteht«, hielt ihn Saturnins Frage zurück.

Ungläubig blickte ihn der Alte an und erwiderte, er wisse nicht, was der edle Tribun meine.

»Du weißt es genau, Grieche«, sagte Saturnin gereizt.

»Als Sklave habe ich mich nur um Dinge zu kümmern, die mir ausdrücklich befohlen werden. Private Belange meiner Herrin und meines Herrn liegen für mich außerhalb meines Aufgabengebietes«, entgegnete der Sklave abweisend.

»Bei allen Göttern, Themistokles, ich bin der Bruder deiner Herrin und sehe, daß sie unzufrieden ist, und möchte ihr helfen. Das kann ich aber nur, wenn ich weiß, was ihr fehlt«, beschwor ihn Saturnin.

»Du kannst ihr nicht helfen. Nur einer vermag zu helfen: Gott.«

»Gott? Welcher? Jupiter? Amor? Merkur?« lachte Saturnin. »Unsinn, Menschen kann nur von Menschen geholfen werden.«

»Mein Gott kann es, er ist ein lebendiger und helfender, aber mitunter auch ein rächender und strafender Gott.«

»Dein Gott? Bist du Christ?«

»Ja, ich bekenne mich zu Jesus, dem Gekreuzigten, dem Christus.«

»Ein gekreuzigter Gott, was kann der für eine Hilfe sein?« höhnte der Tribun.

»Christus ist der Sohn Gottes, der sich kreuzigen ließ, um die Sünden der Welt zu sühnen.«

»Solch einen Unsinn habe ich noch niemals gehört. Eure Religion widerspricht dem gesunden Menschenverstand, und ihr lügt euch selbst etwas vor.«

Der Alte zog die dünnen Brauen hoch, schnaubte, als überanstrenge er sich, und antwortete mit erhobener Stimme: »Wir lügen nicht, denn unser Glaube verbietet die Lüge als Sünde. Lügenmäuler sind dem HERRN ein Greuel; die aber trefflich handeln, gefallen ihm, heißt einer unserer Glaubenssätze.«

»Dann handle danach, auf daß du deinem Herrn nicht zum Greuel wirst«, spottete Saturnin.

»Ich handle danach, denn der Mund, der da lügt, tötet die Seele«, entgegnete der Grieche unbeeindruckt.

»Dann sag mir die Wahrheit über deine Herrschaften!«

Der Alte fuhr sich mit der Hand über das runzlige Gesicht, als wollte er damit auf sein Alter aufmerksam machen. »Was ist Wahrheit? Ich könnte dir nur berichten, was ich empfinde, und ob das die Wahrheit ist, weiß ich nicht. Ist sie es nicht, dann sündige ich, weil ich falsch Zeugnis rede wider meinen Nächsten. Deshalb kann ich dir nichts sagen, Herr. Du mußt deine Schwester oder den Herrn selbst fragen oder dich auf deine eigenen Beobachtungen verlassen.«

»Geh, spitzfindiger Grieche, und werde selig mit deinen Sprüchen und deinem Irrglauben«, lachte Saturnin. »Themistokles«, rief er dem sich entfernenden Alten nach, der sich daraufhin umwandte, »wenn dein Glaube an den Gekreuzigten und seinen Vater auch Torheit ist, gefallen mir doch eure Sprüche über die Lüge. Hüte dich, daß du mit deinem Bekenntnis keinen Ärger bekommst!«

»Ärger? Und wenn, dann ist es Gottes Wille. ER ist immer bei uns und lenkt jeden unserer Schritte. Unser aller Schicksal steht bei IHM geschrieben.«

»Nichts steht geschrieben! Nur hier«, Saturnins Linke deutete aufs Herz und die Rechte an die Stirn, »ist jedes Menschen Schicksal geschrieben, nirgends sonst. Bei deinem unsichtbaren Gott, mein Themistokles, kann nichts geschrieben stehen über mein Schicksal.«

»Doch, edler Saturnin, auch wenn du es heute nicht glaubst. Eines Tages wirst du dich meiner Worte erinnern«, erwiderte der Grieche.

»Und dein Schicksal?« fragte Saturnin lauernd.

»Steht auch geschrieben.«

»Und wenn es dich ans Kreuz ›schreibt‹?«

»Dann muß ich auch dies annehmen.«

Der Tribun schwieg. Was sollte er darauf erwidern? Themistokles verneigte sich und ging ins Haus. Nachdenklich blickte ihm Saturnin nach. Wohl dem, der so unerschütterlich glauben kann, dachte er. »Es steht geschrieben ... es steht geschrieben ... Manches steht geschrieben, jeder Kaiser läßt schreiben, was der Nachfolger wieder tilgt, und so geht es fort und fort. Was hat das alles für mich zu bedeuten? Nichts! Nur das, was ich selbst schreibe. Und, bei allen Göttern, auch euch zum Trotz, ich werde mein Schicksal selbst schreiben und von keinem schreiben lassen!«

»Du führst Selbstgespräche? Schreiben willst du?« unterbrach ihn Serenus, dessen Kommen er nicht bemerkt hatte. Saturnin blickte auf den gepanzerten und bewaffneten Schwager. Er kommt aus dem Dienst, die Prätorianerrüstung steht ihm prächtig, fand Saturnin. »Ich gab mir nur selbst eine Antwort als Ergebnis eines kleinen Disputs mit Themistokles«, antwortete er auf Serenus' Frage.

Der Schwager ließ sich neben Saturnin auf der Bank nieder.

»Cornelius läßt dich grüßen. Er bietet dir einen Posten in den Stadtkohorten. Sold nicht schlecht, Dienst erträglich. Du wirst als Tribun für besondere Einsätze Verwendung finden, für Notfälle wie Meuterei, Brand, Plünderung, Unwetter, Sklavenaufstände. Cornelius wird dein unmittelbarer Vorgesetzter sein.«

»Du scherzest? In Asia war ich Cornelius' übergeordneter Tribun. Wie fand er überhaupt so schnell ein neues Kommando?«

»Beziehungen. Du brauchst Cornelius' Angebot nicht anzunehmen, es ist nur eine freundschaftliche Geste von ihm, die dir helfen soll, die Zeit bis zu einer neuen Dienststellung zu überbrücken.«

»Ich nehme an«, entschied Saturnin plötzlich.

Serenus nickte und sagte unvermittelt: »Hier auf dieser Bank, genau, wo du jetzt sitzt, saß bereits der Kaiser. Im Mondenschein trug er ihr Verse vor, und oben in dem kleinen Zimmer hinter dem Balkon liebten sie sich.«

Saturnin sah seinen Schwager befremdet an, zu dunkel schienen ihm dessen Worte.

»Nero und Acte, die schöne Syrerin mit dem blauschwarzen Haar und der sandelholzfarbenen samtweichen Haut, trafen sich heimlich in meinem Hause und liebten sich hier.

Agrippina, die zu verhindern suchte, daß ihr Goldsohn dem Einfluß anderer Frauen erliegt, durfte es nicht wissen. Die Kaiserin wußte nur zu gut, daß Frauen im Bett von einem Mann mehr erhalten können als nur die Kraft seiner Lenden. Sie wollte alle Frauen von ihrem Sohn fernhalten, indem sie sich selbst . . .«

»Dann hat Nero mit der eigenen Mutter . . .«

»Blutschande getrieben«, ergänzte Serenus. »Doch zu seiner Ehre sei gesagt, daß er es nicht wollte und sich nur im trunkenen Zustand in ihren Schoß zerren ließ. Er liebte diese Acte, eine Palastsklavin. Auf dem Palatin konnte er sich nicht mit ihr treffen, weil Agrippina wie ein Cerberus wachte, deshalb mußten wir sie überlisten. Ich spielte den Liebhaber Actes und überließ in Wirklichkeit beiden mein Haus als Liebesnest. Seneca und Burrus halfen mir und Nero, so daß alles glaubwürdig war.«

Fassungslos hatte Saturnin zugehört. Er hatte mancherlei von perversen Lüsten und Liebespraktiken gehört, von Tiberius, der sich von seinen ›Fischlein‹ am Penis lutschen ließ, von Caligula, der seine Schwestern beschlafen und von Messalina, die es als Hure in einem öffentlichen Lupanar bis zum Umfallen getrieben hatte, aber daß eine Mutter ihren Sohn zum Beilager verführte oder zwang, schien ihm eine beträchtliche Steigerung der Verworfenheit zu sein.

»Acte ist nicht mehr Neros Geliebte. Seit er Kaiser ist, besser alleiniger Kaiser ohne Agrippinas Vormundschaft, möchte er nicht mehr an diese Zeit erinnert werden, als er verkleidet in fremde Häuser schleichen mußte, um eine Sklavin zu lieben.«

»Hat er dir deine Dienste gelohnt?«

»Als ob Mächtige Dank kennen«, erwiderte Serenus bitter. »Wofür auch? Es gehört alles zur Pflicht der Untertanen. Tigellinus ist eine Ausnahme. Er ist in Claudia vernarrt und will dafür zahlen, indem er mich zum Tribunen befördern will, der den Kaiser nach Antium begleiten darf. Eine große Ehre!«

Nun war es ausgesprochen, was Serenus bereits immer bedrückt hatte und zu Tigellinus' Festmahl offenkundig geworden war.

»Du hast Angst, Claudia an Tigellinus zu verlieren?«

»Ja, ich habe Angst. Lucius, verzeih, daß ich es sage: Claudia hat sich in letzter Zeit sehr verändert. Sie ist unzufrieden, sie sehnt sich nach einem Leben, das ich als einfacher Prätorianeroffizier ihr nicht zu bieten vermag. Feste, Vergnügungen, Glanz, danach steht ihr der Sinn. Der Präfekt kann ihr das bieten. Du hast bestimmt bemerkt, in welch unverschämter und unverhüllter Weise er sie umworben und wie sie dies genossen hat. Ach, Lucius, ich weiß nicht, was ich tun soll. Claudia bedeutet mir alles. Sie ist nicht schlecht und verdorben, nur zu jung und zu unreif, um hinter der Fassade aus Vergnügen, Glanz und Pomp die Unaufrichtigkeit und Schlechtigkeit zu sehen, um nicht der Blendung durch den falschen Schein zu erliegen.«

Saturnin ergriff Serenus' Hand in einem Anflug von Mitgefühl.

»Ich werde dir helfen, du wirst Claudia nicht verlieren«, tröstete er ihn.

Serenus lächelte wehmütig. Armer Saturnin, wie willst du mir helfen, wo du selbst der Hilfe bedürftig bist. »Danke, Lucius, doch das muß ich allein durchstehen«, sagte er und erhob sich. Saturnin folgte ihm ins Haus, um sich für einen Stadtgang umzukleiden.

Ein nicht abreißender Menschenstrom zog den Tribunen hinab in die Urbs, von wo ihm ein Geruch aus Qualm, heißem Öl, Schweiß, Knoblauch und anderen Düften entgegenschlug. Leichter Wind trieb Rauchschwaden über Dächer und Baumwipfel, in denen sie sich verfingen und in Wölkchen zerrissen wurden. In der Woge aus Menschenleibern wurde Saturnin geschoben, getreten und gestoßen. Körper rieben sich an ihm und gaben ihre Wärme ab. Endlich langte er auf dem Forum an. Weißgekleidete Priester zelebrierten gerade ein Tieropfer. Daher der Qualm, dachte er.

Gaffend blieb die Menge stehen und drängte sich dann näher zum Altar. Mit Mühe wand sich Saturnin durch die dichtgedrängten Leiber und atmete auf, als er das Argiletum, das unmittelbar hinter dem Forum gelegene Buchhändlerviertel, erreicht hatte. Er betrat eine Buchhandlung unter den Arkaden und betrachtete ehrfürchtig die hohen Regale voller Schriftbehälter. Ein Kunde, der ihm den Rükken zukehrte, las in einer breiten Rolle. Sonst war niemand zu sehen. Saturnin wartete. Ungeduldig räusperte er sich, um den Buchhändler herbeizulocken. Doch der blieb unsichtbar. Statt dessen drehte sich ihm der Lesende zu. »Soranus?« sagte der Tribun erstaunt, zugleich ein wenig beschämt, seinem früheren Vorgesetzten noch keinen Besuch gemacht zu haben.

»Suchst du ein bestimmtes Werk?« fragte Soranus.

»Nein. Ich möchte einiges von Seneca lesen.«

»Da mußt du doch nicht in eine Buchhandlung gehen, Serenus besitzt bestimmt alle Kopien der Werke seines Onkels«, erwiderte der Senator befremdet.

»Gerade von ihm will ich sie mir nicht leihen, bemerkt er doch gleich meine Unkenntnis«, gestand Saturnin, verlegen lächelnd.

»Verstehe. Dann empfehle ich dir, lies als erstes ›Über die Milde‹. Ein ausgezeichnetes Werk. Camillus«, rief Soranus.

Der Inhaber, ein buckliger alter Mann mit einem griechischen Philosophenbart, kam aus einem Winkel. »Dieses Werk, edler Soranus, kann ich dir nicht anbieten, was ich sehr bedaure. Du wirst in ganz Rom diese Schrift nicht mehr erhalten«, antwortete er auf des Senators Wunsch.

»Warum?« fragte Saturnin verärgert. »Seneca lebt, und keine Kopie seines Buches soll in Rom erhältlich sein?«

»Herr, ich besitze selbst keine, und besäße ich eine, dürfte ich sie nicht verkaufen«, beteuerte der Bucklige.

»Was soll das bedeuten?« fragte Soranus barsch.

Der Buchhändler blickte sich ängstlich um und sagte dann, daß der Präfekt Tigellinus alle Exemplare dieser

Schrift habe einziehen lassen, da ihr Inhalt nicht zeitgemäß sei und nur die Menschen verwirre. »Er hat mir mit Strafe gedroht, ließe ich das Buch kopieren und brächte es so in Umlauf.«

Lautes Gelächter hinter einem der Regale ließ die drei Männer vor Schreck zusammenfahren. Ein Lauscher! Der Lachende, dessen Anwesenheit keiner bemerkt hatte, kam aus seinem Versteck: ein mittelgroßer, schlanker, schwarzhaariger, elegant gekleideter Mann.

»Hörte ich recht, Senecas Schrift ›Über die Milde‹ verwirre die Gemüter? Köstlich, einfach köstlich. Gerade dieses Buch scheint mir das beste des alten Heuchlers zu sein, weil es sein ehrlichstes ist und das einzige, woran er selbst glaubt. Es ist ein ausgezeichnetes Werk, so daß es beinahe von mir sein könnte.«

»Laß dich nicht stören, Petronius, einen alten, geschlagenen Mann noch zu verhöhnen. Dein Neid auf Seneca ist in Rom jedermann bekannt«, erwiderte Soranus mit einer Schärfe, die Saturnin an dem alten Senator bisher nur einmal erlebt hatte, nämlich in Ephesos gegenüber Acratus.

In Petronius' Gesicht zuckte es. Nervös glitt seine beringte Hand über die Stickereien seiner Toga. Interessiert beobachtete Saturnin Petronius. Dieser Mann war also der Vir arbiter elegantiae, der Schiedsrichter in Sachen guten Geschmacks, der Vertraute Agrippinas und Neros, dem man Verderbtheit nachsagte, aber eine mit Geschmack geschönte Verderbtheit. Petronius lächelte, schmerzlich und nachsichtig. Es war, so fand Saturnin, das Lächeln eines Mannes, der sich damit abgefunden hatte, nicht verstanden zu werden.

»Verzeih, Soranus, daß meine Worte in Niederungen abglitten. Seneca ist unbestritten ein großer Geist, unbeschadet dessen, ob ich seine Vorstellungen teile oder nicht. Es zeugt von wenig gutem Stil, was ich sagte. Betrachte es, sofern du es vermagst, als ungesagt. Camillus«, wandte er sich an den Buchhändler, »besitzt du wirklich keine Kopie mehr?«

»Nein, edler Petronius.«

»Dann bist du ein schlechter Buchhändler, denn diese Schrift gehört in eine Buchhandlung«, wies ihn der Arbiter zurecht.

Er werde es in ganz Rom in keiner Buchhandlung finden, jammerte der Bucklige.

»Was ich befürchte, denn für Milde besteht zur Zeit kein Bedarf, und vielleicht hat Tigellinus recht, eine solche Schrift zu verbieten, weil sie Verwirrung stiften könnte. Und doch, Camillus, wird es in Rom Buchhändler geben, die dieses Werk noch besitzen. Einen solchen werde ich suchen und in Zukunft dessen Kunde werden«, erwiderte Petronius voller Verachtung.

Der Bucklige beteuerte seine Schuldlosigkeit und wiederholte sein Bedauern.

»Soranus, darf ich dir mein Exemplar leihen?« bot Petronius an.

Der alte Senator, dessen Grimm durch des Arbiters Entschuldigung besänftigt worden war, erklärte, daß er Senecas Werk nicht für sich, sondern für seinen früheren Adjutanten verlangt habe.

Der Blick aus Petronius' schräggeschnittenen dunklen Augen traf Saturnin. »Es läßt mich für Rom hoffen, wenn junge Tribunen nach Senecas Schriften verlangen, und zeugt von noch nicht verlorengegangenem Geschmack. Die meisten ergötzen sich heute an den seichten Frivolitäten im Stile einer Elephantis. Besuche mich, Tribun, wann immer du willst, nur nicht vor der sechsten Stunde, denn ich schlafe lange. Ich leihe dir den Seneca. Mein Haus steht auf dem Aventin.«

Petronius grüßte mit einem leichten Kopfnicken und verließ die Buchhandlung.

Camillus trat nahe zu Soranus und flüsterte ihm zu, nachdem er sich vergewissert hatte, daß nicht wieder ein Lauscher hinter den Regalen verborgen war, Petronius' Stern sei auf dem Palatin im Sinken, seit Tigellinus Neros Vertrauen besitze. Hier bei einem kleinen Buchhändler spiele er sich auf, fuhr Camillus fort, während er sonst ...

»Statt um Klatsch und Tratsch tätest du besser daran, dich um die Beschaffung guter Bücher zu kümmern«, schnitt ihm Soranus das Wort ab und verließ mit Saturnin grußlos die Buchhandlung.

Schweigend gingen Soranus und Saturnin nebeneinander. Der alte Senator war verstimmt über die Willkür des Präfekten. Fehlte nur, daß Tigellinus Senecas Buch öffentlich verbrennen ließ. Dann ärgerte er sich über Camillus und über Petronius' Hochmut. Überhaupt, dachte Soranus, heute ist alles zum Ärgern. Kurz vor der Porta Capena verabschiedete er sich von Saturnin, der zu Cornelius' kleinem Haus eilte. Ein junger Sklave gab ihm die Auskunft, daß sein Herr in der Kaserne sei, und beschrieb deren Lage. Saturnin verspürte indes wenig Lust, Cornelius dort zu suchen. Er hinterließ die Nachricht, daß er das Angebot annehme, der Herr wisse Bescheid.

Saturnin schlenderte durch die Stadt, überquerte den Tiber und betrat eine kleine Taverne am Fuße des Janiculus. Trank mit einer Gruppe junger Leute. Erwachte mit schmerzendem Kopf in einer ihm fremden Umgebung. Eine schwarzhaarige junge Frau saß an seinem Bett und befeuchtete seine Stirn mit einem Tuch. Als er versuchte, sich aufzurichten, wurde ihm schwindlig. Sanft drückte ihm die Schwarzhaarige wieder das Tuch gegen die schmerzende Stirn.

»Wo bin ich? Und wie komme ich hierher?«

»Zwei Fragen auf einmal«, antwortete die Frau auf griechisch mit dem Akzent der Orientalen. »Du hattest gestern einen Unfall, der leicht hätte dein Leben kosten können.«

»Unfall? Gestern?«

»Eine Schlägerei auf der Ämiliusbrücke. Du hast mich gegen drei Männer, die mir Gewalt antun wollten, verteidigt. Einer schlug dir mit einem Knüppel auf den Kopf und hätte dich erschlagen, wären uns nicht zwei Judäer aus Transtiber zu Hilfe gekommen. Sie trugen dich in mein Haus, da ich weder deinen Namen noch deine Wohnung wußte.«

Saturnin entsann sich, daß er viel, viel zuviel, getrunken hatte und daß auf dem Heimweg irgend etwas geschehen war.

»Ich bin Lucius Antonius Saturninus, Tribun. Wer bist du?«

»Acte.«

»Acte? Die . . . die . . .«, stotterte er.

Sie sagte lachend: »Genau die, Tribun.«

VIII

Gaius Ofonius Tigellinus konnte sich nicht entsinnen, einer Frau jemals so viel Raum in seinem Denken eingeräumt zu haben. Frauen waren bisher für ihn nur zweckbestimmte Wesen, die einmal zur Befriedigung des Fleisches und zum anderen – über ihre Männer, ihre Väter und Brüder – als Sprossen auf der Leiter zur Macht dienten. Heute, da er die Macht in den Händen hielt, waren sie nur noch seine Aushorcherinnen und Zuträgerinnen. Niemals hatte eine Frau Macht über sein Innerstes besessen, niemals sein Denken beherrscht. Nun kannte er sich selbst nicht wieder: Seine Gedanken kreisten um eine Frau, nachts fand er keinen Schlaf, weil ihm die Sinne ihr Bild vorgaukelten. Einen Toren schalt er sich, nannte sich verrückt.

Unruhig lief der Präfekt in seinem geräumigen, mit Zedernholz getäfelten Arbeitszimmer auf und ab. Für die wertvollen Intarsienarbeiten, die sonst sein Auge erfreuten, hatte er heute keinen Blick. »Ich muß sie haben«, sprach er halblaut vor sich hin. Er dachte daran, wie er sie in den Armen gehalten, sie geküßt, ihren Herzschlag, ihre Schenkel gespürt hatte, doch seine unter ihr Gewand drängende Hand hatte sie abgewehrt . . . Dem Präfekten trat der Schweiß auf die Stirn, sein Herz klopfte.

»Nein, das dürfen wir nicht«, hatte sie gesagt. Und er, töricht, wie er war, hatte verwirrt von ihr abgelassen. Er, ein Kenner der Frauen, hatte sich beirren lassen, wo er doch genau wußte, daß es die Raffiniertesten waren, die sich zunächst verweigerten, um die Gier und den Genuß zu steigern, um den wahren Mann, den Eroberer zu wecken, dem sie sich dann in höchster Lust unterwarfen. Ein uraltes Spiel von Verweigern und Hingabe, so alt wie die Menschheit. Auch Claudia hatte es spielen wollen, und er hatte nicht mitgespielt. Vielleicht hätte er längst seine Ruhe wiedergefunden, wäre er aufs Ganze gegangen, denn viele Frauen, die aus der Ferne Göttinnen glichen, verloren nach dem ersten Beilager einen Großteil ihres Glanzes.

Tigellinus hieb wütend mit der Faust auf den Tisch. Die meisten Frauen hatten ihm, dem unwiderstehlichen Mann, den Schoß geöffnet, freiwillig und manchmal, bevor er es selbst gewollt hatte. Er erinnerte sich der geilen Schwestern des Caligula und lachte hämisch. Hochstehende Damen Roms hatten sich in sein Bett gedrängt, und er, der Umworbene und nie Zurückgewiesene, ließ sich von der Frau eines kleinen Offiziers wie ein Jüngling von einem prüden Mädchen abweisen. Der Präfekt fluchte. Und doch, fiel ihm unvermittelt ein, war es richtig gewesen, sie nicht mit Gewalt zu nehmen. Bestimmt hätte er sie verschreckt. War es nicht ein Zeichen echter Liebe, sich gedulden zu können? Nur rohe Sinneslust gab sich ungeduldig!

Langsam setzte er seine am Tisch unterbrochene Wanderung fort. Serenus? War er ein Hindernis? Wenn ja, dann ... Doch daran wollte der Präfekt vorerst nicht denken. Aber hatte Claudia nicht davon gesprochen, ihren Gatten nie verlassen zu können? Er entsann sich deutlich, sie hatte. Dann mußte Serenus verschwinden!

Er rief nach Fuscus und fragte den eintretenden Adjutanten, ohne dessen Gruß abzuwarten, nach Pomperius. Er sei für jede Aufgabe gerüstet, erwiderte Fuscus. Seine Stunde werde bald kommen, bemerkte der Präfekt mehr zu sich selbst denn zu seinem Adjutanten. Was er über Serenus' Schwager habe herausfinden können, fragte er unversehens Fuscus, der eigentlich weiter über Pomperius hatte sprechen wollen.

»Dieser Saturnin ist ein ehrgeiziger junger Mann, dem militärisches Talent bescheinigt wird. Vielleicht sollten wir ihn für die Garde vorsehen?«

Tigellinus, der sich bequem in seinem Sessel zu rekeln begann, ignorierte den Vorschlag seines Adjutanten und forderte statt dessen weitere Fakten.

»Zuerst diente Saturnin unter Gnäus Corbulo und dann nach einer schweren Verwundung in Ephesos unter Barea Soranus.«

Der Präfekt zog die Lippen ein, was er immer tat, dachte er konzentriert nach. Seine Finger spielten mit einer kleinen Goldfigur, mit der er ab und an auf den Schreibtisch hämmerte.

Fuscus stand schweigend und wartete, daß ihn sein nicht gerade gut gelaunter Vorgesetzter endlich entließ. Doch Tigellinus sagte: »Weiter!«

»Was möchtest du noch hören?« fragte Fuscus verunsichert.

»Deine Frage ist falsch, ist grundfalsch. Sie müßte heißen, was habe ich denn bisher gehört? Nicht viel! Wie war Saturnins Verhältnis zu Corbulo, zu Soranus, wie ist es zu Titus, der ihn sogar zu meinem Festmahl uneingeladen mitbrachte? Mit wem pflegt er Umgang? Alles Fragen, die du nicht beantwortet hast«, wies Tigellinus Fuscus zurecht.

»Zu Corbulo und Soranus stand er während seiner Dienstzeit in beinahe freundschaftlichem Verhältnis. Mit Titus scheint er befreundet zu sein, ebenso mit Civica Cerealis, den er von früher kannte und dem er auf deinem Fest wiederbegegnete.«

Fuscus beobachtete Tigellinus' Hände, die noch immer mit der Figur spielten, und fragte sich, warum dieser kleine unbedeutende Tribun den Präfekten über Gebühr interessierte. War es, weil Saturnin ihr Bruder war und weil er gerne sein Wohlwollen besessen hätte? Andere Gründe konnte sich Fuscus nicht vorstellen. Oder befürchtete Tigellinus eine Konspiration? Corbulo – Soranus – Saturnin? Fuscus glaubte, Tigellinus' Interesse nun zu verstehen. Corbulo und Soranus waren verdächtige Leute, die wiederum mit Verdächtigen Umgang pflegten, mit Seneca ... Seneca, daß ich nicht gleich daran gedacht habe, Seneca war die Person, um die es dem Präfekten ging. Und Saturnin war über Serenus mit Seneca verbunden. Petronius, richtig, das hätte ich bald vergessen! Fuscus berichtete Tigellinus von Saturnins Zusammentreffen mit Soranus und Petronius in Camillus' Laden.

»Wir können nicht verhindern, daß der Tribun Senecas Machwerk liest und auf dumme Gedanken kommt, aber verhindern können wir, daß er sie Tat werden läßt, denn der Herr Tribun hat einen denkbar schlechten Umgang. Ich habe alles getan, um Senecas irreführende Gedanken über die Milde in der Politik auszumerzen. Fast zwei Jahre brauchte ich allein bei Nero dazu. Und immer wieder finden sich Leute in Rom, die daran Interesse bekunden. Aber daß Petronius, der Seneca und dessen Weltsicht nicht ausstehen kann, die Schrift in Umlauf bringt, hätte ich nicht erwartet. Dafür wird er mir bezahlen, der hochnäsige Arbiter. Behalte diesen Tribunen weiter im Auge.«

Tigellinus warf die Figur achtlos zur Seite und begann, in Papieren zu wühlen. Es dauerte geraume Zeit, bis er gefunden hatte, was er suchte: eine Karte. Gerade als er sich darin versenken wollte, riß ihn Fuscus mit der Frage nach weiteren Befehlen aus seiner Konzentration. Unwirsch wollte er den Adjutanten entlassen, hielt ihn zurück, weil ihm ein glänzender Einfall gekommen war, weil er auf der Karte seinen Archimedischen Punkt, von dem aus er eine Welt aus den Angeln heben und eine neue schaffen würde, aber nur für sich und – sie, endlich gefunden hatte.

IX

Saturnin litt unter den sich mehrenden Zwistigkeiten zwischen Claudia und Serenus. Hatten sie anfangs versucht, ihre Auseinandersetzungen vor ihm zu verbergen, so waren jetzt ihre lautstarken Streitereien auch in seinem Zimmer nicht mehr zu überhören. Furchtbar, dachte er, als wieder einmal ihre Vorwürfe und Beschimpfungen, Wort für Wort, zu ihm drangen. Warum mußten sie einander derart verletzen, zwei Menschen, die einst aus Liebe geheiratet hatten? Ein Glück, daß der kleine Publius bei den Großeltern war. Er, Saturnin, befand sich in einem Zwiespalt. Schuld und Unschuld lagen bei beiden gleich verteilt. Er verstand die Argumente Claudias und auch die des Schwagers.

Heute, so schien es Saturnin, stritten sie besonders laut und bösartig. Worte wie Versager, erfolgloser Schwächling, größenwahnsinniges Weib fielen. Er konnte es nicht länger anhören. Unbemerkt verließ er das Haus und ging zu Acte.

»Kummer?« fragte sie mitfühlend.

Er zögerte, sich ihr mitzuteilen. Schließlich redete er doch.

»Ich kenne Serenus gut. Er ist ein lieber, starker und gescheiter Mann, aber ihm fehlt das, was Frauen an Männern anzieht. Er ist zu anständig. Ihm fehlt das Quentchen Unberechenbarkeit und ein klein wenig unergründlich Hintergründiges. Ein Mann, der wie ein offenes Buch ist, besitzt keinen Reiz«, erwiderte sie auf seine Darstellung des Zerwürfnisses Claudias mit Serenus.

»Nero besaß diese gepriesenen Eigenschaften?« fragte er anzüglich.

Taktvoll überging sie seine Anspielung und dachte angestrengt nach. Unberechenbar war er und ist er noch, doch nicht wie ein Mann, eher wie ein ungezogener und verzogener Knabe, fällte sie ihr Urteil über den Göttlichen.

»Warum hat er dich eigentlich vom Palatin und aus seiner Umgebung entfernt?«

»Du bist neugierig, Saturnin.« Ihre dunklen Augen sahen an ihm vorbei, als suchten sie ein Bild in weiter Ferne. Sollte sie mit ihm darüber sprechen? Bedeutete ihr heute diese Zeit mit Nero, die sie in jugendlichem Überschwang einmal zur schönsten ihres Lebens gezählt hatte, überhaupt noch etwas?

»Er ist der Kaiser und kann tun, was er will, auch sich einer Geliebten entledigen«, antwortete sie ausweichend.

»Auch ein Kaiser hat nicht das Recht, mit Menschen umzugehen, als wären sie Gegenstände, die man achtlos wegwerfen kann.«

Acte rückte näher, streichelte sein Gesicht und sagte: »Du mußt noch viel lernen, du zorniger junger Mann, vor allem, sich abzufinden.«

»Niemals!«

»Doch. Außerdem geht es mir nun bedeutend besser als damals. Ich bin frei, nicht unvermögend und habe zudem dich.«

Er lachte und bemerkte, es sei ein schlechter Tausch, ein Kaiser gegen einen Tribunen.

»Lassen wir endlich die alten Geschichten ruhen und kümmern uns um das Heute.«

»Hast du Nero geliebt?« gab er keine Ruhe.

»Natürlich.«

»Liebst du ihn – noch?«

Sie lächelte geschmeichelt über seine Eifersucht.

»Nein, ich bedaure ihn, weil er nurmehr ein Gefangener seiner Ängste und seines Wahns ist. Tigellinus nützt das skrupellos aus.«

Tigellinus, dachte Saturnin, von dem waren wir abgekommen, obwohl er der eigentliche Anlaß dieses Gesprächs war.

»Der Präfekt verfolgt meine Schwester mit unverhohlenen Werbungen, gaukelt ihr Dinge vor, die sie ihm glaubt und die ihre Ehe zerstören. Serenus ist unglücklich, hat aber nicht den Mut, sein Leben zu ändern und um Claudia zu kämpfen, was er doch tun müßte.«

»Du mußt Claudia eindringlich vor Tigellinus warnen. Er ist ein Spieler, er spielt nur mit den Frauen, benutzt sie als Figuren. Claudia ist dafür zu schade. Ich persönlich habe nichts gegen den Präfekten, in gewisser Weise imponiert er mir, falsch, nicht er, sondern sein verwegenes und tollkühnes Spiel, das Gefahr läuft, wie einst Sejans Spiel zu enden. Tigellinus weiß es und läßt trotzdem nicht davon ab. Bewahre Claudia vor ihm, sie würde ihm verfallen und den Boden unter den Füßen verlieren. Ich weiß natürlich um den Reiz, die Gefährtin des mächtigen und begehrten Präfekten zu sein.«

»Ich werde es verhindern«, rief Saturnin, sprang auf und verließ grußlos Acte, die ihm kopfschüttelnd nachsah.

Er fand Claudia in ihrem Cubiculum. Zornig fragte er sie, was sie eigentlich vorhabe.

»Ich werde Serenus verlassen, denn ich kann nicht mehr mit ihm leben. Glaube mir, es war nie meine Absicht, ihm weh zu tun. Noch vor Tagen erst sagte ich Tigellinus, daß ich meinen Mann nicht . . .«

»Tigellinus«, schrie er, »immer dieser Tigellinus. Zu diesem Weiberhelden, der Frauen nur als Huren betrachtet, lasse ich dich nicht gehen. Niemals! Eine Antonierin wird nicht die Hetäre eines ehemaligen Pferdehändlers!«

»Es geht um mein Leben und mein Glück«, entgegnete sie unbeeindruckt von seinem Zorn.

»Schweig! Du bist töricht! Zu jedem anderen Mann magst du gehen, wenn du mit Serenus nicht leben kannst, aber nicht zu Tigellinus!«

»Ich liebe aber ihn und nicht einen anderen Mann.«

»Du liebst nicht ihn, sondern das Imaginäre, das Unberechenbare, das jede Frau bei einem Mann sucht. Er hat es raffiniert verstanden, in dir den Glauben zu wecken, daß er dies alles besäße. Und du, leichtgläubige Törin, nimmst sein Spiel für bare Münze. Eines Tages ist der Herr Präfekt deiner überdrüssig, und er beginnt ein neues Spiel, nur mit einer anderen Partnerin. Was tust du dann?« Saturnin erwartete von ihr eine ebenso heftige Rechtfertigung. Doch vergeblich. Sie lächelte und sagte nur: »Er liebt mich.«

»Er liebt mich«, äffte er ihren Tonfall nach. »Er ist geil auf deinen Körper, er giert nach deiner Schönheit wie ein brünstiger Satyr nach einer Nymphe. Hat er sich satt gebuhlt, dann schiebt er dich beiseite wie ein Kind das es langweilende Spielzeug.«

»Du bist ja beinahe ein Dichter, Lucius. Vergleichst mich mit einer Nymphe und ihn mit einem Satyr, das heiße ich Phantasie.«

»Dein Spott ist unangebracht«, wies er sie zurecht.

»Stimmt. Ich liebe ihn, er liebt mich, das genügt. Was sollen düstere Gedanken über das Ende einer Liebe, die gerade erst begonnen hat?«

»Du bist also fest entschlossen, Serenus zu verlassen?«

»Ja.«

»Und Tigellinus weiß es bereits?«

»Nein.«

»Er weiß es noch nicht einmal? Woher willst du wissen, daß er dich überhaupt bei sich aufnimmt, wenn du dieses Haus verläßt?«

Sie lächelte nur und gab keine Antwort.

»Und Publius?«

»Wird mit mir gehen.«

»Du kannst doch Serenus nicht den Sohn nehmen«, schrie er.

Publius sei auch ihr Sohn, und Serenus habe sich wenig um das Kind gekümmert.

»Du bist ungerecht. Warum konnte er sich in letzter Zeit weniger als früher Publius widmen, weil dein Tigellinus ihn mit Diensten behelligte, wie es Burrus niemals getan hatte. Nun sehe ich die Absicht. Ein hinterhältiges und infames Spiel, um euch zu entzweien. Claudia, gib deiner Augenblickslaune nicht nach, denn mehr ist es nicht, setze dafür nicht alles aufs Spiel«, beschwor er seine Schwester.

»Ich kann nicht, Lucius.«

»Hoffentlich mußt du es nie bereuen«, gab er auf, denn ihm fiel nichts mehr ein.

»Damit muß ich dann leben, ich allein. Wir haben uns immer glänzend verstanden, Lucius, und sollten uns deshalb nicht entzweien. Natürlich tut mir Serenus leid, er ist ein lieber und guter Mensch, aber leben kann ich nicht mehr mit ihm. Du würdest Tigellinus schätzen, lerntest du ihn näher kennen. Er fragt immer nach dir.«

»Immer? Seht ihr euch häufig?«

»Hin und wieder.«

»Mit einem Mann, der Senecas Schriften verbietet und der die Familie meiner Schwester zerstört, möchte ich nichts, aber auch gar nichts zu schaffen haben.«

Serenus' Eintritt enthob sie einer Antwort. Er habe mit Saturnin zu sprechen, entschuldigte er sich. Im Atrium, wohin ihm Saturnin gefolgt war, übergab er einen Rollenbehälter mit der Erklärung, dies sei eine Botschaft für den Kaiser in Antium. »Wir können zusammen reisen«, fügte Serenus hinzu.

»Du solltest doch bereits heute . . .«

»Der Präfekt hat anders entschieden.«

Saturnin wog den Rollenbehälter in der Hand, fragte Serenus, wer ihm diesen ausgehändigt hätte.

»Cornelius. Übrigens, Titus und Cerealis lassen dich grüßen, sie verlassen beide Rom. Titus wird in Ägypten und Cerealis in Syrien Dienst tun.«

Saturnin seufzte.

»Du beneidest sie? Ich auch.«

»Beneiden? Ich glaube nicht.«

»Warum solltest du auch, wo dir in Rom Liebesfreuden geschenkt werden, die eines Kaisers würdig sind«, erwiderte Serenus hintergründig lächelnd.

»Was willst du damit sagen?«

»Acte.« Er wisse es von Fuscus, fuhr Serenus fort, ohne die weitere Frage des erstaunten Schwagers abzuwarten. Fragte dann, ob Saturnin heute noch zu ihr ginge.

»Manchmal scheint den Schnüfflern einiges zu entgehen. Ich war schon bei ihr, als ihr euch lauthals Artigkeiten an den Kopf warft. Ich vergaß, du sahst Fuscus seither nicht wieder, bestimmt weiß er es. Heute werde ich Petronius besuchen, falls man dich fragen sollte.«

»Petronius? Wie kommst du zu dem Arbiter?« wunderte sich Serenus.

Saturnin berichtete dem Schwager über die Begegnung in Camillus' Buchhandlung.

»Dann weiß es Tigellinus, denn Camillus ist ein Spitzel. Ein Besuch bei Petronius empfiehlt dich aber nicht dem Präfekten.«

»Ob er mich empfiehlt oder nicht, ist mir scheißegal.«

Der derbe Ausdruck belustigte Serenus.

»Jawohl, scheißegal ist es mir. Dauernd heißt es in Rom, sprichst du mit dem, dann ist jener verärgert, liest du dessen Schrift, dann gerätst du in Ungnade bei dem, machst du das, dann wirst du verdächtigt, zum Kotzen dieses Taktieren. Befolgt man alles, kann man nur noch vom Fürchten leben. Ich gehe zu Petronius, selbst auf die Gefahr hin zu mißfallen.«

Serenus sah seinen Schwager von der Seite an und dachte: Er ist jung und hat ein Recht auf große Worte und auf Irrtum. Weiß er eines Tages, was ich weiß, dann vergeht ihm von selbst die Heldenpose.

X

Verzückt betrachtete Saturnin den Palast des Arbiter elegantiae, der sich durch seine Anmut gegen die Plumpheit der Nachbarpaläste deutlich absetzte. Er wartete noch eine Weile, weil er sich diesem Anblick der Harmonie von Bauwerk und Natur nicht so schnell entziehen konnte, bis er den Klopfer, einen zu einem Löwenkopf verdickten Ring, betätigte.

Ein Nubier öffnete die Pforte und musterte ihn. Der Tribun nannte seinen Namen und den Grund seines Kommens. Wortlos schloß der Neger die Tür. Saturnin lauschte irritiert den sich entfernenden Schritten des Torsklaven und wartete. Fast war er versucht, wieder zu gehen. Doch die Pforte öffnete sich, ohne daß er näher kommende Schritte gehört hatte. Eine weißgekleidete Frau mit braunem Gesicht, hellrot geschminkten Lippen und schwarzem, zu einem Knoten hochgesteckten Haar lächelte ihn an und ließ ihn ein. Der Tribun folgte ihr auf dem ansteigenden Pfad, der sich durch Lorbeer- und Myrtengebüsch hoch zum Palast schlängelte. Marmorne Stufen, von einem Porticus begrenzt, führten zum Eingang. Erst jetzt sah er die schlanken korinthischen Säulen, die das Tympanon und den Relieffries umfaßten, deutlich bis in alle Einzelheiten vor sich, die unten von der Straße nur bruchstückhaft zu erkennen waren. Auch der kleine Teich, in dem sich das Grün der Tamarisken und Akazien spiegelte, versteckte sich in dem Gewirr aus Bäumen und Pflanzen. Alles atmete Geschmack, Schlichtheit herrschte und keine protzige Demonstration von Reichtum.

Die Führerin mahnte den ins Betrachten vertieften Gast, weiterzugehen. Betont langsam folgte er ihr durch das Vestibulum und das Atrium, um sich nichts von den auf zierlichen Sockeln stehenden Marmorbüsten und kostbaren Vasen voller Blumen entgehen zu lassen. Er fand das Gerücht bestätigt, daß der Arbiter elegantiae keine Rosen mochte, denn unter der Vielzahl verschiedenartiger Blumen war nicht eine einzige Rose.

Aus einem Seitengang näherte sich eine blaugekleidete Frau, die dem Tribunen freundlich zunickte und ihm zu verstehen gab, daß er nun ihr zu folgen habe. Die bisherige Führerin verneigte sich und blieb zurück, während Saturnin der Blaugewandeten durch das Peristyl nachlief. Petronius schien die Kontraste zu lieben. War die Frau, die ihn eingelassen hatte, braunhäutig und dunkelhaarig gewesen, so war diese beinahe weißhäutig, und ihr Haar besaß die Farbe reifen Getreides. In einem kleinen, von alten Platanen beschatteten Garten rekelte sich der Hausherr auf einem Liegepolster.

»Willkommen, Saturnin. Was darf ich dir bringen lassen, Falerner, Samos, spanischen Wein?« begrüßte ihn Petronius und streckte ihm lässig die beringte Hand entgegen.

Saturnin zögerte, denn angesichts des morgigen Ritts nach Antium wären berauschende Getränke nicht angebracht. Er bat um einen erfrischenden Trank.

Die blonde Sklavin verschwand und kehrte nur wenige Augenblicke später mit einem Becher zurück, den sie vor Saturnin auf einen kleinen Tisch stellte.

Ein Genießer, dieser Petronius, dachte Saturnin, umgibt sich mit schönen Frauen und anderen wunderbaren Dingen. Bestimmt eine böse Verleumdung, die den Arbiter des Voyeurtums bezichtigte.

»Nun?« fragte Petronius, als sein Gast getrunken hatte.

»Sehr erfrischend, der verdünnte Saft der Silphion-Pflanze, die in Cyrene wächst.«

Der Arbiter lobte des Tribunen Wissen.

»Zufall. Corbulo machte mich auf dieses Getränk aufmerksam.«

»Gnäus Domitius Corbulo?« staunte Petronius.

Saturnin berichtete nicht ohne Stolz von seinem Dienst bei dem berühmten Feldherrn. Petronius hörte aufmerksam zu und fragte, was der Tribun in Rom zu tun gedenke. Zog die Brauen hoch, als er vom Dienst bei den Stadtkohorten vernahm, und äußerte seinen Zweifel, daß dies die rechte Betätigung für einen von Corbulo ausgebildeten Tribunen sei. Verlegen rechtfertigte sich Saturnin und betonte, daß er zu Corbulo zurück wolle.

»Vernünftig, sehr vernünftig, denn unter all diesen mittelmäßigen Feldherren ist Corbulo das einzige Talent«, bekräftigte der Arbiter.

»Und Vespasian?«

Petronius' beringte Hand fuhr mit einer geringschätzigen

Bewegung, als vertriebe sie eine Fliege, durch die Luft. »Unter den Mittelmäßigen einer der besten, aber kein Vergleich zu Corbulo, dazu ein Mann ohne Geschmack, ein Bauer, primitiv und pöbelhaft, ungehobelt und ungebildet«, urteilte er verächtlich über den Flavier.

Die arrogante Art, mit der Petronius einen Menschen abtat, der sich Verdienste um Rom erworben, seinen Körper glühender Hitze, klirrender Kälte und den Waffen der Barbaren ausgesetzt hatte und dadurch seinen Geschmack nicht hatte kultivieren können, während der raffinierte Genießer nichts anderes tat, als die Wollust auszukosten, erlesene Weine und Speisen zu verschlingen, Oden von Horaz und Liebeselegien des Ovid zu lauschen, verstimmte Saturnin.

»Gilt ein Mensch, der bei Neros Gesang einschläft, heute schon als ungebildet und ungehobelt?« fragte er schneidend.

»Die Kunst unseres Göttlichen oder was er darunter versteht, ist mitnichten oberstes Kriterium für die Beurteilung eines Menschen. Du bist ein Freund der Flavier und mußt sie deshalb verteidigen«, erwiderte Petronius nachsichtig.

Woher er wisse, daß er mit den Flaviern bekannt sei, fragte Saturnin, dabei bewußt das Wort befreundet umgehend.

»Logik, mein Lieber, ein ganz einfacher logischer Schluß«, lachte Petronius. »Aus den beiden Prämissen: Soranus und Vespasian sind Vertraute und: Saturnin ist ein Vertrauter des Soranus folgt der Syllogismus: Saturnin ist ein Vertrauter Vespasians. Weiter folgt nun, daß der Tribun Saturnin die Flavier verteidigen muß, selbst wenn er in Zwiespalt gerät beim Abwägen der Leistungen eines Corbulo und eines Vespasian. Doch streiten wir nicht weiter. Du kannst mir, einem älteren und erfahreneren Mann, guten Gewissens glauben – oder auch nicht –, daß Corbulo der weitaus bessere Mann ist. Ein Vergleich Corbulos mit Vespasian verbietet sich eigentlich, denn zwischen ihnen liegen Welten.«

Saturnin schwieg, und sein Blick verriet, daß er des Hausherrn Ansicht nicht teilte. Petronius, dem dies nicht entging, brachte als Weltmann und höflicher Gastgeber das Gespräch auf ein dem Gast genehmeres Thema. »Warum möchtest du Senecas Schriften lesen?«

»Aus Interesse«, ging Saturnin gern und schnell darauf ein.

Als glaube er es nicht so recht, musterte der Arbiter den Tribunen. »Aber«, entgegnete er zögernd, als fehlten ihm die Worte, doch in Wahrheit war es der alte Rhetorikertrick, um die Aufmerksamkeit des Zuhörers zu steigern.

»Aber?« fragte Saturnin ungeduldig, der Petronius prompt in die Falle gegangen war. Doch der Arbiter dehnte die Pause noch länger aus, des Gastes Ungeduld weiter strapazierend. Endlich fuhr er fort: ». . . von meiner Seite gäbe es zu Senecas Schriften eine kleine Lesehilfe anzumerken.«

Gespannt rutschte Saturnin in seinem Sitz ein Stück nach vorn, als wollte er Petronius näher kommen, um besser verstehen zu können.

»Senecas Schriften sind, vom geistigen Standpunkt aus gesehen, Meisterwerke, was man vom Stil nicht immer behaupten kann, weil er oft zu künstlich, zu ziseliert und zu schwülstig ist. Vom Inhalt, vom Aufbau und von der inneren Logik her sind es, ich wiederhole, Meisterwerke, wenn auch leider nur utopische. Senecas Forderungen in puncto Ethik, Moral und der Concordia ordinum sind unerfüllbar, weil sie für eine nichtexistente Edelgesellschaft und für nichtexistierende Edelmenschen postuliert wurden. Das weiß der Alte genausogut wie ich, daß es diese Gesellschaft und diese Menschen nie geben wird. Mein Vorwurf an ihn ist, daß er es trotzdem die Leute glauben machen will. Dieses Auseinanderklaffen von Lehre und gelebter Wirklichkeit ist sein Dilemma. Auch als er mit Burrus das Reich regierte, hat er seine Humanitas-Träume nicht verwirklichen können. Sein Zögling Nero wurde nicht der Philosoph auf dem Thron, sondern ein unselbständiger und von Tigellinus beeinflußter Herrscher. Manchmal denke ich, Rom wird von Tigellinus regiert.«

Petronius' letzte Worte klangen bitter. Die beringte Hand ergriff den Becher und zitterte leicht, als sie ihn zum Munde führte.

»Warum schiebst du alle Schuld auf Seneca? Gehörtest du nicht auch zu Agrippinas und Neros Günstlingen? Verzeih mir, edler Petronius, warum hast du, als Sittenrichter in Sachen guten Geschmacks, Neros Geschmack nicht prägen können? Wenn du Seneca als Utopisten titulierst, wie würdest du dich dann selbst bezeichnen? Du bist letztendlich mit deinem Schüler in gleicher Weise gescheitert.«

Petronius preßte die Lippen aufeinander und ließ den Becher hart auf den Tisch krachen. Mußte er sich das von einem kleinen Tribunen in seinem eigenen Hause bieten lassen? Er atmete tief, um dem Zorn entgegenzuwirken und um Zeit zu gewinnen, denn er durfte jetzt nichts Unüberlegtes tun. Man würde in Rom über ihn lachen, ließe er sich durch die naseweisen Worte eines jungen Tribunen in Wut bringen. Er versuchte ein Lächeln, das etwas verzerrt geriet.

»Die Dinge liegen auf einer völlig anderen Ebene. Es würde zu weit führen, dir diese zu erläutern, denn dazu müßtest du die Vorgeschichte kennen«, rettete sich Petronius auf die Position der Überlegenheit.

Doch Saturnin schien ihm nicht zu glauben.

»Lies die Schrift ›Über die Milde‹, lies sie gut, sie ist es wert, auch wenn sie nur ohnmächtige Wunschvorstellungen enthält«, wich der Arbiter weiter von der ursprünglichen Frage ab.

»So ohnmächtige Wunschvorstellungen können es wiederum nicht sein, hätte Tigellinus sonst die Schrift verboten?« widersprach Saturnin.

»Das ist oder mag richtig sein, doch bedenke, daß der Verfasser der ›Milde‹ einen Muttermord als staatspolitisch notwendig rechtfertigte. Das ist Heuchelei! Ein Mord, Saturnin, ob notwendig oder nicht, bleibt immer ein Mord und zeugt von schlechtem Stil und verdorbenem Geschmack.« Petronius sank erschöpft auf sein Polster zurück. Zwischen den beiden Männern war es still geworden. Nur das Plätschern der Fontänen war zu hören. Saturnin erhob sich, um sich zu verabschieden, da er des Hausherrn Schweigen als Ende der Besuchszeit deutete. Auch Petronius richtete sich auf und begann unvermittelt zu deklamieren:

»Apollo freute sich und lobte das Beginnen.
›Ihr Schwestern fahret fort, fahrt fort‹, rief er, ›mit
Spinnen! Der, dessen Leben ich in euren Händen seh,
Verdienet, daß sein Lauf gar vielmals weitergeh
Als andrer Sterblicher. Er gleicht mir in vielem.
An Ansehn, an Gestalt, im Dichten, Singen, Spielen.
Und wie die Morgenröte die dunkle Nacht vertreibt,
Wie vor der Sonne Strahl nicht Duft noch Nebel bleibt,
Wie alles heiter wird, wenn sich sein Wagen zeiget,
So ist's, da Nero jetzt den Kaiserthron besteiget,
Sein goldgelocktes Haar, sein schönes Angesicht
Strahlt wie der Sonnenschein, der durch die Wolken
bricht,
Zank, Ungerechtigkeit und Neid stürzt vor ihm nieder,
Er bringt die Goldne Zeit dem Kreis der Erde wieder.‹«

Nach einer Pause fragte er Saturnin, was er davon halte. »Du mußt dir doch eine Meinung bilden können«, drängte Petronius, als der Tribun nur die Achseln zuckte.

Saturnin überlegte, warum Petronius so auf einer Aussage bestand, bestimmt verband er damit eine Absicht. Aber welche? Worüber sprachen wir die ganze Zeit? Plötzlich erkannte er des Arbiters Absicht, der ihn fragend ansah und ungeduldig auf Antwort wartete.

»Einmal könnte man meinen, es sei plumpes und anbiederndes Schmeicheln eines Kriechers, andererseits halte ich auch nicht für ausgeschlossen, daß diese Verse ein überschwenglicher Ausdruck von Hoffnung sind. Hoffnung – nach Caligulas und Claudius' Herrschaft – auf einen Neubeginn unter Nero.«

Erstaunt klatschte Petronius die Hände zusammen. »Du bist schlau, Saturnin, für dein Alter erstaunlich schlau. Mit

Absicht nannte ich dir nicht den Verfasser dieses Panegyrikus, um dir eine unvoreingenommene Bewertung zu ermöglichen. Ich wollte ein eindeutiges Urteil, doch du hast mit einem wendigen Dreh alles in der Schwebe gelassen. Die Verse sind von –«

»Seneca«, ergänzte Saturnin, belustigt über Petronius' entgeisterten Blick.

»Du hast gewußt, daß Seneca der Verfasser ist, deshalb deine diplomatische Einschätzung. Aber fragen kannst du ihn, ob er heute noch zu seinen Versen steht, wenn er es überhaupt je tat. Wie vereinbaren sich seine schönen Sätze vom Niederstürzen des Neids, des Zanks und der Ungerechtigkeit mit den Morden an Agrippina, an Rubellius, an Sulla und an der Kaiserin Octavia? Ist das die von Seneca gepriesene und von Nero erwartete Goldne Zeit?« Petronius' Spott war beißend.

Saturnin ging nicht darauf ein, sondern wiederholte seine Frage, warum der Arbiter Nero keinen guten Geschmack gelehrt habe.

»Laß dir von meiner Sklavin die Schriftrollen geben, bringe sie mir in zwei Monaten, also im September, zurück. Leb wohl«, sagte Petronius, reichte ihm die Hand, lächelte, als ginge ihn des Tribunen Frage nichts an. »Viel Spaß bei der Lektüre, und laß dich nicht verwirren, Saturnin, denn *ubique naufragium est.«*

Mit einem Korb voller Schriftbehälter verließ der Tribun den Palast des Petronius. Das Gespräch hatte ihn angestrengt. Immer diese doppeldeutigen Aussagen und Anspielungen. Niemals war man bei Petronius sicher, war es Ernst oder Ironie.

»*Ubique naufragium est,* überall ist Schiffbruch«, wiederholte er des Arbiters Abschiedsworte, fragte sich, was sie bedeuten sollten, fand aber im Moment keinen Zusammenhang und gab es auf, länger darüber nachzudenken.

XI

Im Haus war noch alles still, selbst aus der Küche und den Ställen drang kein Laut, als Saturnin auf den Balkon hinaustrat. Ein Teil des Gartens lag im Licht der Morgensonne, die den Tau auf den Pflanzen glänzen ließ. Tief atmete der Tribun die frische Luft ein, streckte und beugte ein paarmal den Körper und ging dann wieder in sein Zimmer. Vorsichtig, um nicht auf die am Boden verstreut liegenden Pergamentrollen zu treten, setzte er Fuß vor Fuß. Gleich nach seiner Rückkehr von Petronius hatte er alle Rollen aus den Behältern genommen, nur um sie anzusehen. Zu seiner Verwunderung befanden sich unter den Kopien auch Teile aus Petronius' eigenem Werk. War es Versehen der Sklavin? War es Absicht des Arbiter, daß auch sein Opus gelesen werde? Aus dem neugierigen Betrachten war dann begieriges Lesen geworden. Des Arbiter versehentliche Absicht oder absichtliches Versehen wurde belohnt, denn Saturnin hatte mit Petronius' Beschreibung der Liebesabenteuer eines gewissen Encolpius begonnen. Eine unterstrichene Zeile war ihm ins Auge gesprungen: *si bene calculum ponas, ubique naufragium est* – wenn man es recht bedenkt, so ist überall Schiffbruch! Petronius' Abschiedsworte. Waren sie die Quintessenz des Petronschen Werkes? War die schlüpfrige Satyrgeschichte nur als Beweis gedacht für die These, daß es in der Welt keine Rettung gebe?

»... laß dich nicht verwirren, Saturnin, denn ubique naufragium est ...« Deutlich hörte Saturnin den Arbiter sprechen. Doch wo lag der Sinn dieser Sentenz, wo der Bezug? Stellte der Spötter Petronius sowohl sich als auch Seneca in Frage und meinte, daß sie beide, trotz ihrer unterschiedlichen Weltsicht, keine Aussicht auf Rettung hätten? War dies Ironie oder die Ehrlichkeit eines Menschen, der alles durchschaut und zu derartigem Pessimismus als Schlußpunkt allen Philosophierens gelangte?

Gleichgültig, Petronius, woraus deine Schiffbruchtheorie

erwächst, du kannst und darfst nicht recht haben! Für einen Mann mit festem Willen gibt es keinen Schiffbruch!

Mittlerweile war das Haus zu morgendlicher Geschäftigkeit erwacht. Das Klopfen des alten Griechen erinnerte ihn, sich reisefertig machen zu müssen.

Als er das Atrium betrat, saß Serenus ohne jegliche Anzeichen von Aufbruchstimmung auf der Bank. Mit einer beruhigenden Geste dämpfte er Saturnins Hast. Er müsse noch auf das Schreiben des Präfekten warten, erklärte er.

Unwillig über die Verzögerung und die Eile, mit der er sich gebadet, angekleidet und gegessen hatte, wollte Saturnin zurück in sein Zimmer gehen, als ans Tor gepocht wurde.

Serenus, der mit Tigellinus' Schreiben an Nero zurückkam, zeigte durch seinen Griff zum Helm, daß er bereit sei. Von Claudia, die ins Atrium trat, verabschiedete er sich zurückhaltend, aber nicht unfreundlich. Saturnin legte seiner Schwester die Hand auf die Schulter und folgte Serenus.

Im scharfen Galopp sprengten sie aus der Stadt, um vor der sengenden Mittagshitze bereits am Ziel zu sein. Als sie sich Ostia näherten, wurde die bislang ruhige Straße belebter. Händler und Bauern mit Karren und bepackten Maultieren brachten ihre Waren auf den Markt. Hinter Ostia wurde es wieder ruhiger, bis schließlich das Hufgeklapper ihrer Pferde einziges Geräusch blieb. Rechts fiel die schmale Straße, die nicht mehr als zwei Reitern nebeneinander oder einem Reisewagen Platz ließ, jäh zum Meer ab, das in der Morgensonne glitzerte. Linker Hand bergiges Gelände, einmal sanft und allmählich, einmal schroff und steil ansteigend, bewaldet und mitunter durch breite grünflächige Schneisen unterbrochen. Caligula habe diese Straße in Ufernähe als kürzeste Verbindung Roms mit Antium erbauen lassen, erläuterte Serenus dem Schwager und zügelte den Schimmel.

»Was macht Nero in Antium?«

Serenus antwortete spöttisch, was eben ein Herrscher auf

einem seiner vielen Landsitze tut, sich von den anstrengenden Geschäften des Herrschens zu erholen.

»Aber Nero beläßt es nicht beim Ausruhen. Er bereitet sich auf das große Wagenrennen im Circus Maximus vor, komponiert ein neues Stück für Harfe und Kithara und übt sich im Gesang, den zu bewundern dir bereits beschieden war«, fügte Serenus lachend hinzu und setzte den Schimmel wieder in Trab.

Saturnin folgte ihm in einem gewissen Abstand. Die Sonne stieg höher, und von der morgendlichen Frische war nichts mehr zu verspüren. Der Tribun blickte abwechselnd einmal zum Meer hinab und dann wieder die Berge hinauf. Gerade wollte er den Kopf meerwärts wenden, als er zwischen den Bäumen etwas Ungewöhnliches bemerkte, was nicht in die Ruhe des Waldes zu gehören schien. Unauffällig, den Falben zu langsamerer Gangart zwingend, spähte er hinauf. Dort oben, nun bestand kein Zweifel mehr, stand ein Mann hinter den Bäumen. Ein Beerensammler oder ein Bauer? Aber warum verbarg er sich dann? Er klopfte dem Falben auf den Hals, um schnell an Serenus' Seite zu kommen, der gleich an der Stelle sein würde, wo der Fremde über ihm im Wald lauerte. »Serenus, Vorsicht«, schrie er plötzlich, denn er hatte gesehen, wie der Verborgene aus dem Wald hervorgetreten war und mit einem funkelnden Gegenstand den Arm hochgerissen hatte. Mehr konnte er nicht rufen, denn der Speer pfiff durch die Luft und verfehlte ihn nur um einige Handbreiten. Als sich Saturnin auf den Pferdehals niederbeugte, war es schon zu spät. Der Falbe, verschreckt durch die ungewohnte Bewegung seines Reiters, schoß davon. Auch Serenus' Schimmel war weitergeprescht, jedoch bereits, als Saturnins gellender Schrei ertönt war. Plötzlich türmte sich hinter der scharfen Straßenbiegung ein über die gesamte Breite reichendes Hindernis aus Baumstämmen auf.

»Runter, leg dich hin!« schrie Serenus. Saturnin sprang vom Pferd, fiel hart zu Boden. Bereits im Liegen zog er sein

Schwert aus dem Wehrgehänge, legte es eng an den Körper, dann nahm er den Dolch und behielt ihn in der Hand. Schmerzhaft pochte sein Herz gegen die Rippen. Noch immer war es still. Wie viele werden es sein? Bestimmt war der Speerwerfer nicht allein. Hier an der Straßensperre plante man, ihnen nach mißglücktem Wurf den Rest zu geben. Diese Hunde sind umsichtig zu Werke gegangen, dachte Saturnin, um ganz sicherzugehen. Knackte nicht das Holz? Waren da nicht Schritte? Vorsichtig hob er den Kopf, senkte ihn schnell, denn er hatte drei Männer mit gezogenen Schwertern die Böschung heruntersteigen sehen.

»Hier liegen sie, Pomperius«, rief der Vorderste. »Ich hätte nicht gedacht, daß ich den anderen noch erwischt habe. Sie sind verletzt oder tot. Willst du den Rest besorgen, oder soll ich?«

»Mach du, du bist da geübter. Man hat uns reingelegt, denn von zwei Männern war nicht die Rede«, erwiderte der Angesprochene.

»Halt's Maul, ich bin der Chef. Erledige den da vorn, ich übernehme den hier«, er deutete auf Saturnin. »Und du, Cassius, geh an die Straßenbiegung und halt uns den Rükken frei!«

Die beiden Männer kamen näher. Der Anführer, ein junger Mann, wie Saturnin unter halbgeschlossenen Lidern erkennen konnte, blieb etwa fünf Schritt entfernt stehen, während der andere weiterging. Jede Muskelfaser, jeder Nerv in seinem Körper spannte sich, seine Finger preßten die Dolchklinge. Blitzschnell fuhr sein Arm nach oben und schnellte ebenso geschwind auf den Boden zurück. Dem Mann blieb keine Zeit zu irgendeiner Regung, als er den hochzuckenden Arm des Liegenden bemerkte. Die Klinge bohrte sich ihm bis ans Heft in den Unterleib. Der Mann brach zusammen.

Saturnin sprang auf und rannte dem anderen nach. Der hörte den Anrennenden kommen, wandte sich um, dachte, es sei sein Kumpan, und hatte Mühe, des Tribunen ersten Schlag zu parieren. »Cassius«, schrie er, »Cassius, zu Hilfe!«

Doch Cassius half nicht, sondern flüchtete. Pomperius wehrte sich verzweifelt gegen die harten Hiebe des wütenden Tribunen. Serenus, der dem Kampf eine Weile zugesehen hatte, machte ein Ende, indem er mit dem Schwertknauf Pomperius von hinten auf den Schädel schlug. Dann ging er zu seinem Schimmel, ohne auf Saturnins Dank und die Bemerkung, daß er es selbst geschafft hätte, zu antworten, und entnahm der Satteltasche einen Strick, womit er den Ohnmächtigen fesselte.

Saturnin zog indes seinen Dolch aus dem Körper des Toten, säuberte ihn an dessen Tunika und wollte ihn wegstekken, als Serenus ihm die zweischneidige Klinge aus der Hand nahm.

»Ein Wurfmesser, leichter Griff, schwere Klinge. Eine armenische Arbeit. Corbulo schenkte mir die Waffe und unterwies mich in der Handhabung«, erklärte Saturnin dem Schwager, der den Dolch prüfend in der Hand wog.

»Ein guter Wurf«, anerkannte er. »Eine gefährliche Waffe, weil man nicht auf sie gefaßt ist«, fügte er hinzu.

Saturnin nahm den Dolch zurück und schob ihn in das Futteral unter dem Schwertgehänge. »Warum wollten sie uns töten? Kennst du einen von ihnen?« fragte er Serenus, der die Schultern hob und etwas von Raub murmelte.

Der Gefesselte stöhnte und öffnete dann die Augen. Saturnin versetzte ihm einen Fußtritt und brüllte ihn an, zu sagen, warum er und seine Kumpane sie ermorden wollten. Pomperius zuckte vor Schmerz und stöhnte, aber schwieg. Saturnins Wut steigerte sich.

Serenus riß ihn zurück, damit er den Gefangenen nicht weiter mißhandelte.

»Die Folterknechte im Castrum verstehen ihr Handwerk. Wenn deine Knochen splittern, deine Bänder und Sehnen wie morsche Fäden reißen und deine Blutgefäße wie übervolle Weinschläuche bersten, dann wirst du reden«, reagierte Saturnin seinen Zorn mit Drohungen ab.

»Laß doch, Lucius, wir sind doch davongekommen.«

Saturnin sah ihn entgeistert an und fragte, ob er einen Mordanschlag zu bagatellisieren gedächte.

»Aber nein«, wehrte sich Serenus gegen den Vorwurf, wollte fortfahren, doch statt dessen lauschte er angespannt. »Hufschlag, hörst du? Wir müssen hoch in den Wald, denn gegen eine Handvoll Berittener haben wir bei der Enge der Straße keine Chance«, rief er und wollte Saturnin mit sich ziehen. Die ersten Reiter bogen um die Krümmung. Gebannt starrten Serenus und Saturnin auf die näher kommenden Prätorianer und atmeten auf. Mit zusammengekniffenen Augen musterte der an der Spitze reitende Präfekt Serenus und Saturnin indes flüchtig nur, während sein Blick an dem Toten und dem Gefesselten länger verweilte. Serenus salutierte. Tigellinus forderte eine Erklärung. »Raubüberfall«, antwortete Serenus lakonisch.

Der Präfekt sprang vom Pferd, beugte sich zu dem Toten und fragte, wer der Kerl sei.

»Wir kennen ihn nicht«, erwiderte Saturnin.

Jäh wandte sich Tigellinus um und pflanzte sich breitbeinig vor dem Tribunen auf, sah ihn durchdringend an. »Du bist Saturnin?«

»Ja, Präfekt.«

Um Tigellinus' Mundwinkel zuckte es. Was er hier suche, fragte er unvermittelt.

»Botschaft des Präfekten der Stadtkohorten an den Göttlichen in Antium überbringen. Es ergab sich, daß mein Schwager«, bewußt betonte Saturnin die Verwandtschaftsbeziehung, »zufällig den gleichen Weg hatte.«

Der Präfekt runzelte die Stirn und deutete auf den Gefesselten, fragte lauernd, ob er bereits gestanden habe.

Als Saturnin und Serenus verneinten, winkte Tigellinus zwei Prätorianer zu sich. »Fuscus, du haftest mir dafür, sollte dieser Bandit entkommen«, befahl er.

Der Adjutant grinste und ließ den gefesselten Pomperius hochzerren und von seinen Leuten zur Seite schleppen.

»Aber ...«, wollte Saturnin einwenden, wurde jedoch von Tigellinus scharf unterbrochen. »Was heißt hier aber?«

Saturnin schwieg.

»Ich warte auf eine Antwort, Saturnin«, drängte der Präfekt.

Serenus warf seinem Schwager einen warnenden Blick zu, den Saturnin verstand.

»Da du nicht den Mut hast, mir deine Einwände zu offenbaren, werde ich die Lage klären«, sagte Tigellinus spöttisch. »Dieser Halunke hat es gewagt, einen Prätorianeroffizier zu überfallen, einen meiner Untergebenen.« Das Wort Untergebener betonte er genüßlich und wiederholte es, als er fortfuhr: »Mein Untergebener wurde überfallen, und deshalb obliegt mir allein die Bestrafung des Übeltäters.«

Woher er denn wisse, daß der Überfall Serenus gegolten habe und nicht ihm, wagte Saturnin zu fragen.

Die Prätorianer glaubten sich verhört zu haben, denn so hatte mit ihrem Präfekten noch keiner ungestraft zu sprechen gewagt.

Tigellinus kniff die Augen zusammen und krallte zornig die Finger ineinander. Der Tribun nahm sich viel heraus, unverschämt viel, man müßte ihn Respekt lehren, doch er war ihr Bruder, und noch war Rücksicht angebracht, noch! Der Präfekt wandte sich zu Serenus, als wäre nichts geschehen, und fragte ihn.

Eilfertig bestätigte Serenus, daß der Anschlag nur ihm allein gegolten habe.

»Der Göttliche soll über diesen Burschen entscheiden«, warf Saturnin, gereizt durch des Präfekten Ignoranz, ein.

»Ein vermessener Vorschlag, Tribun, den Göttlichen mit einer solchen Lappalie zu belästigen. Die Folgen seines Zornes wirst du ganz allein erdulden müssen. Ob du danach jemals in deiner Karriere vorankommen wirst, wage ich zu bezweifeln«, drohte Tigellinus.

»Ich will gestehen«, meldete sich Pomperius.

»Halt's Maul«, schrie Fuscus und gab ihm einen Schlag mit dem Schwertgriff auf den Mund.

»Aber . . .« empörte sich Saturnin.

»Gewöhn dir endlich dein verdammtes Aber ab«, brüllte ihn Tigellinus an. »Du könntest sonst mächtige Unannehmlichkeiten bekommen.« Der Präfekt ging zu seinen etwa zehn Schritt entfernt harrenden Leuten, die aufmerksam, aber mit reglosen Mienen den Vorgängen zugesehen und zugehört hatten, und befahl, die Stämme beiseite zu räumen.

Während des gemeinsamen Rittes nach Antium versuchte Saturnin wiederholt, in des Gefangenen Nähe zu gelangen, den man wie einen Sack quer über einen Pferderücken gelegt und dem man Arme und Beine unter dem Bauch des Tieres zusammengeschnürt hatte. Fuscus und Tigellinus verhinderten es geschickt, indem sie Saturnin und Serenus stets an die Spitze des Zuges drängten.

»Mir gefällt das alles nicht«, sagte Saturnin, als sie den Prätorianern einige Pferdelängen voraus und außer Hörweite waren.

»Denkst du, mir?« grollte Serenus. »Du solltest aber aufhören, Tigellinus zu reizen. Er ist nachtragend. Was er dir androhte, darfst du nicht auf die leichte Schulter nehmen.«

Saturnin schwieg und dachte, daß dies kein Leben für ihn sein konnte, in dem man sich dauernd selbst verleugnen mußte, und daß er auszubrechen versuchen würde. Diesen Tigellinus, das wußte er, würde er bis ans Ende seiner Tage hassen und nicht nur Claudias wegen. Unwillkürlich drehte er sich um und sah, wie Fuscus auf den Gefangenen einredete und ihm mit der Faust drohte. Er achtete nicht weiter darauf, denn Serenus rief ihm zu, daß sie angelangt seien. Hinter einer vorspringenden Felsnase war Antium mit seinen vom Meer aufsteigenden, sich an einen Berghang schmiegenden Villen zu sehen.

Tigellinus galoppierte heran und übernahm die Spitze. Fuscus blieb neben dem Gefangenen, den man nun in den Sattel gesetzt hatte, und redete auf ihn ein. Saturnin nahm nur flüchtig davon Notiz. Mehr interessierte ihn der Kaiserpalast, der auf einer Felszunge direkt ins Meer hineingebaut schien. Der Schatten hoher Pinien und Zypressen, deren Wipfel sich im leichten Seewind bewegten, schützte ihn vor der Sonnenglut.

Die Wache salutierte vor dem Präfekten, der absaß und im Palast verschwand.

Die Prätorianer und Serenus warteten, während Saturnin dem wachhabenden Centurio die Rolle mit dem Siegel des Kommandanten der Stadtkohorten unter die Nase hielt. Der beäugte es ausgiebig und ließ den Tribunen passieren. Im Tor wandte sich Saturnin um und sagte zu Serenus, warum er denn warte, er habe doch gleichfalls eine Botschaft für den Göttlichen. Serenus glotzte verständnislos, dann grinste er, zeigte dem Wächter Tigellinus' Siegel und folgte seinem Schwager.

»Der Präfekt hat dir die gegebene Botschaft nicht abverlangt, also ist sie nicht durch sein Auftreten erloschen. Überhaupt, Serenus, findest du es nicht merkwürdig, Tigellinus übergibt dir einen dringlichen Befehl für den Kaiser und reitet nur Stunden später selbst zum Imperator?«

Serenus hatte darüber seit Tigellinus' Erscheinen am Ort des Überfalls unablässig nachgedacht, sagte es aber nicht.

In einem der Vorräume zu den kaiserlichen Gemächern ließ sich ein diensthabender Tribun die Botschaften mit den Siegeln zeigen. Ein herbeigerufener Centurio führte Serenus und Saturnin in einen anderen Raum, wo sie vor einer mit Goldfiguren verzierten und von zwei Wachen flankierten Schiebetür zu warten hatten. Der Centurio verschwand hinter der Tür. Serenus und Saturnin sahen sich an, als plötzlich Gesang zu vernehmen war. Eine heisere, bis zur Grenze beanspruchte Stimme, von einer Kithara begleitet, übte sich in Tremolos. Der Göttliche probe ein neues Lied und hätte noch keine Zeit, sie zu empfangen, meldete der Centurio und schloß vorsichtig die Tür. Saturnin und Serenus warteten. Nach längerer Zeit, sie wußten nicht, war es eine oder waren es mehrere Stunden gewesen, öffnete sich die Schiebetür, und ein junger Mann mit bronzefarbener Haut forderte sie auf einzutreten.

Nero rekelte sich auf einem Sofa, und neben ihm lümmelte Tigellinus in einem Sessel. Als er Serenus sah, sprang er auf, eilte auf ihn zu, riß ihm den Rollenbehälter aus der Hand und erklärte, zum Kaiser gewandt, diese Botschaft habe sich durch sein Kommen erledigt. Der Kaiser nickte gelangweilt, musterte Saturnin mit seinen tiefliegenden wasserhellen Augen und fragte, was er bringe.

»Eine Botschaft des Präfekten der Stadtkohorten, Göttlicher«, antwortete der Tribun mit belegter Stimme und hielt dem Kaiser die Metallhülle entgegen.

Warum er so spät komme, fragte Nero, als er das Schreiben gelesen hatte.

»Ein Überfall?« kreischte er, als er Saturnins Begründung hörte. »Ein Überfall am hellichten Tage auf meiner Straße? Tigellinus, was sagst du zu solch himmelschreiender Gemeinheit?« Nero keuchte. Seine Hand mit der Schriftrolle fuhr durch die Luft, als wollte er unsichtbare Feinde schlagen.

Der Präfekt sah Saturnin drohend an, sagte dann, Nero verlegen zulächelnd, der Göttliche möge verzeihen, er habe ihn bewußt mit dieser Lappalie verschonen wollen, da nichts geschehen sei. Ein paar Tagediebe hätten Gelüste auf die Pferde und Rüstungen der Tribunen verspürt.

»Lappalie«, brüllte Nero mit sich überschlagender Stimme, »ein Überfall ist keine Lappalie, sondern ein todeswürdiges Verbrechen. Der Vorfall muß geheim bleiben! Der Pöbel darf nicht erfahren, daß man auf meinen Straßen überfallen werden kann. Berichte, Tribun!«

Saturnin erzählte, zuerst erregt, dann ruhig.

»Vortrefflich, daß ihr einen Banditen habt fangen können. Ich will ihn sofort verhören und werde seiner Kreuzigung beiwohnen.«

Tigellinus rutschte in seinem Sessel unruhig hin und her,

nagte nervös an seiner Unterlippe, als Prätorianer Pomperius hereinbrachten.

Der Kaiser schrie den Gefangenen an, drohte ihm mit dem Kreuz.

Der Präfekt beschwor den Kaiser, nicht die Zeit mit diesem Halunken zu verschwenden, sondern ihn sofort hinrichten zu lassen.

Pomperius zitterte und stammelte, daß er die beiden Tribunen nicht habe umbringen wollen, sondern er sei gezwungen worden, an dem Überfall teilzunehmen.

Tigellinus schwitzte und fuhr sich mit einem Tüchlein über die Stirn. Fuscus nickte ihm ermunternd zu.

»Wer hat dich gezwungen?« fragte Nero scharf.

»Marcius und Cassius, die meine Notlage ausnützten. Ich wollte die Tribunen nicht töten, ich nicht.«

Saturnin hatte den bärtigen Riesen beobachtet und glaubte dessen Beteuerungen. Einer plötzlichen Eingebung folgend, bat er den Kaiser, dem Übeltäter das Leben zu schenken.

Serenus preßte die feuchtgewordenen Hände zusammen vor Angst um seinen Schwager, der sich um Kopf und Kragen redete.

Im Saal war nach Saturnins vermessener Bitte an den Imperator, dessen Urteil feststand und den die Sache zu langweilen begann, Stille eingetreten. Unheilvolle Stille. Des Präfekten Gesicht färbte sich dunkelrot vor Wut und Erregung, der zusammengepreßte Mund glich einem Strich. Voller Haß schaute er auf Saturnin.

Er muß verrückt geworden sein, dachte Serenus und schluckte, als säße ihm ein Klumpen in der Kehle.

Nero sagte noch immer nichts. Seine Augen wanderten unstet von Pomperius zu Saturnin.

»Du bist entweder töricht oder unverschämt, Saturnin, dem Imperator eine solche Ungeheuerlichkeit zuzumuten. Nimm deine dreiste Anmaßung zurück und entschuldige dich!« schrie der Präfekt.

Nero lächelte plötzlich und sagte: »Wofür soll sich der Tribun entschuldigen? Dafür, daß er seinen Kaiser vertrauensvoll um eine Gefälligkeit, eine Gefälligkeit nicht einmal für sich selbst, bat? Er, als der Überfallene, hat das Recht, für seinen Feind zu bitten. Ich hatte heute einen guten Tag, bin mit meinen Kompositionen vorangekommen, warum soll ich nicht gnädig sein. Ich schenke dir dein Leben und verurteile dich . . .« Der Kaiser überlegte, seine dicken Finger kraulten den Backenbart. Er musterte den Gefangenen. »Du bist kräftig, du wirst für mich arbeiten in meinen Marmorbrüchen, in Luna. Ich verurteile dich zu fünf Jahren Zwangsarbeit. Wie ist dein Name?«

»Pomperius.«

»Arbeite gut, so dankst du mir am besten meine Milde, Pomperius«, sagte der Kaiser aufgeräumt, winkte den Prätorianern, die den Gefangenen hinausführten.

»Zufrieden, Tribun?«

»Göttlicher, sei bedankt für deine Großmut«, erwiderte Saturnin.

Serenus fühlte sich erleichtert. Er hatte alle Götter angefleht, den Zorn des Imperators abzuwenden. Aber Tigellinus' Wut auf Saturnin schien sich noch zu steigern, als Pomperius weggebracht worden war. Er hat sich einen Todfeind geschaffen, dachte Serenus, der des Präfekten Miene beobachtete.

Ein Geräusch, von einer der Seitenwände kommend, ließ sowohl Nero und Tigellinus als auch Saturnin und Serenus unwillkürlich den Kopf wenden. Aus einer Nische stolzierten zwei Geparden, von ihrer Herrin, einer hochgewachsenen schlanken Frau, an langer Leine gehalten.

»Du hast Besuch?« sagte die Frau, zu Nero gewandt, der sich bei ihrem Eintritt erhoben hatte und sie mit einem Lächeln bedachte. Eilfertig erklärte er, daß die Audienz beendet sei.

Serenus stieß Saturnin in die Seite und zischte, daß er sich verneigen müsse vor der Augusta Poppäa. Als hätte die

Kaiserin des Prätorianers Aufforderung vernommen, näherte sie sich ihnen bis auf vier Schritt und musterte abschätzend die sich devot Verneigenden.

Saturnin wurde unbehaglich zumute, als die Raubkatzen ihn beschnupperten. Ihr warmer Atem an den Beinen ließ ihn frösteln.

»Serenus, Neffe Senecas und Vetter des Lucanus«, sagte die Kaiserin, und der Angesprochene konnte nicht unterscheiden, war es Spott, Achtung oder keines von beiden. Und wer er sei, wandte sich Poppäa an Saturnin.

»Lucius Antonius Saturninus, Tribun der Stadtkohorten, Schwager von Annäus Serenus.«

»Ihr könnt gehen«, warf der Kaiser ungeduldig ein. »Meine Befehle für die städtischen Kohorten erhältst du morgen.«

Ein Bediensteter des kaiserlichen Hofes führte die beiden Tribunen zu einem nur wenige Schritte vom Palast entfernten doppelstöckigen Haus, der Unterkunft für Boten. Ein anderer Sklave brachte ihre Pferde in die angebauten Stallungen.

»Dieser Tag hat mich geschafft«, stieß Serenus aus, riß sich den Brustpanzer und die Beinschienen vom Leib und ließ sich erschöpft auf das Lager fallen. »Warum mußtest du dich vor Tigellinus und dem Kaiser so in den Vordergrund spielen? Du hattest großes Glück, daß Nero einen ausgezeichneten Tag hatte. Aber Tigellinus wird dir nie vergessen, daß du dich dauernd ihm widersetzt und sogar bei Nero über ihn triumphiert hast, indem er diesen Pomperius begnadigte.«

»Endlich fällt mir ein, woher ich den Namen Pomperius kenne. Die ganze Zeit habe ich vergeblich nachgesonnen. Nun ist es zu spät, ihn zu fragen, ob er der Sohn dieses toten Pächterpaares ist, das Soranus besuchen wollte. Macht nichts. Nun zu deinem Vorwurf: Ich wollte mich nicht in den Vordergrund spielen, ich konnte nur das ungerechte und menschenverachtende Gehabe des Präfekten nicht ertragen, der sich wie ein unfehlbarer Gott gebärdete und mir drohte. Tigellinus hat nicht das Recht, mir das Wort zu verbieten, mich zu zwingen, untertänigst nur das zu tun, was er fordert und erlaubt.«

»Das Recht hat er nicht, Lucius, aber die Macht. Daran wirst du dich gewöhnen müssen. Ich befürchte, du hast dir ihn zum Feinde gemacht.«

Tigellinus konnte ihm nichts anhaben, glaubte Saturnin sich sicher zu sein, hütete sich aber, es Serenus zu sagen, denn so unangenehm es war, die Sicherheit brachte Claudia.

»Nero hat mich auf eine eigenartige Weise verwirrt«, wechselte Saturnin auf ein anderes Thema. »Er ist so widersprüchlich, einmal vernünftig und normal, dann wieder fahrig, verängstigt und wie unter Zwang stehend. Und alles wechselt so abrupt. Er scheint mir, im Guten wie im Schlechten, zu allem fähig zu sein.«

»Du hast ihn gut beobachtet. Nero hat Angst seit frühester Jugend und versucht, dagegen anzukämpfen. Jedem, der ihm die Angst vertreibt, leiht er sein Ohr und schenkt ihm Vertrauen. Früher waren es mein Onkel und Burrus, jetzt ist's Tigellinus. Und Tigellinus ist es auch, der ihn mehr zum Schlechten als zum Guten leitet, besser verleitet. Hüte dich vor ihm.«

Du hättest Claudia vor ihm hüten sollen, statt mir gute Ratschläge zu erteilen, dachte Saturnin und streifte den Schwager, der die Augen geschlossen hielt, mit einem mitleidigen Blick. Plötzliches Hufgetrappel zog ihn zum Fenster. Er sah Tigellinus mit seiner Truppe Antium verlassen, schüttelte dann Serenus, der eingeschlafen war, sagte ihm, daß sein Vorgesetzter weggeritten sei und ihn vergessen habe, was ein paar Stunden dienstfrei bedeute.

Schlaftrunken erwiderte Serenus, Tigellinus vergesse keinen.

XII

Schwüle brütete über dem nächtlichen Antium. Kein Lufthauch war zu spüren. Saturnin, wieder einmal mitten in der Nacht aufgewacht, trat zum Fenster und blickte hinaus. Alles lag im Dunkel, nur aus dem Palast schimmerten einsame Lichtpunkte. Wie spät mochte es sein? Die zweite oder bereits die dritte Nachtwache? Es war gleichgültig. Geraume Zeit blieb er am Fenster, dann legte er sich auf sein Lager. Er streckte sich auf dem dünnen Polster, durch das die breiten Ledergurte zu spüren waren, und versuchte zu schlafen. Er wußte nicht, als ihn Serenus an der Schulter rüttelte, ob er geschlafen oder nur in einem Dämmerzustand gelegen hatte.

»Steh auf, wir müssen zum Imperator! Rom steht in Flammen.«

Saturnin begriff nicht sogleich. Serenus' Aufforderung wurde dringlicher, er zog den Schwager hart am Arm.

»Ich habe geträumt, jemand schlug gegen das Tor und machte großen Lärm.«

»Das war des Kaisers Bote. Beeil dich! Ganz Antium ist auf den Beinen, wir dürfen nicht die letzten im Palast sein.«

Als Serenus und Saturnin zu Nero geführt wurden, wartete er, bereits reisefertig gekleidet, nervös auf und ab wandernd, auf sie.

»Ihr habt es gehört, Rom brennt«, empfing er sie, seine Stimme klang heiser. »Wir brechen sofort auf. Serenus, du übernimmst die Führung der mich begleitenden Prätorianer. Saturnin, du überbringst Cornelius meinen neuesten Befehl: Die Stadtkohorten haben zu löschen und Ordnung zu schaffen. Ihr habt Vollmacht, mit Plünderern, Aufwieglern und Panikmachern nach Gutdünken zu verfahren. Mein auf Cornelius' Anfrage erteilter Befehl, die Absperrungen des Circus Maximus für die Vorbereitung des Rennens betreffend, ist aufgeschoben, aber nicht aufgehoben. Hier«, Nero reichte dem Tribunen einen Rollenbehälter, »steht alles geschrieben.«

Verwirrt sah Saturnin auf den Kaiser. War das Nero mit der fixen Idee, ein Künstler zu sein? Der Mann vor ihm erteilte entschlossene und klare Befehle und schrie ihn nun an, was er noch herumstehe und gaffe, er müsse aufbrechen.

Saturnin hastete aus dem Palast, bahnte sich durch die Bediensteten, die des Kaisers Reisewagen beluden und anschirrten, den Weg zu seinem Quartier und sprengte nur wenige Augenblicke später aus Antium. Tief über den Hals des Falben gebeugt, galoppierte er durch die Dunkelheit, andere Kuriere überholend und entgegenkommenden auf der engen Straße ausweichend. Hinter Ostia überzog rötlicher Schein im Nordosten den Himmel. Man hätte ihn für das Morgenrot halten können, wäre es nicht zu früh dafür gewesen.

Jammernde Menschen, auch nur neugierig gaffende, standen vor ihren Häusern und betrachteten den Himmel, der zu glühen schien. Obwohl er noch mindestens zwei Meilen von Rom entfernt war, reizte der Brandgeruch die Nasenschleimhäute. Mit unvermindertem Tempo ritt Saturnin durch die winzige Ortschaft, hörte nicht, was ihm die Leute zuriefen. Je näher er der Stadt kam, desto beißender wurde die qualmbeladene Luft. Auf der letzten Anhöhe vor Rom hielt er an, um den Falben kurz verschnaufen zu lassen. Erschrocken übersah er die den ganzen Horizont umspannende Flammenwand, über der dichte Rauchschwaden schwebten, einmal dunkel, dann wieder hell, meist dick geballt, manchmal zerfetzt und unterbrochen. Er setzte den Falben wieder in Trab. Wagen mit Flüchtigen, Berittene, Menschen zu Fuß mit ihrer Habe auf den Schultern behinderten seinen Weg. Mit gezogenem Schwert und der Drohung zuzuschlagen, bahnte er sich seinen Weg. Vier Männern schlug er mit der flachen Klinge auf die Köpfe und Körper, ihren Versuch vereitelnd, ihn vom Pferd zu zerren. Andere beschimpften und bespuckten ihn. In diesem Chaos wurde jeder zum Feind eines jeden. An der Porta Appia glühte ihm kaum zu ertragende Hitze entgegen. Der Brand hatte bereits den Palatin erfaßt und fraß sich über das Forum. Saturnin befürchtete, daß Löschversuche hier nichts mehr zu retten vermochten, zudem sie durch die in Panik geratenen Menschen behindert und unmöglich gemacht würden. Wie sollte er in dieser Wirrnis und in diesem Inferno Cornelius und seine Truppe finden? Einer Gruppe Prätorianer, die sich mit letzter und zunehmend erlahmender Kraft gegen eine Meute aufgebrachter Männer und Frauen verteidigte, eilte er zu Hilfe, stach und schlug auf die Bedränger ein, bis sie sich zurückzogen.

»Danke, Kamerad«, sagte deren Führer, schob die blutige Klinge in die Scheide, wischte sich übers Gesicht und streckte Saturnin die Hand entgegen. »Ich bin Subrius Flavus.«

»Antonius Saturninus«, erwiderte der Tribun und drückte des Prätorianers Hand. »Weißt du, wo ich die Stadtkohorten finde?«

»Unten am Fluß, sie bilden eine Löschkette.« Subrius Flavus wandte sich zum Gehen, als ihn Saturnins Frage, ob das Feuer sich bereits zum Pincio ausgedehnt habe, zurückhielt. Der Prätorianer schüttelte den Kopf und meinte, bis dorthin werde es nicht kommen.

Den Göttern sei Dank, murmelte Saturnin erleichtert, wenigstens Claudia und Publius droht keine unmittelbare Gefahr. Bei seinem Versuch, zum Fluß sich durchzuschlagen, wäre er beinahe von einem herabstürzenden Balken erschlagen worden. Der Falbe bäumte sich auf, das brennende Holz hatte ihn gestreift. Immer dichter wurde der Rauch. Die Augen brannten und tränten. Im Munde der Geschmack von Versengtem und Ruß. Wie Trauben hängten sich Männer und Frauen an seine Beine und an den Falben. Mit Hieben und Stichen mußte er sich ihrer erwehren. Eine junge Frau, der eine Handvoll Männer ein Bündel entrissen hatte und ihr nun die Kleider vom Leib zerren wollte, schrie in Todesangst. Doch der aufgebrachte Pöbel kannte kein Erbarmen. Hysterisch schreiende und mit den Armen fuchtelnde Frauen gesellten sich zu den Männern und stachelten deren

Raserei weiter an. Dann zerrten sie die Arme an den Haaren, stießen sie zu Boden, schlugen blindlings auf sie ein. Saturnin wollte vorüber, denn was ging ihn diese Frau an. Wer weiß, was der Pöbel für eine Rechnung mit ihr zu begleichen hatte. »Schlagt sie tot! Sie ist die Hure des Brandstifters und Muttermörders Nero.«

Der Tribun horchte auf. Neros Hure? Wer konnte das sein? »Zurück, ihr Pack!« brüllte er, trieb seinen Falben in den Rücken der die Frau Bedrängenden und schlug mit der Waffe zu. Wie geprügelte Hunde zogen sie sich zurück, Saturnin wüst beschimpfend und mit Hölzern und Steinen bewerfend. Er sprang aus dem Sattel, riß die betäubte Frau empor aufs Pferd und schwang sich schnell hinauf. Keinen Augenblick zu früh, denn die Horde kam zurück. Er ritt davon, ihre Würfe erreichten ihn nicht mehr.

»Was tust du mitten in der Nacht im brennenden Rom?« fragte Saturnin barsch, als er in der Nähe des Tiber den Flammen und den aufgewühlten Massen entronnen war.

Acte schluchzte und schmiegte sich an ihn. Ob sie verletzt sei, fragte er weicher. Sie schüttelte den Kopf. »Sie hätten mich zerfleischt, wenn du nicht gekommen wärest. Es geht das Gerücht, Nero hätte Rom anzünden lassen. Mein Haus ist niedergebrannt. Ich wollte weg. Ein Nachbar hat mir die Meute auf den Hals gehetzt, man nahm mir meinen Wagen, alles und wollte mich töten«, weinte sie laut und ließ sich nicht beruhigen.

Ein Trupp Männer kam ihnen entgegen, mit Äxten, langen Eisenstangen und Leitern. Auf seine Frage, wo die Stadtkohorten seien, deuteten sie schweigend über die Schultern. Hinter einem eilig errichteten Verhau am Fluß stieß Saturnin auf Einheiten der Feuerwehr und seiner Truppe. Fragte nach Cornelius Tegetus. Ein alter Centurio meldete, daß der Präfekt bei den Verletzten sei. Endlich erreichte er ihn inmitten eines aus Brettern abgegrenzten Areals.

»Cornelius.«

Ein Mann mit einem Verband um die Stirn und den linken Arm in einer Binde tragend, trat aus einer Gruppe von fünf Männern auf ihn zu. Saturnin erschrak, denn es war Cornelius. Irrtümlicherweise hatte er im Zwielicht des heraufdämmernden Morgens einen anderen dafür gehalten.

»Saturnin, dich schickt Jupiter.«

Vorsichtig Acte festhaltend, stieg Saturnin ab. Dann half er ihr. Erstaunt beobachtete es Cornelius. Kurz erklärte ihm Saturnin den Grund ihrer Anwesenheit. Cornelius nickte, rief einem vorübergehenden Centurio etwas zu, worauf der sich eiligst in anderer Richtung bewegte und kurz darauf mit einer alten Frau zurückkehrte, die Acte mit sich nahm.

Saturnin war schweigend Cornelius gefolgt, der seine Schritte in die Bretterumhausung lenkte. Ein Militärarzt versorgte dort die Verletzten. Manche waren übel zugerichtet, verbrannte Gesichter ohne ein Haar, nur rohes Fleisch. Laufend brachten Soldaten neue Verletzte. Saturnin wandte sich ab.

»Die Bezirke drei, zehn und elf sind völlig vernichtet. Ruh dich eine Weile aus, dann mußt du mit einer halben Centurie, wenn ich sie noch zusammenbringe, zum sechsten Bezirk, in die Nähe der Alta Semita, um dort eine Schneise in das Feuer zu schlagen. Es ist die einzige Möglichkeit, noch einiges zu retten. Löschen hat keinen Zweck. Wir haben es nach einem Versuch aufgegeben. Dann zogen wir uns hier in die einigermaßen sichere Zone zurück und errichteten so eine Art Notlager, von dem aus wir operieren.«

Saturnin entsann sich seines Auftrags und überreichte Cornelius den kaiserlichen Befehl. Achtlos warf Cornelius die Botschaft auf einen Holztisch, der einsam inmitten von im Grase lagernden Soldaten, die sich ausruhten und auf den nächsten Befehl warteten, stand. »Mein Hauptquartier«, lachte Cornelius. »Mit Neros Befehl kann ich nichts anfangen, denn die Flammen erfordern andere Maßnahmen.«

»Es sind Anweisungen, den Brand betreffend«, erklärte

Saturnin, »wir sollen löschen helfen und Panik verhindern. Du hast Vollmachten, Plünderer und Aufwiegler nach Gutdünken zu bestrafen.«

»Als ob in diesem Chaos Zeit für Bestrafungen wäre, wo es ums nackte Überleben geht. Hier liegen deine Männer, mit denen du zur Alta Semita ziehst. Ich schicke euch Ablösung. Paß gut auf dich auf. Nun geh zur alten Sempronia, laß dir Wein und etwas Eßbares geben. Um Acte brauchst du dich nicht zu sorgen, sie ist bei ihr gut aufgehoben.«

Saturnin hielt Cornelius, der sich entfernen wollte, am gesunden Arm zurück, trat ganz nahe an ihn heran und fragte flüsternd, ob es stimme, daß Nero der Brandstifter sei.

Cornelius lachte. »Unsinn. Nero ist der Hauptgeschädigte des Brandes. Der Palatin liegt in Schutt und Asche, einschließlich des Kaisers Kunstschätzen und Theaterrequisiten. Wer muß Rom wieder aufbauen lassen, wenn nicht der Imperator! Er mag«, Cornelius sprach beinahe unhörbar leise, »ein Tyrann, ein Muttermörder oder was sonst noch sein, aber ein Brandstifter ist er nicht. Nun geh, und die Götter mögen dich schützen!«

Tagelang dauerte der Kampf der Löschmannschaften, Prätorianer und Stadtkohorten gegen das verheerende Feuer. Der Kaiser hatte seine Parkanlagen, das Marsfeld und die Bauten des Agrippa für die Obdachlosen geöffnet. Saturnin kehrte zum Umfallen erschöpft mit seiner Truppe in das am Tiber liegende Lager zurück, um nach ein paar Stunden erneut in den Kampf gegen die Flammen zu ziehen. Vier Tage lang der auszehrende Wechsel von totenähnlichem Schlaf und todesmutigem Einsatz. Nach fünf Tagen waren bis auf kleine Brandherde die Flammen bezwungen, nicht aber der Qualm und der Geruch verbrannten Fleisches.

Der Kaiser, bleich und mit dunklen Ringen unter den Augen, betrachtete in Begleitung des Präfekten und einer Truppe seiner Leibgarde die zerstörte Stadt. Nero weinte laut und wischte sich mit seinem roten Imperatorenmantel über die Augen.

Das Volk indes, ungerührt von des Kaisers Tränen, schrie: »Brandstifter! Muttermörder!« und warf Steine nach dem Göttlichen. Die Prätorianer deckten ihn mit ihren Schilden.

»Ahenobarbus, fahr zum Hades!«

Nero zuckte unter den Beschimpfungen wie unter Schlägen zusammen. »Tigellinus«, heulte er, »bring mir die wahren Schuldigen, damit mein Volk mich nicht länger zu Unrecht verdächtigt. Ich gebe dir freie Hand, nur finde die Verbrecher, die mir mein Volk entfremdet haben. Bestrafe sie auf das härteste! Ich laß mir die Liebe meines Volkes nicht stehlen. Niemals!«

Kurz danach erfuhr das Volk von der Schuld der Christen am Brande Roms. Lautstark forderte es die Bestrafung der Übeltäter. Ans Kreuz! Den Bestien vorwerfen! Vergessen war der Haß auf den Kaiser, verklungen die Beschimpfungen. Fanatisches Jagdfieber packte die Römer, sie überboten sich, Verdächtige zu entdecken, nein aufzuspüren, um sie der gerechten und verdienten Strafe zuzuführen.

Auch Saturnin und die Stadtkohorten wurden in die große Jagd auf die Anhänger dieses Jesus aus Judäa einbezogen, so daß er kaum Zeit fand, über das Ungeheuerliche, was geschehen war, gründlich nachzudenken. Als er, zerlumpt, abgemagert und erschöpft, Serenus' Haus betrat nach fünftägigem Ringen mit dem Feuer und erfuhr, daß Claudia und Publius für immer weggegangen seien, war er zu müde und zu apathisch gewesen, um die ganze Tragweite der Nachricht zu erfassen. Nach zwei Tagen der Ruhe begann er erst zu begreifen, was seine Schwester eigentlich getan hatte. Ehe er mit Serenus sprechen konnte, wurde Saturnin zum Einsatz befohlen. Er empfand Wut auf diese exotische Sekte, die Rom in Brand gesteckt hatte, sah in ihr die Urheberin des schrecklichen Leides. Auch Claudias Entschluß wurde während des Brandes zur Tat, vielleicht sogar eine Folge der Angst und Verzweiflung, der Schutzlosigkeit in diesen schrecklichen Tagen, die sie dazu getrieben hatte, den letzten Schritt zu tun, um den fehlenden Schutz bei Tigellinus zu suchen. Also trugen die Christen auch daran ein Großteil Schuld. Mit harten Worten hielt er an einem dienstfreien Tag, da er zu Hause und nicht in der Kaserne nächtigte, Themistokles die Schuld vor. Der alte Grieche schüttelte resigniert und traurig den Kopf. »Wir haben es nicht getan. Unsere Sache sind Liebe und Barmherzigkeit, nicht Gewalt und Zerstörung. Man braucht uns als Schuldige, um von der wirklichen Schuld abzulenken.«

Indes Saturnin ließ sich nicht von seiner Überzeugung abbringen und klagte Themistokles stellvertretend für alle Christen bei jeder sich bietenden Gelegenheit an. Der Grieche antwortete ihm nicht mehr. Serenus, der sich in seiner Bibliothek vergraben hatte, ermahnte den Schwager, diese Attacken zu unterlassen. Die nächsten dienstfreien Tage verbrachte Saturnin daraufhin bei Acte in ihrem neuen Haus in Transtiber. Ihr offenbarte er seinen Zorn auf die Christen, die alles zerstört hatten, auch das Leben seiner Schwester. Enttäuscht verließ er Acte, die ihm energisch widersprach. Er blieb in der Kaserne, trank mit den Soldaten und brütete schweigend vor sich hin, haderte mit sich und der Welt, die ihn nicht verstand.

Eines Tages, Mitte August, erhielt er den Befehl, im Castrum zu erscheinen. Cornelius, den er nach dem Grund fragte, schüttelte nur den Kopf und zuckte die Schultern.

»Sei gegrüßt, mein Saturnin. Der Göttliche läßt dir durch mich für deinen aufopferungsvollen Einsatz während des Brandes und vor allem danach, bei der Verfolgung der Schuldigen, danken«, empfing ihn Tigellinus leutselig, hinter einem gewaltigen Schreibtisch voller Schreibtafeln und Schriftrollen thronend.

Verwirrt, daß ihn der Präfekt empfing, dazu mit erlesener Freundlichkeit, rätselte der Tribun, was das zu bedeuten habe.

»Deine Schwester und ihr Sohn sind in meiner Obhut. Es geht ihnen glänzend wie nie zuvor in ihrem Leben. Zu Serenus zurückzukehren, verspüren beide nicht die geringste

Lust. Bedauerlich für ihn, aber nicht zu ändern. Der Neffe eines Philosophen, der Gelassenheit und Bedürfnislosigkeit als den Gipfelpunkt menschlicher Tugenden gepriesen hat, wird wohl den Verlust einer Frau verschmerzen können.«

Saturnin mußte an sich halten, um dem Zynismus des Präfekten nicht mit zornigen Bemerkungen zu begegnen. Ich darf mich nicht hinreißen lassen, suggerierte er sich, ich muß mich zurückhalten.

»Hat es dem redegewandten Tribunen, der sogar den Göttlichen zur Gnade für einen Verbrecher zu überreden vermochte, die Sprache verschlagen?« lächelte Tigellinus.

Er will mich herausfordern, mich zu einer unbedachten Äußerung hinreißen. Ich werde ihm den Gefallen nicht tun, beschloß Saturnin.

»Saturnin, seien wir doch offen zueinander: Du kannst mich nicht ausstehen. Meine Sympathie für dich hält sich auch in Grenzen. Nüchtern gesehen, bist du sogar mein Feind, weil du dich ungeniert zu meinen Gegnern gesellt hast, zu Seneca, zu Petronius, zu Soranus, zu Corbulo und zu Vespasian. Gut, für Corbulo und Soranus kannst du nichts, der Zufall machte sie zu deinen Vorgesetzten. Seneca könnte ich dir verzeihen, weil er durch deine Schwester in dein Leben rückte, aber nicht, daß du seine Irrlehren deinem Geist einverleibst und dazu noch des Arbiters Unterstützung suchst. Doch um Claudias willen werde ich es dir nicht nachtragen, im Gegenteil, ich werde, ein wenig Entgegenkommen von dir vorausgesetzt, dich fördern.«

»Warum willst du den Bruder einer zeitweiligen Gespielin unterstützen?« fragte Saturnin.

»Weil ich Familiensinn habe und glaube, dies dem Bruder meiner angehenden Frau schuldig zu sein.«

»Du willst Claudia heiraten?« Saturnins Stimme geriet vor Überraschung außer Kontrolle und klang schrill.

»Du hast richtig gehört. Ich werde Claudia heiraten.«

Er lügt, um mich zu beruhigen, dachte Saturnin, weil er mich nicht zu seinem Feind machen will.

Tigellinus ließ Saturnin keine Zeit zu weiterer Überlegung, sondern wies ihn auf seine Pflichten als Schwager des Präfekten hin, daß er dann vor dem Göttlichen keine anderen Wünsche als er, Tigellinus, vortragen dürfe, sondern ihn unterstützen müsse. Eine glänzende Karriere bei den Prätorianern täte sich ihm auf, er, Saturnin, brauche nur zu wollen.

»Und wenn ich nicht will?« fragte der Tribun heiser, und seine Hände suchten einen Halt in den Falten seines Umhanges.

»Dann bist du dümmer, als ich dachte, weil du einen wichtigen Grundsatz des Lebens nicht begriffen hast. Ein Talent, für das man dich, vielleicht sogar mit Recht, hält, braucht für seine Entfaltung gewisse Bedingungen, nennen wir sie Entdeckung und Förderung. Sind diese Bedingungen nicht gegeben, dann verkümmert und verwelkt das größte Talent wie eine Pflanze ohne Wasser. Willst du verkümmern oder zu höchster Entfaltung gelangen? So steht die Frage.«

Tigellinus musterte den Tribunen, der ihm nicht antwortete.

»Nimm mich als Beispiel. Nur weil ich die Gunst der Stunde erkannte und nutzte, konnte ich mich entwickeln und der werden, der ich bin. Werde auch du, der du bist, und sträub dich nicht um irgendwelcher Prinzipien willen, die keinen Bestand haben und wechseln wie die Mode. Hör auf mich, beschreite die Brücke, die ich dir über den Graben unserer Gegensätzlichkeiten hinweg erbaue.«

Saturnin atmete tief. Ein verlockendes Angebot! Sagte er ja, lag vor ihm ein Aufstieg ohne Hindernisse wie eine glatte Straße. Er sah Tigellinus' erwartungsvolles Gesicht, sah die durchdringenden Augen, und plötzlich fiel ihm die Brutalität ein, mit der der Präfekt ihm gedroht, mit der er Serenus' Ehe zerstört, mit der er Senecas Schrift verboten und mit der er Rubellius' Besitz an sich gebracht hatte. Abwehr wuchs in seinem Innern gegen das vernünftige und verlockende Angebot, das er nicht für ehrlich hielt. Es annehmen hieß Mitschuld an Tigellinus' Taten, in denen für Milde kein Raum blieb. Er wollte nicht schuldig werden um den Preis eines glatten und steilen Aufstiegs!

»Nein, Tigellinus, ich kann nicht, denn dein Weg ist nicht mein Weg.«

Der Präfekt schien nicht sonderlich überrascht zu sein, denn er erwiderte gelassen, daß er es sich hätte denken können bei einem so jungen und unreifen Menschen. »Vielleicht, Saturnin«, fuhr er fort, »erkennst du eines Tages, wenn es zu spät sein wird, welche Chance du dir hast entgehen lassen. Vielleicht erkennst du es auch nie. Um zu Großem zu gelangen, muß man Skrupel überwinden und Brükken hinter sich abbrechen können. Wer das nicht kann, der taugt nicht zu Höherem. Das wissen sogar die Christen, deren Schuld hier in diesen Aktenbergen aufgezeichnet ist, von denen ich bei meinen Verhören einen bemerkenswerten Satz zu hören bekam: ›Wer seine Hand an den Pflug legt und sieht zurück, der ist nicht geschickt zum Reich Gottes.‹ Und du, Saturnin, gehörst zu denen, die sich umwenden und zurücksehen. Du wirst ewig ein kleiner Tribun bleiben, wie ich dir auf dem Wege nach Antium bereits prophezeite, mit vierzig, wenn du Glück hast, bist du vielleicht Legat, mit fünfzig oder fünfundfünfzig, solltest du dieses Alter überhaupt erreichen, kannst du, sofern die Götter dir gewogen sind, Prokurator einer kleinen Provinz am Rande des Imperiums sein. Das war dann dein Leben, aus dem du hättest mehr machen können.«

»Ich will und werde durch eigene Leistung vorankommen«, hielt ihm Saturnin entgegen.

»Durch eigene Leistung allein kommt auf dieser Welt keiner voran, wenn er nicht jemanden findet, der diese Leistung würdigt. Wieviel Verdienst bleibt im Dunkel. Doch lassen wir diese Angelegenheit beiseite und wenden uns einer anderen zu.« Auf einen Zuruf des Präfekten brachten zwei seiner Wachen Themistokles und Aspasia herein, beide mit auf dem Rücken gefesselten Armen.

Saturnin fuhr zusammen.

»Du kennst sie?«

Er nickte.

»Dein Wort, Saturnin, bringt sie in Freiheit oder ans Kreuz. Bedenke, was du antwortest! Du bist ein aufrichtiger Mann oder hältst dich dafür, deshalb will ich von dir die Bestätigung und nicht von Serenus oder Claudia. Sind sie Christen?«

Verzweifelt suchte Saturnin nach einer Antwort. Themistokles, der des Tribunen ausweglose Verstrickung in des Präfekten Falle erkannte, nickte Saturnin begütigend zu. Aspasia zitterte vor Furcht. »Und wenn ich dich belüge?« fragte Saturnin, um abzulenken.

Tigellinus lächelte hintergründig. »Du kannst das nicht. Diese Kunst beherrschen nahezu alle in Rom, doch du nicht. Außerdem ist ein Tigellinus schwer zu belügen, weil er keinem vertraut.«

»Das Mädchen ist keine Christin«, stieß Saturnin schnell hervor, worauf Aspasia auf einen Wink des Präfekten die Fesseln abgenommen wurden. Ängstlich blieb sie stehen, bis man ihr unwirsch befahl, endlich zu gehen.

»Weiter, Saturnin, wir sind noch nicht am Ende«, drängte Tigellinus.

»Der Grieche ...«

»... ist ein Christ«, ergänzte Themistokles. »Lüge nicht um meinetwillen, Tribun, denn es steht geschrieben: ›Der Mund, der da lügt, tötet die Seele.‹«

»Und die Wahrheit tötet in diesem Fall den Körper«, lachte Tigellinus. »Pikant, äußerst pikant: Wahrheit läßt die Seele leben, tötet aber den Körper, während Lüge, eine ganz kleine nur, den Körper rettet und die Seele tötet. Saturnin, du mußt dich für deine Seele oder den Körper dieses Alten entscheiden!«

»Du weißt es doch selbst, wozu willst du meine Antwort?«

»Das mußt du mir überlassen, Tribun!«

Themistokles bat Saturnin um die Wahrheit, wollte er

doch sein Leben nicht der Lüge eines Römers verdanken. Unvermittelt brüllte ihn der Präfekt an, er sei nicht gefragt.

»Er ist ein Christ«, sagte Saturnin leise. Er hatte mit einem Male keine Kraft mehr, dieses Spiel durchzustehen.

»Respekt, Saturnin, nicht einmal zur Rettung eines Menschen eine Unaufrichtigkeit. Doch auch ein kräftiges Pfui«, Tigellinus deutete Ausspucken an. »Scher dich aus meinen Augen! Wäre das Leben dieses Alten nicht eine Lüge wert gewesen? Ich sorge dafür, daß du die Folgen deiner Wahrheit auskosten kannst. Du wirst in die kaiserlichen Gärten kommandiert, wo die Christen gekreuzigt werden. Geh endlich, du widerst mich an!« schrie Tigellinus.

»ER möge dich segnen, Saturnin, du durftest nicht anders handeln, weil ...« Themistokles konnte nicht weitersprechen, weil ihn der Präfekt abführen ließ.

»Geh!« brüllte Tigellinus wiederholt zu Saturnin.

Endlich zeigt er wieder sein wahres Gesicht. Nun haßt er mich mehr als zuvor, dachte Saturnin und ging. Auf der Straße fühlte er Übelkeit, Kopfschmerz und Schwindel. Schweißnaß war die Stirn. In der Nähe der Ämiliusbrücke setzte er sich auf den Rand eines Brunnens und kühlte das Gesicht. Er hat mich gedemütigt, wurde Saturnin bewußt, er weiß, daß ich ihm gegenüber der Schwächere bin, jetzt, wo er Claudia in seiner Hand hat. Das kalte Wasser linderte den Kopfschmerz. Er sah, als er sich aufrichtete, wie Sklaven in der Glut des Sommertages an einer neuen Straße bauten. Nicht genug, daß sie am Ende ihrer Kräfte waren, der Aufseher schlug sie auf die schmerzenden sonnverbrannten Rükken. Denen geht es noch schlimmer als mir, sinnierte Saturnin. Zum erstenmal bemerkte er, daß die Spuren des Brandes beinahe beseitigt waren. Überall wuchsen neue und hohe steinerne Häuser empor, breitere Straßen und geräumige Plätze lockerten die frühere Enge auf. Der Kaiser baute sein neues Rom. Saturnin fühlte sich besser und ging weiter hinüber nach Transtiber. Vor einem kleinen, von Bäumen und Sträuchern eingehüllten Haus blieb er stehen und klopfte. Ein Schwarzer öffnete und ließ ihn eintreten. Acte, die ihm entgegenkam, nahm er wortlos in die Arme und küßte sie, lange und leidenschaftlich, als hätte er sie eine Ewigkeit nicht gesehen.

»Du siehst krank aus«, sagte sie besorgt, sich aus seiner Umarmung lösend und ihm einen Platz anbietend.

»Ich war bei Tigellinus.«

»Ah.«

»Er hat mich dazu gebracht, Themistokles ans Kreuz zu bringen«, begann er seinen Bericht und erzählte von seinem Aufenthalt im Castrum. »Ich bin schuld am Tod des armen Griechen«, endete er niedergeschlagen.

»Dich trifft keine Schuld. Tigellinus trieb nur sein Spiel mit dir, ich kenne ihn besser als du. Er kann nicht verlieren, deshalb zahlte er dir deine Absage und dein Auftreten vor dem Kaiser auf diese Weise heim. Deine Notlüge hätte Themistokles nicht gerettet. Er wollte deine Lüge, um über dich zu triumphieren. Themistokles hat das erkannt und wollte deine zudem nutzlose Lüge nicht. Als du aufrichtig bliebst, fühlte sich Tigellinus als Verlierer, deshalb sein sich in Beschimpfungen entladender Zorn.«

Saturnin hätte ihr gern geglaubt, doch er nahm an, sie tröste nur aus Mitgefühl und Liebe.

XIII

Rom steigerte sich in einen Blutrausch. Henker, Folterknechte, Gladiatoren und die Bestien im Circus leisteten Schwerstarbeit, die mit zur Raserei gewordenem Jubel belohnt wurde. Prätorianer, Stadtkohorten und eine Vielzahl Denunzianten sorgten dafür, daß es keinen Stillstand gab.

Der Kaiser trug dem mit ihm versöhnten Volk seine neueste Komposition vor, ein Lied des Sieges über die Brandstifter und darin eingeflochten die Vorstellung vom größeren und schöneren Rom, Neropolis genannt. Für das Ende der

Spiele, als Krönung seines Triumphes über die staatsfeindlichen Christen, habe er vor, seinem Volk ein unvergeßliches Schauspiel in den kaiserlichen Gärten zu bieten, versprach Nero den verzückt ihn feiernden Massen.

Mit Ungeduld erwartete man den bewußten Tag. Noch war die Dämmerung nicht hereingebrochen, als die Zuschauer der Einladung in die kaiserlichen Gärten folgten, um den Höhepunkt nicht zu verpassen und einen guten Platz zu finden.

Tigellinus hatte für diesen Abend etwa fünfhundert Christen aufsparen lassen, die er an entlang den Wegen und Alleen aufgestellte Kreuze schlagen ließ. Es waren Kreuze besonderer Art; Kreuze, deren Hölzer mit Pech getränkt und die mit Efeu, Myrte und Blumengebinden geschmückt waren.

Neugierig und erwartungsvoll schlenderten die Römer durch die Gärten, scherzten, plauderten und spotteten. »Hängt es sich gut in luftiger Höhe?« »Ihr seid dem Kaiser viel wert, deshalb die Blumen.« »Verdammte Brandstifter, euch geschieht recht!« »Ihr Christenhunde!« Von den Kreuzen kam keine Antwort. Traurig, ängstlich, schmerzverzerrt und zornig sahen die Gemarterten auf Spötter und Beschimpfer herab.

Plötzlich begannen die Gekreuzigten zu singen. Der Gesang, ausgegangen von einem Kreuz in der Hauptallee, pflanzte sich von Patibulum zu Patibulum fort.

Für einen Augenblick unterbrachen die Wandernden ihr Sprechen, Beschimpfen und Spotten, um dem Gesang der Todgeweihten zu lauschen. Auch in der Arena hatten die Christen gesungen, Lieder voller Zuversicht und Hoffnung auf ihren Erlöser, der sie in sein Reich holen würde.

Saturnin, der zwischen Fuscus und einem Centurio die Gärten betreten mußte, blieb stehen, sah zu einem der Kreuze auf, an dem ein kräftiger Mann hing, der laut und mit tiefer Stimme sang.

Sie seien noch nicht an dem Kreuz, an dem sie sich auf

Befehl des Präfekten einzufinden hätten, umschrieb Fuscus seine Aufforderung zum Weitergehen. Schweigend ging der Tribun inmitten seiner Bewacher entlang dem Hauptweg, der sich zusehends belebte. Endlich bog Fuscus in einen kaum begangenen Seitenweg ein, wo nur ein Kreuz aufragte. Saturnin sah den ausgemergelten, mit blutigen Striemen überzogenen Körper des alten Griechen kraftlos in den Stricken hängen. Obwohl er wußte, was der zynische Präfekt ihm auferlegt hatte, erschrak er dennoch. Warum man die Gekreuzigten auch noch durch das Schmücken der Kreuze verhöhnen müsse, fragte er den Prätorianertribunen.

Erstaunt riß Fuscus die Augen auf, trat dann an das Kreuz, hob das herabhängende Gebinde aus Blumen und Efeu leicht an, so daß Saturnin den strohumwickelten Stamm und die darunter vorlugende Pechschicht erkennen konnte. Damit es besser brenne, erläuterte er.

»Besser brennt?« fragte der Tribun fassungslos.

»Ja, das ist der krönende Abschluß. Die letzten Christen werden als lebende Fackeln heute abend die Gärten beleuchten.«

»Das ist bestialisch!« entfuhr es Saturnin.

»Eine gerechte Strafe für die Brandstifter«, entgegnete Fuscus.

Saturnin schwieg, denn er sah keinen Sinn in einer weiteren Unterhaltung mit dem Adjutanten des Präfekten, und blickte hoch zu Themistokles. Es war für ihn ein unnützer Akt von Grausamkeit, diesen alten Griechen, der nie jemandem etwas zuleide getan hatte, am Kreuze zu verbrennen. Themistokles war Christ, aber kein Brandstifter! Die Schuldigen am Brande hatte er aufgespürt und Tigellinus' Sondergerichten zugeführt, es waren alles Christen gewesen. Keinen hatte er näher gekannt. Der alte Grieche war der einzige ihm bekannte Christ. Und von dem wußte er, daß er unschuldig der Brandlegung, aber schuldig des Christseins war. Ein furchtbarer Gedanke überfiel Saturnin. Wenn nun alle Christen mit dem Brande nichts zu tun hätten? Der Ge-

danke war so schrecklich, daß ihn der Tribun nicht weiterdenken wollte. Nein, sie mußten schuldig sein, versuchte er sich zu beruhigen, Themistokles war nur eine Ausnahme.

Der alte Grieche stöhnte. Stoßweise und pfeifend ging sein Atem.

»Themistokles«, rief Saturnin. Vorübergehende, die sich in den Nebenweg verirrt hatten, hörten mit Erstaunen, daß ein Tribun inmitten zweier Prätorianer einen Gekreuzigten mit Namen anrief. Fuscus, dem Saturnins Verhalten peinlich war, verscheuchte zornig die Gaffer.

»Themistokles, vergib mir«, rief der Tribun.

Der Alte hatte Mühe, den Kopf zu bewegen, um in Saturnins Richtung sehen zu können. Stockend, aber vernehmbar, sagte der Grieche:

»Ich ... habe ... nichts ... zu vergeben ... ER ...«

»Hör auf mit dem Gerede«, wies Fuscus Saturnin zurecht.

»Hast du den Befehl, mich daran zu hindern? Du kannst es ruhig meinem angehenden Schwager melden«, erwiderte der Tribun mit eisigem Hohn.

Lautes Stöhnen vom Kreuz. Themistokles versuchte mit äußerster Anstrengung, eine schmerzärmere Lage zu erreichen, um den Kopf längere Zeit zum Himmel erheben zu können.

Die Dämmerung brach herein. Sklaven mit Fackeln trabten an, unter jedem Kreuz postierte sich einer. Auch unter des Griechen Kreuz blieb einer zurück, während seine Gefährten weitergingen. Als Trompetenstöße erklangen, hielt der Sklave die Fackel an das Kreuz. Das Stroh loderte auf. Im geübten Gleichklang hielten in den Gärten alle Sklaven ihre Fackeln an die Kreuze. Schmerzensschreie übertönten die prasselnden Flammen. Auch Themistokles schrie.

Entsetzen faßte Saturnin, als er die Rauchschwaden den alten Griechen umhüllen sah. Leichter Wind vertrieb den Rauch, so daß Themistokles im Flammenschein zu sehen war. Er lebte noch und litt fürchterlich. Das Feuer erfaßte seinen Unterkörper. Markerschütternd schrie der Alte auf.

Dann stieg wieder Rauch auf, und schließlich erfaßten die Flammen das Patibulum. Oben am Kreuz war nur noch das Knacken des verbrennenden Holzes zu hören.

»Hast du das Schauspiel genossen?«

Saturnin zuckte zusammen und drehte sich um, bemerkte Tigellinus, der unbemerkt und nicht entlang dem Wege gekommen war, sah das brennende Kreuz in dessen Gesicht abgebildet.

Kalt und seine Verachtung in jedes Wort legend, erwiderte der Tribun: »Es war ein Schauspiel, deiner und deines Kaisers würdig. Ich habe es eingehend studiert und werde es nie vergessen.« Ohne Tigellinus' Zustimmung abzuwarten, wandte sich Saturnin um und ging grußlos davon. Verblüfft starrten Fuscus und sein Centurio dem Enteilenden nach, sahen fragend zu Tigellinus, der hämisch lachend abwinkte.

XIV

Er saß und lauschte ins Dunkel. Nur gedämpft drang der Lärm aus der Stadt herauf. Saturnin lehnte den Kopf zurück und spürte die angenehme Kühle der marmornen Rückenlehne. Hier an dieser Stelle hatte er mit Themistokles gesprochen, hier hatte ihm der Grieche sein unerschütterliches ›es steht geschrieben‹ entgegengehalten, unter das er auch das eigene Schicksal gestellt wissen wollte. Der Zorn, mit dem er die kaiserlichen Gärten und den höhnisch triumphierenden Tigellinus verlassen hatte, war tiefer Trauer, Mutlosigkeit und Ratlosigkeit gewichen. Saturnin verstand die Menschen nicht mehr, ihren schnellen Sinneswandel. Als Rom brannte, hätte der Pöbel den Kaiser in Stücke gerissen, wäre er seiner habhaft geworden. Verdrängte Gefühle erwachten, man entsann sich Neros Muttermord. Tigellinus und der Kaiser lenkten raffiniert die Volkswut auf die Christen. Der Muttermörder und Brandstifter wurde im Handumdrehen wieder zum Erhabenen und Göttlichen. Aber, fiel ihm unversehens ein, nicht das ganze Volk hatte sich an Neros und Tigellinus' Vernichtungsorgie beteiligt oder erfreut. In Transtiber, als er nach flüchtigen Christen suchte, hatten ihm Arbeiter aus den Speichern am Tiber und Handwerker feindselig zu verstehen gegeben, daß sie die Christen für unschuldig hielten. Vorhin, auf dem Wege aus den Gärten, hatten zwei Männer, dem Geruch nach mußten es Walker gewesen sein, unverhohlen ihren Ekel und ihren Abscheu über die grauenhafte Marterung bekundet. ›Die Christen sind Narren und Toren, vielleicht unvernünftige Träumer, aber niemals Verbrecher und Brandstifter, dessen bin ich mir sicher‹, hatte der Tribun noch deutlich des einen Worte zum Abschied in den Ohren. O Götter, wenn der Mann recht hätte! Nicht auszudenken dieses Übermaß an Schuld derer, die sie Unschuldigen zumaßen!

Schritte näherten sich auf dem Kiesweg.

»Ich wußte, daß ich dich hier finde. Komm mit ins Haus«, sagte Serenus.

Saturnin folgte ihm in die Bibliothek. Schweigend saßen sie sich gegenüber. Serenus füllte zwei Becher aus einem Tonkrug, reichte einen Saturnin.

»Er ist ein eiskalter Mörder, der keine Gnade kennt«, begann Serenus, mehr zu sich selbst sprechend als zu Saturnin. »Nicht einmal den alten Griechen, den Claudia und Publius liebten, hat er verschont. Claudia wird es nicht wissen, denn sie hätte um sein Leben gefleht. Wahrscheinlich hätte er es ihr nicht abschlagen können. Das wußte er, deshalb tat er alles, damit sie es nicht erfuhr. In meiner Abwesenheit und ohne mein Wissen verhaftete man Aspasia und Themistokles, um mich zu treffen. Seine Warnung ist deutlich, er will mir mit des Alten Tod sagen, daß Claudia kein Schutz ist, auch für mich, ihren früheren Mann, nicht.«

»Hältst du mich für schuldig am Tod des Griechen? Hätte Tigellinus auf mein Wort hin Themistokles freigelassen?«

»Unsinn. Aspasia hat mir alles berichtet. Ich sagte es dir, daß er Themistokles' Tod zu meiner Einschüchterung braucht. Er kann mich nun jederzeit wegen Konspiration, Mitwisserschaft oder wie man den Umgang mit einem dem Staat nicht genehmen Menschen auch immer nennen mag, anklagen.«

Saturnin erschrak, denn unter diesem Gesichtspunkt hatte er Themistokles' Tod nicht betrachtet. »Dann bin auch ich ständig gefährdet!« stellte er erschreckt fest, und die ganze Tragweite der Ablehnung des Angebots wurde ihm mit einem Male bewußt. So empört und betroffen er über Claudias Beziehung zu Tigellinus auch gewesen sein mochte und noch war, so hatte er insgeheim ein klein wenig mit dem Gedanken kokettiert, als Bruder der Geliebten des allgewaltigen Präfekten sich ungestraft einiges erlauben zu können. Die durch Serenus vermittelte Erkenntnis traf Saturnin hart. Es beschämte ihn zudem tief, daß er aus des Schwagers Leid hatte Vorteile für sich gewinnen wollen.

Belustigt erinnerte sich Serenus der Worte seines Schwagers vor nicht allzu langer Zeit. Wie schnell waren ihm diese großen Worte und die sie begleitende Heldenpose vergangen.

»Beruhige dich, es gibt heute kaum einen Menschen in Rom, der nicht gefährdet ist. Vor Leuten vom Schlage eines Nero und Tigellinus gibt es keine Sicherheit«, sagte Serenus beinahe gelangweilt und trank seinen Becher leer.

Er habe keine Angst, beeilte Saturnin zu versichern, aber die Frage sei doch nun erlaubt, wie sich der Bedrohung erwehren?

»›Bleibe auf deinem Posten und hilf durch deinen Zuruf; und wenn man dir die Kehle zudrückt, bleibe auf deinem Posten und hilf durch dein Schweigen. Niemals ist die Anstrengung eines guten Bürgers nutzlos‹, so rät mein Onkel, und ich habe dem nichts hinzuzufügen. Übrigens, Seneca und Paulina erwarten endlich deinen Besuch.«

»Seneca erwartet meinen Besuch?«

»Er ließ es mich durch seinen Arzt wissen. Also wann?«

»Mir gleich, Cornelius gibt mir frei, wann immer ich will.«

»Morgen? Ich habe dienstfrei.«

Am späten Vormittag des nächsten Tages brachen Serenus und Saturnin zum vier Meilen entfernten Landgut Senecas auf. Gemächlich und ohne Hast ritten sie einsame, durch Wiesen ziehende Wege und mieden die Straßen. Die Bäume färbten sich bereits herbstlich. Der Sommer hatte sich im Übermaß seiner Hitze frühzeitig verbraucht, unter einer Staubschicht verblich sein Grün. Auf einer Anhöhe hielt Serenus an, um auf die Stadt hinunter zu sehen, die in dem Glast der Mittagssonne ruhte. Saturnin verspürte indes keine Lust zu einer beschaulichen Betrachtung, sondern ihn drängte es, zu Seneca zu kommen.

Serenus trieb seinen Schimmel zu leichtem Galopp. Dichtauf folgte Saturnins Falbe. Unvermittelt, sie waren kaum eine halbe Meile geritten, brachte Serenus sein Roß zum Stehen, so daß Saturnin Mühe hatte, auf gleicher Höhe zu halten. Ärgerlich wollte er fragen, was es nun schon wieder gäbe, als er einen lauten Hilfeschrei vernahm. Es dauerte eine Weile, bis er sich wiederholte, diesmal schrill und deutlicher vernehmbar. Eine Frau schrie in Todesangst. Saturnin blickte in das Tal hinunter, wo sich ein Weg durch vertrocknete Wiesen schlängelte und sich in einem Wäldchen verlor, konnte aber keinen Menschen sehen. Nun wieder ein Schrei. Saturnin ritt den sanft abfallenden Hang hinunter. Die Hilferufe wurden durchdringend und gellend. Vom Ausgang des Tales näherte sich in atemberaubendem Tempo ein Pferd, das seinem Reiter durchgegangen sein mußte. Nun konnte der Tribun erkennen, daß die schreiende und zu Tode verängstigte Reiterin den Zügel verloren hatte und sich an den Hals des Braunen klammerte, aber immer weiter abrutschte. Er wendete den Falben und jagte dem vorbeipreschenden Tier nach. Er mußte den Falben antreiben, um dem wildgewordenen Braunen näher zu kommen. Langsam gewann er Boden und verringerte den Abstand, aber er bekam, als er auf gleicher Höhe war, das Zaumzeug nicht zu fassen. Das Mädchen rutschte immer tiefer, hatte kaum mehr die Kraft, sich zu halten, und konnte nicht einmal mehr schreien. Saturnin versuchte den Falben näher an den Braunen heranzubringen, was nicht gelang, weil dieser dann zur Seite auswich. Zwischen den Bäumen kam er dem Braunen ganz nahe, trieb den Falben zum Schritthalten an, beugte sich nach rechts und brüllte: »Loslassen!« Entweder hatte das Mädchen nicht verstanden oder konnte vor Schreck nicht begreifen, was man von ihm verlangte. Es krampfte sich noch fester an die Pferdemähne. Saturnin beugte sich weiter zur Seite, so daß er fast die Balance verloren hätte, bekam das Mädchen zu fassen. Ein Ruck, und ihre Hände lösten sich, der Braune schnellte davon, ein kräftiger Zug, und das Mädchen lag quer vor Saturnin. Der Falbe, nicht mehr angetrieben, fiel in langsamere Gangart, bis er, von seinem Reiter gezügelt, schließlich stehen blieb.

Vorsichtig, dabei das Mädchen festhaltend, stieg Saturnin ab, hob es dann herunter. Wächsernen Gesichts stand es wie erstarrt mit schreckgeweiteten Augen, von ihm gehalten. Es dauerte geraume Zeit, bis sich die Starrheit löste, sie zu zittern und zu schluchzen begann. Sie klammerte sich an ihn. Erst jetzt bemerkte er, daß das Mädchen, oder war es bereits eine junge Frau, ziemlich groß war und ihm bis an die Nase reichte. Deshalb war es so schwierig gewesen, sie vom galoppierenden Roß zu ziehen. Sanft wollte er sie von sich schieben, doch sie klammerte sich fest. Er spürte ihre straffen Brüste und ihre Schenkel. Es war ihm nicht unangenehm, daß sie sich enger an ihn preßte. Er strich ihr über die langen dunkelroten Haare, um sie zu beruhigen.

Erst, als er Serenus' Lachen hörte, löste er sich aus der Umklammerung und fragte nach ihrem Namen.

»Sie steht unter Schock, der noch geraume Zeit anhalten wird«, erklärte Serenus, als die Rothaarige nicht antwortete.

»Was tut ihr mit meiner Tochter?«

Saturnin und Serenus fuhren herum und sahen auf die beiden Berittenen, deren Nahen sie nicht bemerkt hatten. Ein Mann mittleren Alters mit narbigem Gesicht und borstigem, kurzgeschnittenem schwarzem Haar kam drohend auf Saturnin zu, riß ihm die Weinende gleichsam aus den Händen, drückte sie an sich und fragte: »Octavia, was haben sie mit dir gemacht?«

»Nur ihr Leben gerettet«, erwiderte Saturnin.

Der Narbengesichtige stutzte. »Ihr Leben gerettet?«

»Ihr Pferd ist durchgegangen. Wäre mein Schwager nicht gewesen, Silva, der deine Tochter vom galoppierenden Gaul gezogen hat, könntest du jetzt ihren Tod oder – bei etwas Glück – einige Knochenbrüche beklagen«, mischte sich Serenus ein.

»Du kennst mich?« sagte Silva und drückte seine Tochter an sich, mehr konnte er vor Schreck nicht sagen.

Serenus stellte sich und Saturnin vor. Der Narbige schien es nur nebenbei zu vernehmen und wandte sich seinem Begleiter zu, der fragte, ob er Hilfe holen solle.

»Was ist passiert?« meldete sich das Mädchen mit schwacher Stimme.

Das wolle er von ihr wissen, entgegnete Silva seiner Tochter.

Sie trat einen Schritt zurück, streifte des Vaters unterstützende Hände ab und fuhr dann mit der Rechten über die Stirn, überlegte und erzählte, sich häufig unterbrechend, daß sie mit Domitian um die Wette geritten sei und er ihr habe nicht folgen können, da ihr Pegasus nicht einzuholen sei. Plötzlich sah sie sich suchend um, fragte nach ihrem Pferd. Erzählte erst weiter, als Silva seinem Begleiter befahl, den Gaul zu suchen. Vor einem Tier habe Pegasus gescheut, ihr seien die Zügel entglitten, und nun sei er nicht mehr zu halten gewesen. In furchtbarer Angst habe sie um Hilfe gerufen, mehr wisse sie nicht. Den Rest kenne er, fügte Silva hinzu. Sie müsse sich bei dem Tribunen für die Rettung bedanken.

Sie sah Saturnin neugierig an, als könne sie es nicht glauben, daß ihr dieser hochgewachsene Mann mit dem schmalen Kopf, den hervortretenden Backenknochen und den dunkelgrauen Augen das Leben gerettet haben sollte, murmelte ein verlegenes ›Danke‹.

Auch Saturnin betrachtete sie; obwohl ihr Haar zerzaust, ihr Gesicht mit Staub und Tränen verschmiert war, gefiel sie ihm, vor allem ihre hellgrünen Augen. Sie starrten sich einen Augenblick an. Plötzlich wandte sie sich ab, weil der Sklave ihres Vaters Pegasus brachte. Während sich Octavia ihrem Pferd zuwandte, fragte Flavius Silva, ob er Serenus und Saturnin als Gäste in seinem in der Nähe gelegenen Landhaus begrüßen dürfe.

»Ein andermal, Silva, heute sind wir mit Seneca verabredet«, lehnte Serenus ab.

»Ich bestehe darauf, denn ich bin in eurer, vor allem in deiner Schuld, Saturnin. Nochmals meinen Dank.«

»Lucius, Lucius«, rief Domitian, der unversehens auftauchte, sein lahmendes Pferd führend. »Ich freue mich, dich wiederzusehen. Ich kann jetzt gut Pilum werfen.«

Der Tribun lächelte über den jungen Flavier, der seit der letzten Begegnung in die Höhe geschossen und beinahe so groß wie er war. Saturnin erklärte ihm, daß sie aufbrechen müßten, da Seneca sie erwartete.

»Onkel Silva, du läßt doch meinen Freund nicht einfach weiterziehen? Octavia, verführerische kleine Katze, kannst du Saturnin nicht zum Bleiben bewegen?«

Silvas Tochter errötete bei Domitians anzüglicher Bemerkung und drückte ihr Gesicht gegen Pegasus.

Domitian maulte, als Serenus zum Aufbruch drängte und Flavius Silva nicht länger versuchte, sie zurückzuhalten.

»Leb wohl und sei in Zukunft vorsichtiger, denn nicht immer ist ein Saturnin zur Stelle«, verabschiedete sich der Tribun lächelnd von Octavia.

»Leb wohl und nochmals: danke«, sagte sie leise.

Silva legte seiner Tochter den Arm um die Schulter und

sah Saturnin und Serenus nach, winkte ihnen zu, als sie oben auf dem Hang seinen Blicken entschwanden.

»Er gefällt dir«, sagte er zu Octavia.

Sie schwieg und lehnte sich an seine Schulter.

Er verstand und drängte nach Rückkehr Domitians, der Serenus und Saturnin ein Stück den Berg hinauf begleitet hatte, heimzukehren.

Währenddes ritten Serenus und Saturnin schweigend davon. Hätte Serenus nicht so getrieben, er wäre gern bei Silva geblieben.

»Silvas Tochter gefällt dir. Du hast sie angestarrt, als hättest du zum erstenmal in deinem Leben ein hübsches Mädchen gesehen. Aber schlag dir Octavia aus dem Kopf, sie ist eine reiche Erbin und wird es nicht unter dem Senator tun.«

»Deine Worte sind sehr ermutigend. Also muß ich Senator werden, um sie heiraten zu können«, erwiderte Saturnin. »Wie ist Silva mit Vespasian verwandt? Domitian nannte ihn Onkel.«

Serenus überlegte, sagte dann, ein Bruder sei er nicht, sondern ein Vetter.

Endlich erreichten sie Senecas ländliche Villa. Paulina begrüßte sie herzlich, Serenus berichtete ihr zugleich von dem Erlebnis mit Silvas Tochter und der abgeschlagenen Einladung. Dann führte sie ihre Gäste zu einem schattigen Plätzchen im Garten und hieß sie sich setzen. Sie besprach mit Serenus belanglose Dinge und nicht ein Wort, zu Saturnins Verwunderung, über Claudia und Publius. Nach einer Stunde gesellte sich Seneca zu ihnen, begrüßte den Neffen und Saturnin, entschuldigte sich für sein spätes Kommen.

»Du bist also Saturnin, ich habe deinen Vater gut gekannt. Du und deine Schwester, ihr gleicht ihm.« Seneca sah Paulinas Blick mahnend auf sich gerichtet. »Ach laß, wir können doch nicht so tun, als wäre nichts geschehen«, sagte er ärgerlich. Dann schwieg er und sah nachdenklich vor sich hin. »Ich habe sie sehr gemocht, Saturnin. Ihr Weggang schmerzt mich.«

»Mich auch, edler Seneca. Du mußt mir glauben, daß ich alles versucht habe, sie daran zu hindern«, beteuerte Saturnin dem Alten.

Serenus warf unwirsch ein, er sei nicht gekommen, um sich ihre mitleidigen Ergüsse anzuhören. Er brauche kein Mitleid, denn es gäbe schlimmere Dinge, als eine Frau zu verlieren. »Mitleid ist ein Laster der Seele, eine Schwachheit beim Anblick fremden Elends, hast du geschrieben, Onkel, warum läßt du deine eigene Seele schwach und lasterhaft werden?«

Seneca zuckte bei den Vorwürfen seines Neffen zusammen, sagte dann entschuldigend, daß es ihm mitunter schwerfalle, das Geschriebene zu leben.

»Das sagt Petronius auch von dir«, warf Saturnin ein und wunderte sich selbst über seine Kühnheit.

»So, Petronius sagt das. Er muß es ja wissen, denn schließlich kennt er mich so genau, daß er sich ein solches Urteil erlauben darf. Petronius und ich sind uns meistens aus dem Wege gegangen und haben bei den unvermeidbaren Begegnungen am Hofe nie ausführlich unsere Gedanken und Meinungen ausgetauscht, was ich bedaure, denn Männer von Geist sollten immer miteinander sprechen, weil jedes Gespräch einen Zugewinn an Wissen bringt, selbst bei unvereinbarer Auffassung.«

Saturnin bereute seine vorwitzige Erwähnung des Arbiters.

Auch Paulina, der das Thema Petronius nicht gefiel, überlegte, wie man es beenden könnte. Nur Serenus lehnte sich zufrieden zurück, war er doch nicht mehr Gegenstand des Mitleids. Als Paulina mit einem Einwurf abzulenken versuchte, unterbrach sie Seneca bereits im Ansatz. Dann sagte er, zu Saturnin gewandt, daß er bezweifle, Petronius lebe gemäß seinen Erkenntnissen. »Bei dem Ekel, den der Arbiter beim Verfall der Künste, der Sitten und des guten Geschmacks vorgibt zu empfinden und den er trefflich in Worte zu fassen weiß, zumindest in den Auszügen, die ich gelesen habe, müßte er längst die Konsequenzen gezogen haben. Aber was tut er? Er genießt das Leben in vollen Zügen inmitten einer Gesellschaft, die er verachtenswert und pöbelhaft findet. Ist das, Saturnin, Übereinstimmung von Lehre und Leben?«

Saturnin antwortete mit einem klaren Nein.

»Petronius ist ein kluger und feinsinniger Mann, der mit Witz und Geist die Schattenseiten unseres Lebens ausleuchtet und verhöhnt. Das ist gut und notwendig, reicht aber nicht aus. Was wir in diesen dunklen und verwirrenden Zeiten brauchen, sind Hoffnung, Zuversicht und Selbstbesinnung. Die Epikureer, zu denen ich Petronius zähle, kennen keine Hoffnung. Was ich will, auch wenn es vorläufig nur Wünsche sind, die fern jeder Erfüllung liegen, ist, den Bedrängten, den Erniedrigten und Beleidigten Lebenshilfe zu geben, aus der sie Kraft für ihr Ausharren und ihren Widerstand schöpfen können. Die Menschen brauchen Trost und Hoffnung und nicht nur Spott und Skepsis.«

Gebannt hörte Saturnin dem Philosophen zu. Auch Serenus' Miene verriet Interesse. Paulinas Besorgnis schien sich verloren zu haben, denn sie sah mit Stolz auf ihren Gatten.

»Ich weiß, daß ich meine ethischen und moralischen Forderungen nicht immer zu leben imstande war und daß meine Lehren in sich nicht immer widerspruchsfrei sind. Doch dies ist zu verschmerzen, jedoch nicht zu verschmerzen ist die Schuld.«

Nachdenklich sah Seneca auf Saturnin, doch dem schien es, der Alte sähe durch ihn hindurch und sein Blick verlöre sich in der Ferne. Nach einer Weile des Schweigens wiegte Seneca den Kopf, und sein Blick schien zurückzukehren. »Narcissus, Kaiser Claudius' Berater, ist der einzige gewesen, der es vorausgesehen hat. Dafür mußte er sterben. Er warnte mich vor Nero. ›Seneca, du hast auf den falschen Wagenlenker gesetzt, und wenn du es erkennst, dann wird es leider zu spät sein‹, sagte er, und er hatte recht. Hätte ich ihm geglaubt! Nun kann ich nur eines, zu meinen Irrtümern stehen, sie bereuen und versuchen, sie zu korrigieren und am Ende mit meinem Leben dafür zu zahlen, um wenigstens einmal die totale Kongruenz von Lehre und Leben zu erreichen.«

Betreten schwiegen alle. Paulina wartete eine Weile, dann stand sie auf, um die Bereitung des abendlichen Mahles zu überwachen, wie sie lächelnd sagte, und ging ins Haus.

»Ich habe wenig von Petronius gelesen«, sagte Saturnin, »doch ich fand nur beißende Kritik menschlicher Laster und Schwächen, niemals aber Kritik an der Herrschaft und am Kaiser.«

»Gut gelesen«, lobte Seneca. »Doch wir sollten dies von Petronius nicht verlangen. Verlangst du von einer Platane Kastanien oder Äpfel? Petronius hat nie an eine Besserung der Menschen geglaubt, deshalb hat er auch nur Spott für sie übrig und keine Lebenshilfe. Ich habe immer an die Menschen geglaubt. Mein Irrtum bestand nur darin, sie über den Herrscher bessern und veredeln zu wollen. Mein Unterfangen war auf dem schmalen Grat angesiedelt, der *concordia ordinum* hieß und Kaiserherrschaft und Senat harmonisch auf dem Fundament der Stoa in Einklang bringen sollte. Es war ein riesengroßer und folgenschwerer Irrtum«, seufzte Seneca.

»Onkel, wenn es ein anderer Kaiser als Nero . . .«

»Ja, wenn, Serenus! Es war nun mein persönliches Unglück, daß sich die Schwächen der Kaiserherrschaft mit den Unzulänglichkeiten Agrippinas und Neros geradezu potenzierten zu einem Gebilde aus Willkür und Wahnwitz.«

»Du hast geschrieben, daß Tyrannen das Gemeinwesen durch schrankenlose und unkontrollierte Willkür schädigen. In ihrem Gefolge ist stets der Abschaum der Gosse, der Bodensatz verdorbener Instinkte zu finden, der sich dann der mahnenden Stimmen und all derer entledigt, die des Volkes besseres Gewissen verkörpern. Darf ein rechtschaffener Römer, dem das Gemeinwohl am Herzen liegt und der nicht dem Blendwerk des Despoten erlegen ist, dies hinnehmen, oder muß er sich dagegen auflehnen?« Saturnins Stimme zitterte vor Erregung, denn der Philosoph hatte ihn bei dieser Gewissensfrage unverwandt angesehen.

Er verlangt von mir eine Rechtfertigung für einen Aufruhr gegen den Herrscher. Aber warum gerade von mir? Seneca wiegte den Kopf hin und her, trank einen Schluck Wasser, weniger aus Durst denn Verlegenheit. Sollte er dem Tribunen sagen, ja, du mußt dich einem Tyrannen widersetzen! Die Folgen eines solchen Rats wären unausdenkbar, untergrüben sie doch Roms Disziplin! Jeder würde sich zur Rechtfertigung seines Ungehorsams und Aufruhrs auf ihn, Seneca, berufen und machte ihn zum geistigen Vater jedes Bürgerkrieges! Dem Alten trat der Schweiß auf die Stirn. Sagte er nein, spräche er gegen seine Überzeugung. Krampfhaft suchte er einen Weg zwischen den Extremen.

»Eine schwierige Frage, Saturnin, deren vorschnelle und einseitige Beantwortung einmal an die Grundfesten unserer staatlichen Ordnung rühren und zum anderen ein Unrechtsregime mit seinen Auswüchsen tolerieren und auf ewig festschreiben würde. Beides wäre nicht richtig. Alle Empörer und Aufrührer benötigen eine moralische Rechtfertigung ihrer Tat, und die alten Besitzer der Macht brauchen eine geistige Sanktionierung ihrer Herrschaft. Wer bestimmt nun, wer ein Tyrann ist? Du? Ich? Serenus? Ist Nero ein Tyrann? Schwer zu entscheiden! Er ist zwar kein Herrscher zum Nutzen des Gemeinwohls, aber ein Tyrann? Ist er nicht eher ein armer Geängstigter, dessen Eigenschaften dem Thron, den er der Affenliebe seiner Mutter . . .«

». . . und der geistigen Unterstützung eines Seneca und dem gepanzerten Arm eines Burrus verdankt«, ergänzte Saturnin.

»Lucius!« ermahnte ihn Serenus.

»Laß nur, es stimmt, wenn es auch schmerzt. Ich wollte sagen, daß Neros Eigenschaften dem Thron in keiner Weise genügten und genügen. Er ist ein Mime, ein Möchtegern, ein Tyrann wohl kaum. Tigellinus ist ein Tyrann, der dem

Medusenblick der Macht verfallen und selbst zur Meduse geworden ist. Du siehst, Saturnin, die Entscheidung ist schwer und darf nicht von einem einzelnen getroffen werden. Immer sollte eine Mehrheit rechtschaffener Männer und Frauen darüber befinden, ob die Zustände unerträglich geworden sind und einer Veränderung bedürfen. Folgender Weg scheint mir für den einzelnen gangbar zu sein: Jeder sollte sich durch sein Beispiel verdient machen, sich ethisch erheben und somit zum Nacheifern anspornen. Auf diese Weise, wenn es auch ein langwieriger Prozeß ist, kann eine Gesellschaft von unten veredelt werden. Wenn der Tyrann, denn ein jeder Tyrann kann sich nur in der Form entfalten, wie es seine Umgebung zuläßt, dann keine Handlanger mehr für seine Verbrechen findet und nicht einmal mehr mit seinem die Masse spaltenden Divide-et-impera, hat die Tyrannei ein Ende.«

»Soweit läßt es kein Tyrann kommen, er schlägt zu, greift sich einen nach dem anderen der ihm Widerstrebenden, wobei er von den unveredelten und normalen Männern und Frauen durch tätige Mithilfe oder durch Gewährenlassen unterstützt wird«, widersprach Saturnin, worin ihm Serenus beipflichtete.

Seneca lächelte über den Eifer der beiden Soldaten, denn nun hatte er, so schien es, endlich die umfassende Antwort gefunden.

»Also werden wir uns je nach der Lage im Staat und der Gunst des Schicksals entweder entfalten oder einschränken, auf jeden Fall aber werden wir beweglich bleiben und nicht der lähmenden Starre der Furcht verfallen. Nur der scheint mir ein richtiger Mann zu sein, der von Gefahren umringt, zwischen Waffen und klirrenden Ketten seine Mannestugend weder preisgibt noch verheimlicht: sich zugrunde richten heißt mitnichten Rettung. Letzten Endes, Saturnin, ist nur eines wichtig: an sich selbst und an die Richtigkeit des eingeschlagenen Weges zu glauben und sich nicht durch die Spuren der Irrläufer vom Wege abbringen zu lassen!«

Serenus lächelte, denn ähnliche Worte hatte ihm der Onkel einst gewidmet. Eine weise Antwort, aber schwer zu befolgen!

Saturnin fand Senecas Antwort vieldeutig, überließ sie doch jedem Menschen, gemäß seiner Ehre und seinem Gewissen zu handeln. Und wie viele besaßen weder Ehre noch Gewissen! »Noch eine Frage, Seneca. Wer hat Rom in Brand gesteckt?«

»Weiß ich nicht, aber Nero und die Christen nicht.«

Paulina lud zum abendlichen Mahl.

Seneca plauderte über frühere Zeiten, äffte Caligulas affektierte Sprechweise nach, als er auf dem Capitol mit Jupiter diskutierte. Saturnin und Serenus lachten laut, Paulina kicherte, aber mehr über die gute Laune ihres Gatten denn über dessen Späße. Dann imitierte Seneca den humpelnden Gang, die dabei hochgezogene Schulter, das Stottern des schiefgezogenen Mundes und den nach hinten geworfenen Kopf des Claudius. »A . . . A . . . Agr . . . Agrippi . . . pippi . . . ppina, wo . . . wo . . . wo ist nu . . . nu . . . nur Me . . . Me . . . Messa . . . li . . . li . . . na«, stotterte Seneca unter Lachen.

Noch in der Nacht mußte Saturnin daran denken und lachen. Aber das Gespräch hatte ihm mehr gegeben als nur diesen Spaß. Die Gewißheit, daß die Christen unschuldig am Brande Roms waren, war eine bedrückende Schuld für ihn. Er mußte damit leben. Würde er es können? Ja. Seneca hatte ihm bewiesen, daß Petronius unrecht hatte: Nirgends war Schiffbruch!

XV

Zu Beginn des September setzte Nero Cornelius als Präfekten der Stadtkohorten ab. Saturnin erwog, gleichfalls diese Truppe zu verlassen, doch Cornelius und Serenus baten ihn, nichts zu überstürzen. So tat er verdrossen und mürrisch seinen Dienst. Der neue Präfekt Gavinus gewährte ihm keinerlei Vergünstigungen in dem eintönigen und tristen Ablauf der Pflichten. Saturnin schrieb an Corbulo und bat, bei ihm wieder dienen zu dürfen. Serenus fand kaum Zeit, mit ihm darüber zu sprechen, denn er zeigte sich ausgefüllt mit geheimnisvoller Geschäftigkeit, die ihn mitunter nachts aus dem Hause trieb oder Gäste brachte, die bis weit nach Mitternacht blieben und in der Bibliothek tuschelten. Auf seine Frage hatte Serenus nur mit einem Schulterzucken geantwortet. So zerrannen die Tage in monotonem Gleichklang. Ab und an besuchte er Acte. Die erste Leidenschaft, das drängende Begehren war vorüber. Sein Verhältnis zu ihr war zur Gewohnheit geworden und entbehrte des außergewöhnlichen Reizes. Um sie nicht zu verletzen, versuchte er diese Wandlung vor ihr zu verbergen. Wenn er sie umarmte, stellte er sich ein anderes Gesicht vor, eines von langen roten Haaren umrahmt. Meistens gelang es, die Vision zu erhalten und das Verlangen nach dieser anderen Frau auf Actes Körper zu übertragen. Ihre zärtlich bewundernden Worte nahm er schweigend hin, küßte sie flüchtig zum Abschied, um sie dann erst nach Tagen wiederzusehen. In diesem Rhythmus verging die Zeit, seine Zeit.

An einem Spätseptembertag besuchte er Soranus. Im Hause seines alten Feldherrn herrschte verzweifelte Trauer. Annius Pollio, Servilias Gatte, war wegen Majestätsbeleidigung von der Senatsliste gestrichen und nach Sizilien verbannt worden. Servilia durfte ihn nicht begleiten. Saturnin fühlte, daß er hier keinen Trost zu spenden vermochte, und verabschiedete sich bald.

Die Abende verbrachte er zumeist lesend in seinem Zimmer. Wiederholt nahm er sich Senecas Schriften vor und fand stets Neues und Bedenkenswertes. Petronius' Werkauszug las er ebenfalls noch einmal und notierte sich wichtige Passagen, es gab derer nicht allzu viele, auf einem Täfelchen. Als er dem Arbiter die geliehenen Bücher zurückbrachte, nahm die hellhaarige Sklavin sie entgegen und bedauerte, daß der Herr nicht zu Hause sei.

Auch Acte traf er nicht an. Gerade heute, da er mit

irgendeinem Menschen hatte sprechen wollen, entzogen sich ihm alle. Mißmutig versuchte er zu lesen. Serenus hatte ihm erlaubt, die gesamten Seneca-Schriften aus der Bibliothek in sein Zimmer zu schaffen. Heute konnte er sich nicht konzentrieren. Er lauschte dem einsetzenden Regen, warf die Rolle auf den Tisch und legte sich aufs Bett. Er beobachtete das Spiel der im leichten Luftzug sich bewegenden Kerzenflammen und deren Schattenbilder an der Wand.

Aspasia klopfte und meldete den Prätorianertribunen Subrius Flavus, der ihn sprechen wolle. Saturnin folgte ihr ins Vestibulum, wo ihn der Tribun, ein Mann Mitte Dreißig, untersetzt, kräftig, das Gesicht ernst und verschlossen, erwartete.

»Ich möchte dir nochmals danken, Saturnin, doch deswegen bin ich nicht gekommen«, begann der Gast und zog aus einer ledernen Umhängetasche unter dem vor Nässe triefenden Umhang ein zusammengefaltetes Schriftstück hervor. »Zu keinem ein Wort über mich«, forderte er.

Ehe Saturnin etwas fragen konnte, war Subrius Flavus bereits an der Tür. In seinem Zimmer begann Saturnin sofort zu lesen. Es war Claudias erstes Lebenszeichen nach ihrem Weggang.

Claudia Antonia grüßt Lucius Antonius Saturninus
Mein lieber Bruder, ich weiß nicht, ob ich das Recht habe, Dich so zu nennen. Hoffentlich erreicht Dich dieses Schreiben, denn zwei hat er, wie ich erfahren habe, bereits abfangen lassen. Daraus kannst Du erkennen, in welch schrecklicher Lage ich bin. Das Schrecklichste und Furchtbarste, was ich erlebt habe, ist der Tod meines Kindes. Publius starb in den Nonen des September an einer tückischen Krankheit, gegen die es keine Rettung gab. Er ließ die besten Ärzte aus Rom kommen, doch ohne Erfolg. Mein lieber Lucius, ich betrachte diesen schweren Schlag als einen Fingerzeig der Ewigen, als eine Strafe für mein eigensüchtiges und nur auf mein Glück bedachtes Handeln. Publius' Tod habe ich nicht überleben wollen und mir die Adern geöffnet. Die Götter

scheinen meinen Tod nicht gewollt zu haben, denn sie brachten ihn vorzeitig nach Sinuessa zurück. Seit diesem Tage und seit er weiß, daß ich ihn verlassen werde, läßt er mich bewachen. Er liebt mich mit einer an Wahnsinn grenzenden Leidenschaft und quält mich mit seiner Eifersucht. Meine Leidenschaft, du hattest es mir vorausgesagt, war wirklich nichts weiter als die sehnsüchtige Neugier einer Frau, die glaubte, etwas verpaßt zu haben. Nun langweilt er mich mit seiner Verführermanie, mit der er versucht, mich zurückzuerobern. Mich stößt seine Aufdringlichkeit ab. Die andere Form, die du befürchtet hast, wäre günstiger gewesen, denn sie hätte mir die Freiheit gebracht. Lieber Bruder, Du mußt es mir glauben, daß mir alles schrecklich leid tut, was ich Serenus angetan habe ...

Der Brief wurde unleserlich, die Tinte war ausgewischt. Zwei Zeilen weiter war die Schrift wieder zu entziffern.

Ich habe eine Freundin gefunden, las Saturnin weiter, die in der Nähe Sinuessas ein Landhaus besitzt. Ihr Zuspruch half mir über die schwersten Stunden. Wer auch immer Dir diese Zeilen überbringt, Du kannst ihm vertrauen. Seinen Namen mußt du verschweigen, denn Du würdest ihn großer Gefahr aussetzen. Ich hoffe, daß er mich freigibt, wie es Einsicht und Vernunft gebieten. Lieber Lucius, Du mußt nun eine schwere Aufgabe erfüllen: Serenus den Tod unseres Sohnes mitteilen und ihn bitten, mir zu verzeihen. Sollte er mir vergeben können und den Wunsch hegen, mit mir wieder zusammenzuleben, dann gib besagtem Boten ein Zeichen.
Dir und Serenus wünsche ich Wohlergehen!

Er ließ den Brief sinken. Der kleine Publius war tot! Er konnte es nicht glauben. Las wiederholt den Brief mit der schrecklichen Nachricht. Er grübelte, wie er Serenus das Furchtbare würde schonend mitteilen können. Vielleicht konnte ihm Aspasia helfen? Er rief nach der Griechin und gab ihr Claudias Brief zu lesen.

Aspasia begann zu weinen. Saturnin sah ihr tränennasses Gesicht und ihr zuckendes Kinn über den Brief gebeugt und fragte leise, wie man es Serenus beibringen könne. Sie blickte auf, wischte mit dem Handrücken die Tränen fort und sagte, daß der Herr von Publius' unheilbarer Krankheit durch Statilius Annäus gewußt habe. Er habe schwer darunter gelitten und es der Herrin verheimlicht, um ihr das Leid zu ersparen.

»Das ist ungeheuerlich, einer Mutter den Gesundheitszustand des Kindes zu verschweigen«, entrüstete sich Saturnin.

Aspasia erbot sich, Serenus den Tod des Sohnes mitzuteilen.

Er stimmte zu, froh darüber, von dieser schwierigen Aufgabe entbunden zu sein. Als sie ihn verließ, mußte er daran denken, ob Serenus, der sich mit Aspasia getröstet zu haben schien, Claudia überhaupt wieder aufnehmen würde. Saturnin gestand sich ein, daß er seinem Schwager die Griechin mißgönnte und nicht nur Claudias wegen. Sie hatte ihm vom ersten Tag an gefallen.

Spät schlief er ein. Sein Grübeln setzte sich im Traum fort, in dem es um Claudia, Serenus und den kleinen Publius ging. Als er am zeitigen Morgen den Baderaum betrat, saß Serenus auf der Pritsche und ließ sich von Aspasia den Rücken massieren. Sie verließ den Raum, um die Männer allein zu lassen.

»Ich weiß alles und mache mir Vorwürfe, Claudia die unheilbare Krankheit Publius' verschwiegen zu haben. Ich wollte sie nicht belasten, um ihre Freude am Leben nicht zusätzlich zu beeinträchtigen.«

»Hättest du es ihr gesagt, wäre vielleicht alles anders gekommen.«

»Lucius, ich habe es gut gemeint«, beteuerte Serenus.

»Glaube ich doch, und niemand kann dir einen anderen Vorwurf machen als den, guten Gewissens einen Fehler begangen zu haben. Was wirst du ... Verzeih, hier ist Claudias Brief an mich. Du mußt ihn lesen.«

Serenus las, schluckte mehrmals vor Rührung, dann gab

er Saturnin das Schreiben zurück. Er freue sich, daß sie zurückkehren werde, er habe, wenn er es auch sich habe nicht anmerken lassen, sehr gelitten, gestand Serenus.

Der alte Memmius brachte eine versiegelte Rolle für Saturnin, der sofort das Siegel erbrach und sich in das Schreiben vertiefte.

»Von Corbulo. Er fordert mich auf, umgehend zu kommen, denn in Armenien stehen große Entscheidungen bevor. Heute noch werde ich um meine Entlassung nachsuchen, um vor Einstellen des Schiffsverkehrs hier wegzukommen.«

Als Saturnin sein Anliegen vortrug, hörte ihm Gavinus, der neue Präfekt, aufmerksam zu. Er brächte dem Antrag volles Verständnis entgegen und werde ihm keine Schwierigkeiten machen, doch da gäbe es nach Cornelius' Entlassung eine neue Verfügung, die er einhalten müsse. Erfreut über des Präfekten wohlwollendes Entgegenkommen, beantragte Saturnin seine Entlassung für Anfang Oktober.

»Du ließest mich nicht ausreden. Besagte Verfügung fordert, daß die Ernennung oder das Ausscheiden eines Tribunen der Stadtkohorten der Zustimmung der kaiserlichen Kanzlei bedarf.«

Gavinus lächelte hintergründig, als er hinzufügte, daß eine Aufnahme in die Stadtkohorten, wie es bei Cornelius und ihm gehandhabt worden wäre, nicht mehr so ohne weiteres ginge. Er werde Saturnins Antrag weiterleiten und gäbe ihm sofort Bescheid.

Zehn Tage später ließ ihn Gavinus zu sich rufen.

»Saturnin«, begann er, nervös auf seinem Stuhl hin und her rutschend. »Es ist nicht meine Schuld, das mußt du mir glauben. Die kaiserliche Kanzlei, was sage ich, der Göttliche selbst, hat deinen Antrag abgelehnt. Corbulo habe genug tüchtige Tribunen, die Stadtkohorten nicht, lautete die Begründung. Der Göttliche möchte nicht noch einmal einen derartigen Antrag von dir sehen, so ließ er durch die Kanzlei verkünden. Ich freue mich, einen so tüchtigen Tribunen nicht verlieren zu müssen.«

Damit hatte Saturnin nicht gerechnet. Wer gab dem Kaiser das Recht, ihn zu zwingen, in Rom bei den Stadtkohorten zu bleiben? Er hätte vor Wut laut fluchen mögen. Wie einen Sklaven behandelte man ihn, verfügte über ihn hinweg, ob er gehen oder bleiben konnte. Das war Tyrannei und Willkür! Grußlos verließ Saturnin den Präfekten.

Nach Tagen wich seine Wut einem stumpfen Resignieren und einem Hadern mit dem Schicksal. Nur der Haß auf Nero blieb. Serenus versuchte ihm klarzulegen, daß Nero nicht der Schuldige sein könne, sondern Tigellinus. Ein Kaiser dürfe eben nicht sich dem Willen eines Bediensteten beugen, beharrte Saturnin.

Lustlos verrichtete er seinen Dienst und wurde von Gavinus getadelt. Der Tribun lachte ihn aus und sagte, der Präfekt möge ihn doch entlassen. Nie mehr tadelte ihn Gavinus.

Von Claudia war noch keine Nachricht wieder gekommen. So verging der Oktober, den er bereits in Antiochia hatte verbringen wollen. Das Leben in Rom langweilte ihn, und er betrachtete es als etwas ihm Fremdes, das ihn nichts mehr anging.

Eines Nachts, Mitte November, weckte ihn der alte Memmius und stammelte, dem Herrn ginge es schlecht. Mit einem Sprung war Saturnin aus dem Bett und rannte in des Schwagers Cubiculum. Schmerzverzerrt und stöhnend wälzte sich Serenus auf dem Bett. Aspasia tupfte die schweißnasse Stirn. Saturnin erschrak, als er Serenus' Gesicht ganz nahe vor sich sah.

»Lucius, es geht zu . . . Ende. Im Gedärm – furchtbarer Schmerz. Nun sehe ich Claudia – nicht mehr . . .« Serenus konnte nicht weitersprechen vor Rührung und vor Schwäche. Aspasia befeuchtete das Tuch und wischte über sein Gesicht. »Ich habe . . . sie immer geliebt. Bleibt . . . beide in Rom . . . bald . . . im April . . . ändert sich alles . . . auch ohne mich . . . wird alles gut . . . geh deinen Weg . . . du warst immer mein bester – Freund . . . geh zu . . .« Saturnin beugte sich bis zu Serenus' Mund, doch er hörte nichts mehr.

»Er ist tot!« sagte ein kleiner alter Mann aus der Ecke. »Ich bin der Arzt. Aspasia ließ mich sofort holen, als die Schmerzen begannen, doch jede Hilfe kam zu spät.«

Hilfesuchend und ratlos wandte sich der Tribun an den kleinen Alten, fragte, woran Serenus, ein kerngesunder Mann, so plötzlich gestorben sei.

Er wisse es nicht genau, aber er vermute, an – Gift, erwiderte der Arzt.

»Gift«, wiederholte Saturnin tonlos. »Wenn es Gift war, dann kenne ich den Mörder, denn es gibt nur einen, der bei seinem Tode gewinnt. Der Mörder möge auf ewig verflucht sein!«

XVI

Nur mit Mühe konnte Seneca die Trauerrede für seinen Neffen zu Ende bringen. Paulina mußte ihn stützen, als er vom Scheiterhaufen zurücktrat, um seinem Bruder Lucius Annäus Novatus, dem Vater des Toten, Platz zu machen.

Ein Sklave reichte Novatus eine brennende Fackel, der abgewandten Gesichts den Holzstoß entzündete.

Saturnin starrte auf die hochschießenden Flammen, die seine stumme Zwiesprache mit dem Toten jäh abreißen ließen. Als er ein wenig den Kopf wandte, um dem Anblick der Vernichtung etwas auszuweichen, sah er die schmerzbewegten Gesichter Senecas und seiner Brüder. Lucanus, den berühmten Dichter der ›Pharsalia‹, verbarg der durch plötzlich auftretenden Wind abgetriebene Rauch. Die Totenlieder der Klageweiber klangen schauerlich. Saturnins Augen brannten, daß er sie schließen mußte. Als er sie vorsichtig öffnete, hatte der Wind nachgelassen, und der Qualm stieg schnurgerade in die Höhe. Nun sah er die Prätorianer, die sich hinter den Angehörigen postiert hatten. Subrius Flavus konnte seine Betroffenheit nicht verbergen.

Endlich verstummte der schaurige Gesang der Klageweiber. Der Scheiterhaufen war bis auf qualmende Reste niedergebrannt. Paulina, Seneca und dessen Brüder löschten mit Milch und Wein die Glut, sammelten die unverbrannten Reste, trockneten sie in Leinentüchern und füllten sie dann in eine Urne. Die Trauerfeier war damit beendet.

Serenus ist nicht mehr, so als wäre er niemals gewesen, dachte Saturnin und verabschiedete sich von der Familie seines Schwagers, die noch blieb, um die Urne im Grabmal der Annäer beizusetzen, während alle übrigen Trauergäste sich langsam entfernten. Der Tribun folgte ihnen entlang der Via Appia. Der Wind fuhr in die Pinienwipfel, Laub trieb vor seinen Füßen. Saturnin sah den kreischenden Krähen nach, die sich am fahlen Novemberhimmel wie bewegliche Schatten ausnahmen.

Eine Sterbejahreszeit! Armer Serenus, jetzt, da sich alles zum Guten wendete, mußtest du sterben.

Er prallte zurück, als aus dem Drusus-Bogen eine dunkle Gestalt mit heruntergezogener Kapuze unmittelbar vor ihm auftauchte.

»Saturnin«, sagte eine Frauenstimme und zog den verblüfften Tribunen in eine abzweigende dunkle, verlassene Gasse. Die Vermummte schob die Kapuze zurück. Saturnin konnte sich nicht entsinnen, die Frau mit dem breiten Gesicht und den braunen Locken jemals gesehen zu haben.

»Claudia läßt dich und Serenus grüßen, sie kommt bald.«

»Zu spät. Serenus ist tot«, erwiderte Saturnin düster.

»Nein!« stieß die Frau verstört aus. »Claudia war so glücklich, als Subrius ihr über mich sagen ließ ... O Götter, warum?«

»Du bist Claudias Freundin? Sag mir, wie geht es ihr?«

»Nun nicht mehr gut, wenn sie seinen Tod erfährt.«

»Tigellinus hat Serenus vergiften lassen, weil er durch seinen Tod Claudias Bleiben in Sinuessa erzwingen will.«

»Claudia wird es ihm nie vergeben.«

Schritte, seltsam laut und aufdringlich klingend in der

verlassenen Gasse, näherten sich. Eine instinktive Bewegung der Frau zur Kapuze, die zurückgenommen wurde, als sie den Mann erkannte.

»Cornelius«, staunte Saturnin.

»Ja, ich bin es, alter Freund.« Cornelius umarmte ihn. »Frag mich bitte nichts, du wirst alles früh genug erfahren. Eine kleine Bitte haben wir an dich, sprich mit keinem über unsere Begegnung.«

»Wir haben eine weitere Bitte«, warf die Frau ein. »Serenus ist tot, deshalb . . .«

»Tot?« Entsetzen klang aus Cornelius' Frage. »Willst du uns helfen? Es ist nicht viel, was wir verlangen. Wir wollen dich nicht gefährden. Hilfst du uns?«

»Natürlich. Weiht mich in alles ein, wie ihr Serenus eingeweiht habt.«

Cornelius' fragender Blick suchte das Gesicht der Frau, die unmerklich den Kopf schüttelte. Dann legte er seine Hand auf die Schulter des Freundes.

»Lucius, versteh mich bitte, es ist kein Mißtrauen, doch es steht nicht in unserer Macht, dich in unser Geheimnis einzuführen. Du kannst uns helfen, indem du in den Iden und den Kalenden jedes Monats die kleine Tür hinter den Stallungen unverschlossen läßt von abends an. Für uns ist das eine große Hilfe.«

Saturnin schwieg gekränkt über Cornelius' fehlendes Vertrauen.

»Glaub mir, je weniger du zum jetzigen Zeitpunkt weißt, desto weniger bist du gefährdet. Tigellinus hat ohnehin ein Auge auf dich und wird bald ein weitaus schärferes auf dich haben.«

»Wieso?«

Cornelius antwortete ausweichend, daß er es vermute.

Die Frau drängte Cornelius zum Gehen.

»Leb wohl, Lucius. Du wirst in absehbarer Zeit alles verstehen. Beinahe hätte ich vergessen, dich von Silva, dessen Tochter und Soranus zu grüßen. Flavius Silva hat ein Kommando in Kilikien erhalten. Seine bei Nero auf Anraten Soranus' geäußerte Bitte, dich ihm als Adjutanten beizugeben, wurde abgelehnt.«

Saturnin atmete schwer. Die Enttäuschung war ihm anzusehen.

»Laß dich nicht entmutigen, Freund, es wird sich alles ändern, und zwar – bald«, tröstete Cornelius und ging. Die Frau, ehe sie folgte, berührte mitfühlend des Tribunen Arm.

Verlassen stand Saturnin in der menschenleeren Gasse, unschlüssig, ob er gleich nach Hause gehen oder sich in einer Taverne betrinken sollte. Nach geraumer Zeit entschloß er sich für den Heimweg.

Der November verging, ebenso der Dezember. Trübe und grau begann das neue Jahr, das Jahr der Konsuln Aulus Licinius Silianus und Marcus Vestinus Atticus, das Jahr 818 ab urbe condita. Und noch immer kein Lebenszeichen von Claudia! Saturnin war beunruhigt. Mit Sorge sah Aspasia, die den wenigen Sklaven des Hauses vorstand, die wachsende Unruhe und das Unbehagen ihres neuen Herrn, die dann allmählich in Lethargie umschlugen. Seine Besuche bei Acte wurden seltener. Nur Soranus und Seneca besuchte er in größeren Abständen. Die dienstfreien Tage verbrachte er in der Bibliothek, jedoch nicht lesend, sondern vor sich hin starrend. So schleppten sich die naßkalten Tage des Januar und Februar dahin. In den Iden und Kalenden versäumte er es nicht, sein Cornelius gegebenes Versprechen einzuhalten, indem er die kleine Pforte nicht verschloß. Es interessierte ihn nicht, was in diesen Nächten geschah.

So ging auch der März vorüber. An einem der ersten Aprilabende, er hatte gerade von Aspasia die Kerzen in der Bibliothek entzünden lassen und wollte nach längerer Zeit wieder in Senecas ›Seelenruhe‹ lesen, schlug es ans Tor.

Wer das zu dieser Stunde noch sein könne, fragte Aspasia ängstlich.

»Sieh nach, dann weißt du es«, erwiderte er ungerührt.

Sie eilte hinaus und kam nicht lange danach außer Atem zurück.

»Prätorianer, Herr, sie wollen dich mitnehmen«, keuchte sie.

»Mich?« fragte Saturnin erstaunt und ging ins Vestibulum, wo ihn ein Centurio und drei Soldaten erwarteten.

»Tribun Lucius Antonius Saturninus, im Namen des Präfekten muß ich dich festnehmen!« schnarrte der Centurio.

Mit einem Male fiel die Lethargie von Saturnin ab, hellwach erkannte er die ihm drohende Gefahr. Cornelius' Warnung fiel ihm ein, Tigellinus werde ein schärferes Auge auf ihn werfen. War es Angst, die sein Herz so pochen ließ, oder war es der ohnmächtige Haß, den er empfand? Seine Hände wurden feucht, als er sie ineinanderschlang.

»Mach mir keine Schwierigkeiten, Tribun! Es hat keinen Sinn, draußen warten weitere Leute.«

Aspasia weinte laut und suchte Halt an einer Säule. Saturnin fühlte Mitleid mit ihr, und ein wenig erfüllte ihn ihre Sorge um ihn mit Trost. Wenigstens einen Menschen gab es, der Anteil an seinem Schicksal nahm. Er durfte ihr seine Angst nicht zeigen, auch diesen Prätorianern nicht, vor allem sie durften nicht die Genugtuung seiner Schwäche haben. »Darf ich den Grund erfahren?« fragte er mit erzwungener Ruhe.

Er kenne ihn nicht und habe nur den Befehl, den Tribunen Saturnin ins Castrum zu bringen, antwortete der Centurio.

»Ich darf mich doch ankleiden?«

Der Centurio nickte, befahl aber den Prätorianern, Saturnin zu folgen.

Mit Unbehagen sah der Centurio den in voller Rüstung, mit umgehängtem Schwert und helmbedecktem Kopf zurückkehrenden Tribunen.

Saturnin trat zu Aspasia, drehte die Weinende sanft zu sich.

»Herr, komm wieder«, schluchzte sie.

»Natürlich, Aspasia, hüte das Haus gut und sage meinen Freunden, Soranus und den Flaviern, daß mich Tigellinus hat festnehmen lassen.« Er streichelte ihr Haar und folgte den Prätorianern.

Vor dem Haus standen weitere sechs Soldaten mit im Abendwind blakenden Fackeln. Als das Tor des Castrums hinter ihm zuschlug, wußte Saturnin, daß er nun vollkommen in Tigellinus' Gewalt war und der mit ihm machen konnte, was er wollte. Ein dumpfer Druck stieg von der Magengegend bis zur Kehle auf, ihn fror plötzlich.

Dann stand er vor dem Gehaßten. Götter, betete Saturnin, nehmt mir die Furcht und laßt mich nicht schwach werden vor diesem Halunken!

»Ich grüße dich. Nimm doch Platz«, sagte Tigellinus und wies auf einen Hocker vor seinem Schreibtisch.

»Ich höre lieber stehend an, was du mir zu sagen hast«, schlug Saturnin den Sitz aus, wobei er sich bemühte, seiner Stimme unbeteiligte Gleichgültigkeit zu verleihen, was aber nicht ganz gelang, denn sie vibrierte leicht und klang belegt.

»Gut, wie du willst. Beantworte mir eine Frage, dann kannst du sofort das Castrum wieder verlassen. Wo ist Claudia?«

Alles hatte er erwartet, aber nicht diese Frage. Wenn er, Tigellinus, nicht wisse, wo seine Schwester sei, dann könne er ihm nicht helfen, entgegnete Saturnin.

Tigellinus schrie ihn an, er müsse es sagen.

»Ich weiß nicht, wo sie ist.«

»Du lügst!« brüllte der Präfekt.

»Ich lüge nicht. Seit ihrem Weggang von Serenus habe ich sie nicht wiedergesehen. Sie war doch bei dir in Sinuessa«, widersprach Saturnin nachdrücklich.

Woher er von Sinuessa wisse, fragte Tigellinus lauernd.

Saturnin biß sich auf die Lippe und überlegte fieberhaft. Von Claudias Brief und dem Überbringer durfte er keinesfalls sprechen. Was sollte er nur antworten, um niemanden zu gefährden?

»Rede! Sonst muß ich andere Mittel anwenden, um dich zum Sprechen zu bringen!« drohte Tigellinus.

Das glaubte ihm Saturnin aufs Wort. Nun wurde es todernst, wenn er nicht antwortete. Plötzlich fiel ihm die erlösende Antwort ein, und er platzte sofort heraus mit ihr: »Von Serenus habe ich es erfahren.«

»Saturnin, sei kein Dummkopf, nenn mir Claudias Aufenthaltsort, und du bist wieder frei«, sagte Tigellinus wieder ruhiger.

»Ist sie denn nicht bei dir in Sinuessa?« fragte er, sich bewußt einfältig stellend.

»Du weißt genau, daß sie mich verlassen hat, und stellst dich dumm. Ich werde dich einsperren, bis du mir sagst, wo sie sich versteckt hält. Und wenn du hier verfaulst! Nach dir kräht sowieso kein Hahn. Vielleicht mache ich dir auch zusammen mit den Verschwörern, die den Göttlichen ermorden wollten, den Prozeß.«

Nun mußte sich der Tribun doch setzen, was Tigellinus mit hämischem Grinsen wahrnahm. Ob er nicht lieber sprechen wolle, fragte er sofort.

»Ich kann dir Claudias Aufenthalt nicht nennen und weiß auch nichts von einer Verschwörung«, beteuerte Saturnin.

»Dann sage ich es dir, damit du beim Prozeß nicht beschwören kannst, du hättest nichts davon gewußt. Am 19. April wollte eine Handvoll ruchloser Verbrecher den Göttlichen im Tempel des Sonnengottes ermorden. Mir«, der Präfekt klopfte sich selbstgefällig auf die Brust, »gelang es, die Verschwörung vorher aufzudecken und alle Teilnehmer zu fassen. Nun hat der Henker das Wort. Sage endlich, wo ist Claudia?«

»Ich weiß es nicht«, beteuerte Saturnin.

»Du verstockter Hund! Du wirst es bereuen!« brüllte Tigellinus. Dann befahl er, den Tribunen einzusperren.

Als die Tür des halbdunklen und nach Fäulnis und Moder riechenden Verlieses hinter ihm zuschlug, wußte Saturnin, daß nun alles aus und er verloren war.

XVII

Es war schon später Vormittag, als Seneca erwachte. Gegen Morgen hatte er noch einmal fest geschlafen. Nun fühlte er sich ausgeruht. Schnell nahm er sein kaltes Bad und kleidete sich an, um Paulina nicht allzulange warten zu lassen. Auf der Terrasse hatte sie das Morgenmahl bereitstellen lassen. Seneca atmete tief die frische Luft, küßte Paulina, setzte sich, aß von dem groben Schwarzbrot und trank dazu einen Schluck Wasser.

»Wir wissen gar nicht, wie viele Dinge, an die wir gewöhnt sind, überflüssig sind, bis wir anfangen, auch ohne sie auszukommen«, sagte er gutgelaunt, auf sein karges Mahl anspielend. Er sah auf die in voller Blüte stehenden Bäume. Ein schöner Tag, den man genießen müsse, weil man nie wisse, ob man je wieder so einen schönen Tag haben werde, bemerkte er.

Es wäre schlimm, wäre es der letzte schöne Tag, entgegnete Paulina. Überraschend kam sein Vorschlag, heute auszufahren. Schnell bereitete sie alles vor, ehe er anderen Sinnes werden könnte. Paulina genoß die Fahrt durch die Haine, Wiesen und Wälder, genoß die Unterbrechungen durch kurze Spaziergänge und aß mit großem Appetit das einfache Essen einer ländlichen Taverne. Am späten Nachmittag kehrten sie nach Hause zurück. Es dämmerte bereits, als Paulina im Triclinium servieren ließ. Seneca hatte Statilius Annäus, seinen Arzt, zu Tische gebeten, dem er gestand, daß er heute faul gewesen sei und keine Zeile geschrieben habe.

»Es hat dir gutgetan, du solltest häufiger einen schreibfreien Tag einlegen, denn du hast in deinem Leben genug geschrieben«, antwortete der Arzt. Paulinas freundlicher Blick dankte ihm.

Seneca schüttelte den Kopf und meinte, sein eigentliches Werk liege noch vor ihm, denn alles bisher Geschriebene sei nur Vorarbeit dazu gewesen.

Statilius und Paulina blickten erstaunt auf. Seinem Werk sei nichts hinzuzufügen, es sei abgeschlossen und in sich harmonisch, widersprach Statilius.

»Du bist sehr höflich, aber im Unrecht. Mein Werk ist weder abgeschlossen noch harmonisch. Vieles ist ihm hinzuzufügen, einiges ist zu verwerfen, anderes gänzlich umzuarbeiten. Alles war nur Vorarbeit, das Eigentliche, das Werk des wirklichen Seneca, muß nun geschaffen werden. Die Götter mögen mir die Zeit dafür gewähren!«

Wie er auf diesen abwegigen Gedanken gekommen sei, fragte der Arzt kopfschüttelnd. Der Eintritt des Türhüters, der zwei Fremde meldete, die die Herrin zu sprechen wünschten, enthob Seneca einer Antwort. Man rätselte, wer das sein konnte. Die Männer rieten Paulina zur Vorsicht, folgten ihr dann ins Vestibulum.

Paulina öffnete das Beobachtungstürchen und fragte nach Namen und Begehr.

»Tante Paulina, ich bin's, Claudia. Das ist Cornelius, Saturnins Freund. Wir bringen schlimme Nachrichten aus Rom.«

Paulina, die die Stimme erkannt hatte, ließ vom Türhüter öffnen und erschrak, als sie die Frau mit wirren Haaren, zerkratztem und schmutzigem Gesicht, zerfetzter Kleidung, sich erschöpft auf ihren Begleiter stützend, sich ins Haus schleppen sah.

Seneca betrachtete mißtrauisch die seltsamen Gäste, brauchte geraume Zeit, ehe er Claudia erkannte. Cornelius, der mit Statilius' Hilfe Claudia auf eine Bank zog, nannte dem Philosophen, der entgeistert fragte, was das zu bedeuten habe, seinen Namen.

»Wir sind auf der Flucht. In Rom schlachtet man jeden, der verdächtig ist, an der Verschwörung gegen Nero beteiligt gewesen zu sein. Auch du bist gefährdet, edler Seneca. Du mußt fliehen! In der Hoffnung, das eigene Leben zu retten, verrät jetzt jeder jeden. Unser Leben verdanken wir einem Glücksumstand und Subrius Flavus«, antwortete Cornelius.

Paulina stöhnte auf.

Seneca stand wie gelähmt. Es war unschwer zu erkennen, was das bedeutete. Auf eine derart günstige Gelegenheit, ihn zu vernichten, hatte Tigellinus schon lange gewartet. Geschickt würde der Präfekt eine Mitschuld konstruieren, die für das Todesurteil reichte.

»Onkel, du mußt fliehen«, flehte Claudia, die sich von ihrer Schwäche etwas erholt hatte. »Natalis hat deinen Namen in Zusammenhang mit Piso, dem Kopf der Verschwörung, genannt. Verlasse noch heute dein Gut, denn morgen kommen Tigellinus' Büttel.«

»Zu mir?« fragte Seneca und versuchte, verwundert zu tun.

Paulina allein bemerkte, daß es ein hilfloser Versuch war. Sie wußte, daß er selbst nicht glaubte, was er über seine Sicherheit sagte, die durch sein Nichtbeteiligtsein an besagter Verschwörung nicht gefährdet sei.

»Edler Seneca, wer mit der Verschwörung zu tun hat, das bestimmt Tigellinus. Dein Name ist bei den Verhören genannt worden, deshalb die Warnung des Subrius Flavus«, sagte Cornelius beschwörend.

»Ihr gehörtet zu den Verschwörern?« lenkte Seneca ab und blickte skeptisch zu Claudia.

»Ja, nun jagt man uns. Ich weiß, was du denkst, doch ich habe Tigellinus verlassen, was mich aber nicht von meiner Schuld freispricht«, sagte sie leise.

»Warum bleiben wir die ganze Zeit im Vestibulum? Ihr seid hungrig und wollt euch bestimmt säubern?« warf Paulina ein, fügte hinzu, daß sie sich um Claudia kümmern werde, Statilius möge Cornelius begleiten.

Als man dann im Triclinium beim Essen saß, bat Seneca Cornelius um einen ausführlichen Bericht der Verschwörung.

Cornelius erzählte von dem Plan, Nero am 19. April zu töten, und wie Milichus, ein Freigelassener, Scaevinus, der die Tat hatte ausführen sollen, verriet. Cornelius unterbrach, um zu essen. Nach einer Weile fuhr er fort, um das traurige Ende zu berichten.

»Auch dein Neffe Lucanus wurde festgenommen. Eine Woche vor der geplanten Tat hatte Tigellinus bereits Epicharis, eine tatkräftige Freigelassene aus Sinuessa, die Claudias Flucht aus des Präfekten Gewalt ermöglichte, eingekerkert. Nun hat er auch Saturnin verhaften lassen.«

Seneca schwieg, denn ihm fehlten plötzlich die Worte angesichts der lebensbedrohlichen Lage. Hier half kein unbekümmertes Wegleugnen der Gefahr, denn es war das Ende. Nero und Tigellinus schafften, was Tiberius, Caligula und Claudius versucht hatten, die Familie der Annäer auszurotten.

Paulina und Claudia weinten.

»Du mußt fliehen«, beschwor Statilius den Philosophen. Cornelius pflichtete ihm mit Nachdruck bei.

Ich, ein alter, kranker Mann? Wohin soll ich fliehen? fragte sich Seneca. Wozu auch? Paulina werden sie verschonen, wenn sie ihren Zorn an mir ausgetobt haben. Wer einmal geschrieben hat: ›Bleibe auf deinem Posten . . .‹, der darf sich nicht davonmachen. Kann ich mein Werk nun nicht vollenden, muß mein Tod als dessen Schlußpunkt stehen. »Wann werden sie kommen?« fragte er Cornelius.

»Subrius Flavus vermutet, morgen.«

»Warum so spät?«

»Tigellinus hat gesagt, Seneca sparen wir uns bis zum Schluß auf, denn der bleibt uns.«

Seneca überging die Bemerkung und fragte nach Cornelius' und Claudias weiterer Flucht, riet ihnen, sich eine Nacht auszuruhen.

Als Cornelius erwiderte, daß sie ihn damit in Gefahr brächten, lachte Seneca und sagte, dies erinnere ihn an einen Gekreuzigten, der, als ihm ein Büttel einen weingetränkten Schwamm an den Mund hielt, nach einem Vorkoster verlangte, um sicher zu sein, nicht vergiftet zu werden.

Cornelius, der Claudias Erschöpfung sah, die kaum Becher und Löffel zu halten imstande war, nickte zustimmend. Er bat Seneca um frische Kleider, Reiseproviant und Pferde. Versprach dem Philosophen, ihm alles zurückzuzahlen.

Seneca lächelte wehmütig und ließ durch einen Sklaven alles bereiten, dazu noch einen Beutel voller Geld legen. Dann trank er auf das Gelingen von Cornelius' und Claudias Flucht. Kurz danach erhob er sich, verließ das Triclinium, da er noch zu arbeiten habe.

In seinem Arbeitszimmer setzte er sich an den Tisch, stützte das Kinn auf die gefalteten Hände und starrte in die Dunkelheit hinaus. Erst begannen die Hände, dann der ganze Körper zu zittern. Das Herz hämmerte gegen die Rippen, das Blut drängte schmerzhaft zum Kopf. Es ist die Angst, die Angst der Kreatur vor dem Ende, wußte er. Wie oft hatte er über den Tod philosophiert, wollte ihn ansehen wie ein Lustspiel. Und nun war alles ganz anders! Im Angesicht des Todes halfen keine schlauen Sentenzen und waren deshalb genauso wertlos wie nichtiges Geschwätz! Was sollten solche Worte wie: Was ist schon der Tod? Ein Ende oder ein Hinübergleiten! Ich fürchte weder das Ende – es ist dasselbe, wie überhaupt nicht angefangen zu haben – noch das Hinübergleiten: Denn so eingeengt wie hier werde ich wohl nirgendwo sein!

Seneca stand auf, wanderte hin und her, um der Angst Herr zu werden. Die Kerzen flackerten im Luftzug seines Auf- und Abgehens. Worte, nichts als Worte, würdig und erhaben, aber untauglich für Trost in der Todesstunde. Plötzlich war ihm, als drücke eine unsichtbare Hand seine Kehle zusammen. Er japste nach Luft, riß weit den Mund auf. Dieses verdammte Asthma, diese Atemnot, die immer ein halbes Sterben war! Wer keine Luft bekam, konnte nicht leben. Senecas Ringen mit dem Anfall vertrieb seine Angst. Erschöpft setzte er sich wieder und atmete, wie es ihn Statilius gelehrt hatte. Die Atemtechnik milderte die Qual. Was habe ich mich in meinem Leben mit Krankheiten herumplagen müssen, wie viele Nächte um das bißchen Luft zum Atmen gekämpft, wie oft mit dem Hunger gerungen, weil mich Magen- und Darmkrämpfe plagten! Dieser Körper hat es mir nicht leicht gemacht! Aber mein Wille hat das schmerzende Fleisch besiegt! Jetzt ist der Wille erschöpft und hat Ruhe verdient. Ja, Ruhe brauche ich!

Er langte nach der Feder und schrieb seinem Freund Lucilius einen langen Brief, schloß ihn mit dem Satz: Wenn uns schließlich – völlig verfrüht oder mitten im Leben – der Tod packt und zu sich ruft, ist er wie die reife Frucht eines langen Lebens.

Zufrieden lehnte er sich zurück, schloß die Augen und dachte, daß Worte doch zu trösten vermochten.

Als Seneca am nächsten Morgen zu Paulina auf die Terrasse trat, waren Cornelius und Claudia längst aus dem Hause. Er bemerkte Paulinas vom Weinen und von einer schlaflosen Nacht gerötete Augen. »Wenn es die Moiren beschlossen haben, muß es sein«, sagte er.

Die Todesboten kamen an diesem Tag nicht, auch am nächsten und an den folgenden nicht. Paulina und Seneca glaubten an ein Wunder. Und dann, an einem der letzten Apriltage, kamen sie: gepanzert und bewaffnet, als wollten sie in eine Schlacht ziehen. So viel Aufhebens um einen alten, kranken Mann, dessen Hand nie ein Schwert geschwungen und nie einen Bogen gespannt hat, dachte Seneca. Er sah ihre leeren, erstarrten Gesichter unter den Helmen und hatte sie sich nicht anders vorgestellt, denn sie paßten zu Neros und Tigellinus' Rom!

Senecas Sterben war qualvoll und dauerte lange. Das Blut wollte dem Körper nicht entströmen, so als hielte es der Wille fest. Auch Paulina bestand darauf zu sterben. Statilius mußte ihr die Adern öffnen, obwohl er alles versuchte, sie umzustimmen.

Ein Eilbote aus Rom brachte den Befehl, Pompeja Paulina am Leben zu erhalten. Seneca sah mit schwachem Lächeln, wie Paulinas Wunde verbunden wurde.

Statilius öffnete Senecas Beinadern, verabreichte ihm

Gift, doch der Körper des Alten widerstand. Trotz der Schmerzen rang sich der Philosoph Trostesworte für das herbeigeeilte jammernde Gesinde, vor allem für Paulina ab. Endlich werde er erfahren, wie der Austritt der Seele aus dem Körper vor sich gehe, sagte er kaum hörbar. Dann ließ er sich ins Dampfbad tragen, um das Sterben zu beschleunigen.

Nach einer Stunde kam Statilius aus dem Bad und meldete den Tod Senecas.

XVIII

Seine Finger fuhren über die eingeritzten Striche auf der modrigen Wand. Er zählte vierzehn. Begann von neuem, da er sicher war, sich verzählt zu haben. Es blieben vierzehn Kerben. Saturnin drückte den Kopf an die Mauer, um zu prüfen, doch die Augen halfen nicht. In diesem Halbdunkel waren die Striche an der glitschigen Wand nicht zu sehen. Es mußten mehr sein als vierzehn, mindestens siebzehn, vielleicht sogar zwanzig.

Er durchschritt das Verlies, sechs Schritte vor, sechs zurück. Nun fiel ihm ein, daß er in den ersten Tagen keinen Kalender führen konnte. Teils aus Furcht vor dem nahen Tode und teils in Ermangelung der Tonscherben zum Einritzen. Saturnin fror. In Abständen löste sich ein Wassertropfen von der Decke und fiel mit einem leichten Plopp in eine Vertiefung im Fußboden. Gespannt wartete er auf das Geräusch des nächsten Tropfens. So verging die Zeit.

Bald mußte es Mittag sein, rechnete Saturnin nach den durch die ganz oben unerreichbar eingelassene winzige Öffnung in der Mauer schräg einfallenden spärlichen Sonnenstrahlen. Er ließ sich auf das Lager fallen und schlang die Fetzen um den vor Kälte zitternden Körper. War es nur die Kälte? Waren es nicht Hoffnungslosigkeit und Angst? Saturnin hatte Angst, Angst vor dem Tod, was er nicht verstand, denn als Soldat hatte er beinahe täglich mit dem Tod leben müssen und sich nie geängstigt. Warum jetzt? Weil er hilflos ausgeliefert war, wo er sonst zu kämpfen gewöhnt war. Ausgeliefert einem gnadenlosen Gegner, gnadenlos wie die Meduse, deren Anblick jeden zu Stein erstarren ließ.

Er schrak auf, als die Tür sich knarrend öffnete und der alte Kerkermeister winkte. Nun war es soweit! In diesem Moment hätte er alles darum gegeben, in diesem Verlies bleiben zu dürfen, weil es Leben bedeutete, während draußen der Tod wartete. Unsicher und langsam folgte er dem Wärter durch die Gänge bis zu einer Tür, die der Alte öffnete, worauf er Saturnin hinausschob und hinter ihm wieder verriegelte.

»Saturnin, geh voran!« befahl ein Prätorianer, der ihn erwartet zu haben schien. Vor einer Tür mußte Saturnin warten. Der Soldat pochte, und von drinnen kam das Zeichen zum Eintreten.

An einem aus rohem Holz gezimmerten Tisch saß Nymphidius, den Serenus den Stärksten der Prätorianer genannt hatte.

»Ist dir Scaevinus bekannt?« fragte Nymphidius sofort und ohne Vorrede. »Natalis, Proculus, Cornelius Tegetus und Subrius Flavus«, fuhr er fort, nachdem Saturnin verneint hatte.

»Natalis und Proculus nein, Cornelius und Subrius Flavus ja.«

Nymphidius schrieb auf ein Wachstäfelchen und forderte den Tribunen auf, die Bekanntschaft näher zu beschreiben.

»Subrius Flavus kenne ich flüchtig. Wir wurden bekannt in der Nacht des Brandes. Mit Cornelius diente ich in Asia und unter ihm in den Stadtkohorten.«

»Kennst du eine gewisse Epicharis?«

»Nein. Wer soll das sein?«

»Ich stelle die Fragen, Saturnin«, wies ihn Nymphidius zurecht, fügte dann hinzu, er möge es sich nochmals genau überlegen, ob er besagte Epicharis nicht doch kenne. Als Saturnin wiederum verneinte, befahl Nymphidius dem wartenden Prätorianer, den Gefangenen ins Bad zu bringen und menschenähnlich herzurichten, ehe er zum Präfekten geschafft werde.

Als die Wachen Saturnin ins Arbeitszimmer des Präfekten führten, fühlte er sich nicht gut. Tigellinus, hinter einem Stoß von Rollen und einem Haufen von Wachstäfelchen sitzend, las und schrieb abwechselnd und geruhte den Gefangenen nicht zu bemerken. Saturnin betrachtete ausgiebig den Peiniger und fand, daß sich Tigellinus verändert hatte. Das sonst glatte, gebräunte und hochmütige Gesicht wirkte müde, die Haut war gelblich verfärbt und das Netz der Falten um die Augen nicht mehr zu übersehen. Plötzlich hustete Tigellinus, röchelnd und langanhaltend. Dann betupfte er sich die Lippen mit einem Seidentüchlein.

»Wo ist Claudia?« fragte er mit heiserer, kaum vernehmbarer Stimme.

»Glaube mir doch, daß ich es wirklich nicht weiß«, beteuerte Saturnin.

»Ich soll dir glauben? Nenne mir endlich ihr Versteck, sonst . . .« Ein Hustenanfall erstickte Tigellinus' weitere Worte. Das Gelb seines Gesichts wandelte sich zu dunklem Rot.

»Du bist nicht gesund«, platzte Saturnin mit leichtem Triumph heraus.

»Doch gesund genug, um dich zu vernichten.«

»Unbestritten. Ich verstehe nicht dein Interesse an mir, einem kleinen Niemand«, demütigte sich der Tribun.

»Das verstehe ich selbst nicht«, erwiderte der Präfekt, bereute sofort seine Offenheit und fügte hinzu: »Claudia interessiert mich und du nur, weil du ihr Bruder bist und mir dein Verhalten aufgefallen ist. Du gefährdest, das spüre ich, meine Herrschaft. Ich halte dich für einen Empörer. Du bist nicht aus dem Stoff gemacht, der für einen treuen und gehorsamen römischen Untertanen unerläßlich ist. Auf irgendeine Weise muß ich dich unschädlich machen. Es wider-

strebt mir, dich einfach abzutun, denn schließlich habe ich Familiensinn. Claudia wird zu mir zurückkehren, auch dein Schweigen kann das nicht verhindern. Du wirst als Mitwisser einer Verschwörung sterben. Damit habe ich vor deiner Schwester eine glänzende Rechtfertigung, nicht aus Haß gehandelt zu haben.«

Tigellinus lächelte über Saturnins erschrecktes Zusammenzucken.

»In den drei Wochen deiner Haft ist viel geschehen in Rom, und in Zukunft wird sich noch manches ereignen. Seneca ist auch dahingegangen«, erwähnte der Präfekt beiläufig.

Saturnins Hände zitterten, als er über das Gesicht wischte. Wenn er Seneca töten ließ, dann besteht für mich absolut nicht ein Fünkchen Hoffnung mehr!

Der Präfekt verließ plötzlich sein Arbeitszimmer. Die zwei Wächter traten ein, packten Saturnin und zerrten ihn mit. Wie betäubt trottete er zwischen ihnen. Auf freiem Feld hielt man an. Er sah Prätorianer beidseits einer Grube stehen, vor der Subrius Flavus mit gefesselten Händen und der Henker mit dem Richtschwert standen. Saturnin trat der Angstschweiß auf die Stirn, vom Magen zuckte es schmerzhaft und krampfartig zum Hals hoch. Subrius' mitleidiger Blick traf den Tribunen.

»Subrius Flavus, ich weiß, du verabscheust mich, doch ich bin gewillt, deine Todesstrafe in Verbannung zu wandeln, wenn du mir gestehst, daß Saturnin von der Verschwörung Kenntnis hatte«, sagte Tigellinus, und seine Worte waren ohne Schärfe und ohne Drohung.

»Er hat mit uns, ich schwöre es bei allen Göttern, nichts zu schaffen gehabt, und keinerlei Kenntnis kann ihm angelastet werden«, erwiderte Subrius Flavus ruhig.

Tigellinus winkte Veianius Niger, dem Henker. Der drängte den Verurteilten näher zur Grube.

»Du zitterst ja, Veianius«, sagte Subrius Flavus spöttisch, sah dann hinab in die ausgehobene Grube und fügte hinzu, daß diese in ihren Abmessungen nicht den Vorschriften entspräche.

Tigellinus, irritiert durch das Verhalten des Todgeweihten, kaute nervös an der Unterlippe und knüllte das Seidentuch.

»Saturnin, das Sterben ist nicht so schlimm, wenn man sich damit abgefunden hat. Überwinde deine Furcht! Und dir, Tigellinus, wünsche ich noch viele Jahre auf dieser schönen Erde, wo dir, der du bereits von der Krankheit gezeichnet bist, das Leben zur Qual werden wird«, sagte Subrius Flavus.

»Genug mit dem Geschwätz!« rief Tigellinus und gab Niger das unmißverständliche Zeichen.

Der Henker drückte den Verurteilten zu Boden. Pfeifend fuhr die Klinge durch die Luft, traf aber nicht den Hals, sondern den Hinterkopf. Erst beim zweiten Schlag fiel Flavus' Kopf in die Grube.

Mit Entsetzen hatte Saturnin die grausame Tortur beobachtet. Plötzlich wurde ihm, als rücke der Richtplatz in weite Ferne und habe mit ihm nichts zu tun. Er fühlte sich mit einem Male leicht und unbeschwert, der Druck vom Magen ließ nach, seine Hände zitterten nicht mehr. Wie unter einem inneren Zwang lief er zur Grube und kniete an der Stelle nieder, wo unmittelbar vorher Flavus' kopfloser Leichnam gelegen hatte, sagte, daß er bereit sei. Erstauntes Gemurmel bei den Prätorianern. Tigellinus wischte über die Augen, als wollte er sich vergewissern, daß er nicht träumte.

Veianius Niger, das blutige Schwert noch in der Hand, blickte rat- und hilflos auf den Präfekten, dann auf den knienden Saturnin.

»Das hat Zeit, Saturnin, noch«, sagte Tigellinus, der sich von der Überraschung erholt hatte.

Die zwei Wächter richteten Saturnin auf, während andere begannen, die Grube zuzuschaufeln.

»Tigellinus, du hast mir einen großen Dienst erwiesen. Du hast mir die Todesangst, die ich im Verlies und noch auf dem Weg hierher hatte, mit dieser Hinrichtung genommen. Warum, weiß ich selbst nicht. Deine Drohungen können mich nicht mehr schrecken.«

»Worte, nichts als große Worte, Saturnin«, lachte der Präfekt.

Der Zug marschierte zum Castrum zurück.

Tigellinus nahm wieder hinter seinem Schreibtisch Platz, und Saturnin mußte in einem Abstand von etwa sechs bis acht Schritt davor stehenbleiben. Auf des Präfekten Klatschen schleppten vier Prätorianer einen schweren Eichenstuhl mit hoher Rückenlehne herein, auf dem in seltsam verkrümmter Haltung eine Frau kauerte.

Fast hätte sich Saturnin durch einen Ausruf verraten, als er das von Schlägen entstellte Gesicht der Mißhandelten erkannte. Es war die Frau vom Drusus-Bogen, Cornelius' Bekannte und Claudias Helferin. Die Folterknechte schienen ihr alle Knochen gebrochen und alle Gelenke ausgerenkt zu haben. Selbst an den nackten Beinen waren Spuren von Mißhandlungen, verkrustetes Blut und Brandmale.

»Kennst du diese Frau?« fragte ihn Tigellinus.

»Ich muß sie mir näher ansehen«, antwortete Saturnin, um Zeit zu gewinnen. Er wußte nicht, ob er leugnen sollte oder zugeben, daß er sie kannte, denn vielleicht war es Tigellinus nicht unbekannt, daß er sie am Drusus-Bogen gesprochen hatte. Schnell trat er vor den Stuhl, die Frau vor Tigellinus' Blick abschirmend. Ein kurzes Kopfschütteln der Gepeinigten, nicht mehr, denn des Präfekten Ruf riß ihn zurück.

»Ich kenne diese Frau nicht«, antwortete er.

»Das ist Epicharis. Nie gehört den Namen?«

»Doch.«

Tigellinus lachte triumphierend.

»Von Nymphidius hörte ich ihn heute«, riß ihn des Tribunen Ergänzung aus seiner Freude.

»Epicharis, sei du ehrlicher, gestehe, daß du ihn kennst«, lockte der Präfekt. »Du weißt, daß ich nichts mit deiner Folter zu tun habe, es war des Göttlichen Einfall. Gestehe, und ich lasse dich frei.«

Epicharis leugnete jegliche Bekanntschaft mit Saturnin ab.

Der Präfekt ließ zwei Männer hereinführen, befahl ihnen, sich den Gefangenen genau anzusehen und ihm zu sagen, ob er zu den Verschwörern gehört habe. Eingehend musterten sie Saturnin, dann sahen sie zu Tigellinus, um seiner Miene zu entnehmen, was er für eine Antwort wünschte. Saturnin fühlte den Schweiß in den Achselhöhlen.

»Natalis und Proculus, ihr Verräter, besudelt eure Hände nicht mit dem Blut dieses unschuldigen jungen Mannes, denn . . .« Ein Prätorianer schlug Epicharis auf den Mund, um sie zum Schweigen zu bringen.

Unbeherrscht schnellte Saturnin vor und stieß dem Soldaten die Faust ins Gesicht. Die anderen sprangen hinzu, schlugen den Tribunen zu Boden.

Totenstille. Das hatte noch keiner gewagt, einen Prätorianer vor des Präfekten Augen zu schlagen. Der geschlagene Soldat, nachdem er sich das Blut aus dem Gesicht gewischt hatte, wollte auf den am Boden liegenden Saturnin treten. Ein Befehl des Präfekten riß ihn zurück.

»Manius, ich hatte dir nicht befohlen, die Gefangene zu schlagen. Und du, Saturnin, hast es wohl verdammt eilig, geköpft zu werden.« Dann wandte er sich Natalis und Proculus zu und drängte sie zu antworten.

»Genau können wir es nicht sagen, denn wir . . .«

Ein schrecklicher Schrei von Epicharis, ein Röcheln, ein Poltern und dann Stille. Die Prätorianer ließen Saturnin aus ihrem Griff und wandten sich ruckartig zu dem Stuhl, wo sich Epicharis mit ihrem Brusttuch stranguliert hatte. Ihr zerbrochener Körper hing, nur durch das verknotete Tuch noch am Stuhl gehalten, seitlich herab. Der schwere Sessel hatte gewankt, war aber nicht umgekippt.

»Ihr verdammten Schwachköpfe, warum habt ihr das nicht verhindert?« krächzte Tigellinus und drohte ihnen mit der Faust. Einer der Prätorianer bemühte sich, Epicharis loszubinden, ließ es dann kopfschüttelnd sein.

Ein Adjutant des Kaisers trat unangemeldet ein, reichte Tigellinus eine Rolle und sagte, die Antwort sei sofort auf dem kaiserlichen Schreiben zu notieren. Der Präfekt las. Sein gelbliches Gesicht wurde aschfahl. Unversehens würgte ihn Husten. Tigellinus fingerte in seinem Schreibtisch nach einer kleinen Flasche. Trank und lehnte sich erschöpft zurück. Dann beugte er sich wieder vor und kritzelte eine Notiz auf das kaiserliche Schreiben, das der Adjutant ungeduldig an sich riß.

»Verschwindet«, sagte Tigellinus mit belegter Stimme. Keiner verstand, was das bedeuten sollte. »Ihr sollt alle verschwinden!« rief der Präfekt mit äußerster Anstrengung.

Die Prätorianer schoben Natalis und Proculus hinaus.

»Schafft den stinkenden Kadaver fort! Und du sollst verschwinden«, sagte er zum verdatterten Saturnin. »Hörst du, du sollst mich von deiner Gegenwart für diesmal befreien. Der Kaiser hat deine Freilassung befohlen, was ich für einen unverzeihlichen Irrtum halte. Geh!«

Saturnin sah auf seine zerlumpte Tunika. »So kann ich nicht gehen. Laß mir meine Kleidung und meine Rüstung zurückgeben, sonst bleibe ich«, forderte Saturnin.

»Manius, sorge dafür!« befahl er dem Wächter.

»Saturnin, diesmal bist du mir entkommen. Doch ich kriege dich!« drohte ihm der Präfekt.

Erst vor dem Castrum, als er ungehindert die Wachen passiert hatte, glaubte er, daß er frei war. Doch Tigellinus' letzte Worte klangen ihm noch in den Ohren: Doch ich kriege dich!

XIX

Aspasia atmete stoßweise, schrie auf wie ein Tier in Todesangst, krallte ihre Fingernägel in seinen Rücken. Langsam beruhigte sie sich, ihr Atmen wurde flacher.

»Aspasia, es war schön mit dir«, sagte Saturnin leise, streichelte ihre Brüste, ihre Lippen und spielte dann mit ihren langen schwarzen Haaren. Ihre Leidenschaft hatte ihn verwundert, weil er sie nicht erwartet hatte.

»Du hattest lange keine Frau und hättest es mit jeder schön gefunden«, wehrte sie sein Lob ab, obwohl es sie nicht gleichgültig ließ.

Als er nicht antwortete und gedankenversunken zur Decke sah, fragte sie, woran er denke.

»Wache oder träume ich? Ich bin frei und liege in deinen Armen.« Er zog sie enger an sich und liebkoste ihr Gesicht.

»Du mußt sehr gelitten haben«, sagte sie mitfühlend.

»Ich hatte Angst, furchtbare Angst vor dem Tode. Wochenlang in einem halbdunklen Loch, nur das Geräusch deines eigenen Atems, das Tröpfeln des Wassers und das Trippeln der Ratten um dich. Hörst du Schritte auf dem Gang, erschrickst du, daß es der Henker sein könnte, und bist für den Moment beruhigt, wenn es nur der Kerkermeister ist. Beim nächsten Mal dann wieder die Furcht.«

»Denk nicht mehr daran, es ist vorbei.«

»Als ich Flavus' Kopf fallen sah, wich die Angst mit einem Schlag. Ich weiß nicht, warum, und kann es nicht begründen.«

»Von diesem Augenblick an lerntest du mit deinem Tod leben.«

Er sah sie überrascht an, dachte angestrengt nach und gab zu, daß es so sein könnte.

»Du bist nicht nur schön, sondern auch klug. Eine doppelte Gabe der Götter.«

»Du bist zu gütig, Herr.«

»Nenn mich nicht Herr, sondern Lucius. Es stimmt, wenn man den Tod in sein Leben einzubeziehen bereit ist, weicht die Angst. Subrius Flavus sagte es kurz vor der Enthauptung und nahm gelassen die Todesstreiche hin. Doch nun muß ich aufstehen und den Flaviern für ihre Fürsprache bei Nero danken.«

Wie er gerade auf die Flavier käme, fragte sie zweifelnd.

Erstaunt erwiderte er, daß kein anderer in Frage käme außer Titus.

Wenn er denke, werde es wohl stimmen, sagte sie, warf sich einen Chiton über und verließ das Cubiculum. Verwundert über den kühlen Ton und das schnelle Davongehen, sah er ihr nach. Dachte aber nicht mehr daran, als er sich zur Granatapfelstraße aufmachte, wo die Flavier wohnten. Gerade wollte er den Türklopfer betätigen, als Domitian aus der neben dem Haus abzweigenden Gasse hervorlugte und dem Tribunen winkte, ihm zu folgen. Lächelnd ging Saturnin dem jungen Flavier nach. Nach zwanzig Schritten blieb Domitian stehen.

»Hier kann uns keiner hören, Lucius. Wolltest du zu meinem Bruder? Der ist nicht in Rom. Nur Vater ist zu Hause, er hat Besuch von Onkel Flavius Sabinus, den Nero zum Stadtpräfekten ernannt hat. Wie war's im Castrum? Ich bin froh, daß du wieder frei bist.«

»Es war keine Erholung«, lachte Saturnin. »Ich wollte Titus Dank sagen, daß er mich durch seine Fürsprache bei Nero . . .«

»Irrtum, Lucius, mein Bruder hat für dich keinen Finger gerührt, weil Vater es ihm verboten hatte. Vater ist ein Schleimscheißer und Kriecher, der seine bei Nero wiedergewonnene Gunst nicht verlieren will«, unterbrach ihn Domitian.

»Ist das wahr?«

Domitian beschwor es.

Saturnin versuchte seine Enttäuschung hinter einem Achselzucken zu verbergen und fragte, wem er dann seine Freilassung zu verdanken habe.

»Das mußt du Aspasia fragen, sie weiß es, denn sie war gleich nach deiner Einkerkerung bei Vater und bat um seine Hilfe, die er natürlich nicht gewährte. Doch ich muß weg, man ruft im Garten nach mir, und es wäre nicht günstig, wenn Vater mich mit dir sähe.«

Jetzt verbot der Mulio seinem Sohn, mit ihm zu sprechen, so als wäre er ein Aussätziger oder ein Verbrecher! Saturnin lachte, lachte böse über seine eigene Dummheit. Eilig verließ er die Granatapfelstraße. Zornig wollte er aufbrausen, als eine vom Markt kommende Sklavin ihn anstieß, unterließ es, als er das schweißnasse und vor Anstrengung verzerrte Gesicht der jungen Frau sah, deren Augen furchtsam um Vergebung flehten. Ein schwarzer Hüne schob ihn zur Seite, um einer Sänfte Platz zu schaffen.

»Lucius«, rief eine Frauenstimme aus der Sänfte und ließ anhalten, Acte war's. Sie bat ihn, sie ein Stück zu begleiten. Er setzte sich ihr gegenüber, und sie schien ihm wie eine Fremde.

»Ich freue mich, dich wieder auf freiem Fuß zu sehen.«

»Ich mich auch«, sagte er.

»Leider konnte ich nichts für dich tun, denn Nero hat mich nicht vorgelassen. Ich habe es sofort versucht, als deine Sklavin, diese hübsche Griechin, verzweifelt zu mir kam und sagte, daß die Flavier nichts für dich tun könnten oder wollten. Soranus wollte deinen Fall im Senat vortragen, doch der Konsul gestattete es nicht.«

»Wer half mir dann?«

Sie lächelte traurig und erklärte, das sei das Geheimnis seiner Sklavin.

Saturnin bat, aussteigen zu dürfen.

»Leb wohl, Lucius, wir werden uns längere Zeit nicht sehen, denn ich verlasse Rom. Ein alter Freund hat mich eingeladen. Viel Glück und Dank für alles.«

»Leb wohl, Acte, die Götter mögen dich beschützen.« Er küßte sie zum Abschied, sprang dann aus der Sänfte und winkte ihr nach. Es war gut, daß es so schmerzlos endete. Er hatte sie gemocht, aber geliebt?

Aspasia sah ihn befremdet an, als er ins Haus polterte, mit einem Ruck seinen Umhang abwarf und sie aufforderte, ihm in die Bibliothek zu folgen. Noch auf dem Wege fragte er sie, wem er seine Fürsprache bei Nero zu verdanken habe.

»Der Kaiserin.«

»Poppäa?« fragte er ungläubig.

»Ja, die Augusta war es. Sie erinnerte sich an dich, als du mit Serenus in Antium warst.«

»Aber wie erfuhr die Augusta von meiner Gefangenschaft?«

»Durch mich«, gestand Aspasia.

»Die Kaiserin läßt doch nicht jeden vor? Erzähle mir einmal alles der Reihe nach.«

Die Griechin berichtete über ihre erfolglosen Bittgänge zu Vespasian und zu Acte und ihre Hoffnungslosigkeit, als Soranus, der helfen wollte, im Senat nicht sprechen durfte. Dann habe sie den Weg erkundet, den die Kaiserin täglich mit ihren Geparden nahm, habe ihr aufgelauert und ihr alles vorgetragen.

»Wenn dich ihre Leibwächter ergriffen hätten, wäre es dir schlecht ergangen. Dir, Aspasia, verdanke ich Leben und Freiheit«, sagte er und ergriff ihre Hand. Es war seltsam, diese Sklavin in ihrer Machtlosigkeit hatte vermocht, was seine einflußreichen ›Freunde‹ nicht erreichen konnten oder wollten. Sie hatte alles getan, sich selbst gefährdet, um ihn zu retten.

»Aspasia«, sagte er weich, »wie kann ich dir nur danken?«

Sie entzog ihm ihre Hand und sagte abweisend, sie wolle keinen Dank.

»Was dann? Die Freiheit?«

Sie schüttelte den Kopf.

Ratlos sah er sie an. Würde sie ihm glauben, wenn er ihr sagte, daß er mehr für sie empfand als nur sinnliches Begehren, jetzt, da er wußte, was sie für ihn getan hatte.

»Aspasia, nun kann ich dir nichts weiter geben als meine – Liebe«, sagte er zögernd.

»Du solltest nicht mit den Gefühlen einer armen Sklavin spielen«, erwiderte sie abweisend, ging zum Fenster und drehte ihm den Rücken zu. Er sah ihre Schultern sich heben und senken. Langsam trat er hinter sie und schlang die Arme um ihren Hals.

»Ich spiele nicht. Seit unserem ersten Zusammensein weiß ich, daß wir zusammengehören. Du hast mir vom ersten Augenblick an gefallen. Heute kann ich es sagen, ich war eifersüchtig auf Serenus.«

Sie drehte sich um, ohne seine Arme von ihrem Körper zu nehmen, und sagte, daß sie nur eine Sklavin sei, die ihrem Herrn zu Willen sein muß.

Er verschloß ihren Mund mit seiner Hand. »Sag es nie wieder! Für mich bist du ein Mensch, den ich an meiner Seite haben möchte, ich will, daß du meine Frau wirst!«

»Was wird man in Rom dazu sagen?« fragte sie bange.

»Das interessiert mich nicht, genausowenig, wie es Rom interessiert hat, ob der Tribun Saturnin im Castrum verfault oder nicht. Nur eine kleine Griechin hat es interessiert«, lachte er.

»Du mußt mir schwören, daß du es nicht aus Dankbarkeit tust und weil du dich mir verpflichtet fühlst«, forderte Aspasia.

»Ich schwöre«, sagte er, hob sie in seine Arme und flüsterte ihr ins Ohr, daß er ihr beweisen werde, warum er es tue.

XX

Kaiserin Poppäa gewährte Saturnin eine Audienz, um seinen Dank zu vernehmen. Spöttisch lächelnd hörte die Augusta sein Versprechen, ihr immer zu Diensten stehen zu wollen, an und entgegnete, sie werde in absehbarer Zeit darauf zurückkommen. Damit war die Audienz beendet. Hochgestimmt verließ er den Palatin, denn das Wohlwollen der Kaiserin war der sicherste Schutz vor Tigellinus' Willkür. Er entschloß sich, Petronius einen Besuch abzustatten, ihm von der Kaiserin und seinem Glück bei ihr zu erzählen.

Der Arbiter empfing ihn inmitten eines Gewirrs aus

Schrifttäfelchen und Pergamentrollen und wies ihm den einzig leeren Sessel zu. Ob er ihn bei der Arbeit störe, fragte der Tribun.

Er habe ohnehin eine Pause einlegen wollen, nein müssen, denn die Überarbeitung und Ergänzung seiner Satyrgeschichten sei an einem Punkte angelangt, der einen gewissen Abstand erfordere, erwiderte Petronius und legte den Federhalter zur Seite. »Wir haben uns lange nicht gesehen. Hattest du ein Kommando in einer der Provinzen?« erkundigte sich der Arbiter.

War es Spott oder Unkenntnis? rätselte Saturnin.

»Ich hatte ein Kommando, zwar nicht in die Provinzen, aber ins Castrum«, erwiderte er zynisch.

»Du bist jetzt bei den Prätorianern?« fragte der Arbiter arglos und überzeugte den Tribunen, daß er nichts wußte und folglich nicht spottete.

»Nein, Tigellinus geruhte mich vier Wochen einzukerkern.« Petronius fuhr in die Höhe, entschuldigte seine Unkenntnis und beteuerte, daß es ihm leid täte. Fragte dann, ob Saturnin mit diesen Wirrköpfen um Piso im Bunde gewesen sei.

Der verächtliche Ton verdroß Saturnin. Wirrköpfe oder nicht, widersprach er gereizt, sie verdienten Ehrerbietung, da sie für Rom ihr Leben geopfert hätten.

»Es waren unfähige Dilettanten mit verworrenen Ansprüchen«, antwortete Petronius hart.

Diese zynische Herablassung ärgerte den Tribunen.

»Einen Piso an die Stelle eines Nero zu setzen wäre für Rom eher ein Verlust denn ein Gewinn gewesen«, lachte der Arbiter.

»Die Männer und Frauen, die den Kaiser stürzen wollten, handelten selbstlos.«

»Selbstlos?« fragte der Hausherr spottend. »Du bist naiv, Saturnin, wenn du ihre Selbstsucht unter der Maske der Selbstlosigkeit nicht erkennst. Alle hatten den eigenen Vorteil im Auge: Piso, Scaevinus, Natalis, Proculus. Die letzten zwei sind die Miesesten, weil sie durch Verrat ihr erbärmliches Leben retteten.«

»Die Verschwörung bestand nicht nur aus diesen vier Männern. Viele ehrenwerte Männer und Frauen gehörten ihr an«, beharrte Saturnin auf seinem Standpunkt.

Petronius, dem das Gespräch wenig behagte, winkte ab. Von vornherein sei die Verschwörung eine aussichtslose und nutzlose Angelegenheit gewesen, die viel Schaden angerichtet habe, da sie Neros Mißtrauen zum Verfolgungswahn gesteigert und Tigellinus eine uneingeschränkte Machtstellung verschafft habe.

»Ich habe zwei Beteiligte sterben sehen. Ich stand am Rande der Grube, in die Subrius Flavus' Kopf fiel. Er gehörte zu den Selbstlosen, die sich für Rom opferten. Epicharis, eine Freigelassene aus Sinuessa, trotzte allen Folterungen und verriet nicht einen Namen. Sie strangulierte sich mit ihrem Brusttuch in Gegenwart des Präfekten. Den Tod dieser beiden Menschen und die Tat derer, die nur ein Ziel verfolgten, nämlich Beendigung der Tyrannei, laß ich nicht durch deinen Spott verunglimpfen!«

»Mag sein, daß ehrenwerte und selbstlose Leute darunter waren, desto schlimmer ihr sinnloses Opfer für eine aussichtslose Sache«, lenkte Petronius ein.

»Und Seneca?«

»Sein Ende bedaure ich aufs tiefste. Ich hätte ihm einen anderen als den gewaltsamen und aufgezwungenen Tod gegönnt. Aber letzten Endes ist er nicht ganz schuldlos und ist das Opfer seines eigenen Philosophierens geworden.«

Saturnin schwieg verstimmt.

»Ich weiß, meine Worte klingen kalt und unbeteiligt, doch die Wahrheit nimmt auf Empfindungen keine Rücksicht. Seneca starb an seinem Irrtum vom aufgeklärten Prinzipat und von der Besserung des Menschen durch ethisch-moralische Belehrung«, glaubte Petronius, dem das mißbilligende Schweigen seines Gastes nicht entgangen war, seine vorherige Behauptung erläutern zu müssen.

»Und woran wirst du sterben?« fragte Saturnin spöttisch.

Petronius stutzte, lachte dann, weil er Schlagfertigkeit zu schätzen wußte. »An Altersschwäche, so hoffe ich.«

»Wenn Tigellinus das zuläßt.«

»Saturnin, lassen wir das. Ich habe doch Verständnis, daß dir der Tod dieser Epicharis, der von Subrius Flavus und Seneca nahegegangen ist. Auch mir ringt ihr Ende Achtung ab, aber es bleibt trotzdem nutzlos. Du bist jung und hast Ideale, ich nicht. Die Jugend bedarf der Helden, doch muß sie sich hüten, sich in sinnlose Heldenposen zu verrennen. Man muß geschickt sich anpassen und tun, was die Umstände verlangen oder gestatten. Die Folgen wird man nur abwägen, soweit sie das eigene Lebensspiel, die eigene Lust betreffen. Diese Haltung ermöglicht dann beides: sowohl Untätigkeit als auch frisches Zupacken. Auch das Desinteresse, mein Freund, erfordert Mut und Unerschrockenheit.«

»Sich anpassen heißt sich verleugnen«, entgegnete Saturnin.

Petronius lächelte und strich mit den gepflegten Fingern über die Wangen. »Nicht sich verleugnen, sondern sich verbergen bis zum geeigneten Zeitpunkt, da es ungefährlich ist, sein Ich zu zeigen.«

»Du bist skeptisch und zynisch. An eine Besserung der Verhältnisse in Rom kannst und willst du nicht glauben.«

»Nein, es läuft, wie es läuft.«

»Und die Hoffnung, daß nach Tigellinus' Tod du wieder Neros Gunst gewinnen könntest und . . .«

»Hör auf«, schnitt ihm Petronius die weitere Rede ab, zog dabei eine Grimasse, die höchsten Ekel ausdrückte. Er könne, wenn er wolle, jederzeit bei Nero wieder in Gunst kommen, und es bedürfe dazu nur eines Gesprächs. Doch, betonte Petronius nachdrücklich, er wolle nicht.

Überschätzt er nicht seinen und unterschätzt Tigellinus' Einfluß? fragte sich Saturnin. »Hast du keine Hoffnung, daß Tigellinus eines Tages verschwindet?« versuchte er Petronius festzulegen.

»Hoffnung«, sagte der Arbiter verächtlich. »Ich stimme Epikur zu, daß alles Unglück der Menschen von der Hoffnung stammt, die sie dem Schweigen der Festung entreißt und sie auf die Wälle treibt in Erwartung des Heils. Diese unvernünftige Bewegung hat keine andere Wirkung, als sorgfältig verbundene Wunden neu zu öffnen. Das beantwortet auch die Frage nach Tigellinus' Entmachtung oder Tod. Ich weiß, daß dieser geschmacklose Mensch auf Dauer dem Kaiser nicht genügen wird.«

»Und dann?«

Der Arbiter zuckte hilflos die Schultern.

»Dann wird alles besser, das ist meine Hoffnung.«

»Mag sein, mag nicht sein. Da den Bürgern der gute Geschmack abhanden gekommen ist, tendiere ich eher zum Verneinen. In Ruhe und Abgeschiedenheit möchte ich meine Bücher schreiben, mich des Lebens erfreuen und Gefallen an meinem eigenen Geschmack finden. Überall ist Schiffbruch, doch schiffbrüchig sein heißt nicht immer ertrinken. Das Wissen um den drohenden Schiffbruch kann ein Weg zur Rettung sein, aber Hoffnung nicht.«

»Doch, Petronius, sie muß die Rettung sein, sonst wäre alles ohne Sinn. Seneca sagte das auch.«

»Du siehst, wohin ihn seine Hoffnung und die daraus entstandenen Irrtümer gebracht haben. Ich möchte mir dies ersparen.«

»Ohne Hoffnung, Petronius, kann man nicht leben. Liebe ist die Hoffnung in ihrer schönsten und ursprünglichsten Form. Besser für die Hoffnung sterben, als ohne sie zu leben.«

»Umgekehrt, Saturnin, besser ohne sie leben als für sie sterben.«

Saturnin stand auf, sagte, daß er gehen müsse, da ihn die Hoffnung in Gestalt einer schönen Frau erwarte.

»Wenn du diesen Begriff so einengst, dann können wir uns näherkommen«, lachte Petronius.

»Ich wünsche dir ein langes Leben trotz deiner Hoffnungslosigkeit.«

»Ich dir gleichfalls. Hoffentlich mußt du nicht eines Tages dem alten Petronius recht geben. Komme, wann immer du willst. Meine Tür steht dir stets offen.«

Nachdenklich verließ Saturnin den Arbiter. Nachdenklich blieb Petronius zurück. Jeder ein wenig im Zweifel.

XXI

Die Schreie Servilias weckten Soranus mitten in der Nacht. Seit der Hinrichtung ihres Gatten quälten sie Alpträume, auch den Vater noch zu verlieren. Der Senator duldete, daß sie Magiern, Wahrsagern und anderen Okkultisten viel Geld gab, ja sogar ihren Schmuck, um Götter und finstere Mächte zu seinem Schutz anzurufen. Barea Soranus lauschte, doch alles lag still. Bald schlief er wieder ein.

Besorgt fragte er Servilia am nächsten Morgen nach ihren Träumen. Sie legte den Finger auf den Mund und deutete mit einer Kopfbewegung in Richtung des Atriums. Soranus traf dort seinen Freund Arrecinus Clemens, der unruhig auf und ab lief, sofort ihn mit der Neuigkeit überfallend, daß die Augusta tot sei.

»Kaiserin Poppäa ist tot?«

»Ja, Nero hat sie umgebracht. Er versetzte ihr einen Tritt in den schwangeren Leib, der sie und das Ungeborene auf der Stelle tötete«, antwortete Clemens.

»Furchtbar! Der Kerl muß wahnsinnig sein!« entrüstete sich Soranus.

»Ihr Tod wird verheerende Folgen haben. Sie hatte ihre Schwächen, ihre Launen, aber trotzdem war sie eine vernünftige Frau, die versuchte, Nero bei manchen Verstiegenheiten zu zügeln. Nun wird Tigellinus' Einfluß auf den Kaiser unbegrenzt sich ausdehnen.«

Servilia rief Soranus und Clemens zu einem Imbiß auf die Terrasse.

Clemens setzte sich Servilia gegenüber, um sie ungestört

und unbemerkt betrachten zu können. Er liebte sie mit einer Leidenschaft, wie er es nie für möglich gehalten hätte. Sie könnte seine Tochter sein, doch es waren keine väterlichen Gefühle, die sie in ihm erweckte. Täglich suchte er ihre Nähe, seit sie Witwe war. Sein Freund Soranus sah es nicht ungern, daß er ihr Trost spendete. Aber Soranus kannte die Wahrheit nicht. Würde er seine Besuche weiterhin dulden, wüßte er die wahren Gründe?

»Du bist so schweigsam, Arrecinus«, sagte Servilia.

»Ich versuchte vergeblich, euch während der letzten Tage zu treffen. Dafür traf ich zwei fremde Männer hier im Haus.«

»Wir waren mit Annius Vinicianus, dem Bruder meines verstorbenen Schwiegersohnes, der bei Corbulo dient, in Laurentium. Die zwei Männer, die du im Hause sahst, sind Freunde, Ostorius Sabinus und Egnatius Celer.«

»Die läßt du während deiner Abwesenheit einfach in dein Haus? Ist das nicht leichtsinnig?«

»Es sind zuverlässige Freunde«, erklärte Soranus.

»Arrecinus, du mußt mir helfen, denn mir glaubt Vater nicht. Ich traue diesen beiden nicht. Cassius Asclepiodorus, ein alter und echter Freund, hat Vater gewarnt vor Celer und Ostorius Sabinus. Meinem Mann wurde sein Vertrauen auch zum Verhängnis. Und ich will Vater ersparen, daß man ihn denunziert und bestraft.«

Soranus erwiderte, er verbürge sich für Celer und Sabinus.

»Du brauchtest ihnen aber nicht Dinge anzuvertrauen, die sie nichts angehen. Warum mußtest du ihnen erzählen, daß ich in meiner Verzweiflung versuchte, Unglück durch Beschwörungen von uns fernzuhalten. Als ich erfuhr, daß die Magier und Chaldäer nur Schwindler und Geldraffer waren, habe ich natürlich sofort mit diesem Unsinn aufgehört. Doch das ist meine Angelegenheit.«

»Du gehst nicht mehr zu den Geisterbeschwörern?«

Sie schüttelte den Kopf.

»Das ist vernünftig, Servilia«, sagte Clemens. »Dafür solltest du deine Tochter mit dem Versprechen belohnen, in Zukunft gegenüber Celer und Sabinus vorsichtiger zu sein«, wandte er sich lächelnd zu Soranus.

»Versprochen«, bekräftigte Soranus.

Der Nomenklator meldete den Tribunen Lucius Antonius Saturninus.

Saturnin, den Clemens' Anwesenheit irritierte, überlegte, ob er lieber wieder gehen und ein andermal wiederkommen sollte. Er hatte keinen triftigen Grund für seine Abneigung gegen diesen Mann, den er bereits in Ephesos als Gast des Soranus kennengelernt hatte und der auch den Flaviern nahestand. Soranus nötigte ihn nahezu, sich endlich zu setzen.

Clemens sagte, daß er sich freue über den guten Ausgang der bösen Angelegenheit, und bat Saturnin um einen ausführlichen Bericht seiner Kerkerhaft. Saturnin erzählte, aber ohne seine Gefühle und Ängste auch nur andeutungsweise zu erwähnen, kurz und knapp die Ereignisse von der Festnahme bis zur Freilassung.

Soranus legte ihm die Hand auf den Arm und sagte leise, er habe schlimme Wochen voller Angst um ihn hinter sich. Saturnin nickte ihm dankbar zu und bemerkte, nun seine Niedergeschlagenheit und Trauer nicht verbergend, daß er sich nicht nochmals einsperren lassen dürfe, denn seine Retterin sei tot.

»Du weißt schon, daß Poppäa tot ist?« Clemens wirkte überrascht.

»Ich habe mich heute bei Gavinus, dem Präfekten der Stadtkohorten, zurückgemeldet, da erfuhr ich von ihrem Tod. Ich gestehe, die Nachricht hat mich sehr erschüttert.«

Servilia reichte dem Tribunen einen Becher. Man trank auf die tote Kaiserin. Ein rechtes Gespräch wollte nicht mehr aufkommen. Erst, als Servilia die Terrasse verließ und Clemens ihr folgte, sich von Soranus und Saturnin verabschiedend, entlud sich Saturnins Zorn.

»Dieser Verbrecher, eine Schwangere zu mißhandeln!«

»Er muß wahnsinnig sein«, meinte Soranus.

»Ein wahnsinniger Verbrecher oder ein verbrecherischer Wahnsinniger?«

Saturnin trank den Becher leer. Der Wein gab ein wohliges Wärmegefühl.

»Ich muß dir noch etwas Unangenehmes sagen, hoffentlich regt es dich nicht allzu sehr auf«, fuhr Soranus fort.

»Was soll mich heute noch aufregen nach einer solchen Schreckensnachricht?«

»Annius Vinicianus überbrachte eine Botschaft für dich von Corbulo.«

»Von Corbulo kann nichts Unangenehmes kommen.«

Soranus zog die Brauen hoch und sah ungläubig auf den Gast. »Corbulo läßt dir mitteilen, daß er auf deine Dienste verzichtet. Erst habest du ihn bedrängt, wieder unter ihm dienen zu dürfen, und als er seine Zustimmung gab und dich hätte brauchen können, seiest du nicht gekommen.«

Saturnin sprang auf, dabei den Sessel umreißend. Lief auf und ab, fluchte unflätig und schlug fortwährend mit der Faust in die linke Handfläche. »Man müßte sie totschlagen wie tollwütige Hunde«, sagte er plötzlich ganz ruhig, richtete den Sessel auf und setzte sich wieder. »Ist es nicht ein Witz, Soranus, Nero und Tigellinus hindern mich am Verlassen Roms, und Corbulo zeiht mich, als käme ich absichtlich nicht zu ihm, der Unzuverlässigkeit und entzieht mir sein Wohlwollen. Man müßte den Kaiser und seinen Cerberus abstechen.«

Soranus sah sich ängstlich um, bat Saturnin, sich zu mäßigen.

»Dieses Unrecht ertrage ich nicht.«

»Man muß es ertragen und abwarten«, riet Soranus.

»Abwarten? Piso und seine Leute haben auch gewartet. Worauf? Auf den Henker! Ihr Senatoren wollt immer Unvereinbares vereinen. Nero und Tigellinus hättet ihr gerne entfernt, aber riskieren wollt ihr nichts. Also wartet ihr ab, statt zu handeln. Aber euer Wohlverhalten rettet euch nicht.

Wenn Tigellinus euch auf seiner Liste hat, seid ihr verloren trotz eurer Anpassung.«

»Du gehst zu weit! Du hast kein Recht, mir und anderen Senatoren Anpassung vorzuwerfen, nur weil wir deine aufrührerischen und lebensgefährdenden Ideen nicht teilen. Du begibst dich in Lebensgefahr. Hat dir die Warnung nicht gereicht? Beim nächsten Mal kann dich keine Poppäa mehr schützen.«

»Du willst mich nicht verstehen, schade.«

»Du bist ungerecht, Lucius. Ich möchte dich nur vor Unbesonnenheiten bewahren«, entgegnete Soranus gekränkt.

Saturnin stand auf und verabschiedete sich, fügte, sich bereits im Gehen nochmals umwendend, resigniert hinzu, daß heute kein guter Tag für ihn sei.

Das Getümmel auf den Straßen war ihm widerwärtig. Nur mit Mühe bahnte er sich einen Weg durch die ihn einengenden Leiber. Alles schien zum Forum zu strömen. Eine dicke Menschentraube umlagerte die Rostra. Über die Köpfe hinweg konnte er erkennen, daß Bedienstete des Magistrats die große Tafel, an der die Zeitung ›Acta diurna populi romani‹ immer angeschlagen wurde, mit Schabern säuberten und mit Leim bestrichen. Ein Beamter schritt gewichtigen Schrittes durch die ihm bereitwillig geöffnete Gasse und klebte ein großes Schreiben an die Tafel. Dann stolzierte der Beamte, der Actuarius, wieder davon. Die Menge drängte zur Tafel. Ein junger Mann las die Mitteilung laut vor, in der die Bevölkerung Roms aufgefordert wurde, sich an der Jagd auf den flüchtigen Staatsverbrecher Gaius Cornelius Tegetus und die ihn begleitende Claudia Antonia zu beteiligen. Für die Ergreifung des Cornelius Tegetus, tot oder lebend, stünde eine Belohnung von zweihundertfünfzigtausend Sestertien in Aussicht, für die der Claudia Antonia, aber nur lebend, dreihunderttausend Sestertien.

Saturnin stand wie betäubt, als er von der Jagd auf seine Schwester und Cornelius hörte. Der Mann las ein zweites Mal. Johlend antwortete die Menge, Triumphschreie und

Schwüre ausstoßend, sich dieses Geld zu verdienen. Ein stinkender, verwahrloster Bursche neben ihm stieß seinen Nachbarn an und brüllte: »Das Weib greifen wir uns.« Jäh fuhr Saturnins Rechte vor, verkrallte sich im Kittel des Prahlers und schüttelte ihn einige Male. »Du wirst dir niemanden greifen, du Stinker«, drohte der Tribun, beutelte den Burschen und ließ ihn dann angeekelt los.

Nach dem ersten Schreck fand der Verwahrloste seine Fassung wieder, streckte Saturnin keck die Hand entgegen und sagte, er gäbe sich auch mit der Hälfte zufrieden. Des Tribunen drohender Blick bewog ihn, seinen Anteil auf ein Drittel herabzusetzen. »Mein letztes Angebot: zwei Drittel für dich, edler Herr«, wiederholte der Bursche. Mit Mühe hielt sich Saturnin zurück. Eine Schlägerei hier in der feindselig ihn anstarrenden Menge wäre nicht ratsam gewesen. Er drängte sich bis zur Tafel unter der Rostra vor. Eingekeilt und ständig hin und her geschoben, las er die genaue Personenbeschreibung Claudias und Cornelius' und die Aufforderung, gegen Belohnung die beiden Staatsfeinde zu ergreifen. Es war unglaublich, aber hier stand es zu lesen, daß auf die Ergreifung freier Römer, dazu noch auf eine Frau, ein Kopfgeld ausgesetzt war.

Aspasia war entsetzt, als sie das Ungeheuerliche hörte. Die Götter werden keinem das Blutgeld zukommen lassen, sagte sie zuversichtlich. Dein Wort in ihre Ohren, dachte er.

Als er am nächsten Morgen die Kaserne betrat, um sein altes Kommando wieder zu übernehmen, begegnete ihm ein alter Centurio und rief ihm zu, er möge sofort sich beim Alten melden. Im Hofe herrschte ungewöhnliches Treiben, Soldaten schwirrten zwischen den Trakten hin und her, zogen Wagen aus den Wirtschaftsgebäuden, beluden sie mit Zeltplanen und -stangen. Eine Übung, meinte ein Dekurio, den er nach dem Grund der Emsigkeit befragte.

Gavinus hatte Besuch. »Tribun Saturnin, Tribun Veianius Niger«, stellte er vor.

»Wir kennen uns«, sagte Saturnin eisig.

Niger lächelte verlegen.

»Der Präfectus prätorio befiehlt eine gemeinsame Übung der Prätorianer und der Stadtkohorten, die der Vorbereitung der Bewachungsaufgaben bei der Ankunft des Armenierkönigs Tiridates in Rom dienen soll. Du wirst drei Centurien führen, Saturnin. Tribun Veianius Niger wird dein Vorgesetzter sein, dem du in allen Belangen zu gehorchen hast«, kam Gavinus auf den Grund des ungewöhnlichen Besuches zu sprechen.

Saturnin biß sich auf die Unterlippe. Ein widerlicher Auftrag!

Auch Veianius Niger schien über die Kommandierung Saturnins nicht sonderlich erfreut zu sein. Mißmutig winkte er Saturnin, näher an den Kartentisch zu treten. Seine fleischige Hand markierte eine Fläche nördlich Roms. Mit Schaudern dachte Saturnin daran, daß diese Hand Subrius Flavus geschlachtet hatte, die jetzt friedlich entlang eingezeichneter Punkte und Linien strich. Diesem Menschen war er die nächsten Wochen ausgeliefert! Bestimmt wieder ein hinterhältiger Streich des Präfekten. Er würde äußerst vorsichtig sein müssen.

Niger erläuterte den Ablauf des Manövers, dessen Ziel in der lückenlosen Absperrung eines größeren Gebietes bestand. Abschließend befahl er Saturnin, am nächsten Morgen zur dritten Stunde mit seinen Centurien an der Via Salaria zu ihm zu stoßen. Saturnin war entlassen. Gavinus reichte ihm die Hand und nickte ihm freundlich zu. Niger riß nur grüßend den Arm empor.

»Ich weiß nicht, ob mein Präfekt mit Saturnin zufrieden sein wird. Sertorius wäre ihm lieber gewesen«, zweifelte der Prätorianer an Gavinus' Entscheidung.

»Ich verstehe nicht ganz. Saturnin ist mein fähigster Tribun, und in Tigellinus' Befehl war dies die Forderung«, erwiderte Gavinus ungehalten.

Veianius Niger kaute nervös an der Lippe. Wenn Gavinus wüßte, worum es bei diesem sogenannten Manöver in Wahr-

heit geht, hätte er niemals Saturnin mit dem Kommando betraut, dachte er. Doch er durfte mit keinem darüber sprechen. Man kann mich nicht dafür verantwortlich machen, ich werde Saturnin von seinen Soldaten trennen und dahin beordern, wo er fern von den Orten ist, wo ich mein Wild zu fangen gedenke. »In vier Wochen, Gavinus, überstelle ich dir deine Männer wieder«, versprach Niger.

»Alle? Oder wird es Verluste geben?«

Der Prätorianer hatte mit dieser Frage nicht gerechnet. Er überlegte krampfhaft und lange. »Bei jedem Manöver gibt es Verluste«, versuchte er auszuweichen. Doch Gavinus fragte scharf: »Wieviel?«

»Zehn.«

»Zehn Tote bei einer harmlosen Geländeabsperrung?« spottete Gavinus.

Veianius Niger schützte plötzlich Eile vor, um den unangenehmen Fragen des Präfekten der Stadtkohorten zu entkommen. Ihm kam der Verdacht, Gavinus wisse mehr über das Manöver, als er zugab.

Die Prätorianer standen bereits in Reih und Glied, als Saturnin zur befohlenen Zeit mit seinen Soldaten die Via Salaria erreichte. Bei ihrem Anblick befiel ihn leichtes Unbehagen. Das waren Tigellinus' Männer, deren harte Gesichter verkniffen unter den Helmen hervorsahen, bereit, auf Befehl ihres Präfekten jeden zu töten, den er ihnen nannte. Erstaunt schätzte Saturnin ihre Zahl auf mindestens fünfhundert Mann. Niger grüßte ihn lässig mit einem Handzeichen, und sein Befehl brachte Bewegung in den gepanzerten Haufen, der zu zwei Marschsäulen auseinanderrückte. In die Lücke zwischen ihnen mußten die Stadtkohorten sich einreihen. Saturnin fühlte sich, als sei er zwischen zwei feindliche Heere geraten.

Das Ziel, ein ehemaliges Legionslager mit altersschwachen Palisaden, lag am Fuße der Ceraunischen Berge. Niger ließ die Zelte aufbauen, Wachen aufstellen und die Umzäunung ausbessern. Die Mannschaften hatten dann einen freien Abend, die Offiziere hingegen Lagebesprechung, bei der Veianius Niger die Befehle für den nächsten Tag ausgab. Saturnin hatte mit fünfzig seiner Männer einen genau begrenzten Abschnitt des bewaldeten Berges bis zum Gipfel zu durchsuchen und dabei jeden Menschen, der sich im Walde aufhielt, festzunehmen. Der größere Teil der Stadtkohorten wurde zusammen mit den Prätorianern in fünf Gruppen aufgeteilt, die in beträchtlicher Entfernung von Saturnin ihre Einsatzgebiete hatten.

Als Saturnin, dem diese Aufteilung und seine Abschiebung an die Peripherie mißfiel, eine diesbezügliche Frage stellte, fuhr ihn Niger an, er habe keine Fragen zu stellen, sondern zu gehorchen.

Bei Sonnenaufgang verließen die einzelnen Gruppen das Lager.

Saturnin zog mit seinen Leuten in breit gefächerter Formation durch den Wald. Mit dem Schwert bahnte er sich den Weg durch das Unterholz, seine Wut in die Schläge legend. Zehn Schritt zur Rechten und zur Linken kämpften sich zwei seiner Männer durch die Hindernisse. Der Tribun hörte sie fluchen. Plötzlich schrie einer von ihnen auf. Saturnin blieb stehen, versuchte zu lauschen, denn zu sehen war nichts in diesem Dickicht. Klang das nicht eben, als schlügen Schwerter aufeinander?

»Candidus«, rief er. Keine Antwort. Rief nochmals. Ein Hilfeschrei. Doch das war nicht Candidus, sondern der Dekurio Crixus. »Crixus, wo bist du? Ich komme«, rief er in die Richtung des Hilferufes. Nochmals ein Schrei, dann lag Ruhe über dem Dickicht. Saturnin schlug sich durch das Gestrüpp, bis er zu einem freien unbewachsenen Platz kam, der in Felsen eingebettet war. Im Gestein gähnte ein Loch, in das ein Erwachsener nur kriechend gelangen konnte. Sollten Crixus und Candidus in die Höhle gekrochen sein?

Saturnin rief ihre Namen. Fuhr schnell zurück, denn er hatte Geräusche aus dem Inneren gehört. Keinen Moment zu früh. Aus der Höhle kam ein zerlumptes Wesen gekrochen, schmutzig, mit langem wirrem Haar und verfilztem Bart, in der Hand ein Schwert. Der Tribun hob die Waffe, ließ sie sofort sinken, als der Zerlumpte ihn fragte, ob er seinen alten Freund Cornelius nicht erkenne.

»Beim Hades, in diesem Aufzug? Nun verstehe ich den Sinn dieses sogenannten Manövers, das nur dir gilt«, stieß Saturnin erregt aus.

»Claudia ist auch hier. Komm mit in die Höhle. Sind weitere Soldaten in der Nähe?«

Saturnin kroch hinter Cornelius in das Loch, das sich nach längerem Kriechen endlich erweiterte, so daß er nach Cornelius' Hinweis gebückt laufen konnte. Die Höhle verzweigte sich, wie er an einem plötzlich aufflackernden Lichtschein erkennen konnte. In einer Nische hockte ein gleich zerlumptes Wesen wie Cornelius. »Claudia«, sprach er die Hockende an und schlang die Arme um sie.

»Lucius, ich bin am Ende, ich kann nicht mehr«, schluchzte sie.

Saturnin ersparte sich tröstende Worte, sondern strich ihr mitleidig über das vor Schmutz klebende kurzgeschorene Haar.

»Die Ceraunischen Berge sind von Prätorianern und Stadtkohorten umstellt, ihr sitzt in einer Falle. Jemand muß euch gesehen und verraten haben. Auf eure Ergreifung ist viel Geld ausgesetzt. Achthundert Mann hetzt Tigellinus auf euch.«

Claudia konnte vor Schluchzen nichts sagen. Cornelius zuckte die Schultern.

»Warum hat Tigellinus mich zu dieser Jagd geschickt? Oder war es ein Versehen? Gavinus wußte nichts davon, daß ihr unser Manöverzweck seid. Niger schickte mich mit nur ein paar Leuten hier auf diese Seite, wo er euch bestimmt nicht vermutet.«

»Wir versteckten uns auch erst auf der anderen Seite. Dort hat uns ein Beerensammler gesehen. Daraufhin sind wir durch die Höhlen bis auf diese Bergseite gelangt. Wir haben befürchtet, daß wir niemals aus dem Labyrinth mehr herausfinden.«

Ein Stöhnen, das sich schauerlich anhörte, ließ Saturnin auffahren.

»Das sind die zwei Soldaten, die weiter hinten liegen. Ich habe sie niedergeschlagen und gefesselt.«

Als sich das Stöhnen nicht beruhigte, verließ Cornelius die Nische. Saturnin hörte zwei dumpfe Schläge, dann war nichts mehr zu hören.

»Hast du sie erschlagen?«

»Nein, nur beruhigt. Doch ich werde sie töten müssen, damit sie uns nicht verraten.«

»Das lasse ich nicht zu, daß du mir anvertraute Männer tötest«, widersprach Saturnin wütend.

»Dann ist es dir lieber, daß wir umgebracht werden? Sie oder wir, anders steht die Frage nicht«, beharrte Cornelius, nachdem Saturnin verneint hatte.

»Es muß einen anderen Weg geben. Willst du deine Hände mit dem Blut des alten Crixus besudeln, der bereits bei dir gedient hat?«

»Lucius, ich kann nicht anders. Sie kennen den Weg zur Höhle, die uns noch einige Zeit als Unterschlupf dienen muß.«

Saturnin wiederholte, daß er den Mord an seinen Soldaten nicht hinnehmen könne.

Cornelius legte ihm die Hand auf die Schulter. »Dann mußt du uns opfern«, sagte er leise.

Saturnin sah seine Schwester, die nun wieder zusammengesunken mit um die Knie geschlungenen Armen an der Wand kauerte. »Finde einen anderen Weg, Cornelius!«

»Es gibt keinen anderen. Sie oder wir.«

»Kann ich etwas für euch tun?« fragte Saturnin in der Hoffnung, die zwei Soldaten retten zu können.

Cornelius bat um Auskünfte über die genaue Lage des Lagers, Standorte der Wachen, Tagesablauf der Soldaten. Nickte zufrieden, wünschte, daß Saturnin am Abend des nächsten Tages, wenn es ihm möglich sei, mit einigen lebensnotwendigen Dingen und etwas Geld nochmals käme.

Niedergeschlagen verabschiedete sich der Tribun von Claudia und Cornelius. Er erflehte ihre Rettung, bedauerte aber Candidus und Crixus. Kein Mensch begegnete ihm, als er mühsam bergan stieg. Dornen zerkratzten ihm die Hände, zurückschnellende Zweige zerschrammten sein Gesicht.

»Tribun«, hörte er rufen. Auf einer Lichtung unterhalb des Berggipfels lagerten seine Männer faul im Moos.

»Habt ihr jemanden entdeckt?«

»Niemanden. Wer soll hier in diesem Dickicht sein, wo es vor Schlangen wimmelt. Eine blödsinnige Art, sich die Zeit zu vertreiben«, maulte ein Centurio.

Ein Hornstoß gab das Zeichen zur Rückkehr. Die Männer machten keine Anstalten, sich zu erheben. Auch Saturnin, der sich zu ihnen gelegt hatte und die brennenden Kratzer mit Speichel befeuchtete, hatte keine Eile, dem Befehl sofort Folge zu leisten. Erst nach geraumer Zeit, das Horn hatte noch mehrfach zur Rückkehr geblasen, gab er den Befehl zum Abstieg, ließ aber vorher fragen, wer fehlte. Die Männer sahen sich an, nannten dann die beiden Namen.

Saturnin ließ nach Candidus und Crixus suchen, lenkte dabei seine Soldaten möglichst weit ab von der Höhle. Schließlich gab man die Suche auf und kehrte zurück.

Niger tadelte Saturnins späte Rückkehr. Seine Soldaten murrten und schrien ungefragt, daß sie zwei Kameraden vermißten und nach ihnen gesucht hätten. Mürrisch lenkte Niger ein, daß Saturnin einen Boten hätte senden können, denn beinahe hätte er die Prätorianer losgejagt, um ihn, Saturnin, und seine Leute zu suchen. Beim abendlichen Appell wurde das Fehlen zweier Männer verkündet, vier waren tot, drei davon von einem Felsen gestürzt, der vierte starb durch einen Schlangenbiß. Die Stimmung unter den Stadtkohorten war schlecht, während die Prätorianer keinerlei Regung zeigten. Saturnin trat vor Niger und fragte laut und allen bis ins letzte Glied verständlich nach dem Sinn der Geländeübung. »Wir haben«, fuhr er fort, »bei vier Toten am ersten Tage, so glaube ich, ein Recht zu erfahren, wie es weitergehen soll. Es kann doch nicht die Aufgabe von achthundert Prätorianern und Soldaten der Stadtkohorten sein, den ganzen Tag durchs Unterholz zu kriechen, von Felsen zu stürzen und von Schlangen gebissen zu werden, nur um zu üben für die Absperrung eines Stadtviertels bei einem Staatsbesuch!«

Seine Soldaten spendeten ihm donnernden Beifall. Niger biß sich auf die Lippen und dachte, daß er doch auf einem anderen Tribunen hätte bestehen sollen. Bei der ungünstigen Stimmung, die, so befürchtete er, auch auf seine Prätorianer übergreifen würde, beschloß er, seine Leute von den murrenden Stadtkohorten abzusondern und eine versöhnliche Haltung vorzutäuschen.

»Ich habe Verständnis für euren Unwillen und bedaure die Unfälle. Es war auch nur eine Vorübung. Morgen beginnen wir mit dem richtigen Manöver. Tribun Saturnin, deine Centurien bleiben morgen im Lager und bereiten nach einem Plan, den du heute von mir überstellt bekommst, das weitere Manöver vor, während meine Leute ein letztes Mal Dienst im Wald haben. Heute abend gibt es für jeden von euch Wein gratis.«

Die Soldaten jubelten, die Unzufriedenheit war vergessen.

Nur Saturnin konnte an der allgemeinen Freude nicht teilhaben. Er zog sich in sein Zelt zurück, warf sich auf die Pritsche und sann den Tagesereignissen nach. Immer wieder sah er Claudia vor sich, zerlumpt, verdreckt und am Ende ihrer Kräfte wie ein Häufchen Unglück am Boden kauernd, sah Cornelius und die armen Kerle, Candidus und Crixus, die durch unglückliche Verstrickung ihr Leben verlieren mußten. Schuld an allem war Tigellinus, dieser Verbrecher. Sein Adjutant steckte den Kopf zum Zelt herein und überbrachte Nigers Befehl, bei ihm zu erscheinen.

»Saturnin, ich weiß, daß du mir die Sache mit Subrius Flavus nachträgst«, begann er unvermittelt, kaum daß der

Tribun das Zelt des Prätorianers betreten hatte. »Was sollte ich denn tun? Ich hatte den Befehl vom Präfekten. Konnte ich ihn denn verweigern? Dann hätte ich an der Grube gestanden. Deine Haltung, Saturnin, nach Subrius' Tod war großartig, Respekt! Sogar Tigellinus trieb es den Schweiß auf die Stirn. Ich war sprachlos. Nun zu deiner Truppe: Du kannst morgen mit ihr machen, was du willst, es gibt keinen Exerzierplan. Nur eines muß ich mir ausbedingen: Festnahme aller Personen, die aus dem Wald zu fliehen versuchen.« Niger trank den Becher leer, füllte ihn sofort wieder und nahm einen großen Schluck. Rülpste, lachte schallend. »Du kannst gehen.«

Die Prätorianer zogen früh aus dem Lager. Nur eine halbe Centurie hatte Niger als Bewachung zurückgelassen. Saturnin veranstaltete mit seinen Soldaten Fecht- und Reiterspiele am Vormittag, übergab dann das Kommando einem älteren Tribunen, den er als sehr zuverlässig schätzte, fügte hinzu, daß der Wald am Fuße der Berge sehr wildreich sei und eine Bereicherung des faden Essens nicht schaden könnte. Der Tribun verstand.

Saturnin blieb, bis seine Truppen sich entfernt hatten, galoppierte dann in die entgegengesetzte Richtung zu dem Waldstück, das er am Vortage durchsucht hatte. Er zog den Falben in den Schutz der Bäume und band ihn fest. Angestrengt suchte er den Weg zur Höhle. Zweimal ging er an dem Felsen vorüber. Endlich fand er den Durchschlupf, dann zwängte er sich in das Felsloch. Kein Laut war zu hören. In Abständen das Tropfen von Wasser. Der schwache Lichtschein wies ihm den Weg. Die Öllampe brannte, doch von Claudia und Cornelius keine Spur. Wo Claudia gestern gehockt hatte, lagen zwei Bündel. Saturnin näherte sich und hätte vor freudiger Überraschung beinahe laut geschrien. Crixus und Candidus lagen, in alte stinkende Fetzen gekleidet, verschnürt und mit Stoffetzen im Mund auf der Erde. Was passiert sei, fragte er sie scheinheilig, während er ihnen die Knebel und die Stricke abnahm.

Candidus berichtete, wie er mit einem tierähnlichen Wesen gefochten hätte, niedergeschlagen worden sei, beim Zusichkommen gefesselt gewesen wäre und wieder einen Schlag erhalten habe. Als er zum zweiten Male zu sich gekommen wäre, hätte er so gelegen, wie ihn der Tribun gefunden habe.

»Wer waren die Leute, die euch niedergeschlagen und offenbar auch beraubt haben?«

»Zwei unbekannte Männer, einer groß und schlank, der andere untersetzt und breitschultrig«, beschrieb Crixus die Übeltäter.

»Unsere Kleider, Rüstungen, Waffen und unser Geld, dazu unsere Verpflegungsbeutel haben uns die Halunken geklaut«, jammerte Candidus.

»Ich ersetze euch alles, weil ich mich freue, daß ihr noch lebt. Wir haben gestern stundenlang nach euch gesucht. Vier Männer kamen in diesem verfluchten Wald zu Tode«, sagte Saturnin. Fragte dann, wo die Männer sein könnten.

»Haben sie uns nicht verraten«, erwiderte Crixus.

Saturnin überging die ironische Antwort des alten Centurio und half seinen Männern aus der Höhle und durch das Gestrüpp, führte den Falben am Zügel und ließ abwechselnd Candidus und Crixus aufsitzen. Als seine Soldaten von der Jagd zurückkehrten, begrüßten sie jubelnd die Geretteten. Niger verschwieg er die Rückkehr der Vermißten, denn dessen Laune war denkbar schlecht. Schadenfroh beobachtete Saturnin, wie der Prätorianer wütend durch das Lager hetzte, seine Untergebenen strafexerzieren ließ, beschimpfte und bedrohte. Plötzlich huschte ein Schatten über die untergehende Sonne, Crixus stand vor ihm. »Auf ein Wort, Tribun.«

Saturnin forderte ihn auf zu sprechen.

»Ich soll dich von deiner Schwester und Cornelius grüßen.«

»Was faselst du?« gab sich Saturnin unwissend und abweisend.

Crixus antwortete lächelnd, er brauche sich nicht zu verstellen. Beide seien in Sicherheit, fügte er hinzu.

»Du weißt alles?« fragte Saturnin mißtrauisch.

»Ja«, bestätigte der alte Centurio.

»Und Candidus?«

»Weiß von nichts.«

»Bist du wirklich sicher, in der Höhle Cornelius und meine Schwester gesehen zu haben?«

»Vollkommen, Tribun, denn ich habe mit ihnen gesprochen, und sie baten mich, dich zu grüßen«, beharrte Crixus.

»Sonst bemerktest du keinen?«

Der Centurio sah ihn befremdet an.

»Ich meine, war weiter niemand bei ihnen in der Höhle?«

»Nein.«

Saturnin atmete auf. Er dankte dem Alten, der nochmals versicherte, keinem etwas zu verraten.

Die Geländeübung wurde fortgesetzt, aber ohne jeglichen Erfolg für den ehrgeizigen Veianius Niger.

Die Stimmung im Lager verschlechterte sich täglich. Selbst die Prätorianer verbargen ihren Mißmut nicht länger über die unwürdigen Tätigkeiten. Nigers Drohungen blieben unbeachtet. Wer weiß, was noch geschehen wäre, hätte nicht ein Eilkurier des Präfekten den Rückmarsch befohlen.

XXII

Rom glich einem Zirkus und einem Heerlager zugleich. Alle öffentlichen Gebäude waren von Prätorianern umstellt, alle Straßen bewacht.

Saturnin hatte mit seinen Männern am Ende des Forums Posten beziehen müssen. Tausende säumten den Weg dorthin und waren angewiesen, bei Ankunft des Parthers zu jubeln und zu klatschen und auf den Göttlichen Nero Hochrufe ertönen zu lassen. Der Kaiser ließ sich, gnädig die Begeisterungsrufe seines Volkes entgegennehmend, auf einem goldenen Thron neben der Rostra nieder. Der Rauch lodernder Opferfeuer hüllte die Feldzeichen und Standarten der Garde ein. Endlich erreichte der Zug des Tiridates das Forum. Der Parther und nun König Armeniens von Roms Gnaden, ein braunhäutiger junger Mann mit tiefschwarzem Bart, fiel Nero zu Füßen. Huldvoll hob ihn der Kaiser auf und begrüßte ihn mit einem Kuß, nahm ihm dann die Tiara vom Kopf und krönte ihn dafür mit einem Diadem. Ohrenbetäubend jubelten die Massen. Tiridates war König Armeniens unter Roms Oberhoheit nun auch offiziell.

Nero ließ sich feiern, als hätte er eine Schlacht geschlagen und der Triumph gebühre ihm dafür. Doch den Mann, der die Parther zum Nachgeben in der armenischen Frage gezwungen hatte, konnte Saturnin nirgends entdecken. Gnäus Domitius Corbulo war nicht zu diesem Staatsakt geladen worden, sein Name wurde nicht einmal erwähnt. Nero ließ sich zum Imperator akklamieren und mit dem Lorbeerkranz des Siegers schmücken. Ist das Roms Dank an seinen besten Feldherrn?

Als Tiridates Rom verlassen hatte, endete Saturnins Unterstellung bei den Prätorianern. Gavinus bewilligte ihm eine Dienstbefreiung für zehn Tage, die er mit Aspasia in den Albaner Bergen verbringen wollte.

Gleich am ersten dienstfreien Morgen verließen sie Rom, mieteten sich in einem kleinen, über dem Albaner See gelegenen Gasthaus ein. Die Tage verbrachten sie mit Wanderungen in die Umgebung, Schwimmen und mit Nichtstun. Manchmal saß Saturnin auf der Veranda und blickte versonnen ins Tal. Aspasia wagte nicht, ihn zu stören. Nur an einem der letzten Tage fragte sie, woran er immer denke.

»An uns«, lachte er, »und an Claudia und Cornelius.«

»Ich habe auch an sie denken müssen. Arme Herrin!«

»Herrin? Du bist jetzt die Herrin«, korrigierte er sie. »Jetzt laß uns an unseren letzten Tagen nicht mehr darüber sprechen. Sie werden es schaffen, und wir werden die Stunden genießen. Wollen wir schwimmen, ausreiten oder mit dem Wagen fahren?«

»Schwimmen«, schlug sie vor. Er nickte zustimmend. »Ehe ich es vergesse«, fügte sie hinzu, »Soranus war zweimal bei mir, als du bei den Prätorianern warst wegen dieses Besuches aus Parthien. Er bat mich, du mögest ihn nicht länger meiden wegen des Mißverständnisses neulich.«

»Ich werde ihn besuchen, sobald wir wieder in Rom sind. Doch nun zu Wasser!«

Mit ruhigen Zügen schwamm er zur Mitte des Sees, legte sich auf den Rücken, sah in den Himmel, beobachtete dann Aspasia, die in einiger Entfernung dahinglitt. Ihr weißer nackter Körper schien ihm wie ein Symbol für die Schönheit des Lebens. In diesem Moment verstand er Soranus und dessen Willen zum Überleben um jeden Preis. Lieber ein lebendiger Feigling denn ein toter Held, lieber ein Hund auf der Ober- als ein Fürst in der Unter-Welt! Er würde Soranus einiges abbitten und Titus nichts mehr vorwerfen.

Er blinzelte in die Sonne, drehte sich und schwamm zu Aspasia, umfaßte ihren Körper, zog ihn an sich, umklammerte ihn, deutete damit wortlos den Wunsch an, sie für immer festzuhalten.

Die letzten Tage verrannen wie kurze Momente. An einem heißen Sommertag reisten sie nach Rom zurück. Saturnin sah auf die vorbeigleitenden Felder mit dem sich im leichten Winde wiegenden reifen Getreide. Aspasia lehnte an seiner Schulter und streichelte zärtlich seine Brust unter der geöffneten Tunika.

»Wir sollten Rom verlassen. Diese Stadt bedrückt mich. Je näher wir kommen, um so mehr fühle ich Unbehagen.«

Aspasia antwortete nicht.

Der Wagen rumpelte der Stadt entgegen, über der sich dunkle Gewitterwolken zusammenballten, die Saturnin wie ein Symbol und eine Bestätigung seiner Stimmung erschienen. Plötzlich stoppte das Gefährt, und ein Prätorianer lugte durch die Öffnung. »Rauskommen!« befahl er.

Erstaunt über ein solches Ansinnen, fragte der Tribun, mit welchem Recht man seinen Reisewagen anhielte und ihm dergleichen befehle.

Der Prätorianer glotzte blöde, wiederholte dann den Befehl.

»Ich bin Tribun der Stadtkohorten und lasse mir nicht von jedem kleinen Prätorianer Befehle erteilen«, wies Saturnin den Gardesoldaten zurecht.

»Komm raus, oder ich zerr dich zusammen mit dem Weib heraus!« brüllte der Soldat wutentbrannt.

Aspasia bat ängstlich, den Befehl zu befolgen. Er drückte ihren Arm und sagte, so lasse er nicht mit sich umspringen. Man müsse sich so vieles gefallen lassen, aber beileibe nicht alles. Er zog in aller Ruhe sein Schwert und richtete es auf den Prätorianer. »Versuch's«, riet er ihm.

Der Soldat fuhr erschrocken zurück, schrie, dies sei Widerstand gegen die Staatsgewalt, und verschwand.

Saturnin schob lächelnd die Klinge wieder in die Scheide. Aspasia, die sich ängstlich enger an ihn schmiegte, beruhigte er: »Man muß es dem Bösen so schwer wie möglich machen, damit es nicht vollends Oberhand über uns gewinnt.«

Der Prätorianer kehrte mit einem Tribunen zurück.

»Ich hätte mir denken können, daß nur du den Übermut besitzt, dich den Anordnungen zu widersetzen, Saturnin.«

»Danke, Fuscus, für das Lob. Doch du überschätzt mich. Wie kommt es, daß der Adjutant des allgewaltigen Präfekten friedliche Reisende belästigen und behelligen muß? Ist das deine spezielle Aufgabe«, erwiderte Saturnin, wußte aber nicht, ob Fuscus die Anspielung auf den Anschlag vor Antium verstand.

»Ich bin nicht mehr Tigellinus' Adjutant. Er hat mich abgeschoben. Und weißt du, warum? Wegen deiner Schwester, deren Entkommen er mir zur Last legt. Ich bitte dich, Saturnin, verlasse einen kurzen Augenblick mit deiner schönen Begleiterin den Wagen. Ich muß alle Reisenden und alle

Gefährte durchsuchen. Tu ich's nicht, dann«, Fuscus begann zu flüstern und schaute sich vorsichtig zu dem Soldaten um, »verpfeift man mich, und ich sinke noch tiefer.«

»Kann man noch tiefer sinken?« spottete Saturnin und stieg mit Aspasia aus dem Wagen. Zwei Prätorianer krochen hinein und suchten unter den Sitzen, wobei sie ihre Glieder in lächerlicher Weise verrenkten.

Saturnin fragte Fuscus, ob er den Grund für diese Schikane wissen dürfe.

Woher er denn käme, daß er nichts von der neuerlichen Verschwörung gegen das Leben des Ersten und seines Präfekten gehört habe, antwortete Fuscus, ohne Anstoß an dem Wort Schikane zu nehmen.

»Neuerlich?«

»Vinicianus, Thrasea Paetus und Barea Soranus verschworen sich . . .«

Saturnin packte Fuscus am Arm, fragte barsch, was mit Soranus geschehen sei.

»Er ist tot«, erwiderte Fuscus und versuchte vergeblich, sich von des Tribunen hartem Griff zu befreien.

»Tot, sagst du«, murmelte Saturnin und ließ Fuscus los.

»Und Servilia?« fragte Aspasia.

»Auch tot«, antwortete Fuscus.

»Wessen klagte man sie an?«

»Soranus wurde der Verschwörung und der Freundschaft zu Staatsfeinden angeklagt, gemeint waren Rubellius Plautus, sein Schwiegersohn Annius Pollio und dessen Bruder Annius Vinicianus, der Schwiegersohn Corbulos. Servilia wurde der Geheimbündnerei, des Okkultismus, der Beziehung zu Zauberern, Magiern und Chaldäern angeklagt.«

»Beide waren im Sinne der Anklage unschuldig«, empörte sich Saturnin.

Fuscus zuckte die Schultern und meinte, die Beziehung zu Annius Vinicianus hätte für das Urteil bereits gereicht. Auf Saturnins Frage nach Lucius Soranus, des alten Feldherrn Sohn, erwiderte der Prätorianer, daß man den suche, genauso emsig wie Cornelius und Claudia Antonia.

Die Soldaten krochen aus der Kutsche und meldeten, daß sie nichts Belastendes gefunden hätten.

Als Saturnin und Aspasia in den Wagen kletterten, rief ihm Fuscus zu, er, Saturnin, möge sich nicht dauernd dem Unabänderlichen widersetzen, denn es könnte einmal schlimm enden.

Und was unabänderlich sei, fragte Saturnin aus dem Wagen.

»Die Macht und die uns erteilten Befehle.«

Der Wagen ruckte an, Saturnin winkte lässig Fuscus zu und sagte: »Irrtum, nichts ist unabänderlich, nicht einmal die Macht, von den Befehlen ganz zu schweigen.«

Schweigend saßen Saturnin und Aspasia. Erst zu Hause entluden sich sein Zorn und seine Trauer über den Tod seines alten Feldherrn und dessen Tochter. Er bereute, daß er Soranus die letzte Zeit gemieden hatte wegen der kleinen Meinungsverschiedenheit. Nun war es zu spät!

Am nächsten Tag ritt er nach Beendigung seines Dienstes an Soranus' Palast vorüber, den Prätorianer bewachten. Fürchtete der Präfekt, der Tote kehrte wieder, oder glaubte er, auf diese Weise dessen flüchtigen Sohn fassen zu können? Armer Soranus, auch dein Wohlverhalten hat dich nicht retten können.

Er nahm den Weg zum Aventin, um Petronius zu sprechen. Ein fremder Türsklave öffnete, schlug das Tor wieder zu, als er Saturnins Begehr vernommen hatte. Nach geraumer Weile wurden beide Flügel aufgerissen, der Torsklave hieß ihn eintreten, ein weiterer Sklave nahm sich des Falben an.

Ein hochgewachsener, breitschultriger Germane, der eher zur Leibgarde des Imperators als zum Haus des Arbiters zu passen schien, führte den Besucher aus dem Vestibulum ins Bad statt auf die Veranda oder in die Bibliothek und das Arbeitszimmer. In Rom schien sich vieles geändert zu haben, sogar der Lebensrhythmus und Stil eines Petronius. Er glaubte, seine Augen narrten ihn, als er Tigellinus in einem weißen Badelinnen auf einer Pritsche liegen sah, einen goldenen Pokal in der Hand. Zu seinen Füßen kauerten die beiden Sklavinnen des Petronius vollkommen nackt und kicherten, als sie des Tribunen verstörtes Gesicht sahen. Spielerisch kniff des Präfekten Hand ihre Brüste, fuhr dann zwischen ihre Schenkel.

»Glotz nicht so, Saturnin, als hättest du noch nie nackte Weiber gesehen. Sie sind schön, Petronius' Täubchen, doch gegen deine Schwester sind sie nur Mittelmaß«, lachte Tigellinus.

»Wo ist Petronius?«

»Bei Pluto und Proserpina«, erwiderte der Präfekt, trank den Pokal leer, warf ihn lässig hinter sich, wo er auf die Fliesen klirrte, winkte den Sklavinnen, das Bad zu verlassen.

»Warum auch Petronius?«

»Verschwörung.«

»Petronius war kein Verschwörer. Das wußte auch der Göttliche, denn er vertraute dem Arbiter und hing an ihm«, widersprach Saturnin.

»Wenn ich sage, Petronius war ein Verschwörer, dann war er einer. Wage nicht noch mal, mir zu widersprechen!«

»Hat Petronius sich nicht vor dem Göttlichen gerechtfertigt?« fragte Saturnin, ungerührt durch Tigellinus' Zorn.

»Das wollte er, der schlaue Fuchs, wohl wissend, daß er Nero hätte beschwatzen können. Deshalb, Saturnin, habe ich es verhindert! Aber Petronius starb würdevoll. Er gab ein Schauspiel allererster Güte. Lässig, geschmackvoll, genau wie er gelebt hat, ging er in den Tod. Alle Achtung! Meine Feinde verstehen zu sterben. Seneca ja auch. Sogar du, wie du mir zeigtest, wenn es nicht bloß Täuschung war.«

Tigellinus lächelte spöttisch. Ihn amüsierte des Tribunen verkrampfter Gesichtsausdruck und die Verlegenheit, mit der er die Hände aneinanderpreßte.

»Seneca und Petronius waren größer und bedeutender als du. Ich habe sie vernichtet. Was willst du Wurm gegen mich ausrichten, da dich keine Poppäa mehr beschützen kann? Ich kann es mir leisten, dich zur Zeit ungeschoren zu lassen. Bald bricht der Göttliche zu einer Reise nach Griechenland auf. Ich werde ihn begleiten, und du kommst natürlich mit. So habe ich dich ständig im Auge und kann nach Lust und Laune dich Petronius und Seneca nachschicken: Doch Claudia würde mir deinen Tod nie verzeihen, deshalb lass' ich dich leben, zumindest vorläufig. Ich liebe deine Schwester, dieses Aas, diese Aufrührerin, und werde sie jagen bis ans Ende des Imperiums, werde sie ergreifen, sie demütigen, sie um meine Liebe winseln lassen. Solange ich Claudia liebe, behältst du deinen Kopf, der aber sofort rollt, ist meine Liebe zu Ende. Du bist mir zuwider, Saturnin, und ich ertrage den Gedanken nicht, mit dir dieselbe Erde zu betreten und dieselbe Luft zu atmen. Erbitte von den Göttern, meine Liebe ewig zu erhalten. Fühle dich nicht sicher, denn ich versprach dir dein Leben, solange ich Claudia liebe, aber nicht deine Freiheit. Vielleicht sperre ich dich als Geisel ein und erpresse damit Claudias Rückkehr? Ich sehe dich erbleichen. Gut. In ständiger Angst und Unsicherheit sollst du leben, in ständiger Erwartung, daß du von deinem Freund Tigellinus wieder ins Castrum geladen wirst, um dort für immer zu bleiben. Nun verschwinde, ich will mich Petronius' Schätzchen widmen und ihnen zeigen, daß ich besser bin als der lendenlahme Schönredner.«

Ich muß weg aus Rom! hämmerte es unentwegt in Saturnins Kopf, während er den Pincio hinaufritt.

Ich muß weg!

XXIII

Er mühte sich, seine Besorgnis vor ihr zu verbergen, als er sie lachend, ihm eine Rolle entgegenhaltend, in der Bibliothek sitzen sah. Doch es schien ihm nicht zu gelingen, denn sofort nach seinem Eintritt fragte sie: »Ärger?« Erschöpft setzte er sich zu ihr.

»Petronius ist tot«, sagte er.

Sie schwieg. Reichte ihm dann die Rolle, beobachtete, wie er las, wie sich sein Gesicht zusehends veränderte, wie der matte, niedergeschlagene Ausdruck verschwand.

»Von Corbulo, Liebste, ich werde dir den Brief vorlesen: ›Gnäus Domitius Corbulo grüßt Lucius Antonius Saturninus Ich muß Dir viel abbitten, mein Lucius. Es schmerzt mich, Dich zu Unrecht der Unzuverlässigkeit geziehen zu haben. In Rom geschehen mancherlei unverständliche Dinge. Wer weiß, was mir Annius Vinicianus für unglaubliche Dinge nach seiner Rückkehr berichten wird. Täglich erwarte ich seine Rückkehr . . .‹«

»Corbulo weiß noch nichts vom Tod seines Schwiegersohnes Vinicianus«, unterbrach Aspasia.

»Nein. Soll ich weiterlesen?« Sie nickte.

»›Von Barea Soranus erfuhr ich, wie Du darunter leidest, gezwungenermaßen in Rom Dienst tun zu müssen. Ich versichere Dich meiner ungebrochenen Freundschaft und meines Vertrauens. Mein Angebot gilt immer, eine Kommandostelle in meinem Stab zu erhalten. Nur bin ich derzeit nicht mehr Oberbefehlshaber in Armenien und nicht mehr Statthalter Syriens. Des Göttlichen Gnade und Dankbarkeit für meine Siege über die Parther belohnten mich mit der Statthalterschaft der Provinz Cappadocien. Doch, mein Lucius, dieser Posten wird nicht von langer Dauer sein, weil ich glaube, Rom wird auf den alten Corbulo nicht verzichten können, wenn im Osten der große Krieg ausbrechen wird. Und er wird ausbrechen! Alle Anzeichen deuten darauf hin. In Judaea herrscht Aufruhr, den man in Rom nicht ernst nimmt, obwohl der Prokurator Gessius Florus, der seinen Posten weniger seinen als den Fähigkeiten seiner Gattin verdankt, und der forsche Cestius Gallus, mein Nachfolger in Syrien, nicht mehr die Herren der Lage sind und dies nur notdürftig noch vertuschen können. Ich kann warten, bis mir der Kaiser den Oberbefehl überträgt, der Zeitpunkt ist abzusehen. Dann, mein Saturnin, fordere ich Dich für meinen Stab an. Nur Geduld! Die Götter seien mit Dir! Gruß an meinen Freund Barea Soranus.‹«

»Er weiß auch nichts von Soranus' Tod. Wir werden Rom verlassen, Aspasia.«

Sie rückte näher zu ihm, brachte ihren Mund an sein Ohr und flüsterte ihm etwas zu, was ihn überrascht »Ist das wahr?« rufen ließ. Aspasia nickte.

»Es wird ein Sohn, es muß ein Sohn werden«, lachte er und küßte sie.

»Ich werde mir Mühe geben«, versprach sie.

»Wann?«

»Jahresende.«

»Ich freue mich. Morgen gehen wir zum Prätor, um deine Freilassung bestätigen zu lassen.« Nun mußte ein Weg gefunden werden, um der von Tigellinus angedrohten Griechenlandreise zu entgehen. Aber wie? Flucht schied aus, denn er konnte Aspasia in diesem Zustand nicht den Strapazen einer Flucht aussetzen. Er überlegte, sah aber keinen Ausweg. Ehe Corbulos Angebot Wahrheit würde, konnte er längst tot sein.

»Woran denkst du?« fragte sie.

»An unser Kind«, log er.

Der Juli ging zu Ende, die ersten Tage des August vergingen. Über allen Tagen stand Tigellinus' düstere Drohung. Der genaue Abreisetag Neros nach Griechenland stand noch nicht fest, jedoch ein vielhundertköpfiges Gremium bereitete das Ereignis vor. Tigellinus wurde vom Kaiser mit dem Vorsitz dieses Komitees betraut, das nur die einzige Aufgabe besaß, die Kunstreise nach Achaia, Griechenland in allen Einzelheiten zu planen. Jedes Mitglied besaß durch kaiserliches Mandat die Vollmacht, nach eigenem Ermessen Güter zu requirieren und außergewöhnliche Leistungen zu fordern. Nahezu ganz Rom arbeitete für diese Reise. Im Senat, so wollten Gerüchte wissen, seien Proteste gegen diesen

Aufwand laut geworden, zumal die Botschaften aus Judaea wenig verheißungsvoll waren. Die renitenten und kunstunverständigen Senatoren seien von Tigellinus zum Schweigen gebracht worden. Und dann brachten die ›Acta diurna‹ die Meldung, daß der Göttliche seine Reise nach Achaia am ersten September antrete, um dort bei allen Spielen, den Olympischen, Pythischen, Isthmischen und Nemeischen, um Palme und Lorbeer zu kämpfen. Die Götter mögen ihrem Liebling, dem größten Kaiser und Künstler Roms, die ihm zustehenden Siege nicht neiden!

Für die Stadtkohorten verschärfte sich der Dienst. Ständiges Exerzieren, probeweises Absperren ganzer Stadtteile und einzelner Straßenzüge, Einsatzvorbereitungen wie für einen Bürgerkrieg füllten die Tage und mitunter die Nächte aus. Saturnins Nerven waren überreizt, in dauernder Anspannung. In jedem Prätorianer, der zu Gavinus kam, sah er den Unglücksboten, der des Präfekten Befehl der Abkommandierung bringen konnte. Doch nichts geschah. Der August näherte sich dem Ende. Gavinus erhielt vom Stadtpräfekten Flavius Sabinus die letzten Anweisungen und gab sie seinen Tribunen weiter. Saturnin hatte seine Soldaten längs der Via Latina von der Porta Latina bis zum fünften Meilenstein zum Schutze des kaiserlichen Zuges zu postieren. Wann würde ihn Tigellinus zu sich rufen lassen? Bestimmt im allerletzten Moment, um den Triumph des Quälens voll auszukosten! Bewußt hatte er Aspasia des Präfekten Drohung verschwiegen, um sie nicht zu ängstigen. Ihre Sorge hätte ihn zusätzlich bedrückt.

Am ersten September war Saturnin früh erwacht und fühlte sich wie zerschlagen. Erst das kalte Bad und die Massage besserten sein Befinden. Er verabschiedete sich von Aspasia, als wäre es ein Tag wie jeder.

Als er das Haus verließ, drängte sich ihm die bedrückende Frage auf, wann er, wenn überhaupt, hierher zurückkehren würde. Aus der Stadt war das Getöse von Musik zu vernehmen, Paukenschläge, Krummhörner- und Tubentöne. Trotz der frühen Stunde säumten die Schaulustigen schon die Straßen und Foren. Ganz Rom schien Nero verabschieden zu wollen. Gavinus und die Soldaten der Stadtkohorten hatten sich bereits versammelt.

»Endlich«, empfing ihn der Präfekt und wies ihn in seine Aufgabe ein.

Saturnin marschierte an der Spitze seiner Leute zur Via Latina und verteilte sie auf Rufweite längs der Straße. Die ersten Gaffer hatten sich eingestellt und wurden von den Soldaten ermahnt, nicht den kaiserlichen Zug zu behindern. Endlos wartete man, von einem Bein auf das andere tretend, sich unterhaltend, um der Langeweile zu entgehen. Endlich der sich aus der Stadt fortpflanzende Schrei: »Sie kommen.«

Klopfenden Herzens verfolgte Saturnin den nicht enden wollenden Zug. Singend, tanzend und Verse deklamierend, zogen Männer mit Instrumenten und in Theatermasken vorüber. Frauen in verführerisch leichter Bekleidung, Amazonen und Nymphen darstellend, wiegten sich lasziv in den Hüften. Ein unübersehbarer Zug von Sängern, Kostümschneidern, Perückenmachern, Freigelassenen, Sklaven und Prätorianern begleitete den Kaiser, der von einem goldenen Wagen der jubelnden Menge gutgelaunt zuwinkte. Nero war, so fand Saturnin, dicker geworden. Die Prachtgewänder spannten sich über der Brust und dem Bauch, das Gesicht war feist und schlaff. Noch hatte Saturnin Tigellinus nicht gesehen, dafür Vespasian, den Mulio, der inmitten des farbenfrohen Zirkuszuges sein breites Bauerngesicht wie einen unpassenden Fremdkörper zur Schau stellte.

Und dann kam Tigellinus, der wie ein Kriegsgott auf seinem Araber thronte und mißtrauisch auf die Menschenmassen herabsah.

Jetzt kann er mich holen, nur jetzt noch, befürchtete Saturnin. Mit einem Ruck schob er sich durch die hinter ihm stehenden Körper, bückte sich, als wäre ihm ein Gegenstand entfallen, und verharrte eine Weile in dieser Stellung. Als er sich wieder aufrichtete, sah er den vergoldeten Helm des Präfekten nur noch von hinten. Er hat mich vergessen, frohlockte Saturnin, ein Glück, daß ich mich instinktiv seinem Blick und seiner Erinnerung entzog. Erleichtert, als hätte man ihm das Leben geschenkt, schob er sich wieder auf seinen Platz vorn an der Straße. Ich bin gerettet! Gerettet! Der Tribun hätte laut jubeln mögen.

Noch immer nahm der kaiserliche Zug kein Ende. Saturnin kümmerte es nicht. Aufgeputzt wie im Theater, zog Statilia Messalina, Neros dritte Frau, in ihrer von sechs Nubiern getragenen Sänfte vorüber. In ihrem Gefolge beinahe hundert Friseusen, Kosmetikerinnen und Balneatoren. Eine Prätorianergruppe, geführt von Veianius Niger, der Saturnin böse musterte und selbst auf dessen freundliches Anlachen keine Miene verzog, beschloß den Zug.

Unfaßbar! Nero und Tigellinus hatten Rom verlassen. Schien die Sonne nicht um vieles heller? Wirkten die Gesichter der Römer nicht mit einem Schlage gelöster, lockerer, freundlicher und unverkrampfter? Zeigte sich Rom nicht wie eine Genesende, die nach langer schwerer Krankheit zum erstenmal das Lager verläßt und sich freut, noch am Leben zu sein? Auch Gavinus schien ähnlich zu empfinden. Mit einem Grinsen der Erleichterung entließ er Saturnin und murmelte, daß nun ruhigere Wochen anbrächen.

Zur Feier des Tages beschloß er, in der Taberne des Roscus, eines früheren Centurio, die in einer Seitenstraße des Vicus Longus gelegen war und die er durch Cerealis kannte, seine Freude mit einem Becher Falerner zu begießen. Zwei Freunde des Civica Cerealis, Salvius Coccejanus und Salvidienus Orfitus, saßen an einem der Tische unter dem Sonnensegel vor der Taberne. Sie luden Saturnin ein, sich zu ihnen zu setzen.

»Du staunst, denn nicht nur dir ist es vergönnt, Roscus' süffige Weine zu genießen. Auch uns hielt Civica für wert, diese Perle unter Roms Tabernen kennenzulernen. Heute muß man trinken und feiern, denn es ist ein herrlicher Tag«, sagte Coccejanus, ein Mann Anfang der Vierzig, Neffe des Salvius Otho, der verstorbenen Kaiserin erstem Gatten.

»In der Tat, ein Tag zum Feiern«, erwiderte Saturnin und trank gierig den Becher leer, den der aufmerksame Roscus sofort gebracht hatte.

»Saturnin, jetzt mußt du dein Eisen schmieden, aus Rom wegzukommen. Sieh mich nicht so erstaunt an! Ich weiß alles, denn Cerealis hat es mir anvertraut. Vielleicht kann ich dir helfen?« begann Orfitus, dabei näher zu dem Tribunen rückend.

»Jetzt, da es sich in Rom leben läßt, soll ich es verlassen?«

»Tigellinus und Nero bleiben nicht eine Ewigkeit fern. Sind sie erst wieder hier, wirst du bei den Stadtkohorten bis an dein Lebensende dein kümmerliches Dasein fristen«, entgegnete Orfitus spöttisch.

Wenn es nur darum ginge und die Gefahr nicht wäre, ließe sich sogar dies ertragen, dachte Saturnin und leerte den zweiten Becher.

»Du brauchst ein Abkommandierungsmandatum, denn ohne diesen formalen Wisch nimmt dich keine Legion. Zum Erwerb dieses Mandatum ist eine Freigabeerklärung deines Präfekten Gavinus erforderlich. Aber diese Freigabe erhältst du nur, wenn der Praefectus praetorio keine Einwände erhebt. So kompliziert und bürokratisch wird eine einfache Angelegenheit aufgebauscht.«

»Aussichtslos für mich«, resignierte Saturnin.

»Ich verschaffe dir das Abkommandierungsmandatum«, versprach Orfitus. »Du brauchst mir nur das Freigabezettelchen zu bringen.«

»Nur! Und gerade das bekomme ich nicht«, sagte Saturnin mutlos.

»Nymphidius vertritt jetzt Tigellinus. Ich glaube nicht, daß Tigellinus im Chaos der Reisevorbereitung ständig an dich gedacht und seinem Vertreter eine diesbezügliche Order hinterlassen hat«, beteiligte sich Coccejanus wieder am Gespräch.

»Gleiches wollte ich gerade sagen«, lachte Orfitus. »Versuche es, dann bringe ich dir das Mandatum. Ich habe Beziehungen zu Helius und Polyclitus, die Nero vertreten. Bestimmt brauche ich die beiden Herren nicht einmal zu bemühen, denn meine Bekanntschaft mit einem Freigelassenen in der Kanzlei des Kriegsministers, der ständig in Geldverlegenheiten ist, wird bereits ausreichen«, lachte Orfitus. »Zu Gnäus Domitius Corbulo willst du kommandiert werden?«

»Zu Corbulo oder zu Silva«, antwortete Saturnin, ergänzte schließlich, daß er nur zu Corbulo wolle.

»Trinken wir auf deinen Ruhm unter Corbulos Adlern«, sagte Coccejanus und hob den Becher.

Orfitus stimmte lachend zu, nur Saturnin selbst runzelte ungläubig die Stirn, obwohl es ihn wunderbar dünkte, auf immer und nicht nur zeitweise und unter ständigem Bangen zusammen mit Aspasia und dem Kind dem Zugriff des Präfekten entzogen zu sein.

XXIV

»Du willst also nichts für meinen Freund tun?« fragte Domitian scharf.

»Was heißt, ich will nicht, ich kann einfach nicht«, wand sich Flavius Sabinus.

»Du als Stadtpräfekt kannst Gavinus, der dir unterstellt ist, einfach befehlen, Saturnin die Freistellung zu gewähren«, gab Domitian nicht nach.

»Wenn Gavinus sich weigert, werde ich mich hüten, ihm zu befehlen, denn Tigellinus' Zorn entlädt sich dann auf mich. Stimmt Gavinus zu, dann werde ich nichts dawider tun.«

»Onkel, bedenke doch, Saturnin ist in Gefahr. Er muß Rom verlassen haben, ehe Nero und der Präfekt zurückkehren«, beschwor ihn der Neffe.

»Du mischst dich in Dinge, die dich nichts angehen und die du nicht verstehst«, sagte Sabinus ungehalten.

»Hör auf, mich wie ein Kind zu behandeln! Ich trage die Toga virilis, und mein Name steht in den Tribuslisten«, entrüstete sich Domitian. »Für diese Haltung, Onkel, würde ich dich, wäre ich Kaiser, aus der Senatsliste streichen und nach Sizilien verbannen«, fügte Domitian böse hinzu.

»Zum Glück für mich und Rom wirst du nie Kaiser, Domitian«, erwiderte Sabinus lächelnd.

»Zu deinem Glück ja, aber nicht für Roms Glück. Ich wäre jetzt nicht auf eine Vergnügungsreise gegangen, sondern an der Spitze der Legionen nach Judaea gezogen.«

»Es sieht alles immer einfacher aus, als es ist. In deinem Alter dachte Nero bestimmt wie du. Doch heute hat er die Macht. Macht verändert einen Menschen. Es bedarf schon überdurchschnittlicher Gaben, um sich ohne Schaden ihrem Medusenblick zu entziehen. Mit Arrecinus habe ich bereits ausführlich darüber disputiert, ob es immer glücklich ist, solche Machtfülle, wie sie ein römischer Kaiser besitzt, ungeteilt in eines Mannes Hand gelangen zu lassen. Ein Mann allein bestimmt über Wohl und Wehe von Millionen; ein Wink, und Legionen setzen sich in Marsch, um Tod und Verderben in fremde Länder zu tragen; ein Wink, und die Henker schlagen Hunderte und Tausende von Köpfen ab, ein Wink, und eine Riesenstadt wird zu einem Flammenmeer. Besser wäre es, die Macht auf mehrere zu verteilen, um zu verhindern, daß eines Kaisers Unbehagen oder Unfähigkeit verhängnisvolle Folgen hat.«

Interessiert hatte Domitian seinem Oheim zugehört. Sabinus, der alte Fuchs, hatte ein sorgfältig gehütetes Geheimnis verraten: Er war Republikaner!

Ein Wink, und Legionen setzen sich in Marsch, ein Wink, und . . . dachte Domitian. Es muß ein wunderbares Gefühl sein!

»Wohin will dieser Saturnin?« störte Sabinus Domitians Gedanken.

»Zu Corbulo.«

»Wenn jeder Tribun das Recht hätte, sich die Legion auszusuchen, besäßen manche Legionen keine und andere nur Tribunen. Es ist gut eingerichtet, daß sie kommandiert werden.«

»Ich bitte dich, Onkel, tu doch nicht so, als ob du nicht wüßtest, wie Statthalter- und Tribunenposten verteilt werden. Wer gute Beziehungen zum Palatin und genügend Geld zum Bestechen der Kanzleien oder eine schöne Frau hat, der erhält seine Wunschlegion. Denk an Titus, der, als Vater bei Nero in Gunst stand, sich die Legion aussuchen konnte und einfach und ohne Beförderung abgeschoben wurde, als Vater in Ungnade war. Erinnere dich an diesen Gessius Florus, dessen Frau ihm den Statthalterposten in den Betten von Neros Sekretären erkämpfte.«

»Du bist frivol und zynisch, Domitian.«

Ungerührt nahm Domitian die Beschimpfung hin und brachte das Gespräch wieder auf Saturnin.

»Ich werde nichts in dieser Sache tun. Außerdem ist Corbulo im Moment keine Empfehlung durch seine verwandtschaftlichen Beziehungen zu Annius Vinicianus und zu Barea Soranus. Tigellinus macht sich nicht einmal mehr die Mühe, seinen Haß auf Corbulo zu verbergen.«

Domitian erhob sich und verließ wütend und grußlos seinen Onkel.

Wochen später, an einem feuchtkalten Novembertag, hastete Domitian ins Arbeitszimmer von Flavius Sabinus und sprudelte atemlos hervor, der Mensch müsse wahnsinnig sein.

»Wer?« fragte Sabinus befremdet und sah auf den Neffen, der sich, ohne den feuchten Mantel abzulegen, in den Sessel geworfen hatte.

»Saturnin. Er muß wahnsinnig sein oder ein Selbstmörder!«

»Ach der«, dehnte Sabinus gelangweilt. »Warum muß er wahnsinnig sein oder ein Selbstmörder?«

»Er hat alles bekommen, was er wollte: eine Freigabe von Gavinus, ein Kommandierungsmandatum von der kaiserlichen Kanzlei und macht davon keinen Gebrauch und bleibt in Rom, statt nach Cappadocien schnurstracks zu Corbulo zu eilen. Es geht um sein Leben, und der Mensch bleibt trotzdem hier.« Domitian schüttelte ratlos den Kopf.

»Und warum will er nicht zu Corbulo?«

»Weil seine Freigelassene, die er zu seiner Frau machen will, ein Kind erwartet.«

»Ist das denn kein triftiger Grund? Dieser Entscheidung kann ich meine Achtung nicht versagen. Er stellt die Sorge um ihm anvertraute Menschen höher als die eigene Sicherheit. Für mich, Domitian, ist das Größe.«

»Stimmt, doch geht das Leben nicht über alles Heldentum?«

»Sorge und Verantwortung sind heute abhanden gekommene römische Tugenden, da nur Besitz und eigene Sicherheit zählen. Würdest du mich jetzt um Hilfe für Saturnin bitten, würde ich sie dir nicht verweigern.«

Ungläubig sah Domitian seinen Onkel an. Kein Wort glaubte er ihm. Jetzt, da alles entschieden war, konnte er leicht große Sprüche machen. »Wirklich?« fragte er.

Sabinus nickte und meinte, daß Saturnin noch Zeit habe, Rom zu verlassen, da Botschaften zufolge Nero noch nicht daran denke, aus Griechenland zurückzukehren, und somit noch keine direkte Gefahr bestände.

Er werde ihn beim Wort nehmen, sagte Domitian beim Abschied.

XXV

Aspasia hatte Saturnin einen gesunden Sohn geboren, den er durch Aufheben vom Boden als sein Kind anerkannte und dem er den Namen Sentius gab.

Die Geburt war schwer gewesen. Die Obstetrix, Annäus Statilius und Paulina, die der Hebamme und dem Arzt helfend zur Seite stand, hatten Schwerstarbeit geleistet. Ihre Mienen verrieten den bedenklichen Zustand der jungen Mutter. Dieser Umstand trübte des Tribunen Freude über die Geburt des Sohnes. In der zweiten Januarwoche war Aspasia gestorben.

Saturnin hatte vor Schmerz geschrien, die Götter verflucht, weil sie ihm den einzigen Menschen, der ihm alles bedeutete, genommen hatten. Seine Raserei wich einer stumpfen Teilnahmslosigkeit. Er saß in seinem Zimmer und starrte vor sich hin. Die Amme, eine kräftige, gesunde Gallierin, brachte ihm täglich das Kind. Für einen Moment entspannte sich dann das graue eingefallene und mit Bartstoppeln bedeckte Gesicht des Tribunen. Danach versank er wieder in sein Brüten. Immer wieder mußte er an Aspasias letzte Tage und Stunden denken.

Tag und Nacht hatte er an ihrem Lager gesessen, ihre heiße Stirn gekühlt, stundenlang ihre Hand gehalten, ihr schmerzlindernde Medizin gegeben. »Ich weiß, daß ich sterben werde«, hatte sie gesagt und geweint. »Es ist schade, so früh und gerade jetzt, da ich glücklich bin. Ich danke dir für alles.«

Ihre Hand hatte ihn zärtlich gestreichelt, sie hatte trotz der Schmerzen und unter Tränen zu lächeln versucht und zu den Göttern gefleht, ihn und Sentius allzeit zu schützen.

Die Stunden und Tage nach ihrem Tod waren die verzweifeltsten seines Lebens, weitaus schlimmer als die Zeit im Castrum und in der Nähe des Henkers.

Wochen nach Aspasias Tod überlegte er noch, ob er Arrecinus Clemens, Flavius Sabinus und Domitian empfangen sollte. Schließlich ließ er sie zu sich bitten.

Domitian erschrak über Saturnins Aussehen, konnte es nicht verbergen. Clemens und Sabinus ließen es sich nicht anmerken.

»Du darfst nicht nur trauern und dich in deinem Haus vergraben, Lucius, du mußt unter Menschen«, riet Domitian altklug, worüber Clemens und Sabinus sich ihre eigenen Gedanken machten.

»Eine weitere schmerzliche Kunde: Corbulo ist tot«, fuhr Domitian fort.

»Ist er in Judaea oder gegen die Parther gefallen?« fragte Saturnin leise.

»Weder noch. Corbulo fiel durch sein eigenes Schwert«, erklärte Sabinus.

»Corbulo war nicht der Mann, der sich selbst tötete«, widersprach Saturnin.

»Das stimmt. Er mußte sich umbringen. Nero befahl ihm, sich der kaiserlichen Gesellschaft in Achaia anzuschließen. Doch dies war eine Falle, in die der gutgläubige und ahnungslose Corbulo ging, denn er glaubte, der Kaiser wolle ihn persönlich mit dem Oberbefehl in Judaea betrauen. In Cenchrae, dem Hafen von Korinth, überbrachte man ihm den Befehl des Göttlichen, sich das Leben zu nehmen.«

»Nero und Tigellinus sind noch dümmer, als ich annahm«, lachte Saturnin. »Wer soll nun die Judäer züchtigen, wenn der beste Feldherr tot ist? Getötet aus einer Laune heraus.«

»Nicht aus einer Laune heraus«, widersprach Sabinus. »Tigellinus hatte eine feine Anklage ersonnen: Corbulo sei durch die Verschwörer um seinen Schwiegersohn Vinicianus zum Nachfolger Neros ausersehen gewesen. Das mag vielleicht sogar stimmen, doch ich bezweifle, daß Corbulo selbst davon wußte.«

»Wenn nicht einmal ein Mann wie Corbulo seines Lebens sicher ist, der seinem Kaiser den größten Triumph, den Sieg über die Parther, zu Füßen legte, wer ist es dann?« fragte Saturnin.

»Keiner«, antwortete Domitian. »Verdient ein Kaiser wie Nero, der seine Untertanen durch seine Unberechenbarkeit in Angst und Schrecken versetzt, überhaupt dieses Amt?«

»Er ist der legitime Herrscher«, wandte Clemens ein.

Sabinus, der ihn unterstützen wollte, wurde von Domitian

im Wortansatz zornig unterbrochen: »Durch seine das Gemeinwohl schädigende Herrschaft verliert er jegliche Legitimität.«

»Du redest dich noch um deinen Kopf«, warnte Arrecinus Clemens, warf dabei einen mißtrauischen Blick zu Saturnin. Doch der schien überhaupt nicht zugehört zu haben, denn er fragte plötzlich nach Corbulos Ende.

Clemens, Sabinus und Domitian sahen sich fragend an.

»Wie starb Corbulo?« wiederholte der Tribun unwirsch.

»Er stürzte sich in sein Schwert«, antwortete Sabinus.

»Weiß ich. Verfluchte er Nero, klagte er Tigellinus an?«

»Er starb wie ein Soldat nach verlorener Schlacht«, erwiderte Clemens, der als erster begriff, was Saturnin wissen wollte. »Er stieß sich das Schwert in den Leib und sagte nur ein Wort: ›Axios‹.«

»Axios?« murmelte Saturnin ungläubig. Mit diesem Wort gratulierte man nach Spielen den Siegern beim Überreichen der Palme oder des Lorbeers. Mehr zu sich selbst sagte Saturnin, daß axios ›Du hast es verdient‹ oder ›verdientermaßen‹ bedeute.

»Damit bestätigte Corbulo seine Schuld und daß er dafür den Tod verdient habe«, erwiderte Clemens. Sabinus pflichtete ihm bei.

»Ihr irrt euch«, widersprach Saturnin. »Vor wenigen Augenblicken sagtet ihr, daß Corbulo nichts davon wußte, daß man ihn zum Imperator erheben wollte, und nun nehmt ihr sein letztes Wort als Eingeständnis einer Schuld, die es nicht gab. Corbulo hatte mit ›axios‹ anderes im Sinn, nämlich Spott über seine Torheit, dem Kaiser zu lange die Treue gehalten zu haben. Der Tod war der Preis für diese Torheit. Ein zu hoher Preis, zumal Verbrechen wesentlich billiger gehandelt werden.«

Betroffen schwiegen Saturnins Besucher. Sogar Domitian fand keine Entgegnung. Nachdenklich verließen sie den Tribunen, der auch keine Lust zu weiterem Gespräch zu verspüren schien, sondern nur dieses ›axios‹ wiederholte.

ZWEITES BUCH

XXVI

Es war noch sehr früh, als Titus aus dem Zelt trat und zum Himmel blickte, an dem die Sterne zu verblassen begannen. Unmutig verweilte sein abwärts wandernder Blick an dem riesigen dunklen Felsklotz mit der darauf sich erhebenden Festung Jotapat. Er kniff die Augen zusammen und rechnete, wie lange ihm diese Festung noch widerstehen würde. Er kam zu keinem Ergebnis und wollte sich in sein Zelt zurückziehen, als er nur wenige Schritte entfernt einen Mann zum Felsen hinaufstarren sah. Titus ließ den bereits ergriffenen Zeltvorhang los und trat neben den reglos Stehenden.

»Saturnin, was starrst du auf das verfluchte Jotapat, als wolltest du es verhexen?«

Der Tribun zuckte zusammen und salutierte vor Vespasians Sohn, seinem Vorgesetzten. Der zog lachend den erhobenen Arm herunter.

»Manchmal denke ich, es ist alles nur ein Traum, in Wirklichkeit bin ich gar nicht hier, sondern in Rom, und Tigellinus' Schatten verfolgt mich.«

Titus legte den Arm um den Freund und zog ihn zu seinem Zelt.

»Du mußt dich davon lösen. Du bist in Judaea, und dein Leben ist wieder in Ordnung gekommen. Als Nero meinen Alten noch in Griechenland mit dem Oberbefehl betraute und der mir die fünfzehnte Legion anbefahl, dachte ich an dich und ließ dich zu mir kommandieren. Die Lage war mittlerweile so katastrophal, daß nicht einmal dein alter Freund Tigellinus die Abkommandierung zu verhindern wagte. Nun bist du endlich, wo du hingehörst. Deine Soldaten vergöttern dich, mein Vater schätzt dich, ich bin dein

Freund, eine neue Frau wirst du auch finden, was willst du noch?«

»Rache«, antwortete Saturnin.

»An Tigellinus?«

»Nicht nur, auch an Nero.«

Titus stürzte zum Zeltausgang und schlug die Plane zurück, blickte hinaus, wandte sich um und rügte den Tribunen, derlei nie wieder zu sagen, da er damit sich, ihn und die ganze Legion gefährde.

»Versprochen«, beruhigte ihn Saturnin und lächelte über die Angst seines Legaten.

Erleichtert setzte sich Titus wieder. »Rachegefühle und Haß schaden einem Menschen, weil sie sein Innerstes vergiften. Darum mußt du dich davon frei machen, Lucius«, belehrte er seinen Tribunen.

»Ich versuche es, doch noch kann ich es nicht. Dazu hat man mich zu sehr gequält und gedemütigt, hat mir nahestehende Menschen ermordet und mir fünf wertvolle Jahre gestohlen, indem man mich zum Beschreiten eines Weges zwang, der nicht der meine war.«

Nachdenklich fuhr sich Titus durch die Locken, suchte lange nach einer Antwort. »Wer kann schon wissen, ob er auf dem richtigen Weg ist? Vielleicht ist der Soldatenstand für mich der falsche Pfad, und ich erfahre erst in einigen Jahren von meiner eigentlichen Bestimmung. Was hilft mir dann das Klagen? Vertan ist Zeit nur, wenn man sie nutzlos verrinnen läßt und abends sagen muß: ›Diem perdidi‹. Auch aus schlimmen Zeiten, Lucius, erwächst uns Gewinn wie Charakterstärke, Gleichmut und Besonnenheit. Glaube mir, diese Jahre waren für dich nicht umsonst, denn sie haben dir bestimmt etwas gegeben, etwas in dir eingegraben, was dir zugute kommen wird.«

»Bitterkeit und Haß aber vergiften nur das Innere, wie du bemerktest, und sind nicht gewinnbringend.«

»Wenn du dies erkannt hast, dann wehre diesen verderblichen Gefühlen. Nosse suos morbos, haec est prima via salutis. – Unsere Krankheit erkannt zu haben ist schon der erste Weg zur Genesung.«

Titus und seine schlauen Sprüche für alle Lebenslagen, dachte Saturnin, die dem Glücklichen nicht schaden und dem Unglücklichen nicht helfen. Der Legat setzte, da Saturnin nicht antwortete, zu einer weiteren Belehrung an, die aber durch einen Adjutanten seines Vaters unterbrochen wurde, der ihn zu sich befahl.

Als Saturnin sein Zelt aufsuchte, war das Legionslager zu emsiger Geschäftigkeit erwacht. Die ersten Kolonnen zogen kampfbereit an ihm vorbei. Er hatte noch Zeit, sein Sturmtrupp kam erst zum Einsatz, nachdem die Wurfmaschinen und Katapulte ihre Steine, Spieße und brennenden Pechklumpen gegen und über die Festungsmauern geschleudert hatten.

Die Judäer wehrten sich gegen die in breit aufgefächerter und tief gestaffelter Formation anrückenden Kohorten mit Steinen, kochendem Öl, Speeren und Pfeilen. Wachsam verhinderten sie das Anlegen der Leitern. Schaurig klang das Brüllen der Getroffenen, Verbrannten und Abgestürzten. Saturnin erkannte, daß weiteres Anrennen nur unnötige Opfer und nicht einen Fußbreit Gewinn brachte, und befahl den Rückzug. Jotapat war ein harter Brocken, und man würde noch eine Weile Geduld haben müssen.

Vespasian tobte, als er von diesem abgeschlagenen Angriff erfuhr. Ihm dauerte die Belagerung Jotapats ohnehin schon zu lange. Sein Mißmut traf Titus, der ihn an die Tribunen weiterreichte, so daß auch Saturnin nicht verschont blieb. Die Tribunen trugen den Unmut des Oberbefehlshabers weiter an die Centurionen und diese an die Legionäre.

Mit verstärkter Wucht rollten die Angriffe gegen Jotapat, doch ohne Erfolg. Es fand sich keine Lücke, um eine Bresche in die Mauern zu schlagen. So hätten die Römer noch lange die Festung berennen müssen, wäre ihnen nicht ein Glücksumstand zu Hilfe gekommen. Ein judäischer Überläufer verriet einen geheimen Zugang. Jotapat fiel. Alle männlichen Verteidiger töteten sich, als die Römer in die Festung drangen. Nur einer blieb am Leben, ihr Anführer, Joseph ben Matthias.

Saturnin stand neben Vespasian und Titus, als die Gefangenen vorübergetrieben wurden. Nicht mehr als tausend Frauen und Kinder und eine Handvoll Greise. Joseph ben Matthias warf sich vor Vespasian zu Boden und verkündete für alle vernehmbar, daß er sich vor dem künftigen römischen Kaiser verneige.

Die Tribunen sahen erstaunt von dem Judäer zu Vespasian, der unbewegten Gesichts zu dem Liegenden herabsah. Nach geraumer Zeit winkte der Flavier seiner Wache, diesen Joseph zusammen mit den anderen Gefangenen wegzubringen. Ehe sie den Befehl ihres Oberbefehlshabers ausführen konnten, bat Titus seinen Vater, diesen Judäer bei sich behalten zu dürfen. Der Mulio kniff nachdenklich die Augen zusammen. Er schien sich nicht entscheiden zu können. Erst, als Titus ihm etwas ins Ohr flüsterte, was Saturnin nicht verstehen konnte, nickte Vespasian. Nun warf sich Joseph ben Matthias vor Titus' Füße und küßte dessen staubige Stiefel und schwur ihm dabei ewige Treue.

»Was hältst du von diesem Judäer?« fragte Titus beim nächtlichen Siegesmahl Saturnin.

»Er hat Gespür für die menschliche Seele und dich und deinen Vater an einem schwachen Punkt getroffen.«

»An einem schwachen Punkt?«

»Ja. Ihr denkt, vor allem du, daß an der Prophezeiung dieses Joseph ein Fünkchen Wahrheit sein könnte.«

»Unsinn«, wehrte Titus lachend ab.

Doch es klang unaufrichtig, schien es Saturnin.

In den nächsten Tagen und Wochen, während der die Römer in ganz Galilaea den Widerstand der Aufständischen brachen, zeigte sich dieser Joseph ben Matthias, judäischer Großdoktor und einer der Führer des Aufstandes, ungeniert im Gefolge des Siegers Vespasian. Eine barsche Abfuhr mußte sich Saturnin gefallen lassen, als nach der Eroberung

Gamalas Vespasian eine Reihe Judäer kreuzigen ließ und er den Einwand erhob, dem Führer und Aufwiegler Joseph schenke man das Leben und die armen Verhetzten bestrafe man. Danach, bis zum Rückzug der Legionen nach Caesarea und Jericho, blieb Joseph unsichtbar. Saturnin brachte in Titus' Gegenwart das Gespräch nicht mehr auf den Propheten der Flavier.

Vor dem Sturm auf Jerusalem gönnte Vespasian seinen Legionen eine Ruhepause. In Caesarea schlug er sein Hauptquartier auf.

Saturnin nutzte die Muße, um durch die Straßen Caesareas zu streifen, um etwas über dieses seltsame Volk zu erfahren, das mit todesmutiger Verbissenheit gegen das übermächtige Rom kämpfte. Ihn interessierte das Warum dieser Erhebung. Ein alter bettelnder Judäer, dem er einen Denar hinwarf und der, fand Saturnin, einst bessere Tage gesehen hatte, gab ihm auf seine Frage eine seltsame Antwort. Schuld an diesem Krieg, so der Alte, hätten die Griechen, die Jahwe verdammen möge. Der Bettler spuckte aus. Die Schuld der Römer bestünde in mangelnder Gerechtigkeit, nämlich statt das den Judäern durch die Griechen bereitete Unrecht zu bestrafen, belohnten sie die Übeltäter noch und bestraften die ohnehin Gepeinigten. Saturnin wandte sich achselzuckend ab. Schließlich war es gleichgültig. Er war Soldat, er hatte zu kämpfen. Dieser Krieg hatte ihn aus Tigellinus' Gewalt gerettet. Seit über einem Jahr führte er seine Männer über Mauern, Felsen und Menschenleiber zum Sieg. Zum Sieg über ein kleines Volk, das sich vermessen gegen die Herren der Welt auflehnte und mit mehr Eifer und Todesmut denn mit Waffengewandtheit antrat.

Sein Weg führte ihn zum Hafen, wo er sich auf einem kunstvoll behauenen Stein niederließ, den der Gründer der Stadt, König Herodes, aus irgendeinem Grunde hier an der Mole hatte setzen lassen, und er sah auf das besonnte Meer hinaus. Er dachte an Aspasia, träumte, wie wunderbar alles wäre, lebte sie noch, dachte an den kleinen Sohn, der nun fern von ihm heranwuchs.

Lautes Grölen störte sein Nachsinnen. Eine Gruppe Legionäre näherte sich lärmend, Helme in die Luft werfend und Wein in die weit aufgerissenen Mäuler gießend, dem Hafen. Mochten sie feiern, vielleicht war es ihre letzte Freude und sie verbluteten bald im Geschoßhagel unter Jerusalems Mauern. Er wollte die Trunkenbolde und Schreihälse übersehen und schnell an ihnen vorübergehen.

»Tribun, trink mit uns!« pöbelte ein Centurio der fünfzehnten Legion Saturnin an und verstellte ihm mit entgegengestrecktem Weinkrug den Weg.

Unwirsch wollte er den Aufdringlichen zur Seite schieben, besann sich aber, als er weitere zwanzig Legionäre auf sich anrücken sah, die ihn ebenfalls zum Trinken aufforderten. Was sollte er tun? Durfte er die Soldaten verärgern? Andererseits war er Tribun und konnte sich nicht von betrunkenen Soldaten und ihrem Centurio zum Trinken nötigen lassen. Er würde sie nach den Gesetzen der Legionen streng bestrafen können, doch jetzt war die Situation brenzlig.

»Endlich ist das Schwein tot!« brüllte einer der Soldaten.

Für Saturnin eine günstige Gelegenheit abzulenken. Interessiert fragte er, wer denn tot sei.

»Nero, dieses vollgefressene Schwein, ist tot! Warum denkst du denn, Tribun, sind wir schon am hellichten Tag besoffen? Der Zirkus-Mime ist hin, schon seit einem Monat. Heute haben wir es erfahren. Unser Alter wird nun Kaiser, wir machen ihn dazu!«

Saturnin brauchte einen Moment, um die Worte des Legionärs zu verdauen. Ob es wahr sei, vergewisserte er sich vorsichtig.

Durcheinander schreiend, bestätigten es die Legionäre.

Saturnin riß dem Centurio den Krug aus der Hand, setzte ihn an und trank, schrie, daß er darauf mit Freuden trinke.

Johlend ließen ihn die Legionäre hochleben, die er fragte, wie Nero gestorben sei. Er habe sich selbst umgebracht, antwortete der Centurio. »Und Tigellinus?« fragte Saturnin erregt. Der Centurio zuckte die Achseln.

Ungehindert verließ er den Haufen der grölenden und trinkenden Legionäre, zu denen sich weitere gesellten. »Nero ist tot! Nero ist tot!« sagte er immer wieder vor sich hin, als würde es dadurch glaubwürdiger. Und Tigellinus? War er ebenfalls tot? War er geflohen? Hatte er im Angesicht des Todes geblökt wie ein Schaf oder gequiekt wie ein Schwein? Oder war er wie ein Mann gestorben? Saturnin hätte viel gegeben, wüßte er es.

XXVII

Nachdenklich wanderte Vespasian auf und ab, vom Fenster bis zur Tür und zurück. Es war ein ziemlich langer Weg, denn Herodes, der Erbauer dieses Palastes, der nun den römischen Statthaltern als Residenz diente, hatte großräumig gebaut. Doch den Flavier interessierte nicht die Pracht und die Ausdehnung des Saales, ihn bedrängten Probleme. Er unterbrach seine Wanderung, als Titus eintrat und grinsend bemerkte, er genieße es wohl, auf geschichtsträchtigem Boden hin- und herzulaufen.

»Weil ich darauf wandle«, erwiderte Vespasian.

»Auch«, ging der Sohn auf den Hochmut des Vaters ein, nicht sicher, ob der Alte scherzte. »Eigentlich dachte ich an Herodes, Pilatus und Felix«, ergänzte er vorsichtig.

Vespasian war nicht zu solchen Gesprächen aufgelegt und sagte nur, daß ihn die Vergangenheit nicht interessiere, da er mit der Gegenwart mehr als genug Sorgen habe. Brüsk wandte er seinem Sohn den Rücken zu, eilte zu seinem Schreibtisch und setzte sich. Ein Zeichen für Titus, sich auf einen der Stühle niederzulassen.

»Meine Legionen feiern Neros Tod«, begann Vespasian unvermittelt loszupoltern. »Ich kann es ihnen nicht verbieten und will es auch nicht, wenn mir die Freude auch ein wenig zu stark erscheint. Aber, was mir nicht gefällt und was ich nicht dulden werde, daß sich Tribunen an den Freudenorgien beteiligen, allen voran dein Freund Saturnin. Nero war unser Kaiser, auf den wir alle vereidigt waren. Den Oberbefehl in Judaea erhielt ich immerhin von ihm. Jetzt hänge ich gleichsam in der Luft, denn ich weiß nicht, ob mich Galba in diesem Kommando beläßt. Aus diesem Grunde kann ich auch den Krieg nicht fortsetzen.«

»Soll das heißen, daß wir nicht gegen Jerusalem ziehen?« fragte Titus aufgebracht.

»Genau das.«

»Das ist doch . . . das ist doch . . .«, stotterte Titus.

»Eine riesengroße Sauerei! Aber ich kann nicht auf eigene Faust den Krieg fortsetzen ohne kaiserlichen Befehl. Ich muß nach Rom, um dem neuen Imperator zu huldigen und mich als Oberbefehlshaber bestätigen zu lassen oder – nicht. Du siehst, Neros Tod bringt uns Probleme. *Wir* haben nicht den geringsten Anlaß, seinen Tod zu bejubeln. Deshalb ermahne deine Tribunen zur Mäßigung!«

Titus war bestürzt, denn so hatte er die Dinge nicht gesehen. Nicht auszudenken, Galba bestätigte Vater nicht als Oberbefehlshaber! »Vater, du kannst und darfst nicht nach Rom reisen.«

Vespasian lächelte über die Besorgnis des Sohnes, der den Ernst der Lage begriffen hatte. »Aber ich muß Galba meine Ergebenheit bezeugen und ihm den Eid schwören«, erwiderte Vespasian resigniert.

»Gerade jetzt darfst du deine Legionen nicht verlassen! Ich werde statt deiner nach Rom reisen.«

Überrascht zog Vespasian die Brauen hoch, dann grinste er. »Ein ausgezeichneter Gedanke! Du bist mein Vertrauter, mein Stellvertreter und mein Sohn, so daß Kompetenz in allen Belangen gegeben ist. Es ist, als käme ich selbst. Du bezeugst Galba meine und meiner Legionen Ergebenheit, und sollte er an dir Anstoß nehmen, dann erfinde eine Geschichte, die mein Kommen verhinderte. Beteure meine Zuverlässigkeit, so daß Galba nur in mir allein den Garanten für Roms erfolgreiche Ostpolitik sieht. Noch etwas fällt mir ein. Galba ist alt und besitzt keinen Leibeserben. Nur durch Adoption kann er die Nachfolge regeln. Ergo bedarf er eines tüchtigen jungen Mannes. Zeige dich nur von deinen guten Seiten«, lachte der Flavier und zwinkerte dem Sohne zu.

»Dann wird die Weissagung des Joseph doch noch wahr.«

»Sei nicht so voreilig und sprich mit keinem darüber, auch nicht mit Domitian und meinem Bruder«, beschwor ihn Vespasian.

»Wann soll ich reisen?«

»In zwei Tagen läuft Herodes Agrippas Schiff aus. Ich werde zwei Briefe schreiben, einen an Galba und den anderen an meinen Bruder, die du persönlich übergeben wirst.«

»Wer wird mich begleiten?«

»Wer dir am dienlichsten ist.«

»Lucius Antonius Saturninus.«

Vespasian verzog das Gesicht, als hätte er bittere Medizin geschluckt. »Meinetwegen auch der«, gestand er seinem Sohne zu. »Ich weiß zwar nicht, was dich an diesem Menschen so fesselt, mir ist er, offen gestanden, nicht recht geheuer.«

»Mir schon. Ich kann mich auf ihn verlassen. Vor Tarichaia hat er mir das Leben gerettet«, widersprach er dem Alten.

Unwirsch winkte Vespasian ab und kam auf den Ausgangspunkt zurück.

»Solltest du bei Galba nichts erreichen, dann kehre stante pede hierher zurück. Laß dich nicht in Rom festhalten! Bringe Domitian mit, denn sein Verbleib in Rom kann uns in eine fatale Lage bringen. Außerdem wird es Zeit, daß er einmal Lagerluft schnuppert.«

»Und Jerusalem?«

»Werde ich nicht ohne Galbas Befehl angreifen. Ich überlasse diese Stadt dir wie versprochen.«

»Und wenn der Kaiser die Zustimmung verweigert?«

Vespasian kniff die Augen zusammen und zögerte mit einer Antwort. Erst nach längerer Pause sagte er, Titus möge in Rom alles versuchen, und dann werde man weitersehen.

In diesem Moment wußte Titus, daß sein Vater vor ihm ein Geheimnis hatte. Warum hatte er dem Vorschlag, statt seiner nach Rom zu reisen, so schnell zugestimmt? Hatte er diesen Gedanken selbst gehabt? Warum die Forderung, schnellstens nach Caesarea zurückzukehren mit Domitian? Wollte Vater Galba die Gefolgschaft verweigern, oder hatte er bei dem Alter des Kaisers wenig Vertrauen auf eine längere Regierungszeit? Sah er in das verschmitzt blickende Gesicht des Alten, erkannte er, daß er etwas im Schilde führte.

»Weiter hast du mir nichts zu sagen?« fragte er neugierig.

Vespasian tat, als überlegte er scharf, und schüttelte den Kopf.

Dann eben nicht, dachte Titus und verließ den Vater. Nun mußte er Saturnin schnellstens die Nachricht bringen. Er fand den Tribunen auf einem Übungsplatz. Schon von weitem erkannte er Saturnin, der ständig in Bewegung war und alle Übungen seinen Soldaten vorführte.

Hochroten Gesichts und schweißnaß trat Saturnin vor seinen Legaten, salutierte, worauf Titus in Gegenwart der Centurionen und der Legionäre vorschriftsmäßig mit erhobener Faust antwortete.

»Ich habe eine freudige Neuigkeit für dich«, begann Titus.

»Tigellinus ist tot«, unterbrach ihn Saturnin.

Ärgerlich verzog Titus das Gesicht und fragte, wann er endlich aufhöre, diesen Menschen so wichtig zu nehmen, fügte hinzu, daß er, Saturnin, sich selbst überzeugen könne.

Der Tribun wischte sich den Schweiß von der Stirn und schaute ungläubig auf seinen Vorgesetzten.

»Wir, du und ich, reisen nach Rom. Übermorgen. Ab sofort bist du vom Dienst suspendiert. Gemellus wird dich vertreten. Du machst dich reisefertig, das ist ein Befehl«, lachte Titus.

In den zwei Nächten vor der Abreise fand Saturnin nur wenig Schlaf. Traumbilder schreckten ihn. Tigellinus und immer wieder Tigellinus, der seinen Sohn bedrohte. Ein trauriges Kindergesicht in der Dämmerzone zwischen Wachen und Schlafen. Sentius konnte es aber nicht sein, denn dafür war das Gesicht zu reif und zu traurig. Ganz kleine Kinder hatten noch keine Trauer im Gesicht. Plötzlich erkannte er die Züge des Kindes: Es war Publius, Claudias und Serenus' Sohn.

Titus erwartete ihn an Bord der »Lydia«, der schnellen Trireme des mit Rom gegen die Aufständischen verbündeten Judäerkönigs Herodes Agrippa, die nach Saturnins Ankunft gleich ablegte.

Der Tribun starrte in den fahlen Himmel, an dem Wolkenflöckchen wie von unsichtbarer Hand angeschoben entlangwanderten. Wohin? Nach Judaea? Nach Syrien?

»Wenn ich den Himmel so angestrengt wie du betrachte, dann werde ich immer trübsinnig, weil er mir meine Kleinheit bewußt macht«, sagte Titus, der unvermutet neben den Tribunen trat, nachdem er gerade noch mit dem Kapitän verhandelt hatte.

Saturnin beugte sich zu dem beinahe einen Kopf kleineren Flavier herunter und betrachtete ihn neugierig, als sähe er das braune gekräuselte Haar, die starken Jochbeine, die das Gesicht breit machten, die starke Nase, das energische Kinn und die wachen lauernden Augen zum allerersten Mal. Titus senkte vor dem durchdringenden Blick unwillkürlich die Lider.

»Nero hat bestimmt nie in den Himmel gesehen, sondern nur auf die Erde in Richtung seines verlängerten Schattens«, war Saturnins Entgegnung. Titus entgegnete unwillig, er möge Nero doch endlich ruhen lassen.

»Und Tigellinus?« konnte der Tribun nicht umhin zu fragen.

»Beim Hades, langweile mich nicht dauernd mit diesem Menschen! Ich kann den Namen nicht mehr hören. Deinetwegen habe ich Boten aus Rom befragt, leider ohne Erfolg.

Ich wünsche nichts sehnlicher, als daß du ihn finden mögest, damit du ihn mit einem Schwertstoß nicht nur aus der Welt, sondern auch aus deinem Gedächtnis befördern kannst. Nur erwähne den Namen nicht mehr in meiner Gegenwart!« schrie Titus und fuchtelte zornig mit den Armen in der Luft.

Als Saturnin gekränkt einen Schritt von Titus zurückwich, sagte dieser, seine Heftigkeit bereuend: »Finde ihn und nimm ihn dir vor, meine Unterstützung hast du.«

In Korinth erwartete sie eine böse Überraschung. Ein Beamter der Hafenbehörde hatte die »Lydia« als judäisches Schiff erkannt und den Kommandanten herbeigerufen, der sich, flankiert von bewaffneten Dienern, genau vor das von der »Lydia« zur Mole ausgelegte Brett stellte und Titus den Weg an Land versperrte. Auf Titus' Frage, was dieser Unsinn zu bedeuten habe, entgegnete der Kommandant, Judäer dürften Korinth nicht betreten. Titus schob den Griechen zur Seite und betrat die Mole. Sofort packten ihn die Wachen und schoben ihn mit auf den Rücken gedrehten Armen auf die Planke zurück.

»Das wirst du mir büßen«, brüllte Titus hochroten Gesichts.

Der Kommandant und seine Bediensteten lachten und verhöhnten den Flavier. »Auch deine römische Uniform nützt dir nichts, Judäerlein, du darfst nicht an Land.«

»Ich bin kein Judäer, ich bin Titus, der Sohn Vespasians, des römischen Oberbefehlshabers in Judaea«, versuchte er den Griechen zu überzeugen.

»Dann bin ich der römische Kaiser persönlich. Ihr seid entflohene Judäer und wollt euch in Korinth verbergen. Doch nicht bei uns! Segelt weiter, vielleicht findet ihr einen Hafen voller Toren, die eure Lügen glauben. Seid froh, daß wir euch nicht festnehmen und den Römern ausliefern«, blieb der Kommandant unerbittlich.

Titus ging an Deck zurück, fragte mit vor Wut bebender Stimme, was zu tun sei.

»Wir verlangen, daß man einen Boten zum in Korinth residierenden Statthalter entsendet, damit der unsere Angaben überprüfe«, riet Saturnin.

Der Flavier fand den Vorschlag brauchbar, betrat wieder die Planke, ging betont langsam hinab zur Mole und sprach auf den Kommandanten der Hafenbehörde ein. Der schüttelte nur den Kopf und wies mit herrischer Handbewegung zum Schiff. Saturnin trat nun ebenfalls auf die Planke und sagte über Titus hinweg: »Grieche, sieh uns an! Sehen wir aus wie Judäer?«

Der Beamte schaute auf den hochgewachsenen Tribunen und wollte einen Einwand geltend machen, doch Saturnin gab ihm keine Gelegenheit und fuhr mit schneidender Stimme fort: »Hör mir gut zu, Grieche! Wir leben nicht mehr in den Zeiten Neros, der euch heruntergekommenes Volk als einzig kunstsinniges pries. Es kann sein, daß wir mit euch wieder anders verfahren werden. Genauso wie mit den Judäern, denn anderes hat euer Hochmut nicht verdient. Und nun rat ich dir, laß den edlen Legaten Titus sofort an Land, sonst lassen wir dich vom Statthalter Quintus Vaternius Pollio auf die Galeeren schicken!«

Verdattert starrte der Grieche den Tribunen an. Hilfesuchend wandte er sich an seine Wachen. Das war die Sprache Roms, das war der Ton der Welteroberer, der keinen Widerspruch duldete. So sprachen keine judäischen Flüchtlinge.

»Ich sende einen Boten zum Statthalter, solange müßt ihr an Bord warten«, gab der Beamte nach.

Der Bote kam mit drei Leibwächtern des Statthalters zurück, deren Führer Titus und Saturnin aufforderte, ihm zu folgen.

Als Titus am Kommandanten der Hafenbehörde vorüberging, fragte er den Führer der Wachen laut und deutlich nach dem Namen des Griechen. »Andronikos«, wiederholte er den vom Wächter genannten Namen und musterte den Beamten haßerfüllt.

Der Statthalter, ein beleibter Mittvierziger, der gutes Essen und griechischen Wein zu lieben schien, empfing Titus und Saturnin mit devoter Höflichkeit, stimmte ein Loblied auf Vespasian und dessen Siege an und daß er sich glücklich schätze, den berühmten Sohn des großen Feldherrn in seiner bescheidenen Residenz begrüßen zu dürfen. Das Mißverständnis der Hafenbehörde bitte er zu verzeihen, da er ausdrücklich angewiesen habe, keine judäischen Schiffe ankern zu lassen. Das Verhältnis zwischen Judäern und Griechen sei seit jeher ein äußerst gespanntes und feindseliges. Womit er dem edlen Titus dienen könne? fragte er nach seiner überschwenglichen Begrüßung.

Einen Tag Rast in Korinth, frisches Wasser, einige Lebensmittel und einige Amphoren griechischen Weins, morgen führen sie weiter nach Ostia, informierte ihn Titus.

Der Statthalter war erleichtert, daß die Gäste keine größeren Wünsche hatten. Dann seufzte er und machte eine Handbewegung wie ein Schauspieler, der den Tod spielen muß, und sagte: »Rom ist außer Rand und Band.«

Titus bat Pollio, deutlicher zu werden.

»Seit Galbas Tod . . .«

»Was? Galba ist tot?« rief Titus schrill.

»Du weißt das noch nicht? Otho ist der neue Kaiser, doch man munkelt, daß die germanischen Legionen ihm den Treueeid verweigert und Aulus Vitellius auf den Schild gehoben hätten.«

Titus schüttelte den Kopf. Er brach nach Rom auf, um Galba zu huldigen, und erfuhr in Korinth, daß der Kaiser bereits nicht mehr am Leben war. »Ich kehre morgen nach Caesarea zurück, denn ich habe eine Botschaft an Galba und keine an Otho. Pollio, ich brauche für meinen Tribunen schnell eine Passage auf einer Galeere nach Ostia oder Brundisium.«

Am nächsten Morgen liefe die »Boreas« nach Ostia aus, fiel dem Statthalter ein. Es wäre kein Problem, dem Tribunen eine Überfahrt zu ermöglichen.

Titus fand in dieser Nacht keinen Schlaf. Galbas Tod ging

ihm nicht aus dem Sinn. Er hatte die Lage verändert. Sein Vater war nun einer der drei mächtigsten Männer Roms: Otho, Vitellius und Vespasian. Jeder hatte Legionen hinter sich. Wenn Vater, überlegte Titus, Otho den Eid verweigerte, dann wurde Otho in einem Krieg gegen Vitellius empfindlich geschwächt, wenn nicht sogar vernichtet. Auch der Sieger würde Federn lassen, Vater wäre der starke Dritte und könnte . . . Der Gedanke ließ ihn schwindeln. Vielleicht bewahrheitete sich die Weissagung des Judäers?

Auch Saturnin dachte Ähnliches, allerdings ohne sich darüber zu erregen. Erregender war für ihn die Vorstellung, mit Tigellinus abrechnen zu können.

Beim Abschied übergab ihm Titus das Schreiben an Flavius Sabinus und ermahnte ihn, schnell nach Judaea zurückzukehren und Domitian mitzubringen. Titus umarmte den Freund, der zum anderen Ende des Kais sich aufmachte, wo die »Boreas« ankerte, während er langsam die Planke zur »Lydia« hinaufschritt.

XXVIII

Saturnin warf im Vestibulum Reisetasche, Mantel und Helm zu Boden und hastete die Stufen empor ins Zimmer der Amme, durchsuchte, als er es leer fand, alle Räume des Obergeschosses. Nirgends fand sich eine Spur des Kindes. »Wo ist mein Sohn?« schrie er. Der alte Sklave und eine aus der Küche herbeigeeilte Köchin duckten sich ängstlich. »Wo ist Sentius?« fragte der Tribun.

Der alte Sklave berichtete stotternd, die Herrin sei gekommen und habe die Amme und den kleinen Sentius mitgenommen.

»Welche Herrin?«

»Domina Claudia Antonia«, antwortete die Küchensklavin statt des alten Sklaven, der nicht allein den Zorn des Herrn tragen sollte.

Doch als der Tribun den Namen der Schwester hörte, wich sein Zorn, und er fragte, um sich zu vergewissern, nochmals nach dem Namen der Herrin.

Der alte Sklave wagte, wieder zu antworten.

»Sie lebt, Claudia lebt«, murmelte Saturnin.

»Ja, Herr, sie lebt und hat deinen Sohn in Sicherheit gebracht. Die Herrin meinte, es wäre für Sentius besser, er wüchse zusammen mit ihrem Sohn in ihrer Familie auf.«

Saturnin verstand nicht.

»Woher soll der Herr wissen, daß die Herrin mit Cornelius Tegetus verheiratet ist und selbst einen Sohn hat«, schalt die Köchin den Alten.

Claudia und Cornelius? Cornelius und Claudia? Ein Sohn, sein Neffe, wuchs zusammen mit Sentius auf? Der Tribun schüttelte den Kopf. Was in dieser Welt alles möglich war! Er deutete den Sklaven an, daß er sie nicht mehr benötige, rief sie dann zurück, denn er hatte vergessen zu fragen, wo Claudia und Cornelius wohnten. In Pompeji, antworteten die beiden Alten gleichzeitig.

Der Tribun nickte, ging langsam in sein Zimmer, wo er eine Weile blieb, nichts tat, als nur die vertrauten Gegenstände betrachten, versonnen Erinnerungen mit ihnen verknüpfend. Dann betrat er die anderen Räume, versuchte Aspasias Geist heraufzubeschwören. So verbrachte er den ganzen Nachmittag. Die erste Nacht in seinem Haus schlief er ausnehmend gut.

Früh am nächsten Tag machte er sich zu Flavius Sabinus auf, um Vespasians Schreiben zu übergeben. Doch der Flavier, noch früher als der Tribun aufgestanden, war nicht mehr in seinem Palast. Saturnins Vermutung, ihn im Hause Vespasians zu finden, erwies sich als falsch. Auch Domitian traf er nicht an. Mißmutig, sich der ihm aufgetragenen Pflicht nicht gleich entledigt zu haben, um danach den eigenen Geschäften nachgehen zu können, schlenderte Saturnin durch die Straßen, nahm in einer Taberne einen Imbiß ein und beobachtete dabei die Vorübergehenden. Hatte er geglaubt, nach Neros Tod und Tigellinus' Verschwinden eine offensichtliche Veränderung zu bemerken in der Form, wie er sie bei Neros Abreise nach Griechenland empfunden hatte, so sah er sich getäuscht. Vielleicht hatte er sich an dem Septembertag vor drei Jahren auch getäuscht, sich nur etwas vorgegaukelt, seine eigene Befreiung auf andere übertragen? Heute bemerkte er keinen Zuwachs an Freude, Lokkerheit und Zuversicht, wie man nach dem Sturz eines Tyrannen und eines Henkers hätte erwarten müssen. Vielleicht ist die Erleichterung mehr innerlich? Die Spuren der Despotie verlieren sich nicht augenblicklich, es bedarf der Zeit, um aus gedemütigten, verängstigten und vergewaltigten Wesen wieder lebensfrohe Menschen zu machen, dachte er. Als er bezahlte, berührten seine Hände versehentlich das Schreiben an Flavius Sabinus und erinnerten ihn an seinen Auftrag. Nochmals machte er sich auf den Weg zu Vespasians Bruder und hatte Glück, nicht nur den Hausherrn, sondern auch Domitian anzutreffen. Nur Clemens' Anwesenheit störte ihn etwas. Domitian überfiel den Tribunen mit einem Schwall von Fragen. Der junge Flavier hat sich verändert, ist ein Mann geworden – groß und breitschultrig, auch ein wenig eitel, wie die sorgfältig frisierten schwarzen Locken verraten –, war Saturnins erster Eindruck. Aber Domitians Verhalten hatte sich ebenfalls verändert, übersteigertes Selbstbewußtsein, Geltungssucht und ein Hang zur Besserwisserei waren nicht zu übersehen. Des Flaviers Urteile kamen schnell und hart, erhoben Anspruch auf Unumstößlichkeit und entbehrten jeglicher Konzilianz. Sabinus und Clemens fanden kaum Gelegenheit, Saturnin zu begrüßen und kurz nach den Ereignissen in Judaea zu fragen. Nur Domitian redete. Amüsiert verfolgte der Tribun des Flaviers Absicht, ihm unter allen Umständen imponieren zu wollen, lächelte nachsichtig über die anmaßenden und altklugen Äußerungen. Erst als Domitian lässig fragte, ob man endlich den judäischen Spuk hinweggefegt hätte, war für Saturnin die Grenze erreicht.

»Spuk ist nicht der richtige Ausdruck. Krieg ist es, richtiger Krieg, wenn du weißt, was das heißt«, belehrte er Domitian.

»Krieg, was ist schon Krieg gegen die Judäer?« erwiderte der Flavier herablassend.

Clemens und Sabinus tauschten verlegene Blicke. Diese Art der Unterhaltung behagte ihnen nicht.

»Frag deinen Vater und deinen Bruder, welcher Art dieser Krieg ist. Du wirst dazu Gelegenheit haben, denn dein Vater wünscht, daß du mich nach Caesarea begleitest«, entgegnete Saturnin leicht gereizt.

Domitian verschlug es die Sprache. Er brauchte geraume Zeit, um seine Empörung äußern zu können. »Ich soll in das lausige Judaea, in ein Feldlager? Ich bin unabkömmlich, meine Studien zur Vorbereitung der Ämterlaufbahn lassen das nicht zu. Bezeuge dies meinem Vater, Saturnin. Um die paar Hirten zu unterwerfen, soll ich nach Judaea? Lächerlich!«

»Das mußt du deinem Vater selbst sagen, Domitian, ich habe den Auftrag, dich mitzubringen«, antwortete Saturnin kalt.

»Kein Wort mehr, Saturnin, wenn du dir meine Freundschaft erhalten willst. Ich denke nicht daran, dich zu begleiten!« fauchte der Flavier.

Verärgert schwieg Saturnin. Was der achtzehnjährige Bengel sich ihm gegenüber herausnahm, überschritt die Grenze des Anstandes. Aber, versuchte Saturnin, um seinen Unmut abzuschwächen, den jungen Flavier zu verstehen, kann man es ihm verdenken, daß er keine Lust verspürt, unter die Fuchtel des Mulio in einem Feldlager zu kommen? Stirnrunzelnd fragte er, wie er es Vespasian beibringen solle.

»Lucius«, schmeichelte Domitian, wieder den Vornamen benutzend, »deiner Rhetorik und Klugheit wird es gelingen, meinem Vater das Unmögliche seines Verlangens plausibel zu machen. Mein Onkel Sabinus setzt ein Schreiben auf, das dich von aller Schuld befreit.«

Saturnin gab nach, wenn auch nur zögernd, denn immerhin war Domitians Weigerung für ihn ein Mißerfolg und brachte alles andere als einen Zuwachs an Wohlwollen des alten Mulio.

Flavius Sabinus versprach, nach Zureden durch Clemens, ein derartiges Schreiben an seinen Bruder abzufassen.

»Lucius, dafür erhältst du von mir ein Geschenk«, versprach Domitian nun wieder bestens gelaunt.

Saturnin zeigte sich nicht im mindesten interessiert und wehrte ab. Wurde aber sofort begierig, als Domitian andeutete, er wisse, wo sich Tigellinus versteckt halte.

Nun genoß Domitian des Tribunen kaum bezähmbare Neugier, fragte, ob dies ein annehmbares Geschenk sei.

»In Sinuessa, auf seinem Besitz, hält er sich verborgen«, rückte Domitian mit dem Geheimnis heraus.

»Warum verbirgt er sich auf seinem Besitz? Ist das nicht töricht?« zweifelte Saturnin.

»Verstecken oder verbergen ist vielleicht nicht richtig. Er versucht, vergessen zu werden. Bis jetzt ist es ihm gelungen. Dazu muß ich dir einiges erklären. Kurz vor Neros Sturz verschwand Tigellinus, als hätte er das Ereignis vorhergesehen. Nymphidius wurde Präfekt, nutzte die errungene Macht gründlich für sich, ließ aber Nero, als es ernst wurde, ebenfalls im Stich. Der große Künstler Nero starb sehr einsam und gar nicht sehr bühnenwirksam. Nicht einmal den Mut brachte er auf, sich den Dolch in den Hals zu stoßen. Sein Sekretär Epaphroditus mußte mit einem Schlag auf die angesetzte Waffe nachhelfen. ›Welch ein Künstler geht in mir zugrunde‹, sollen seine letzten Worte gewesen sein.« Domitian begleitete seinen Bericht mit einem hämischen Lachen.

»Warum blieb Tigellinus unbehelligt?« fragte Saturnin.

»Galba hatte andere Sorgen, als dem verschwundenen Präfekten nachzuspüren. Wo kein Kläger ist, ist kein Henker. Statt Tigellinus mußte Nymphidius daran glauben. Tigellinus wurde vergessen, bis Otho kam, der mit ihm Poppäas wegen eine Rechnung zu begleichen hatte. Fuscus, der Tigellinus gut kennt, hat ihn aufgespürt und mir den Aufenthaltsort mitgeteilt. Du mußt dich beeilen, um Othos Henkern zuvorzukommen.«

»Domitian, du hetzt zum Mord!« rügte Sabinus den Neffen.

»In Sinuessa werde ich ihn treffen«, sagte Saturnin leise.

Clemens, der den Doppelsinn des Wortes ›treffen‹ verstand, bat den Tribunen, keine Selbstjustiz zu üben. Auch Sabinus als Jurist gab zu bedenken, daß Saturnins Tat Mord sein würde.

»Serenus, Seneca, Subrius Flavus, Epicharis, Petronius, Corbulo, Soranus und Servilia, starben sie nicht auch durch Mord? Meine vergeudeten und in ständiger Angst verbrachten Jahre, die Qualen meiner Schwester und meines jetzigen Schwagers Cornelius Tegetus, sind das keine Gründe für meine Rache?«

»Du hast nicht nur das Recht, sondern die Pflicht zur Rache«, bestärkte Domitian Saturnin.

»Du hast kein Recht! Was soll aus Rom werden, wenn jeder persönliche Rachegelüste befriedigt?« warf Sabinus ein.

»Genau das, was uns Nero und Tigellinus jahrelang vorgeführt haben. Ich werde ihn bestrafen, selbst um den Preis, daß ich dafür gestraft werde.« Der Tribun sprach, als leistete er einen Eid.

Betroffen von solch unbeugsamem Willen zur Rache, sagte Sabinus zu Clemens gewandt, als Saturnin gegangen war, er wünsche, Othos Henker seien eher in Sinuessa als der Tribun. Clemens pflichtete ihm bei, Domitian nicht.

Unmittelbar nach Sonnenaufgang brach Saturnin auf. Als er die Stadt hinter sich hatte, trieb er auf der Via Appia den braunen Hengst mit leichten Schlägen an. Er hatte Eile, denn heute wollte er einen Strich unter sein bisheriges Leben ziehen, einen Strich mit dem Schwert. Heute mußte sich Tigellinus ihm stellen, allein, Mann gegen Mann, Schwert gegen Schwert, ohne Schutz seiner Prätorianer. Ich habe ihn nie fechten sehen, fiel ihm plötzlich ein. Vielleicht ist er ein Meister, und ich habe keine Chance? Was dann? Dann haben die Mächte entschieden, an die ich nicht glaube! Am frühen Nachmittag erreichte er Minturnae, das nur eineinhalb bis zwei Reitstunden von Sinuessa trennten. Er rastete in einer kleinen Taberne am Ortsausgang.

»Kennst du Sinuessa?« fragte er den Sklaven, der ihm das Zimmer wies, in dem Saturnin ein bis zwei Stunden zu schlafen gedachte.

»Ja, Herr. Es ist ein schöner Badeort«, versicherte der Sklave.

»Kennst du den Palast des Gaius Ofonius Tigellinus?«

»Ja, Herr. Es ist der schönste Palast der ganzen Umgebung, direkt am Meer gelegen. Bist du ein Freund oder ein Feind des Präfekten?«

Saturnin wurde hellhörig. Was wagte dieser Sklave? War nicht ein lauernder Zug in seinem Gesicht?, Mit geheimnisvoller Miene legte er den Finger auf den Mund und sagte: »Freund.«

Der Sklave lächelte ihn an. »Das ist gut. Alle haben sich von ihm abgewandt, ihn verraten. Der Schlimmste ist sein ehemaliger Adjutant Fuscus, der ihn mit seinem Haß verfolgt. Der edle Tigellinus ist ein guter Mensch, voller Güte und Großmut.«

Fast hätte Saturnin lauthals gelacht. Der alte Sklave war entweder einfältig oder ein ausgekochter Lügner.

»Ich will Tigellinus vor Fuscus warnen. Hat er zuverlässige Wächter, die ihn schützen?« sagte Saturnin, einer plötzlichen Eingebung folgend.

»Nein, keinen Menschen. Nur ein altes Gärtnerpaar, zwei schöne Frauen und ein Koch sind bei ihm. Ich habe auch dem großen Präfekten ein paar Jahre gedient«, erwiderte der Sklave stolz.

Saturnin wußte, was er erfahren wollte, und legte sich auf

das Bett, worauf der Sklave leise den Raum verließ. An Schlaf war nicht zu denken. Saturnin lag mit offenen Augen, sprang dann auf, um es hinter sich zu bringen.

Der Tabernensklave sah ihm lange nach, als er Minturnae verließ.

Sinuessa lag wie ausgestorben unter der schrägstehenden Nachmittagssonne. Weiß lugten die wenigen Villen aus dem sie einbettenden Grün. Am Ende einer Zypressenallee prunkte der Palast des Tigellinus. Das Ende eines langen Weges! Saturnin wurde der Mund trocken, er schluckte mehrmals.

Vor der zum Eingang emporführenden Freitreppe sprang er vom Pferd, wartete einen Augenblick, ehe er die Stufen hochstieg und mit zitternder Hand an das Tor schlug, das zu seinem Schreck nachgab. Damit hatte er nicht gerechnet, daß es nur angelehnt war. Vorsichtig blickte er sich um und bemerkte zwischen den Sträuchern eine hockende Gestalt. Der Gärtner, dachte er beruhigt. Leise betrat Saturnin das Vestibulum. Alles war still, als wäre der Palast unbewohnt. Langsam und vorsichtig durchquerte er das Atrium, und plötzlich vernahm er gedämpftes Lachen, das ihm die Richtung wies. Immer deutlicher hörte er es, Frauenlachen. Irgendwie brachte ihn dieses Lachen in Wut. Hart auftretend, legte er die letzten Schritte zurück.

Tigellinus, der sich mit den beiden Sklavinnen des Petronius auf einem Ruhepolster rekelte, starrte mit vor Schreck geweiteten Augen auf den Eindringling. Auch die beiden Frauen, deren Lachen mit einem Schlag aufhörte, glotzten auf den Tribunen, der mit gegrätschten Beinen, die Arme vor der Brust verschränkt, sich im Eingang aufpflanzte. Dann schrien sie gellend auf.

Saturnin musterte Tigellinus. Der einst gefürchtete und gehaßte Feind war ein alter Mann mit gelblich-grüner faltiger Gesichtshaut, Stirnglatze und geröteter knolliger Nase geworden.

»Saturnin, was willst du?« keuchte Tigellinus.

Der Tribun antwortete nicht, sondern genoß den Schreck des früheren Präfekten.

»Du willst mich töten«, kreischte Tigellinus.

Langsam zog Saturnin das Schwert aus der Scheide.

Die beiden Frauen warfen sich jammernd vor seine Füße und baten um Gnade.

Verächtlich sah Saturnin auf sie herab. Mit einem Ruck schüttelte er sie ab, als sie seine Beine umklammerten, schritt langsam, Fuß vor Fuß setzend, zu Tigellinus und setzte ihm die Schwertspitze auf die Brust. Der Präfekt zitterte, seine Lippen zuckten, und aus den Mundwinkeln sikkerte Speichel in zwei dünnen Fäden.

»Laß mich leben ... laß mich leben ... Saturnin, ich gebe dir viel Geld«, flehte Tigellinus.

Ein harter Schlag traf den Tribunen im Rücken. Instinktiv riß er den Ellenbogen nach hinten, der auf harten Widerstand traf, dann folgte ein Schrei. Saturnin hatte die Blonde getroffen, die ihn in den Rücken gestoßen hatte.

»Macht das nicht noch einmal, ihr törichten Weiber«, drohte Saturnin und trat einen Schritt zurück, dabei das Schwert von Tigellinus' Körper nehmend. Er befahl der Schwarzen, die sich um ihre am Boden liegende Gefährtin bemühte, seitlich von ihm zu bleiben. »Ihr Huren, Petronius hättet ihr die Treue halten sollen, statt euch an diesen Abschaum wegzuwerfen.«

Tigellinus, der die unmittelbare Bedrohung weichen sah, wagte, Saturnin eine hohe Geldsumme anzubieten.

»Steh auf, hol dir deine Waffe und kämpfe um dein Leben!« wies der Tribun das Angebot zurück.

»Nein, ich kämpfe nicht mit dir. Ich, Tigellinus, kämpfe mit keinem Tribunen«, wich der Präfekt aus.

Saturnin schlug ihm ins Gesicht. »Nun wirst du kämpfen.«

»Nein, niemals«, weigerte sich Tigellinus.

»Dann steche ich dich ab wie ein Schaf, du feiger Hund. Menschen quälen, foltern, hinrichten ...«

»Nein, nein, nein. Nero hat alles befohlen. Ich habe ihn verlassen, weil ich nicht an seinen Wahnsinnstaten teilhaben wollte. Es gelang mir stets, Schlimmstes zu verhüten. Auch dich habe ich geschont.«

»Jetzt ist es genug, du feiger, verlogener Halunke. Nicht einmal den Mut bringst du auf, dich zu deinen Verbrechen zu bekennen«, brüllte Saturnin und setzte dem Präfekten das Schwert an den Hals. Tigellinus wich zurück, begann plötzlich, den Mund weit aufzureißen und nach Luft zu schnappen. Krampfartig schloß und öffnete sich der Mund. Das Gesicht verfärbte sich blau. Ein bellender Husten würgte ihn. Der Präfekt beugte sich nach vorn und zog den Saum der Tunika an den Mund. Die beiden Frauen eilten zu ihm, stützten ihn und massierten Brust und Rücken. Der Husten wollte nicht enden. Die Schwarze rannte weg, was Saturnin nicht verhindern konnte, kam aber sofort mit einem Fläschchen zurück, das sie Tigellinus an die Lippen hielt. Der Husten wurde gemildert. Tigellinus drückte die Tunika gegen den Mund. Saturnin sah die dürren, weißen, von blauen Krampfadern durchzogenen Beine. Als der Saum der Tunika seiner Hand entglitt, sah Saturnin schleimige, mit Blut vermischte Klumpen daran kleben. Er mußte sich abwenden, ihm wurde übel.

Mit einem Schlag verflogen seine über Jahre angestauten und ständig von neuem entfachten Rachegefühle. Dieses ausgemergelte menschliche Wrack zu töten, brächte keine Ehre. Die dünnen Beine mit dem blauen Adergeflecht hatten Saturnin bereits verstört, der Auswurf an der Tunika hatte ihn bestürzt. Tigellinus war ein Moribundus, für den ein schneller Schwertstoß keine Strafe, sondern Erlösung wäre.

Erschöpft fiel Tigellinus auf das Lager zurück. Die Schwarze rieb seine Brust. Die Blonde sah hilfesuchend zu Saturnin. »Er ist schwerkrank«, sagte sie.

»Ich sehe es«, erwiderte Saturnin und stieß die Klinge in die Scheide, was beide Frauen erleichtert und mit einem dankbaren Blick zur Kenntnis nahmen.

»Ich werde dich nicht töten, Tigellinus, sondern zu den Göttern beten, dir noch viele Jahre zu schenken. Das ist meine Rache, denn du bist mit deinem Leben, wenn man es überhaupt so nennen kann, mehr bestraft als mit einem schnellen Tod.«

»Saturnin, stoß zu, töte mich, ende diese Qualen«, japste der Kranke.

»Vor wenigen Augenblicken batest du mich um dein Leben, jetzt erhöre ich deine Bitte und schenke es dir.«

»Ich habe dich verfolgt und gedemütigt, weil ich dich und deinen Stolz gehaßt und dich um deine verdammte Selbstsicherheit beneidet habe. Im Staube wollte ich dich sehen, wollte dich um Gnade winseln lassen, um dich verachten zu können. Alle meine Feinde habe ich geschafft, Seneca, Petronius, Corbulo, Serenus, wobei der arme Serenus nicht mein Feind war, sondern nur mein Rivale bei Claudia. Diesen armen Bauern, den ich zwang, euch aufzulauern . . . ach, lassen wir die alten Geschichten. Nur du, Saturnin, bist mir entkommen. Stoß zu, und unsere Rechnung ist beglichen«, rief Tigellinus und riß die Tunika bis zum Bauch auf.

»Leb wohl, Tigellinus, ich will nicht.«

»Saturnin, du Bruder meiner Hure«, kreischte der Präfekt.

Der Tribun, der die Absicht, ihn zu reizen, durchschaute, lächelte.

»Claudia war meine Hure, nichts weiter als eine Hure«, geiferte Tigellinus.

»Gib dir keine Mühe. Claudia ist mit Cornelius Tegetus verheiratet und verschwendet nicht einmal mehr den Hauch eines Gedankens an dich.«

Mühsam richtete sich Tigellinus auf und schrie: »Du lügst, sie liebt mich noch immer.«

Saturnin lächelte mitleidig.

»Sag, daß du lügst«, brüllte Tigellinus.

»Ich schwöre, daß ich nicht lüge.«

Tigellinus sackte zusammen und weinte, weinte wie ein Kind.

Saturnin fröstelte. Verwirrt und betroffen verließ er den Raum, durchquerte Zimmer, verirrte sich in Gängen und gelangte endlich zum Ausgang.

»Konntest du ihn warnen?« fragte der Tabernensklave in Minturnae.

»Mehr noch, ich habe ihm sein Leben geschenkt, das ihm die Ewigen lange erhalten mögen!« lächelte Saturnin.

Der Sklave lächelte nach einem Moment des Nachdenkens zurück.

Erst später sollte Saturnin erfahren, daß sich Tigellinus nur wenige Tage nach diesem Besuch, den genauen Tag wußte keiner anzugeben, die Kehle mit einem Rasiermesser durchschnitten hatte.

XXIX

Der Wächter am Herculanertor wies ihm den Weg. Saturnin dankte und ritt weiter, folgte der Merkurstraße bis zum Abzweig der Stabianerstraße, dann immer in Richtung Vesuv weiter, aus dem ein leichtes Wölkchen gen Himmel stieg. Nun wand sich der Weg durch einen Weinberg, wurde durch ein Holzgatter versperrt, das Saturnin beiseite räumte, ohne vom Pferd zu steigen. Plötzlich öffnete sich der Pfad zu einem freien Plateau, an dessen Ende das Haus sich an den Hang schmiegte. Genau, wie es der Torwächter beschrieben hatte. Saturnin saß ab und rümpfte die Nase, denn mit einem Male wehte ihm stinkendbeißiger Geruch entgegen. Kam der Gestank aus den irdenen Kübeln, die links vom Haus in einem umzäunten Viereck standen? Er beugte sich über den Zaun, nahm von einem der Gefäße den Deckel ab und fuhr angeekelt zurück, dabei schnell den Kübel mit der stinkenden breiigen Masse wieder verschließend. Ein Geräusch ließ ihn herumfahren. Zwei Knaben von drei bis vier Jahren starrten ihn aus großen Augen an. Er lachte ihnen zu und überlegte, welcher sein Sohn sein könnte: der mit den helleren oder der mit den dunkleren Haaren. Saturnin suchte in seiner Tasche und brachte zwei Honigstangen heraus, die er den Kindern reichte. Wortlos begannen sie zu schlecken.

»Bist du Sentius?« fragte er den Blonden.

Der schüttelte den Kopf und stipste den Schwarzhaarigen an.

Saturnin beugte sich herab und nahm den Jungen auf den Arm. Ängstlich blickte ihn das Kind an. Das waren Aspasias Augen, das war ihr Mund! Er drückte das mit Honig verklebte Kindergesicht an sich, küßte es und sagte: »Sentius, mein Junge.«

»Bei allen Göttern Roms und des Imperiums«, ließ sich eine tiefe Stimme von der Terrasse vernehmen. »Lucius, bist du es wirklich?« Cornelius sprang die Stufen herab und hätte Saturnin fast umgerissen. Vorsichtig setzte der Tribun seinen Sohn ab, damit er den Schwager umarmen konnte.

»Lucius, ich habe nicht geglaubt, daß wir uns einmal wiedersehen.«

»Auch ich hatte Zweifel, Cornelius.«

»Das ist . . .« Mehr konnte Claudia nicht sagen, als sie aus dem Haus trat und die beiden Männer sah.

Saturnin löste sich von Cornelius, rannte die Stufen hoch und riß die Schwester in die Arme.

»Das ist ein Wunder, du bist es wirklich.«

Claudia stieg mit ihm hinunter zu den Kindern, die staunend und verständnislos die Begrüßung beobachtet hatten. »Wie gefällt dir dein Sohn? Und unserer, Cornelius der Jüngere?«

Cornelius und Sentius sahen zu dem großen Mann in der blinkenden Rüstung und dem Schwert auf. »Du bist mein Onkel Lucius? Ich habe schon viel von dir gehört«, sagte Cornelius der Jüngere, stieß dann den kleineren Sentius an, belehrte ihn, daß dies sein Vater sei. Sentius sagte nichts, sondern sah nur zu Saturnin auf.

»Heute müssen wir den Laren ein großes Opfer bringen,

dazu ein Fest feiern mit dem besten unserer Weine und der allerbesten Fischsauce«, lachte Cornelius.

Claudia hängte sich bei ihrem Bruder ein und zog ihn ins Haus. Ihr Mann und die Kinder folgten.

»Ihr seid reich«, bewunderte Saturnin die Ausstattung der Innenräume.

»Nicht arm«, korrigierte Cornelius, drängte den Schwager ins Tablinum, nahm ihm selbst Mantel, Schwert, Helm und Brustpanzer ab, um schnellstens Neuigkeiten zu erfahren. Claudia bestand darauf, daß ihr Bruder erst bade, sich umkleide, um dann beim gemütlichen Mahl lange und ausgiebig plaudern zu können. Achselzuckend gaben Cornelius und Saturnin nach.

Ausführlich berichtete er, nachdem er sich erfrischt und mit den langsam zutraulich werdenden Kindern im Peristyl herumgetollt hatte, dem vor Ungeduld wartenden Cornelius über alle Erlebnisse und Ereignisse, verschwieg nur seine Reise zu Tigellinus nach Sinuessa, um nicht an alte Wunden zu rühren. Häufig unterbrachen Claudia und ihr Mann, fragten nach zusätzlichen Einzelheiten.

»Und nun zu euch«, wandte er sich lächelnd zu Claudia und Cornelius. »Als wir uns letztlich sahen, machtet ihr einen wesentlich bescheideneren Eindruck. Wie wird man vom Gejagten und Todgeweihten zum Villenbesitzer? Erzählt mir die wundersame Geschichte.«

»Zweimal haben wir uns gegen Nero verschworen und sind jedesmal erfolglos gewesen. Zweimal brauchten wir alles Glück der Welt und den Schutz aller Götter, um dem Henker zu entkommen. Hier in Pompeji hat uns Tigellinus nicht vermutet, weil er bestimmt nie auf den Gedanken verfallen wäre, Claudia würde sich ausgerechnet in der näheren Umgebung von Sinuessa verbergen. Eine Freundin der Epicharis, die Besitzerin dieser Villa und der Wein- und Saucenhandlung, gewährte uns Unterschlupf. Wir arbeiteten für sie, und Claudia erlernte bei ihr das Geheimnis der Garum-Herstellung . . .«

»Garum? Ist das die Fischsauce? Jetzt wird mir der Gestank aus den Kübeln erklärlich«, lachte Saturnin.

»Gestank?« entrüstete sich Claudia. »Die Sauce riecht, zumindest, solange sie noch nicht ausgereift ist, schlechter, als sie schmeckt.«

»Darf ich fortfahren?« fragte Cornelius leicht verstimmt. »Oder wollt ihr weiter den Geruch von Fischsauce erörtern?«

Claudia zwinkerte ihrem Bruder belustigt zu.

»Die vormalige Besitzerin, kinderlos und unbemannt, setzte uns zu ihren Erben ein, unter zwei Bedingungen: Pflege bis zu ihrem Tode und Übernahme ihrer Schulden. Hätten wir geahnt, was wir uns damit aufgebürdet hatten, bestimmt wäre uns nie in den Sinn gekommen, diese belastete Erbschaft anzutreten. Die Erblasserin starb eines schrecklichen Todes, sie verfaulte lebendigen Leibes. Ihr Sterben dauerte über ein Jahr. Erst in diesem Jahr ist es uns gelungen, die beträchtliche Schuldenlast zu tilgen. Jetzt arbeiten Claudia und ich nicht mehr für die Geldverleiher, sondern für uns.«

Saturnin nippte genüßlich an dem Wein, probierte die Fischsauce und nickte Claudia anerkennend zu, die ihn fragend ansah.

Wie lange er bleiben könne, wollte Cornelius wissen. Saturnin rechnete: Ehe Sabinus eine Audienz bei Kaiser Otho erhielt und ehe dieser den Befehl für Vespasian ausgefertigt hätte, vergingen fünf bis sechs Tage. Also zehn Tage würde er guten Gewissens bleiben können, Mitte April müßte er nach Judaea abreisen. Cornelius und Claudia zeigten Enttäuschung über die Kürze der Zeit. Man müsse sie sinnvoll ausfüllen, meinte Saturnin.

Er nutzte seinen Aufenthalt in Pompeji, um seinem Sohn näherzukommen, nahm ihn und den kleinen Cornelius auf Schritt und Tritt mit, zeigte ihm vieles, erklärte und antwortete auf die vielen Fragen. Saturnin beobachtete voller Bewunderung, wie Cornelius in den Weinbergen arbeitete und wie Claudia Garum herstellte. Sogar an den beißenden Geruch hatte sich der Tribun gewöhnt. Eines Tages, als er mit der Schwester und den Kindern allein war, Cornelius verkaufte einen größeren Posten Sauce in Neapel, brachte er das Gespräch auf Tigellinus. Seine Schwester betrachtend, erzählte er von seinem Racheplan und seiner Unfähigkeit, Tigellinus zu töten. Claudia billigte sein Verhalten, denn der frühere Präfekt sei keinen Gedanken und keinen Schwertstoß wert. Zur Verwunderung Saturnins war Tigellinus für Claudia kein Gesprächsthema mehr. Mit ihrer Gleichgültigkeit hatte er Tigellinus nur drohen wollen, doch nun war sie Wirklichkeit geworden.

Als er Pompeji verließ, war er in guter und zufriedener Stimmung. Er wußte seinen Sohn in guten Händen. Sentius und Cornelius der Jüngere hatten ihm das Versprechen abgenommen, bald wiederzukommen und für immer zu bleiben. In Rom schlugen ihm die seltsamsten Gerüchte entgegen. Kaiser Otho sei verloren, Vitellius sei bereits im Anmarsch. Kaiser Othos Sache stünde gut, belehrte ihn Flavius Sabinus. Die Legionen Dalmatiens, Pannoniens und Mösiens, Syriens und Ägyptens hätten sich bereits zu Otho bekannt. Sein Bruder würde hoffentlich folgen.

»Dafür bin ich hier. Bestätigt der Kaiser Vespasian als Oberbefehlshaber in Judaea, dann leistet er auch den Eid.«

»Der Imperator hat es mir mündlich zugesagt, auch die Fortführung des Feldzuges bis zur völligen Unterwerfung Judaeas hat er angeordnet. Nur schriftlich hat er seinen Befehl nicht ausgefertigt. Wir müssen auf seine Rückkehr warten. Er ist ins Feldlager abgereist, um die aufrührerischen Legionen in Germanien zu züchtigen.«

»Und du? Willst du nicht doch mitkommen?« fragte Saturnin den jungen Flavier.

»Mein Entschluß steht fest. Otho ist mir gewogen und stellte mir eine Karriere in seiner Regierung in Aussicht«, erwiderte Domitian.

»Ich nehme die Sache auf mich. Ein ausführliches Schreiben an meinen Bruder entlastet dich. Hast du . . . Tigellinus getötet?« Sabinus konnte seine Neugier nicht länger verbergen.

»Nein. Ich habe ihm sein Leben geschenkt. Tigellinus ist ein kranker Mann. Leben ist für ihn eine größere Strafe als Sterben.«

»Du hast deinen schlimmsten Feind geschont?« fragte Domitian entrüstet, während Sabinus erleichtert aufatmete und bemerkte, daß der Tribun klug und vernünftig gehandelt habe.

»Ich konnte dieses Wrack aus Haut und Knochen, das Blut hustet und an Atemnot leidet, nicht töten.«

»Lucius, du bist zu mitleidig«, sagte Domitian. »Aber vielleicht hast du recht, dich nicht mit so einer Tat zu belasten. Gewissen und Vernunft sind besser als Rachsucht und Grausamkeit. Ich versuche, mein Denken danach auszurichten, was nicht immer leichtfällt bei soviel Dummheit und Bosheit auf der Welt. Minerva soll meine Göttin werden.«

Als Saturnin nur wenige Tage später die Flavier besuchte, hatte sich die Lage total verändert. Otho war von Vitellius bei Bedriacum besiegt worden und hatte sich getötet. Aulus Vitellius war Kaiser des Imperiums. Flavius Sabinus, noch immer Stadtkommandant Roms, der mit Othos Sieg gerechnet und ihn bereits verkündet hatte, zeigte keinerlei Unruhe. Er ließ die in Rom stationierten Truppen, Prätorianer und Stadtkohorten, auf den neuen Princeps vereidigen. Der Senat beorderte auf sein Anraten eine Gesandtschaft mit einem Huldigungsschreiben an den Kaiser. Der Hinrichtung führender Feldherren und Parteigänger Othos stimmte Sabinus zu. Saturnin mißbilligte das bedingungslose Paktieren mit dem Sieger. Domitian äußerte sich nicht, wagte auch keinen Einspruch, als sein Onkel den Tribunen scharf rügte und hochmütig zurechtwies. Erst als Saturnin mit Domitian, der ihn ins Vestibulum begleitete, um sich zu verabschieden, allein war, versuchte der junge Flavier die Handlung seines Onkels zu entschuldigen. Wie könne Sabinus anders sein Leben retten?

»Und Gewissen und Vernunft?« erinnerte Saturnin.

»In diesem Falle ist es vernünftig, andere zu opfern, um sich selbst zu erhalten. Das eigene Leben zu retten, fordert auch unser Gewissen, denn habe ich mein Leben verloren, besitze ich auch kein Gewissen mehr.«

Verblüfft hatte Saturnin Domitians Erklärung vernommen. Diese Art zu argumentieren nannten die Griechen Dialektik. Man konnte damit alles erklären und allem einen logischen Ablauf zuordnen. Domitian schien diese Methode eingehend studiert zu haben, bestimmt bei Arrecinus Clemens. Überhaupt, fand Saturnin, als er auf dem Weg zum Pincio nochmals die Begegnung überdachte, die Flavier waren seltsame Menschen, unberechenbar und wechselhaft: Sabinus wechselte ohne Skrupel von Nero über Galba und Otho zu Vitellius; Domitian stellte innerhalb weniger Augenblicke alles in Frage, was er vorher konsequent vertreten hatte, war eiskalt in seiner Taktik, die Wahrheit so zu verbiegen, daß sie seiner Auffassung entsprach.

Aber Domitian hat das Recht dazu, er ist jung und noch ein Suchender, der die unterschiedlichsten Möglichkeiten, sich seiner selbst bewußt zu werden, ausprobiert, entschuldigte ihn Saturnin. Und doch blieb ein leiser Verdacht, daß Domitian im Grunde völlig anders war, als er ihn bisher gesehen hatte. Daran änderte auch die herzliche Umarmung nichts und die Beteuerung, daß ihre Beziehung immer die gleiche bleiben werde.

Als Saturnin bei strahlendem Wetter in Caesarea an Land ging, schien ihm die Stadt verändert. Alles ändert sich, warum soll es einem jungen Mann nicht gestattet sein, sich zu ändern? dachte er auf dem Wege zum Herodespalast. Tempora mutantur, et nos mutamur cum illis – die Zeiten ändern sich und wir mit ihnen!

XXX

Im Vorraum warteten Tribunen, Legionslegaten und Boten orientalischer Fürsten auf eine Audienz bei Vespasian. Auch Saturnin, der sich durch Titus' Abwesenheit bedingt beim Oberbefehlshaber melden mußte, ließ sich vom diensthabenden Ordonnanzoffizier in die Liste eintragen. Schier endlos dünkte ihn die Warterei, bis er endlich aufgerufen wurde.

Vespasian saß mit verkniffener Miene an seinem Tisch und malte mit einem Stück Kohle auf die vor ihm ausgebreitete Karte. Ohne den Kopf zu heben, fragte er den Tribunen, wo Domitian sei.

»In Rom.«

Nun hob Vespasian den Kopf und sah Saturnin entgeistert an, polterte dann los, daß er befohlen hätte, Domitian unter allen Umständen mitzubringen.

»Dein Sohn ist kein Gegenstand und kein Tier, den und das man mitbringen kann. Ein kleiner Tribun hat nicht das Recht, den Sohn des Feldherrn mit Gewalt zu einer Reise zu zwingen. Dein Bruder hat alles dazu geschrieben«, erwiderte Saturnin und reichte Vespasian die Schriftrolle.

»Dieser störrische und widerborstige Sohn bringt mich in eine beschissene Lage«, entlud sich Vespasians Zorn beim Lesen des Briefes. »Er ist mein wunder Punkt und hemmt meine Entscheidungen. Dieser Dummkopf, kann er denn nicht einmal Rücksicht auf seinen Vater nehmen? Nun mag er sehen, wie er aus dem Schlamassel herauskommt. Ich kann ihm von hier aus nicht helfen.«

Nach weiteren Flüchen und unflätigen Beschimpfungen Domitians beruhigte sich Vespasian. Sachlich und ruhig fragte er den Tribunen nach dessen Eindrücken von der Lage in Rom. Kritzelte bei Saturnins Bericht mit dem Stilus auf das Wachstäfelchen, nickte zustimmend, schüttelte den Kopf und fragte, fragte endlos nach Wichtigem und Belanglosem. Dann warf er nebenbei ein, daß man in Kürze nach

Jerusalem aufbreche, setzte danach seine Befragung fort. Zufrieden bestätigte er, daß der Tribun gut beobachtet habe und für Domitians Starrsinn nicht verantwortlich sei. Gnädig entließ er Saturnin.

Nur wenige Tage nach dieser Audienz kehrte Titus aus Syrien und Ägypten zurück. Kurz begrüßte er seinen Tribunen, war in großer Eile und versprach ein ausführliches Gespräch zu späterem Zeitpunkt. Im Legionslager von Caesarea liefen Gerüchte um: Die ägyptischen Legionen unter Tiberius Alexander und die syrischen unter Mucianus hätten Vespasian zum Kaiser ausgerufen, da ihnen Aulus Vitellius als Imperator des römischen Reiches nicht behagte. Auch Antonius Primus in Pannonien wäre ihrer Akklamation gefolgt. Wer die Beratung einberufen hatte, wußte später keiner mehr zu sagen, doch es wurde von den Legaten und Tribunen in Caesarea der folgenschwere Entschluß gefaßt, Vespasian zum Kaiser zu proklamieren. Als man die versammelten Legionäre davon unterrichtete, brach orkanartiger Jubel aus, der sich durch das hinzukommende Getöse der auf die Schilde schlagenden Schwerter zu ohrenbetäubendem Lärm steigerte. Saturnin, angesteckt von der Hysterie der Begeisterung, brüllte inmitten der außer Rand und Band geratenen Soldaten mit, als Vespasian und Titus auf dem Dach des Herodespalastes erschienen. Das zerknitterte Bauerngesicht des Mulio wirkte durch das zufriedene Lächeln beinahe glatt und hatte alles Verkniffene und Gallige verloren. Der Feldherr sprach zu seinen Legionären und dankte ihnen für die ihm erwiesene Ehre, der er sich stets würdig zu erweisen gedenke, verkündete dann, daß der Krieg fortgeführt werde, bis Jerusalem und die letzte Festung in römischer Hand seien. Da er leider nach Rom müsse, um Vitellius zu besiegen, werde sein Sohn Titus, den er zum Oberbefehlshaber in Judaea ernenne, sie zum Siege führen.

Es war eine historische Stunde, die er erleben durfte, die Akklamation eines römischen Kaisers, kostete Saturnin die Größe des Augenblicks aus.

Ein paar Tage später sprach ihn Joseph ben Matthias, der sich nun mit Vespasians Erlaubnis Flavius Josephus nannte, mit einem hochmütigen Lächeln an: »Nun, Tribun, habe ich es nicht vorausgesagt?«

»Hast du, Joseph ben . . ., verzeih, Flavius Josephus. Du hattest entweder unverschämtes Glück, daß deine dir durch die Todesangst eingegebene Prophetie sich bewahrheitete, oder du bist ein Werkzeug der Vorsehung.«

»Letzteres, Tribun, letzteres. Nur würde ich als Judäer, der ich nach wie vor bin und stets bleiben werde, es nicht als Vorsehung bezeichnen, denn Vorsehung ist ein nichtssagender, abstrakter Begriff, sondern als Jahwes ewigen Ratschluß.«

Achselzuckend wandte sich Saturnin ab, denn schließlich war es gleichgültig, ob Jahwes Ratschluß oder Vorsehung zu des Judäers Weissagung geführt hatte, und er verspürte keine Lust, darüber zu disputieren. Bedeutsam für ihn, Saturnin, war, daß er auf der Seite der Sieger und der Macht stand, daß er nun ein Teil der Macht war und daran Anteil hatte. Was zählen nun noch alle Demütigungen und Mißerfolge, die Qualen nutzlos vertaner Jahre? Nichts oder alles? Wäre ohne diese Tiefen dieser Triumph möglich gewesen? Kaum! Saturnin entsann sich des Gesprächs mit Titus vor Jotapat und mußte sich eingestehen, daß der Freund recht gehabt hatte.

XXXI

»Ihr seid gekommen zu dem Berge Zion und zu der Stadt des lebendigen Gottes, dem himmlischen Jerusalem«, deklamierte Titus und winkte lächelnd seinen vorüberziehenden Legionen zu. Saturnin, der in Titus' Nähe zusammen mit Civica Cerealis, dem neuen Legaten der fünfzehnten Legion, und Flavius Josephus gebannt dem Aufmarsch dieses gewaltigen Heeres aus Römern, Syrern, Arabern und Judäern unter Führung von König Herodes Agrippa folgte, fragte leise den gelehrten Judäer, wessen Worte der Feldherr zitiert habe.

»Paulus«, antwortete Josephus.

»Ist das dieser von Nero hingerichtete Christ?«

Josephus nickte. Ob Titus diese Sprüche von Berenike, seiner judäischen Geliebten, habe, begehrte Saturnin zu wissen. Entrüstet streifte ihn des Judäers Blick. »Von mir hat er alles erfahren, was er über dieses Land weiß. Ich habe Caesar Titus darauf hingewiesen, daß Jerusalem nur von dieser Seite hier erobert werden kann, weil es auf den anderen Seiten ringsum durch unüberwindbare Schluchten geschützt ist«, erwiderte Josephus stolz und rechthaberisch.

Noch immer wälzten sich Truppen mit Belagerungsmaschinen vorüber, doch Saturnin beobachtete sie nicht mehr, sondern sah hinauf nach Jerusalem. Sein Blick übersprang die drei Mauern, die in Abständen ein Stück des ansteigenden Geländes einfriedeten. Trotzig reckte die Burg Antonia, die äußerste Ecke des legendenumwobenen Tempels, ihre Mauern in den fahlen Himmel. Ein imposantes und mächtiges Bauwerk, das sich gut verteidigen und schwer angreifen läßt, dachte Saturnin. Flavius Josephus, der dem interessierten Blick des Tribunen folgte, erläuterte, ganz oben, noch höher als der Tempel gelegen, das sei die Oberstadt mit dem Palast des Herodes. Saturnin nickte und wußte, daß der Kampf um dieses Jerusalem hart, langwierig und verlustreich werden würde.

Er sollte recht behalten. Die ersten Wochen vergingen, ohne daß die Angreifer nennenswert an Boden gewannen. Geplänkel vor den Toren der ersten Mauer brachte für beide Seiten Tote und Verwundete. Die Landschaft veränderte ihr Gesicht. Bei Ankunft der Römer war Grün die beherrschende Farbe. Palmen, Terebinthen, Ölbäume und mancherlei Gesträuch wuchsen in dem Hügelland nördlich Jerusalems. Der Caesar hatte alle Bäume fällen lassen, um Holz für die Schanzen zu erhalten. Die Zelte der Legionen, ausgebleicht und farblos, paßten in die Ödnis, in der die grau-

braune Farbe bestimmend war. Wohin auch das Auge schweifte, kaum eine Unterbrechung der Monotonie. Zelt an Zelt. Die ehemals rostroten Mäntel der Legionäre hatten den Staub in sich eingesogen. Römer und Landschaft hatten eine Farbe: graubraun. Nur die Festung Zion hatte ihre Farben behalten. Bei Sonnenaufgang schimmerten die goldenen Platten der Tempelverkleidung. Was nicht golden erstrahlte, leuchtete in blendendem Weiß.

»Und er führte mich hin im Geist auf einen großen und hohen Berg und zeigte mir die heilige Stadt Jerusalem, die hatte die Herrlichkeit Gottes. Und ihr Licht war gleich dem alleredelsten Stein, einem Jaspis klar wie Kristall«, fiel Saturnin einer der Sprüche ein, deren er viele von Josephus hatte zu hören bekommen, als er wieder einmal in den Anblick Jerusalems versunken war. Warum faszinierte ihn diese Stadt in so unglaublichem Maße? War es das Geheimnisvolle um das Heiligtum des unsichtbaren judäischen Gottes? Oder war es der Drang des Eroberers, auf der obersten Zinne des Tempels zu stehen und das unterworfene Land zu Füßen liegen zu sehen? Er wußte es nicht, wußte aber, daß sein Verhältnis zu den Judäern sich wandelte. Dieses sich wandelnde Gefühl, das Verständnis für sie aufbrachte, obwohl sie im Unrecht waren, denn Rom und Recht waren eins, erschreckte ihn. Er glaubte, die Judäer verstehen zu können in ihrem Aufruhr und ihrem verbissenen Kampf, hütete sich aber, mit jemandem darüber zu sprechen, da er dafür keinerlei Verstehen zu erhoffen hatte.

Eines Abends befahl Titus, sich ihm mit zwölf Reitern zu einem Erkundungsritt anzuschließen. Der Caesar, nur von sechs Männern der Leibgarde begleitet, ritt bis auf Pfeilschußnähe zur untersten Mauer, bog zur Rechten ab, wies Saturnin nach links, um dort das Gelände für einen Sturmangriff zu erkunden. Der Tribun prüfte eingehend den Boden, die Schräge des Hanges, suchte nach einer passenden Stelle, die ihm für das Aufstellen der Wurfmaschinen geeignet schien. Dann folgte er mit seinen Leuten Titus' Richtung, um ihn zu unterrichten. In einem Talkessel versuchten Titus und seine sechs Männer sich einer Übermacht zu erwehren. Lange hätten sie nicht mehr standgehalten. Saturnin fiel den Angreifern in den Rücken und sprengte den Ring um den Caesar, zog den judäischen Angriff auf sich und seine Männer. Titus schrie er zu, er möge sich in Sicherheit bringen. Der Caesar nutzte die Überraschung der Feinde zu einem Durchbruch und galoppierte davon. Saturnin suchte den Anführer der Judäer zu treffen, um den Angreifern den Kopf zu nehmen. Immer wieder wurde er abgedrängt. Fiel ein Judäer, rückte ein anderer schnell in die Lücke. Saturnin hatte keinen Ersatz für seine gefallenen Männer. Mit gewaltigen Schwerthieben wehrte er die Angriffe ab und gelangte endlich an den Anführer, den er durch eine Finte verwundete. Die Judäer zogen sich daraufhin zurück, nahmen ihren Hauptmann schützend in die Mitte, wissend, daß ihnen die Römer nicht würden folgen können. Nun sah Saturnin, daß sechs seiner Männer gefallen waren. »Schnell weg«, rief er. »Die kommen mit Verstärkung zurück. Nur die Pferde mitnehmen!« Als die Verstärkung der Belagerten eintraf, waren Saturnin und seine Soldaten nicht mehr einzuholen.

Für die Rettung des Caesar wurde Saturnin ausgezeichnet. Auch den sechs Überlebenden und den mit ihm entkommenen zwei Soldaten seiner Leibgarde sprach Titus Dank aus und drückte ihnen die Hand.

Und die zehn Toten, die des Caesars leichtfertiger Erkundungsritt gefordert hatte? Ihnen konnte er nicht mehr die Hand drücken, obwohl sie für seine Rettung ihr Leben gegeben hatten. Nicht einmal ihre Leichen, dachte Saturnin voller Bitterkeit, haben wir bergen können. Mit wenigen Sätzen würdigte Titus die Gefallenen. Wer fällt, erntet keinen Ruhm! Wie leicht kann das mein Ende sein, dachte Saturnin, ein paar Worte, die Legionäre schlagen an die Schilde, und ich habe aufgehört zu sein.

Titus, unzufrieden mit dem Fortgang der Belagerung,

trieb die Soldaten mit Drohungen und Versprechungen an. Ein Teil der Legionen schanzte vom frühen Morgen bis zum Einbruch der Dämmerung. Immer wieder gelang es den Judäern, in tollkühnen Attacken Belagerungstürme zu zerstören. Das Brüllen der unter den zusammenstürzenden Türmen Begrabenen, die zerquetscht und mit abgerissenen Gliedmaßen unter Qualen verendeten, war grauenhaft anzuhören. Selbst alte Legionäre, die in Britannien, Parthien und Pannonien gekämpft hatten, mußten sich abwenden. Doch Titus, besessen von seinem Ziel, Jerusalem zu erobern, berannte pausenlos die Mauern. Aber die Judäer wehrten die Angriffe ab. Ruhelos, übernächtigt und grauen Gesichts ritt Titus durch die vorderen Linien, gab Anweisungen, beobachtete und rechnete. Manchmal hielt er sich nur mit Mühe im Sattel aufrecht. Endlich fielen die ersten beiden Mauern. Der Caesar verlegte sein Zelt auf den Boden Jerusalems. Ein gutes Omen! Aber die dritte Mauer widerstand. Tollkühn brachen die Judäer aus den Toren hervor und entzündeten einen Belagerungsturm. Vor Wut ließ Titus einen Großteil der Gefangenen kreuzigen, anderen die Hände abhacken. Ob das nötig gewesen sei, wagte Saturnin zu fragen. Hochmütig fertigte ihn Titus ab: »Ein Caesar ist keinem Tribunen Rechenschaft schuldig!«

Überläufer aus Jerusalem berichteten, die Lage in der Stadt sei katastrophal. Es mangele an Lebensmitteln, zwei Parteien befehdeten sich und schlachteten sich gegenseitig ab. Josephus forderte seine Landsleute zur Übergabe auf. Ein Stein von der Antonia, der ihn nur um einige Handbreiten verfehlte, war die Antwort.

Der römische Angriff hatte sich wieder festgebissen. Unerwartet rückte Verstärkung unter dem Kommando des Flavius Silva an.

Nicht gerade freundlich empfing Titus seinen Verwandten, der ihm Grüße von Vespasian und die Kunde brachte, daß der Senat seinen Vater als Princeps bestätigt habe. In den übrigen Provinzen sei, bis auf einen kleinen Aufstand in

Germanien unter einem gewissen Civilis, alles ruhig und Vespasian unangefochtener Herr des römischen Imperiums. Dann berichtete Silva vom Tode des Flavius Sabinus durch die Vitellianer und von der Rettung Domitians durch Arrecinus Clemens mittels eines verwegenen Täuschungsmanövers.

Titus runzelte die Stirn, als Silva über Domitian berichtete, daß er mit vielen Damen Roms ein Verhältnis habe und auch mit Blut in seinen Rachegelüsten gegen die Anhänger Vitells nicht gerade sparsam umgehe.

»Dich hat also Vater gesandt, damit du mir Jerusalem erobern hilfst?« fragte Titus mit einem schrägen Blick. Silva hörte den bissigen Unterton und zog es vor, nicht zu antworten.

»Es geht dem Kaiser wohl nicht schnell genug? Dann soll er selbst herkommen und sich überzeugen, was Jerusalem für ein harter Brocken ist«, murrte Titus.

»Eben weil er das weiß, schickt er mich zu deiner Unterstützung. Vielleicht kann ich dir mit meinen Erfahrungen nützlich sein.«

Titus schwieg, kehrte, als Saturnin mit seinem Kommando ins Lager einrückte und von Silva herzlich begrüßt wurde, grußlos in sein Zelt zurück. Silva sah ihm achselzukkend nach, hakte dann Saturnin unter, ging mit ihm durch die Zeltreihen und sagte, daß er sich freue, ihn hier zu finden.

»Wie geht es Octavia?«

Silva atmete tief, ehe er antwortete, daß sie verheiratet sei. Saturnin zuckte zusammen. Diese Nachricht enttäuschte ihn, denn nach Aspasias Tod hatte er manchmal an Octavia gedacht und gewisse Hoffnungen gehegt. Schweigend ging er neben Silva, dem Saturnins plötzliches Verstummen nicht entging und der fragte, was er habe. Müdigkeit, wich Saturnin aus, doch Silva sah ihn ungläubig an. Plötzlich wurde Alarm gegeben. Saturnin rannte los, suchte sein Pferd und sprengte mit einem Trupp Berittener aus dem Lager. Grausige Schreie, vermengt mit unverständlichen orientalischen Lauten, waren bald zu hören. Als Titus am Eingang zu einem Tal Halt befahl, bot sich ein grauenhafter Anblick von unüberbietbarer Scheußlichkeit. Mit blutigen Händen knieten Soldaten der orientalischen Hilfstruppen auf Gefangenen, schlitzten ihnen mit ihren krummen Dolchen die Leiber auf, wühlten in den Eingeweiden und rissen die Gedärme heraus.

»Sie suchen nach verschluckten Goldstücken, die, wie sie glauben, diese judäischen Überläufer aus der Stadt schmuggeln«, erklärte Cerealis.

»Genug!« schmetterte Titus' Stimme. Die Knienden fuhren erschrocken hoch. Einer von ihnen, den Blicken des Caesar entzogen, versuchte ungerührt sein blutiges Geschäft fortzusetzen, drückte mit der Linken dem Judäer die Gurgel zu und hob die dolchbewehrte Rechte. Saturnin sprang vom Pferd, stürzte zu dem Mann, trat ihm den Dolch aus der Hand und schlug ihm ins Gesicht. Dann packte er ihn an den Haaren und schleifte ihn zu Titus, sagte, daß dieser nach dem Befehl noch einen Judäer zerfleischen wollte.

Über Titus' Nase kerbte sich eine tiefe Furche. Seine Hand zuckte kurz empor und senkte sich wieder. Einer seiner Leibwächter saß ab, zog das Schwert und schlug dem Ungehorsamen den Kopf ab. Die anderen schrien auf.

»Also wollt ihr in einem fremden Krieg zuerst eure Leidenschaften eigenmächtig befriedigen und dann eure grausame Mordlust und euren Judäerhaß den Römern anhängen. Ertappe ich euch noch ein einziges Mal bei euren barbarischen Schlächtereien, dann lasse ich euch alle hinrichten wie diesen, der es wagte, den Befehl des Caesars zu mißachten«, brüllte Titus. »Diese Judäer«, fuhr er fort, »die voller Vertrauen auf die römische Großmut zu uns überlaufen wollten, da sie ihre Sache in Jerusalem als verwerflich und verloren ansahen, habt ihr hinterlistig und bestialisch ermordet. Wenn dies in Jerusalem ruchbar wird, dann gibt es keine Überläufer mehr, sondern die Judäer kämpfen erbitterter denn je. Für eure Verbrechen muß ich Legionäre in den Tod jagen. Ihr habt Rom geschadet. Ich hätte nicht wenig Lust, euch alle ans Kreuz schlagen zu lassen. Ihr errichtet hier einen Scheiterhaufen. Cerealis, du bringst ihnen Schnelligkeit bei und mir den Anführer dieser Schlächter. Saturnin, dir gestatte ich, das Opfer dieses Kadavers, so es noch lebt, als Sklaven zu behalten.« Titus riß seinen Rappen herum und sprengte mit seiner Leibwache davon.

Der gerettete Judäer, ein junger Mann von zwanzig Jahren mit schwarzem Wuschelhaar und einer schmalen gebogenen Nase, warf sich Saturnin zu Füßen. Vor Schreck konnte er nur stammeln. Erst im Lager und Stunden später vermochte er, dem Tribunen zu antworten. Er bestätigte das Gerücht, daß im belagerten Jerusalem zwei verfeindete Parteien sich mit Waffengewalt befehdeten, die Gemäßigten unter Führung Simon bar Gioras und die Zeloten und Idumäer des Johannes von Gischala. Als Josephus den Tribunen mit dem gefangenen Judäer sah, stieß er vor Erstaunen einen Pfiff aus. »Dir ist ein guter Fang gelungen, Saturnin. Das ist Zedekia ben Mardochai, einer aus Herodes Agrippas Tafelrunde. Sein Übertritt zu den Aufrührern hatte den König damals sehr getroffen.«

»Du ehrloser Hund hast es nötig«, schrie Zedekia und wollte sich auf den kleineren und schmächtigeren Josephus stürzen. Saturnin hielt ihn zurück.

»Du Verräter, erst hast du mit deiner Beredsamkeit die Leute aufgewiegelt, dann hast du dich in Sicherheit gebracht.«

»Und du, Zedekia ben Mardochai? Bist du jetzt nicht selbst ein Überläufer?«

Die beiden Judäer beschimpften sich, bis Saturnin das Gezänk unterbrach.

»Versteck ihn vor Herodes Agrippa«, riet Josephus und entfernte sich wütend. Nicht lange danach, ob Zufall oder nicht, schlenderte König Herodes an Saturnins Zelt vorbei und sah seinen früheren Vertrauten. »Ich freue mich, dich gesund und wohlbehalten und in besserer Gesellschaft zu sehen. Jeder Mensch kann einmal irren«, sprach der elegante und weltmännische König seinen Landsmann lächelnd an.

»Manchmal kann ein Irrtum tödlich sein«, spottete Saturnin.

»Dann muß man ihn eben meiden«, erwiderte Herodes, neigte leicht den Kopf und ging wippenden Schrittes davon.

Zedekia war erleichtert, doch nicht beruhigt, denn er mißtraute seinem früheren Herrn. Doch Herodes ließ sich nicht wieder sehen.

Der römische Angriff kam voran. Stück um Stück Jerusalems fiel, endlich der Tempel und die Burg Antonia. Die Legionäre, aus Wut über den erbitterten Widerstand, steckten den Tempel in Brand, worüber der Caesar tobte, da er den Befehl gegeben hatte, das Heiligtum der Judäer zu erhalten. Cerealis entschuldigte sich, daß alles so schnell gegangen sei und er die Legionäre nicht habe zurückhalten können.

Saturnin stieg über Gesteinsbrocken, zerstückelte Leichen, zersplitterte Speere, zerhackte Helme und Schilde, betrachtete lange die rauchgeschwärzten zerborstenen Mauern, die Spuren der Verwüstung. Nichts erinnerte mehr an die im Sonnenlicht golden und weiß schimmernde Stadt. Silva und Cerealis, die einige Schritte hinter ihm geblieben waren, rief ein Adjutant zum Caesar, der unterhalb des Tempels sein Quartier aufgeschlagen hatte. Saturnin war es recht, allein und unbeobachtet zu sein. Er blickte vom Ende des Tempelvorplatzes hinab ins Kedrontal, dann hinauf in die Oberstadt, in der sich die letzten Verteidiger hielten. Plötzlich stand Cerealis wieder neben ihm und forderte ihn auf, mitzukommen. Ungern gehorchte Saturnin, aber er mußte, war Cerealis doch sein Legat und Vorgesetzter, was er zwar nie betonte, aber hin und wieder zeigte.

»Morgen beginnt der Sturm auf die Oberstadt. Titus hat angeordnet, Sturmtrupps zusammenzustellen, aus jeder Centurie die besten dreißig Legionäre und aus jeder Legion die fünf besten Tribunen. Ich bin der Oberkommandierende dieser ganzen Spezialarmee.« Cerealis übertrug Saturnin die Führung einer Sturmtruppe von fünfhundert Soldaten, erteilte ihm genaue Anweisungen ihres Einsatzes.

Am Teiche Siloach, in der Unterstadt, sammelte Saturnin seine Soldaten. Zwischen den einzelnen Fünfhundertschaften, die die Oberstadt eingeschlossen hatten, gab es keine Lücke für durchbrechende Verteidiger. Die ersten Sonnenstrahlen stiegen über dem Berg Zion auf, als die letzte Schlacht begann. Saturnin führte seine Männer über das Tyropöon-Tal bis unmittelbar unter die Mauern der Oberstadt. Das schräg abfallende Gelände gab den Sturmleitern keinen Halt, den Hang stellenweise dafür zu begradigen war aus Zeitgründen nicht möglich. Es blieb nur der schmale Stufenweg, der lediglich acht Legionären nebeneinander Platz bot und der von oben gut verteidigt werden konnte. Immer wieder drängten die Verteidiger Saturnins Soldaten zurück. Tote und Verwundete blieben auf den steil ansteigenden Stufen liegen. Besorgt beobachtete der Tribun das wiederholte erfolglose Anrennen seiner Legionäre. Die Verluste waren hoch. Er überlegte, ob es nicht einen anderen Weg gäbe, in die Oberstadt vorzudringen, wie es der Befehl gerade hier an diesem Kampfabschnitt verlangte. Die Mauern beiderseits des Stufenweges waren zu hoch und das Gelände davor zu steil für die Leitern. Blieb wirklich nur der verdammte Weg! Er befahl seine Männer zurück, denn er konnte nicht mit ansehen, wie sie unter den Streichen und Würfen der Verteidiger fielen. Die Centurionen versammelte er zu einer Lageberatung. Angeregt durch den Vorschlag eines alten Centurio, faßte er einen verwegenen Plan, der, lief er mit der Präzision einer Klepsydra ab, eine Chance auf Erfolg hatte. Hinter den nach oben stürmenden Legionären rückten Bogenschützen nach und schossen über die sich zu Boden werfenden ersten Angriffsreihen auf die überraschten Verteidiger. So des Tribunen Plan!

Er selbst führte den Vortrupp, dem die Bogenschützen folgten. Wild hieben die Judäer, die gleich einer lebendigen

Mauer den Zugang sperrten, auf die anstürmenden Römer ein. »Jetzt!« schrie Saturnin das vereinbarte Signal, wich eine Stufe zurück und warf sich zu Boden. Kaum lag er auf den Steinen, als die Pfeile über ihn hinwegsurrten. Die lebende Mauer wankte. Der zweite Schrei brachte die Liegenden wieder auf die Beine und warnte die Bogenschützen. Stechend und schlagend bahnten sich die Römer eine Gasse durch die Verteidiger. Mit Wucht drängten die Legionäre von unten nach, die Judäer nun vor sich hertreibend. Der Weg in die Oberstadt war frei. Qualm schlug Saturnin entgegen, brannte in den Augen und erschwerte das Atmen. Hustend, keuchend und mit tränenden Augen stürmte er an der Spitze seiner Legionäre weiter. Unversehens griffen ihn in einer schmalen, unübersehbar krummen Gasse zwei Männer an. Er hatte Mühe, sich ihrer zu erwehren. Ein dritter schleuderte von einem Dach einen Stein nach ihm, den ein Centurio mit dem Schild ablenkte, der durch die Wucht zu Boden gerissen wurde. Auf der höchsten Erhebung traf er vor einem brennenden Haus Cerealis, dessen Gesicht, blutig und rußgeschwärzt, unter dem Helm kaum noch zu erkennen war. Aber der Legat lachte und rief: »Lucius, wir haben's geschafft! Jerusalem ist in unserer Hand, und Simon bar Giora ist gefangen. Männer, nehmt euch, was ihr wollt, ihr habt's verdient«, wandte er sich zu seinen Legionären, die es dann auch wörtlich nahmen. Grausige Schreie gequälter Männer und geschändeter Frauen kamen aus den Gärten des Herodes.

Zwei Soldaten versuchten in ein Haus einzudringen, dessen Obergeschoß bereits brannte. Sie schlugen die Tür ein und wichen mit einem Sprung zurück, als ihnen Flammen entgegenschlugen. Plötzlich schrie eine Frau oben auf dem Dach: »Hilfe, Hilfe. Ich bin Griechin. Ein Kind ist noch im Haus.«

Die Legionäre lachten und riefen ihr Unflätiges zu. Der Schrei wurde lauter und gellte durchdringend. Cerealis zuckte die Schultern und meinte, hier könne keiner helfen. Schade um die Griechin, die einige Denare Erlös brächte.

Saturnin näherte sich der Tür, wo ihm wie aus einem Feuerofen die Hitze entgegenschlug.

»Lucius, komm zurück, du kannst nicht helfen!« schrie Cerealis.

Selbst als er hinzufügte, es sei ein Befehl, ließ sich Saturnin nicht dazu bewegen. Er nahm seinen zerfetzten Mantel, hielt ihn vors Gesicht, trat einen Schritt zurück, nahm Anlauf und rannte durch die Flammenwand. Die Hitze drohte ihn zu ersticken. An brennenden Balken vorbei, lodernden Fetzen und Einrichtungsgegenständen gelangte er nach oben. Wie er es geschafft hatte, sollte ihm immer ein Rätsel bleiben. Er entdeckte die schreiende Frau und ein völlig verstörtes Mädchen, in eine Ecke der Mauer gepreßt. Saturnin riß das Kind empor, packte die Frau an der Hand und zerrte sie rücksichtslos die Stufen hinab. Heiß fuhr es ihm ins Gesicht, die Mantelfetzen hatte er um den Kopf des Kindes geschlungen. Ein herabstürzender Balken streifte seine Ferse. Die Griechin schrie gellend. Das Kind wurde immer schwerer. Brutal riß er die Griechin vorwärts durch die Flammen. Endlich, der Weg schien nie enden zu wollen, war es geschafft. Die Frau brach vor dem Haus in die Knie, schrie auf und wurde dann still. Saturnin setzte das Kind ab. Der verkrampft angewinkelte Arm schmerzte. Die Griechin riß das Mädchen an sich.

»Lucius, das war ein tollkühnes Wagnis«, sagte Cerealis bewundernd. »Doch«, fügte er hinzu, »du hast meinen Befehl mißachtet, wofür ich dich strafen müßte. Ich bin aber dein Freund, du widersetzlicher Mensch! Vielleicht hat Rom Widersetzliche und Nichtangepaßte dringend nötig?«

Saturnin fragte den Legaten, ob er die Griechin und das Kind als sein Eigentum betrachten dürfe. Cerealis nickte. Der Tribun sah die Griechin an und fand sie trotz der Brand- und Blutspuren sehr reizvoll, sie wäre ihm als Bereicherung seines Hauses ganz willkommen. Wie sie heiße, fragte er sie.

»Lydia.«

»Was hast du als Griechin bei den Judäern zu suchen?«

»Ich war Kinderfrau im Hause des Fürsten Zacharias ben Baris, der von den Zeloten des Johannes von Gischala ermordet wurde. Dieses Mädchen Mikal ist eine Verwandte des kinderlosen Fürsten.«

»Du wirst in meinem Hause in Rom Kinderfrau. Das Mädchen nehme ich ebenfalls in mein Haus auf.«

»Danke, Römer, du hast uns das Leben gerettet«, sagte Lydia matt und begann zu weinen.

Saturnin rief nach seinem Adjutanten und befahl ihm, die beiden Gefangenen in sein Zelt unter Zedekias Obhut zu bringen.

Cerealis' wurde durch die Ankunft des Caesar und seiner Garde an einer spöttischen Bemerkung gehindert. In Siegerpose nahm Titus die Imperatorenakklamation entgegen, dankte Cerealis und seinen Sturmtrupps für die Eroberung der Oberstadt.

»Damit ist der Krieg gegen die aufrührerischen Judäer zu Ende. Rom hat seine Unbesiegbarkeit wiederum bewiesen. Io triumphe!« schmetterte Titus' helle Stimme über die rauchenden Trümmer Jerusalems. Die Legionäre brüllten vor Begeisterung. Der Caesar trat wie ein Mime von der Bühne, winkend und für den Beifall dankend. Saturnin kniff die Augen zusammen, denn dieses Bild erinnerte ihn an Nero. Aber mit Augenkneifen war der Vergleich nicht zu bannen, zudem ein böser Gedanke sich zugesellte: Die Herrschenden waren so verschieden nicht in manchen Belangen. Eitel, selbstgefällig, gierig nach Macht und Ruhm, gierig nach Beifall wie die Künstler! Waren alle Kaiser Roms Künstler? Oder wurden nur Künstler Kaiser? Nur Künstler der Macht selbstredend!

XXXII

König Herodes Agrippa erschrak, als er das Zelt des Caesars betrat. Was sich seinen nervös hin- und herwandernden Augen bot, war Frevel und Gotteslästerung. Titus, inmitten dreier Dirnen auf seinem Lager ruhend, trank aus dem goldenen Pokal des Tempels und reichte ihn reihum. Herodes preßte die schmalen Lippen zusammen und fuhr sich mit unruhiger Hand über den Oberlippenbart. Er starrte auf den goldenen Tisch, der im Tempel als Ablage für die Schaubrote diente und auf dem jetzt der Siebenarmige Leuchter prunkte, um des Caesars Orgie zu erhellen. Der König räusperte sich. Titus wandte ihm sein gerötetes Gesicht zu, auf dem Erstaunen und ein Anflug von Mißmut sich zeigten. Mit einem Wink verscheuchte er die Dirnen, richtete sich auf, schlang den roten Imperatorenmantel um den Körper und wies dem Gast einen Platz an. Herodes Agrippa zögerte und starrte abwechselnd auf Titus und den Leuchter.

»Ein Meisterwerk, dieser Leuchter. Achtzehn Handbreit hoch, aus purem Gold, wiegt genau hundert Minen. Hast du ihn, König der Judäer, jemals so nahe gesehen? Sieh ihn dir genau an, denn du wirst ihn so schnell nicht wiedersehen, da ich ihn mit nach Rom nehme.«

»Caesar, das darfst du nicht«, stieß der König bestürzt mit vibrierender Stimme aus.

Titus lachte. »Ich darf nicht? Merk dir, Judäer, ich, der Sieger, darf alles. Alles, hörst du! Schau dir dieses Kunstwerk an, sieh die Kugeln, die Lilien, die Granatäpfel und die Kelche, genau siebzig, die aus einem Fuß herausgearbeitet wurden, sieben Arme, sieben Lampen, wie die Zahl der Planeten.«

König Herodes hatte indes keine Muße, Titus' ästhetischen Betrachtungen zu folgen. »Caesar«, beschwor er ihn, »es ist Frevel, den Siebenarmigen zu anderem als den heiligen Handlungen meines Volkes zu benutzen.«

»Deines Volkes?« Titus' Stimme war voller Hohn. »Ich, Titus, habe euren Gott besiegt, habe seine Stadt auf dem Berge Zion erobert. Euer Gott, Herodes, ist ein Nichts! Das Allerheiligste war leer. Euer Aberglaube wird sich mit der Zeit verlieren. Ihr werdet lernen, daß nicht Gottesfurcht, sondern Waffen und Macht die Geschicke der Welt lenken.

Du alter Fuchs bist deinem Volk schon voraus, sonst ständest du nicht auf unserer Seite. Längst hast du begriffen, was ›dein Volk‹ noch lernen muß, nämlich sich Rom anzupassen. Immer glaubten die Judäer, eine Ausnahme unter den Völkern zu sein, ein von diesem unsichtbaren Gott auserwähltes Volk. Dieser Wahn, diese Hybris mußten einmal bestraft werden. Und ich, mein Herodes, bin der von meinen Göttern Auserwählte, diese Strafe zu verhängen.«

Den König fröstelte.

»Warum könnt ihr Judäer euch nicht wie die anderen Völker anpassen? Immer müßt ihr abseits stehen und sogar ausbrechen, weil ihr euch besser dünkt. Auch du, mein König Herodes Agrippa, bist davon nicht frei. Selbst deine Schwester läßt mich in ihren Armen ihre Überlegenheit spüren.«

»Wir können unserer Geschichte nicht entfliehen. Wir sind nun einmal grundlegend anders als andere Völker und nicht mit ihnen vergleichbar.«

»Unsinn! Damit ist jetzt Schluß! In Judaea wird es nie mehr nationale oder religiöse Bewegungen geben und wenn, dann nur uns Römern genehme. Judaea wird sich in die griechisch-römische Welt einfügen müssen!«

»Gerade das wäre falsch, Caesar, denn es trüge den Keim neuer Unruhe in sich.«

Titus schwieg, sah in die Flammen und verfolgte die Schatten an der Wand des Zeltes.

Das Schweigen bedrückte Herodes. Er ärgerte sich, mit dem Caesar ein Gespräch zu führen, bei dem es keine Verständigung gab. Eigentlich war er aus einem anderen Grunde gekommen. Nur der Leuchter hatte ihn von seinem Anliegen abgebracht. »Caesar, verzeih einem kleinen Fürsten seine irrige Ansicht. Du hast natürlich den besseren Blick auf die Dinge und betrachtest sie in anderen Dimensionen, siehst sie aus der Höhe, während ich wie ein Wurm an der Erde klebe.«

Titus lächelte geschmeichelt über des Königs Nachgeben

und bestätigte ihm gönnerhaft, daß er sich in ihm nicht getäuscht habe und ihn im römischen Sinne für zivilisierbar halte.

Herodes preßte die Lippen zusammen, um die verletzende Arroganz des Römers nicht mit gleicher Münze zurückzuzahlen. Mit Mühe rang sich Herodes ein Lächeln ab, neigte leicht den Oberkörper und dankte dem Caesar für das Vertrauen.

Titus wurde leutselig, scherzte und lachte, so daß Herodes den Zeitpunkt für gekommen sah, sein Anliegen vorzutragen.

»Caesar, gestatte mir, deine Großmut und Güte in einer kleinen Sache zu bemühen.«

Aus Titus' Gesicht wich das Lächeln. Daher wehte der Wind, der Judäer wollte etwas von ihm. Daher die blumigen Dankesworte. »Sprich!« forderte er Herodes auf.

»Dein Tribun Saturnin hat sich in den Besitz meiner Tänzerin Lydia gebracht . . .«

»Tänzerin? Ich weiß nur, daß er ein griechisches Kindermädchen aus einem brennenden Haus gerettet, nicht in seinen Besitz gebracht hat, wie du zu sagen beliebtest. Soviel weiß ich von Cerealis, der ihm diese Kriegsbeute zugestand.«

»Es ist Lydia, meine Tänzerin, ich habe sie gesehen. Mir liegt viel daran, edler Caesar, sie wieder bei mir zu haben, nachdem ich sie durch die Ereignisse verloren hatte.«

Titus blickte finster in die Kerzenflammen. Er wußte, daß er Herodes würde nachgeben müssen, weil er ihn aus zwei Gründen nicht verletzen durfte: aus politischen Gründen, denn Herodes' Hilfe in Judaea brauchte er, und aus persönlichen Gründen, da Herodes der Bruder der von ihm über alles geliebten Berenike war. Andererseits war es ihm unangenehm, Saturnin Unrecht antun zu müssen. Plötzlich lachte der Caesar, als hätte er einen Witz gehört: Recht war nur ein Gefühl, während Unrecht vernünftig war. Aus Vernunft mußte er Unrecht tun! So verkehrten sich moralische Werte im Angesicht der Macht. Und sogar als Mächtiger war man nicht frei in seinen Entscheidungen!

»Du bekommst deine Griechin zurück. Jedoch wirst du Saturnin einen entsprechenden Gegenwert anbieten müssen, denn schließlich hat er für sie sein Leben gewagt.«

Herodes erhob sich und sagte: »Natürlich, Caesar Imperator, finde ich Saturnin ab. Er wird zufrieden sein. Aber, wenn er sich weigert?«

»Er wird gehorchen. Mein Gardecenturio Liberalis wird dich begleiten und ihm meinen Befehl überbringen.«

Herodes verneigte sich tief und dankte dem Caesar.

Saturnin nahm Titus' Befehl wortlos hin, befahl Zedekia, dem König Lydia zuzuführen. Damit war für ihn die Angelegenheit erledigt, zumindest nach außen. Im Innern erregte er sich über Titus' Willkür, mehr noch über die eigene Ohnmacht, doch wegen einer griechischen Sklavin den Caesar zu erzürnen, wäre nicht ratsam gewesen. Die kleine Mikal weinte, fand jedoch Trost, als Saturnin eine der drei Frauen, die ihm Herodes für Lydia gegeben hatte, für sie als Kinderfrau bestimmte.

Titus war zufrieden, daß sich die leidige Angelegenheit so problemlos hatte regeln lassen.

Nur gegenüber Silva offenbarte Saturnin seinen Groll, der ihn lächelnd der Aufsässigkeit zieh.

»Weil ich Unrecht nicht ertrage, beschuldigst du mich der Aufsässigkeit. Ich weiß, im Gegensatz zu vielen Römern, noch Recht und Unrecht zu unterscheiden.«

»Du darfst dich nicht zum Maßstab von Recht und Unrecht machen. Andere urteilen nicht so wie du. Doch lassen wir das. Ich hätte gerne gewußt, warum du so betroffen warst, als ich von Octavias Ehe erzählte.«

Die Frage verwirrte Saturnin, und er wußte nicht, was er erwidern sollte.

»Lucius, du kannst aufrichtig zu mir sein. Du weißt, ich mag dich.«

»Gut, wenn du es hören willst: Octavia gefällt mir.«

Silva sah nachdenklich vor sich hin, murmelte Unverständliches, sagte dann: »Warum in aller Welt hast du es ihr nicht gesagt? Sie hat so sehr darauf gewartet.«

»Ist das wahr?« fragte Saturnin mißtrauisch.

»Ja. Sie hat mich bedrängt, dir ein Kommando in meiner Legion zu übertragen. Leider wurde aus den bekannten Gründen nichts daraus. Warum, Lucius, hast du nicht durch ein kleines Zeichen dein Interesse verraten?«

»Silva, was hättest du gesagt, wenn ich, ein kleiner mittelloser Tribun, die Augen zu Octavia, der Tochter des reichen und berühmten Feldherrn, erhoben hätte?« Saturnins Frage klang bitter.

Flavius Silva schwieg, weil er es nicht wußte. Verlegen hielt er Saturnin die Hand entgegen und sagte, der Tribun möge ihn als väterlichen Freund betrachten. Dankbar drückte Saturnin Silvas Hand. Damit waren sie Freunde, und Octavia war kein Gesprächsthema mehr für sie.

Einige Wochen später ließ Titus Silva und Saturnin zu sich rufen, um ihnen seinen Entschluß, Judaea mit der V. und XV. Legion zu verlassen, mitzuteilen. Die X. Legion beließe er unter Führung Silvas bis zum Eintreffen des neuen Statthalters hier. Dann zeichnete er Saturnin mit den *dona militaria* aus und beförderte ihn zum ersten Tribunen und stellvertretenden Legaten der Legion. Silva erhielt die Amtsgewalt eines Militärgouverneurs, mit gleichen Vollmachten ausgestattet wie ein Statthalter.

Als Flavius Silva sich verabschiedete, hielt Titus den Antonier zurück. »Lucius«, sagte er und legte ihm die Hand auf die Schulter, »wiederum trennen sich unsere Wege, hoffentlich nicht für lange. Du warst mir ein wertvoller Gefährte, wenn du auch nicht alle meine Maßnahmen gebilligt hast, manche waren dir sogar zuwider.«

Einen Einwand Saturnins wehrte Titus mit einer Handbewegung ab. »Ich kann in Gesichtern lesen, und was ich nicht selbst bemerkte, wurde mir zugetragen. Sieh mich nicht so vorwurfsvoll an! Kein Feldherr und kein Herrscher kann ohne Spitzel leben. Es ist eine Notwendigkeit, möglichst über alle und alles Bescheid zu wissen. Manches wird einem zugetragen, ohne daß man es will. Du wirst aber hoffentlich nicht glauben, daß ich dich habe überwachen lassen?«

Saturnin schwieg enttäuscht. Titus bat um eine Antwort. »Du würdest nichts erfahren, was ich dir nicht schon gesagt habe, ließest du mich bespitzeln«, antwortete der Tribun.

Titus sah ihn an, lachte dann laut und jungenhaft. »Natürlich, Lucius, deshalb ist es ja so absurd. Nun ein wohlgemeinter Rat: Überprüfe dein Verhältnis zu den Judäern. Mir scheint, du trittst ihnen mitunter unrömisch gegenüber, zu nachgiebig, zu verständnisvoll. Sie haben Rom herausgefordert und mußten dafür bestraft werden. Das mußt du dir vor Augen halten, wenn Mitleid und Verständnis dich anfallen. Stelle dich nicht mit ihnen auf eine Stufe, wenn du dich mit ihnen beschäftigst. Beschäftigen kannst du dich mit ihnen, ich tue es schließlich auch«, Titus kicherte über seine Anzüglichkeit. »Wir sind die Sieger, das sollten wir nie vergessen. Du verstehst mich«, fügte er nachdrücklich hinzu.

»Ich denke schon.«

»Ich wußte es doch, du bist einsichtig. Leb wohl bis zum Wiedersehen in Rom.«

»Leb wohl.«

Silva und Saturnin sahen den abrückenden Legionen nach, bis sie außer Sichtweite waren. Nun seien sie die Herren hier, scherzte Silva. Saturnin ging wortlos an die ihm übertragene Aufgabe, die für den Triumphzug nach Rom zu verschiffenden Gefangenen zu überwachen. Dumpf vor sich hin starrend und in ihr Schicksal ergeben, hockten diese in einem umzäunten ehemaligen Legionslager vor Jerusalem. Die nicht für den Triumph Auserwählten wurden auf die Sklavenmärkte nach Syrien, Ägypten und zu arabischen Klientelfürsten gebracht. Gefolgt von Zedekia und sechs Legionären, ritt Saturnin nach Jerusalem hinauf, um das Gelände nach flüchtigen Judäern abzusuchen, die sich mit Vorliebe hier verbargen. Über Gesteinsbrocken, Reste von

Kriegsgerät, aufgeschüttete Erdwälle, von Schakalen und Raubvögeln angefressene Leichen kamen sie nur langsam voran. Bestialischer Gestank schlug ihnen entgegen. Die Legionäre hielten sich die Nasen zu, Zedekia mußte sich übergeben. Saturnin spottete lachend, daß sie alle nichts gewöhnt seien. Dann befahl er einem Adjutanten, mit Trebonius und dessen Centurie die Kreuze mit den Kadavern zu verbrennen.

Rom hat ganze Arbeit geleistet, dachte Saturnin, als er über die Trümmer auf dem Berge Zion schritt. Alles war still. Es schien, als hätte nie ein Mensch hier gewohnt. Die Türme Phasael, Hippikos und Mariamme ragten wie eine stumme Mahnung in den wolkenlosen Himmel. Geier kreisten um die Überreste der Westmauer. »Das sind die Überbleibsel des hochgebauten und himmlischen Zion. Es erinnert an das Ende aller Zeiten«, wandte sich Saturnin an Zedekia, dem beim Anblick der traurigen Reste die Tränen über die Wangen liefen.

»O Jahwe, erbarme dich Zions! Laß in deiner Stadt wieder Friede und Schönheit einkehren!« betete Zedekia mit zum Himmel erhobenen Armen.

Schweigend verließen sie den Ort der Zerstörung. Am Fuße des Berges sprengte ihnen ein Centurio entgegen und berichtete, daß im Gefangenenlager Aufruhr ausgebrochen sei. Ein Sklave sei von den Judäern beinahe totgeschlagen worden, weil er den Wachen zugerufen habe, er sei ein Römer und habe mit den beschnittenen Narren und deren läppischen Ritualen nichts zu tun.

Als Saturnin im Lager anlangte, war bereits wieder die Ruhe hergestellt. Zehn in schwere Ketten gelegte Judäer, die Urheber des Tumults, wurden ihm vorgeführt. Verwegene, breitschultrige, bärtige Gestalten, die trotzig seinen Blick erwiderten. Trebonius, der Centurio, deutete auf zwei, die alle übrigen an Länge und Breite übertrafen. Johannes von Gischala und Simon bar Giora.

»Ich lasse euch kreuzigen«, drohte ihnen Saturnin.

Die beiden lachten ihm frech ins Gesicht, während die anderen ängstlich die Augenlider senkten.

Saturnin war wütend, mußte sich aber beherrschen, denn er durfte diesen Gefangenen nichts tun, da sie Titus als Krönung seines Triumphzuges auserkoren hatte. »Ihr habt einen Mitgefangenen getötet?«

»Leider nicht, deine Soldaten haben uns den unbeschnittenen Halunken entrissen«, bedauerte Simon bar Giora.

»Er ist in der gleichen Lage wie ihr.«

»Wenn wir auch besiegt sind und sterben müssen, aber unsere Ehre lassen wir uns nicht nehmen. Er hat uns verhöhnt«, antwortete Johannes von Gischala.

Saturnin sah die beiden Judäerführer eingehend an. In Jerusalem waren sie Todfeinde und in Gefangenschaft Verbündete gegen einen römischen Sklaven. Unverständlich. Er ließ sie ins Gefangenenlager zurückbringen und den Mißhandelten vorführen.

Das Gesicht von Schlägen entstellt, Blut, Schmutz über einem langen verfilzten Bart, gestützt auf einen Legionär erschien der Unruhestifter vor dem Tribunen. Vor Schmerz ächzend, sank er auf den herbeigerückten Hocker.

»Du behauptest, Römer zu sein?« eröffnete Saturnin das Verhör.

Der Gefangene gurgelte Unhörbares, worauf Saturnin wütend nach dem Wundarzt rief, um den Mann vernehmungsfähig zu machen.

Der Arzt betupfte, beklopfte und beschmierte den Verletzten, flößte ihm Tränke ein, ließ ihn gurgeln.

»Du bist Römer?« begann der Tribun von neuem.

»Ja und sogar ein freier«, antwortete der Mann mit leiser, krächzender, aber doch vernehmbarer Stimme.

»Bist du nicht von Adel?« höhnte Centurio Trebonius.

Ein Blick Saturnins wies ihn zurecht. Wie er nach Judaea zu den Aufrührern komme? wollte Saturnin wissen.

»Das ist eine lange Geschichte, edler Tribun.«

»Erzähle, ich liebe Geschichten, auch unwahre, nur gefallen müssen sie mir. Mißfällt mir deine Geschichte, dann kommst du ans Kreuz«, sagte Saturnin ohne Schärfe.

Der Gefangene fuhr sich mit der Hand, deren Rücken bis zum Fleisch aufgerissen war, über den zerschlagenen Mund.

»Edler Saturnin, du kennst mich, ich bin Pomperius, der dich und den edlen Serenus auf Tigellinus' Geheiß überfallen mußte, weil ich nur damit meine Eltern hätte retten können.«

»Pomperius, ich entsinne mich. Nero hat dich begnadigt.«

»Du batest ihn um Gnade für mich, was ich dir nie vergesse, obwohl die Marmorbrüche in Luna die Hölle waren.«

»Erzähle, Pomperius, deine Geschichte interessiert mich.«

»Fünf Jahre Qual in den Marmorbrüchen! Als ich meine Freilassung forderte nach Ablauf der Zeit, peitschte man mich aus und hängte mich stundenlang mit dem Kopf nach unten an einen Pfahl, um mir, wie man sagte, meine Unverschämtheiten auszutreiben. Mein Unglück war, daß der alte Kommandant vor dem Ende meiner Strafe starb. Der neue Kommandant, der unter dem Einfluß eines von allen gehaßten Aufsehers stand, eines Schinders allererster Güte, der im Erfinden immer neuer Torturen wahrhaft genial war, schikanierte mich laufend. Suifrarus hieß dieses Vieh von Aufseher, der meine Qualen regelrecht genoß. Eines Tages erschien ein Legionstribun im Lager, und alle mußten antreten. Nur mich schickte Suifrarus, dieses Schwein, in den hintersten Winkel, um einen Hammer zu holen. Ich ahnte, daß dies nur ein Vorwand war, um mich von dem Tribunen fernzuhalten. Das Glück kam mir zu Hilfe, denn nach wenigen Schritten sah ich einen Hammer mit abgebrochenem Stiel im Dreck liegen, ergriff ihn und rannte zum Appellplatz, stolzierte vor den Reihen der Angetretenen zu Suifrarus und überreichte ihm das Gewünschte. Er schrie mich an, das sei der falsche Hammer, nannte mich einen aufsässigen Verbrecher und wollte mich wieder fortschicken. Der Tribun gebot ihm Einhalt, befahl mir, ihm die Arme zu zeigen, beklopfte Brust und Rücken und sagte: ›Der auf alle Fälle.‹ Suifrarus wagte einen Einwand, worauf ihn der Tribun anschrie, er solle das Maul halten. Und so kam ich mit einigen meiner Mitgefangenen aus der Hölle von Luna in die Hölle von Jerusalem. Vor den Wällen und unter ständigem Beschuß mußten wir nahezu Tag und Nacht Erdgräben ausheben, Hügel abtragen und begradigen, Angriffstürme bauen und ausbessern. Dann war alles zu Ende, und ich fand mich hier im Lager wieder. Als ich den Aufsehern zurief, daß ich kein Judäer, sondern Römer sei, der mit dem ganzen Firlefanz nichts zu tun hätte, wollten mich die Beschnittenen massakrieren.« Pomperius schwieg. Schweiß stand ihm auf der Stirn, seine Stimme war zum Schluß immer leiser und schwächer geworden. Der Arzt mußte ihm nochmals eine Medizin geben.

Saturnin erfaßte Mitleid mit dem Verletzten, der vergebens Schuld und deren grausame Sühne auf sich genommen hatte. Sein Opfer konnte die Eltern nicht retten. Deutlich entsann sich Saturnin des zerstörten Bauernhofs und der verkohlten Leichen. Sollte er Pomperius den Tod seiner Eltern mitteilen? Er hatte ein Recht darauf. »Tigellinus hat dich betrogen und belogen. Deine Eltern waren schon tot, als er dich verschleppen ließ, um dich zu einem Verbrechen zu zwingen. Prätorianer hatten sie ermordet.«

Pomperius schlug die Hände vors Gesicht. »Leben die Mörder noch?« fragte er kaum hörbar.

»Tigellinus ist tot. Fuscus lebt noch.«

»Ich werde ihn töten.«

»Nichts wirst du! Fuscus hat Tigellinus verlassen und verraten. Er ist heute ein treuer Diener Kaiser Vespasians.«

Pomperius erwiderte nichts mehr. Saturnin, um die Angelegenheit zu beenden, wandte sich zu Trebonius und sagte: »Der Mann ist frei. Bringe ihn zu Zedekia, er soll sich vorläufig seiner annehmen.« Zu Pomperius gewandt, fragte Saturnin, ob er in seinen Dienst treten wolle? Als Gärtner und Aufseher über die Sklaven?

Pomperius nickte.

In den folgenden Wochen ließen Silva und Saturnin die Gefangenen nach Caesarea bringen. Als Sextus Lucilius Bassus, der neue Statthalter, eintraf, war ihre Aufgabe erfüllt.

»Wir haben die Hauptarbeit getan, aber wir haben dir drei Festungen übriggelassen, Machairus, Herodeion und Masada. Also frisch ans Werk, Lucilius«, rief Silva von Bord der Galeere dem sie verabschiedenden Statthalter zu.

»Mit ihm möchte ich jetzt nicht tauschen, denn an Masada wird er sich die Hörner einrennen. Die alte Herodes-Festung ist noch nie erobert worden«, sagte Silva zu Saturnin.

Doch Saturnin interessierte das nicht mehr. Er blickte auf das am Horizont entschwindende Land, das nun auf kaiserlichen Befehl für ihn abgetan sein mußte. Die Festungen waren es, denn was gingen sie ihn an, aber das Land und seine Bewohner? Waren sie für ihn abgetan?

XXXIII

Gelangweilt kritzelte Titus Zeichen und Buchstaben in sein Wachstäfelchen, während der kaiserliche Rat Wirtschaftsfragen debattierte. Preise für Öl und Getreide, Erz und Marmor, Ertragszahlen des Weinanbaus und der Wollerzeugung waren das Thema seit nahezu zwei Stunden. Die Kenntnis und das leidenschaftliche Interesse seines Vaters, der ihm an dem langen Tisch gegenübersaß und mit den zu beiden Seiten sitzenden Senatoren heftig disputierte, belustigten ihn, er bewunderte sie aber gleichzeitig. Ihn hatten wirtschaftliche Dinge, ausgenommen die des eigenen Besitzes, nie sonderlich interessiert. Preise, Kosten und Ertragszahlen langweilten ihn, weckten nahezu Widerwillen. So auch die heutige Tagung des kaiserlichen Kabinetts. Der Vater schien die Beratung zu genießen. Er war und blieb Händler, Kauf-

und Finanzmann und widmete als Kaiser diesen Belangen größte Aufmerksamkeit.

Schweißperlen glänzten auf der Glatze Vespasians, und als er mit einem Tuch über den Schädel wischte, sah Titus unter dem Arm einen dunklen Fleck auf dem Purpur. Regieren war nicht einfach, vor allem dann, wenn man es ernst nahm. Und der Alte nahm's ernst und wollte alles, aber auch alles anders und besser als seine Vorgänger machen, deshalb die Beschäftigung mit dem Kleinkram von Handel und Erzeugung. Auch politisch, fand Titus, hatte der Vater Rom schon seinen, den flavischen, Stil aufgeprägt. Man brauchte sich nur in der Runde umzusehen, alles neue Gesichter, alles Anhänger ihrer Familie, keiner davon hatte ein nur vergleichsweise hohes Amt bei Nero, Galba, Otho oder Vitellius innegehabt. Keiner? Titus' Blick blieb an dem scharfgeschnittenen Gesicht eines Mannes mittleren Alters hängen. Marcus Coccejus Nerva! Der hatte hohe Ämter unter Nero verwaltet und die Anhänger Pisos verurteilt und dafür gemeinsam mit Tigellinus die *ornamenta triumphalia* erhalten. Und heute saß er im Rat Vespasians! Lebte Tigellinus noch, vielleicht säße der auch hier, ganz oben am Tisch, wo jetzt zur Rechten des Kaisers Arrecinus Clemens im prunkenden Schmuck des Praefectus praetorio saß. Clemens, sein einstiger Schwiegervater, als Gardepräfekt? Insgeheim hatte er, Titus, auf die Präfektur gehofft. Doch der Alte hatte anders entschieden. Zwischen Clemens und Nerva lugte der runde Kopf eines Mannes hervor, der viele Jahre Rom und Italien nicht gesehen hatte: Didius Fabricius Gallus Veiento. Vespasian hatte ihn aus der Verbannung gleich in den kaiserlichen Rat berufen. Die anderen, stellte Titus fest, nichtssagende Physiognomien strebsamer Emporkömmlinge, die sich die Chance zum Aufstieg nicht durch kompromittierende Tätigkeiten unter Nero und Vitellius verbaut hatten. Es waren nicht die allerbesten – denn die hatte Vater, wobei er als Sohn, Caesar und Mitregent ein gewichtiges Mitspracherecht geltend machen konnte, als Statthalter und Prokuratoren in die Provinzen kommandiert, um dort eine sichere Machtbasis zu schaffen –, aber doch brauchbare und sich mühende Beamte. Endlich, Titus atmete auf, war das Öl-Getreide-Preispalaver zu Ende.

»Sehr klug und geschickt, Imperator, das Reich über die Wirtschaft und den Handel zu stabilisieren und das kaiserliche Kabinett und den Senat damit zu befassen, denn dadurch sind die Herren ausgelastet und finden keine Muße für Intrigen«, beeilte sich Clemens, den Kaiser zu loben, nachdem die Senatoren den Raum verlassen hatten.

Vespasian musterte schweigend den Präfekten mit seinen kleinen Augen, indes kurz nur, denn sie suchten den Sohn am anderen Ende des Tisches. »Und was meinst du?«

»Davon verstehe ich nicht viel, Heer und Politik sind meine Aufgabengebiete, nicht Steuern, Preise und Handel.«

»Wirtschaft ist ein wichtiges Instrument der Politik«, wies Vespasian seinen Sohn zurecht.

Eilfertig nickte Clemens Zustimmung.

»Es täte dir gut, dich damit zu befassen«, fuhr Vespasian fort, »denn eines nicht fernen Tages, ich habe immerhin schon zweiundsechzig Jahre auf meinem Buckel, wirst du mein Nachfolger. Ein Kaiser, der nicht gleichzeitig neben dem Feldherrn einen guten Finanz- und Wirtschaftsfachmann abgibt, kann niemals ein erfolgreicher Princeps sein.«

Wenn er auch keine schlechte Figur im Imperatorengewand macht und sich in Neros Goldenem Haus bewegt, als wäre er hier geboren, dachte der Sohn belustigt, kann er doch einen Rest des alten Mulio nicht verleugnen. Jahre auf dem Buckel haben! Titus lächelte über die saloppe und derbe Ausdrucksweise seines Vaters. »Ich werde mich damit befassen«, versprach er ihm, stand auf, ging den Tisch entlang und setzte sich dem Präfekten gegenüber.

Der Kaiser wühlte in seinen Papieren und zog ein Schreiben hervor, das er Titus vors Gesicht hielt. Es enthielt eine Anfrage des Archonten von Korinth, warum Caesar Titus

Andronikos, einen unbescholtenen und zuverlässigen Beamten, habe hinrichten lassen.

Verlegen kaute Titus an der Lippe und berichtete stokkend von der Unverschämtheit dieses Hafenbeamten und dem Schaden, der beinahe entstanden wäre.

Vespasian hieb mit der Faust auf den Tisch. »Wegen einer solchen Lappalie einen Mann hinrichten zu lassen, du mußt doch hier oben nicht ganz in Ordnung sein«, schrie der Kaiser und stipste sich mit dem Finger an die Stirn. »In Zukunft werde ich dich mehr kontrollieren müssen. Auch Clemens berichtete mir, daß du noch einige Leute hast töten lassen, deren Hinrichtung nicht nötig gewesen wäre.«

Das Gesicht des Caesars färbte sich dunkelrot, nur mühsam beherrschte er sich und streifte Clemens, der schadenfroh grinste, mit einem feindseligen Blick. Dieses Grinsen des früheren Schwiegervaters, der ihn schon lange mit unversöhnlichem Groll verfolgte und ihn sogar beschuldigte, am frühen Tod seiner Tochter Anteil zu haben, steigerte seinen Zorn. »Und du, hast du nicht auch einige Männer hinrichten lassen?« wandte er sich vorwurfsvoll an seinen Vater, hätte aber lieber Clemens beschimpft, weshalb auch sein Ton heftiger ausfiel.

»Es waren erbitterte Feinde, Anhänger Vitells und unbelehrbare Männer, die mir nach dem Leben trachteten«, rechtfertigte sich Vespasian laut und böse.

Der Präfekt lehnte sich bequem zurück und genoß die Streiterei zwischen Vater und Sohn.

»Auch dieser Andronikos war mein Feind und unbelehrbar, er beschimpfte mich als Judäer, zieh mich der Lüge und versuchte, meine Fahrtunterbrechung zu verhindern.«

»Rachsucht ist kein brauchbares Mittel für den Aufbau eines neuen Staatswesens. Nach vier Jahren eine erlittene Kränkung an einem armen kleinen Beamten so zu ahnden, das enttäuscht mich. Doch sprechen wir nicht mehr darüber. Clemens, die Liste der zu streichenden Senatsmitglieder«, wechselte Vespasian zu einem anderen Thema, nahm die ihm entgegengereichte Rolle und vertiefte sich in die Aufstellung, die er dann seinem Sohn weiterreichte. Titus las, gab sie dem Kaiser zurück und bemerkte, daß er die Senatoren Orfitus und Coccejanus nicht aus dem Senat ausschließen würde.

»Beide haben sich herablassend über den Caesar Domitian geäußert«, verteidigte Clemens seinen Relegierungsvorschlag.

»Dann bleiben sie, wenn weiter nichts vorliegt, Neros Majestätsbeleidigungsgesetz ist außer Kraft«, entschied Vespasian. »Domitian tritt auf, als wäre er der Kaiser und wir beide wären schon tot.«

»Verzeih, Imperator, doch mir scheint, du setzt Domitian etwas hintan. Du solltest ihm mehr Verantwortung und zumindest einen Teil der Macht übertragen«, wagte Clemens einzuwenden.

»Du redest Unsinn, Clemens, doch ich halte ihn deiner Sympathie für Domitian zugute. Ich habe ihn genau wie Titus zum Caesar gemacht, doch wie nutzt er seine Stellung? Weibergeschichten, Orgien, Exzesse und Schulden, mehr hat er nicht zu bieten. Er ist zwanzig Jahre, Titus diente in diesem Alter bereits als Tribun.«

»Er hatte auch die Möglichkeit«, widersprach Clemens gereizt.

»Hatte die Möglichkeit«, äffte Vespasian nach. »Domitian hat die Möglichkeit ausgeschlagen, sich in Judaea zu bewähren. Mein Bruder, die Götter mögen ihm gewogen sein, unterstützte ihn noch dabei. Also, Clemens, behellige mich nie mehr mit diesem Anliegen! Sobald ich sehe, daß er sich besinnt, was es heißt, Verantwortung zu tragen, wird er von mir an der Macht beteiligt. Unser Kaiserhaus steht am Anfang seiner Entwicklung, und ich kann es mir nicht leisten, das Errungene leichtfertig durch Domitian aufs Spiel zu setzen.«

Clemens schwieg gekränkt und war froh, als ihn der Kaiser entließ.

»Clemens umwirbt Domitian, verspricht ihm Unterstützung bei seinem Vorwärtskommen, um mich zu treffen. Seine Feindseligkeit gegen mich . . .«

»Das bildest du dir nur ein. Ihr beide seid voreingenommen, belauert euch und traut euch nicht über den Weg. Statt auf Clemens' Fehler und Versäumnisse solltest du lieber auf deinen Freund Saturnin achten, daß er nicht Domitian ins Netz geht. Er ist jung, ehrgeizig und weitaus mehr gefährdet als Clemens. Domitian umschmeichelt und umwirbt ihn mit allen zu Gebote stehenden Mitteln.«

Er wisse davon, entgegnete Titus, der den Vorwurf über seine Freundschaft zu Saturnin heraushörte, doch er halte den Tribunen für einen gefestigten Mann, der nicht so schnell einem Gaukelspiel erliege.

»Dein Wort in Jupiters Ohr«, blieb Vespasian skeptisch. »Nun noch eine unaufschiebbare Sache: Der Statthalter der wichtigen Provinz Syrien muß bestimmt werden. Ich dachte an unseren Vetter Flavius Silva.«

Titus wiegte nachdenklich den Kopf hin und her. Der Vorschlag mißfiel ihm. Eine der bedeutendsten Provinzen des Imperiums für den Herrn Großvetter fand er unangebracht, Silva würde übermütig werden. Die herablassenden Ratschläge und Einmischungen vor Jerusalem konnte er ihm nicht vergessen. »Du bist der Kaiser und mußt entscheiden, fragst du nach meinem Rat, sage ich nein. Syrien ist eine zu starke Versuchung für einen zu selbstbewußten Mann.«

Vespasian lachte, meinte dann, wenn er's recht bedenke, sei Syrien doch nichts für Silva. Caesennius Paetus erhalte Syrien und der Herr Vetter Moesien, bestimmte der Kaiser. Titus lehnte sich zufrieden zurück, doch er hatte nicht lange Gelegenheit, seinen Triumph zu genießen, denn Vespasians nochmalige Erwähnung des Hafenkommandanten von Korinth, entgegen dem Versprechen, die Sache ruhen zu lassen, ließ ihn aus seiner bequemen Lage wieder auffahren.

»Ich verstehe dich nicht, Vater, daß du wieder mit dieser

Bagatelle ankommst. Im Bürgerkrieg haben Tausende ihr Leben verloren«, sagte Titus verständnislos.

Vespasian kniff die Augen zusammen, redete auf den Sohn ein, langsam und eindringlich wie ein Schulmeister und unterstrich seine Worte durch entsprechende Handbewegungen: »Du bist zwar schlau, mein Junge, sogar sehr schlau und ausgesprochen tüchtig, doch zum Princeps fehlt dir noch einiges. Ich werde dir eine Lektion in höherer Politik erteilen müssen und beginne mit einer Frage. Wem verdanken wir unsere Macht?«

»Unseren Legionen«, antwortete Titus prompt, als der Alte schwieg.

»Richtig, aber nicht präzise genug. Legionen der Ost- und Donauprovinzen riefen mich zum Kaiser aus, keine Legion in Italien, Spanien, Gallien und Germanien erklärte sich anfangs für mich. Wir haben zwar jetzt ihre Offiziere und Legaten weitestgehend durch unsere Männer ersetzt, um sie uns gewogen zu machen, doch das reicht nicht aus. Wir müssen, um Rom und Italien fest in die Hand zu bekommen, die Provinzen in unserem Sinne urbanisieren und zu einem Machtfaktor für uns machen. Deine Rachetat in Korinth war ein Schlag gegen die Flavier in der Provinz Achaia.«

Titus fuhr sich durch die Haare, verlegenes Eingeständnis seiner Schuld aus Unbedachtheit. Er mußte zugestehen, daß der Alte ein Gespür für die Macht hatte, das er ihm nie und nimmer zugetraut hätte. Vespasian hatte nicht einfach nur die Macht kraft seiner Legionen übernommen, nein, er festigte sie durch Umwandlung bestehender Formen mittels eines durchdachten Systems.

»Aus der neu entstehenden Munizipialordnung rekrutieren wir dann unsere Legionen und sind damit vom italischen Pöbel, der seine Unzuverlässigkeit nach Neros Tod sattsam bewiesen hat, für immer unabhängig«, beendete Vespasian die Lektion für seinen Sohn.

Titus hatte mit zunehmender Bewunderung dem Vater gelauscht und dabei wie gebannt auf dessen Hände schauen müssen, die eine Rolle gleich einem Feldherrenstab umschlossen. Es waren dickfingrige, derbe Bauernhände, gewohnt, hart zuzupacken. Jetzt hielten sie das Imperium im festen Griff. Es waren die Hände, die ihn als Kind gestreichelt und gezüchtigt, die Pilum und Schwert gehalten, die den Maultieren geburtshelferisch in den Leib gefahren und sanft das Junge auf die Welt geholt hatten. Und doch waren es nun andere Hände geworden! Sie hatten die ländliche Bräune verloren, waren hell, beinahe weiß und wirkten gepflegt, was aber wiederum nicht so recht zu der Derbheit, den dicken Aderwülsten und den fleischigen Fingern passen wollte. Vater und Sohn schwiegen. Es schien alles gesagt zu sein. Des Kaisers Blick bedeutete Zustimmung, als Titus aufstand und zum Ausgang schritt. An der Tür blieb er stehen, als hätte er Wichtiges vergessen, wandte sich um und fragte den in seine Akten vertieften Vater, wie lange er Clemens noch als Präfekten der Garde belassen werde.

Stirnrunzelnd blickte Vespasian auf. Er hatte den Hintersinn der Frage gut verstanden und antwortete mürrisch, daß ihm Arrecinus Clemens gute Dienste leiste.

»Ich weiß, er hat Rom mit einem Netz von Horchern überzogen«, erwiderte Titus lächelnd.

»Wir haben Feinde, die ich gerne kennen möchte. Um es kurz zu machen, noch brauche ich Clemens als Präfekten.«

Der diensthabende Tribun trat ein, überreichte dem Kaiser ein Schreiben, erklärte, daß es aus Judaea sei, und verschwand wieder.

»Endlich«, rief Vespasian erfreut, »ist Masada gefallen, und ich kann den Janustempel schließen.« Hastig erbrach er das gesiegelte Schreiben, überflog den Inhalt, warf es wütend auf den Tisch. Wenn ihm etwas ungelegen kam, dann war es der unerwartete Tod des Statthalters von Judaea. Titus nahm die Rolle und sagte, er werde nach Judaea gehen und Masada erobern.

»Unmöglich!« schnitt ihm Vespasian jede weitere Erklärung ab. »Du bist hier unentbehrlich. Stell dir vor, ich sterbe, während du Masada belagerst, dann sind die Flavier in Rom erledigt, denn Domitian ist keine Stütze unseres Hauses. Trajan wird Statthalter Judaeas.«

Titus entsann sich eines unangenehmen Zwischenfalls, der mit dem Namen Marcus Ulpius Trajanus verknüpft war: Bei der Eroberung Japhas hatte sich Trajan vor den Mauern festgebissen, so daß er Hilfe benötigte. Er, Titus, war ihm mit fünfhundert Reitern und tausend Fußsoldaten zu Hilfe gekommen und hatte auf dem rechten Flügel als erster die Mauern erstürmt, wofür er und nicht Trajan geehrt worden war. Der alte Trajan hatte es ungerührt hingenommen, aber nicht dessen Sohn, dieser ehrgeizige Bursche, der das Gerücht verbreitet hatte, daß die Auszeichnung seinem Vater gebühre und der seither ihm feindselig gesinnt war. »Laß Trajan in der Baetica, er entstammt dieser Provinz und soll sie verwalten. Ehe die Boten ihn erreichen und ehe er in Judaea eintrifft, vergeht wertvolle Zeit, die den Judäern hilft. Nun schlage ich Flavius Silva vor, denn er scheint mir hierfür der geeignete Mann: harter Schädel gegen hartes Gestein. Zu seinem Legaten kannst du Saturnin ernennen. Beide halten sich in Rom auf und können in drei bis fünf Tagen nach Caesarea aufbrechen.«

»Du bringst wieder deine persönlichen Beziehungen ins Spiel, statt sachliche Erfordernisse sprechen zu lassen«, entgegnete Vespasian mürrisch.

»Nenne mir eine Entscheidung, Vater, wo keine persönlichen Belange, Gefühle wie Sympathie oder Antipathie neben den sachlichen Zwängen mitspielen.«

Vespasian winkte ab, denn gegen des Sohnes Rhetorik war es schwer, einen Erfolg zu erringen.

»Eine Bitte, Vater, verfüge nach Masadas Fall Saturnins Ernennung zum Senator.«

Der Kaiser schnaubte geräuschvoll durch die Nase. Auf seines Sohnes Drängen hatte er Saturnin schon in den zweiten Adel erhoben. »Warum nicht gleich Konsul?« spottete er, doch Titus ging darauf nicht ein, sondern blieb sachlich, erläuterte dem Alten, daß er damit Saturnin einen Anreiz gäbe, die Festung innerhalb kürzester Zeit zu erobern.

»Und womit locke ich Silva?«

»Konsulat oder Berufung in dein Kabinett, Proklamation zum Vir Clarissimus.«

»Ich kann es dir nicht abschlagen. Du hast den Bogen raus, die Menschen an ihren schwachen Stellen zu fassen, um das Höchstmögliche an Leistung aus ihnen zu pressen. Aber, meine Bedingung: Masada muß in diesem Jahr fallen!«

»Unmöglich. Wir haben jetzt Juni, und selbst bei allergrößter Eile kann der Angriff nicht vor Oktober beginnen. Überlege doch, ehe Silva die zehnte Legion und die Auxiliartruppen von Caesarea, Jericho und Jerusalem nach dem ungefähr einhundertfünfzig Meilen entfernt am Westufer des Toten Meeres liegenden Masada verlegen kann, vergehen Wochen. Und dann die Festung selbst, ein wahres Wunderwerk hoch oben auf einem Felsen, nahezu uneinnehmbar.«

»Aber nur nahezu, denn für Rom gibt es keine uneinnehmbaren Festungen«, schwächte Vespasian des Sohnes Bewunderung ab.

»Das stimmt, doch Masada ist in drei Monaten nicht zu nehmen.«

»Bis nächstes Jahr also«, gab Vespasian nach, »aber keinen Tag und keinen Monat länger.«

Titus' Einwand, daß auch dies kaum zu schaffen sei, ließ er nicht gelten.

XXXIV

Übellaunig ertrug Flavius Silva, daß sein parthischer Sklave ihn mit Öl einrieb, dieses wieder abschabte und ihn massierte. Seit seiner Rückkehr nach Judaea, nein, bereits als ihm Titus mit einschmeichelnden Worten die Ernennung zum Prokurator dieser lausigen Provinz schmackhaft zu machen suchte und dafür noch Dank erwartete, war ihm die Freude am Leben vergällt. Ihm fiel ein, was er vor nahezu zwei Jahren beim Verlassen Caesareas scherzhaft zu Bassus und Saturnin gesagt hatte. Und nun hatte er die Scheißprovinz am Hals und würde sich die eigenen Hörner an dieser Festung Masada einrennen. Der Feldherr stellte sich vor, wie schön es jetzt in Praeneste wäre: die Terrassen mit den Weinstöcken, die Fontänen der Springbrunnen, überall saftiges Grün. Und hier: flimmernde Hitze über kahler Wüste aus Schiefer, Sand und roten Gesteinsblöcken und dazu dieser verhaßte Felsen mit der Festung. Silva fluchte und verfluchte. Der Parther lächelte über die wenig schmeichelhaften Bezeichnungen seines Herrn für den Kaiser in Rom. Vom Mulio war die Rede, der seinen Hintern auf Seide und Samt rekelte, erlesene Speisen fraß und schöne Frauen mit seinen Bauernpranken tätschelte. Gerade jetzt, da meine Anwesenheit in Rom bitter vonnöten wäre, muß er mich hierher kommandieren, haderte der Prokurator. Mein Baumeister wird mich in meiner Abwesenheit betrügen, meinem Schwiegersohn, diesem sauberen Herrn, der sich von Octavia trennen will, weil sie keine Kinder gebären kann, müßte ich kräftig den Marsch blasen. So ein Unsinn! In der Flavierfamilie gibt es seit Generationen keine unfruchtbare Frau und keinen zeugungsunfähigen Mann. So unaufschiebbare Pflichten, und ich bin hier, räsonierte er. Plötzlich lauschte er und unterbrach sein zorniges Gemurmel. Draußen war mit einem Male alles still. Das Tag und Nacht beinahe ohne Unterlaß vernehmbare Geräusch war verstummt. Nach einer Weile setzte es wieder ein, das Knirschen der großen Steinblöcke, der Widerhall der Spitzhacken und Hämmer, das Quietschen der Wagen, das Knallen der Peitschen und das Gebrüll der Aufseher. Aufatmend schloß der Prokurator die Augen. Die Rampe, seine Rampe, wurde weiter hochgetrieben. Der Parther wartete, daß sein Herr sich aufsetzte, um ihm beim Ankleiden helfen zu können. Silva richtete sich auf, griff nach den kurzen Hosen, die ihm der Sklave entgegenhielt. Dann schnürte ihm der Parther die Soldatenstiefel. Als Silva in die Tunika fuhr und sie ungeduldig glatt strich, sah er Saturnins grinsendes Gesicht im Zelteingang.

»Eleasar ben Jair war wieder auf der Mauer«, sagte Saturnin.

Jetzt wußte Silva, warum die Arbeit an der Rampe einen Moment geruht hatte. Immer wenn sich der hünenhafte Eleasar, der Führer der Masada-Verteidiger, oben auf der Mauer zeigte, unterbrachen trotz Drohungen und Züchtigungen die judäischen Sklaven ihre Tätigkeit und starrten zu ihm hinauf wie zu einem Messias.

»Hat er eine Ansprache gehalten?« fragte Silva und schnallte dabei den ledernen metallbeschlagenen Schurz um die Hüfte.

»Nein, er beobachtete nur den Fortgang des Baus.«

Silva streckte die Arme vor, um sich die Bronzeschulterstücke und den Brustpanzer anlegen zu lassen. »Dieses Judaea und dieses Masada kotzen mich an. Die mieseste Provinz gibt mir mein Großvetter und dazu den Befehl, sie wieder aufzubauen, nachdem wir alles darangesetzt hatten, dieses Land gründlich zu zerstören. Als krönende Zugabe dann dieses Schlangenei Masada! Sag nichts, Lucius, ich weiß, dir macht es nichts aus. Du setzt alles daran, auf diesen Felsen zu kommen, um dir in Rom die Senatorentoga umhängen zu lassen. Jetzt treibst du uns alle an, mich eingeschlossen, um dir den Platz in der Kurie zu sichern. Vielleicht ist es gut so, denn ich bin zur Zeit etwas müde.«

Saturnin stand schweigend und beobachtete, wie Silva das Schwert einhängte, sich von dem Parther die Schließen des Mantels befestigen ließ und den Helm unter den Arm klemmte. Das Kommando in Judaea hatte ihn gereizt, denn in Rom versäumte er nichts. Zedekia kümmerte sich um den durch die Beute aus dem Krieg angewachsenen Besitz,

Pomperius um Haus, Garten und Sklaven, Cornelius und Claudia um Sentius. Erhebung in den Senat, dafür lohnte der Einsatz!

Silva verließ das Zelt, Saturnin folgte. Draußen schlossen sich Soldaten der Leibgarde dem Erkundungsgang des Prokurators und des Legaten an. Silva legte die Hand über die Stirn, um die Augen vor den grellen Sonnenstrahlen zu schützen.

»Ein Felsen von der Form eines Bootes ragt steil zwei Stadien empor, ist knapp vier Stadien lang und reichlich ein Stadion breit und trotzt all unseren Angriffen«, sagte Silva kopfschüttelnd und blickte hinauf.

»Der Felsen ist die eine, die Festung ist die andere und wichtigere Seite«, ergänzte Saturnin.

Herodes, der sich Freund des Augustus nannte, hat mit diesem Masada uns Römern keinen Freundschaftsdienst erwiesen, dachte Silva. Nur einen Weg gab es zur Spitze hinauf, einen schmalen, gewundenen Pfad von der Ostseite, den man zu Recht Schlangenpfad nannte, weil ihn kaum mehr als eine Schlange passieren konnte. An der nördlichen Spitze, wo wie ein Adlerhorst der dreistöckige Palast des Herodes am Felsen klebte, verweilte des Prokurators Blick.

»Ein wunderbarer Ausblick muß das sein, bestimmt bis Jericho«, sagte Saturnin und deutete auf die Säulenpavillons, die auf mächtigen Stützmauern ruhend majestätisch hoch oben thronten.

Silva nickte träumerisch.

»Sieh, wie die Rampe wächst, die Judäer trauen sich nicht, auf ihre in vorderster Reihe arbeitenden gefangenen Landsleute zu schießen. Bald stehen wir da oben, Flavius.«

Der Prokurator legte Saturnin die Hand auf die Schulter und sagte leise: »Ein hervorragender Gedanke von dir, hier eine Rampe zu errichten. Du wirst mit deiner Rampe in die Geschichte eingehen. Josephus schreibt eine Geschichte des Judäischen Krieges und wird deine Tat entsprechend würdigen.«

»Du bist der Oberbefehlshaber, und dir wird man den Lorbeer flechten«, erwiderte Saturnin skeptisch.

»Mir ist es beinahe gleichgültig, ob man mich rühmt. Ich will meine Aufgabe erfüllen, um schnell aus diesem Lande abberufen zu werden. Du hilfst mir dabei, wenn mir deine Eile und Härte manchmal auch übertrieben scheinen. Du mußt mir verzeihen, daß ich die Rampe hin und wieder ›meine Rampe‹ nenne, doch nur für mich allein. Ich will dir deinen Ruhm nicht schmälern, der geistige Vater dieses Walles zu sein.«

Saturnin lächelte schmerzlich, denn er kannte die seltsamen Wege des Ruhms, die meistens dahin führten, wo er am wenigsten verdient war. So würde es auch mit der Rampe von Masada sein, die man Flavius Silva zuschreiben würde, dem Oberbefehlshaber, und nicht ihm, dem Legaten, der sie erdacht und erbaut hatte.

Wann der Sturm beginnen könne, fragte Silva plötzlich.

»Vielleicht in einem Monat. Dann schlagen wir dort oben mit unseren Belagerungsmaschinen eine Bresche in die Mauer.«

Der Prokurator sah ihn zweifelnd an.

Saturnin, der den Grund des Zweifels erriet, antwortete lächelnd, der Belagerungsturm sei gepanzert.

»Auch die Panzerung ist kein Schutz, um den Turm über die Rampe nahe genug an die Mauer zu bringen«, widersprach Silva.

»Der Turm ist mit fünfzig Bogenschützen besetzt und wird genau an der Mauer sein, wenn die schräg stehende Sonne die Verteidiger blendet. Unsere Bogenschützen beginnen mit dem Beschuß der sichtbehinderten Leute auf der Mauer. Das ist der Augenblick, in dem der hinter dem Turm emporgezogene Rammbock sein zerstörerisches Werk beginnt.«

Silva verschlug es vor Staunen die Sprache. Er starrte Saturnin an, sah dessen schmales Gesicht mit den starken Jochbeinen, die aus den abgemagerten Wangen heraussprangen, sah die ersten Falten auf der Stirn und die dünnen spinnwebfeinen Falten um die Augenwinkel. Stumm spendete er dem Legaten, mit einem anerkennenden Nicken und einem freundschaftlichen Schlag auf die Schulter Beifall.

»Fragte ich dich heute, ob du mich als Mann deiner Tochter akzeptieren würdest, was würdest du antworten?« nutzte Saturnin Silvas Bewunderung zu einer direkten Frage.

»Octavia ist verheiratet«, antwortete Silva unwirsch.

»Na und? Ehen sind nicht für die Ewigkeit geschlossen, zumindest nicht alle. Ich habe gehört, daß Octavias Ehe mit Macrinus nicht zum besten laufen soll.«

»Das geht dich nichts an«, erwiderte Silva grob, denn in diesem Punkt war er verletzbar.

Doch Saturnin ließ sich nicht abbringen. »Flavius, ich will Octavia heiraten.«

Silva fuhr sich nervös übers Gesicht. Saturnins unverhohlener Wunsch brachte ihn in Zwiespalt. »Lucius, wir wollten doch darüber nicht mehr sprechen. Die Angelegenheit war für uns erledigt. Octavia ist mit Macrinus verheiratet, ob gut oder schlecht, das spielt keine Rolle. Du fühlst dich nach Aspasias Tod einsam und entsinnst dich plötzlich meiner Tochter. Bestimmt vergißt du sie auch wieder, wenn dir eine andere Frau über den Weg läuft.«

»Das glaube ich nicht. Lassen wir die Dinge an uns herankommen. Ich werde dich wieder fragen, nach Masadas Eroberung und als – Senator«, sagte Saturnin leise.

Silva atmete erleichtert auf, bemerkte, daß sie sich bei dem Gespräch ein ganzes Stück vom Lager entfernt hatten. Er drehte sich um, ging an den Leibwächtern vorbei schnellen Schrittes zum Lager zurück, ohne auf Saturnin zu achten, der verdattert ihm nachkam.

In den nächsten Wochen ließ Saturnin nahezu ohne Unterbrechung am Wall arbeiten. Zu Beginn des neuen Jahres war die schräg bis an die Westmauer reichende Rampe fertiggestellt. Die Erstürmung konnte beginnen.

Der Prokurator erläuterte in den letzten Lageberatungen

den Angriffsplan. Einzelheiten ergänzte Saturnin. Silva ließ sich am Abend vor dem Angriff von allen Tribunen die ihnen erteilten Befehle wie ein Lehrer wiederholen, lobte und tadelte. »Wir haben alles getan«, sagte er, als alle außer Saturnin ihn verlassen hatten, »nun brauchen wir ein wenig Glück.«

Langsam, aber stetig bewegte sich der gepanzerte Turm, gezogen von tausend judäischen Gefangenen, die schiefe Ebene hinauf. Im Schutz der Testudos folgten hinter ihm der Rammbock und die Katapulte. Judäische Bogenschützen zielten auf die Schlitze in der Panzerung, um die Besatzung zu treffen. Unentwegt rollte der Turm höher.

Silva verfolgte vom Fuße der Rampe aus die Vorgänge oben an der Mauer. Nach Saturnins Berechnungen müßte die Sonne den Belagerten bald ins Gesicht scheinen, doch die schossen noch immer auf den näherrückenden gepanzerten Koloß. Eine verrückte Idee, dachte Silva, daß sein Legat sich zusammen mit den Bogenschützen im Turm hochziehen ließ. Endlich blendete die Sonne die Verteidiger. Schreie. Die Bogenschützen hatten die ersten Männer auf den Zinnen getroffen. Die Judäer duckten sich hinter die Mauern. Der Rammbock begann sein zerstörerisches Werk. Saturnin verließ den Turm und trieb die Bedienungsmannschaft des Rammbockes an. Unter der Wucht bröckelte die Mauer. Staub hüllte den Belagerungsturm ein.

Silva konnte nichts mehr erkennen. Er vernahm nur Schreie. Ein Adjutant meldete ihm, daß eine Bresche in die Mauer geschlagen sei.

Währenddes versuchte Saturnin mit einem Sturmtrupp durch die Lücke in die Festung vorzudringen, was nicht gelang, weil die Judäer hinter der Mauer eine Wand aus dikken Holzbohlen errichtet hatten und den schmalen Zwischenraum mit Pfeilen und Steinen beschossen, sobald dort ein Angreifer auftauchte. Saturnin versuchte es dennoch, doch ein scharfer Schmerz am Oberschenkel riß ihn, kaum daß er den Fuß durch die Bresche steckte, zu Boden. Er

hörte das Triumphgeschrei auf den Wällen. Er versuchte zurückzukriechen, das Bein brannte wie Feuer. Als die Schützen bemerkten, daß er sich bewegte, schossen sie wieder nach ihm. Nur der Geistesgegenwart zweier Legionäre, die schnell hinzugesprungen waren und ihn mit ihren Schilden deckten, verdankte er sein Leben.

»Du mußt zum Arzt«, riet Trebonius, der die stark blutende Wunde betrachtete.

Saturnin stimmte schmerzverzerrten Gesichts zu und befahl, den Sturmangriff abzubrechen und nur die Beschießung fortzuführen.

Flavius Silva erschrak, als man den Legaten die Rampe herunterbrachte. »Du mußtest unbedingt ganz vorn sein. Dafür haben wir unsere ausgebildeten Sturmkolonnen. So einem Draufgänger soll ich meine Tochter zur Frau geben, der alles tut, um sie schnell zur Witwe zu machen«, wetterte Silva.

»Dann wäre ich vorsichtiger«, gab Saturnin den Scherz zurück.

»Du hast Glück gehabt, Legat«, sagte der herbeigerufene Medicus. »Nur eine Fleischwunde, der abgebrochene Pfeil läßt sich gut –«

Saturnin schrie auf, als der Arzt mit der Zange in der Wunde wühlte. »– ließ sich gut entfernen«, berichtigte der Medicus und hielt die blutige Pfeilspitze demonstrativ in die Höhe und verband dann die Wunde. Als der Arzt gegangen war, berichtete Saturnin Silva von den Kämpfen an der Mauer.

»Hinter der Mauer, genauer gesagt hinter der Bresche, haben die Judäer eine Holzwand errichtet, an die unser Rammbock nicht heranreicht. Sie haben die Bohlen so gefügt, daß jeder Stoß sie fester verkeilen würde. Den Zwischenraum beschießen sie von rechts und links, so daß kein Durchkommen ist.«

Der Prokurator überlegte und rief nach seinem Adjutanten.

»Die Holzwand vom Turm aus mit Brandpfeilen beschießen!« befahl er.

»Daran habe ich auch gedacht, aber die Gefahr, daß der Wind die Flammen auf den Turm treibt . . .«

». . . müssen wir einkalkulieren. Der Turm wird zwar heiß wie eine Bratpfanne, doch brennen wird er nicht«, entgegnete Silva.

Nach einer Weile stiegen dunkle Rauchschwaden oben an der Mauer empor. Sie haben's geschafft, triumphierten Silva und Saturnin. Ordonnanzen trabten an, verschwanden wieder, meldeten, daß der Wind drehe und die Bogenschützen den Turm verlassen hätten.

Er werde nachsehen, erbot sich Saturnin.

»Du bleibst hier, das ist ein Befehl!« hinderte ihn Silva.

»Du willst mich nur schonen«, entgegnete der Legat und humpelte um den Prokurator herum, um zu zeigen, daß er nicht schwer verletzt sei.

Doch Silva gab nicht nach, rief nach seinem Adjutanten und befahl, den Rammbock zurückzunehmen und den Turm scharf zu bewachen.

Die Dunkelheit brach herein. Noch immer züngelten Flammen oben hinter der Mauer in den abendlichen Himmel. Der Feldherr schickte die Legionäre bis auf die Wachen ins Lager zurück. Er, Saturnin und eine Handvoll Leibwächter harrten an der Rampe aus und blickten nach oben, beobachteten die Flammen, die immer höher zu lodern begannen. Ein Centurio der Wachmannschaft vom Turm kam heruntergerannt und meldete, daß die Festung in Flammen stehe.

»Hervorragende Arbeit unserer Katapulte«, lobte Silva.

Saturnin bezweifelte es, denn so weit schossen die Katapulte nicht mit den leichten Pechklumpen. Außerdem hatten die Geschütze den Beschuß bereits zu lange eingestellt, als daß der Brand jetzt davon rühren konnte. Er vermutete andere Ursachen, verschwieg sie aber. Spät erst suchte man das Lager auf und war am nächsten Tag frühzeitig wieder auf den Beinen. Unheimlich, die Stille auf der Festung. Eleasar ben Jair hatte sich tagelang nicht mehr gezeigt. Das Feuer war erloschen, nur leichter Qualm stieg in den Morgenhimmel. Die Sturmkolonnen rückten die Rampe aufwärts. Ein Adjutant berichtete, oben rühre sich nichts mehr. Silva vermutete eine Falle und wollte die Lage selbst in Augenschein nehmen. Gedeckt von Bogenschützen und inmitten einer ausgewählten Centurie, stieg der Prokurator den Wall hinauf. Saturnin folgte ihm, den Schmerz verbeißend. Er hatte sich vom Medicus einen frischen Verband anlegen lassen, der ihn beim Gehen weniger behinderte. Kopfschüttelnd war der Arzt seinem Befehl gefolgt. Gerade heute, dachte Saturnin beim Hochsteigen, muß ich dabei sein. Die Wachen am Turm salutierten. Durch die Bresche waren die Reste des niedergebrannten Holzdamms, Steinbrocken und Tote zu sehen. Die Totenstille hinter den Mauern irritierte Silva. Er schickte einen seiner Männer auf den Turm, um vom obersten Sehschlitz das Innere der Festung zu beobachten. Der Mann meldete, daß kein Mensch zu sehen sei. Silva beriet sich mit Saturnin, der langsames und vorsichtiges Vorrücken der Sturmtruppen empfahl.

Schritt für Schritt drangen die ersten Legionäre durch die Bresche in die Festung, den Schild schützend erhoben, um die Pfeil- und Steinschüsse abwehren zu können. Doch nichts geschah. Der Festungshof war mit Gesteinsklumpen und mit den Trümmern der niedergebrannten Bauten bedeckt, aber mit nur wenigen Toten. Immer mehr Römer drangen ein. Saturnin stieg mit einigen Legionären die Kasematten hinab, die Tritte hallten auf den Steinstufen schaurig wider. In einer geräumigen Halle lagen die Verteidiger Masadas, alle tot, gestorben durch eigene Hand, um den Römern nicht in die Hände zu fallen. Das flackernde Fackellicht malte bizarre Schatten auf die verzerrten Gesichter. Saturnin war, als lege sich ihm ein Eisen um den Hals und würge ihn. Dafür den Bau einer Rampe, monatelange Schinderei, Verwundungen, Krüppel und viele Tote! Alles, um einen Felsen zu erobern! In diesem Moment dachte er nicht daran, daß er dafür Senator werden würde, sondern wünschte, die Rampe nie erdacht und gebaut zu haben. Alles für einen menschenleeren Felsen! Er lachte. Sein Lachen brach sich an den Mauern. Bestürzt umstanden ihn seine Legionäre. Er erlaubte ihnen wegzutreten, befahl Trebonius, dem Prokurator Meldung zu erstatten.

Langsam stieg Saturnin wieder hinauf, schritt über das Plateau bis zur nördlichen Spitze, zum Terrassenpalast des Herodes. Er lehnte sich zwischen den Säulen über die Brüstung und blickte hinab. Linker Hand glitzerte das Tote Meer. Die leere Weite der Wüste Moab lag unter der Sonnenglast. Kein Wunder, dachte Saturnin, daß aus dieser Einsamkeit religiöse Lehren kamen. Denn womit sollte man sich in dieser Leere befassen als mit Gott?

Plötzlich schienen die bisher stummen Legionen erwacht zu sein. Rom triumphierte! Laut und aufdringlich zerstörte das Siegesgeschrei die Stille.

XXXV

Es waren gänzlich andere Geräusche, die ihn weckten. Saturnin richtete sich auf und bemerkte, daß er nicht mehr in Judaea war. Das Leben in Rom mußte er erst wieder lernen. Er fühlte sich seltsam beunruhigt. Wahrscheinlich hing es damit zusammen, daß er heute Octavia nach Jahren wiedersehen würde. Er sprang aus dem Bett und nahm das Schreiben Silvas an seine Tochter vom Tisch. Sollte er es öffnen, um zu erfahren, ob der Prokurator ihn darin erwähnte? Er setzte an, das Siegel zu entfernen, zögerte, begann wieder an der Verschnürung zu nesteln, warf dann das Schreiben ärgerlich auf den Tisch und verließ das Schlafzimmer, um der Versuchung zu entgehen.

Zedekia und Pomperius, die ihm beim Anlegen der Paraderüstung halfen, zwinkerten sich zu, als der Legat auf den breiten goldenen Armspangen bestand.

»Pomperius, du reitest sofort nach Pompeji, bringst meinen Sohn und das kleine Judäermädchen mit, bittest meine Schwester, dich zu begleiten, da ich dringend mit ihr zu reden habe. Und du, Zedekia, bereitest alle Papiere und Abrechnungen vor, weil ich mich über meinen Vermögensstand unterrichten will.«

Der Judäer lächelte, kannte er doch den Grund des Befehls. Als Senator mußte man mindestens eine Million zweihunderttausend Sesterzien besitzen. Nach der ersten Rückkehr des Herrn aus Judaea hatte das Vermögen sechshunderttausend Sesterzien betragen. Seit er, Zedekia, als Sekretär und Schreiber alle Vollmachten über das Eigentum Saturnins besaß, hatte es sich durch günstige Transaktionen auf neunhunderttausend Sesterzien erhöht. Die Belohnung für die Eroberung Masadas stand noch aus. Den fehlenden Rest zum Mindestvermögen eines Senators würde bestimmt die Schwester zuschießen, deshalb der Wunsch des Legaten, sie dringend zu sprechen.

Pomperius und Zedekia sahen ihrem Herrn beim Verlassen des Hauses nach, bis er ihren Blicken entschwunden war.

Der Weg zu Silvas neuer Villa betrug etwa eine drittel Meile, die Saturnin zu Fuß zurücklegte. Als ihn der Torsklave einließ, fühlte er ein wenig Beklommenheit. Ein anderer Sklave führte ihn ins Atrium, nahm ihm Helm und Mantel ab, wies ihn in ein geräumiges Empfangszimmer und sagte, daß ihn die Herrin erwarte. Kaum hatte Saturnin den Raum betreten, als sich der schwere Vorhang öffnete. Er starrte sie an und vermochte im ersten Augenblick nichts zu sagen. Sie war es, an die er oftmals gedacht hatte, aber wiederum war sie es nicht. Die Frisur befremdete ihn, weil sie nicht in das Bild paßte, das er von ihr hatte. Nicht mehr die lange dunkelrote Haarflut, sondern kunstvolle Löckchen. Die Augen erkannte er wieder, diese grünen seltsamen

Augen. Auch Octavia musterte ihn und sah einen Fremden. Der Saturnin, den sie einst gekannt hatte und dem sie ihr Leben verdankte, war es nicht, der hatte nicht so harte, kantige Züge, dessen Augen hatten etwas Träumerisches gehabt und nicht diese Skepsis.

»Wollen wir die ganze Zeit hier stehen und uns anstarren? Sei willkommen, Saturnin. Es ist viel Zeit vergangen seit unserer letzten Begegnung«, sagte sie lächelnd und bot ihm einen Platz an.

»Ich grüße dich, Octavia, auch von deinem Vater«, sagte er förmlich und übergab ihr den Brief, bevor er sich setzte.

Sie las ihn sofort, warf einen überraschten Blick auf ihren Gast und fragte, ob er den Inhalt kenne. Saturnin verneinte. Verlegen schlug Octavia die Augen nieder, nervös verschlangen und öffneten sich ihre Hände, schaute dann auf Saturnin, der sie schweigend anstarrte. Um das peinliche Schweigen zu durchbrechen, fragte sie nach ihrem Vater, ob es ihm gut gehe. Er antwortete nur kurz. Das Gespräch, das sie mühsam in Gang zu halten suchte, stockte schließlich ganz.

Saturnin empfand die Situation als qualvoll, fand aber einfach keinen Gesprächsstoff. Ihm schien es, als seien alle Gedanken und Worte mit einem Schlage verlorengegangen. Um den peinlichen Zustand zu beenden, verabschiedete er sich. Zu Hause vergrub er sich in seiner Bibliothek und schalt sich einen Trottel. Warum habe ich ihr nicht gesagt, daß sie mir genauso gefällt wie vor zehn Jahren? Ich saß da wie ein einfältiger Tropf. Ich hatte bei Frauen bisher nie Hemmungen und Verklemmungen, warum gerade bei ihr? War ich zu lange aus Rom weg? Vielleicht muß ich den Umgang mit Frauen und die römischen Gepflogenheiten erst wieder lernen? Zedekias Eintritt riß ihn jäh aus seinen Selbstbefragungen. »Ein Sekretär vom Palatin«, meldete der Judäer, verschwand zugleich und ließ den Angemeldeten eintreten.

Ein kleiner, blasser Mann mit spärlichem Haarwuchs, der sich als Pedanius, des Caesars Sekretär für innenpolitische

Fragen, vorstellte, trug sein Anliegen vor. »Edler Saturnin, der Caesar entbietet dir seinen Gruß und bittet dich, für deine bevorstehende Aufnahme in den Kreis der Ehrwürdigen Väter eine Antrittsrede zu entwerfen, für deren sprachliche Glättung mir der Caesar die Verantwortung zu übertragen geruhte.« Der Sekretär sprach nicht ohne Stolz und Selbstgefälligkeit über seine Aufgabe.

Worüber er denn sprechen solle, fragte Saturnin nicht gerade erbaut.

Als hätte Pedanius nur auf diese Frage gewartet, begann er, den Kopf leicht zur Seite geneigt, mit Amtsmiene das Thema zu umreißen. Der Caesar habe daran gedacht, daß der angehende Senator über die Rettung Roms durch die ruhmreiche Gens der Flavier sprechen möge, natürlich unter Einbeziehung persönlicher Erlebnisse wie der Verfolgung unter Nero, der Demütigung und Behinderung durch die Willkür des damaligen Präfekten, die wunderbare Befreiung durch den Augustus Caesar Imperator Vespasianus und den Caesar Titus, und über die grandiosen Siege in Judaea. Ein Wort tiefempfundenen Dankes für den Princeps und den Caesar wäre als Abschluß angebracht.

Saturnin verstand. Eine Ruhm- und Lobesrede auf die Flavier wurde von ihm erwartet. Sein ganzes Wesen sträubte sich gegen eine Verherrlichung und über jegliches Maß hinausgehende Erhöhung der Mächtigen, da Kaiser auch nur Menschen waren und keine Götter, wie sie durch bestellte Lobreden, prunkvolle Statuen und angeordnete Anbetung das Volk gerne glauben machten. Er, Saturnin, der die Überhebung und Vergottung der Herrschenden, unabhängig ob sie Julier, Claudier oder Flavier waren, mißbilligte, sollte nun gegen seine Überzeugung dazu die Hand reichen? Tat er es nicht, dann verspielte er die Chance des Aufstiegs in Roms oberste Klasse. Enttäuschend war für ihn, daß er die Zeit des läppischen Kaiserkultes und der Kaiseranbetung mit Neros Tod verschwunden gewähnt hatte, während sie nun unter den Flaviern, die er für ein nüchternes und solchem nichtigen Firlefanz abholdes Geschlecht gehalten hatte, nicht nur fortbestand, sondern neu erblühte.

»Einwände?« fragte Pedanius, ihn mißtrauisch beobachtend.

»Nein, nein«, beeilte sich Saturnin, keinerlei Verdacht aufkommen zu lassen. »Nur die Zeit scheint mir etwas zu kurz.«

Erleichtert lächelte der Sekretär und sagte, daß es noch öfter vorkommen werde, unter Zeitdruck wichtige Dinge zu Ende bringen zu müssen.

Er werde gleich beginnen, versprach der Legat.

Ob er morgen bereits einen ersten Entwurf vorzulegen in der Lage sei, nutzte der Sekretär Saturnins Bereitwilligkeit aus.

Nach kurzem Zögern stimmte Saturnin zu. Pedanius verabschiedete sich, um nicht länger zu stören, wie er lächelnd bemerkte.

Saturnin begann zu schreiben. Sachlich und kühl, ohne Umschweife und Schnörkel versuchte er das Thema zu behandeln. Dann riß ihn die Begeisterung mit, als er seine Gefühle bei der Ankunft in Judaea schilderte. Die Beschreibung der Eroberung Jerusalems geriet ihm zu einem Panegyrikus auf Titus' Tapferkeit. Geschickt flocht er Sentenzen aus Senecas Schriften ein, vor allem aus der ›Milde‹, deren Grundzüge er unter dem flavischen Kaiserhaus verwirklicht zu sehen glaubte.

Längst hatte Zedekia die Öllampen und die Kerzen im Kandelaber entzündet, ohne daß der schreibende Hausherr bewußt davon Notiz genommen hätte. Die Frage nach dem abendlichen Mahl hatte er nur mit einer abwehrenden Bewegung beantwortet. Ob er überhaupt zugehört hatte, wagte Zedekia zu bezweifeln und verließ leise den Legaten. Saturnin schrieb weiter. Endlich glaubte er, am Ende zu sein, und setzte den Schlußpunkt, legte die Feder beiseite und lehnte sich erschöpft zurück. Erst jetzt bemerkte er die stockdunkle Nacht draußen. Er schlug mit dem Hämmerchen gegen ein metallnes Becken. Nach einer Weile erschien Zedekia im Nachtgewand, verschlafen blinzelnd und mit zerzausten Haaren.

Wie spät es sei, fragte Saturnin.

»Zwei Stunden nach Mitternacht«, erwiderte der Judäer gähnend.

»Wie die Zeit vergeht«, staunte der Legat, wies auf die sechs beschriebenen Rollen und befahl Zedekia, sie zu lesen, nicht jetzt, aber gleich in der Frühe, ergänzte er, als er des Judäers Schreck bemerkte.

Draußen dämmerte es, als Zedekia in die Bibliothek ging, eine Lampe entzündete und zu lesen begann. Der erste Teil, nüchtern und sachlich die Erlebnisse seines Herrn unter Nero beschreibend, gefiel ihm und ließ ihn die ausgestandene Bedrückung nahezu miterleben. Aber die Beschreibung des Krieges in Judaea mißfiel ihm. Hatte er immer geglaubt, Saturnin sei einer der wenigen Römer, die seinem Volk Verständnis und ein wenig Achtung entgegenbrachten, so sah er sich getäuscht. Aus des Legaten Zeilen sprach unverhüllt der römische Welteroberergeist. Die plumpe Schmeichelei und Anbetung der Flavier schließlich empfand Zedekia als ekelhaft.

Wütend warf er die Rollen, die er des besseren Lesens wegen vors Gesicht gehalten hatte, auf den Tisch zurück. Drei Jahre diente er seinem Herrn und hatte sich eingebildet, ihn ein wenig zu kennen. Doch diese Schrift ließ ihn zweifeln.

Zedekia beugte sich vor und nahm die oberste Rolle. Las und schüttelte den Kopf. Die Schlußsätze waren überladen mit großen Erwartungen an die Herrschaft des flavischen Kaiserhauses, die Saturnin als Anbruch eines neuen Zeitalters pries. Was der Legat erwartete, konnten nicht einmal alle Gottheiten, gäbe es sie, zusammen erreichen. Abermals knallte er die Rolle auf den Tisch, nachdem er Saturnins verstiegenen Vergleich Vespasians mit Augustus gelesen hatte.

Er atmete tief und überlegte, was er dem Herrn sagen

sollte. Widerlich, ekelhaft, zumindest der zweite Teil, müßte er sagen, wäre er ehrlich. Durfte er dies aber unumwunden sagen? Mitunter war der Legat unberechenbar, von Großmut und Güte bis zum unbändigen Zorn konnte das Gefühlspendel ausschlagen. Eines Judäers Wahrheit, die sich nicht mit der eines Römers deckte, konnte sowohl ein gelassenes Lächeln als auch eine Strafe bewirken. Sollte er Saturnins Zorn herausfordern, indem er sagte: Herr, du hast die Verbrechen der Griechen und des Gessius Florus an uns Judäern vergessen zu erwähnen! Ebenso die Mordtaten der arabischen Hilfstruppen. Weiterhin die Unmenschlichkeit der Römer, ihren Vernichtungswillen gegenüber dem kleinen Volk, das nichts als sein Recht forderte! Herr, du hast vergessen, die Niederbrennung des Tempels als einen Akt der Barbarei zu charakterisieren! Den Verrat des Joseph ben Matthias und den des Herodes Agrippa an Land und Volk und die Willkür des Caesars Titus ließest du unerwähnt! Auch las ich nicht, daß der grandiose Sieg über Masada ein Sieg über Tote war.

Das alles müßte er sagen! Er wußte, daß er nichts von alledem sagen würde, weil es töricht wäre, die durch Tüchtigkeit und anstelliges Verhalten mühsam erworbene Stellung bei seinem Herrn zu gefährden. Siegern gegenüber war Aufrichtigkeit nicht angebracht. Die Römer waren nun einmal die Sieger. Sogar der einfältige Pomperius, dieser ungeschlachte und ungebildete Bauer, der nicht einmal Griechisch sprach, fühlte sich ihm, dem Judäer, überlegen und ließ keine Gelegenheit aus, es zu zeigen. Aber irgendeine Anmerkung muß ich machen, dachte Zedekia, denn zum Spaß habe ich die Rede nicht lesen müssen. Widerwillig nahm er die Rollen, griff zum Wachstäfelchen und kritzelte einige Bemerkungen darauf. Gerade als er fertig war und erleichtert die Bibliothek verlassen wollte, erschien Saturnin.

»Nun?« fragte der Legat in gespannter Erwartung.

Zedekia reichte ihm das Wachstäfelchen und bemerkte, daß die erwähnten geographischen Angaben nicht immer exakt seien.

Saturnin überflog Zedekias Anmerkungen, nickte und befahl, die Fehler gleich zu korrigieren. »Wie ist dein Eindruck?« fragte er gleich danach.

»Eine beeindruckende Rede«, erwiderte Zedekia ausweichend.

»Werde deutlicher!« forderte Saturnin.

»Eine beeindruckende Rede, die . . .«

». . . die?« drängte der Legat unerbittlich.

». . . die die Zeit unter Nero und Tigellinus lebendig macht, so daß sogar ich, der diese Zeit nicht in Rom erlebte, mir ein Bild von ihr zu machen imstande bin.«

»Weiter.«

»Sehr glücklich finde ich, daß du deine Erwartungen vom Kaisertum der Flavier an Senecas ethischen Forderungen der Milde mißt. Dadurch postulierst du einen Maßstab oder besser eine Linie, hinter die es kein Zurückweichen mehr gibt.«

»Du hast mich verstanden, aber noch befriedigt mich deine Antwort nicht vollends. Was an meiner Rede gut ist, glaube ich selbst einschätzen zu können. Geschriebenes ist immer eine zutiefst persönliche Sache. Wenn du und ich diesen Schreibtisch beschrieben, so würde ein Leser, der ihn nicht gesehen hat, sich zwei unterschiedliche vorstellen. So ist das auch mit meiner Rede. Ich glaube nicht, daß du keinerlei Einwände hast. Es gibt, wage ich zu behaupten, kein Textstück auf dieser Welt, an dem niemand etwas auszusetzen hat.«

Als Zedekia schwieg, lächelte Saturnin.

»Du hast Angst, mir die Wahrheit zu sagen. Hättest du keine Einwände, dann wärest du nicht so klug, wie ich dich einschätzte, und ich müßte überdenken, ob ich dir weiterhin mein Vertrauen und mein Vermögen . . .« Saturnin brach mitten im Satz ab und hob bedauernd die Schultern.

Zedekia rann der Schweiß die Achselhöhlen hinab. »Herr, ich versichere, die Wahrheit gesagt zu haben«, versuchte er, der mißlichen Antwort zu entgehen. Doch des Legaten ungläubiges Lächeln sagte ihm, daß er so einfach nicht ausweichen konnte. »Eine Sache, Herr, scheint mir fragwürdig«, mühte sich Zedekia um einen Ausweg.

»Welche?« fragte Saturnin interessiert.

»Muß dein Lob für die Flavier so überschwenglich ausfallen? Mir scheint es übertrieben, vor allem, weil es zum vorangegangenen Teil, in dem du schlicht und ohne Übertreibung berichtest, nur die Tatsachen allein sprechen läßt, in krassem Widerspruch steht.«

Jetzt war es heraus, vorsichtig und gemildert zwar, doch es war Kritik. Zedekia wartete auf den Unmut seines Herrn. Doch Saturnin blieb ruhig und nachdenklich sitzen. Erst nach geraumer Zeit wandte er sich an Zedekia, sah ihn freundlich an und sagte, daß er ihm danke, jedoch das letzte Wort spräche Pedanius, des Caesars Sekretär.

Ermutigt durch die gelassene Hinnahme der Kritik, fragte Zedekia, ob Saturnin selbst an das im Senat zu Sagende glaube, denn darauf allein komme es an.

Nun zog der Legat die Brauen hoch, lachte aber dann und meinte, daß es darauf am allerwenigsten ankomme, denn jeder glaube an sich selbst, ohne die Mittel, zu sich selbst zu finden, jemals in Frage zu stellen.

Dunkel und schwer verständlich fand der Judäer seines Herrn Antwort. Ein Pochen am Tor hinderte ihn, um eine Erklärung zu bitten.

Pedanius, der fade Sekretär, trat ein, entschuldigte sich wortreich, daß er nicht drängen, sondern nur fragen wolle, weil er durch Zufall in der Nähe gewesen sei. Lässig wies Saturnin auf die Rollen und winkte Zedekia, sie dem Sekretär auszuhändigen.

Gierig griff Pedanius danach und verabschiedete sich mit dem Versprechen, dem edlen Saturnin bald Bescheid zukommen zu lassen.

Allein geblieben, sann Saturnin Zedekias Bemerkungen nach. Er hätte sich rechtfertigen können mit dem Hinweis, daß die Eckpunkte der Rede von Titus selbst festgelegt worden seien. Unwirsch wies er den Gedanken von sich. Ein Römer brauchte sich vor einem judäischen Sklaven nicht zu rechtfertigen. Außerdem hatte er das Recht, nein, sogar die Pflicht, den Flaviern seinen Dank zu bekunden. Das Lob konnte nicht übertrieben sein, gemessen an dem, was die Flavier für ihn getan hatten! Obwohl er den Einwand Zedekias nicht gelten ließ, blieb doch ein geringer Zweifel, der ihn auch die nächsten Tage nicht losließ. Erst die Ankunft Claudias befreite ihn aus seinen Grübeleien. Die Knaben stürmten herein, Cornelius, der wildere, vornweg, Sentius, ruhiger und bedächtiger, hinterdrein.

»Vater«, rief der Siebenjährige und fiel ihm um den Hals.

»Onkel Lucius, hast du alle Schriften schon gelesen?« fragte Cornelius, der voller Erstaunen die Behälter in den Regalen zu zählen begann.

»Fast alle«, lächelte Saturnin.

»Seneca, den kenn ich, er hat Mutter und Vater das Leben gerettet«, rief Cornelius begeistert und deutete auf den Namen an einem der Behälter.

»Du kannst aber bereits gut lesen«, lobte Saturnin.

»Ich auch«, meldete sich Sentius.

Endlich trat Claudia ein und begrüßte herzlich ihren Bruder und ermahnte die Jungen, sich zu baden und umzukleiden. »Nun, was sagst du zu deinem Sohn?«

»Hat sich unter deiner Hand gut entwickelt, scheint mir nur ein wenig zu still zu sein.«

»Du darfst ihn nicht an meinem Sohn messen, der ist vorlaut und besonders wild. Cornelius der Ältere läßt den angehenden Herrn Senator grüßen. Lucius, ich freue mich, daß du es geschafft hast«, sagte Claudia herzlich und drückte ihres Bruders Hand. »Nun solltest du aber heiraten«, fügte sie eindringlich hinzu.

»So, sollte ich das? Und wen?«

»Ich kenne nur zwei Frauen, die zu dir passen.«

»So? Wie schade, wo es so viele schöne Frauen auf der Welt gibt«, scherzte er. »Laß hören, denn ich bin gespannt, ob sich die geschwisterliche Übereinstimmung auch auf diesem Gebiet fortsetzt.«

Claudia ließ den Bruder auf ihre Antwort warten. Sie lächelte triumphierend, als er sie drängte, endlich die Namen zu nennen.

»Domitia Longina.«

»Domitia Longina, Corbulos Tochter? Wie kommst du auf sie?«

»Ich kenne sie durch Vinicianus. Sie ist eine schöne und kluge Frau.«

»Ist sie Witwe?«

»Nein, ihr zweiter Mann, Älius Lamia, lebt noch.«

Wieso sie Domitia ihm als Gattin empfehlen könne, fragte er enttäuscht. Lächelnd antwortete Claudia, sie habe sie ihm nicht empfohlen, sondern nur festgestellt, daß sie zu ihm passe. Außerdem sei, sollte Lamia das Feld räumen, bereits ein energischer und sie heftig umschwärmender Nachfolger zur Stelle, den er gut kenne.

»Wer?« fragte er ohne jegliches Interesse und nur der Form halber.

»Herr«, unterbrach Zedekia das Gespräch, »Pomperius läßt fragen, ob er den Kindern Rom zeigen darf?« Saturnin blickte unschlüssig auf seine Schwester, die zustimmend nickte. Und Mikal? fügte er hinzu. Mikal bleibe lieber bei Esther, erwiderte Zedekia und verschwand.

»Mikal ist ein schwieriges Kind, sehr verstockt und verschlossen, dabei intelligent, geschickt und gelehrig. Sie läßt sich nur von Judäern zum Sprechen bewegen. Cornelius hat deshalb für ihre Erziehung einen billigen Judäer nach dem Krieg gekauft. Unsere Söhne hänseln sie fortlaufend, was ich nicht gut finde.«

»Sollte man sie verkaufen?«

»Auf keinen Fall«, widersprach Claudia.

»Ich dachte. Doch wir waren vom Thema abgewichen, du schuldest mir noch den zweiten Namen.«

Claudia sah ihn belustigt an. »Zuerst werde ich dir verraten, wer Domitia Longina umwirbt und bedrängt: dein Freund Domitian.«

»Als Sohn eines Kaisers hat er Anspruch auf eine schöne und kluge Frau. Wird er Erfolg haben?« erwiderte Saturnin ohne sichtliche Überraschung.

»Vielleicht. Er ist der Sohn des Imperators und Caesar! Domitia ist klug. Jede Frau ist ein klein wenig berechnend, und eine kluge ein klein wenig mehr.«

»Sage mir endlich, wer die andere Frau ist«, forderte er.

»Octavia Flavia.«

Er versuchte, seine Überraschung zu verbergen. Claudia sah, wie ihr Bruder mit dem Zeigefinger am Nasenflügel entlangfuhr, dann das Kinn knetete und schließlich die Unterlippe durch die Zähne zog. Sie lächelte, wußte sie diese Bewegungen doch genau zu deuten.

»Sie ist ebenfalls verheiratet«, entgegnete er.

»Nicht mehr.«

»Wirklich?«

»Spiel mir keine Komödie vor, du weißt es doch, zumindest gerüchtweise hast du davon gehört.«

Er hatte.

»Hast du dich nicht für Octavia vor Jahren schon interessiert?«

»Und wenn? Zeit läßt die Liebe vergehen.«

»Und Liebe läßt die Zeit vergehen. Ich kenne diese alte etruskische Weisheit auch. Darf ich dir ein Geheimnis verraten? Octavia mag dich.«

Saturnin blickte ungläubig auf seine Schwester, fragte, woher sie dies wisse.

»Von ihr selbst. Ich weiß auch, wie linkisch und steif du dich bei deinem Besuch benommen hast. Schau mich nicht so an, als verstündest du die Welt nicht mehr. Ich kenne Octavia schon lange. Sie war mit Epicharis befreundet. Mir gab sie Geld, als ich aus Sinuessa floh. Seit Neros Tod schreiben und besuchen wir uns regelmäßig. Auch Macrinus ist mir nicht unbekannt. Kein schlechter Mensch übrigens, nur etwas stur und rechthaberisch, was Octavia auf Dauer nicht ertragen konnte, deshalb die Trennung. Macrinus gab im Scheidungsbrief ihre Kinderlosigkeit als Grund an.«

»Sie bekommt keine Kinder?« fragte er, doch mehr sich selbst als Claudia.

»Leider. Du mußt dir gut überlegen, ob du dich damit wirst abfinden können«, riet Claudia.

»Ich kann es. Vielleicht ist dieser Umstand sogar günstig. Angenommen, Claudia, Octavia und ich hätten zusammen ein Kind oder Kinder, wäre es nur natürlich, daß sie ihre leiblichen Kinder Sentius vorzöge. Doch was rede ich so, als wäre alles bereits beschlossene Sache. Ich weiß nicht einmal, ob mich Octavia heiraten will.«

»An deiner Stelle würde ich sie fragen.«

»Es ist komisch, aber bei ihr habe ich Hemmungen. Kannst du das verstehen?«

»Ich glaube schon.«

»Was soll ich nun tun?«

»Deine Einfalt und Phantasielosigkeit enttäuschen mich. Sag es ihr, da du weißt, nicht auf Ablehnung zu stoßen.«

»Wann und bei welcher Gelegenheit?«

»Heute abend. Ich habe mir die Freiheit genommen, Octavia einzuladen.«

Er sah sie erstaunt an. Dann sagte er, wäre sie nicht seine Schwester, hätte er sie geheiratet.

»Ob ich aber solch einen Trottel wie dich genommen hätte«, lachte sie und verließ die Bibliothek.

XXXVI

Fast hätte er den gefüllten Becher umgestoßen. Zum Glück hatte es niemand bemerkt, nicht einmal die Kinder, die ausgelassen mit Claudia und Octavia plauderten. Unverwandt starrte Saturnin auf Octavia und beteiligte sich kaum am Gespräch. Auch sie schien nicht immer aufmerksam zu folgen. Manchmal trafen sich ihre Blicke, dann lächelten sie sich an, jedoch kurz nur, denn die Kinder forderten lautstark ihre Aufmerksamkeit. Vom Vesuv, von Pompeji und von Pferden erzählten sie, bis ihnen Claudia mit einer Fingerbewegung Mäßigung abverlangte. Octavia bat für Cornelius und Sentius um Nachsicht und fragte, wie ihnen Rom gefalle. Wie ein Strom, der die Uferbefestigung überschwemmte, flossen ihre Eindrücke.

Mit Erstaunen bemerkte Saturnin, daß auch Sentius seine Zurückhaltung Stück für Stück verlor und Cornelius mit Begriffen wie Capitol, Circus Maximus und Palatin übertönte.

Ein enttäuschter Aufschrei, als Claudia an die Schlafenszeit erinnerte. Überhaupt keine Lust verspürten die Knaben, die gemütliche Runde zu verlassen. Claudia forderte den Bruder auf, als Vater, Onkel und Hausherr ein energisches Wort zu sprechen. Doch Saturnin war überfordert und wußte nicht, ob er die Knaben mit einem Befehl ins Bett scheuchen oder an ihre Einsicht appellieren sollte.

Octavia, die seine Hilflosigkeit sah, strich den Knaben über die Köpfe und versprach, wenn sie ohne Murren schlafengingen, dürften sie morgen bei ihr die Pferde ansehen. Nun ließen sich Cornelius und Sentius widerstandslos von Claudia aus dem Tablinum führen.

Saturnin und Octavia waren allein. Schweigend sahen sie sich eine Weile an. Nach dem zweiten Becher Wein meinte er, daß er ihr etwas sagen müsse. Er erschrak über seine eigene Stimme, die rauh und fremd klang.

»Du brauchst mir nichts zu sagen, wenn es dir so schwer fällt«, erwiderte sie lächelnd.

»Und warum nicht?«

»Weil ich alles bereits weiß. Von meinem Vater und deiner Schwester.«

»Warum hast du mich nicht daran gehindert, vor dir wie ein Tor aufzutreten?«

Sie lachte auf, daß er ihre kleinen regelmäßigen Zähne sah. »Warum sollen Männer nicht auch einmal sich ihrer

Torheit und Schwäche bewußt werden? Warum sollen wir Frauen es den Männern immer so leicht machen? Es hat mich amüsiert, wie der kühne Eroberer Masadas nicht die Worte fand, um schlicht und einfach auszudrücken, was er auf dem Herzen hatte.«

Saturnin hielt es nicht länger in seinem Sessel, er sprang auf, rannte um den Tisch und zerrte sie hoch, zog sie an sich, daß ihr Gesicht ihm ganz nahe kam und er die Wärme ihres Körpers spürte. »Dafür werde ich dich bestrafen«, sagte er und fühlte, daß er plötzlich keine Hemmungen mehr hatte, sie an sich zu ziehen und zu küssen. Ihre Lippen öffneten sich und erwiderten den Kuß. Eine Weile standen sie so.

»Ist das deine Strafe?« fragte sie.

»Erst der Anfang.«

»Eine schöne Strafe, die ich ein Leben lang ertragen könnte.«

»Das wirst du wohl müssen.«

Sie schmiegte sich enger an ihn und flüsterte, er möge sie festhalten wie sie ihn, damit sie sich nie mehr verlieren könnten.

»Das werde ich.«

Plötzlich löste sie sich aus seinen Armen und sah ihn mit einem Blick trauriger Hilflosigkeit an. »Du liebst mich, aber weißt du, daß ich keine Kinder bekommen kann?«

Er zog sie wieder an sich. »Das weiß ich. Ich brauche dich und keine Kinder. Ich . . . nein, wir haben einen Sohn.«

Octavia schluckte und legte ihren Kopf auf seine Schulter und schmiegte ihr Gesicht an seines, so daß er die Tränen in ihren Augen nicht sehen konnte.

»Endlich«, rief Claudia, die geräuschvoll das Tablinum betreten hatte.

Octavia entzog sich Saturnin und setzte sich wieder.

»Schon als Kind hattest du die Gabe, zu den unpassendsten Gelegenheiten aufzutauchen«, neckte der Legat die Schwester.

»Jetzt kann er wieder keck daherreden«, wandte sich Claudia mit einer Grimasse zu Octavia, »unser großer Held, nachdem ihm seine kleine Schwester erst Mut machen mußte.«

»Du übertreibst, Claudia. Laß vom besten Wein bringen, der für besondere Anlässe bereitsteht. Du weißt, welchen ich meine, es ist schließlich heute ein ganz besonderer Anlaß.«

Als Saturnin Octavia und Claudia zutrank, empfand er sich als glücklichen und begnadeten Menschen, weil ihm das Schicksal drei der schönsten Gaben geschenkt hatte: Liebe, Gesundheit an Körper und Geist und Erfolg.

XXXVII

»Der Kaiser und Caesar Domitian sind noch bei ihm«, sagte die Wache. Saturnin hatte Verständnis, noch nicht vorgelassen zu werden, wußte er doch um die Zeitnot des von seinem Vater mit Arbeit überhäuften Titus. Und wenn der Kaiser und Domitian bei ihm waren, ging es um mehr als Bagatellen. Der Flur vor Titus' Gemächern in einem Seitenflügel des Goldenen Hauses war still und nur sparsam erleuchtet. Die offiziellen Empfangsräume des Caesars befanden sich im Haupttrakt neben denen des Kaisers. Hier empfing er nur Vertraute oder zog sich zurück, wenn er ungestört sein wollte.

Saturnin schlenderte langsam durch den halbdunklen Gang, der seitlich in eine Säulenhalle abbog, in der das Stimmengemurmel aus dem großen Kuppelsaal zu hören war. Er betrat den in Form einer Rotunde errichteten Saal, und unwillkürlich zog die Kuppel seinen Blick an. Zu Neros Zeiten, hieß es, hätte sie sich ständig gedreht. Heute stand sie still. Vielleicht war das mechanische Räderwerk defekt, und Vespasian ließ es nicht reparieren oder hatte es sogar stillegen lassen? Oben in der Kuppel wird sich Neros krächzender Gesang gebrochen haben, dachte Saturnin. In den Nischen unter den Säulen standen diskutierende Männer zu dritt, zu viert oder höchstens zu sechst zusammen und warteten auf den Empfang beim Imperator, beim Caesar Titus oder in einer der Kanzleien. Ab und an wurde von einem kaiserlichen Beamten ein Name in den Saal gerufen. Dann verebbte für einen Moment das Gemurmel. In der Nähe eines Fensters, abseits von den anderen Gruppen, standen Coccejanus und Orfitus mit drei ihm unbekannten Männern. Er hörte Coccejanus noch sagen: »Du darfst nicht so unnachgiebig sein, Priscus, denk an deinen Schwiegervater ...«

Auf ein Zeichen von Orfitus, der Saturnins Näherkommen bemerkt hatte, brach Coccejanus mitten im Satz ab.

»Sei gegrüßt, Saturnin, Sieger von Masada«, begrüßte ihn Coccejanus überschwenglich, der sich auf Orfitus' Zeichen umgewandt hatte.

»Zu viel Ehre, Coccejanus, Silva ist der Bezwinger Masadas, ich habe nur ein wenig geholfen.«

»Flavius Silva hat Größe genug, den Anteil deiner Verdienste nicht zu schmälern. Mir hat er geschrieben, was du geleistet hast. Übrigens, mein Name ist Gajus Macrinus«, mischte sich einer der unbekannten Männer ins Gespräch.

Dieser Hüne also war Macrinus, Octavias früherer Mann! Saturnin betrachtete ihn abschätzend, was Macrinus bemerkte und spöttisch lächelte.

»Helvidius Priscus, Metius Pomposianus«, stellten sich die beiden anderen Männer vor. »Du bist ein Anhänger der Flavier?« fragte Priscus unumwunden und unfreundlich.

Saturnin verstand den Sinn der Frage nicht, auch Coccejanus und Orfitus sahen sich befremdet an, nur Macrinus grinste. Mit Titus und Domitian sei er längere Zeit bekannt, als noch nicht daran zu denken war, daß Vespasian einmal Princeps werden würde, erwiderte Saturnin nach geraumer Zeit.

Priscus wandte sich um und ging grußlos davon.

»Entschuldigt«, sagte Saturnin, »es war nicht meine Absicht, Priscus zu vertreiben.«

»Priscus mag die Flavier nicht und bezieht alle ein, die mit ihnen verbunden sind. Er übertreibt allerdings seine starre und unnachgiebige Haltung und wird sich noch durch seine Attacken gegen Vespasian in Schwierigkeiten bringen«, erklärte Coccejanus. Orfitus und Pomposianus nickten. Macrinus schwieg, zeigte keine Regung.

Saturnin verabschiedete sich und verließ den Rotundensaal. Es war ihm unangenehm, daß er die Ursache für Priscus' Mißfallen sein mußte. Im flackernden Licht der Feuerschalen erkannte er Domitian, der den Gang entlang hastete.

»Ach, Lucius, es ist kein Leben mehr in Rom«, preßte der Flavier hervor. »Ich möchte mich in irgendeine Provinz verkriechen, nur weg von diesen beiden . . .« Er unterdrückte ein unflätiges Wort. »Sie behandeln mich wie einen dummen Jungen.«

»Legat Lucius Antonius Saturninus!« rief die Wache, ehe Saturnin Domitian antworten konnte.

»Besuche mich, Lucius, wir müssen einmal ausführlich miteinander reden«, bat Domitian, was Saturnin, bereits im Gehen, versprach.

Vespasian und Titus waren noch in ein Gespräch vertieft. Plötzlich hieb der Kaiser die Faust auf den Tisch und schrie: »Er muß!«

Titus, der den Vater zu beschwichtigen versuchte, wurde von Vespasian angebrüllt, daß seine Geduld am Ende sei und daß Clemens es nicht wagen solle, ihn weiterhin damit in den Ohren zu liegen. Als der Kaiser den Legaten erblickte, verließ er seinen Sohn, Saturnin nur kurz zunikkend.

»Ich grüße dich, Lucius«, sagte Titus und kam sofort auf sein Anliegen, Saturnins Antrittsrede in der Kurie, zu sprechen. Er lobte des Legaten Ausführungen als gut und richtig in den Grundzügen. Jedoch seien von ihm angesichts der

Bedeutung der Rede eines angehenden Senators einige Änderungen, besser Akzentverschiebungen, vorgenommen worden, erklärte Titus. Die Antrittsrede, das müsse Saturnin verstehen, sei das politische Bekenntnis eines jeden Senators. Er, Saturnin, habe sich zwar zur flavischen Herrschaft bekannt, jedoch noch nicht dezidiert genug und unter gewissen Einschränkungen. Titus lächelte und fragte den Legaten, ob er wisse, was er meine, fuhr fort, als Saturnin erstaunt den Kopf schüttelte: »Du willst Senecas Postulate durch uns garantiert sehen. Das können wir so direkt nicht aussprechen und vor allem nicht als Staatsdoktrin verkünden. Die Kurie, der Kaiser und ich erwarten in der gegenwärtigen Lage, in den schweren Anfangsjahren unserer Herrschaft, von jedem durch uns ernannten Senator eine bedingungslose Gefolgschaft. Du darfst mich nicht falsch verstehen, es ist nur eine Frage der Taktik.« Titus nickte zufrieden, als Saturnin ihm zu verstehen gab, daß er ihn schon richtig verstanden habe. Den Hintersinn in des Legaten Antwort überging der Caesar und setzte seine Erklärungen fort. »Um dir die Mühe einer nochmaligen Überarbeitung zu ersparen, habe ich die Rede, wie du sie in der Kurie vortragen wirst, bereits in Reinschrift übertragen lassen. Eine Kopie behalte ich, eine geht ins Senatsarchiv, eine ins kaiserliche, und hier ist dein Exemplar. Der erste Schritt in die Unsterblichkeit«, beendete Titus lächelnd seine Unterweisungen. Nun fragte er Saturnin nach persönlichen Dingen, kam auf Josephus zu sprechen, der die Geschichte des Judäischen Krieges zu schreiben gedenke und auch ihn, Saturnin, als Beteiligten nahezu aller Schlachten befragen werde. Ein weiterer Schritt in die Unsterblichkeit, schmeichelte der Caesar. Dann schwieg Titus. Ein Zeichen, daß er den Besuch nicht länger ausgedehnt wissen wollte. »Also in zwei Tagen in der Kurie, Ehrwürdiger Vater in spe«, verabschiedete er Saturnin.

Zunächst glaubte Saturnin, der Caesar habe ihm aus Versehen die Abschrift einer anderen Rede mitgegeben. Erst nach wiederholtem Lesen erkannte er seinen Entwurf, oder was davon übriggeblieben war, wieder. In den Grundzügen war zwar vieles erhalten geblieben, aber durch geringfügige Auslassungen, veränderte Satzstellungen waren die Betonungen verschoben worden und Sinnentstellungen entstanden. Seine Beschreibung der Zeit Neros war von Titus auseinandergerissen, in den gesamten Text eingestreut und immer mit dem Lob der flavischen Herrschaft kommentiert worden.

Vergeblich suchte Saturnin den Namen Corbulo. Voller Unmut mußte er sich überzeugen, daß Gnäus Domitius Corbulo nicht erwähnt wurde. Auch Senecas Ideen eines gerechten Kaisertums waren kaum wiederzufinden. In zwei lapidaren Sätzen, in denen der angehende Senator zu verkünden hatte, daß er im Prinzipat Vespasians Senecas Grundsätze garantiert und verwirklicht sehe, wurde daran erinnert.

Die ganze Rede atmete in dieser Form nur eines: bedingungslose Gefolgschaft dem flavischen Kaiserhause. Saturnin hatte gerade dieses Versprechen nicht so absolut und unwiderruflich geben wollen. Er fühlte sich durch eine derartige Offenbarung mit Haut und Haaren verkauft. Mit dieser Rede, die einem bedingungslosen Treueschwur gleichkam, knüpfte er sein Geschick unlösbar an das der Flavier. Doch was konnte er jetzt noch tun? Die Rede ändern, ihre ursprüngliche Form wiederherstellen? Unmöglich! Damit hätte er jegliche Gunst des Kaisers und des Caesars verspielt. Die Erkenntnis war bitter, daß ihm keine andere Wahl blieb, als die gewünschte Lobrede zu halten und damit ein Stück seines Ichs zu verleugnen. Der Weg in den neuen Lebensabschnitt, den er noch vor kurzem als den eines glücklichen Menschen gesehen hatte, bescherte ihm bereits einen ungebetenen und üblen Begleiter: die Unaufrichtigkeit.

Die Flavier haben dem Imperium zur Ordnung verholfen und werden keine Tyrannei errichten, versuchte er sich zu rechtfertigen. Meine Bedenken sind unangebracht, und man kann den Flaviern vertrauen, verdrängte er seine Zweifel.

Erst Octavias Bemerkung, das sei nicht er, sondern ein Emporkömmling, der aus diesem Panegyrikus spreche, weckte seinen Zweifel wieder. Ein derart scharfes Urteil hatte er nicht erwartet.

»Es ist Titus' Überarbeitung. Er ließ mir keine Wahl, keine Freiheit, meine eigenen Gedanken, Erlebnisse und Empfindungen darzustellen. Ohne Umschweife hat er es mir gesagt, alle von seinem Vater ernannten Senatoren müssen ihre bedingungslose Ergebenheit zum flavischen Kaiserhaus bekunden«, verteidigte sich Saturnin.

»Es konnte nicht anders sein, denn sonst wäre ich ein wenig enttäuscht gewesen. Viele deiner Freunde werden irritiert sein und dir in Zukunft sogar mißtrauen. Vater hat recht, unseren Vettern argwöhnisch zu begegnen. Wer weiß, welche bisher verborgenen Eigenschaften die Macht bei ihnen noch ans Tageslicht zerrt? Jetzt sind es bloß plumpe Eitelkeit und läppische Selbstgefälligkeit. Doch du kannst nichts tun, du mußt Senator werden, denn nur in der Kurie kannst du dich weiter entfalten. Im Laufe der Zeit vergißt man deine Antrittsrede.«

Er hatte ihr staunend zugehört, denn so viel gesundes Urteilsvermögen hatte er ihr nicht zugetraut. Sprach aus ihr der Vater oder der verflossene Ehemann?

»Was hat ein im Senat abgelegtes Treuebekenntnis für einen Wert? Zumal es mir beinahe in Gänze diktiert wurde. Doch lassen wir das beiseite, ich verdanke Vespasian und Titus beinahe alles. Ist ein kleines Zeichen der Dankbarkeit, wenn ihnen so viel daran gelegen ist, zu viel verlangt? Nein! Ich verabscheue drei Dinge: Verrat, Unrecht und Undank. Ich kann nicht undankbar sein.«

Octavia dachte, daß ihm dies zwar zur Ehre gereiche, aber Dankbarkeit auch nicht unbegrenzt gefordert werden dürfe.

XXXVIII

»Haben wir uns verkauft?« hatte ihn Civica Cerealis nach der Sitzung in der Kurie gefragt. Irgendwann müsse sich jeder einmal verkaufen, hatte Sallustius Lucullus geantwortet, einer der vier mit ihm ernannten Senatoren. Manche täten es sogar mehrmals, hatte er mit einem Grinsen und einem Kopfschwenk auf Marcus Coccejus Nerva noch hinzugefügt. Appius Maximus, ein kleiner häßlicher Mann, dem Saturnin gleich beim ersten Anblick den Namen ›häßlicher Vogel‹ gegeben hatte, hatte geschwiegen. »Wir haben uns nicht verkauft, sondern nur in den Dienst eines gerechten Kaiserhauses gestellt«, hatte er Cerealis und Lucullus widersprochen, worauf ihm der ›häßliche Vogel‹ bewundernd zugenickt hatte. Cerealis war skeptisch geblieben und schließlich gegangen, als ihn Appius Maximus erinnerte, daß ihn keiner gezwungen habe. Lucullus hatte sich ihm angeschlossen.

Es war ein denkwürdiger Tag gewesen trotz der kleinen Schönheitsfehler, die er und Cerealis entdeckt zu haben glaubten. Dieser Tag würde sich ihm, genau wie die erste Nacht mit Octavia, für immer einprägen. Ein Tag und eine Nacht, in denen sich für ihn vieles erfüllt hatte, wovon er einst träumte. Saturnin stützte das Kinn auf die gefalteten Hände und starrte hinaus in den spätherbstlichen Garten, in dem die Farben unter der triefenden Nebelnässe erloschen waren. Fast war er versucht, alles niederzuschreiben:

Wie er leicht erregt in das Halbrund vor die ansteigenden Sitzreihen der Ehrwürdigen Väter getreten war, der Kaiser im kurulischen Stuhl des Konsuls ihm wohlwollend zugenickt und Titus ihm aus der ersten Reihe ermunternd zugelächelt hatte. Zuerst die Stimme belegt, dann langsam Festigkeit gewinnend, schließlich sich pathetisch steigernd. Er hatte sich an seinem eigenen Vortrag berauscht, an seinem Treuebekenntnis zum flavischen Kaiserhaus, das ihm gleichbedeutend mit Treue zu Rom war. Dann der Beifall, der sich zum tosenden Jubel steigerte. Einige Senatoren, dies war ihm nicht entgangen, hatten ihm nicht applaudiert. Erst als Vespasians Blick sie gestreift hatte, schlugen sie unhörbar die Fingerspitzen aufeinander. Einer von ihnen war Helvidius Priscus gewesen.

Anschließend hatte Aulus Cäcina das Wort ergriffen und voller Hohn gefragt, ob der Kaiser all seine Legaten und Heerführer in den Senat zu bringen gedenke. Nach dem, was heute geschehen sei, würde der Senat bald eine Körperschaft von Offizieren sein. Dies sei aber nicht Sinn und Zweck der Versammlung der Ehrwürdigen Väter.

Ungerührt vom finsteren Blick des Kaisers hatte Helvidius Priscus laut geklatscht. Einem Senator in der hintersten Reihe war dann das Wort erteilt worden. Zu seiner Überraschung war es Silva gewesen. Flavius Silva hatte in seiner Rede die Ernennung der neuen Senatoren gegen Cäcinas Einwand verteidigt, denn nur der, hatte er mit Nachdruck den Senatoren entgegengehalten, besäße das Recht, in der Kurie zu sitzen, der sich auf den Schlachtfeldern für Rom Verdienste erworben habe. Priscus und Cäcina hatten daraufhin unter Protest die Kurie verlassen, die übrigen hatten applaudiert.

Das Gastmahl auf dem Palatin, wo er, der Senator Lucius Antonius Saturninus, zwischen Titus und Flavius Silva plaziert worden war . . . Seine Erinnerung stockte. Sollte er alles niederschreiben? Vielleicht später einmal mit gewissem Abstand zu den Ereignissen!

Haben wir uns verkauft? Cerealis' Frage kehrte wieder, sosehr er sie auch zu verdrängen suchte. Immer dann, wenn er glaubte, endgültige Klarheit gewonnen zu haben, züngelte sie wie eine kleine, aber giftige Schlange in seine Gedanken. Natürlich war diese Frage unsinnig und nicht statthaft! Das flavische Kaiserhaus ruht auf unseren Schultern, wir sind die Stützen, Cerealis, Lucullus, Veiento und ich, sind Faktoren seiner Macht, dachte er nicht ohne Stolz. Wir haben uns verkauft an die Flavier, an deren Herrschaft wir teilhaben und die wir mittragen. Mithin haben wir uns an uns selbst verkauft! Was war daran unehrenhaft? Saturnin lachte und nahm den Kopf von der Handstütze. Warum war er nicht gleich auf diese einfache Logik gekommen?

Cerealis, entsann er sich, hatte die Eigenart, alles in Frage zu stellen. In Judaea, nachdem Neros Tod Gewißheit war, hatte er geäußert, nunmehr sei es an der Zeit, zur Republik zurückzukehren, da sich das Prinzipat überlebt und verbraucht habe und unfähig sei, Roms Probleme zu lösen. Nicht Rückkehr zum Althergebrachten, schließlich sei die Republik an ihrer Unfähigkeit zugrunde gegangen, könne die Anforderungen der heutigen Zeit bewältigen, sondern nur ein gewandeltes und auf Senecas ethischen Forderungen ruhendes Prinzipat, hatte er Cerealis widersprochen. Doch der hatte, störrisch wie einst Cato, auf der Republik als künftiger Staatsform beharrt. Allerdings hatte er, Saturnin, einräumen müssen, daß das erbliche Kaisertum, das schwachsinnigen und degenerierten Figuren die Nachfolge sicherte, ebenfalls verwerflich und unvertretbar sei. Sie hatten sich blutig in die Annalen eingeschrieben: Tiberius, Caligula, Nero. Und heute? Saturnin mußte zugestehen, daß Vespasian mit brutaler Offenheit verkündet hatte, daß nur seine Söhne – zumindest der eine – einst seine Nachfolge anträten. Gegen Titus war nichts einzuwenden. Hier lag vielleicht ein einmaliger Glücksfall vor, der sich nicht verallgemeinern ließ. Man müßte im Senat ein Gesetz über das Wahl- oder Adoptivkaisertum wider die dynastische Erbfolge einbringen, ein Lex Saturnina. Dieser Gedanke hatte Großartiges für, aber auch Schwerwiegendes gegen sich: Nicht nur, daß er verfrüht kam, sondern daß er ihn der Gunst der Flavier berauben würde, stellte er doch ihre Ansprüche in Frage.

Der Vorhang öffnete sich plötzlich und Sentius huschte herein. Der Senator sah das verweinte Gesicht und fragte, was es Schlimmes gäbe.

»Seit Cornelius nicht mehr da ist, ist's langweilig. Pomperius, dieser Grobian, hat den Fechtlehrer entlassen, und Zedekia quält mich mit griechischer und lateinischer Grammatik. Ich will zu Octavia!«

»Etwas viel Ärger auf einmal«, sagte Saturnin und zog den Jungen an sich, der daraufhin aufschrie. »Was hast du?« fragte erschreckt der Vater.

»Nichts, nur mein Arm tut schrecklich weh.«

Besorgt streifte Saturnin den weiten Ärmel hoch und sah eine durchblutete Binde über dem Ellenbogen, fragte, woher die Verletzung rühre.

»Der Fechtlehrer ist mit dem Schwert abgeglitten. Es war ein Versehen.«

Sofort rief Saturnin nach Pomperius und fuhr ihn zornig an, wie derartiges habe passieren können. Sentius verteidigte Pomperius, beteuerte, daß ihn keine Schuld träfe. Pomperius dankte ihm mit einem freundlichen Blick, entschuldigte sich dann beim Senator, der ihm befahl, den nächsten Fechtlehrer ihm, dem Hausherrn, vorzustellen.

Pomperius nickte und wollte sich entfernen, als ihn ein scharfes ›Halt‹ noch zurückhielt.

»Pomperius, deine Bosheiten gegen Zedekia und die kleine Judäerin sind mir nicht verborgen geblieben. Ich möchte dich warnen.«

»Edler Herr, darf ich dir erklären . . .«

»Nichts darfst du! Laß die beiden künftig in Frieden!«

Pomperius verneigte sich, versprach es dem Senator und durfte sich entfernen.

»Vater, du hast Pomperius Unrecht getan. Zedekia hat ihn beschimpft und alle Römer dazu. Er hat gesagt, die Judäer hätten bereits ein großes Reich besessen, als von Rom noch nichts zu sehen gewesen sei und die Römer wie die Affen in der Wildnis gelebt hätten. Daraufhin hat ihn Pomperius geschlagen. Mikal hat er eingesperrt, weil sie mich gekratzt und angespuckt hat.«

Saturnin erwiderte lachend, daß Zedekia nicht gelogen habe.

»Die kleine Judäerin trägt den Namen einer Königstochter, die später die Frau eines der mächtigsten judäischen Herrscher war. Als das judäische Reich von den Chaldäern zerstört wurde, der Judäerkönig hieß übrigens Zedekia, war unser Rom noch ein Septimontium, eine Sieben-Berge-Siedlung unter etruskischer Herrschaft.«

»Wir Römer sind aber die Mächtigsten, und uns kann keiner besiegen«, entgegnete Sentius.

»Wir sind es nur, weil wir die Besten und die Fleißigsten sind. Und warum sind wir das? Weil wir bereits im frühesten Kindesalter lernen und uns ertüchtigen. Auch du mußt lernen, damit wir Römer die Mächtigsten und Besten bleiben. Also geh zu Zedekia und lern deine Lektionen!«

»Und Octavia?«

»Besuchen wir morgen. Bald bleibt sie für immer bei uns.«

»Fein«, jubelte Sentius.

»Sie wird deine Mutter werden.«

»Das kann sie aber nicht. Meine Mutter ist tot. Meine Freundin kann sie werden, aber nicht meine Mutter.«

»Dann eben deine Freundin, deine allerbeste. Nun geh!« Die Antwort des Sohnes machte ihn nachdenklich, hatte er doch geglaubt, Octavia könne ohne weiteres für Sentius eine neue Mutter sein. Und nun versagte er ihr den Mutterstatus. Vielleicht brächte die Zeit eine Lösung, und wenn nicht, dann mußte sich Octavia mit der Rolle der Freundin begnügen.

Wo blieb denn Silva? Er hatte seinen Besuch angekündigt, um mit ihm über die Vorbereitung der Hochzeit zu sprechen. Saturnin ging ins Atrium, wo er Stimmen aus einem der seitlich gelegenen Räume vernahm. Unwillkürlich lauschte er. Lächelte, als er Sentius griechisch deklinieren und konjugieren hörte, hin und wieder von Zedekia berichtigt. Partizip Aorist Passiv, erinnerte sich der Senator, machte Anfängern immer Schwierigkeiten. Eine dünne Mädchenstimme piepste dazwischen. Ein guter Gedanke, fand Saturnin, die kleine Judäerin zum Unterricht hinzuzunehmen, das machte die Sache kurzweiliger. Bald, so hatte Zedekia versprochen, könne Sentius die Bedingungen für den Besuch einer öffentlichen Schule erfüllen.

Endlich kam Silva. Auf seinem Soldatenmantel glänzten winzige Wasserperlen. »Römisches Mistwetter«, schimpfte er und haderte mit Vespasian, der ihn ausgerechnet um diese Jahreszeit nach Rom befohlen hatte.

»Der Kaiser wollte dir den Genuß der Rede deines angehenden Schwiegersohnes im Senat nicht versagen«, scherzte Saturnin.

Silva verzog das narbige Gesicht zu einer Grimasse und meinte, daß darüber noch zu reden sei, folgte dann dem Hausherrn in das behagliche Empfangszimmer und bat um heißen, mit Honig vermischten Wein.

Esther brachte das Gewünschte.

»Ist das nicht eine von Herodes' Sklavinnen?«

»Eine von den drei, die er mir für seine Tänzerin gab.«

Silva schlürfte das heiße Getränk, räusperte sich und setzte zum Sprechen an, verschluckte sich und mußte husten. »Deine Rede«, begann er, nachdem er abgehustet hatte, »geschickt aufgebaut und wirkungsvoll dargeboten, tat nur in einem Punkte zuviel des Guten: in der fortwährenden Beteuerung deiner Treue. Es erinnerte an Catos Ceterum Censeo. Doch dich braucht das nicht zu kümmern, denn ich habe in der Kurie schon weitaus Schlechteres gehört.«

»Das ist tröstlich«, entgegnete Saturnin spöttisch.

»Du verübelst mir meine Bemerkung doch nicht?« fragte Silva.

»Nein, denn sie trifft mich nicht. Meine Rede war eigentlich anders, was ich dir beweisen . . .« Saturnin stutzte, denn sein Original hatte Titus behalten. »Ich kann es nicht beweisen, denn meinen Entwurf hat man auf dem Palatin behalten. Was ich im Senat vortrug, war die von Titus und seinem Sekretär überarbeitete Fassung.«

»Das erklärt alles. Mein Vetter und sein Sohn überlassen nichts dem Zufall. Sogar in solch belanglose Kleinigkeiten greifen sie ein. Als angehender Senator hat man dann keine andere Wahl, als dem Kaiser entweder zu Willen zu sein oder auf die Karriere zu verzichten.«

»Ich stehe in ihrer Schuld und werde sie mit meiner Treue begleichen.«

»Dagegen ist nichts einzuwenden. Misch dich aber nicht in die innerfamiliären Querelen der Flavier ein. Vespasian wird seine Gründe haben, Domitian zu zügeln. Auf Außenstehende mag das herzlos wirken, doch für mich ist es vernünftig.«

»Für mich ist es Bevormundung«, widersprach Saturnin.

Silva wiederholte seinen gutgemeinten Rat, sich des Mitleids für Domitian zu enthalten.

»Wenn er eines Tages Kaiser wird?«

Erschreckt fuhr Silva hoch. »Niemals! Bei allen Göttern, nur das nicht. Titus ist jung und wird männliche Nachkommen haben. Wie soll da Domitian jemals Kaiser werden? Es wäre auch nicht im Sinne Vespasians.«

»Wer weiß. Das Schicksal wählt oft verschlungene Wege. Denke an Tiberius, Claudius und Nero. Ich bin für eine Beseitigung der Erbfolge. Vielmehr sollte jeder Kaiser einen des Thrones würdigen Mann adoptieren.«

»Dieser Weg ist nur gangbar, wenn ein Princeps keine Söhne hat. Hat er Söhne, wird er immer versuchen, ihnen den Thron zu sichern. Auch der edelste Kaiser wird niemals einem Fremden geben, was er dem eigenen Sohn, selbst wenn er mißraten ist, erhalten kann. Auch Vespasian, bei aller Strenge und Vorbehalten gegenüber Domitian, würde bei Kinderlosigkeit seines ältesten Sohnes dem jüngeren die Herrschaft nicht vorenthalten. Schlag dir das aus dem Kopf und laß es Vespasian nicht hören!«

»Der Senat muß den Princeps, der nur ein Primus inter pares ist, dazu zwingen.«

»Du frischernannter Senator kennst die Gepflogenheiten der Kurie noch nicht«, lachte Flavius Silva. »Seit Augustus ist der Senat nur mehr ein Werkzeug in der Hand des jeweiligen Kaisers. Jeder Princeps schafft sich den Senat, den er haben will. Vespasian strich sofort nach der Machtübernahme die Anhänger Vitells und andere ihm nicht wohlgesonnene Männer von der Liste und brachte seine Leute, wie Cerealis, Lucullus, Maximus und Saturninus, in die Kurie. Ebensogut kann er euch wieder durch den Zensor streichen lassen. Auch unter den Flaviern gilt das gnadenlose Gesetz der Macht: Wer nicht pariert, wird aus den Ämtern entfernt. Nach der letzten Senatssitzung hat Vespasian Helvidius Priscus und Aulus Cäcina aus dem Senat entfernt. Um Octavias willen bitte ich dich, laß dich nicht auf Opposition oder verstiegene Forderungen wie Adoptivkaisertum ein, sondern versuche einen Aufstieg in Maßen.«

»Ich will nicht opponieren, denn ich bin froh, im Senat zu sitzen. Meine Vorfahren haben es nur bis zum zweiten Adel gebracht, ich bin der einzige, der zum ersten aufgestiegen ist.«

»Das ist eine gute Einstellung. Laß dich aber nicht von ungehemmtem Ehrgeiz forttreiben. Versuche deine Kraft auf das Erreichbare zu konzentrieren: Senator, Quästor, Ädil, Prätor, Konsul und dann Statthalter einer einträglichen Provinz. Eine gute Provinz als Abschluß, denn dort bist du unabhängig, zumindest weitestgehend, und lebst wie ein kleiner Kaiser. Dein Reichtum vermehrt sich, du hast alles, was das Leben schön und erträglich macht, Villen, Paläste, Sklavinnen, Muße. Ich habe mich in Caesarea auch eingerichtet und genieße meine Statthalterschaft. Vespasian versprach mir, mich in den nächsten fünf Jahren nicht abzukommandieren. Natürlich nicht ganz uneigennützig, denn ich überwache seine privaten Besitzungen in Judaea, damit sie genügend abwerfen.«

Interessiert hatte Saturnin zugehört. Es klang alles sehr plausibel und doch sträubte sich etwas in ihm, stellte er sich die Monotonie eines Statthalterdaseins vor. Ihm schwebte ein Amt vor, das er mit der Einmaligkeit seiner Persönlichkeit und der nur von ihm denkbaren Gedanken auszufüllen gedachte, ein Amt, in dem er ›Rampen‹ für neue Siege ersinnen und bauen konnte.

»Du sagst nichts«, unterbrach Silva Saturnins Gedanken.

Es hatte wenig Sinn, Silva zu widersprechen. Bei aller Achtung vor dem berühmten Feldherrn und der menschlichen Zuneigung, die er dem Vater seiner künftigen Frau entgegenbrachte, blieb Silva stets nur ein Soldat mit dem schlichten und begrenzten Verstand eines Soldaten, der nicht immer die tieferen Zusammenhänge begreifen konnte. Nein, entschloß sich Saturnin, ich werde ihm meine Bedenken nicht offenbaren, denn sie würden nur Mißverständnisse auslösen. »Wer schweigt, scheint zuzustimmen«, rettete er sich auf den Gemeinplatz eines Sprichworts.

Silva nahm es hin und schlug das Thema Hochzeit an. Ihm wäre es lieb, dieses Fest vor seiner Abreise im Frühjahr zu feiern.

»Mir recht«, erwiderte Saturnin.

»Anfang März?«

»So spät?« fragte Saturnin enttäuscht.

»Octavia Flavia ist nicht irgendeine Frau und hat Anspruch auf eine standesgemäße Hochzeit und schließlich heiratet . . .«

Der Feldherr stockte. Schließlich heiratet man in der Regel nur einmal, hatte er sagen wollen. »Es sind noch viele Vorbereitungen nötig, die einen früheren Zeitpunkt nicht zulassen.«

Saturnin willigte ein. Silva verabschiedete sich und musterte, als ihn der Hausherr ans Tor begleitete, abschätzend das Anwesen. »Hier werdet ihr nicht wohnen können. Der Platz reicht nicht einmal für Octavias Pferde, geschweige denn für euch und eure Sklaven.«

Saturnin unterdrückte eine heftige Erwiderung. Zornig blickte er dem angehenden Schwiegervater nach, der noch lächelnd ihm zuwinkte. Diese herablassende Äußerung hatte ihn verdrossen und gedemütigt. Warum mußte ihn Silva so verletzen? Hatte er seine Gedanken erraten bei Silvas Erläuterung eines maßvollen Aufstiegs und wollte ihm seinen Hochmut mit billiger Münze des sich brüstenden Reichtums zurückzahlen? Oder waren es die Gedanken der Tochter, die der Vater aussprach? Nachdenklich ging er ins Haus zurück. Lange noch suchte er der Wahrheit nachzusinnen, was nicht so recht gelingen wollte, da sich Störendes einmischte: Bitterkeit.

XXXIX

Arrecinus Clemens lehnte sich an die Säule. Hier hatte er mit Servilia gestanden, hier hatte er die letzten Worte des Barea Soranus gehört. Beinahe zehn Jahre waren seither vergangen, die ihm nichts bedeuteten, denn in seiner Erinnerung stand die Zeit still. Täglich verweilte er hier und erlebte die Vergangenheit ständig aufs neue, so daß sie immer Gegenwart blieb.

Nach geraumer Zeit zog er sich in die Glyptothek zurück, wo er mit flüchtigem Blick über die Büsten schaute, jedoch bei Flavius Sabinus und Barea Soranus einige Augenblicke verweilte. Dann blickte er verzückt auf Servilia, deren marmorne Wangen er zärtlich streichelte und deren kalte Lippen er inbrünstig küßte. Clemens bemerkte nicht, daß ihn Marcipor, sein Sklave und Arzt, dabei beobachtete. Mit Besorgnis verfolgte Marcipor das tägliche, an einen Götzendienst gemahnende Ritual seines Herrn. Er befürchtete, Clemens habe den Verstand verloren. Einmal hatte Marcipor es gewagt, seinen Herrn auf diesen Punkt anzusprechen, was ihm aber nicht gut bekommen war. So begnügte sich der Sklave mit der heimlichen Beobachtung und hegte die Hoffnung, daß der Herr eines Tages der Zeremonie müde werde. Jedoch die Hoffnung trog.

Auch heute wieder der gewohnte Ablauf. Nach den Säulenträumereien, wie Marcipor das reglose Lehnen an der Säule spöttisch nannte, folgte das Büstenküssen und darauf die sitzende Versteinerung. Clemens saß dann in seiner Pinakothek vor zwei Gemälden Servilias entrückt und gleichsam erstarrt, so als sähe er einer Gorgone ins Antlitz, deren Blick versteinern machte. Kopfschüttelnd entfernte sich dann Marcipor, denn dies war Höhepunkt und Ende des Rituals und dauerte länger als die vorangegangenen Götzendienste.

Ein Glück, dachte Marcipor, daß der Herr seit Jahresbeginn nicht mehr das Amt des Prätorianerpräfekten innehatte, denn ein Gardekommandant, der wie ein Somnambuler am hellichten Tag in anderen Gefilden schwebte, gab eine etwas eigenartige, wenn nicht sogar groteske Figur ab. Im Atrium lauschte er. Hatte es nicht soeben ans Tor gepocht? Ehe er sich überzeugen konnte, stürmte Domitian mit schneebestäubtem Pelz herein, schüttelte sich wie ein Hund und verlangte herrisch, sofort Arrecinus zu sprechen. Marcipor, der auf die kleinen Pfützen sah, die der abgetaute Schnee auf dem Marmor bildete, erwiderte, daß der Herr beschäftigt sei.

»Er hat wohl wieder seine verrückten Stunden?« lachte Domitian, der von Marcipor von Clemens' täglichen Zeremonien wußte, und deutete mit dem Finger an die Schläfe. »Ich muß ihn aber dringend sprechen«, fuhr der Flavier fort und ging ungeachtet der ablehnenden Geste des Sklaven in die Pinakothek.

»Eine schöne Frau, diese Servilia«, anerkannte Domitian, als er über Clemens' Schulter auf die Bilder sah.

Der Versunkene schrak zusammen, fuhr herum und blickte den Störenden zornig an.

»Ich muß mit dir sprechen.«

»Jetzt nicht«, erwiderte Clemens abweisend.

»Doch«, beharrte Domitian.

»Geh in meine Bibliothek und warte!«

»Vater hat Titus zu deinem Nachfolger ernannt, was . . .«

»Ich hab gesagt, du sollst gehen!«

Als Domitian sah, daß Clemens nicht mit sich reden ließ, entfernte er sich, dabei ›alter verbohrter Narr‹ vor sich hinmurmelnd.

Die Störung hatte Clemens' Andacht jäh unterbrochen und ihn aus seiner Versunkenheit gerissen. Mit einem Fluch verließ er die Pinakothek und ging in die Bibliothek, wo Domitian in einem Korbsessel lümmelte, die langen Beine weit von sich gestreckt und nervös die Hände knetend. Clemens setzte sich, um seinen Unmut über den jugendlichen Freund deutlich zu zeigen, auf einen Hocker in der hintersten Ecke.

»Vater hat Titus zum Präfekten ernannt«, sprudelte Domitian hervor.

»Na und? Mir egal, wer mein Nachfolger wird.«

»Mir nicht. Ich hatte gedacht, da mein Bruder Mitregent und Vertreter Vaters ist, bekomme ich die Garde«, erwiderte Domitian.

»Dann hast du eben falsch gedacht«, entgegnete Clemens unwirsch.

Als Domitian gekränkt schwieg und Clemens die Niedergeschlagenheit auf dem breiten hübschen Gesicht seines Schützlings sah, den er beinahe wie einen Sohn liebte und der seine Hilfe brauchte, weil sie ihm der eigene Vater versagte, schwand sein Unmut über die Störung. »Wein?« fragte er freundlich.

Domitian lehnte mit der Entschuldigung, daß er im Trinken maßhalte, entrüstet ab und fügte höhnisch hinzu, daß Titus sein Quantum mittränke.

Clemens wußte um die bacchantischen Orgien seines ehemaligen Schwiegersohnes im Kreise junger Lebemänner. Sein Spürsinn hatte den Ort der Ausschweifungen erkundet, eine abgelegene Villa auf dem Esquilin am Rande der maecenischen Gärten. Clemens wagte zu bezweifeln, daß Vespasian von den nächtlichen Vergnügungen seines Ältesten Kenntnis hatte, hütete sich aber, zu irgendeinem Menschen darüber zu sprechen, auch zu Domitian nicht, denn man konnte nie wissen, wozu sich derlei Geheimnis eines Tages nutzen ließ.

»So schlimm wird es mit Titus' Trinkerei nicht sein«, versuchte er Domitian auszuhorchen.

»Ich merke ihm die Trunkenheit an, andere nicht, denn er versteht sich meisterhaft zu beherrschen und verabsäumt trotzdem nie seine Pflicht. Doch ich bin nicht hier, um über meines Bruders Trinkgewohnheiten zu sprechen. Mich hat mein Vater wieder übergangen und Titus ein weiteres bedeutungsvolles Amt übertragen. Vielleicht hängt deine Ablösung damit zusammen?«

»Mag sein. Der Posten eines Praefectus praetorio ist so erstrebenswert nicht«, versuchte Clemens den Enttäuschten zu beschwichtigen.

»Er ist erstrebenswert, denn er verkörpert Macht, mitunter mehr, als der Kaiser besitzt. Erinnere dich an Sejanus, Burrus und Tigellinus«, erregte sich Domitian.

Der Hausherr lächelte nachsichtig über des Jüngeren Eifer. »Er verführt zum Mißbrauch der Macht, der letztendlich bestraft wird. Keiner der drei von dir genannten Mächtigen starb eines natürlichen Todes: Sejanus wurde umgebracht, Burrus von Neros Leibarzt zu Tode behandelt, Tigellinus durchschnitt sich auch nicht aus freien Stücken die Kehle. Ist ein solches Ende ein angemessener Preis für die kurze Spanne einer zweifelhaften Macht?«

»Jetzt vergleichst du Unvergleichliches, Arrecinus. Befinden sich Principat und Prätorianergewalt in einer Familie, dann kann derartiges nicht geschehen. Wäre ich Präfekt der Garde, dann hätte ich gegenüber meinem Vater und meinem Bruder eine gleichwertige Position und damit in allen wichtigen Belangen Mitspracherecht.«

»Das haben Vespasian und Titus auch erkannt«, lachte Clemens.

Wütend sprang Domitian auf und trat dicht zu Clemens, daß dieser unwillkürlich ein wenig zur Seite rückte. »Arrecinus, du bist mein bester Freund, du stehst mir näher als mein Vater und mein Bruder, du hast mir das Leben gerettet, dir allein kann ich anvertrauen, was mich im Innersten bewegt. Ich halte dieses Leben nicht mehr aus.«

Besorgt blickte Clemens zu dem erregten Flavier auf, der

hochroten Gesichts mit einer fahrigen Bewegung sich durch die Locken fuhr.

»Diese Ohnmacht, dieses Beiseitestehen ertrage ich nicht länger. Ich muß zusehen, wie mein Vater und mein Bruder die Macht genießen, wie auf ihre Weisungen sich Legionen in Marsch setzen, Senatoren gestrichen oder eingeschrieben werden, Bauwerke wie das neue Amphitheater aus dem Boden wachsen und andere verschwinden, wie Rom ihnen huldigt. Das bringt mich zum Wahnsinn, Arrecinus, sie stehen im Licht, ich stehe im Dunkel ihres Schattens«, klagte Domitian.

»Ich verstehe dich, doch du mußt Geduld haben, mußt warten können.«

»Geduld, warten, ich kann und will nicht mehr warten! Ich will endlich Macht, ich brauche die Macht, denn dafür haben mich die Götter geschaffen und nicht zum Dienen und Gehorchen«, schrie Domitian, mit den Armen in der Luft, als wollte er einen unsichtbaren Feind schlagen. »Herrschen ist für mich der einzige Lebensinhalt und das einzig Erstrebenswerte. Sollte ich nicht dazu gelangen, dann ist für mich kein Platz mehr auf dieser Welt. Und es sieht so aus! Stirbt Vater, wird Titus Kaiser, stirbt Titus, folgt ihm sein Sohn.«

»Noch hat er keinen Sohn«, warf Clemens ein, froh, Domitian, dessen unverhüllter Ausbruch von monomanischer Machtbesessenheit ihn ein wenig erschreckt hatte, einen kleinen Trost spenden zu können.

Domitian lachte bitter und meinte, das sei nur eine Frage der Zeit bei einem so potenten Manntier wie seinem Bruder, zumal dessen neue Frau, Marcia Furnilla, jung sei und ein gebärfreudiges Becken habe.

Clemens schwieg, überlegte, wie Domitian, zumindest mit Rat, zu helfen sei. »Dein Vater hat dich doch zum Caesar ernannt wie deinen Bruder«, versuchte er einen ersten Schritt, den Domitian mit der Bemerkung abtat, bei ihm sei alles nur Formalität ohne Konsequenz. Clemens erhob sich, legte

Domitian väterlich begütigend den Arm um die Schulter, führte ihn zum Sessel zurück, drückte ihn in die Polster, als müsse der Flavier bequem sitzen, um vernehmen zu können, was er zu sagen habe. »Deine Zurücksetzung ist bitter, doch du tust ihr zuviel Ehre an, indem du darunter leidest und dir das anmerken läßt. Du mußt dich verstellen lernen. Ein Ausbruch wie vorhin versperrt dir, kommt er zufällig Vespasian oder Titus zu Ohren, eine Teilnahme an der Macht für immer. Laß keinen merken, daß dir an der Macht alles gelegen ist. Heuchle Bescheidenheit, leugne dein Interesse an einer Teilhabe der Herrschaft, aber gib vor, daß deines Vaters Lage und die Verhältnisse Roms, das Gemeinwohl dir nicht gleichgültig sind, täusche gespannte Hingabe an Wissenschaft, Literatur und Künste vor, auch an Wirtschaftsfragen, weil dies bei deinem Vater Eindruck macht. Und nun das Wichtigste: gewinne Freunde und Verbündete, mache dich beliebt, suche Kontakt zu Feldherren, laß so nebenbei wiederholt die Bemerkung fallen, daß du den Sold für zu gering hältst. Auf diese Weise kannst du die Zeit nutzen und sie für dich arbeiten lassen.«

Hingerissen hatte ihm Domitian zugehört. »Arrecinus, du gibst mir neuen Mut und Hoffnung. Wir müssen immer Freunde bleiben, weil ich glaube, daß wir uns brauchen und uns nützen können. Vielleicht ist doch noch nicht alles verloren, solange Titus noch keinen Sohn hat.«

»Es ist noch nichts verloren. Ich sehe auch noch einen Weg, der dir Einfluß und ein wenig Macht verschaffen kann. Entsinnst du dich der Bitte des Partherkönigs nach Hilfstruppen unter der Führung eines Kaisersohnes gegen die Alanen? Die Sache hat sich damals zerschlagen. Derartigen Hilferufen orientalischer Könige und Fürsten mit der Bedingung, daß einer der Söhne des Princeps den Oberbefehl erhält, muß man, sollten sie ausbleiben, mit etwas Geld nachhelfen. Vespasian kann Titus nicht entbehren, also mußt du die Truppen befehligen. Nun zu einem anderen Thema: Heiratest du die Tochter Corbulos?« Eine erstaunte Frage

Domitians wischte Clemens mit einer lässigen Geste beiseite und fügte hinzu, daß der Name Corbulo einen guten Klang habe und eine Ehe mit dessen Tochter ein nicht zu verachtender Bonus vor allem in den Ostprovinzen sei.

»Arrecinus, ich bewundere dich«, gestand Domitian.

Clemens wehrte bescheiden ab und fügte beiläufig hinzu, daß er ihn in nächster Zeit mit Fabricius Veiento, Vibius Crispus, Pompeius Silvanus und Catullus Messalinus bekannt machen werde.

»Warum gerade mit diesen?«

»Als ich noch Präfekt war, mußte ich im Auftrag deines Vaters über alle Dossiers anlegen, die sich einmal kritisch oder abfällig über ihn geäußert hatten. Es waren nicht wenige. Viele entfernte er aus dem Senat. Kaum hielt er seine Herrschaft für gesichert, scherte er sich keinen Deut mehr um derlei Äußerungen. Nur echte Feinde, Täter und Verschwörer interessierten ihn, Schwätzer und Maulhelden nicht mehr.«

»Der alte Heuchler«, empörte sich Domitian, »wie sehr ihn bloße Worte treffen, hat er mit Priscus' Verbannung bewiesen.«

»Möglich. Jedoch die von mir genannten Senatoren, obwohl sie deinem Vater, was ihre Äußerungen eindeutig belegen, nicht gewogen sind, scheint er nicht bestrafen zu wollen. Gewinne vorsichtig ihre Freundschaft. Bei den ersten Begegnungen werde ich zugegen sein. Auch Cerealis, Lucullus und vor allem Saturnin darfst du nicht deines Bruders Einfluß überlassen. Ködere sie, versprich ihnen, aber mit Fingerspitzengefühl, hättest du Einfluß, wären sie entsprechend ihren Fähigkeiten bereits weiter oben auf der Ämterleiter. Aber sorgsam, nicht überziehen, trotzdem immer wieder!«

»Noch weiter oben als im Senat?« zweifelte Domitian.

»Sind sie zwei oder drei Jahre im Senat, kannst du sie mit dem Konsulat ärgern und anstacheln.«

»Arrecinus, du bist ein ausgekochter Taktiker der Macht.

Ich frage mich nur, warum du selbst nicht versuchst, weiter nach oben zu gelangen?«

Clemens lächelte geschmeichelt. Sollte er Domitian sagen, daß er dazu wiederum zu klug, zu abgeklärt und nicht eitel genug sei? Oder weil er den zerstörerischen Einfluß der Macht kannte, die wie Kronos die eigenen Kinder fraß? Er durfte dergleichen dem Flavier nicht sagen! Er zuckte nur die Schultern und meinte, daß er das selbst nicht wisse.

Domitian sah ihn ungläubig an, drang aber nicht weiter auf eine Antwort, sondern brachte das Gespräch auf Saturnin und rühmte sich dessen Freundschaft.

»Das ist gut, das ist sehr gut«, entgegnete Clemens. »Suche ihn näher an dich zu binden, so daß Titus aus Angst, Saturnin an dich zu verlieren, eifersüchtig wird und sich zu unbedachten Äußerungen hinreißen läßt, die ihm dann Saturnin wirklich entfremden. Nutze Saturnins versponnene Senecagläubigkeit und sein nahezu krankhaftes Gefühl für Unrecht. Bestärke ihn darin, bausche von Titus und Vespasian begangenes Unrecht auf, die Verbannung von Priscus, die Hinrichtung dieses kleinen Hafenbeamten von Korinth zum Beispiel, wenn kein weiteres Unrecht vorliegt, dann suche. Wenn mich nicht mein Gefühl trügt, beseelt diesen Saturnin auch der Wille zur Macht. Finde es heraus und mache dir diesen Willen zunutze.«

»Arrecinus, deine Ratschläge lassen einen kleinen Blick in die Abgründe deiner Seele zu. Niemand würde hinter der Stirn des schlichten, freundlichen und stets gutmütig wirkenden Arrecinus Clemens solche Gedanken vermuten«, sagte Domitian schwärmerisch.

»Das ist eine meiner Stärken, daß man mich unterschätzt.«

»Ich nun nicht mehr, denn du hast dich mir offenbart.«

»Und du mir. Wir haben einander in der Hand und müssen nun gemeinsam an einem Tau ziehen, am Tau der Macht. Ich werde alles tun, um dir Macht zu verschaffen«, versprach Clemens.

»Danke, Arrecinus, aber ich muß nochmals fragen, warum tust du es für mich und nicht für dich selbst?«

Clemens lächelte, hatte er doch erwartet, daß Domitian darauf zurückkommen werde, und sich eine plausible Antwort überlegt.

»Mir genügt die Freude, als der Unbekannte im verborgenen ein wenig an dem Muster der Macht mitgewebt zu haben. Ich bin zu alt, du bist jung und mein Freund, darum lege ich alles in deine Hände.«

»Ich werde dich reich machen, wenn . . .«, versprach Domitian gerührt.

»Versprich mir nichts«, schnitt ihm Clemens das Wort ab. »Dein Erfolg wäre für mich Belohnung genug.«

Dankbar schlang Domitian den Arm um den Freund und sagte, er habe nun gegen einen Becher Falerner nichts einzuwenden.

Mitten in der Nacht schreckte Domitian auf. Ein furchtbarer Traum hatte ihn gequält. Clemens hatte ihn an den Vater verraten, um sich an den Flaviern zu rächen für den frühen Tod seiner Tochter. War es ein Traum? So abwegig war er nicht. Domitian packte die Furcht, denn denunzierte ihn Clemens, dann war er verloren. Vespasian verstand keinen Spaß in derlei Dingen und ihm gegenüber gleich gar nicht. Was kann ich tun, um mich zu retten? fragte er sich bang. Ich muß zu Vater, muß Clemens zuvorkommen, muß Clemens der Verrücktheit, der Unglaubwürdigkeit bezichtigen. Vielleicht läßt sich der Alte erweichen und gibt mir eine Legion? Das ist der einzige Weg, dachte er und legte sich wieder zum Schlafen nieder.

Am Morgen ließ er sich gleich beim Kaiser anmelden. Vespasian empfing ihn über einen Stoß Akten gebeugt und fragte, ohne dabei aufzublicken, was er auf dem Herzen habe, fügte hinzu, er möge sich kurz fassen, da er sehr beschäftigt sei.

Diese Begrüßung für den eigenen Sohn, ohne eine Spur von Wärme und Herzlichkeit, dienstlich, förmlich, ja abweisend, traf Domitian wie ein Schlag. Er war versucht, da er die Stunde für nicht günstig für sich erachtete, sich sofort wieder zu entfernen, gab aber einem Gefühl nach, das ihm riet, eine folgenschwere Frage zu stellen.

»Vater, warum haßt du mich?«

Erstaunt blickte Vespasian von seinen Akten auf. »Was für ein Unsinn. Ich und dich hassen? Du liest zuviel schlechte Literatur. Wie kann ein Vater seinen Sohn hassen?«

»Warum benachteiligst du mich dauernd gegenüber Titus?«

Vespasians Miene verfinsterte sich. »Dein Gerede zeigt mir, daß ich recht habe, dir keine Verantwortung zu übertragen. Wie kannst du dich unterstehen, dich mit deinem Bruder zu vergleichen und von Benachteiligung zu sprechen? Dein Bruder hat Legionen befehligt, den Krieg siegreich beendet und Jerusalem erobert. Und du? Hast dich meinem Befehl widersetzt. Nicht einmal Ehrlichkeit dir selbst gegenüber bringst du auf, um zu erkennen, was dir zu einem verantwortungsvollen Amt alles fehlt.«

»Du hältst mich für unfähig?« fragte Domitian mit vibrierender Stimme.

»Zur Zeit noch.«

»Du hältst mich für unfähig, eine Legion zu kommandieren, eine Provinz zu verwalten? Wie kann ich dir dann beweisen, daß du irrst?«

»Solche Fehler kann ich mir nicht leisten. Fülle das Amt des Quästors, das ich dir gegeben habe, voll aus und mache dich um die Verwaltung der Stadt Rom verdient! Sehe ich Früchte deines Bemühens, dann können wir über eine Provinz oder über ein anderes Amt sprechen, aber nicht jetzt.«

Domitian mußte sich beherrschen, um vor Wut, Ohnmacht und Enttäuschung nicht laut zu schreien. Er preßte die Lippen auf- und die Hände aneinander. In diesem Moment haßte er den Alten wie nie zuvor. Er hatte an des Vaters Nachsicht geglaubt und nicht mit dieser böswilligen

Voreingenommenheit gerechnet. Gut, du hast es so gewollt: Haß gegen Haß, mein gerechter Anspruch gegen deine ungerechte Zurücksetzung! Mir bleibt nur der Weg, den mir Clemens gewiesen hat.

»Ist noch etwas?« fragte Vespasian ungeduldig.

»Nein«, antwortete Domitian, wobei er das Wort Vater unterdrückte.

XL

Die Auspizien zu Saturnins und Octavias Hochzeit standen günstig. Die Vogelschauer hatten ein Adlerpaar einträchtig Rom überfliegen sehen und dies als Bestand der Ehe bis zum Tode gedeutet. Auch die Eingeweide der Opfertiere hatten nichts Beunruhigendes gezeigt. Saturnin hatte darüber gelächelt, glaubte er doch nicht an derlei Weissagungen und daß das Schicksal irgendwo geschrieben stünde. Nichts stand geschrieben! Nirgends, wenn nicht in jedem Menschen selbst! Doch nicht jeder verstand sich aufs Lesen seiner inneren Schrift und suchte sie deshalb anderswo, außerhalb seines Ichs, in den einem unsichtbaren Gott zugesprochenen Worten, in nichtssagenden Orakelsprüchen oder in diesem lächerlichen Firlefanz der Vogelbeobachtung und Eingeweideschau. Aber nicht er, Lucius Antonius Saturninus, Legat und Senator!

Octavia indes glaubte an Vorzeichen. Gegen den Willen ihres Vaters hatte sie sogar die Hochzeit auf den letzten Februartag vorverlegen lassen, da nach irgendeinem alten römischen Glauben die ersten Märztage Eheschließungen nicht günstig wären. Der sonnige Tag mit wolkenlos blauem Himmel, einem lauen Wind, dem die ersten Frühlingsdüfte untermischt waren, schien Octavia recht zu geben.

Mit Stolz sah Saturnin zur Linken des Altars, wo gemäß der vorgeschriebenen Zeremonie die Verwandten der Braut zu stehen hatten, Roms Herrscherhaus versammelt: Vespasian, Titus und Domitian. Inmitten seiner Verwandten, zwischen Claudia und Cornelius, die Hände auf Sentius' und des jüngeren Cornelius' Schultern gelegt, stand Pompeja Paulina, die Witwe Senecas, deren Anwesenheit ihn freudig und ein wenig traurig zugleich stimmte, war sie doch einerseits Wertschätzung und andererseits ein Stück wehmütiges Erinnern. Die plötzliche Stille und die auf ihn gerichteten Blicke mahnten ihn an seine Pflicht, die der Ehe zustimmende Formel zu sprechen. Nun trat die Pronuba vor den Altar, um deren Person sich ein Streit zwischen Octavia und Silva entsponnen hatte. Octavia hatte als Pronuba Domitia Longina, die Tochter Corbulos, erwählt. In diesem Punkte hatte Silva unnachgiebig auf altrömischer Tradition bestanden, nach der die Pronuba eine Frau sein mußte, die noch in erster Ehe lebte. Damit schied Domitia aus. Schließlich hatte man sich auf eine entfernte Verwandte der Flavier geeinigt, die nun ihres Amtes waltete, Saturnins und Octavias Hände ergriff und sie als Zeichen der Treuebesieglung ineinander legte. In die Stille sprach Octavia, dabei ihre in Saturnins Linker ruhende rechte Hand erhebend, die alte Hochzeitsformel: »Wo du bist Gaius, da bin ich Gaia.«

Danach umschritt das Paar unter Priestergebeten dreimal den Altar. Freunde und Verwandte drängten sich nun heran, um ihre Glückwünsche auszusprechen.

»Viel Glück«, sagte Titus. Domitian, um seinen Bruder zu übertreffen, wünschte Saturnin und Octavia alles Glück der Welt. Kaiser Vespasian murmelte Unverständliches, das beide dankend als Glückwünsche entgegennahmen.

Civica Cerealis flüsterte, daß er Saturnin um seine schöne Frau beneide. Lucullus übermittelte unter anzüglichem Grinsen einen Wunsch doppeldeutiger Art.

»Ich freue mich und erflehe für euch den Segen der Götter«, sagte Claudia und umarmte Octavia und den Bruder. Cornelius schlug Saturnin wortlos auf die Schulter.

Sentius und Cornelius der Jüngere gratulierten mit griechischen Hochzeitsversen.

»Die Götter seien mit euch! Werdet glücklich in dem

Haus, wo wir es einst waren!« sagte Pompeja Paulina und legte wie die Pronuba Saturnins und Octavias Hände ineinander. Dann verabschiedete sie sich mit der Entschuldigung, sie sei eine alte Frau und bedürfe der Ruhe. Saturnin sah ihr nach und überlegte, was sie mit dem Haus gemeint haben mochte. Er suchte Silva, der mit Titus tuschelte, dann mit Claudia und Cornelius den Saal verließ.

»Verstehst du das?« fragte Saturnin Octavia.

»Bestimmt wieder eine von Vaters Überraschungen«, lachte sie.

»Darf ich zum Hochzeitsmahl bitten«, schmetterte Silvas Stimme nach geraumer Weile in den Saal. Die Gäste folgten ihm. Saturnin und Octavia bat er, in eine bereitstehende Sänfte zu steigen. Verwundert folgten beide dem Weg mit ihren Blicken durch die Via Flaminia bis zum Ara Pacis und weiter zum Porticus Vipsania, wo die Sänftenträger linkerhand den Viminal hinaufstiegen. Unterhalb der Gärten des Sallust bogen sie in einen schmalen, durch einen Hain aus Zypressen und Pinien führenden Weg. Erstaunt bemerkte Saturnin die Prätorianer, die beidseitig den Weg säumten. Vor einer Freitreppe, die zu einem Säulengang hinaufführte, wurde die Sänfte abgestellt. Silva, Claudia und Cornelius standen auf der Treppe und baten das Paar, in ihrem Haus das Hochzeitsmahl einzunehmen.

Saturnin, dem alles ein wenig merkwürdig vorkam, betrat mit Octavia das Palastinnere, wo in einem großen Saal das Festmahl gerichtet war. Sklaven wiesen ihnen und den nach und nach ankommenden Gästen den Platz zu.

Silva, als Vater der Ehefrau, eröffnete mit einer Ansprache das Gelage und ließ sich dann auf einem Polster neben Saturnin nieder. Ohne Saturnins Frage abzuwarten, erklärte er, daß dieser Palast von heute an Octavias und sein Heim sein werde, ein Geschenk von Claudia, Cornelius, Paulina und ihm. Es sei früher Senecas Stadtpalast gewesen. Paulina habe als Hochzeitsgeschenk einen Teil des Kaufpreises erlassen.

»Was soll ich mit einem Palast? Ich habe ein gemütliches

Haus auf dem Pincio«, fragte Saturnin im Scherz. Silva lachte, Domitian, Titus, Vespasian und Claudia stimmten ein. Octavia lachte nicht.

»Als Senator und angehender Prätor mußt du ein klein wenig repräsentieren«, sagte Silva mit einem Seitenblick auf Vespasian und Titus. Die beiden Flavier lächelten.

»Siehst du, Lucius, der Imperator und sein Stellvertreter haben nicht widersprochen. Qui tacet, consentire videtur – Wer schweigt, scheint zuzustimmen«, fügte Silva hinzu.

»In diesem Haus wird dir Senecas Geist nahe sein und dir Inspirationen für deine politische Wirksamkeit als Senator vermitteln«, warf Domitian mit spöttischem Unterton ein, was ihm einen zurechtweisenden Blick von Vater und Bruder eintrug, worauf er mit einer von beiden nicht bemerkten Grimasse antwortete.

Sklaven servierten erlesene Speisen und schenkten von den besten Weinen ein. Trinksprüche flogen über die Tische, geistvolle, anzügliche und völlig anspruchslose. Jeder schlang Eßbares und schüttete Trinkbares in sich hinein.

Ein Centurio trat zu Titus, flüsterte ihm ins Ohr, worauf der Caesar nickte und ihm befahl, sich zu entfernen. Titus beugte sich zu Silva, sprach auf ihn ein, stand dann auf, näherte sich Saturnins Lectus und bat ihn, ihm zu folgen. Verwundert schritt Saturnin hinter dem Caesar ins Obergeschoß des Palastes bis in ein Gemach, das nur ein Möbelstück enthielt, einen unförmigen sesselartigen Stuhl aus schwerem Holz mit hoher Rückenlehne, in die in Kopfhöhe einzelne Löcher eingearbeitet waren.

»Ein Erinnerungsstück aus dem Castrum«, sagte Titus. »Es ist der Stuhl, an dem sich Epicharis erdrosselte. Verzeih, daß ich dir dieses Stück an deinem Hochzeitstage bringen ließ, doch es soll dich in deinem Glück daran erinnern, wie schwer der Weg war bis zu einem Tag wie heute. Beim Aufräumen des Castrums fiel mir dieser Stuhl in die Hände. Willst du nicht mehr daran erinnert werden, dann laß ihn verbrennen.«

»Nein, er bleibt als Erinnerung hier oben«, sagte plötzlich Octavia, die den Männern gefolgt war und alles angehört hatte. »Ich habe Epicharis gekannt. Man darf sie nicht vergessen und nicht, was damals Schreckliches geschehen ist. Erinnerung an vergangenes Unglück macht gegenwärtiges Glück um so wertvoller, wird man doch daran gemahnt, daß alles im Leben nur geliehen ist, eine zeitweise Gnade der Götter, die jederzeit wieder entzogen werden kann.«

»Darum sollte man keinen Tag mit Nichtigkeiten belasten und vergeuden«, sagte Titus, schlang den linken Arm um Octavia, den rechten um Saturnin und zog sie aus dem Raum. »Deshalb feiern wir heute sehr ausgiebig.«

Saturnin drückte dem Freund den Arm vor Dankbarkeit.

Gaukler, Tänzer und Akrobaten zeigten nun zwischen den Tischen ihre Kunststücke. In weinseliger Stimmung sangen, schrien und rülpsten die Gäste.

Als am Abend die Vermählten von der Pronuba in das Brautgemach geführt wurden, begleiteten sie Geschrei, deftige Ratschläge und anrüchige Anfeuerungsrufe der unbeirrt weiter feiernden Gäste.

»Nun müßte die Zeit stehenbleiben«, sagte Saturnin am nächsten Tag zu Silva, der ihm, ein wenig bleich noch und übernächtigt, in den Garten folgte. An dessen höchstem Punkt, einem kleinen Plateau, von dem aus man einen freien Blick hinab zur Stadt hatte, verweilten beide.

»Ein schöner Ausblick«, schwärmte Saturnin.

Silva schwieg und rieb sich die Schläfe, als könnte er den stechenden Schmerz damit vertreiben. Man sollte nicht mehr so große Mengen trinken, tadelte er sich selbst. Aber als Brautvater und Gastgeber hatte er Pflichten gehabt. Der alte Mulio, dachte Silva bewundernd, welche Mengen an Wein und Fleisch der noch vertilgen konnte!

»So müßte es bleiben«, wiederholte Saturnin, als er mit dem Schwiegervater ins Haus zurückging und die Platanen, die Oleander- und Hibiscussträucher zu beiden Seiten des Weges betrachtete.

»Bleiben? Du bist doch erst am Anfang?« brummte Silva.

Die Strahlen der Märzensonne überfluteten das Atrium. Ein Gespräch Octavias und Claudias über häusliche Dinge war zu vernehmen. Silva führte Saturnin in das Arbeitszimmer und die Bibliothek, ließ sich in einem der bequemen Sessel nieder, während der angehende Hausherr zum Fenster ging und hinaussah. Wessen Idee es gewesen sei, ihnen zur Hochzeit diesen Palast zu schenken, fragte er, den Kopf leicht über die Schulter geneigt.

»Claudias Idee war es, Paulina und mir kam sie gerade passend.«

»Ich danke dir«, sagte Saturnin, trat vom Fenster zurück und setzte sich Silva gegenüber. »Habe ich dir nicht in Judaea gesagt, daß ich Octavia heiraten werde?« fragte er nach einer Weile.

Silva verzog das narbige Gesicht und meinte, daß er ihm nicht so ganz geglaubt habe, zumindest anfangs, später doch, er habe es Octavia auch geschrieben.

»Reut es dich nicht, wieder nach Caesarea zu müssen?«

»Ganz und gar nicht«, erwiderte Silva erleichtert, denn plötzlich hatte der Kopfschmerz nachgelassen. »Ich freue mich sogar auf meine Rückkehr, da ich Octavia nun in guten Händen weiß. Außerdem habe ich mich an dieses Land gewöhnt und tue alles, um es wieder aufzubauen und wieder erblühen zu lassen.«

»Ist das möglich? Auch Jerusalem?«

»Das Land ja, Jerusalem nein. Jerusalem wird eine Trümmerwüste bleiben. Vespasian hat sich noch nicht geäußert, was werden soll. Allein kann ich nichts entscheiden. Eine Kohorte ist laut kaiserlichem Befehl dort stationiert. Den Judäern ist bei Todesstrafe verboten, Jerusalem zu betreten. Raubvögel nisten in den Turmruinen, und durch die von Unkraut überwucherten Mauerreste streifen die Schakale. Ihr neues religiöses Zentrum habe ich den Judäern in Jabne zu errichten gestattet.«

»Und das haben Vespasian und Titus erlaubt?«

»Vespasian weiß nichts davon, nur Titus habe ich davon unterrichtet, als es bereits geschehen war.«

»Du bist leichtsinnig«, hielt Saturnin dem Schwiegervater vor.

»Und du ein treuer Diener des Palatin. Deinen aufrührerischen Geist hat bereits die flavische Bürokratie erstickt, was ich bemerkenswert finde«, parierte Silva den Vorwurf.

Saturnin überging den Spott und erkundigte sich nach Masada. Versonnen blickte Silva zum Fenster hinaus, sein Blick schien sich in eine imaginäre Ferne zu verlieren. »Ma-sa-da«, sagte er nach einer Weile, jede Silbe für sich betonend, »ist so, wie wir es verlassen haben, beinahe. Deine Rampe deckt der angewehte Wüstensand und konserviert sie für die Nachwelt.«

Als Saturnin nicht antwortete, fügte auch Silva nichts mehr hinzu. Eine Weile saßen sie schweigend und jeder seinen Gedanken nachhängend, bis sich Silva unvermittelt erhob und meinte, daß es für ihn Zeit zum Gehen sei. Saturnin, der ihn hinausbegleiten wollte, bat er zu bleiben, da er sich allein von seiner Tochter verabschieden wolle. »Laß dich nicht von Domitian gegen Titus hetzen. Wäge stets bedächtig, ehe du dich zu schwerwiegenden Äußerungen und Entscheidungen entschließt.«

Saturnins Lächeln irritierte Silva.

»Entschuldige«, klärte er den Schwiegervater auf, »bei deinem Rat fiel mir ein Spruch des Arbiter ein, der sagte, daß man nach dem Abwägen erkenne, daß überall Schiffbruch sei.«

»Mit ihren schlauen Sprüchen konnten sich beide, sowohl Petronius als auch Seneca, nicht am Hades vorbeischwatzen«, entgegnete Silva unwirsch, änderte aber im gleichen Moment seinen Tonfall, als er sich verabschiedete und den Schwiegersohn bat, ihm nach Caesarea zu schreiben. »Schreibe mir, sooft du kannst, damit ich spüre, daß ich nicht vergessen und aus der Welt bin«, wiederholte er bereits im Gehen, wobei seine Stimme bittend, fast flehend klang.

XLI

Antonius Saturninus grüßt Flavius Silva

Sei bedankt für die Grüße und guten Wünsche, die Du mir durch Herodes Agrippa übermitteln ließest. Er und seine Schwester Berenike gaben ein Festmahl, zu dem Octavia und ich geladen waren. Beide scheinen für längere Zeit in Rom bleiben zu wollen. Titus hat ihren Besuch in Rom sogar gegen Vespasian durchgesetzt, obwohl er sich vor Jahren dem Vater beugen und Berenike wegschicken mußte. Man sieht es nicht gerne in Rom, daß des Imperators Stellvertreter eine Judäerin zur Geliebten hat. Doch Titus gibt keinen Pfifferling auf die öffentliche Meinung. Er hat sich überhaupt sehr verändert. Wenn man es nicht besser wüßte, könnte man meinen, er neige zur Grausamkeit, da er einige seiner Widersacher hat hinrichten lassen. Man munkelt, er sei auch für den mysteriösen Tod des Aulus Cäcina verantwortlich. Der Kaiser hat Helvidius Priscus in der Verbannung hinrichten lassen. Ein tyrannischer Fehlgriff! Ich habe Vespasian und Titus gegenüber kein Hehl daraus gemacht, selbst auf die Gefahr, in Ungnade zu fallen. Seinen politischen Gegner zu töten, habe ich gesagt, paßt nicht in unsere Zeit und ist ein Rückfall in finstere Despotie. Seit es Senecas ethische Norm der ›Clementiae‹ gibt, sollte kein Herrscher, sofern er nicht als Tyrann gelten will, leichtfertig Todesurteile fällen. Vespasian, höre und staune, brach nach meinem Vorwurf in Tränen aus und beteuerte, er habe es nicht gewollt, es sei ein Versehen, er habe Priscus lediglich drohen wollen, das Urteil sei vorschnell vollstreckt worden. Ich bin geneigt, ihm zu glauben, da er von Natur aus nicht grausam ist. Ein Beispiel mag es belegen: Der Cyniker Demetrius verhöhnte öffentlich den Kaiser im Circus Maximus, nannte ihn einen geldgierigen Despoten, der sich Ehren anmaße, die ihm nicht zuständen. Vespasian antwortete ihm: ›Du legst es zwar ganz darauf an, daß ich dich am Leben strafen soll, aber einen Hund, der mich anbellt, töte ich nicht.‹ Titus ist nicht immer so großmütig. Er hat mich angebrüllt, es stünde mir nicht zu, am Kaiserhaus, dem ich alles verdanke, Kritik zu üben. Ein anderer Philosoph, Diogenes mit Namen, schmähte Titus wegen der Liebschaft mit Berenike. Dafür ließ ihn Titus öffentlich auspeitschen. Schlimmer erging es einem gewissen Heras, der des Caesars Verhältnis mit deftigen Worten verlästerte. Ihn ließ er hinrichten. Ebenfalls einen gewissen Alienus, den man der Verschwörung beschuldigt hatte. Nun muß ich Dir einen Vorfall berichten, der in Rom die Gemüter erregt hat. Ein Gallier namens Julius Sabinus erhob sich nach Vitells Niederlage gegen Vespasian und behauptete, ein Nachkomme Julius Caesars zu sein. Der Aufstand wurde schnell niedergeschlagen. Nun kommt das Kuriose: Sabinus hielt sich mit seiner Frau über sechs Jahre in einer Gruft verborgen. Peponila, seine Frau, gebar in diesem Versteck zwei Kinder. Wie nun Sabinus nach Rom kam, weiß ich nicht. Peponila warf sich Vespasian und Titus zu Füßen, zeigte ihre Kinder und bat um Gnade mit den Worten: ›Die, Caesar, gebar und erzog ich in der Gruft, um auch durch ihren Mund deine Gnade zu erflehen.‹ Was hätte näher gelegen, als Sabinus und seine Familie zu begnadigen? Doch es gab kein Erbarmen! Was indes mit den Kindern geschah, weiß ich nicht. Es stimmt mich traurig, daß Titus, ein Mann mit solch herausragenden Gaben, derart in die Irre geht. Ich sage bewußt Irre, denn es ist nicht sein Weg, in Rom Angst und Haß zu erregen. Mit Schrecken denken die Römer an die Stunde, da er Vespasian auf den Thron folgen wird. Man sieht einen zweiten Nero in ihm. Aber hier, mein Silva, widerspreche ich der Vox populi auf das heftigste. Titus mit Nero zu vergleichen ist unsinnig, abwegig und infam. So verdorben und abgrundtief schlecht kann Titus niemals werden. Die guten Eigenschaften überwiegen bei weitem das zeitweilige Abirren in die Gefilde des Unberechenbaren. Die Geschäfte eines Quästors drohen mich mitunter zu erdrücken. Die Flavier in ihrem Hang zur Vollkommenheit wollen alles durch

Edikte, Dekrete, Mandate und Reskripten erfassen, wollen systematisch und nicht spontan herrschen. Ein Heer von Beamten, Schreibern, Kanzlisten und Räten ist nahezu pausenlos damit beschäftigt, alle Vorgänge des Imperiums zu erfassen, zu fixieren, zu ordnen, zu katalogisieren und zu archivieren. Kurz und gut: Sie haben Ordnung in die Verwaltung des Reiches gebracht.

Morgen muß ich in der Kurie über den derzeitigen Stand des Senatsarchivs berichten, vor allem über die Vollständigkeit der Senatsbeschlüsse. Es war eine Sisyphusarbeit! Gewisse Verordnungen sind nicht mehr auffindbar. Irgend jemand, der sich durch sie beeinträchtigt fühlte, hat sie entfernt. Pars pro toto ein Beispiel: die Lex Pompeia über Verwandtenmord, der früher durch Einnähen in einen Sack und Versenken ins Meer bestraft wurde. Augustus hat diese Strafe ausdrücklich bestätigt, auch Tiberius und Claudius. Aber unser goldgelockter Nero, vierfacher Verwandtenmörder, hatte allen Grund, dieses Gesetz verschwinden zu lassen. Vespasian und Titus ersuchten mich mit allem Nachdruck, eine Kopie dieses verschollenen Gesetzes aufzutreiben. Es ist mir gelungen.

Octavia und Sentius geht es gut, sie haben sich aneinander gewöhnt und verstehen sich blendend. Mein Diener Pomperius hat den Wunsch geäußert, in Deiner Legion Dienst tun zu dürfen. Er ist waffengewandt, ihm fehlt nur die Truppenerfahrung. Kannst Du ihn in die XIV. Legion einreihen? Es wäre mir recht, ihn für einige Jahre außer Haus zu wissen – natürlich nicht für immer – da sein gespanntes Verhältnis zu Zedekia meine Nerven zu sehr strapaziert. Zedekia ist mir zur Zeit wichtiger als Pomperius. Schleife ihn ein wenig zurecht und treibe ihm seine Voreingenommenheit gegen die Judäer aus.

Ich wünsche Dir Wohlergehen!

Flavius Silva grüßt Antonius Saturninus
Ich bedanke mich für Dein Schreiben. Auch ich bin in die Ordnung der flavischen Reichsverwaltung eingebunden wie Du. Mit jedem Schiff erreichen mich stoßweise Anordnungen, Anfragen und Hinweise aus den kaiserlichen Kanzleien, so daß ich manchmal glaube, man befaßt sich auf dem Palatin nur mit der Provinz Judaea. Vespasian will bis in alle Einzelheiten und nach einem ausgeklügelten Fragebogen über die religiösen Geschehnisse in Jabne – dessen Existenz er auf Titus' Fürsprache nachträglich sanktioniert hat – informiert sein. Ich verstehe ihn, denn bei kaum einem anderen Volk sind Politik und Religion so eng verzahnt. Bei den Judäern ist Religion Politik und Politik Religion. Zwei meiner Spione in Jabne halten mich auf dem laufenden, so daß ich Vespasians Fragen zu beantworten imstande bin. Was Du mir über Titus schriebst, wundert mich nicht. Er ist im Innersten weder grausam noch tyrannisch, sondern nur launisch, von schnell wechselnden Gefühlen und für die Macht noch nicht reif, die er auskosten und in vollen Zügen genießen will. Die Todesurteile rechne ich seiner Angst um das flavische Kaiserhaus, das für ihn sein einziger Gott und damit unantastbar ist, zugute. Er wird sich aus der Irre auf den rechten Weg zurückfinden.

Vor einer Woche besuchte ich bei einer meiner Inspektionsreisen auch Masada. Schon aus der Ferne bemerkte ich einen dunklen Punkt auf der Rampe. Beim Näherkommen sah ich, daß es ein Mensch war, der sich rhythmisch auf und nieder bewegte. Ein Judäer, der mit einer Eisenstange ein Loch hineinstieß und dabei Verwünschungen schrie. Erst wollte ich diesen Verrückten, einen Vetter Eleasar ben Jairs, ans Kreuz schlagen lassen, doch seine Schwester, ein Traum von einem Weib, bot sich mir als Sklavin für das Leben ihres Bruders an. Das Fleisch ist schwach. Ich willigte in diesen Tausch. Sie begleitet mich seitdem. Der Haß in ihren Augen erregt in mir eine Leidenschaft, wie ich sie lange nicht erlebt habe. Nirgends ist die Liebe schöner als zwi-

schen den Schenkeln einer in Haß sich windenden Frau. Grüße Octavia und Sentius. Diesen Brief verbirg vor meiner Tochter, denn sie könnte von ihrem Vater ein falsches Bild bekommen. Deiner Bitte dieses Pomperius' wegen komme ich gerne nach. Ich werde aus ihm, was die Zwangsarbeit offenbar nicht vermocht hat, einen gefügigen Menschen machen.
Ich wünsche Dir und den Deinen Wohlergehen!

Antonius Saturninus an Flavius Silva
Verzeih die verspätete Antwort, doch die Zeit! Ich wollte es erst nicht glauben, daß seit der Hochzeit bereits zwei Jahre vergangen sind. Da wir aber das 830. Jahr schreiben und die Hochzeit im 828. war, was ich nie vergesse, muß es wohl so sein. Früher konnte man die Jahre nach den Konsuln unterscheiden, was heutzutage nicht mehr möglich ist, da wir in jedem Jahr dieselben haben. Vespasian hat, wenn ich mich nicht verzählt habe, zum achten Male und Titus zum sechsten Male das Konsulat inne. Da wir bei Ämtern sind: Ich bin zum Ädil gewählt worden. In diesem Amt beschäftige ich mich mit der Getreideversorgung Roms, bei der einiges im argen liegt. Das Getreideaufkommen ist während der letzten Jahre fortwährend gesunken, während der Weinanbau ständig stieg. Ich vermute, daß das Sinken des einen durch das Steigen des anderen ursächlich bedingt ist, weil die Preise den Wein begünstigen und das Getreide benachteiligen. Es ist keinem Latifundienbesitzer und keinem Landmann zu verdenken, das preisgünstigere Produkt anzubauen. Hier müssen wir lenkend eingreifen, denn die ungenügende Getreideversorgung schafft unzufriedene Plebejer, und die, mein Silva, können wir nicht brauchen! Ergo erarbeiten wir ein Edikt über die Kaufs- und Verkaufsordnung von landwirtschaftlichen Gütern. Ich habe dem Kaiser einen Vorschlag verschiedener Preis- und Steueränderungen unterbreitet, den er wohlwollend zur Kenntnis nahm. Leider geriet ich in Widerspruch zu den beiden Caesaren, die überra-

schend einhellig meine Maßnahmen abtaten und einfach für ein kaiserliches Verbot plädierten, das den Weinanbau nur noch in einem vorgeschriebenen Verhältnis zum Getreideanbau erlaubt. Die Sache wird noch verhandelt.

Titus begegnet mir mit spürbarer Distanz, was mich etwas befremdet. Obwohl ich zur Ersten Vorlassung gehöre, hat er mich wiederholt abweisen und auf später vertrösten lassen. Dafür ist mein Verhältnis zu Domitian herzlicher geworden. Vespasian hat sich endlich durchgerungen, ihn hin und wieder als Consul suffectus amtieren zu lassen. Das Verhältnis zwischen Domitian, Titus und Vespasian ist spannungsgeladen und kann einmal zu einem furchtbaren Konflikt führen. Vor einigen Wochen war es beinahe soweit. Titus bot auf Anraten Vespasians seinem Bruder die eigene Tochter als Frau an, um dadurch die interfamiliären Zwistigkeiten zu beseitigen. Domitian lehnte ab und heiratete Domitia Longina. Vespasian und Titus blieben der Hochzeit fern, zu der ich als Trauzeuge geladen war. Octavia und ich sind immer gern gesehene Gäste bei dem jungen Paar in Alba longa, so der Name ihres Palastes in den Albaner Bergen. Domitian und Domitia – paßt das nicht gut?

Deinen letzten Brief habe ich verbrannt, doch umsonst, denn Deine Tochter hatte ihn bereits gelesen. Sie freue sich für Dich, sagte sie. Was Pomperius betrifft, so brauchst Du ihn nicht unbedingt zu schikanieren. Sobald ich einen neuen Fechtlehrer für Sentius habe, reist Pomperius ab. Die Genehmigung vom Palatin habe ich bereits. Fast beneide ich Pomperius um den Dienst in einer Legion. Vielleicht erhalte ich nach der Prätur ein Legionskommando, denn als Zivilist in Amtsstuben zwischen Bergen von Geschriebenem und in der Kurie inmitten von Reden, Klatsch und Geschwätz möchte ich mein Leben nicht beschließen.

Die Götter seien mit Dir!

Flavius Silva an Antonius Saturninus

Danke für Deinen Brief, der mich vor zwei Tagen erreichte. Vor vier Wochen landete in Caesarea ein Schnellruderer und brachte eine Überraschung, den Besuch des Praefectus praetorio. Konntest Du mich nicht davon in Kenntnis setzen? Titus gab sich leutselig, umarmte mich und sagte ›Oheim‹ zu mir. Es war eine anstrengende Zeit, denn er begehrte alles zu sehen, und seine Fragen würden viele Rollen füllen. Er sparte nicht mit Lob für meine Bemühungen beim Aufbau der Provinz. Eines Tages bestieg er ohne Begleitung den Berg Zion. Berenike und seine Prätorianer warteten mit mir im Kedrontal nahezu zwei Stunden. Sehr nachdenklich kam er zurück und blieb den ganzen Tag schweigsam. Am nächsten Tag besuchten wir Jabne. Du hättest ihn erleben sollen! Er disputierte mit Rabbi Jochanan ben Sakkai, dem neuen geistigen Führer Judaeas, als wäre er selbst ein Rabbi. Er hatte sich gründlich vorbereitet und stritt mit Jochanan um die Lehre Hillels und Schammais, sprach mit ihm über die Halacha und die Haggada. Zum Schluß erklärte Titus großmütig, daß Rabbi Jochanan ben Sakkai von ihm die Erlaubnis erhalte, sein Lehrhaus ›Beth-ha midrasch‹ weiterzuführen. Während des Gesprächs, das eigentlich ein Verhör war, bei dem es um alles ging, habe ich geschwitzt wie bei einem Manöver in der Wüste. Auch für mich stand viel auf dem Spiel. Hätte Titus in der Lehre des Sakkai auch nur den geringsten Punkt gefunden, der sich rom- und flavierfeindlich interpretieren ließe, hätte er Jabne getilgt und ich wäre in Ungnade gefallen, weil ich es geduldet hatte. Beim Abschied erteilte er den Lehrern von Jabne die Erlaubnis, wieder ihren Berg Zion zu betreten. Die alten bärtigen Judäer weinten wie die Kinder.

Am Abend gab ich für den Caesar ein Fest und lenkte das Gespräch auf Dich. Er gestand mir, daß es ihn grämt, Dich immer mehr unter Domitians Einfluß geraten zu sehen. Meide in nächster Zeit Alba longa und Domitian, jedoch ohne ihn zu brüskieren und zu verletzen! Bedenke, was ich

Dir vor Jahren bereits riet! Dann bat er mich, ihn nach Syrien zu begleiten, wo er Trajan treffen wollte. Gegen Syrien ist Judaea eine armselige Provinz, und Trajan sitzt in Antiochia wie in einem Paradies. Wenn es eine schöne Stadt auf dieser Welt gibt, dann ist es Antiochia am Orontes! Doch ich bin zu alt, um Neid zu empfinden. Soll Trajan Antiochia haben, ich bin mit Caesarea zufrieden.
Vale!

Antonius Saturninus grüßt Flavius Silva
Ich schwöre Dir, daß ich nichts von Titus' Absichten, die Ostprovinzen zu besuchen, auch nur geahnt habe. Erst nach seiner Rückkehr sprach er mit mir darüber. Er war voll des Lobes für Deine Leistungen. Wenn ein Mann, so sagte er, den komplizierten Verhältnissen Judaeas gewachsen sei und wenn einer eine Chance habe, die Judäer in die Völkergemeinschaft des Imperiums und in die Pax Romana einzufügen, dann seist Du es.

Dein Gespräch mit ihm und Dein Rat haben Wunder bewirkt. Ich meide Domitian, der in letzter Zeit in auffälliger Weise meine Nähe sucht, wodurch sich mein Verhältnis zum Caesar sofort spürbar besserte. Was zwischen den Brüdern gespielt wird, ist schwer zu durchschauen. Einmal gebärden sie sich wie Feinde, dann sieht man sie untergehakt wie die besten Brüder der Welt.

Ich stimme Dir zu, Caesarea schön zu finden und zufrieden zu sein, denn nicht jeder kann auf der Orontesinsel residieren.
Ich wünsche Dir Wohlergehen!

Flavius Silva grüßt Antonius Saturninus
Danke für Dein Schreiben! Ich stecke bis über den Kopf in Arbeit und großen Projekten, über die ich aber noch nicht schreiben kann. Habe bitte Verständnis.

Pomperius ist ein Mann nach meinem Geschmack, aus dem ich ohne viel Mühe einen erstklassigen Soldaten ma-

chen werde. Bald werde ich ihn meiner Leibwache zuordnen.
Dir, Octavia und Sentius Wohlergehen!

Antonius Saturninus grüßt Flavius Silva
Dein Brief war kurz und geheimnisvoll. Ich glaube zu verstehen, was Du für Arbeit und für Projekte hast. Schließlich verteidigst Du Rom und die Idee des Imperiums an einem gefährdeten Punkt, an einer Grenze, wo die geringste Schwäche eine Lücke mit unabsehbaren Folgen öffnen würde, weil sogleich in sie unsere ewigen Feinde, die Parther, eindringen und uns schwächen, wenn nicht gar vernichten würden. Schon Herodot hat einmal geschrieben, daß unsere Geschichte nur ein Thema hat, den Kampf zwischen Ost und West, zwischen den asiatischen Despotien und dem griechischen Freiheitsprinzip, das Rom als Hellas' Erbe repräsentiert. Daraus erwächst für uns Römer eine verantwortungsvolle Pflicht, die man nur in Jahrtausenden bemessen kann. Und Du, carissime, stehst auf einem Vorposten und verteidigst die hellenistische Welt gegen den zerstörenden Einfluß aus dem Osten. Doch genug davon. Eine Neuigkeit aus Rom: Das 831. Jahr ist nicht das Jahr der Konsuln Vespasian und Titus, sondern der Cejonius Commodus und Novius Priscus. Der Bau des Amphitheater Flavium geht voran. Ein gigantisches Bauwerk! 50000 Plätze! Die neronischen Gärten mußten weichen, wohingegen Neros Reiterstatue stehen blieb, allerdings nicht mit des Rotbarts, sondern des Sonnengottes Kopf. Ein wenig Hofklatsch: Drei chaldäische Astrologen haben Domitian einen gewaltsamen Tod in ungefähr zwanzig Jahren vorausgesagt. Für uns alle eine lächerliche Prophezeiung oder sogar ein Grund zur Freude über die verbleibenden zwei Jahrzehnte. Nicht aber für Domitian! Als er die blödsinnige Voraussage vernahm, fiel er in Ohnmacht und mußte ärztlich behandelt werden. Verstört und wie von Sinnen wirkte er. Man brachte ihn nach Alba longa. Vespasian, Titus und ich haben gelacht wie lange nicht. Aber als

die Chaldäer auf Vespasians Frage nach der Dauer der flavischen Herrschaft antworteten: auch nur noch zwanzig Jahre, verging ihnen das Lachen, nur mir nicht. Ich fragte die Wahrsager, woher sie ihre Weisheit hätten. ›Sie steht geschrieben in den Gestirnen‹, antworteten sie mir. ›Nichts steht geschrieben!‹ hielt ich ihnen entgegen. Daraufhin sahen sie mich an und prophezeiten mir – aus Bosheit und Rache –, für mich stünden nicht einmal mehr zwanzig Jahre geschrieben. ›Na und?‹ sagte ich und lachte sie aus. Titus wollte die Unglücksverkünder hinrichten lassen, doch Vespasian spottete über seinen Sohn, da er solchem Unsinn Beachtung schenke, entlohnte die Astrologen und ließ sie ihres Weges ziehen. Vespasian hätte mit diesen Scharlatanen so verfahren müssen wie einst der Judäerkönig Saul, der sie aus seinem Reich verbannte. Doch der Kaiser hat statt der Wahrsager die Philosophen ausgewiesen. Da wir bei der Geschichte Judaeas sind, ich las Auszüge aus Josephus' Buch. Das Kapitel über Masadas Eroberung schien mir korrekturbedürftig, da es meine Verdienste über Gebühr lobte. Titus aber entschied, es so zu belassen.
Ich wünsche Dir Wohlergehen! Gruß an Pomperius!

Antonius Saturninus grüßt Flavius Silva
Dein bereits ein Jahr währendes Schweigen bereitet uns Sorge. Hoffentlich kein schlimmes Zeichen!

Im Juni ist Vespasian gestorben. Titus ist nun der Herr des Imperiums. Keine gute Stimmung in Rom. Man fürchtet die Rückkehr in schlimme Zeiten. Bedrückende Verfassung im Senat bei der Akklamation, die aber einem aufatmenden Erstaunen wich, als der Princeps das Versprechen abgab, keinen Senator je hinrichten zu lassen und die Milde zu seiner Herrschaftsmaxime zu erheben.

Heute haben uns Claudia und Cornelius, die einige Tage zu Besuch weilten, wieder verlassen. Ihr Sohn besucht die von Vespasian gegründete Militärschule, in die Sentius nächstes Jahr aufgenommen wird.

Noch eine Neuigkeit, die vor Abgang des Schreibens mich erreichte: Titus hat sich von Berenike getrennt. Ein schmerzlicher Akt von Selbstverleugnung und ein großes Opfer, zu dem er sich um der Macht willen entschied, denn er hat Berenike geliebt und liebt sie noch. Ein Opfer für Rom, das ihm hoffentlich einst gedankt wird!
Vale! Laß bald wieder von Dir hören!

Flavius Silva grüßt Antonius Saturninus
Sei bedankt für Deinen Brief, der mich gestern erreichte. Morgen läuft ein Schnellruderer aus, dem ich diese Nachricht mitgebe. Mir geht es nach längerem Kampf um Leben und Tod wieder gut. Du wirst lachen, vernimmst Du den Grund meines Krankenlagers. Ich bin von meinem Araber abgeworfen worden. Und wo? Am Fuße Masadas. Eine späte Rache des Judäergottes! Ich weiß es nicht. Vielleicht steht unser Schicksal doch irgendwo geschrieben, wenn Du auch darüber Dich lustig machst? Ich saß im Sattel und starrte nach oben, als plötzlich der Hengst kerzengerade hinten hochstieg. Es ging alles so schnell und unverhofft vor sich, daß ich keine Zeit fand, mich festzuhalten. Wie ein voller Getreidesack plumpste ich vom Gaul und so unglücklich auf einen Stein, daß dessen Spitze mir bis zum Knochen in den Oberschenkel spießte. Wäre Gemellus nicht sofort herbeigeeilt, wäre ich tot. Eine winzige Giftschlange hatte meinen Araber gebissen und schlängelte bereits an meinem Stiefel hoch. Gemellus zertrat die Natter auf meinem Knöchel und hätte mir fast den Fuß gebrochen, doch es gab keine andere Möglichkeit. Mein armes Pferd starb an den Folgen des Schlangenbisses. Meine Wunde entzündete sich und bescherte mir Wundfieber. Die Ärzte hatten mich bereits aufgegeben. Meine kleine Judäerin brachte mir einen alten Doktor aus Sichem, der mich heilte. Eine Schönheit bin ich nun mit dem beinahe faustgroßen vernarbten Loch im Oberschenkel nicht mehr, aber ich lebe, wenn auch leicht hinkend.

Der alte gute Mulio hat es überstanden! Nun muß sich Titus mit dem Reich quälen. Ich hatte die Todesnachricht bereits durch Eilkurier erfahren und schon den Eid auf den neuen Kaiser geschworen.

Dir und den Deinen Wohlergehen!

Antonius Saturninus grüßt Flavius Silva

Großes Unglück hat uns betroffen! Claudia und Cornelius sind tot! Am 24. August ist der Vesuv ausgebrochen und hat Pompeji, Stabiae und Herculaneum unter einem Meer aus Asche und Bimsstein begraben. Anfangs hatte ich noch Hoffnung, weil vielen Bewohnern Pompejis bei Beginn der Katastrophe die Flucht geglückt war. Claudia und Cornelius waren nicht unter den Glücklichen.

Stell Dir meinen Schmerz und meine Verzweiflung vor, an der Stelle, wo einst Pompeji stand, nur noch die geborstenen Spitzen der höchsten Bauwerke aus der Asche ragen zu sehen und die Schwester und den Schwager qualvoll darunter gestorben zu wissen. Überall fragte ich in den Notunterkünften nach Cornelius Tegetus. Viele kannten ihn, aber keiner hatte ihn und Claudia gesehen. Schließlich fand ich einen Nachbarn, der mir die traurige Gewißheit vermittelte, daß sie tot waren. Sie hatten im Keller ihres Hauses den Ausbruch des Vulkans vorübergehen lassen wollen. Was soll man dazu sagen? Claudia und Cornelius haben sich zweimal gegen Nero verschworen, alle Verfolgungen überlebt, um nun unter Steinen und Asche begraben zu werden. Wäre Cornelius Secundus nicht gerade in Rom gewesen, wäre auch er tot. Nun ist der arme Junge Waise. Octavia und ich werden uns seiner annehmen. Mit einem Schlag, mein Silva, hat sich das helle Bild verdüstert, Schmerz und Leid haben die Freude verdrängt. Wir sind Männer, Römer und dazu in dem Alter, in dem uns Verluste sattsam bekannt sein dürften. Und doch überraschen und schmerzen sie stets aufs neue. Es gibt keinen Trost, denn die Lücken, die ihr Tod riß, werden nie wieder geschlossen werden, und nie mehr wird die Welt wie vorher sein. Was bleibt, ist die Erinnerung an die Zeit mit ihnen.

Deine Tage in Caesarea sind gezählt. Wir freuen uns auf Deine Rückkehr. Dein Nachfolger wird Salvidienus Orfitus sein, aber bestimmt ist Dir dies längst bekannt.
Leb wohl und gute Überfahrt!

XLII

Nur vereinzelte Lichtpünktchen zeugten an dem unfreundlichen, dunklen Oktoberabend vom noch nicht erloschenen Leben in Rom. Kalter Nordwind kündigte einen frühen Winter an. Die drei Prätorianer, die den Viminal hinaufstiegen, fröstelten. Der Centurio hustete, als eine Windböe ihm den Qualm der Fackel ins Gesicht blies. Er wechselte die Fackel in die Linke und hielt sie mit gestrecktem Arm von sich. Doch auch der Wind, der sich mit dem Centurio ein Spiel zu erlauben schien, wechselte. Wütend übergab er die Fackel einem seiner Begleiter, als er vor dem Palast stehenblieb und ans Tor schlug.

Saturnin saß in seinem Arbeitszimmer, als er den späten Besuch empfing. »Fuscus, du bist wieder bei der Garde?« fragte er erstaunt den Centurio.

»Ja, edler Saturnin, Arrecinus Clemens, der frühere Präfekt, hat meine Wiedereingliederung bewirkt.«

»Es ist lange her seit unserer letzten Begegnung.«

»Dreizehn Jahre«, präzisierte Fuscus. »Damals warst du Tribun bei den Stadtkohorten, heute bis du ein großer Mann: Senator, Prätor, Freund des Caesar Imperator, wohingegen ich wieder am Anfang stehe.«

Saturnin unterdrückte die Bemerkung, daß jedem nach Verdienst geschähe, und fragte, was ihn zu später Stunde herführe. Der Prätor lächelte, als er Titus' Bitte, sofort auf dem Palatin zu erscheinen, durch den Centurio vernahm. Eine Eigenheit des Kaisers, sich mit seinen Vertrauten zu ungewöhnlichen Zeiten zu beraten. Saturnin glaubte zu wissen, was dem Imperator keine Ruhe ließ. Ein verzwickter Vormundschaftsfall harrte der Lösung, in dem es um Millionen ging und bei dem das von ihm, Saturnin, vertretene prätorische Recht den Gesetzen widersprach. »Ich komme«, sagte er und sprang auf, um sich anzukleiden. Als er aus Octavias Cubiculum kein Zeichen für ihr Wachsein vernahm, unterließ er es, sie von seinem Gang zum Palatin zu unterrichten.

Erstaunt sah er die zwei wartenden Prätorianer im Vestibulum und scherzte, man käme sich wie ein Verhafteter vor. Da käme man zu sechst, berichtigte Fuscus.

Der Kaiser saß hinter seinem Schreibtisch. Der große Raum lag im Halbdunkel. Nur die nähere Umgebung von Titus' Arbeitsplatz wurde durch eine Öllampe und einen Kandelaber erleuchtet. Mit einem Nicken erwiderte er Saturnins Gruß, wies ihm mit einer sparsamen Handbewegung einen Platz an. »Kannst du dir denken, warum ich dich zu mir gebeten habe?« begann Titus.

Saturnin irritierte die abweisende Schärfe in Titus' Stimme, er antwortete aber zugleich: »Die Vormundschaftsangelegenheit.«

Titus schwieg und musterte den Prätor. Kalt und feindselig dünkte Saturnin der Blick. Er überlegte, fand aber keinen Anhaltspunkt, der ihm des Kaisers völlig verändertes Verhalten erklären konnte. Gewiß, Titus war launisch, aber immer war bisher auch in der schlechtesten Stimmung ein Gran Freundschaft und Zuneigung zu erkennen gewesen. Nicht heute.

»Hältst du meinen Bruder der Grausamkeit für fähig?« fragte Titus plötzlich.

Daher weht der Wind, dachte Saturnin erleichtert und wähnte sich im Vorteil, weil er sich als Gegenstand der brüderlichen Eifersucht sah. Er zögerte mit einer Antwort.

»Antworte!« Titus' scharfer Ton riß ihn sofort aus seiner Sicherheit.

»Nein«, beeilte er sich zu sagen.

»Aber mich bezichtigst du der Grausamkeit und nennst mich einen zweiten Nero«, schrie Titus und schob seinen zornroten Kopf ruckartig vor.

Erschrocken zuckte Saturnin zusammen.

»Natürlich hältst du Domitian auch nicht der Intrigen gegen mich, die einer Verschwörung nahekommen, für fähig?«

»Nein.«

»Dann tust du mir leid. Entweder du bist ein Dummkopf, ein törichter Träumer oder ein abgefeimter Heuchler.«

»Ich verstehe dich nicht«, erwiderte Saturnin.

»Er versteht mich nicht«, äffte Titus nach. »Hier, vielleicht verstehst du dann«, der Kaiser warf ihm ein verschnürtes Rollenbündel zu.

Mit zitternden Fingern löste Saturnin die Verschnürung und sah auf die Schrift, die er nicht kannte, aber aus den Anreden und den ersten Sätzen ging hervor, daß es Kopien seiner Briefe an Silva waren. Der Kaiser überwachte ihn und ließ seinen Briefwechsel kopieren! Saturnin fühlte Enttäuschung, Wut und Beklommenheit in einem. Titus maßte sich an, in den privaten Dingen anderer Leute herumschnüffeln zu lassen! Wiederum wurde bestätigt, daß Macht nie nach Recht fragt!

»Schwöre mir, daß du diese Briefe niemals geschrieben hast und alles ist erledigt, vergessen und vergeben«, bestürmte ihn der Kaiser.

Saturnin reichte ihm die Rollen zurück und sagte leise, er verstehe nicht, warum er, der Kaiser, dem Inhalt belangloser Briefe eine derartige Bedeutung beimesse.

Titus' Faust krachte auf den Tisch. »Belanglose Briefe! Verleumdung, Majestätsbeleidigung enthalten sie. Du hast dich in ihnen eindeutig gegen mich und für meinen Bruder, der keine Gelegenheit ausläßt, mir zu schaden, entschieden. Und dich hielt ich für meinen Freund! Wer weiß, wie lange noch, hätte mir nicht eine glückliche Fügung diese verräterischen Briefe in die Hand gegeben.«

Des Kaisers ungerechter und gehässiger Vorwurf traf Saturnin hart. Er hatte offen über Titus an Silva geschrieben, vielleicht ein wenig zu offen, doch nur eine äußerst bösartige und feindliche Interpretation vermochte seine Äußerungen derart zu entstellen. Hatte er nicht immer betont, daß er Titus nicht für grausam und niemals für einen zweiten Nero halte?

»Darf ich dazu sagen . . .«, unternahm er einen Versuch, sich zu rechtfertigen, den der Kaiser mit einem bösen ›Nichts darfst du‹ im Keim erstickte.

»Nochmals: Sind es die Kopien deiner Briefe?«

»Ja. Du hattest doch die Originale in den Händen.«

»Wäre ich wirklich grausam, wie du mir bescheinigst, dann ließe ich dich, ungeachtet meines Versprechens, keinen Senator hinrichten zu lassen, töten wegen Majestätsbeleidigung, Konspiration mit meinen Feinden, Verrat etc. Ich aber schenke dir dein Leben, streiche dich nicht einmal aus der Senatsliste, denn dein treuloses und undankbares Verhalten löscht deine früheren Verdienste nicht aus. Ich verbanne dich aus Rom, entziehe dir den Titel Freund des Caesars und den Vorzug der Ersten Vorlassung. Damit du siehst, wie milde ich bin und um deine bösartigen Verleumdungen Lügen zu strafen, erfülle ich sogar einen in deinen Briefen geäußerten Wunsch nach einem Legionskommando. In einer Woche reist Caecina Paetus als Statthalter nach Ephesos, du wirst ihn als Legat begleiten. Ohne meinen ausdrücklichen Befehl darfst du die Provinz nicht verlassen. Du solltest die Zeit dort nutzen, um über dein Verhalten in Ruhe nachzudenken und auch über den Inhalt solcher Worte wie Vertrauen, Treue und Freundschaft. Octavia darf dich begleiten. Dein Sohn Sentius und dein Neffe Cornelius verbleiben selbstverständlich auf der flavischen Militärakademie. Leb wohl! Die Götter mögen dich auf den rechten Weg zurückführen und deinen Sinn wandeln!«

Wie erstarrt hatte der Prätor des Kaisers Anschuldigungen vernommen. Das kann nicht sein! hämmerte es in seinem

Kopf. Nicht nur der Treulosigkeit und Undankbarkeit, sondern auch der Konspiration hatte ihn der Imperator geziehen. Was war der Grund dieses himmelschreienden Irrtums, aus dem himmelschreiendes Unrecht erwuchs? Saturnin saß wie vernichtet, und es gelang ihm nur unter Aufbietung aller Willenskräfte, sich zu erheben und einigermaßen gemessenen Schrittes das kaiserliche Kabinett zu verlassen.

Auch der Kaiser fühlte sich nicht wohl. Seine Rechte wühlte nervös im Haar, während die Linke mit dem Rollenbündel auf den Tisch schlug. »Die verdammten Briefe!« murmelte er. Warum hat er nicht alles abgestritten, behauptet, die Kopien seien Fälschungen? Hätte ich doch nie zugestimmt, Saturnins Briefe zurückzuhalten und zu kopieren. Der Kaiser lehnte sich zurück, starrte zur Decke und fragte sich, ob noch einer seiner Freunde den Namen verdiente, kennte er ihre Geheimnisse?

XLIII

Fassungslos sann Saturnin dem Gespräch mit dem Kaiser nach. Er benötigte Stunden, um dem Unrecht eine Begründung geben zu können. Die Begründung und der Name lauteten: Diktatur, Despotie, Tyrannei! Damit hatte der Prätor nach langem Grübeln gefunden, was der Ungerechtigkeit zugrunde lag. Macht, die nicht nach Recht fragt und sich nicht an das Recht hält, ist Diktatur, Despotie und Tyrannei. Ergo war der Vergleich mit Nero so abwegig nicht!

Saturnin wanderte in seinem Arbeitszimmer auf und ab und sah in die Dunkelheit hinaus. Ihn bedrückte der Gedanke, Octavia die Degradierung und Verbannung gestehen zu müssen. Er, der Erfolgsmensch und Vertraute des Kaisers, fiel aus der Höhe in den Abgrund der Erfolglosen und Mittelmäßigen zurück! Er durfte und konnte es ihr nicht sagen. Ihr Mitleid würde er nicht ertragen können. Im Mitleid, vor allem im fraulichen, schwang immer ein Gran Verachtung mit, denn es galt doch immer den Schwachen, den Besiegten, den Kraftlosen und den dem Schicksal wehrlos Ausgelieferten. Spät legte er sich schlafen und spät erwachte er anderentags. Octavia kehrte bereits aus den Ställen zurück, als er das Bad verließ. Zärtlich küßte er sie und fragte, sich um Gelassenheit bemühend, ob sie nicht Lust habe, Rom für ein Jahr zu verlassen.

Es käme auf den Ort an, den man für Rom eintausche, erwiderte sie lächelnd. Ephesos, wiederholte sie. »Warum nicht?«

»Wenn du nicht willst, dann werde ich Titus absagen, denn er stellte mir frei, hierzubleiben oder nach Asia zu gehen.«

»Nein, wir gehen nach Ephesos, denn es wird Zeit, neue Eindrücke zu sammeln in anderen Städten. Es ist doch schließlich gleichgültig, wo wir sind, wichtig ist nur, daß wir zusammen sind.«

Er umarmte sie, erleichtert, daß sie ihm das Schwere so leicht gemacht hatte, fragte noch, ob er Titus die Zustimmung geben solle.

»Unbedingt! Ich bin brennend an der Stadt der Artemis und des Lysimachos interessiert.«

»Gut, doch nun entschuldigst du mich, ich habe mit Zedekia zu arbeiten.«

Saturnin ließ sich von Zedekia die Kopien seiner Briefe an Silva bringen und las sie gründlich. Fand keine Stelle, die Titus' Anwürfe und die Strafe nur annähernd gerechtfertigt hätten. Nie hatte er sich zugunsten Domitians geäußert. Alles würde sich aufklären! Titus würde sich entschuldigen müssen! Unversehens erfaßte ihn ein Gefühl des Triumphes, stellte er sich vor, wie großmütig er Titus verzeihen würde.

Zum Nachtmahl ließ er vom besten Wein auftragen und liebte Octavia mit einer Leidenschaft, die ihr das Geständnis entlockte, noch niemals vorher so empfunden zu haben wie mit ihm und daß es mit jedem Male schöner werde. Als sie sich über ihn beugte und spielerisch seine Schulter und seine Brust mit dem Munde liebkoste, glaubte er, ihr die Wahrheit gestehen zu können. Ruckartig richtete sie sich auf, als er ansetzte, ihr zu sagen, daß er nach Ephesos müsse und nicht bleiben dürfe, aber morgen gewichtige Gründe geltend machen werde, die des Kaisers Befehl rückgängig machen würden.

Octavia lächelte beruhigt und küßte ihn, sagte dann, daß sie an eine Freiwilligkeit nicht geglaubt habe, denn ihr Großvetter ließe seinen Feldherren keine Wahl.

»Warum hast du nicht gleich deine Zweifel geäußert?«

»Ich wollte dich in deiner Ehre nicht noch mehr kränken, da ich ohnehin deine Enttäuschung bemerkte, unter einem Proconsul Dienst tun zu müssen. Es ärgert dich, daß der Kaiser dich wie eine Figur hin- und herschieben kann. Trage es mit Gelassenheit, denn nur einer kann herrschen, und die anderen müssen sich notgedrungen unterordnen.«

»Aber ich nicht!« widersprach er.

Als er am nächsten Tag die Kurie betrat, wanderte sein Blick mißtrauisch über die Gesichter, um zu sehen, ob nicht irgendwo Häme über seine Ungnade zu finden wäre. Doch die Senatoren, sollten sie Schadenfreude empfinden, verstanden diese gut zu verbergen, denn sie begegneten ihm wie immer. Er betrachtete Caecina Paetus, den künftigen Vorgesetzten, sofern es bei Titus' Entscheidung blieb. Ein stiller, freundlicher Mann, Mittvierziger, beizeiten ein Anhänger der Flavier, ohne auffälliges Gehabe und ohne größere Ambitionen. Nun betraten Cerealis und Lucullus den Sitzungssaal, lachend und scherzend.

»Du schaust so grimmig, als wärest du nach Pandataria verbannt worden, dabei ist es nur Ephesos«, begrüßte ihn Cerealis. Saturnin trafen die Worte wie ein Stich. »Freue dich, wir teilen dein Vergnügen, denn wir begleiten dich«, lachte Lucullus.

»Schau uns nicht an, als wüßtest du es nicht. Heute geruhte uns der Imperator mitzuteilen, daß wir, du, Lucullus und ich, Paetus als Legaten begleiten.«

»Ich schwöre, ich wußte es nicht, denn mir geruhte der Imperator gestern am späten Abend die freudige Botschaft zu übermitteln. Und euch?«

»Heute am zeitigen Morgen. Der Kaiser in seiner Güte sagte, daß drei seiner besten Feldherren nicht auf Dauer in Rom Aktenluft atmen dürften«, spottete Cerealis.

»Weiter hat er nichts gesagt?« fragte Saturnin begierig.

Cerealis und Lucullus tauschten einen fragenden Blick, schüttelten dann beide den Kopf.

Niemand weiß, wessen mich der Kaiser beschuldigte. Titus fühlt sich nun im Unrecht und münzt die Verbannung in eine Gnade um, indem er mir meine Freunde zur Begleitung beigibt.

»Nur Paetus weiß noch nichts von seinem Glück«, lachte Lucullus und deutete mit einem Kopfschwenk in dessen Richtung.

Nun betraten die Konsuln, Titus und Domitian, die Kurie und nahmen in den kurulischen Stühlen Platz. Domitian eröffnete die Sitzung und musterte mißbilligend einige Nachzügler, die sich in die hintersten Sitze zwängten.

Dann sprach der Kaiser und Konsul Titus über die Provinzverwaltung, dankte allen Prokonsuln und Statthaltern und verlas die neue Zuweisungsliste.

Titus wirkte müde und seine Bewegungen fahrig, die Stimme klang gepreßt. Als Saturnins Blick dem des Kaisers begegnete, erschrak er, denn er bemerkte abweisende Strenge. Das wird sich ändern, sobald ich ihn gesprochen habe, tröstete sich Saturnin.

Nach der Sitzung ließ sich der Prätor auf den Palatin tragen.

Was er wünsche, fragte Fuscus, der Wache hatte.

Den Imperator sprechen, entgegnete Saturnin.

Fuscus zog eine Rolle hervor, sein Finger fuhr betont langsam über die dort verzeichneten Namen. »Tut mir leid, Saturnin, du stehst nicht auf der Liste der Ersten Vorlassung. Du mußt, um den Imperator sprechen zu können, den

Dienstweg einhalten und bei der Kanzlei um eine Audienz nachsuchen«, sagte Fuscus und genoß das Vergnügen, Saturnin diese Abfuhr erteilen zu können.

»Danke für den Hinweis«, erwiderte der Prätor schneidend.

»Gern geschehen, Saturnin«, lächelte der Centurio spöttisch.

Abrupt drehte sich der Prätor um und verließ den Gang. »Viel Erfolg in der Provinz«, hörte er Fuscus ihm nachrufen.

Er ist und bleibt eine Ratte, würdig seines ehemaligen Präfekten, dachte Saturnin voller Wut noch in der Sänfte, die ihn zum Forum hinabtrug. Nun war die Ungnade traurige Wirklichkeit und kein wandelbares Versehen. Ich Narr habe geglaubt, daß Titus sich entschuldigen wird. Wie sollte er, da Unrecht und Niedertracht regieren!

»Saturnin«, rief Domitian aus einer von Lictoren begleiteten Sänfte, die er neben des Prätors Sänfte halten ließ. »Nimm es nicht so schwer, ein Jahr vergeht schnell. Ich habe versucht, ihn von diesem Schritt abzuhalten, doch du müßtest meinen Bruder kennen, mir zum Trotz bestand er darauf. Er schikaniert mich, wo er nur kann. Ein Wunder, daß er mir das Konsulat antrug. Es kommen bessere Zeiten, glaube mir, leb wohl.«

»Danke, Domitian. Ich bin es gewohnt, mit dem Unrecht zu leben«, erwiderte der Prätor und befahl den Sänftenträgern, den Weg fortzusetzen.

Die Herbstsonne, fahl und kraftlos im aufsteigenden Nebeldunst, stand schon tief, als er das Atrium betrat. Octavia, deren fragender Blick ihn erwartete, lächelte er an und verkündete ihr die gute Nachricht, daß Cerealis und Lucullus sie nach Ephesos begleiteten.

Eine wirklich gute Nachricht, bestätigte sie. Er legte den Arm um sie und zog sie in den Garten hinaus bis hinauf zum Hügel und sah auf das im Dunst verschwimmende Rom hinab. Diesen Anblick werde man eine Weile entbehren müssen, jedoch der Blick vom Koressos und Pion auf

Ephesos sei soviel schlechter nicht, sagte er. Octavia lehnte sich an ihn. Beide schwiegen.

»Wie Odysseus und Penelope«, meldete sich eine fröhliche Stimme in ihrem Rücken.

»Sentius, wo kommst du so plötzlich her?«

»Vater, Mutter«, begrüßte der langaufgeschossene Junge die Eltern und umarmte sie. »Bis zu eurer Abreise haben wir, Cornelius und ich, frei. Der Kaiser hat es angeordnet.«

Des Imperators Verhalten war unverständlich. Ungnade durch Gnadenakte gemildert!

Cornelius gesellte sich zu ihnen, grüßte freundlich, aber nicht so ausgelassen wie Sentius.

»Ist Großvater schon wieder in Rom?« fragte Sentius.

»Verzeih mir, daß ich dir sein Schreiben vorenthielt«, sagte Octavia zu ihrem Gatten. »Du hast dir Sorgen gemacht, weil er längst wieder in Rom sein müßte. Seine Abreise hat sich durch Orfitus' Erkrankung verzögert.«

Ehe Saturnin antworten konnte, äußerte Sentius seine Enttäuschung über des Großvaters Abwesenheit, da nun aus einer Reise nach Praeneste nichts werden würde.

»Einer Reise nach Praeneste steht nichts im Wege«, sagte Octavia.

»Morgen?« drängte Sentius.

Octavias Blick suchte seine Zustimmung. Er nickte.

Drei Tage Praeneste vergingen wie Stunden.

Sentius saß mit seinem Vater auf der Terrasse und sah Cornelius und Octavia beim Reiten zu. »Ich konnte keine bessere Mutter bekommen«, sagte er unvermittelt. »Alle beneiden mich um sie, niemand weiß, daß sie nicht meine ... ach Quatsch, sie ist meine richtige Mutter, jedenfalls für mich und meine Freunde.«

»Um mich beneiden sie dich nicht?« fragte Saturnin mit Selbstironie.

»Erfolgreiche Väter sind etwas Normales an unserer Schule, aber schöne Mütter, die dazu reiten können wie Penthesileas Amazonen und klug sind, sind außergewöhnlich.«

»Und Cornelius?« wechselte Saturnin das Thema.

»Er trägt es tapfer. Warum mußten gerade Onkel Cornelius und Tante Claudia umkommen?« fragte Sentius traurig.

»Ich weiß es nicht«, gestand Saturnin.

»Es ist ein schreiendes Unrecht und eine Ungerechtigkeit.«

»Daran muß man sich gewöhnen, daß sie das Bestimmende auf dieser Welt sind.«

»Muß man sich, Vater? Kann man nicht dagegen ankämpfen?«

Noch in Ephesos hatte Saturnin die Worte seines Sohnes im Ohr. Hatte er sich nicht immer gleiches gefragt? Und heute? Heute nahm er Unrecht hin und gehorchte. Warum hatte er sich nicht dagegen aufgelehnt und Titus den Rücktritt aus allen Ämtern angeboten? Kann man gegen das Unrecht ankämpfen?

Man muß es versuchen! Und er, Saturnin, hatte nicht einmal den Versuch gewagt!

XLIV

»Ich trinke auf den Konsul des 833. Jahres!« Arrecinus Clemens hob den ziselierten Silberbecher.

»Mein erstes ordentliches Konsulat nach sechs Nachfolgekonsulaten. Endlich wird ein Jahr nach mir benannt, und mein Name ist aus Roms Geschichte nicht mehr zu streichen«, erwiderte Domitian.

»Unsere Taktik trägt Früchte. Die Zeichen stehen günstig, und noch immer hat Titus keinen männlichen Nachkommen.«

Domitian blickte mißmutig auf Clemens, wobei seine Augen, die zu seinem Ärger in letzter Zeit aus den Höhlen hervorzuquellen begannen, sich noch weiter vorwölbten. »Noch ist Titus jung und kann zeugen«, widersprach er.

»Wer weiß? Die Wege der Götter sind unerforschlich, vielleicht haben sie in ihren Ratschluß ein früheres Abberufen des Kaisers eingeschlossen. Titus sieht nicht gut aus, er wirkt müde, unkonzentriert und nervös. Er mutet sich zuviel zu.«

Domitian schwelgte in dem Gedanken, die Götter könnten den ungeliebten Bruder bald zu sich auf den Olymp befehlen. Die Apotheose gönnte er ihm aus ganzem Herzen! Aber noch lebte Titus und verstellte ihm den Weg zum Kaiserthron, der rechtens ihm, Domitian, gehörte. Wer hielt denn in Rom aus, als Vitellius sein Unwesen trieb? Titus und Vespasian mitnichten! Er, Domitian, hatte der Gefahr getrotzt! »Arrecinus, dein Plan, meinen Bruder mit unseren Spitzeln zu umgeben, hat sich glänzend bewährt. Diesen Fuscus in die Prätorianer einzureihen und Pedanius zu erpressen, für uns zu arbeiten, das waren zwei Meisterleistungen.«

Clemens lächelte geschmeichelt und füllte sich den Becher.

»Mit der Angst der Menschen lassen sich gute Geschäfte machen, da jeder etwas zu verlieren hat. Der ärmste Färber aus Transtiber fürchtet um sein kleines Glück, sein Brot, seinen Wein und sein Liebesvergnügen. Der Sklave bangt um seine Gesundheit, die durch Folter zerstört werden kann. Pedanius hat auch einiges zu befürchten. Eine kleine Verfehlung, auf die ich durch Zufall stieß, brachte ihn in meine Hand und machte ihn zum Verräter an seinem Herrn. Über Fuscus weiß ich einige dunkle Dinge aus seiner Adjutantenzeit bei Tigellinus. Wir haben Titus in einem, wenn auch locker geknüpften, Netz, dem er nicht entrinnen kann«, sagte Clemens, und sein Lächeln wurde böse und hämisch, so daß Domitian irritiert entgegnete, einen so gefährlichen Mann wie ihn dürfe man sich nicht zum Feinde machen.

»Ich bin dein treuer Freund«, beschwor ihn Clemens. »Deine Idee mit Saturnins Briefen war auch sehr wirksam.«

Domitians Gesicht zeigte Enttäuschung, erschlaffte plötzlich, er winkte mit einer müden Geste ab. »Die Angelegenheit hat einen Verlauf genommen, der mir nicht behagt. Beinahe bereue ich die Sache und werfe mir vor, falsch gehandelt zu haben. Lediglich Mißtrauen wollte ich der dicken Freundschaft meines Bruders mit Saturnin beimengen, weil Titus Saturnin zwingt, mich zu meiden. Niemals habe ich damit gerechnet, daß er ihn degradiert und verbannt. Nur aus seiner Nähe, nicht aus Rom, wollte ich Saturnin entfernt wissen, damit er sich aus Enttäuschung über Titus mir endgültig und unwiderruflich anschließt. Wer weiß, welchen Einflüssen Saturnin in Ephesos ausgesetzt ist, die ihn mir entfremden statt näherbringen.

»Bei derart gefährlichen Spielen mit Menschen kann man unerwünschte Nebenwirkungen nicht immer ausschließen. Dein Winkelzug mit den Briefen, ich bleibe dabei, war ein Kunststück. Du hast Titus eines seiner besten Feldherrn beraubt und seine Macht teilweise paralysiert. Titus hat seine Entscheidung bereut und sie für Saturnin weniger hart erscheinen lassen durch Lucullus' und Cerealis' Begleitung. Für Cerealis ist es eine blamablere Degradierung, denn er besitzt weitaus mehr Phaleren und mehr Ruhm als Saturnin.«

Domitian griff zum Becher und trank ihn in einem Zug leer. »Besonders ärgert mich, daß Titus den Antonier ausgerechnet diesem Leisetreter Paetus zugewiesen hat, der mich nicht ausstehen kann und mir dies zu verstehen gibt.«

»Und das aus gutem Grund! Du hast ihm einmal ein Geweih aufgesetzt, mit dem er nicht einmal durch das große Tor des Jupitertempels hindurchkommt«, sagte Clemens anzüglich. Plötzlich erstarrte sein grinsendes Gesicht, seine Hand zitterte, als er den Becher auf den Tisch stellte. »Domitian, wir müssen alles versuchen, Saturnin aus Paetus' Nähe zu entfernen. Es ist schlimmer, als ich dachte. Weißt du nicht mehr, was du Paetus angetan hast?«

Domitian, erschreckt über den veränderten Gesichtsausdruck des Freundes, rutschte unruhig im Sessel hin und her.

»Ich hatte ein Verhältnis mit seiner Frau«, bemühte sich Domitian, unbekümmert zu wirken.

»Es war mehr als das«, sagte Clemens eisig.

Domitian schaute mit dümmlichem Ausdruck auf Clemens.

»Es war nach Vitells Niederlage. Du warst mit deinen achtzehn Jahren plötzlich mächtig, Sohn eines Kaisers und Caesar, hast dich als Herrscher gefühlt und aufgespielt.«

»Ich habe mich nicht so gefühlt und aufgespielt, sondern war der Herrscher«, unterbrach Domitian scharf.

»Gut, gut. Du warst der Herrscher in Rom und hast es weidlich genutzt. Du hast Beamte töten lassen, andere ein- und abgesetzt. Vespasian hat dir damals geschrieben: ›Ich danke Dir, mein Sohn, daß Du mich noch herrschen läßt und nicht schon abgesetzt hast.‹ Du hast verängstigte Frauen durch Drohungen in dein Bett gezerrt . . .«

»Schweig!«

Clemens ließ sich durch des Flaviers heftige Reaktion nicht beirren und fuhr fort: »Sempronia, die Gattin des Paetus, widerstand deinen Drohungen und Versprechungen, denn Paetus war ein Anhänger deines Vaters. Da sie dich reizte und du nicht ertragen konntest, von einer Frau abgewiesen zu werden, griffst du zu einer List. Unter dem Vorwand, Nachrichten von ihrem Gatten zu haben, der damals unter Tiberius Alexander in Ägypten diente, locktest du sie zu dir, gabst ihr betäubenden Wein zu trinken und hast die nicht mehr ganz Zurechenbare beschlafen. Sempronia hat sich unmittelbar danach umgebracht.«

Domitian sprang auf, sein Gesicht wurde kalkig weiß. Plötzlich erinnerte er sich. Wie hatte er das vergessen können? »Beim Hades, Paetus haßt mich und wird mir das nie vergessen. Mußte ich ein so gefährliches Spiel beginnen, das sich nun gegen mich richtet? Arrecinus, du mußt mir helfen! Wenn Saturnin das erfährt, habe ich ihn als Freund verloren«, klagte Domitian.

Clemens musterte ihn verächtlich. Erst großspurig und

dann beim ersten Fehlschlag ein Häufchen Elend! Das ist wahrlich nicht der Stoff, aus dem gute Imperatoren gemacht werden, dachte er, und ein leiser Zweifel kam ihm, ob es richtig sei, worauf er sich eingelassen hatte.

»Du mußt Saturnin von Paetus entfernen«, flehte Domitian.

»Wir müssen Silvas Rückkehr abwarten, mit Saturnins Originalbriefen zu Titus gehen und ihn dreist fragen, was er an den Briefen auszusetzen hat. Er vergleicht die Originale mit den Kopien und entdeckt die Entstellungen durch deine geschickten Auslassungen, Ergänzungen und Änderungen. Bleibt nur die Frage, wie wir Titus erklären, daß wir die Briefe als Ursache der Ungnade kennen?«

»Indiskretion in der Umgebung des Kaisers«, warf Domitian ein.

»Gut. Wir schüren sein Mißtrauen auf seine Umgebung.«

»Nicht so allgemein. Wir müssen Pedanius opfern! Ihm müssen wir die Schuld an der Indiskretion und an der Fälschung zuschieben.«

»Schade, denn so schnell bekommen wir nicht wieder einen unserer Leute in des Kaisers unmittelbare Nähe. Und ob der Aufwand lohnt, den wir betreiben, um Saturnin von Paetus zu entfernen, wage ich zu bezweifeln. Was schadet es dir, wenn Paetus Saturnin gegen dich aufhetzt? Wenn sich der Antonier überhaupt verhetzen läßt. Dafür Pedanius zu opfern, scheint mir ein zu hoher und unangemessener Preis.«

Domitian kaute verlegen an der Unterlippe. »Mag sein, doch mir liegt viel an Saturnin, und ich will nicht, daß er sich einer so blöden Bagatelle wegen von mir abwendet und gegen mich eingenommen wird.«

»Du wirst es sowieso nicht verhindern können, denn es wird eine gewisse Zeit dauern, ehe der Stein ins Rollen kommt. Noch ist Silva nicht in Rom«, gab Clemens zu bedenken.

»Wir müssen es versuchen. Paetus ist ein zurückhaltender

Mann. Es ist deshalb wenig wahrscheinlich, daß er Saturnin sofort alles, was ihn bewegt, anvertraut. Das ist meine Chance, denn Saturnin mit seinem krankhaften Gerechtigkeitssinn würde mir die Sache mit dieser Sempronia nie verzeihen.«

»Also muß Pedanius geopfert werden.«

»Ja.«

Mit Befremden bemerkte Clemens, wie leicht dem jungen Flavier ein Todesurteil über die Lippen kam, denn dieses ohne zu zögern ausgesprochene Ja war die Besiegelung von Pedanius' Tod, des Todes keines Feindes, sondern eines Verbündeten! Das ließ sogar den abgebrühten Arrecinus Clemens erschauern.

XLV

Hatte sich der Senator Laecanius Caecina Paetus gefreut, die Provinz Asia erlost zu haben, so war er enttäuscht, als ihm der Kaiser die Legaten zuwies. Die Enttäuschung wuchs zum Ärger bei der Ankunft in Ephesos, als ihn Trajan, der scheidende Statthalter, lächelnd brüskierte mit der Bemerkung, so eine Besatzung habe die Provinz noch nie gesehen. Paetus schluckte seinen Verdruß über Trajans sowohl überflüssige als auch taktlose Anspielung hinunter. Lucullus rettete die peinliche Situation und erwiderte Trajan, daß jeder bekäme, was er verdiene. Daraufhin wandten sich Trajan und sein Sohn ruckartig um und verließen grußlos den Palast. Paetus lachte und nickte Lucullus dankbar zu.

Dann sah sich der neue Statthalter in seiner Wirkungsstätte um, durchschritt den langen Saal, trat ans Fenster und blickte in den von Säulengängen umfriedeten Innenhof hinaus. Saturnin, Cerealis und Lucullus standen mitten im Raum und warteten. Nach wenigen Augenblicken wandte sich der Prokonsul um, blieb aber in Fensternähe, um die Distanz zu seinen Untergebenen nicht zu verringern. »Ich weiß nicht, was den Imperator bewogen hat, euch mir als Legaten zuzuordnen. Bestimmt habt ihr euch nicht danach gedrängt, genau wie ich mich nicht um euch bemüht habe. Er wird seine Gründe gehabt haben, die ich nicht kenne und die zu erforschen ich mich nicht anheischig machen will.« Paetus' Zunge befeuchtete die Oberlippe, die Hände fuhren einen Halt suchend über den Brustpanzer, ehe er sie auf dem Rücken ineinander verschlang. Leicht verlegen fuhr Paetus fort, daß jeder der drei Legaten selbst eine Provinz verwalten und daß ihr Dienst unter einem Prokonsul zu Unzufriedenheit führen könnte, für die er sogar Verständnis hätte.

»Wir sehen das nicht so, Paetus«, warf Lucullus ein. »Der Kaiser will, daß wir von dir lernen und bei dir Erfahrungen sammeln für die uns erwartenden Statthalterämter.«

»Seht ihr es ebenso?« wandte sich Paetus mißtrauisch an Saturnin und Cerealis.

Sie bejahten es.

»Das ist eine gute Grundlage für unsere Zusammenarbeit. Unter uns gesagt, wir wollen uns das Leben nicht schwerer machen, als es ohnehin schon ist. Ich verabscheue überflüssige Härte und Schikane, habe auch nicht die Absicht, Autorität zu demonstrieren. Was ich verlange, ist Pflichterfüllung! Ich will der Provinz ein guter Verwalter sein, und ihr werdet mir dabei helfen. Seht in mir nicht einen euch aufgezwungenen Vorgesetzten, sondern einen Primus inter pares. Heute und morgen habt ihr frei, um eure Häuser wohnlich einrichten zu lassen und euren Damen Ephesos zu zeigen. War einer von euch schon einmal hier?«

»Ich«, sagte Saturnin.

»Wann und unter wem?« fragte Paetus interessiert.

»Vor zwanzig Jahren war ich Tribun bei Quintus Barea Soranus.«

Er habe Soranus gekannt und als vortrefflichen und ehrenwerten Mann geschätzt und sein gewaltsames Ende sehr bedauert, entgegnete Paetus leise und drehte sich dem Fenster zu. Ohne die Legaten anzusehen, gab er ihnen die Erlaubnis zum Wegtreten.

Die drei Villen der Legaten, inmitten eines zum Berge Pion ansteigenden Haines aus Maulbeer- und Ölbäumen gelegen, hatten früher judäischen Kaufleuten gehört, die die Wirrnisse des Krieges vertrieben hatten. Saturnin verabschiedete sich von den Begleitern und stieg einen schmalen Pfad zu seinem, dem am höchsten gelegenen Haus, empor. Octavia erwartete ihn auf dem Dachgarten. »Es ist schön hier«, empfing sie ihn begeistert. »Die wunderbare Aussicht von hier oben, sieh nur die Vielfalt der Farben und Blüten unserer Rosen. Wer mag Rosen nicht?«

»Petronius mochte keine Rosen.«

»Kannst du das verstehen? Ich nicht.«

Er betrachtete gebannt, wie sich die Strahlen der tiefstehenden Sonne im Meer brachen und die Verulanushallen und das Hafengymnasium vergoldeten. Octavia folgte seinem Blick. Auch Verbannung kann ihr Gutes haben, dachte er. Man findet Zeit zur Besinnung auf Dinge, an denen man sonst achtlos vorbeigeht. Auch Octavia ist mehr als zufrieden. Meist sind es doch die Frauen, die durch ihre Unzufriedenheit und ihr Räsonnieren den Männer das Leben schwer machen und diese zu Handlungen anstacheln, an die sie selbst nie gedacht hätten und die mitunter kein glückliches Ende nehmen. Ein Glück, daß Octavia anders war. Er legte den Arm um sie und versprach ihr ein schönes Jahr in Ephesos.

Der Dienst gestaltete sich erträglich. Asia, lange schon römische Provinz und kein Grenzgebiet zu feindlichen Mächten, war verwaltungsmäßig straff organisiert, und die wenigen Truppen, verteilt auf kaum mehr als eine Handvoll Garnisonen, waren schnell erreich- und mobilisierbar.

Nachrichten aus Rom flossen spärlich. Silva schrieb über die Einweihung des Amphitheatrum Flavium, über Sentius' Fortschritte auf der Akademie, aber keine, nicht die geringste Mitteilung in Sachen Politik.

Tage, Wochen und Monate vergingen. Gemeinsam hatten Saturnin, Cerealis, Lucullus mit ihren Frauen die Umgebung bereist, Pergamon und Smyrna besucht.

Saturnins vierzigsten Geburtstag feierte man auf Samos. Auch Caecina Paetus war erschienen, brachte einen Trinkspruch auf die Zukunft des Legaten aus, der aufhorchen ließ, weil er kühn eine glänzende Laufbahn prophezeite. Der so mit Lob Bedachte nahm es gelassen hin und zog ein eigenes Fazit seiner Entwicklung: Vierzig Jahre! Die Falten auf der Stirn und haarfein an den Augen und die ersten grauen Haare signalisierten unwiderruflich, die Jugend war längst vorüber! Das Leben war vieles schuldig geblieben, vor allem jetzt! Aber mußte man nicht dankbar sein, bedachte man, daß von tausend römischen Männern nur dreihundertfünfzig älter als dreißig Jahre wurden? Wer weiß, wie viele Jahre einem noch vergönnt waren? Fünf, zehn, fünfzehn oder zwanzig? Niemand wußte es, und nirgends stand es geschrieben! Zwanzig Jahre hatte er nicht mehr, hatten die Chaldäer geweissagt!

»Woran denkst du?« fragte Octavia.

»Ans Älterwerden denkt er und daran, was er alles im Leben bisher falsch gemacht hat«, mischte sich Cerealis ein.

Ehe Octavia fragen konnte, ob das stimme, erklärte Paetus, so einfach könne man das nicht sehen, denn das Falsche könne das Richtige sein und umgekehrt, wer wolle schon darüber rechten. Ein kleines Beispiel aus dem Alltag könne seine These gut illustrieren.

»Gestern kam ein Bote von Plancius Varus, dem Statthalter Bithyniens, und ersuchte mich um Hilfe gegen eine Räuberbande im Olymposgebirge, die im Grenzland ihr Unwesen treibt. Ohne meine Unterstützung kann er sie nicht unschädlich machen. Ist es falsch, ihm zu helfen, oder richtig? Was sagst du, Saturnin?« fragte Paetus, den Legaten in gespannter Erwartung ansehend.

»Es ist richtig, ihm zu helfen«, erwiderte Saturnin prompt.

»Was meint ihr, Cerealis und Lucullus?«

Cerealis unterstützte Saturnins Auffassung.

»Wie kommen wir dazu, Plancius Varus' Probleme zu lösen? Was gehen uns seine Banditen an? Erst wenn sie für unsere Provinz zur Plage werden, dann sollten wir eingreifen, nicht eher«, argumentierte Lucullus.

»Saturnin und Cerealis, dürfte ich euch bitten, in zwei Tagen mit je einer Kohorte ins Olympos-Gebirge zu ziehen, um Varus zu unterstützen? Lucullus, du darfst in Ephesos bleiben«, sagte Paetus schmunzelnd.

»Eine gute Lektion in Sachen falsch und richtig«, lachte Cerealis,»das Richtige war das Falsche.«

Lucullus grinste schadenfroh, als Saturnin nicht gerade erfreut Paetus seine Zustimmung gab.

»Es dauert nicht lange«, tröstete der Statthalter. »Doch nun kein Wort mehr über Dienst, es war nur ein kleiner Beitrag über die Schwierigkeit, sein eigenes Leben zu bewerten.«

Paetus sollte recht behalten. Die Jagd auf die Räuberbande dauerte nicht länger als zehn Tage und war nicht mehr als ein Geländespiel. Varus trieb die Bande nach Asia, Saturnin und Cerealis trieben sie nach Bithynien zurück, so ging das einige Male, bis man sie umzingelte und gnadenlos niederhieb.

Cerealis hielt seine üble Laune während der Tage im Gebirge, wo eisiger Wind über die Pässe fegte, nicht zurück. »Jetzt sind wir bereits so tief gesunken, daß wir Jagd auf arme Räuber machen müssen«, räsonnierte er. Auf dem Rückweg nach Ephesos hatte er sich noch nicht beruhigt. »Das Kommando als Legat eines Prokonsuls finde ich mehr als beschissen«, ereiferte er sich.

Saturnin antwortete nicht, er wollte den Freund nicht noch mehr erregen, sondern überlegte, ob er ihm die Wahrheit sagen sollte.

»Man schiebt uns wie Spielfiguren hin und her, als wären wir Niemande. Diese Flavier widern mich langsam genauso an wie der Rotbart, denn sie sind ebenso despotisch.«

Im Innern stimmte ihm Saturnin zu, schwieg aber.

»Du äußerst dich nicht, weil du dich ihnen verpflichtet fühlst. Selbst, wenn du es ihnen hinterbringen solltest, ich behaupte, sie sind um keinen Deut besser, nur ihre Methoden sind nicht so plump, sondern ausgeklügelter und feinsinniger.«

»Dein Verdacht, ich könnte dich denunzieren, ist absurd. Ich habe noch nie einen Menschen verraten«, entgegnete Saturnin heftig.

»Verzeih, so war das nicht gemeint. Ich teile nur deine Hoffnung in puncto Flavier nicht. Sie werden uns noch herbe Überraschungen bescheren.«

»Du bist ein unverbesserlicher Republikaner.«

»Nein, ich bin nur ein Gegner von Willkür. Kein Kaiser hat bisher auf Willkür verzichtet, auch dein Freund Titus nicht.«

Cerealis hatte Saturnin an einer wunden Stelle getroffen. Bitterkeit brachte die Erkenntnis, daß alle Mächtigen einander glichen in ihrem einzigen Ziel: Erhaltung und Ausweitung der Macht. Und nur wer ihnen darin nützlich war, erhielt Gnade und Wohlwollen. Wer dieses Ziel nicht anerkannte und sich ihm nicht bedingungslos unterordnete, wurde beiseite geschoben. Nero und Tigellinus besorgten dies offen und brutal, Vespasian und Titus heimlich und raffiniert, doch mit demselben Anspruch und demselben Ergebnis. Wägst du das eine gegen das andere ab, so ist überall Schiffbruch, fiel Saturnin des Arbiters Sentenz ein.

Schweigend legten Cerealis und Saturnin die letzten Meilen bis Ephesos zurück.

Hin und wieder warf Cerealis, dessen Laune sich zusehends besserte, einen verstohlenen Blick auf Saturnin, lächelte zufrieden über den Nachdenklichen, dem er ein wenig Zweifel eingepflanzt zu haben glaubte.

Paetus nahm den Bericht freundlich entgegen und verlieh Saturnin und Cerealis silberne Phaleren. Der Dank des

Amtskollegen aus Bithynien ließ auf sich warten und fiel äußerst knapp aus.

Das Jahr ging zu Ende. Paetus wartete ungeduldig auf Nachrichten aus Rom. Seit September war keine Botschaft mehr angekommen, so als wäre die Provinz Asia nicht mehr zum Imperium gehörig. Der Prokonsul sandte Kuriere in die benachbarten Provinzen Lycia, Bithynien und Galatien, um Aufklärung zu erhalten, die nicht gegeben werden konnte von den Amtskollegen. Nur aus Syrien kehrte Paetus' Bote in Begleitung eines Tribunen des Statthalters Ceionius Commodus zurück, der um eine geheime Aussprache nachsuchte. Erstaunt über diese unter Amtskollegen unübliche Verfahrensweise, zog Paetus seine Legaten hinzu.

Mißbilligend nahm es der Bote zur Kenntnis, wagte jedoch nicht, dem Prokonsul Vorschriften zu machen, sondern forderte absolutes Stillschweigen über seine Mitteilungen. »In Edessa, Königreich Osroene, verbreitete ein Schwindler, der behauptete, Kaiser Nero zu sein, große Unruhe«, begann er gewichtig seinen Vortrag. »Unterstützt von den Parthern gelang es ihm, einen nicht geringen Anhang um sich zu sammeln. Der Imperator begegnete der Angelegenheit mit Umsicht und stattete Ceionius Commodus mit allen Vollmachten aus, um diesen ›falschen Nero‹ dahin zu bringen, wo er hingehört: ans Kreuz. Der Betrüger, ein gewisser Terenz, der tatsächlich mit Nero Ähnlichkeit hatte, wurde in Antiochia gekreuzigt. Seine Freunde in Parthien ließen ihn natürlich im Stich, da ihnen an einer direkten Konfrontation mit Rom nicht gelegen sein konnte.«

»Warum sind wir davon nicht in Kenntnis gesetzt worden?« fragte Paetus unwirsch.

Der Tribun, auf diesen Einwand vorbereitet, antwortete mit drei Gründen: Asia sei keine kaiserliche Provinz! Für eine Information des Prokonsuls sei deshalb die Kurie verantwortlich! Die leidige ›Nero-Angelegenheit‹ sei durch die geographischen Gegebenheiten eine interne Sache der Provinz Syria gewesen. Triumphierend über die Sprachlosigkeit des Prokonsuls und seiner Legaten, lächelte der Bote, dann fuhr er fort: »Nun zu einer sehr viel unangenehmeren Meldung: In Rom wütete drei Tage lang ein Feuer, und nun wütet dort – die Pest.«

Erschrocken sahen sich die Legaten und Paetus an. Ob er Näheres über das Ausmaß wisse, bestürmte ihn Saturnin.

»Nein, ich kenne nur den allgemeinen Tatbestand. Der Kaiser hat Rom hermetisch nach außen abgeschlossen, um die Ausbreitung zu verhindern. Um keine Unruhe entstehen zu lassen, bittet Ceionius Commodus inständigst um euer Stillschweigen.«

Der Bote aus Syrien hatte Ephesos längst verlassen, als Paetus mit seinen Legaten noch immer beriet. Die Beratung indes drehte sich im Kreise und gelangte immer wieder zu dem Punkte, daß man nichts tun könne als abwarten. Schließlich ging man am späten Abend ohne Abschied auseinander. Jeder hing seinen düsteren Vorstellungen und Befürchtungen nach.

Acht Tage verbarg Saturnin die schreckliche Kunde vor Octavia. Erst als sein verändertes Verhalten ihren Argwohn erregte, erzählte er ihr davon. Octavia bemühte sich um Fassung, vermochte jedoch nicht zu verhindern, daß ihr die Tränen kamen.

In quälender Ungewißheit verbrachte man den Dezember, den Januar und den Februar. Anfang März erreichten mit den ersten Schiffen die wildesten Gerüchte Ephesos. Dreiviertel der Einwohner Roms seien der Pest zum Opfer gefallen, der Kaiser habe die Stadt vollkommen einäschern und mit einem zwanzig Fuß hohen Wall umgeben lassen und plane die Errichtung einer neuen Capitale zweihundert Meilen weiter südlich. Paetus verhörte die Gerüchteverbreiter, griechische, arabische und judäische Händler, und befragte sie nach den Quellen ihres Wissens. Nichts Amtliches lag zugrunde, nur Vermutungen, Übertreibungen, orientalische Ausschmückungen, Freude am Sensationellen und Wünsche, daß das mächtige und verhaßte Rom vom Erdboden verschwunden sei. Der Statthalter bestrafte die Schwätzer mit einem Bußgeld und drohte ihnen harte Strafen für die Weiterverbreitung der romfeindlichen Hetze an.

Nach weiteren bangen Wochen kam dann endlich die erlösende Botschaft aus Rom. Sie kam mit Valerius Quirinalis Festus, dem neuen Prokonsul und Amtsnachfolger des Caecina Paetus.

Mit einem erstaunten Blick maß Festus seinen Vorgänger, der ihn mit Fragen bestürmte, was in Rom los sei. Was er erwarte, fragte Festus.

»Die Pest«, warf Saturnin ein.

»Pest?« Festus zog die Brauen hoch. »Ach so, die ist längst vergessen. Ein, zwei Monate hatten wir die Seuche, die auch einige Leute hingerafft hat, aber nur Alte, Schwache, im Prinzip nicht Lebenswerte. Eine gewisse Auslese, wenn man so will. Der Imperator hat der Sache viel zuviel Bedeutung beigemessen. Kommen wir doch zu unseren Geschäften.«

Alte, Schwache, nicht Lebenswerte! Saturnin hatte Mühe, seinen Groll auf diesen aufgeblasenen Festus zu bezwingen, der mit lässiger Geste Paetus das vom Senat ausgefertigte Ernennungsschreiben entgegenreichte. Paetus las und gab es an Saturnin weiter. Seit wann es üblich sei, rügte Festus, Legaten Einsicht in Ernennungsschreiben zu geben. Er habe keine Geheimnisse, sondern sei stets um ein vertrauensvolles Verhältnis zu seinen Legaten bemüht gewesen, er, Festus, könne es anders halten, erwiderte Paetus. In diesem Falle sei es aus einem weiteren Grunde angebracht, denn der Legat Saturnin sei der Schwiegersohn des Konsuls, dessen Unterzeichnung des Schreibens ihm die Gewißheit, daß dieser am Leben sei, gebe, fügte Paetus hinzu.

Im Jahre der Konsuln Lucius Flavius Silva und Asinius Pollio Verrucosus ... las Saturnin und reichte die Rolle zurück.

Nach Übergabe aller Akten gehörten Paetus' Prokonsulat

und Saturnins, Cerealis' und Lucullus' Legatio der Vergangenheit an.

An die Reling gelehnt, beobachtete Saturnin, wie die Galeere durch kraftvolle Ruderschläge aus dem Hafen getrieben wurde. Ephesos verkleinerte sich und verschwand hinter dem Horizont. Auf der Höhe von Amorgos ließ der Kapitän die Segel setzen, in die sofort der heftige Boreas fuhr und sie knatternd blähte. Saturnin sah das aufschäumende Kielwasser und den Steuermann, der spielerisch die Ruderpinne handhabte. Eine Hand legte sich auf seine Schulter. Cerealis sagte grinsend, als sich Saturnin ihm zuwandte: »Du solltest nun in die entgegengesetzte Richtung schauen.«

Saturnin zuckte die Schulter, denn was ihn in Rom erwartete, war bestimmt nicht besser.

»Sieh vorwärts, Lucius. Die Judäer haben für alle Lebenslagen wunderbare Sprüche, so auch für unsere.«

»Nun laß hören.«

Cerealis reckte die untersetzte kräftige Gestalt und deklamierte mit feierlich-erhobener Stimme: »Wer seine Hand an den Pflug legt und sieht zurück, der ist nicht geschickt zum Reich Gottes.« Nachdenklich sah Saturnin auf ihn herab und sagte: »Gut, Civica, sehen wir vorwärts, auf daß wir zu diesem Reiche taugen.«

XLVI

Sie sahen sich lange an, und keinem entgingen die Spuren der verflossenen Zeit im Gesicht des anderen. Jahre lagen zwischen ihrer letzten Begegnung, aber, und das fühlten beide, nicht ein Anflug von Fremdheit, sondern die alte Vertrautheit.

»Gratuliere zum Konsul«, sagte Saturnin herzlich, doch Silva winkte nur ab und meinte, das habe sich nicht länger vermeiden lassen. Ihn beim Konsulat zu übergehen, wäre nahezu einer Verurteilung gleichgekommen.

»Viel hat sich ereignet seit unserem letzten Zusammentreffen. Manches haben wir uns geschrieben, wenn auch nicht alles.«

»Diese unglückseligen Briefe«, seufzte Silva. »Doch nun ist alles vorüber. Du solltest es Titus nicht länger nachtragen. Er ist ein anderer Mensch geworden, lebt und opfert sich für Rom. Besessen von dem Wunsch, jeden Tag Gutes zu tun, ruft er abends verzweifelt, wenn's mißlang: ›Diem perdidi‹ – Ich habe einen Tag verloren. Man liebt und vergöttert ihn, nennt ihn bewundernd ›Wonne des Menschengeschlechts‹«, redete sich Silva in Begeisterung.

»Hör auf, sonst kommen mir die Tränen«, erwiderte Saturnin auf des Konsuls Lob.

»Ich kann dich verstehen, doch Titus sagte mir, daß für ihn die Angelegenheit erledigt sei.«

»Wie gnädig von dem hohen Herrn«, höhnte Saturnin, fügte hinzu, daß er die Briefe Wort für Wort wieder gelesen habe und nichts finde, was des Kaisers Handlung rechtfertigen könne.

»Glaube ich«, sagte Silva und reichte dem Schwiegersohn zwei Rollenbündel. »Deine Briefe sind durch den Kopisten verfälscht worden. Auslassungen und Änderungen haben den Text dermaßen entstellt, daß man ohne große Mühe dir böswillige Verleumdung des Kaisers anlasten kann.«

Saturnin verglich die durch Silva kenntlich gemachten Stellen in der Kopie mit denen des Originals. »Welcher hinterlistige Hund hat mir diesen Streich gespielt? Wer es auch immer getan hat, wußte, was er tat und wollte mir schaden, weil er Titus' Reaktion im voraus kannte. Und Titus? Weiß er davon?«

»Natürlich. Es sind die bewußten Kopien, die ich von ihm habe.«

»Und?«

»Es tut ihm leid. Du bist wieder Erste Vorlassung und Freund des Caesars.«

»Mehr nicht? Bittet er mich nicht um Verzeihung?«

»Ich bitte dich, Lucius, laß es bewenden. Jetzt, wo er ein neues Selbstverständnis gefunden hat, erinnere ihn nicht mehr an Dinge, die er gerne vergessen möchte.«

»Mir ist Unrecht geschehen. Silva, ich hab's, Pedanius ist der Fälscher, ich habe die Schrift erkannt. Ich werde ihn zwingen, mir seinen Auftraggeber zu verraten.«

»Nichts wirst du! Das ist des Kaisers Angelegenheit. Du darfst dich nicht an einem kaiserlichen Sekretär vergreifen.«

»Titus muß mich um Verzeihung bitten«, beharrte Saturnin.

Entsetzt sah Silva seinen Schwiegersohn an, der keine Vernunft anzunehmen schien. Ein Kaiser soll sich bei einem seiner Untertanen für einen Fehler entschuldigen! Das kann man nicht einmal von Titus verlangen. Ein Herrscher darf irren, es aber niemals eingestehen, weil dies das gesamte Herrschaftssystem in Frage stellte. Und irrte ein Kaiser offensichtlich, dann war es Aufgabe seiner Paladine, den Irrtum in Richtigkeit umzudeuten. So war es, und so würde es bleiben, folgerte Silva aus seinen Gedanken, und damit hatte man sich abzufinden, wollte man nicht auf der Strecke bleiben. »Bitte, Lucius, verrenn dich nicht in eine fixe Idee!« Silva legte dem Schwiegersohn die Hand auf die Schulter. »Man kann in dieser Welt nichts erzwingen und die Schuld nicht aus ihr entfernen. Auch mit dem Unrecht muß man leben können. Man muß ohne Haß verachten und sich nicht durch Ungerechtigkeit erniedrigen und beleidigen lassen! Selbstmitleid hast du nicht nötig, verschwende deine Kraft nicht damit. Du bist bei Titus wieder in Gunst, beschäme ihn durch Großmut, indem du die Dinge nicht für erwähnenswert hältst. Du verschaffst dir einen moralischen Sieg. So abgebrüht ist er nicht, daß er dies nicht bemerkt.«

Saturnin schritt langsam zum Fenster, Silva folgte. Die Bäume und Sträucher standen in frischem Grün, Octavia und Mikal pflückten Narzissen und winkten den Männern am Fenster, die zurückwinkten.

»Du hast mich überzeugt, Flavius. Es führt zu nichts,

wenn ich Titus brüskiere, denn das Geschehene ist nicht ungeschehen zu machen. Lassen wir es ruhen, auch wenn es schwerfällt.«

Silva atmete auf. Nun konnte er beruhigt den Schwiegersohn verlassen. Beim Abschied klopfte er ihm auf die Schulter und beschwor ihn, nie der ersten Erregung zu folgen, sondern kühle Erwägung trennend zwischen Gefühl und Handlung einzuschieben.

Saturnin dachte daran, als ihn der Kaiser zur ersten Audienz nach seiner Rückkehr bat. Der Zufall fügte es, daß Fuscus Wache hatte. Devot sich verneigend, öffnete er dem Prätor die Tür zu Titus' Empfangsräumen. »Du hast vergessen, in der Liste der Ersten Vorlassung nachzusehen, ob ich darin stehe«, sagte er zu dem Centurio. Fuscus lächelte säuerlich. »Übrigens, Fuscus, dein gutgemeinter Wunsch ist in Erfüllung gegangen. Ich hatte viel Spaß in der Provinz und habe mir einige dazu verdient«, Saturnin schlug auf den Brustpanzer, so daß die Phaleren klimperten. »Ich werde mich beim Imperator dafür verwenden, daß du dir auch einen Orden in der Provinz verdienen kannst, du Paradesoldat!« Fuscus wurde blaß, wie Saturnin mit Genugtuung bemerkte. Dieser Ratte hatte er es gegeben! Titus empfing ihn freundlich, doch ein wenig gehemmt. Saturnin erschrak über das veränderte Aussehen des Kaisers. Nicht nur, daß er fülliger geworden war, es war ein anderes Gesicht. Die Wangen wölbten sich schlaff und verbreiterten das ohnehin nicht schmale Gesicht. Unter den Augen lagen dicke Tränensäcke. Irgendwie glich er beinahe dem alten Mulio, nur daß Titus seine vollen gelockten Haare noch besaß. Saturnin fühlte, daß er durch einen Scherz, ein verbindliches Wort die alte Vertrautheit hätte wiederherstellen können, doch zu seinem eigenen Bedauern ging ihm dieses Wort, das die Brücke über den trennenden Graben sein würde, nicht über die Lippen. Genau wie bei der ersten Begegnung mit Octavia. Titus überbrückte die Fremdheit auf seine Art, indem er dem Prätor Aufgaben erteilte. Aktenberge ließ er durch einen Sekretär ihm übergeben. Es war nicht Pedanius, wie Saturnin gleich bemerkte. Dann verabschiedete ihn Titus verlegen lächelnd und wünschte ihm gutes Gelingen.

Der Sommer brachte drückende Hitze, der Octavia und Saturnin durch Reisen nach Praeneste und Baiae entgingen. Auch nach Alba longa fuhren sie einige Tage, von Domitian und Domitia herzlich begrüßt. Auf Domitians böse Worte über Titus ging Saturnin gemäß der Warnung Silvas nicht ein, sondern ließ den jüngeren Flavier unbeirrt reden.

Den ersten Jahrestag der Weihe des Amphitheatrum Flavium beging Titus mit großartigen Spielen. Octavia und Saturnin, die neben Cerealis und dessen Gattin saßen, betrachteten staunend das riesige Areal und die schier unübersehbare Menschenmenge auf den Rängen, die den Kaiser mit ohrenbetäubendem Beifall bedachte, ihn als Vater des Vaterlandes und Glück und Wonne des Menschengeschlechts pries. Der Kaiser genoß die Verehrung und winkte lächelnd der Menge zu. Die Spiele wurden zu einem unvergeßlichen Ereignis. Auch für Saturnin und Octavia, die auf zwei unbekannte Gladiatoren wetteten und gewannen. Cerealis verlor, nahm es aber gelassen hin.

Nach den Spielen blieb der Kaiser unsichtbar. Gerüchte wollten wissen, er weile bei seinem Bruder in Alba longa, um sich unter vier Augen dessen dauernde Einmischung und Hetze zu verbitten.

Fünf Tage vor den Iden des September überbrachte ein unbekannter Prätorianercenturio Saturnin den kaiserlichen Befehl, ihm sofort nach Aquae Cutiliae zu folgen. Ein gutes Zeichen, dachte Saturnin, daß er mich auf das alte Familiengut der Flavier kommen läßt, das Fremden sonst verschlossen bleibt.

Am späten Nachmittag erreichten er und der Centurio den kleinen Ort. Das Stammhaus der Flavier war ein unscheinbares einstöckiges Gebäude, das inmitten alter Kastanienbäume an einem Hügel klebte. Wachhabende Prätorianer ließen den Centurio und Saturnin eintreten. In einem

Vorraum, niedrig und dämmerig, nahm ein Sklave dem Prätor den Reisemantel ab und geleitete ihn ins Bad. Ein alter Mann mit zerknittertem Gesicht gesellte sich hinzu, begrüßte den sich das Gesicht abtrocknenden Besucher und fügte gleich hinzu, der Imperator sei schwer erkrankt und habe ihn, den Senator, deshalb herbefohlen. Er sei der Arzt des Kaisers, stellte er sich vor. Was es für eine Krankheit sei, wollte Saturnin wissen. Der Arzt zuckte hilflos die Schultern. Fieber und Erschöpfungszustände, bedingt durch Überforderung des Körpers, wagte er eine vorsichtige Diagnose.

»Als ich den Imperator bei den Spielen sah, war er gesund, nur ein wenig müde und abgespannt wirkte er«, erwiderte Saturnin ungläubig.

»Wer kann schon sehen, ob ein Mensch gesund ist? Bestenfalls der Arzt und auch nur ein guter, mitunter nicht einmal der.«

»Gift?« fragte Saturnin mit einem Seitenblick auf den Arzt und wußte nicht, was ihn zu dieser ungewöhnlichen Mutmaßung plötzlich veranlaßt hatte. Der Alte bohrte seinen Blick buchstäblich in des Prätors Gesicht. »Es ist nicht auszuschließen. Doch komm und verbirg bitte dein Erschrecken bei seinem Anblick, so gut du kannst, und sprich ihm Mut zu.«

»Steht es so schlimm? Muß er sterben?« fragte Saturnin mit gepreßter Stimme, als würge ihn jemand am Halse.

Das hoffe er nicht, doch würde der Kaiser zum Überleben allen Mut, alle Geduld und alle Hilfe der Götter und Menschen nötig haben, entgegnete der Arzt nach kurzem Nachdenken.

Es bedurfte wirklich Saturnins ganzer Beherrschung, um sich die Bestürzung nicht anmerken zu lassen.

Titus starrte ihm aus schwarzumränderten Augen von seinem Lager entgegen. Der Kaiser versuchte zu lächeln und winkte mit einer kraftlosen Bewegung, worauf Saturnin den Hocker unmittelbar neben das Bett zog und sich setzte.

»Danke, alter Freund, wenn ich dich noch so nennen darf . . .«

»Natürlich, Imperator«, schluckte Saturnin.

»Danke, daß du gleich gekommen bist. Ich habe Unaufschiebbares mit dir zu bereden.« Das Sprechen strengte den Kaiser an.

»Du mußt dich schonen, damit du schnell wieder auf die Beine kommst«, riet ihm der Prätor.

Titus murmelte, dies sage sein Arzt auch, doch Ärzte wüßten nichts und wenn, dann verschwiegen sie es den Kranken. »Ich mache mir keine Hoffnung mehr auf ein langes Leben. Ohne Warnung und ohne Vorboten hat es mich getroffen. Ich werde den Verdacht nicht los, es könne jemand kräftig nachgeholfen haben. Was Nero damals nicht geglückt ist, mich zusammen mit Britannicus zu vergiften, ist nun gelungen, weil die Moiren es so gesponnen haben.« Titus schwieg ermattet und trocknete sich die schweißnasse Stirn.

»Du darfst nicht sprechen! Setze deine Kraft zur Genesung ein! Rom braucht dich, wir alle brauchen dich!« beschwor ihn Saturnin.

»Ich habe dich kommen lassen, um dir das Unrecht abzubitten. Verzeih mir, Lucius! Ich bereue es zutiefst, dir nicht vertraut zu haben und . . .« Atemnot und röchelnder Husten hinderten Titus am Weitersprechen. Saturnin rief nach dem Archiater, der sofort hereineilte und dem Kranken eine Arznei einflößte.

»Freust du dich, daß dein geliebter Domitian nun Kaiser wird?« fragte Titus leise, den Besucher argwöhnisch musternd.

»Ich würde mich freuen, dich bald wieder gesund und mit alter Kraft das Imperium regieren zu sehen.«

»Danke, Lucius, doch das liegt in anderen Händen. Hüte dich vor Domitian! Er ist nicht der, für den du ihn in deiner Gutgläubigkeit hältst! Er ist machtgierig bis zur Krankhaftigkeit. Seit ich denken kann, verfolgt er mich mit seinem Neid und seiner Eifersucht. Ganz schlimm wurde es seit meiner Thronbesteigung, er hetzt und konspiriert gegen mich und versucht, mir zu schaden, wo er nur kann. Immer tat ich, als bemerkte ich es nicht. Unser Vater bestimmte, daß Domitian niemals Macht erhalten sollte. Aus brüderlicher Liebe habe ich mich nicht daran gehalten und ihn an der Macht beteiligt. Besser wäre es gewesen, ich hätte auf Vater gehört.«

Schweratmend unterbrach Titus und ließ sich erneut Arznei geben. Nach einer Weile fuhr er fort: »Nun ist es zu spät! Sollte ich sterben, muß Rom sehen, wie es mit ihm zurechtkommt. Ich beschwöre dich um unserer Freundschaft willen: Hüte dich vor ihm, laß dich nicht in seine Ränke verspinnen, auf daß du dich nicht mitschuldig machst. Er umwirbt dich, weil er einen Mann deiner Fähigkeiten und deiner Zuverlässigkeit benötigt und weil er mir deine Freundschaft neidet. Nun höre gut zu!« Der Kaiser richtete sich mit Hilfe des Arztes auf und flüsterte: »Solltest du einmal in Gewissensnot kommen, aus der du keinen Ausweg findest, wo, um mit deinem alten Freund Petronius zu sprechen, überall nur Schiffbruch ist, dann soll dir dies helfen und als mögliche Rettungsplanke dienen. Doch öffne erst, wenn du wirklich keinen Ausweg siehst und ich – tot bin, nicht eher!« Der Kaiser reichte Saturnin ein kleines, flaches, durch Nähte verschlossenes Lederpäckchen. Titus fiel, vom Archiater nicht mehr gehalten, erschöpft in die Kissen zurück. Sein Gesicht wurde plötzlich hochrot, die Augen glänzten fiebrig. Saturnin faßte nach des Imperators Hand, die feucht und heiß war.

»Leb wohl, Freund, ich bin sehr müde. Die Götter ... mögen dich ... schützen. Hüte dich ... traue Domitian nicht, ... denn ...«

Der Archiater zog Saturnin vom Lager weg. »Das Fieber steigt.«

»Kannst du nichts dagegen tun?«

»Ich bemühe mich. Eis- und Schneebäder helfen. Hinter dem Haus befindet sich ein Felsloch, in dem sich aus dem

Gebirge herbeigeschafftes Eis einige Zeit hält. Ich ließ den Imperator Eisbäder nehmen, doch nur kurzzeitig, weil sie den geschwächten Körper angreifen. Längeres Verweilen in der Schneegrube hätte verheerende Folgen für den Imperator.«

Der Arzt wies einen Sklaven an, für den Gast im Nebenflügel des Hauses ein Nachtlager zu bereiten, und ging dann zum Krankenlager zurück.

Jetzt erst bemerkte Saturnin, daß im Hause bereits alle Lampen angezündet worden waren und draußen der Tag verdämmerte.

Am nächsten Morgen führte ihn der Archiater noch einmal ans Lager des Kranken. Titus schlief. Es gehe ihm heute wesentlich besser als gestern, versicherte der Arzt. Es bestehe berechtigte Hoffnung. Vorsichtig drückte Saturnin die herabhängende Hand des Kaisers und verließ erleichtert das Haus, um nach Rom zurückzureiten. Er war glücklich über das zurückgewonnene Vertrauen des Kaisers und die ungebrochene Freundschaft. Titus hatte ihn um Verzeihung gebeten! War das nicht Größe eines Herrschers im Sinne Senecas? Silva würde es nicht glauben! Hauptsache, der Imperator würde bald wieder gesund.

Auf der Via Salaria, auf halber Strecke zwischen Reate und Rom, begegnete ihm ein von Fuscus geführter Prätorianertrupp und in seiner Mitte Domitian.

»Du kommst von meinem Bruder?« fragte Domitian befremdet. »Wie ist sein Befinden?«

»Besser, sagte sein Arzt«, erwiderte Saturnin. Ein wenig unwohl war ihm doch, dachte er an Titus' Warnung.

»Der alte Valens, was weiß denn der. Ich habe meinen Arzt mitgebracht, der mein Brüderchen wieder auf die Beine bringen wird. Ist man über die Vierzig, darf man sich nicht mehr soviel zumuten wie mein Bruder.«

Der Ton Domitians ließ ihn aufhorchen. »Leb wohl, Saturnin, wir müssen weiter«, verabschiedete sich der Caesar und trieb seine Truppe zum Weiterritt an.

Mit einem unguten Gefühl sah ihnen Saturnin nach. Hüte dich vor Domitian! Des Kaisers eindringliche und flehende Worte gingen ihm nicht aus dem Ohr. Mußte sich Titus nicht selbst vor Domitian und seiner Machtgier hüten? Vielleicht tat Titus auch seinem Bruder Unrecht, der aus Sorge sogar den eigenen Arzt mitbrachte? Doch das unruhige und ungute Gefühl wollte nicht weichen. Wäre Saturnin Zeuge dessen geworden, was sich in Aquae Cutiliae ereignete nach Domitians Ankunft, hätte er Titus nicht verlassen.

Domitian schob des Kaisers Leibarzt brutal zur Seite, der ihn mit der Bemerkung, der Imperator schlafe, am Eintritt hindern wollte, und ging betont laut auftretend ans Bett des Kranken. Der schlug die Augen auf. »Nun bin ich dort, wo du mich schon immer hinhaben wolltest«, sagte Titus beim Anblick Domitians.

»Und ich bin dort, wo du mich nicht hinhaben wolltest.«

»Noch lebe ich.«

»Nicht mehr lange, der Tod wartet schon«, erwiderte Domitian kalt.

»Ich werde wieder gesund«, stammelte Titus.

»Nichts wirst du, nichts als sterben. Und ich werde der gewaltigste und mächtigste Kaiser Roms sein.«

»Armes Rom . . . Valens . . . Wache . . . Hilfe . . .«, rief Titus.

Domitian setzte sich auf den Hocker, verschränkte die Arme vor der Brust und lachte. »Schrei immerzu, wenn es dich erleichtert. Keiner hört dich, und wenn, kommt keiner, dir zu helfen. Meine Wache läßt niemand zu dir.«

Titus sank zurück und gab es auf, um Hilfe zu rufen.

»Warum hast du mich immer mit deinem Haß verfolgt und mir die brüderliche Liebe so schlecht vergolten?« fragte er schwach.

»Weil du stets zwischen mir und dem Thron standest, der mir rechtmäßig gehört.«

»Unsinn, denn ich bin der Ältere«, widersprach Titus.

»Du willst es einfach nicht begreifen«, schrie Domitian. »Doch mit einem Sterbenden will ich nicht streiten.«

Titus rang nach Luft, und Schweiß brach ihm aus. »Ich habe vieles getan, aber nur eines bereue ich . . .«, preßte er mühsam heraus.

»Und was?« begehrte Domitian zu wissen.

Das Fieber schüttelte den Körper des Kaisers. Die Zähne schlugen aufeinander. »Denk . . . an die Weissagung der – Chaldäer . . .«

Domitian sprang wütend auf. Daß ihn der Schwerkranke und Todgeweihte daran erinnern mußte, um ihn noch in allerletzter Minute zu kränken, versetzte ihn in rasenden Zorn. Er beschimpfte den Bruder, bedachte ihn mit bösartigen Ausdrücken. Doch Titus hörte Domitians schrille, sich überschlagende Stimme nicht mehr, denn er war bewußtlos.

Domitian rief nach dem Arzt. Sein Leibarzt, gefolgt von Valens, trat ein. »Ins Eisbad«, befahl er. Doch Valens erhob Einspruch. Der Kaiser habe heute bereits zweimal diese Kur erhalten, sein geschwächter Organismus überstehe ein drittes Mal nicht. Domitian hieß den Archiater schweigen.

»Das ist der letzte Dienst, Bruder, den ich dir erweise, nein, der vorletzte, der letzte wird sein, dich zum Gott zu erklären.«

Titus schlug die Augen auf und sah seinen Bruder anklagend und traurig an. Domitian ertrug den Blick nicht und ließ den Kaiser von seinem Leibarzt und drei Sklaven schnell hinaustragen. Als nach geraumer Zeit Titus wieder hereingebracht wurde, war sein Gesicht blau und der Körper leblos.

»Ist er tot?« fragte Domitian.

»Noch nicht«, erwiderte sein Leibarzt.

Domitian setzte sich auf den Hocker und wartete. Er ließ Valens rufen und befahl ihm, den Kaiser zu untersuchen.

Valens fühlte den Puls und legte sein Ohr an des Imperators Brust. Dann richtete er sich auf und wandte sich ab.

Domitian erhob sich und blickte auf den Toten herunter.

Ein nie gekanntes Glücksgefühl erfaßte ihn wie ein Rausch, der ihm für einen kurzen Moment die Sinne verwirrte und den Körper taumeln machte. Er, Titus Flavius Domitianus, war Kaiser des Römischen Reiches, war der Herr der Welt!

XLVII

Rom lag bereits im Dunkel, als Domitian inmitten des von Fuscus geführten Prätorianertrupps zum Castrum Prätorium ritt. Fuscus ließ durch die Wachhabenden alle Prätorianer wecken und im Innenhof antreten. Die Soldaten murrten, als sie im Fackelschein den Centurio erkannten, der es wagte, ihre Ruhe zu stören. Der Unmut der Angetretenen steigerte sich zu bedrohlichem Lärm. Fuscus sah auf Domitian, in dessen Gesicht die Angst geschrieben stand. »Mach mich zum Präfekten, sonst garantiere ich für nichts«, zischte der dem Flavier zu, der es mit einem Kopfnicken versprach.

»Ruhe!« donnerte Fuscus' Stimme durch den Innenhof. Für einen Moment ebbte der Lärm ab, um dann wieder anzuschwellen. »Ruhe! Ich, euer neuer Präfekt, befehle Ruhe!« Er mußte ein drittes Mal brüllen, um gegen das Gelächter anzukommen. Als er rief: »Hier steht Roms neuer Imperator Titus Flavius Domitianus, dessen Weg vom Totenlager seines geliebten Bruders direkt zu euch, seiner treuen Garde, geführt hat«, trat Stille ein. »Er wird euch ein guter Kaiser sein und verlangt eure Treue. Mich hat er zu eurem neuen Präfekten ernannt.«

Murmeln im Kasernenhof. Fuscus gab Domitian ein Zeichen, er möge zu den Soldaten sprechen.

»Prätorianer«, begann Domitian mit belegter Stimme, »Kaiser Titus, dem ihr allzeit treu gedient habt, ist heute zu den Schatten hinabgegangen. Ich bin euer neuer Imperator.

Ihr erhaltet von mir ein Geschenk und ab sofort Solderhöhung.«

Die Prätorianer akklamierten den neuen Kaiser und leisteten den Treueeid. Aufatmend verließ er mit Fuscus das Castrum. Das Schlimmste war überstanden. Nicht auszudenken, die Garde hätte ihn nicht als Princeps anerkannt! Auf dem Palatin ließ Domitian alle Bediensteten wecken, im Rotundensaal antreten und auf sich vereidigen. »Nun laß die Konsuln rufen, denn ich habe mit ihnen zu reden«, befahl er dem Präfekten.

Hier bin ich nun der Herr, dachte Domitian, als er, gefolgt von der Wache, den Palast durchwanderte und genüßlich dem Klang seiner Tritte auf dem Marmorfußboden nachlauschte. Bewußt trat er sehr hart auf, denn der Schritt eines Herrn der Welt mußte hoheitsvoll, majestätisch und fest sein.

Silva, der dem Befehl mißmutig nachgekommen war, sah Domitian die Gänge von einem Ende zum anderen abschreiten und wunderte sich über den seltsam gestelzten Gang. Schon von weitem rief ihm der junge Flavier zu, daß Titus tot sei und er Kaiser. Er, Silva, möge warten, bis Verrucosus eingetroffen sei. Titus ist tot? Nun mögen uns die Götter gnädig sein! dachte Silva. Ein Gefühl der Trauer würgte ihn, und er mußte sich zusammennehmen, um nicht in Tränen auszubrechen. Ein Mann, kräftig, gesund, Anfang der Vierzig und auf dem Wege, der beste Kaiser zu werden, den Rom je hatte. Es war zum Verzweifeln!

Konsul Verrucosus, ein dicker asthmatischer Mann, kam angekeucht. Japsend fragte er Silva, was es gäbe. Fuscus' Eintritt enthob ihn einer Antwort. Der Prätorianer sagte, der Augustus Caesar Imperator Domitianus geruhe die beiden Ehrwürdigen Väter und Konsuln zu empfangen. Lächelnd empfing Domitian, hinter Titus' Schreibtisch thronend, die Konsuln. »Ich bin der rechtmäßige Herrscher Roms, da mein Bruder keine männlichen Nachkommen hat«, begann er ohne Umschweife. »Die Garde hat mir bereits die Treue geschworen, Fuscus habe ich zum Praefectus praetorio ernannt. Habt ihr Einwände?«

Die Konsuln sahen sich fragend an. Was nützen Einwände, dachten beide und sagten gemeinsam nein.

»Dann danke ich euch. Für heute ruft die Kurie zu einer Sondersitzung zusammen. Einziger Tagesordnungspunkt: Bestätigung meiner Person als Princeps. Verrucosus, du wirst den Antrag einbringen. Lebt wohl!« Die Konsuln waren entlassen.

Silva fand lange keinen Schlaf. Domitian ist Kaiser, hämmerte es unaufhörlich in seinem Kopf. Viele Gefühlsschattierungen ordneten sich dieser Aussage zu, nur eine nicht: Hoffnung. Was war von einem Kaiser zu erwarten, der nie im Felde gestanden, nie eine Legion, nie eine Centurie, ja nicht einmal eine Dekurie befehligt hatte? Es war unschwer zu erraten, daß Krieg bevorstand. Militärisch unfähige Herrscher ermutigten die Barbaren zu Erhebungen und Angriffen. Beim Überlegen, ob es Germanen, Chatten, Jazygen oder Daker sein würden, die zuerst gegen Rom losschlügen, schlief der Konsul ein.

Früh am Morgen, die Sonne stand noch hinter dem Janiculus, und nur ihre Strahlen tasteten vorsichtig den Himmel ab, schwirrten Lictoren und Senatsdiener aus, um die Ehrwürdigen Väter zur außerordentlichen Sitzung einzuladen.

Saturnin, der mit Octavia beim Morgenmahl saß, überraschte die Nachricht nicht. Bestimmt war Titus überraschend genesen und hatte dem Senat Unaufschiebbares zu vermelden.

»Ich bin froh, daß ich mich mit Titus ausgesöhnt habe.«

»Ausgesöhnt?« fragte Octavia lauernd.

In diesem Augenblick entsann er sich, daß er ihr das Zerwürfnis verschwiegen hatte. »Wir hatten eine kleine Meinungsverschiedenheit«, sagte er beiläufig und begann emsig seinen Brei zu löffeln.

». . . die dich als Legaten nach Ephesos brachte«, erwiderte sie lächelnd. Saturnin verschluckte sich. Mußte husten. Hirsekörnchen waren ihm in die Luftröhre gekommen. Octavia klopfte ihm kräftig den Rücken.

»Du wußtest davon? Von wem und wann?« fragte er mit belegter Stimme.

»Ich erfuhr es von Domitia nur ein paar Tage später«, sagte sie vorwurfsvoll.

Er habe sie nicht mit seinen Sorgen behelligen wollen, entschuldigte sich Saturnin.

»Deine Sorgen sind auch die meinigen. Wir sollten alles gemeinsam durchzustehen versuchen. Du hattest Angst, ich wäre unwillig über ein Leben fern von Rom. Du scheinst mich noch nicht richtig zu kennen. Ich bin deine Frau und ertrage alles, nur nicht, von dir getrennt zu sein.«

»Eine wunderbare Liebeserklärung«, sagte er leise, »die ich erwidern möchte mit dem Versprechen, dich an meinem Leben bis zum unwichtigsten Ärger teilhaben und dich nicht mehr von meiner Seite zu lassen.«

»Auch keine schlechte Liebeserklärung«, erwiderte sie lächelnd.

Grußlos stürmte Silva herein und störte Octavia und Saturnin aus ihrer Ruhe auf. Ob er wisse, worum es in der heutigen Sitzung der Kurie gehe, fragte er den Schwiegersohn und gab gleich selbst die Antwort: »Titus ist tot, Domitian wird als neuer Princeps bestätigt.«

»Nein«, schrie Saturnin, sprang auf, packte Silva an den Armen, schüttelte ihn und brüllte, es könne nicht wahr sein.

»Lucius, leider ist es nur allzu wahr.«

Saturnins Gesicht wurde weiß, seine zitternden Hände fielen von des Schwiegervaters Armen, er taumelte wie ein Betrunkener zu einem Sessel und ließ sich in die Polster sinken. Eine Weile saß er zusammengesunken und starrte blicklos vor sich hin, manchmal den Kopf schüttelnd. »Er war mein Freund, gestern hat er mich zu sich gebeten. Er wollte mich an seinem Krankenbett haben, er bat mich um Verzeihung für seinen Irrtum. Bei allen Göttern, Silva, jetzt, da unsere Freundschaft die Belastungsprobe überstanden hatte und tiefer und enger geworden wäre, muß er sterben. Er wird mir fehlen. Es ist, als wäre ein Stück von mir gestorben. Die Lücke, die sein Tod reißt, wird nicht mehr geschlossen werden können. Vieles war zwischen uns unausgesprochen geblieben, was unbedingt hätte gesagt werden müssen. Und nun ist es zu spät«, klagte Saturnin.

Was man einem Menschen schuldet, ihm vorenthält und unbedingt hätte sagen sollen, erkennt man leider erst nach seinem Tod, dachte Silva, und ein altes Kinderlied fiel ihm ein. Wer es ihm einst vorgesungen hatte, daran erinnerte er sich nicht mehr, auch nicht an das ganze Lied, sondern nur die erste Zeile, die ihm seltsamerweise immer beim Tode eines nahestehenden Menschen in den Sinn kam: Schenket Blumen und Liebe bei Lebenszeit. Beim Tode von Octavias Mutter, erinnerte er sich, hatte ihn dieser Liedanfang tagelang beschäftigt, und nun beim Tode des Kaisers, obwohl der Tod seiner Frau und der des Imperators nicht zu vergleichen waren. »Man kann es nicht ändern, wir alle müssen sterben«, versuchte Silva die traurige Stimmung ein wenig zu mildern. »Du stehst doch Domitian auch nahe und wirst deine Chance erhalten.«

Saturnin gab keine Antwort, sondern starrte abwesend vor sich hin, zuckte zusammen, als ihm Silva zum Abschied leicht auf die Schulter schlug.

»Du mußt dich umkleiden, sonst kommst du zu spät«, erinnerte ihn Octavia. »Ich weiß, wie dir zumute ist, vor allem nach deinem gestrigen Besuch.«

In Gruppen standen die Ehrwürdigen Väter zusammen und diskutierten das Ereignis. Saturnin dankte ihren Grüßen mit einem leichten Nicken. Coccejanus, Cerealis und Lucullus gesellten sich zu ihm, auch ihre Mienen sorgenvoll betreten. Lautes Lachen ließ die vier Senatoren empört herumfahren und in Richtung der Männer blicken, die ungeniert scherzten und lachten, als wäre ein Freudenfest zu begehen. Zusammengekniffenen Auges musterte Saturnin die Gruppe, einige waren ihm aus Alba longa als Domitians Gäste bekannt, die sich beizeiten dem angehenden Imperator empfohlen hatten und deren Mentalität ihm von der ersten Begegnung an zuwider gewesen war. Nun standen sie zusammen und diskutierten erheitert. Sie hielten ihre Stunde für gekommen, die Crispus', Veientos', Maximus'. Angewidert wollte Saturnin den Blick abwenden, als drei weitere Männer hinzukamen. Natürlich Catullus Messalinus, Aquilius Regulus, die dürfen nicht fehlen, dachte er, die huldigen jeglicher Macht, selbst wenn der Kaiser ein Schwarzer oder ein Mann aus dem Sericum-Land wäre, aber der dritte, ein schwarzhaariger, glattgesichtiger Mann, war ihm unbekannt. Er fragte Coccejanus, der ihm zuflüsterte, das sei Ostorius Sabinus, der Ankläger des Barea Soranus.

Die Senatsdiener gaben das Zeichen, die Plätze einzunehmen. Die Konsuln betraten die Kurie, Domitian folgte ihnen auf dem Fuße. Silva eröffnete die Sitzung und begründete ihre Außergewöhnlichkeit. Dann pries er den verstorbenen Kaiser als einen Mann, der sich um das Imperium verdient gemacht habe. Domitian erhob sich von seinem Sessel, um das Andenken seines Bruders zu ehren. Alle Senatoren folgten seinem Beispiel, setzten sich, als er wieder Platz nahm. Silva verlas die Tagesordnung und erteilte Verrucosus das Wort, der, durch Anfälle von Atemnot unterbrochen, seine Rede nur mit Mühe zu Ende brachte. Zum Schluß forderte er alle Ehrwürdigen Väter auf, Titus Flavius Domitianus als Princeps anzuerkennen.

Ohne Gegenstimme erklärte der Senat Domitian zum Kaiser.

Der neue Herrscher trat in das Halbrund vor den ansteigenden Sitzreihen, schlug die Augen nieder, zögerte einen Augenblick, dann dankte er der Kurie für das Vertrauen und versprach eine dem Wohl Roms und des Imperiums förderliche Politik, wofür er die nutzbringende Zusammenarbeit mit den Ehrwürdigen Vätern benötige. Er lobte mit wohlgesetzten Worten seinen verstorbenen Bruder als einen trefflichen Kaiser, der mit Recht ›Wonne des Menschengeschlechts‹ zu heißen verdient habe. Er, Domitian, werde sich seinen Bruder zum Vorbild nehmen, werde versuchen, es ihm gleichzutun und ihn zu übertreffen, falls ihm die Götter mehr Jahre der Herrschaft zu schenken geruhten, versprach er. Er beantragte, Titus als Gott zu verehren.

Die Senatoren applaudierten dem Kaiser, der bescheiden abwinkend sich setzte.

Saturnin hatte Domitians Ansprache eher irritiert als begeistert, kannte er doch dessen abgrundtiefen Haß auf den Bruder.

»Er ist ein perfekter Heuchler und Lügner. Was Nero immer sein wollte, ist Domitian in höchster Vollendung: ein Schauspieler. Ich wette, wir gehen keinen guten Zeiten entgegen«, flüsterte Cerealis ihm ins Ohr.

Saturnin verzichtete auf eine Entgegnung. Es war ihm alles so fremd, so unwirklich, als wäre er in eine Gesellschaft geraten, zu der er eigentlich nicht gehörte. Die Kurie leerte sich, doch er blieb sitzen und wartete, hörte Gesprächsfetzen: ». . . wenn er wie Titus, dann könnte man zufrieden sein . . . er versprach, es seinem Bruder . . . vielleicht wird er Rom gut regieren . . . abwarten!« Endlich wurde es still, und Saturnin bemerkte, daß er nur noch allein in der Kurie saß. Unbemerkt waren Cerealis und Lucullus gegangen, hatten sich nicht von ihm verabschiedet, oder hatte er es nur überhört?

Er traf Macrinus, Coccejanus und Orfitus im angeregten Gespräch vor dem Kastortempel. Er wollte vorübergehen, doch Orfitus sprach ihn an, fragte, was er davon halte.

»Was soll Saturnin als Intimus des neuen Princeps davon halten?« mischte sich Macrinus spöttisch ein.

Saturnin streifte die bullige Gestalt mit einem Seitenblick und sagte, es bleibe abzuwarten, ob Domitian halte, was er versprach.

»Hört, hört, distanziert kühle Töne aus dem Mund eines Kaiserfreundes«, steigerte sich Macrinus in verletzenden Hohn.

»Was möchtest du denn gerne hören, Macrinus?« fragte Saturnin, der keine Lust verspürte, sich heute zu streiten.

Coccejanus, dem Macrinus' Sticheleien mißfielen, begann, um einer erneuten Attacke gegen Saturnin zuvorzukommen, schnell zu erklären, er halte Domitians Programm für vernünftig und durchaus für annehmbar. Er wisse natürlich um die Vorurteile vieler Senatoren gegenüber Domitian, doch war man Titus gegenüber anfangs nicht sogar ablehnend gewesen?

»Domitian ist nicht Titus! Eines Tages wird es ein böses Erwachen geben«, flüsterte Macrinus kaum hörbar, denn Regulus und Ostorius Sabinus schlenderten betont langsam vorüber.

»Du bist ein Pessimist. Ich stand Titus sehr nahe, denn er war mein Freund, und keiner bedauert seinen Tod mehr als ich, doch selbst wenn Domitian nicht alles verwirklicht, was er heute versprach, ein Tyrann wird er nicht«, erwiderte Saturnin.

»Weiß man's?« zweifelte Macrinus.

»Ich denke schon«, beharrte Saturnin.

»Dein Glaube in Jupiters Ohr, doch hast du heute von Domitian das Versprechen vernommen, das uns Titus in seiner Antrittsrede gab, keinen Senator hinrichten zu lassen? Ich habe es nicht gehört!«

Überraschtes Schweigen. Macrinus' Scharfsinn hatte einen Punkt getroffen, den man nicht bedacht hatte.

»Habe ich euren naiven Glauben ein klein wenig getroffen? Nun will ich ihn noch ein wenig zum Wanken bringen: Sempronia, die Frau des Caecina Paetus, die Domitian durch seine infame Handlung in den Tod getrieben hat, war die Schwester meiner Mutter. Nun frage ich euch, ob ich kein Recht auf Pessimismus, Mißtrauen oder Ablehnung habe?«

Saturnin, dem die traurige Geschichte nicht unbekannt war, reichte Macrinus mitfühlend die Hand und sagte: »Du hast nicht nur das Recht, sondern sogar die Pflicht. Ich kann nur hoffen und im Interesse Roms wünschen, daß sich deine Gefühle in Zukunft als unbegründet erweisen werden. Jedoch, ich gestehe es ehrlich, das ausgebliebene Versprechen, Senatoren nicht hinrichten zu lassen, gibt mir zu denken. Es bleibt nur zu hoffen, daß es aus Versehen unterblieb.«

Macrinus entzog Saturnin die Hand und lachte bitter: »Versehen? Niemals! Es war Absicht, und wir wissen nun, was uns erwartet.«

DRITTES BUCH

XLVIII

Die zweite Nachtwache näherte sich ihrem Ende, als Arrecinus Clemens in der ihm von Domitian geschickten Sänfte auf dem Palatin eintraf. Ein Bediensteter erwartete ihn an einem Seiteneingang und führte ihn über Treppen und Gänge in ein abgelegenes Arbeitszimmer des Kaisers. Ein wenig wunderte sich Clemens über die Zeit und die Art und Weise seiner ersten Begegnung mit Domitian nach Titus' Tod.

»Augustus Caesar Imperator! Habe ich es nicht vorausgesagt?« begrüßte er den Kaiser.

»Du hast es, was ich dir nie vergessen werde, Arrecinus. Erstes Zeichen meines Dankes: Du bist mit sofortiger Wirkung Mitglied des Senats und kaiserlicher Statthalter der Provinz Hispania Tarraconensis«, erwiderte Domitian gnädig.

»Du beschämst mich, ich danke dir.«

»Arrecinus, ich werde Rom zu einer nie gekannten Größe und Machtfülle führen. Dazu bedarf es einer Vereinigung aller materiellen und geistigen Kräfte in einer Hand, der meinen. Gegner meiner Pläne müssen aus der Verwaltung Roms und des Imperiums verschwinden, ich kann nur ergebene, treue und sich aufopfernde Untertanen auf meinem steilen Weg brauchen. In einigen Provinzen, eine davon ist Spanien, gab es unliebsame Vorkommnisse, man hetzte gegen mich. Du sollst meine Gegner dort aufspüren und sie aus den Verwaltungen entfernen, besonders hartnäckige Gegnerschaft kannst du nach Belieben streng bestrafen.«

Domitians hervorquellende Augen suchten in Clemens' Gesicht nach Zeichen der Zustimmung, entdeckten aber nur

Reglosigkeit. »Stell dir vor, Arrecinus, diese Hand«, Domitian stützte den Ellenbogen auf den Tisch, drehte seine kräftige, fleischige Hand, so daß Clemens abwechselnd den Ballen und den Rücken zu sehen bekam, »hält das Imperium wie einen Apfel oder einen Schwamm und kann es in jede beliebige Form pressen.« Der Kaiser schloß und öffnete die Hand, wiederholte spielerisch die Bewegungen, sie verzückt beobachtend. »Aber«, schrie er plötzlich durchdringend und sah erfreut, daß Clemens erschrocken den Kopf hochreckte. »Aber, Arrecinus«, Domitian beugte den massigen Schädel vor und fuhr flüsternd fort, »dafür brauche ich einen ganz bestimmten Menschentyp, der in der gewünschten Form erst von mir geschaffen werden muß: Einen Menschen, der mein Genie, meine Überlegenheit, mein unumstrittenes und uneingeschränktes Recht zur Herrschaft willig anerkennt, sich mir total unterwirft und keinen, hörst du, *keinen* meiner Befehle auch nur gedanklich in Frage stellt.« Der Kaiser lehnte sich wieder zurück, wartete, um seine Worte wirken zu lassen. Dann hub er an, pathetisch sich steigernd: »Skeptiker, Querulanten, Nörgler und Kritiker dulde ich nicht in meiner Umgebung. Wer nicht mit mir in das Goldene Zeitalter aufbrechen will, ist ein Schädling am Staat!«

»Eine Aufgabe, die eines Menschen Leben und Kraft übersteigt, weil . . .«, setzte Clemens zu einer Antwort an, wurde aber von Domitian heftig unterbrochen. »Ich, Titus Flavius Domitianus, werde diese schier unlösbare Aufgabe vollbringen, und noch in tausend und abertausend Jahren wird man mich dafür preisen.«

Eher verfluchen, dachte Clemens.

»Ich muß die Menschen ihrer Unterschiedlichkeit und Mannigfaltigkeit berauben, ihnen ihr ureigenstes Ich nehmen, sie wie ein Metallgießer als aufgelöste glühende Masse in eine neue, in meine Form gießen und sie dann zu einer Einheit an Denken und Fühlen zusammenschmieden.«

»Du versündigst dich wider die Götter«, mahnte Clemens.

»Die Götter?« lachte Domitian übermütig. »Ich bin der alleinige Gott!«

War das noch sein Schüler, den er in die Grundzüge der Macht und deren Handhabung eingeweiht hatte? Dieser junge Mann von gerade dreißig Jahren, dessen Körper bereits zur Fülle neigte und dessen breites Gesicht nun vor Erregung glühte, hatte nur einen kurzen Blick in das Medusenantlitz der Macht getan und war ihr schon unrettbar verfallen. Bei allen Göttern, wie soll das enden? fragte sich Clemens betroffen.

»Bisher habe ich über meine Pläne – nein, bleiben wir bei den Tatsachen, mein Lieber, noch sind es mehr Wünsche als Pläne – mit keinem Menschen gesprochen. Du bist der erste und einzige und wirst es bleiben. Doch auch dir, ich sehe es, wird bei meinen Vorstellungen vom Rom der Zukunft leicht bange«, lächelte der Kaiser.

»Ein bißchen schon«, gestand Clemens.

»Macht nichts, sogar mir wird leicht bange, denke ich alles konsequent zu Ende«, gab Domitian zu und schloß die Augen.

Clemens hoffte, die Unterredung würde zu Ende sein. Er sehnte sich nach seinem Bett. Doch Domitian entließ ihn nicht.

»Nur schrittweise kann ich meine Vorstellungen verwirklichen. Du wirst mir dabei helfen, Arrecinus. Nicht nur du, alle müssen mir helfen, die sich zu mir bekennen. Alle müssen meine Sache zu der ihren machen, ohne zu merken, daß ich sie führe. Du beginnst in Spanien ein Mosaiksteinchen in die Fundamente meines zukünftigen Reichsbaus zu fügen. Ich gestatte dir, sobald du die Provinz in meinem Sinne für verwaltet hältst, mich zu benachrichtigen, dann beordere ich dich sofort nach Rom zurück. Hier warten auf dich große Aufgaben. Du wirst mein Ohr und mein Auge im Senat werden. Dafür ist es erforderlich, unsere Freundschaft zu verbergen, ja sogar zu verleugnen. Niemand darf uns vorerst in der Öffentlichkeit zusammen sehen. Du bist natürlich Erste Vorlassung, ich bin für dich jederzeit zu sprechen. Ich gebe dir eine Liste meiner vertrauten Sklaven, die dich heimlich, wie heute, zu mir bringen. Für alle Senatoren und Ritter mußt du die Maske des stets freundlichen, hilfsbereiten und neutralen Menschen tragen. Erwirb aller Vertrauen, gib dich als zerstreuter, ein wenig naiver Gelehrter und Bücherwurm und leihe jedem auch bei den belanglosesten Dingen dein Ohr. Dir allein gestatte ich, dich kritisch und herablassend über mich zu äußern, um die anderen herauszulocken.«

Zu seinem Spitzel und Denunzianten hat er mich ausersehen, dachte Clemens ein wenig beklommen. Doch Wissen gibt Macht, und man kann interessante Spiele inszenieren und muß auch nicht jegliches Wissen an den Kaiser weiterleiten, zerstreute er seine Bedenken.

»Arrecinus, bedenke, daß es nicht nur um die Macht geht, sondern auch um mein Leben. Du weißt, was man mir weissagte. Ich will diese Wahrsager Lügen strafen, will jede Gefahr im Ansatz bannen. Durch die Erlangung der Allmacht, und nur durch sie, wird es keinen Menschen mehr geben, der mich umbringen kann.«

Clemens lachte schallend, worauf ihn Domitian mißbilligend fragte, ob er denn nicht an den Ratschluß der Götter glaube?

»Weder an sie noch an Wahrsager.«

»Jetzt versündigst du dich«, antwortete Domitian und seine Augen bekamen einen gehetzten Ausdruck.

»Alles dummes Zeug. Keiner kann wissen, was einmal sein wird. Nicht einmal Genies wie Aristoteles oder Archimedes waren in der Lage, die Zukunft vorauszuberechnen, aus dem einfachen und plausiblen Grund, weil das Wissen des Menschen ständig wächst und du mit deinen heutigen Kenntnissen nicht sagen kannst, was man in zwanzig oder fünfzig oder hundert Jahren wissen wird. Wenn es nicht einmal Gelehrte können, dann soll es diesen Gauklern möglich sein, vorauszusagen, was in zwanzig Jahren sein wird? Lachhaft! Halte dich an deinen Machtanspruch, verwirkliche ihn, er ist etwas Greifbares, aber laß dich nicht durch derartigen Unsinn verwirren.«

»Du magst recht haben, doch diese Weissagung verfolgt mich. Nachts wache ich mitunter auf und sehe die Mörder in meinem Schlafzimmer. Ich wechsle deshalb meine Schlafräume von Zeit zu Zeit, denn die Chaldäer sahen in ihrer Vorausschau mein damaliges Schlafzimmer und nicht meine neuen.«

Befremdet blickte Clemens auf den Kaiser und wußte nicht, was er davon halten sollte.

»Ich lasse einen neuen Palast bauen, denn dieses Goldene Haus ist meiner nicht würdig. Rabirius, ein junger, vielversprechender Baumeister, erarbeitet bereits den Entwurf meines Domus Flavia. Vielleicht schwindet in dem neuen Palast die Bedrückung der düsteren Weissagung.«

»Bestimmt!« bestärkte ihn Clemens. »In wieviel Jahren prophezeite man dir dein gewaltsames Ende?«

»In achtzehn, drei sind schon vergangen.«

»Beim Jupiter, noch so viele Jahre«, winkte Clemens geringschätzig ab. »Was da alles noch geschehen kann. Vielleicht empfindest du dann den Tod als Erlösung wie Caesar, dem die Mörder einen Gefallen erwiesen, indem sie ihn zur Legende machten. Was hätte Rom von einem hinfälligen und siechen Epileptiker noch erwarten können? Caesars Tod erhob ihn, machte ihn zum Helden. Manchmal denke ich, daß Caesar in schlauer Berechnung seine eigene Ermordung inszeniert hat.«

»Unsinn, Clemens, man muß alt werden, um lange herrschen zu können«, tat Domitian des Freundes Einwände ab.

»Laß dich nicht von der unseligen Prophezeiung beeinflussen und versuche nicht, ihr mit allen Mitteln entgegenzuwirken. Nutze die fünfzehn Jahre sinnvoll. Angst ist ein schlechter Weggefährte und ein noch schlechterer Ratgeber. Freue dich, daß dir die Moiren noch fünfzehn Jahre schenken. Nicht allen haben sie die Gnade gewährt, fünfundvierzig Jahre alt zu werden. Denk nur an Titus, Nero und Caligula.«

»Jetzt wirst du geschmacklos in deinen Vergleichen. Ich bin einzig und unvergleichlich und brauche Zeit, viel Zeit.«

»Ich verstehe dich, doch die Moiren lassen sich keine Zeit abtrotzen.«

»Du widersprichst dir selbst, Arrecinus! Vorhin sagtest du mir, daß du an nichts glaubst, und jetzt berufst du dich auf die Moiren. Ich will und werde verhindern, daß mein Leben von anderen Menschen beendet wird. Reden wir nicht mehr davon, denn ich habe noch ein wichtiges Problem. Ich suche einen zuverlässigen Mann, der heikle und nicht für die Öffentlichkeit bestimmte Geschäfte übernehmen kann.«

Clemens unterdrückte ein Gähnen. Langsam hatte er genug von diesem Gespräch. Dafür habe er Fuscus und Pedanius, sagte er beiläufig.

»Fuscus als Präfekt der Garde steht zu sehr im Mittelpunkt des öffentlichen Interesses, als daß er derlei Geschäfte besorgen könnte. Und Pedanius ist tot. Ein tragischer Unfall beim Schwimmen. Schade, denn er konnte nahezu jede Unterschrift nachahmen. Das hat er von meinem Bruder gelernt, der einmal von sich gesagt hat, wäre er nicht Kaiser geworden, hätte er der größte Fälscher sein können.« Domitian lachte, doch Clemens blieb ernst, denn er wußte, daß Pedanius' Unfall kein Zufall war, aber immer hatte er gehofft, daß der Kaiser den Sekretär am Leben ließe.

Domitian, der Clemens' Schweigen als Nachdenken deutete, drängte ungeduldig, ob er, Arrecinus, aus seiner Präfektenzeit sich eines solchen Mannes erinnere, möglichst mit verbrecherischer Vergangenheit, mittels deren Kenntnis man ihn zur Treue zwingen oder dem Henker ausliefern konnte.

»Ich kenne tatsächlich einen solchen Mann. Er wurde wegen zweifachen Mordes zu Neros Zeiten vor Gericht gestellt. Obwohl man ihm die Tat nicht beweisen konnte, verurteilte ihn Nero zum Tode. Das Urteil wurde nicht vollstreckt, weil der Delinquent auf geheimnisvolle Weise verschwand, und zwar unter falschem Namen.«

Domitian stieß einen überraschten Pfiff aus und meinte, das sei der Mann, den er brauche. Wie er heiße?

»Palfurius Sura.«

»Ist das der wirkliche oder der Künstlername?« grinste Domitian.

»Der echte Name, den er nun wieder tragen kann, weil sich an den Fall keiner mehr erinnert außer ein paar Eingeweihten.«

»Zu denen du gehörst«, sagte Domitian und stieß den Finger in Clemens' Richtung in die Luft.

»Ja. Dieser Sura brachte angeblich oder wirklich, wer weiß das nach zwanzig Jahren noch, einen alten Onkel um, der mir sein Vermögen hinterließ. War es da nicht meine Pflicht, meinem Glücksbringer zu helfen?«

»Wie rührend«, spottete Domitian. »Jetzt habe ich nicht nur diesen Sura, sondern auch dich in der Hand. Ich kann dir jederzeit wegen Verwandtenmordes den Prozeß machen. Du weißt, was darauf steht? Eingenäht in einen Sack ertränkt zu werden. Mein Vater hat dieses Gesetz mit Saturnins Hilfe wieder ausgegraben.«

Clemens erschrak und konnte es nicht verbergen.

»Du mußt mir immer treu dienen, Arrecinus«, genoß Domitian seinen Triumph.

»Das tue ich auch ohne deine abwegige Bedrohung, denn ich habe meinen Onkel nicht umbringen lassen«, erwiderte Clemens gepreßt.

»Ich glaube dir, aber wird dir das Gericht glauben, wenn dieser Sura aussagt, du habest ihn angestiftet und ihm dann zur Flucht verholfen?« setzte Domitian sein Spiel fort. Belustigt sah er, wie Clemens, der gelassene und überlegene Mann, unruhig auf seinem Sitz hin und her rutschte, vor Angst schwitzte und mit fahrigen Griffen Stirn und Nacken wischte.

»Schon gut, Arrecinus, es war nur ein Scherz, eine kleine

Revanche für deinen Spott auf meinen Glauben an die Prophezeiung. Ein Beweis dafür, daß man trefflich philosophieren kann, geht es nicht ums eigene Leben. Nun geh und beruhige dich! Ich werde mir die Sache mit diesem Sura nochmals gründlich überlegen. Vielleicht ist er auch nicht der Mann, den ich suche. Viel Erfolg in Spanien.«

Ein zutiefst beunruhigter Arrecinus Clemens verließ den Palatin und dachte reuevoll daran, wieviel ruhiger er leben könnte, hätte er sich nicht auf dieses gefährliche Spiel eingelassen.

XLIX

Dicker Nebel erstickte alles Licht. Fackeln dienten mehr dazu, von anderen gesehen zu werden, als selbst besser zu sehen. Weiter als drei Schritte reichte die Sicht nicht.

»Vorsicht!« rief Pomperius Zedekia zu und riß ihn zur Seite, als sich zwei Lichtpunkte näherten. Fast wären sie mit den Fackelträgern, die einer Sänfte vorangingen, zusammengestoßen.

»Idioten, mußten uns doch bemerkt haben«, schimpfte Pomperius.

Langsam tasteten sie sich durch die menschenleere Straße. Sie hatten auf Saturnins Befehl Flavius Silva nach Hause geleitet und waren auf dem Rückweg zum Viminal. Zedekia blieb stehen und lauschte in den Dunst. Ihm schien, als hörte er Lachen, Singen und Stimmengewirr. Pomperius drängte vorwärts. Als Zedekia fragte, wo sie seien, antwortete er lachend, daß man es rieche, denn dieser unverkennbare Geruch, diese typische Mischung von heißem Öl, Kraut, Schweiß, Knoblauch und menschlichen Ausscheidungen kennzeichne die Subura.

»Ich rieche nichts, nur den kalten Nebel.«

»Deine judäische Nase hat sich trotz der vielen Jahre noch nicht an Roms Gerüche gewöhnt. Ich gestehe, daß es heute nicht besonders stark duftet, da jetzt im Winter die

Abzugsöffnungen beinahe alle verschlossen sind, aber zu bemerken ist es schon. Da vorn ist eine kleine Taberne. Wollen wir uns ein wenig aufwärmen und ein Glas heißen Weins mit Honig trinken?«

Zedekia zögerte, doch Pomperius zog ihn mit, und ehe er sich besann, befand er sich bereits im Schankraum, wo er nun roch, was Pomperius beschrieben hatte. Tief atmete er durch die Nase, um den aufkommenden Brechreiz zu unterdrücken.

Die Taberne war zur Hälfte besetzt, so daß Pomperius einen Tisch in der hintersten Ecke auswählen konnte, von dem aus man den gesamten Raum übersehen konnte. Ein Schankmädchen, nicht mehr jung und mit schwammig aufgetriebener Figur, fragte nach ihren Wünschen und musterte die ihr unbekannten Gäste ungeniert. »Nicht gerade sehr einladend«, stellte Zedekia fest, dessen Blick gerade auf einen sich übergebenden Mann in einem alten, zerlöcherten Mantel fiel. Die anderen Zechbrüder johlten: »Wer kotzt, zahlt die nächste Runde.« Zedekia mußte sich abwenden.

Die Schwammige brachte den dampfenden Wein, in dem sich die blakende Öllampe spiegelte und dicke, schmutziggelbe Schlieren erhellte.

»Trink, das ist nur der Honig«, belehrte Pomperius den skeptisch blickenden Judäer, der dann zögernd trank und das Getränk so übel nicht fand. Plötzlich rümpfte Zedekia die Nase, als ein Gast, der nahe an ihrem Tisch vorbeiging, beißenden Uringeruch verbreitete, obwohl seine Kleidung sauber und ordentlich aussah. Pomperius lächelte über Zedekias Ekel und sagte dann, wieder ernst werdend: »Ich sehe, du hast vom Leben des Volkes noch nichts kennengelernt. Immer hast du das Leben nur von oben betrachtet, bei König Herodes Agrippa, bei den Verteidigern Jerusalems und nun bei Saturnin. Deshalb habe ich dich anfangs gehaßt, weil du immer wieder auf die Beine gefallen bist und nie derart im Dreck gesteckt hast wie ich.«

»Aber jetzt geht es dir gut«, erinnerte ihn Zedekia.

Pomperius trank das Glas leer und winkte nach einem zweiten. »Das stimmt, doch die beschissenen Jahre bleiben, und die Erinnerung verfolgt mich bis ans Lebensende. Dieser Hund, dieser Tigellinus! Die Jahre in den Marmorbrüchen waren so qualvoll, daß mir die Zwangsarbeit auf den Schanzen unter eurem Pfeil- und Steinhagel wie Erholung vorkam. Ich habe Saturnin nie verstehen können, warum er dieses Schwein Tigellinus nicht abgestochen hat, wie ich ihn überhaupt und vor allem seine Milde manchmal nicht verstehe.«

Zedekia lächelte und meinte, daß er den Herrn wohl verstehe, auch in Situationen, in denen von Milde nichts zu spüren sei. Nicht immer sei Saturnin in Judaea milde gewesen.

»Was wißt ihr Judäer von Rom? Nichts! Ich verstehe ja selbst nicht alles. Warum ist Fuscus, dieser Verbrecher und Spießgeselle des Tigellinus, heute Präfekt?« Pomperius hieb mit der Faust auf den Tisch.

»Warum stank dieser ordentlich aussehende Mann nach Urin?« fragte Zedekia, um vom Thema abzulenken.

»Er ist ein Walker. Um die Stoffe geschmeidig zu machen, walkt man sie in Urin. Mit nackten Beinen werden die Gewebe stundenlang, tagelang darin getreten. Den Geruch bekommst du so schnell nicht wieder los. Sieh sie dir an, die armen Hunde, die von Sonnenaufgang bis zum Sonnenuntergang schuften müssen, um ihr Brot und ihr Wasser zum Leben zu verdienen. Manchmal verzichten sie auf das Brot und betrinken sich hier, damit das Leben wenigstens einmal einen Glanzpunkt hat. So, Zedekia, sieht das Leben hier unten aus, von dem du keine Vorstellung hast. Diese armen Menschen hausen auf engstem Raum wie Vieh zusammengepfercht inmitten von Ratten und Ungeziefer.«

»Erhalten sie denn nichts von den kaiserlichen Kornspenden?«

Pomperius lachte dröhnend und erklärte, daß sich diese Spenden die faulen, arbeitsscheuen Plebejer unter den Nagel rissen, die lauthals ›Es lebe der Kaiser‹ schrien. Diese armen Hunde könnten nicht rufen, weil sie dazu keine Gelegenheit, keine Zeit und auch keinen Grund hätten. Manchmal, schloß Pomperius nicht aus, verirre sich auch zu ihnen ein Korn, was aber ein ausgesprochener Glücksfall sei.

»Weiß unser Herr von diesem Elend?«

Pomperius zuckte die breiten Schultern. »Woher? Wir sprechen nicht darüber. Wenn er sich mit mir unterhält, dann über Schlachten, Fechtkniffe, Haus und Hof, seinen Sohn und seinen Neffen. Mit der Herrin spreche ich meistens über Pferde. Deren Sorgen möchte ich haben!«

»Sie haben wieder andere«, erwiderte Zedekia und erzählte dem staunenden Pomperius von Saturnins Zerwürfnis mit dem verstorbenen Kaiser wegen gefälschter Briefe und dem gespannten Verhältnis zu Silva Kaiser Domitians wegen.

Woher er das alles wisse, fragte Pomperius.

»Als Sekretär bekommt man manchen Einblick. Und Portieren sind für erregte Stimmen nicht immer ein Schallschutz«, entgegnete Zedekia geschmeichelt.

»Warum vertraust du mir das an, wo du doch weißt, daß ich dir alles andere als wohlgesonnen bin?« Pomperius sah den Judäer unverwandt an, sah das Gesicht mit der schmalen gebogenen Nase und der Narbe am Kinn.

»Du warst mir nicht wohlgesonnen, doch das war vor deinem Dienst in Judaea. Wer längere Zeit dort lebte und sich die Mühe macht, dieses Land und seine Bewohner zu verstehen, haßt uns nicht mehr.«

»Oder mehr als zuvor«, widersprach Pomperius.

»Das sind wenige Ausnahmen. Jedem, der länger in Judaea war, steckt dieses Land im Blut. Denke an Titus, an Silva, und auch unser Herr hat Teile unseres Wesens in sich aufgenommen.«

»Was den Römern von euch im Blut bleibt, sind nur eure Weiber.«

»Weil sie unser Wesen am reinsten vertreten.«

Pomperius bestellte nochmals Wein. Lachend trank er Zedekia zu.

Singend, schwankend und mit schwerer Zunge dem Wirt und der Schwammigen einen Abschiedsgruß zurufend, verließen mehrere Gäste die Taberne.

»Nun sind die paar Sesterzien ausgegeben, für die sie mehrere Tage geschuftet haben. Zu Hause muß die Frau, falls sie eine haben, und müssen die Kindern hungern, bis neues Geld erschunden ist. Ein sauisches Leben, eigentlich gar keines. Hier könnte sich ein Kaiser unsterbliche Verdienste erwerben, aber keiner weiß es und will es wissen.«

»Sie können sich doch als Sklaven verdingen«, warf Zedekia ein.

Pomperius runzelte die Stirn und entgegnete, daß dies nicht so einfach sei, denn wer wolle schon die abgearbeiteten Knochengerüste haben? Sklaven müßten heutzutage schön, kräftig und dazu noch gesund sein. Diese Arbeiter taugten nicht mehr zu Sklaven und brächten keinen Denar auf dem Markt.

Ein untersetzter, breitschultriger Mann in einem schwarzen Mantel betrat den Schankraum, schlug die Kapuze zurück und suchte nach einem passenden Tisch. Seine kleinen, unter dicken Brauenwülsten liegenden Augen blickten stechend, trafen Zedekia und Pomperius, verweilten einen Moment auf letzterem, um sich dann gleichgültig abzuwenden. Am übernächsten Tisch ließ er sich nieder, winkte dem dicken Schankmädchen, sprach leise mit ihr, worauf sie den Wirt herbeiholte, der, von dem Gast angesprochen, den Kopf schüttelte und sich wieder entfernte. Der Fremde bezahlte zugleich den servierten Wein.

»Er ist es!« murmelte Pomperius.

»Wer?« fragte Zedekia.

Pomperius umkrampfte das Glas, als wollte er es in seiner Pranke zerdrücken. Unter allen Gesichtern der Welt würde er es wiedererkennen, dieses blatternarbige, wenn auch jetzt bartlose Gesicht mit der Stirnglatze und dem seltsam dreiekkigen Haaransatz, den langen enganliegenden und oben an den Ohrmuscheln abstehenden Ohren. Er war es, der ›Schinder von Luna‹, der grausamste und gefürchtetste Aufseher in den Marmorbrüchen, der eines Tages dort auftauchte und um den die wildesten Gerüchte kreisten. Ein Sklave, den man aus Rom brachte, hatte behauptet, diesen Quäler mit dem eigenartigen Namen Suifrarus dort gesehen zu haben und daß er ein Mörder sei. Ein paar Wochen später war ein Seil gerissen und der Marmorblock hatte diesen Sklaven zerquetscht wie eine Fliege. Zufall? Nein, Absicht! Dort saß dieses Vieh und soff genüßlich seinen Wein. Wie oft hat er mich auspeitschen lassen? Zehnmal, zwanzigmal? Pomperius wußte es nicht mehr. Er starrte den Verhaßten an. Zedekia sah ebenfalls in die Richtung des neuen Gastes, der sich nun erhob und an ihrem Tisch vorbei zum Ausgang ging.

»Suifrarus!« zischte Pomperius den Vorübergehenden an.

Der Fremde stutzte, um seinen Mundwinkel zuckte es kurz, dann lächelte er und sagte freundlich: »Was sagtest du? Du scheinst mich zu verwechseln. Ich sah, daß du mich die ganze Zeit anstarrtest.«

»Suifrarus, ich verwechsle dich nicht«, erwiderte Pomperius mit vor Wut zitternder Stimme.

»Habe ich doch gedacht, daß du mich verwechselst. Sui . . . Suifra . . . Wie heißt der Mensch? Komischer Name, nie gehört. Ich habe einen einfachen römischen Namen, Sura, kommt von Syra, wahrscheinlich waren meine Vorfahren Syrer. Soll es ja geben. Nichts für ungut. Vielleicht findest du deinen Sui . . . Suifragus.« Der Untersetzte verließ unter Achselzucken die Taberne.

»Er ist es! Ich wette meinen Kopf«, beharrte Pomperius.

Was das alles zu bedeuten habe, wollte Zedekia wissen. Als er Pomperius' Geschichte zu Ende gehört hatte, zog er die Brauen empor und riet, er würde an Pomperius' Stelle nie mehr ohne Brustpanzer und Schwert ausgehen und sich in dunklen Straßen stets umsehen, ob keiner folge.

Ich bin ein verdammter Idiot! Warum mußte ich diesem

Verbrecher auf den Kopf zu sagen, daß ich ihn erkannt habe? warf sich Pomperius vor.

Äußerst vorsichtig legten Pomperius und Zedekia den Heimweg durch den Nebel zurück, bei jedem Geräusch, bei jedem Schritt zusammenfahrend, immer eines Anschlags aus dem Dunkel gewärtig. Nichts geschah. Unbehelligt gelangten sie nach Hause.

Pomperius dachte in den nächsten Wochen nahezu täglich an diesen Suifrarus, doch als er ihn nicht wiedersah, begann die Erinnerung an die Begegnung in der Taberne im Laufe der Zeit langsam zu verblassen.

L

Für Saturnin kam die Ernennung zum Suffectkonsul im ersten Amtsjahr Kaiser Domitians überraschend. Civica Cerealis, dem gleiche Ehre widerfuhr, spottete, das Jahr werde nach Domitian und seinem Vetter Titus Flavius Sabinus benannt, den ordentlichen Konsuln des 835. Jahres, während ihnen, Saturnin und Cerealis, nur die Arbeit bliebe.

Saturnin gab zu bedenken, daß auch das Nachfolgekonsulat den Vorteil habe, sich für den Statthalterposten einer senatorischen Provinz bewerben zu können.

»Einer langweiligen Provinz wie Asia«, lachte Cerealis, darauf könne man verzichten.

Langsam stiegen die beiden Freunde die Terrassen empor. Bewundernd nahm Saturnin die Schönheit von Cerealis' parkähnlichem Garten wahr, die Oliventerrassen und die sich anschließenden Ziergärten, Wandelgänge, Tempel, Pavillons und Wasserspiele.

»Du siehst in jeder Maßnahme Domitians nur das Nachteilige«, bemerkte Saturnin mit leichtem Vorwurf. »Seit einem Jahr regiert er das Reich mit Geschick. Er hat versucht, die Finanzen zu ordnen, Korruption und Mißwirtschaft in den Provinzen zu unterbinden, er führt im Prinzip das von Vespasian und Titus Begonnene weiter. Du, Paetus, Macrinus und mein Schwiegervater, ihr seid beinahe die einzigen, die ihm mit Mißtrauen begegnen.«

Cerealis schwieg, schlenderte neben Saturnin durch den Hain alter Platanen und führte ihn ins Haus, wo er im Peristyl an einer durch Oleander verborgenen Bank stehenblieb, während Saturnin sich gleich setzte und den Goldfischen zusah, die im Wasserbecken unter den Seerosen hervorschossen und wieder verschwanden. Nachdenklich ließ sich Cerealis neben dem Freund nieder.

»Ich glaube ihm alles nicht«, sagte er nach einer Weile. »Schon die Leute, die ihn umgeben, diese Veientos, Messalins, Nervas. Sage mir, mit wem du umgehst! Ganz zu schweigen von Fuscus und Ostorius Sabinus.«

»Laß doch die alten Geschichten, denk an den Spruch, den du mir auf der Rückreise von Ephesos zitiert hast.«

»Auf einmal sind es alte Geschichten. Ich möchte dich nur erinnern, wie lange du deinen Groll auf Tigellinus herumgetragen hast. Jetzt spielst du den Gelassenen und sprichst von Vergessen. Du solltest dir trotzdem einmal vor Augen führen, was es bedeutet, wenn ein Kaiser seine Macht auf Verbrecher stützt! Nun hat er sich noch einen zwielichtigen Menschen in seine Nähe geholt, einen gewissen Palfurius Sura. Niemand weiß, woher der Bursche kommt. Domitian erhob ihn in den zweiten Adel. Arrecinus Clemens, den einzig noblen und anständigen Mann seiner Umgebung, hat er nach Spanien abgeschoben. Ist das Zufall oder System?«

Man dürfe Domitian nicht nach einzelnen unglücklichen Entscheidungen beurteilen, man müsse sich an sein Wollen halten, gab Saturnin zu bedenken. Kaiser Domitian halte sich an Senecas Postulate.

»Woher weißt du das? Hat er es dir gesagt?« spottete Cerealis.

»Eine kleine Begebenheit bestätigte es. Als er mich zu einer Audienz befahl, mußte ich längere Zeit in einem seiner Arbeitszimmer warten, da er gerade Parther empfangen mußte. Überall, sogar auf den Ruhepolstern lagen Senecas Schriften verstreut, mit eigenhändigen Anmerkungen und Unterstreichungen versehen.«

Entgeistert starrte Cerealis den Freund an und wußte nicht, ob er lachen oder fluchen sollte. Entschied sich dann fürs Lachen. »Mensch, Lucius, ich hätte nicht gedacht, daß du mit einem so billigen Trick zu fangen bist. Domitian, der dich viele Jahre kennt und dem deine Vorliebe für Seneca bestens bekannt ist, versucht dich für seine Pläne zu gewinnen, indem er dir vorgaukelt, sie beruhten auf Senecas Philosophie. Du fällst herein wie ein junges Mädchen, dem ein alter Genießer nachstellt und ihm vorflunkert, er wolle im Schlafzimmer nur Catull mit ihr lesen. Domitian hat raffiniert alles geplant, hat eines seiner Arbeitszimmer für dich präparieren lassen, um in dir den Eindruck zu erwecken, er beschäftige sich intensiv mit Seneca. Weißt du, was er wirklich liest? Appius Maximus hat es einmal in der Trunkenheit ausgeplaudert: Tiberius' Senatsreden und Aufzeichnungen. Nun weißt du hoffentlich, wes Geistes Kind er ist und was uns bevorsteht. Domitian will die Villa Jovis, Tiberius' letzten Wohnsitz auf Capreae, wieder instand setzen lassen, um dort einige Monate des Jahres verbringen zu können. Nicht Seneca, sondern Tiberius ist sein geistiger Führer.«

»Vermutungen, Gerüchte, mehr nicht«, wehrte Saturnin ab.

»Lucius, deine Borniertheit erschreckt mich. Deinen Glauben an Domitian kann wohl nichts erschüttern? Hoffentlich machst du dich mit deiner bedingungslosen Gefolgschaft nicht eines Tages mitschuldig, wenn er gegen Rom gerichtete Maßnahmen ergreift, die du in deinem blinden Glauben an ihn mitträgst und kraft deines Ansehens und Einflusses im Senat durchbringst.«

»Derlei Maßnahmen wird Domitian nicht befehlen, und wenn, einmal angenommen, wird mich mein untrügliches Gerechtigkeitsgefühl davor bewahren.«

Hoffentlich findet dein vielgepriesenes Gerechtigkeitsgefühl nicht unter einem Berg von Seneca-Sentenzen und unter Domitians Schauspielereien, die dir den Blick schon getrübt haben, sein endgültiges Grab, dachte Cerealis, erhob sich, denn mit der hereinbrechenden Dämmerung kam die Abendkühle, und ging mit Saturnin ins Haus. Matidia, Cerealis' Frau, bat Saturnin, zum Nachtmahl zu bleiben. Er lehnte ab, da ihn Octavia erwarte. Matidia erwiderte lächelnd, sie glaube es nicht. Doch Saturnin bestand darauf, gehen zu müssen.

»Du kannst getrost bleiben«, hörte er plötzlich Octavias Stimme aus dem Triclinium.

Erstaunt fragte er Cerealis, ob er davon gewußt habe. Cerealis verneinte, fügte hinzu, er fände es schön, wie in Ephesos wieder einmal zusammenzusitzen. Fehlten nur Lucullus und dessen Frau.

Auch daran habe sie gedacht, meldete sich Matidia, sie seien bereits auf dem Wege.

Cerealis, der hinter Saturnin das Triclinium betrat, zwinkerte Octavia zu und sagte laut, damit es Matidia, die sich draußen mit dem Trikliniarchen besprach, hören konnte: »Frauen haben mitunter derart wunderbare Einfälle, daß ich mir wünschte, auf dem Palatin hätte hin und wieder eine Frau das Sagen.«

LI

Das Jahr seines neunten Konsulats hatte schlecht begonnen. Die Chatten waren ins römische Germanien eingedrungen, hatten mehrere Truppenteile vernichtend geschlagen und bedrohten nun Bonna und Colonia Agrippinensis. Kaiser Domitian studierte zum wiederholten Male den Hilferuf des Novius Priscus, Statthalter der Provinz Germania inferior. Warum ist dieser Priscus nicht in der Lage, das Reich vor ein paar Barbarenhorden zu schützen? fragte sich Domitian und beschloß, diesen Versager abzulösen. Doch wen mit dieser Aufgabe als Nachfolger betrauen? Der Kaiser schloß die Augen und ließ Gesichter vorüberziehen, denen er Namen und Eigenschaften zuordnete. Keiner der vorgestellten Feldherren schien ihm so recht geeignet, bis er an Silva dachte. Der Herr Großvetter besaß alle Voraussetzungen für dieses schwierige Amt, aber ... Domitian öffnete die Augen und runzelte die Stirn. Nein, Silva würde er nicht zum Statthalter von Germania inferior ernennen! Der Großvetter zeigte ein eigentümliches Verhalten, das ihn nicht für diese Aufgabe empfahl. Silva mied ihn, und war eine Begegnung nicht zu vermeiden, gab er sich betont zurückhaltend und nahezu beleidigend kühl. Nein, Silva würde er nicht berufen! Wen dann? Des Kaisers Finger trommelte nervös auf die Tischplatte. Trajan? Der war zu alt und der Sohn zu jung.

Frontinus? Natürlich, Sextus Julius Frontinus! Domitian wühlte in einem neben dem Schreibtisch stehenden Rollenbehälter und ergriff eine besonders gekennzeichnete Rolle, auf der Arrecinus Clemens die Lebensdaten der einflußreichsten Senatoren und Feldherren erfaßt hatte. Sextus Julius Frontinus, las der Kaiser, Prätor, Konsul, gewesener Statthalter der Provinz Britannien. Er rollte zufrieden das große Schriftstück wieder zusammen und überlegte, daß diese Übersicht vervollständigt werden müßte. Alle Senatoren und Ritter müßten erfaßt werden, und mehr Angaben über ihr Leben, sowohl das öffentliche wie auch das private und Äußerungen über ihn, Domitian, müßten enthalten sein.

Domitian trat ans Fenster. Beim Anblick des Schneetreibens fröstelte ihn. Er haßte den Winter und die düsteren Monate. Helle, Sonne, blauen Himmel liebte er. Sehnsüchtig dachte der Imperator an Capreae, seine Insel, von deren höchster Klippe aufs Meer zu schauen eine Freude war. Tiberius fiel ihm ein, und er bemitleidete sich in diesem Augenblick, denn statt auf Capreae sich der Erinnerung an den großen Alten hinzugeben, mußte er hier in der winterlichen Dunkelheit das verfluchte Chattenproblem lösen. Frontinus, überlegte Domitian, ist er der rechte Mann? Wer sollte ihm raten? Arrecinus Clemens tat in Spanien Dienst, Silva zu fragen, verbot ihm sein Stolz. Saturnin muß mir sagen, was er davon hält, entschied Domitian.

Als Saturnin eintrat, führte ihn der Kaiser in ein Nebengemach, wo nur ein Tisch mit einer darauf ausgebreiteten Karte stand. Ohne Umschweife kam Domitian zur Sache, erläuterte dem Prätor die Lage in Germanien und seine Absicht, Frontinus mit einem Feldzug gegen die Chatten zu betrauen.

Er halte Frontinus der Aufgabe durchaus gewachsen, denn er sei nicht nur ein ausgezeichneter Soldat, sondern, was seine Bücher bewiesen, auch ein hervorragender Militärtheoretiker, erwiderte Saturnin. »Deine Entscheidung, Frontinus die Legionen aus Germania superior zusätzlich zu unterstellen, halte ich für notwendig«, fügte er nach einem Blick auf die Karte hinzu.

Domitian fühlte sich geschmeichelt über des Prätors ungeteilte Zustimmung, denn schließlich war es sein erster Krieg. Leutselig sagte er zu Saturnin, daß ihm Corellius Rufus, ein altbewährter Heerführer, ein wenig leid täte, weil er ihm, dem Statthalter Germania superiors, im Feldzug Frontinus überordne. Doch, entschuldigte sich der Kaiser, Rufus soll sehr krank sein.

Er habe von dem schweren Leiden Rufus' gehört, bestätigte Saturnin, ohne den Kaiser anzublicken, denn er konnte den Blick nicht von der Karte lösen. »Darf ich dir einmal einen verwegenen Gedanken mitteilen, auch wenn er absurd ist und aller bisherigen römischen Politik in Germanien widerspricht?« fragte er schließlich Domitian.

»Natürlich, laß hören«, ermunterte ihn Domitian freundlich.

»Man müßte die seit Augustus festgeschriebene Grenzpolitik, nämlich am Rhenus flumen zu verharren, aufgeben. Der Vorstoß der Barbaren aus ihren rechts des Flusses gelegenen Wäldern schafft für unsere Garnisonsstädte ständig

Gefahr. Man sollte, um diesen Gefahren wirksam begegnen zu können, die Grenze weiter östlich des Flusses verlegen, Schneisen in die Wälder schlagen, um den Barbaren die Schlupfwinkel zu entreißen und das erworbene Land als Schutzzone mit Wällen, Kastellen und Wachtürmen sichern.« Saturnin schaute nun zum Kaiser auf, um dessen Reaktion zu erforschen. Er sah Domitians gespannte Aufmerksamkeit, der sich plötzlich auf den Tisch niederbeugte und fragte, wie weit die Grenze nach Osten verschoben werden solle. Der Gedanke, das Reich mehren zu können, wo es seit Augustus stagnierte, faszinierte Domitian.

Saturnin beugte sich zur Karte nieder, auf der sein Finger einen Punkt rechts des Legionslagers Confluentes markierte. »Ungefähr hundert Meilen, hier oben beginnend, die Taunus montes entlang, dann leicht südöstlich das ganze Nicer-flumen-Gebiet einbeziehend bis zu den Alpes suebiae, diesen dann nach Osten folgend bis an den Danuvius flumen.«

Domitian schlug Saturnin begeistert auf die Schulter. »Ein phantastischer Plan, Lucius. Du erhältst von mir die Gelegenheit, deinen Plan zu verwirklichen, indem du Frontinus als Stellvertreter nach Germania inferior begleitest. Zuerst besiegt ihr die Chatten, dann macht ihr euch ans Werk, dieses von dir umrissene Gebiet für Rom zu sichern. Du erhältst von mir Sondervollmachten und besondere Befugnisse, die dich in dieser Angelegenheit unabhängig von Frontinus' Oberbefehl machen. Lucius«, Domitian legte ihm die Hand auf die Schulter und nickte ihm vertraulich zu, »leb wohl und viel Erfolg.«

Als Saturnin seinem Schwiegervater berichtete, wie er durch einen Zufall zu einem Kommando in Germanien gekommen sei, schmunzelte Silva und meinte, es sei ein genialer Plan, auf den erst einer kommen müsse. Octavia zeigte sich bekümmert, ihn nicht nach Germanien begleiten zu können, und auch darüber, daß er Sentius und Cornelius mitzunehmen gedachte.

In den ersten Tagen des März brachen Saturnin, Sentius, Cornelius und Pomperius, dessen Begleitung zum Schutze der Jungen Octavia durchgesetzt hatte, zusammen mit Frontinus und seiner Centurie auf.

Voller Stolz beobachtete Saturnin seinen Sohn, der souverän sein Roß dirigierte, wenn es tänzelnd ausbrechen wollte. Cornelius, der mürrischen Gesichts auf seinem Gaul hockte und kein Wort sprach, bereitete ihm einige Sorgen, denn er hatte von seinem Vater in puncto soldatischer Eigenschaften nichts geerbt, auch die Einschätzung der Militärakademie lautete nicht gerade vorteilhaft. Vielleicht wäre ein ziviles Amt günstiger für ihn? überlegte Saturnin.

In Mogontiacum empfing sie Corellius Rufus, der Statthalter Germania superiors. Er las die kaiserlichen Vollmachten und versprach, den Feldherren behilflich zu sein. Saturnin sah mit Bestürzung, wie der von schwerer Gicht geplagte Rufus mit den ständigen Schmerzen ringen mußte.

Saturnin und Frontinus zogen in zwei getrennten Heersäulen vom Norden und vom Süden gegen die Chatten und vernichteten deren Hauptmacht. Durch die breiten, in die Wälder gehauenen Schneisen verloren sie ihre Verstecke und flohen in östlicher Richtung. Bei einem Geplänkel mit einer chattischen Rotte gelang es Sentius, sich Pomperius' und seines Vaters Obhut zu entziehen und in vorderster Linie zu fechten. Saturnin folgte ihm, als er es bemerkte, mit seiner Leibwache und sah, wie Sentius zwei Chatten zu Boden stieß und einem Verletzten, der an einen Baum gelehnt sich nur noch schwach wehrte, das Ende bereiten wollte. »Halt, Sentius!« schrie er. Verwundert senkte Sentius das erhobene Schwert und ließ es geschehen, daß der verwundete Chatte von Saturnins Leibwache in Obhut genommen wurde.

»Warum?« fragte Sentius.

Einen Verwundeten, beinahe Wehrlosen abzuschlachten brächte keine Ehre, war des Vaters Antwort. Ob er selbst auch jeden Verwundeten geschont habe, kam die Gegenfrage. Saturnin gab keine Antwort, sondern ließ den gefangenen Chatten vorführen. Ein Legionär aus Mogontiacum, des Chattischen mächtig, übersetzte des Feldherrn Fragen.

Er verstehe die Sprache der Römer, erklärte der Chatte stolz. Sein Name sei Chattomerus, und er sei im Heere der Chatten das, was die Römer einen Tribunen nennen, radebrechte er in holprigem, aber verständlichem Latein.

Der junge Mann gefiel Saturnin, und ihm kam eine Idee. »Wenn ich dir Leben und Freiheit schenke, schwörst du mir bei deinen Göttern, nie wieder die Waffe gegen Rom zu erheben?« fragte er.

Der Chatte dachte nach und schwor dann.

»Du kannst gehen, Chattomerus. Meine Leute geben dir das Geleit, bis du in Sicherheit bist. Brichst du deinen Schwur, wirst du gekreuzigt.«

Der Chatte zuckte zusammen, fragte dann nach dem Namen des Feldherrn. »Saturnin, ich werde mir deinen Namen einprägen. Vielleicht kann ich dir deine Großmut einmal vergelten«, versprach der Chatte, als er weggeführt wurde.

Saturnin lächelte geringschätzig.

»Vater, war das richtig?« zweifelte Sentius.

»Natürlich«, unterstützten Pomperius und Cornelius Saturnin.

Als Saturnin mit Pomperius allein im Zelt saß, befragte er seinen Adjutanten nach Sentius' und Cornelius' Verhalten bei den ersten Gefechten.

»Sentius, du hast es ja selbst gesehen, hat sich ausgezeichnet geschlagen. Auch Cornelius hat sich zufriedenstellend verhalten, er ficht nicht schlecht und hat Mut, nur eben keine Lust und Freude am Kampf. Durch Zufall oder Kühnheit, ich kann es nicht beurteilen, gelang es ihm, einem Tribunen namens Petronius Secundus das Leben zu retten.«

Der Feldherr nickte und sagte leise wie im Selbstgespräch: »Cornelius mag selbst entscheiden, was er in Zukunft tun will. Ich werde den Sohn meiner verstorbenen Schwester nicht in die Legionen zwingen, wenn er dagegen eine Abneigung hat.«

Pomperius schwieg, denn er wußte, daß sein Rat nicht gefragt war.

Saturnin zog, als von den Chatten, die sich nach dem Osten zurückgezogen hatten, keine weiteren Angriffe zu erwarten waren, mit seinen Truppen nach Mogontiacum zurück. Der von Frontinus und Rufus beratene Bau der Grenzbefestigungen interessierte Saturnin nicht im geringsten, denn nach Besiegung der Chatten und Eroberung des Gebietes rechts des Rhenus flumen war seine Aufgabe erfüllt, und er durfte nach Rom zurückkehren.

Frontinus, dem Saturnins Desinteresse und Wunsch, Germanien so schnell wie möglich zu verlassen, nicht entgingen, orakelte, daß er eines Tages Rom ebenso gerne verlassen werde, um schnellstens in sein Germanien zurückzukehren. Ungläubig lächelnd hörte Saturnin zu.

Rom empfing ihn wie einen Sieger und Imperator.

Domitian überhäufte Saturnin mit Lob und verlieh ihm und auch dem in Germanien verbliebenen Frontinus die *Ornamenta triumphalia.* Sentius und Pomperius wurden mit Silberphaleren ausgezeichnet, auch Cornelius für seine Rettung des Tribunen Petronius Secundus, und zudem erhielt er die kaiserliche Erlaubnis, vorübergehend aus dem Heeresdienst auszuscheiden.

Kaiser Domitian veranstaltete einen grandiosen Triumphzug und ließ sich mit dem Titel Germanicus, Germanenbezwinger, auszeichnen, obwohl er, Augustus Caesar Imperator Domitianus Germanicus, noch nie seinen Fuß auf germanischen Boden gesetzt und das Schlachtfeld nicht einmal aus der Ferne gesehen hatte, worüber Saturnin sich ein leichtes Schmunzeln nicht verkneifen konnte.

LII

»Palfurius Sura ist noch bei ihm«, sagte die Wache. Arrecinus Clemens ärgerte sich. Während seiner Abwesenheit hatte sich dieser Kerl, den er in seiner Torheit Domitian empfohlen hatte, beim Kaiser unentbehrlich zu machen gewußt. So unentbehrlich, daß er, Clemens, bei einer der seltenen am Tage gewährten Audienzen warten mußte. Dieser Sura, den ich dem Henker entzog und zu meinen Diensten zu verwenden gedachte, versucht nun, des Kaisers Gunst zu gewinnen oder hat sie bereits gewonnen, erbitterte sich Clemens. Aber so leicht schlug man ihn nicht aus dem Feld, schließlich war er es, Arrecinus Clemens, der Domitian zu dem gemacht hatte, was er heute war!

Clemens verließ den Gang, schlenderte durch die große Halle und geriet, ohne weiter auf den Weg zu achten, in den von der Kaiserin bewohnten Seitenflügel des Palastes. Er fragte eine Sklavin, ob die Augusta für ihn zu sprechen sei. Warum sollte er sich langweilen beim Warten auf die Audienz, da er die Zeit angenehm mit Domitia verplaudern konnte. Clemens folgte der Sklavin, die ihn in das Empfangszimmer der Kaiserin führte.

»Arrecinus, welch eine Überraschung! Du machst dich sehr rar«, begrüßte ihn Domitia.

»Nicht meine, sondern deines Gatten Schuld. Würdest du ihm eine Botschaft senden, daß ich bei dir auf die Audienz warte?«

Domitia schickte einen ihrer Kämmerer zum Kaiser. Lässig machte es sich die Kaiserin auf einem Sofa bequem und wies Clemens einen Sessel zu. Eine Mohrin servierte Honiggebäck und Fruchtsaft.

Verwirrt senkte Clemens den Blick. Seit jeher hatten ihn schöne Frauen seiner Sicherheit beraubt und ihm Unruhe eingeflößt. Die Kaiserin in ihrem hellblauen Himation, das ebenmäßige Gesicht mit den schräggeschnittenen Augen von einer hohen Frisur kleiner Locken umrahmt, sah ihn unbefangen an, nahm eine Brezel und bat ihn, sich zu bedienen. Er langte nach einem Gebäckstück, das unter seinem ungeschickten Griff zerbrach, auf seine Toga krümelte und einen sichtbaren Fleck hinterließ. Domitia tat, als hätte sie sein Mißgeschick nicht bemerkt, und fragte interessiert, seit wann er aus der Tarraconensis zurück sei.

»März.«

»Jetzt haben wir Juni«, erinnerte sie vorwurfsvoll. »Weißt du, Arrecinus, seit er Kaiser ist, hat er nur noch wenig Zeit für mich«, fügte sie seufzend hinzu.

»Hätte ich eine Frau, sie brauchte sich nicht zu beklagen wie du«, erwiderte Clemens, schwächte aber seinen Vorwurf ab, indem er anfügte, daß er auch nicht Kaiser eines Weltreiches sei.

»Ob Kaiser oder nicht, wenn ein Mann für seine Frau nicht genügend Zeit aufbringt, dann muß er die Folgen, daß sie sich einen Geliebten nimmt oder ihn verläßt, selbst tragen.«

Nun lächelte Clemens, denn in diesem Moment gönnte er Domitian, daß ihn Domitia betröge oder verließe. Der Kaiser hatte diese wunderbare Frau eigentlich nicht verdient.

»Dauernd hockt mein Mann mit diesem widerlichen Palfurius Sura zusammen, der sogar nachts durch den Palast schleicht«, beklagte sich Domitia und weckte in Clemens mit dem Namen den beinahe vergessenen Ärger.

Ein Sekretär des Kaisers beendete jäh ihr Gespräch, indem er den Senator Clemens zur Audienz befahl.

»Ich hoffe, du hattest eine gute Unterhaltung?« empfing ihn Domitian. Clemens setzte sich schweigend auf den Stuhl, der, wie er angeekelt bemerkte, noch von Suras Körper warm war.

»Du hast in Spanien gute Arbeit geleistet«, lobte der Kaiser.

Unverwandt sah ihn Clemens an und fand ihn dicker geworden. Der Tonsor mußte viel Mühe aufwenden, um die Halbglatze zu verdecken.

»Deine Berichte über bestimmte Senatoren sind ausreichend, um ihren weiteren Aufstieg zu unterbinden.«

»Aber nicht, um sie von der Senatsliste zu streichen.«

»Eben. Arrecinus, damit sind wir genau an dem Punkt, über den wir sprechen müssen, denn es ist ein untragbarer Zustand, daß ich als Kaiser nicht das Recht habe, die Zusammensetzung des Senats zu bestimmen. Mißliebige und mir feindlich gesonnene Senatoren kann ich nicht einfach entfernen, sondern muß die langwierige und kräftezehrende Prozedur in der Kurie durchstehen.«

»Was stören dich die Nörgler? Bringe sie mit Erfolgen zum Schweigen«, riet Clemens.

»Nein, Kritik ist der Beginn jeglicher Gegnerschaft. Wer die geringste meiner Anordnungen in Frage stellt, stellt mich in Frage. Deshalb müssen diese Senatoren schnell und ohne großen Aufwand aus der Kurie verschwinden und durch mir ergebene Männer ersetzt werden. Nur so kann ich mein Jahrtausendwerk vollenden. Arrecinus, ich brauche das Zensoramt auf Lebenszeit!«

Vor Schreck hätte Clemens beinahe den Halt auf dem Stuhl verloren. »Das nenne ich vermessen. Bei allem Wohlwollen, dieses Amt wird dir die Kurie nicht erteilen, beraubt sie sich doch damit jeglichen Rechts und gibt sich dir in die Hand.«

»Ich befürchte es, doch ich muß das Zensoramt haben, noch in diesem Jahr. Arrecinus, ich muß es haben, hörst du!«

Ratlos blickte Clemens auf den Kaiser, und plötzlich fühlte er sich sehr müde. Kraftlos fielen seine Schultern herab. Er bereute zum zweitenmal, sich mit Domitian und auf dieses Spiel eingelassen zu haben, denn er wußte nun ganz sicher, daß der Kaiser mit immer neuen und immer vermessenere Forderungen an ihn herantreten würde. Es würde kein Ende mehr nehmen, er war ein Gefangener im Netz der Macht.

Clemens blickte in Domitians hervorquellende Augen, die

sich an ihm festsaugten, antwortheischend. Er mußte antworten, wollte er Domitians Gunst nicht vollends verlieren und sie Sura für immer überlassen. Schon um diesen Verbrecher nicht übermächtig werden zu lassen, durfte er jetzt dem Kaiser seinen Rat nicht versagen! Mit Anstrengung bemühte er sich, aufrecht zu sitzen. »Tritt vor die Kurie, entwickle deinen Plan von einem Goldenen Zeitalter und die dazu notwendigen Voraussetzungen, für die du das Zensoramt brauchst.«

»Im Prinzip richtig, Arrecinus, nur die vortragende Person muß eine andere sein. Ich kann nicht für mich selbst das Zensoramt fordern, denn das würde Mißtrauen erwecken und keinen guten Eindruck hinterlassen. Bin ich erst Zensor, schere ich mich den Dreck um die Meinung des Senats, denn dann befehle ich, und wer widerspenstig ist, wird gestrichen.«

»Du suchst einen Mann, wortgewaltig, mit Ansehen und Meriten, der diesen Antrag einbringt?«

»Wie gut du mich verstehst, Arrecinus. Das Ganze muß aber spontan und als einzig mögliche Reaktion auf eine Ansprache von mir über die Zukunft Roms erfolgen. So muß es aussehen, natürlich muß alles bis in jede Einzelheit abgestimmt sein.«

»Ein perfekt inszeniertes Schauspiel also!«

»Deine Schule, Arrecinus«, erwiderte Domitian zynisch.

Leider, dachte Clemens, überspielt mich mein Schüler mit meinen eigenen Kunststücken.

Wen er vorschlage, fragte Domitian lauernd.

Clemens strich über das Kinn, wiegte den Kopf hin und her, zog die Brauen hoch, zog sie herunter, daß eine steile Falte sich zwischen ihnen furchte.

Geduldig wartete der Kaiser und hütete sich, seinen Ratgeber zu drängen, denn wenn Clemens so angestrengt nachdachte, würde sein Gehirn eine brauchbare Idee gebären.

»Ganz so einfach ist es nicht, daß man es einem Mann überlassen sollte, den Senat zur Zustimmung zu bewegen.

Erfolgversprechend scheint mir dagegen, daß nach deiner Rede Veiento, Ostorius Sabinus, Nerva und Crispus sprechen. Jeder muß deinen Anspruch auf das Zensoramt begründen, aber ohne es direkt für dich zu fordern. Dabei können wir die Stimmung in der Kurie testen. Dann als krönender Schlußpunkt kommt die Forderung nach dem Zensoramt für dich auf Lebenszeit, und ehe sich die Ehrwürdigen Väter von der Überraschung erholt haben, und wenn sie noch im Banne der brillanten Rede sind, erfolgt die schnelle Abstimmung.«

Von Clemens war mit einem Schlage die Müdigkeit gewichen, als er sich an seinem taktischen Spiel berauschte, das sein überlegener Geist der Masse der Mittelmäßigen aufzuzwingen vermochte.

Gespannt hatte ihm Domitian zugehört, Clemens' Konzept fand seine ungeteilte Zustimmung, obwohl die Frage, wer den rhetorischen Schluß- und Glanzpunkt setzen sollte, noch offen blieb. Als er Clemens dies zu bedenken gab, lächelte dieser und nannte einen Namen.

»Natürlich Saturnin, aber ob er es tun wird?« zweifelte Domitian.

»Ködere ihn mit Seneca und dem Prinzip der Milde, denn Saturnin ist in diesem Punkte ein Phantast und Träumer. Überzeuge ihn, daß du das Zensoramt benötigst, um deine Politik der Milde verwirklichen zu können, und daß du ihn als Mitstreiter nicht entbehren kannst. Er will ja auch an der Macht partizipieren, will Einfluß und Befriedigung seines Ehrgeizes und seiner Eitelkeit. Gib ihm ein weiteres Suffectkonsulat, versprich ihm ein ordentliches und eine Provinz. Er wird es dir nicht abschlagen, zumal er dich für seinen Freund hält. Appelliere an seine Dankbarkeit, führe ihm vor Augen, daß du es warst, der immer zu ihm gestanden hat, sogar gegen deinen Vater und Bruder. Schmeichle ihm, erinnere ihn an eure Jugendfreundschaft!«

»Ich befürchte, seine Freunde werden ihn ungünstig beeinflussen, vor allem Silva, der mir nicht wohlgesonnen ist.«

Clemens lachte und sagte, nun enttäusche ihn Domitian, fuhr dann fort: »Du lädst Saturnin und Octavia nach Alba longa ein, plauderst mit ihm über Seneca und spinnst ihn in deine Sorgen ein, wie der Senat dich hindert, milde zu sein, weil dich einige Senatoren dauernd herausfordern, ohne daß du ihnen dies wehren kannst. Dann komme auf den Punkt zu sprechen. Und wenn er zustimmt, laß ihn seine Ansprache unter deiner Kontrolle in Alba longa erarbeiten, damit er keine Gelegenheit hat, sich mit seinen Freunden und Silva zu beraten. Gemeinsam begebt ihr euch von Alba longa aus in die Kurie.«

»Du bist ein Meister des Ränkespiels, Arrecinus. Gegen dich ist Sura, der auch nicht unbedarft ist, nur ein Grobschmied. Seine Empfehlung durch dich war selbstredend ein Gewinn, aber Sura eignet sich nur bei seinesgleichen, bei der Plebs und dem Volk der Straße.«

Verstimmt hatte Clemens den Vergleich mit Sura vernommen, den auch Domitians Lob nicht mildern konnte. »Du willst auch das Volk bespitzeln lassen?« fragte er mürrisch.

»Bespitzeln ist ein häßliches Wort, ich will nur wissen, was mein Volk denkt und was es tut«, erwiderte der Kaiser grinsend.

»Und wozu?«

»Um herauszufinden, wer mir ans Leben will.«

»Immer noch der Prophezeiung wegen?«

Der Kaiser nickte düster.

Ein paar Wochen später hatte Domitian allen Grund zur Freude. Der Senat erteilte ihm das Zensoramt auf Lebenszeit. Alles verlief, wie Clemens es vorausgesehen und inszeniert hatte. Saturnins großartig angelegte Rede, sein Pathos und seine geschickt eingeflochtenen Seneca-Zitate erreichten genau die berechnete Wirkung. Die Senatoren stimmten seinem Antrag zu, nur fünf Senatoren lehnten ihn ab: Flavius Silva, Caecina Paetus, Gajus Macrinus, Salvius Coccejanus und Salvidienus Orfitus.

Der Kaiser lächelte triumphierend und überlegte, ob er sein neugewonnenes Amt gleich nutzen sollte, um die fünf aus dem Senat zu entfernen. Begnügte sich aber mit dem Gefühl, es jederzeit tun zu können. Und er würde es tun!

Gemeinsam verließen die fünf Senatoren die Kurie, um unten vor den Stufen ihre Sänften zu erwarten. Sie sahen, daß viele Senatoren in sich gekehrt und mit gesenkten Köpfen das Gebäude verließen.

»Ein Dies ater«, brach Macrinus das Schweigen, »denn heute hat der Senat dem letzten Rest seiner Freiheit und seines Mitspracherechts freiwillig entsagt. Wir haben unsere Hände damit nicht befleckt, aber was nützt es?«

Als Saturnin zu ihnen trat, drehten sie ihm demonstrativ den Rücken zu und gingen einige Schritte weiter, ihn unbeachtet stehenlassend.

LIII

»Man muß dich arg unter Druck gesetzt haben, daß du dich selbst verleugnen mußtest. Das warst nicht du, der diesem verhängnisvollen Antrag demagogisch und eloquent Argumente und Stimme lieh!« sagte Cornelius.

»Du irrst«, erwiderte Saturnin.

»Das glaube ich nicht. Wie kann ein Mann mit deinen Erfahrungen sich bewußt vor dem verschließen, was sich nun in Rom ankündigt?«

»Und das wäre?«

»Tyrannei, Rechtlosigkeit, totale Willkür Domitians.«

»Du mußt mir Silvas Weisheiten nicht wiederholen«, entgegnete Saturnin scharf.

»Es sind nicht Silvas Weisheiten, es sind Tatsachen, die ich erfahren habe, in Tabernen und Lupanaren, die du nicht einmal dem Namen nach kennst. Ich begegnete dort Menschen, die so tief unten stehen, daß sie nicht einmal mit hochgestrecktem Arm die Leiter berühren können, auf der in Rom das Leben erst beginnt. Aber dort unten, Onkel Lucius, erfährt man viel Wissenswertes über Domitians neuen Vertrauten und Oberspitzel, Palfurius Sura. Du solltest einmal mit Pomperius über diesen neuen Stern am Kaiserhof sprechen, dem er gut bekannt ist aus den Marmorbrüchen von Luna. Das ist die Kehrseite von Domitians Rom: Bespitzelung, Überwachung, Denunziation. Ich werde Rom für längere Zeit verlassen, nicht zuletzt auch deswegen.«

»Ich habe von diesem Sura gehört, nehme aber an, er arbeitet ohne Wissen Domitians auf eigene Faust.«

»Schlimm genug, wenn ein Mann wie Sura dazu die Möglichkeit erhält.«

»Woher weißt du überhaupt davon? Ich kann mir nicht vorstellen, daß Suras Tätigkeit, den die meisten nicht einmal dem Namen nach kennen, in Rom bekannt sein dürfte.«

Cornelius stimmte zu. Er wisse es von Arbeitern aus den am Tiber gelegenen Speichern, die das Geheimnis aus einem Vertrauten Suras herausgeprügelt hatten.

»So etwas mag es geben in den Kreisen, wo du verkehrst, doch mit dem Kaiser hat das nichts zu tun. Auch du wirst eines Tages deinen Irrtum erkennen und dann die Dinge richtig einordnen können«, entgegnete Saturnin spöttisch herablassend.

»Entschuldige, Onkel, aber vielleicht wirst du es sein, der eines Tages seinen Irrtum erkennen wird und die Dinge richtig einzuordnen lernen muß«, widersprach Cornelius.

Saturnin verschlug die Dreistigkeit seines Neffen die Sprache. Eine harte Zurechtweisung ist nötig, dachte er, die er aber unterließ, als er Cornelius' betrübte Miene sah, die nichts von Rechthaberei und Arroganz verriet. »Cornelius, du siehst die Dinge einseitig unter Silvas und seiner Freunde Blickwinkel. Laß dir von ihren düsteren Prophezeiungen nicht das Leben schwer machen.«

»Onkel, es ist meine eigene Überzeugung.«

»Ich glaube, eine längere Abwesenheit von Rom wird dir guttun. Du gewinnst Abstand und dadurch einen unverstellten Blick für die Ereignisse. Wohin führt dich die Reise?« lenkte Saturnin ab, als er keine Hoffnung sah, Cornelius' vorgefaßte Meinung ändern zu können.

»Cyrene, Alexandria, Antiochia, Caesarea, Ephesos, Athen«, zählte der Neffe schwärmerisch seine Reiseziele auf.

»Ich beneide dich beinahe. Paß gut auf dich auf!« verabschiedete sich Saturnin von seinem Neffen und verließ das kleine Haus auf dem Pincio, das nun Cornelius als Erbe seiner Eltern besaß und bewohnte.

Ein kaiserlicher Befehl rief den Prätor auf den Palatin. Domitian empfing ihn in einem Speisezimmer. Kauend begrüßte ihn der Kaiser und ließ von einem Trikliniarchen für den Gast einen Becher und einen Teller bringen. Saturnin trank nur ein Glas Saft, während Domitian voller Appetit Stück um Stück des Bratens hinunterschlang. Er ißt zuviel, dachte Saturnin, die feisten Wangen und den zunehmenden Bauch betrachtend.

»Ich habe für dich eine neue Aufgabe«, begann Domitian, schob das letzte Fleischstück in den Mund, kaute bedächtig, spülte mit einem langen Schluck nach, reinigte die Finger in Wasserschalen und trocknete sie an einem Leinentuch. Nun erst fuhr er fort: »Du wirst die in Germanien begonnenen Arbeiten fortführen, wirst den Grenzwall fertigstellen, das Reich sichern, die Barbaren befrieden, nicht nur die Chatten, sondern auch die Hermunduren und Marcomannen, die sich bedrohlich unseren Grenzen nähern. Germania superior muß eine stabile und blühende Provinz werden! Du wirst Statthalter der Provinz und Oberbefehlshaber über vier Legionen! Nun?«

Vor Verblüffung fand Saturnin kein Wort einer Entgegnung.

Domitian, der es genoß, wenn es Gesprächspartnern die Sprache verschlug, sagte wohlwollend, es zahle sich aus, ihm treu zu dienen. »Ich danke dir für dein Vertrauen«, beeilte sich Saturnin dem Kaiser zu danken, nachdem er die erste Überraschung überwunden hatte.

»Jedem kann ich diese wichtige Provinz nicht anvertrauen. Du bist der geeignete Mann, denn schließlich hattest du die Idee, die Grenze nach Osten zu verschieben und das Decumatenland dem Imperium zu gewinnen.«

»Wann soll ich aufbrechen?«

»Im nächsten Frühjahr. Es sind noch einige Details zu klären«, antwortete Domitian und entschuldigte sich, daß er dringende Verpflichtungen habe. Ein Zeichen für Saturnin, den Kaiser zu verlassen. Freundlich verabschiedete ihn Domitian und nahm gönnerhaft Saturnins überschwengliche Dankesbezeugung entgegen.

Statthalter einer der bedeutendsten Provinzen des Reiches zu sein heißt unumschränkte Herrschaft über ein Stück des Imperiums, genoß Saturnin seinen Triumph, als ihn die Sänfte zum Viminal trug. Der Oberbefehl über vier Legionen gab Macht, eigene, wirkliche und nicht nur eingebildete Macht! Macht! Er, Lucius Antonius Saturninus, besaß Macht!

Zusammen mit Octavia opferte er den im Atrium stehenden Götterfiguren, den Laren und Penaten, verneigte sich vor dem Altar als Zeichen des Dankes und der Bitte um weitere Erfolge.

»Ich bin stolz auf dich, Lucius«, schwelgte Octavia und schlang die Arme um seinen Nacken. »Mögen kleine Geister von Schuld reden, doch Domitians und dein Weitblick werden sie eines Besseren belehren.«

»Hoffentlich, wenn auch Domitian es den Menschen mitunter schwer macht, ihn zu verstehen. Einerseits will er die Milde im Sinne Senecas verwirklichen, wie er mir in Alba longa während unserer umfangreichen Gespräche beteuerte, und andererseits erneuert er das von Tiberius einst erlassene und von Nero praktizierte Gesetz der Majestätsbeleidigung, diese unselige Lex Crimen Laesae Maiestatis, die bei Vespasian und Titus nahezu vergessen war. Warum braucht Domitian dieses Gesetz?«

Octavia wußte es nicht, aber Saturnin sollte es alsbald erfahren. Zwei Ritter, die sich bei einem Gelage herablassend über den Imperator geäußert hatten, wurden aus dem zweiten Adel ausgestoßen, ihre Güter enteignet und sie aus Rom verbannt. Einige Tage versetzte dieses Urteil, das in den Acta diurna zu lesen war, Rom in Erstaunen, um aber bald wieder vergessen zu werden. Viele Senatoren hatten es ohnehin nur flüchtig und gedankenlos zur Kenntnis genommen. Doch eines Tages ließ eine Maßnahme die Kurie aufhorchen. Kraft seines Zensoramtes strich Domitian zwei Senatoren von der Liste, ohne daß sich eine Hand zu regen wagte, ihm dies zu wehren. Betroffenheit bei den Ehrwürdigen Vätern über die Folgen, die ersten ihrer verhängnisvollen Entscheidung. Älius Lamia und Caecina Paetus waren die Opfer.

»Nun, Saturnin, ich hoffe, du beginnst zu zählen! Die ersten Opfer deiner Schuld!« schrie ihn Macrinus an.

Saturnin war bestürzt über diese böse und ungerechte Beschuldigung.

Einige Wochen vor seinem Aufbruch nach Germanien kehrte Cerealis aus Moesien zurück und lud ihn und Octavia zu einem Festmahl. Silva, den er seit der denkwürdigen Senatssitzung nicht mehr gesehen hatte, war auch unter den geladenen Gästen. Mit einem seltsamen Gefühl, sich noch an die Demütigung vor der Kurie erinnernd, beobachtete Saturnin, wie Cerealis und sein Schwiegervater sich ihm näherten, während die Frauen sich entfernten.

»Schöne Dinge hört man von dir! Kaum bin ich weg, machst du törichte Dinge«, begrüßte ihn Cerealis. Silva grüßte den Schwiegersohn ernst, aber nicht abweisend. Schweigend ließen sie sich auf den Polstern nieder, Cerealis winkte einem Sklaven und ließ die Becher füllen, trank hastig und berichtete ausführlich über sein Kommando in Moesien. »Ein trauriges Kapitel einer in der Verteidigung vernachlässigten Provinz. Überalterte, morsche Kastelle, lükkenhafte Wälle. Wenn dort nicht endlich die Grenze gesichert wird, kann das Rom teuer zu stehen kommen«, zog er das Fazit seiner in der Provinz am Danuvius gemachten Beobachtungen.

»Hast du es Domitian mitgeteilt?« fragte Saturnin.

Cerealis lachte hämisch, ausführlich habe er es berichtet, aber der Kaiser sähe keinen Anlaß, am Danuvius die Grenzbefestigungen zu verstärken, es gäbe dringlichere Fälle.

»Lucius, es geht aber gar nicht darum, die Befestigungen zu erweitern oder zu vermehren, sondern sie erst einmal verteidigungsfähig zu machen. Späher haben mir berichtet, daß der neue Dakerkönig Decebal ein schlagkräftiges und gut ausgerüstetes Heer aufgestellt hat. Warum wohl? Um Moesien anzugreifen! Mein Nachfolger Oppius Sabinus schlug meine Warnungen, genau wie der Kaiser, in den Wind. Wenn die Daker angreifen, überrennen sie unsere Grenzbefestigungen wie einen wackligen Palisadenzaun. Nichts vermag sie aufzuhalten. So wahr ich hier sitze, wenn es in Moesien zu einer Katastrophe kommen sollte, was die Götter verhüten mögen, trägt einzig und allein Domitian die Schuld. Aber nun zu dir, Statthalter Germaniae! Darauf müssen wir trinken! Komm, Silva, trink auf den Erfolg deines Tochtermannes, wenn er auch die Augen noch verschlossen hält.«

Silva trank wortlos Saturnin zu.

Cerealis rückte näher und sagte leise: »Lucius, es war ein verdammter Fehler, dich zum Handlanger für Domitians finstere Pläne gemacht zu haben. Paetus und Lamia waren erst der Anfang. Ich will nicht mit dir rechten, wer weiß, wie ich in ähnlicher Lage gehandelt hätte. Aber nun wird es Zeit, der Wahrheit ins Auge zu sehen, du mußt erkennen, daß du einem Götzen und keinem Gott dein Opfer bringst. Erinnere dich an Titus' letzte Worte! Nutz die Zeit in Germanien, befreie dich von Domitians Schatten, der dir die Sicht versperrt! Ich gebe dich nicht verloren, wie es andere voreilig tun, alter Freund, ich kenne dich und glaube an dich. Du bist einer von uns, auch wenn es jetzt nicht so scheinen mag. Du gehörst nicht auf die andere Seite! Nutz deine Zeit, gewinne deine Legionen, daß sie dir selbst in den Hades und –«, Cerealis sah sich vorsichtig um, und erst als er sich überzeugt hatte, daß ihn außer Saturnin und Silva keiner hören konnte, ergänzte er, »gegen Rom folgen.«

Gegen Rom, dachte Saturnin, schon der Gedanke ist Hochverrat. Coriolans, Sullas und Vitells Beispiele standen warnend vor seinen Augen. Aber hatten Galba, Otho und Vespasian nicht auch ihre Legionen gegen Rom geführt?

»Ich schließe mich Civicas Worten an«, brach Silva sein Schweigen. »Erinnere dich hin und wieder an Titus' Rat!«

»Ich werde daran denken«, versprach Saturnin und trank Cerealis und Silva zu.

LIV

Ausgelassen lärmende Menschen füllten Straßen, Gassen und Plätze Mogontiacums und feierten zu Ehren des keltischen Gottes Mogon, des Namenspatrons der Stadt. Viele drängten zum großen Theater, um einen Platz für den Höhepunkt des Festes, das heute, an den Iden des Mai, dargebotene Schauspiel zu ergattern. Der Eintritt war frei für jedermann, für Arme und Reiche, für Frauen und Kinder, für Sklaven und Freie. Man strebte nicht nur des Schauspiels wegen zum Theater, sondern vor allem, um den neuen Statthalter zu sehen und die von ihm erwarteten Geschenke entgegenzunehmen.

Die ansteigenden Sitzreihen des Theaters waren bereits in den frühen Morgenstunden gefüllt, aber noch immer versuchten Tausende, Einlaß zu finden. Die Menge der Ausgesperrten flutete wie ein Strom, sich in die vom Theater wegführenden Gassen und Straßen verzweigend, zurück, um statt des Anblicks und der Geschenke des Statthalters den Gratiswein an Trinkständen und in Tabernen zu genießen.

Im Theater verstummte währenddes das Lärmen, Lachen und Geschwätz. Der neue Statthalter und Oberkommandierende der Legionen, Lucius Antonius Saturninus, betrat an der Seite seiner Frau, gefolgt von Legaten und Beamten der Provinz, das Theater und nahm auf dem breiten gepolsterten Sitz in der ersten Reihe Platz.

Die Menge beäugte den Statthalter und vor allem die schöne Frau mit den dunkelroten Haaren. Das Paar war nach ihrem Geschmack im Gegensatz zum kranken Rufus und seiner ältlichen Gattin. Ohrenbetäubender Beifall schlug dem Statthalterpaar entgegen. Saturnin und Octavia erhoben sich und winkten dem Volk zu. Der Jubel steigerte sich. So einen Tag hatte sich Saturnin schon immer gewünscht, an dem er Mittelpunkt und Gegenstand der Verehrung einer großen Menge sein würde. Und heute, an den Iden des Mai im 841. Jahre, erlebte er ihn. Noch immer akklamierte die Menge, schrie, so laut sie konnte. Saturnin hob beide Hände, als wollte er sie schützend über die Menschen halten, und sagte zu Octavia, daß sich für einen solchen Moment alles gelohnt habe. Octavia nickte ihm bewundernd zu.

Die Schauspieler betraten die Bühne, worauf der Beifall abebbte.

Saturnin gab das Zeichen zum Beginn und setzte sich. Daran mußte man sich gewöhnen, daß man selbst befahl und nicht Domitian. Ein unbeschreibliches Gefühl, der Mann zu sein, der mit einer Handbewegung alles entschied. Es war das Bewußtsein der Macht, die man mit einem Male besaß oder besser noch, die man verkörperte. Er mußte nicht mehr fragen, ob dies oder jenes richtig und passend sei oder nicht. Es war alles richtig und passend, was er, Lucius Antonius Saturninus, auch immer tat!

Octavias Hand drückte seinen Arm, kurz nur, denn sie applaudierte dann den Darbietungen. Saturnin vermochte den Vorgängen auf der Bühne nicht zu folgen und sehnte das Ende des Schauspiels herbei, das alle um ihn herum sichtlich zu genießen schienen. Früher einmal hatte er an Schauspielen und Gladiatorenkämpfen Gefallen gefunden, heute langweilten sie ihn. Früher! Welch ein Wort! Es machte das

Zeitvergehen augenscheinlich und erinnerte schmerzlich an das Altern. Daß er gerade jetzt daran denken mußte, da er im Zenit seiner Kraft und auf dem Gipfel des Erreichbaren stand. Oder war es noch nicht der Gipfel, sondern erst der Fuß des Berges? Konsul, Minister, Befehlshaber aller Legionen des Imperiums wäre der wirkliche Gipfel! Aber man durfte das Alter nicht vergessen! Immerhin hatte er vor wenigen Wochen, unmittelbar nach seiner Ankunft in Germanien, seinen fünfundvierzigsten Geburtstag gefeiert. Wo und wie würde er den fünfzigsten begehen? Wieder irgendwo in der Provinz wie den vierzigsten in Asia? Hier in Mogontiacum? In Rom oder gar nicht? Ein Glück, daß man es nicht wußte und an Voraussagen glaubte wie Domitian.

Octavias fröhliches Lachen riß ihn für einen Moment aus seinen Gedanken. Er versuchte, den Deklamationen zu folgen, doch es gelang ihm nicht. Ihm fiel seltsamerweise wieder das Phänomen ein, das ihn in letzter Zeit häufig beschäftigte. Warum wurden mit zunehmendem Alter die Antworten auf bestimmte Fragen immer unsicherer? Wußte man vor Jahren Gutes und Böses, Recht und Unrecht klar voneinander zu scheiden, so verwischten sich jetzt mitunter die Grenzen, und Ungewißheit ersetzte als breiter Streifen die scharfe Trennungslinie und gab Raum für ein Bündel und zudem mehrdeutige Antworten. Früher, zu Neros Zeiten, hätte er die Streichung Lamias und Paetus' von der Senatsliste als höchstes Unrecht und tyrannische Willkür empfunden und verurteilt. Und heute? Ein leichtes gedankliches Empören über den kaiserlichen Mißgriff und ein resigniertes Achselzucken des Bedauerns. Mehr nicht! Und warum? Weil man ein Stück der Macht war und Verständnis für ihre Wirkungen hatte, auch die schmerzlichen. Wurde man schuldig, begehrte man gegen Unrecht nicht auf? Das war die Frage, die Saturnin nicht beantworten konnte, zumindest nicht in diesem Augenblick, oder auch nicht wollte.

Die Komödie war zu Ende. Als der Statthalter den Schauspielern applaudierte und ihnen zuwinkte, kam ihm der Einfall, häufiger das Theater zu besuchen, da es treffliche Gelegenheit bot, über manche Dinge nachzudenken. Noch in der Sänfte grübelte er weiter. Ihr ›Woran denkst du?‹ schreckte ihn auf. »An nichts Wesentliches«, wehrte er ab.

»Das glaube ich nicht«, widersprach sie. »Ich erinnere dich an dein Versprechen, mich nicht mehr aus deiner Welt auszuschließen«, drängte sie.

»Es soll mir eine Lehre sein, Frauen je wieder dergleichen zu versprechen, denn sie leiten daraus Ansprüche ab, auch den letzten Winkel unseres Denkens wie ein aufgeschlagenes Wachstäfelchen betrachten zu dürfen«, entgegnete er scherzend.

»Mit deinen Sprüchen kommst du nicht um dein Versprechen herum.«

»Gut, du gibst doch keine Ruhe. Ich habe über die Wandlungen menschlicher Urteile im Verlaufe des Lebens nachgedacht, wie sie mit zunehmendem Alter das Absolute verlieren und sich relativieren, weil sie nicht mehr eindeutig sind. Zufrieden?«

Octavia überlegte und entgegnete, er irre sich, da mit zunehmendem Alter die Dinge klarer zu sehen seien, weil sie im Vergleich zur Jugend, in der sie nur durch angelerntes Wissen beurteilbar, im Alter zusätzlich durch die Erfahrung bewertbar seien.

Er staunte, denn eine derartige Antwort hatte er nicht erwartet. »Wer hat dir das gesagt?« fragte er mißtrauisch.

»Meine Erfahrung.«

»Nun irrst du, denn gerade unsere Erfahrung ist es, die eindeutige Antworten nicht mehr zuläßt, weil sie den festgefügten Sätzen, die uns von Lehrern eingehämmert oder die angelesen wurden und die man Wissen nennt, nicht mehr ent- und manchmal sogar widersprechen«, belehrte er sie.

Octavia schwieg. Saturnin deutete es als Sieg seines Arguments und streichelte mitfühlend ihre Hand, als wollte er sagen, dies sei ein Gebiet, auf das sich Frauen, und seien sie auch so klug wie sie, nicht begeben sollten.

»Ich glaube es nicht und will dir an einem einfachen Beispiel meine Sicht der Dinge darlegen«, gab sie nicht auf. »Nimm uns beide! Als wir jünger waren, empfanden wir vom ersten Augenblick an, zumindest ich für dich, Zuneigung, aber du, aus welchen Gründen auch immer, erklärtest dich mir nicht. Ich heiratete Macrinus, weil ich glaubte, ihn lieben zu können. Oder war es das Wissen, in Rom als unverheiratetes Mädchen dem Spott und der Verachtung preisgegeben zu sein? Heute weiß ich, daß es ein Fehler gewesen ist. Und warum weiß ich es? Weil die Erfahrung mich lehrte, was ich nicht wußte.«

»Ein typisch weibliches Beispiel, das aber meine These, daß Erfahrung Wissen widerlegen kann, nicht umstößt. Ich will aber einräumen, daß Gefühle mit zunehmendem Alter Festigkeit und Sicherheit gewinnen. Ein Gegenbeispiel meinerseits: Mein Urteil über Domitian, und was er verkörpert, ist nicht mehr so wie früher, als ich sicher war in meinem Wissen, daß er ein begabter Junge ist, dessen Begabung sich unter dem Zwang von Vater und Bruder nicht entfalten kann. Heute wage ich kein eindeutiges Urteil über ihn abzugeben, ob er nun wirklich das Kaisertum verkörpert, das ich erwarte, oder ob dein Vater, Macrinus und Cerealis den besseren Blick haben. Domitian entzieht sich meiner Beurteilung, die zudem noch durch Dankbarkeit beeinflußt wird. Wo liegt nun die Wahrheit über Domitian, bei seinem mir gegebenen Versprechen, sich an Seneca zu halten, oder bei der Anwendung der Lex Crimen Laesae Maiestatis?«

»Die Zeit wird die Wahrheit deutlich werden lassen, glaube mir. Mit zunehmender Erfahrung des Domitianischen Principats gelangst du wieder zur Klarheit«, tröstete sie ihn, da ihr seine quälenden Zweifel nicht entgangen waren.

»Hoffentlich!«

»Bestimmt! Du gestandest mir doch zu, daß Gefühle durch Erfahrung sich festigen und an Sicherheit gewinnen, so auch dein Gefühl für Domitian.«

Die Sänfte hielt am Eingang des Statthalterpalastes. Octavia und Saturnin gingen in das kleine Triclinium auf der Westseite des Palastes mit Blick auf Mogontiacum, das von den Strahlen der späten Nachmittagssonne in rötlichen Schein getaucht war.

»Ich liebe Sonnenuntergänge«, sagte sie, versunken hinausblickend.

»Ich mehr die Aufgänge, aber am meisten dich. Jeden Tag, vor allem heute wieder, erkenne ich, daß ich dich brauche, als wärest du ein Teil von mir, ohne den es nicht geht. Wer eine solche Frau hat, dem kann im Leben nichts geschehen, der kann nicht untergehen. Paulina hat einmal erzählt, daß ihr Seneca gestanden habe, nur Männer ohne die richtige Frau könnten ins tiefste Elend geraten . . .« Ihr Finger verschloß ihm den Mund. Als er ungehalten fragen wollte, was das zu bedeuten habe, sagte sie lächelnd, es sei schön, was er erzählt habe, doch er müsse nicht alles erklären und erläutern, der erste seiner Sätze hätte bereits alles ausgesprochen, weil ihm nichts hinzuzufügen gewesen sei. Er sei manchmal schrecklich umständlich.

»Man kann es dir nicht recht machen. Sage ich nichts, bedrängst du mich, rede ich, ist es zuviel und umständlich.«

»Verlaß dich auf dein im Alter gefestigtes Gefühl«, scherzte sie, nahm seinen Kopf mit beiden Händen, zog ihn zu sich herunter und küßte ihn.

»Sagte ich jetzt, daß ich dich liebe, wäre es zuviel, da du es spürst.«

»Du lernst schnell«, flüsterte sie.

Als er sie enger an sich zog, schrie sie auf. Erschrocken ließ er sie los.

»Nur eine kleine Blessur auf dem Schulterblatt, nichts von Belang. Zephyrus hat mich abgeworfen.«

»Zephyrus?«

»Dein Geschenk, der schwarze Hengst. Ich nenne ihn Zephyrus, weil er schnell wie der Wind ist.«

»Du solltest vorsichtiger sein. Der Rappe ist ein schreckhaftes und wildes Tier. Reite in Zukunft nicht mehr ohne Pomperius aus. Ich will nicht, daß du dir die Knochen brichst.«

»Versprochen.«

Mit einem Ruck wurde die Tür aufgestoßen, und Sentius stürmte ins Triclinium. Verschwitzt, außer Atem, Rüstung und Mantel staubig. Überrascht sah Saturnin auf seinen Sohn. Außergewöhnliches mußte geschehen sein, wenn Sentius, der in Argentoratum bei der Legion VIII Augusta als Tribun diente, hier unangemeldet hereinbrauste.

»Vater«, keuchte Sentius, ». . . Bote von Cerealis . . .«

Octavia schob ihm einen Hocker zu und riet, er möge erst verschnaufen.

Sentius nickte ihr dankbar zu und atmete tief durch. »Ein Bote von Cerealis war in Argentoratum, konnte aber nicht zu dir kommen und bat mich, dir dies zu geben«, er reichte dem Vater ein zusammengefaltetes Pergament, »und dir zu sagen, die Daker seien in Moesien eingefallen. Oppius Sabinus sei vernichtend geschlagen worden.«

Saturnin las Cerealis' knappe Mitteilung und das Postskriptum, daß er, Cerealis, es genau vorausgesehen habe und die Schuld einer Person allein zuzumessen sei. Der Statthalter setzte sich und legte das Schreiben auf den Tisch. Octavia nahm es und las.

»Vater, warum sagst du nichts? Zwei Legionen wurden von den Barbaren vernichtet, und du sitzt hier, als ginge dich die Sache nichts an.«

Der Statthalter bemerkte, daß manche Dinge für sich sprächen und man darüber kein Wort zu verlieren brauche. Dabei sah er Octavia an, die seine Anspielung verstand.

»Tu doch nicht, als wärest du nicht davon betroffen«, schrie Sentius unbeherrscht.

»Was geht mich Moesien an? Cerealis hat die Lage klar und vorurteilsfrei dem Kaiser geschildert. Mehr konnte er nicht tun. Was geschehen ist, müssen die verantworten, die seine Warnung ungehört verhallen ließen. In Germanien kann sich so etwas nicht ereignen, zumindest nicht, solange ich hier Statthalter bin.«

Verständnislos sah Sentius auf seinen Vater, der ruhig und gelassen äußerte, daß ihn der Untergang zweier römischer Legionen nichts anginge. Er, Sentius, hätte unter den Legionären sein können, deren Leichen am Danuvius die Erde bedeckten und denen in Wolfsfelle gehüllte Barbaren die Rüstungen von den blutigen Körpern, oder was davon noch übrig war, zerrten, wenn er nicht das Glück gehabt hätte, als der Sohn eines Statthalters in dessen Provinz dienen zu dürfen. Sentius bedeckte das Gesicht mit beiden Händen.

»Komm«, sagte Octavia sanft, »es war zuviel für dich, nimm ein Bad und ruh dich aus. Dann sprichst du in Ruhe mit deinem Vater und wirst begreifen, daß er recht hat.«

Wie ein Kind ließ sich Sentius von Octavia aus dem Triclinium führen. Saturnin blieb reglos sitzen. Erst als Octavia mit drei Sklavinnen zurückkehrte, um das abendliche Mahl servieren zu lassen, stand er auf. Verwundert bemerkte er, daß es bereits dämmerte und er noch immer die Paraderüstung trug. Ob sich Sentius beruhigt habe, fragte er. Sie nickte und fügte hinzu, während sie die Handgriffe der Sklavinnen überwachte, seine Erregung sei nur zu verständlich, da zwei seiner Freunde von der Militärakademie unter den Toten sein könnten und unter Umständen er selbst hätte darunter sein können. »Sentius bittet dich, Pomperius mit uns speisen zu lassen.«

»Erlaubt, gehört doch Pomperius sowieso schon zur Familie, wenn auch mancher in Rom die Nase rümpfen würde, wüßte er, ein Senator und Statthalter bittet seinen Bediensteten zu Tisch. Wir sind nicht in Rom, und hier bin ich der Herr und bestimme, außerdem bin ich kein Freund von Anmaßung, Dünkel und Selbstüberhebung.«

Octavia lächelte, weil er schon wieder zuviel redete und seine Entscheidung kommentierte. Hing das mit seiner Machtstellung zusammen, daß er glaubte, sich immer selbst rechtfertigen zu müssen? Sie wußte es nicht und hütete sich, ihn zu fragen. Vielleicht war es Unsicherheit? Gleichgültig! Sicher verschwand diese Angewohnheit, wie sie gekommen war. Ob er sich nicht umziehen wolle, fragte sie. Er schlug sich an die Stirn, murmelte Unverständliches und verließ das Triclinium.

Draußen war es mittlerweile dunkel geworden, als man sich zum Essen niedersetzte. Pomperius sprach den Speisen und Weinen kräftig zu und genoß den Abend.

»Vater, verzeih mir meine Heftigkeit«, begann Sentius das Gespräch.

»Schon gut. Es ist nur natürlich, daß dich als Soldaten die Niederlage deiner Kameraden nicht kalt läßt. Mich auch nicht, aber ich kann nichts dagegen tun und habe sie nicht verschuldet.«

»Statt die Einwohner Roms durch diesen Verbrecher Sura aushorchen und bespitzeln zu lassen, täte Domitian besser daran, sich um die Provinzen zu kümmern«, polterte Pomperius kauend.

»Hat man dir schon gesagt, wer dieser Sura ist?« fragte Sentius.

»Nein. Nur Cornelius deutete mir an, daß du ihn von früher kennst, Pomperius. Ich hatte noch keine Gelegenheit, dich danach zu fragen.«

»Palfurius Sura ist der ›Schinder von Luna‹, der Aufseher Suifrarus.«

»Irrst du dich auch nicht? Die Natur liebt oft seltsame Spiele. Eines dieser Spiele ist die täuschende Ähnlichkeit dieser beiden«, entgegnete Saturnin.

Doch Pomperius beharrte auf seiner Behauptung.

Saturnin meinte, daß sich Pomperius täusche nach soviel Jahren.

Während die Männer noch über das Für und Wider stritten, hatte Octavia für eine Weile das Triclinium verlassen und kehrte mit einem Wachstäfelchen zurück, in das sie unbeachtet von den Männern Zeichen ritzte. Plötzlich sagte sie, Pomperius habe recht. Die Männer blickten erstaunt auf. »Hier ist der Beweis«, fuhr Octavia fort. »Suifrarus ist ein Anagramm, wie es die Griechen nennen, von Palfurius Sura. Man bildet aus einem Namen durch Verdrehung der Buchstaben ein anderes Wort oder einen anderen Namen. Sura ergibt die letzte Silbe arus und das Suifr entstammt dem Vornamen Palfurius. Jeder Verbrecher macht einen Fehler. Sura machte sich nicht die Mühe, einen fremden Namen zu suchen, sondern machte mittels eines Anagramms für die Marmorbrüche Suifrarus aus seinem richtigen Namen, den er heute wieder trägt.«

»Beim Hades, Domina«, rief Pomperius überrascht.

»Mutter, was du alles weißt«, sagte Sentius bewundernd.

Auch Saturnin nickte anerkennend, meinte dann, daß Domitian bestimmt über Suras Vergangenheit nichts wisse, außerdem verdiene es dieser Mensch nicht, daß man über ihn sich den Kopf zerbreche und über ihn spreche, als hätte er irgendeine Bedeutung.

Octavia und Sentius sprachen unvermittelt über das alljährlich am 23. September, dem Geburtstag des Augustus, in Mogontiacum stattfindende Pferderennen.

Er habe davon gehört, ließ sich Saturnin von ihnen ablenken, daß dies ein großes Volksfest sei. Jeder, der mit einem Pferd bei den Preisrichtern erschiene und ein geringes Startgeld entrichte, könne um die begehrte Trophäe, eine goldene verkleinerte Nachbildung der Augustusstatue von Prima porta kämpfen.

»Also auch ich?« lächelte Octavia.

»Natürlich«, entgegnete Saturnin. »Wenn du dich und mich gehörig blamieren willst, kannst du teilnehmen.«

»Sie wird sich und dich nicht blamieren, Herr, dafür stehe ich«, mischte sich Pomperius ein.

Saturnin stutzte, denn Pomperius war der beste Reiter und Pferdekenner der in Mogontiacum stationierten Legionen, und wenn er sich für Octavia verbürgte, dann hatte er allen Grund. Und um das Gespräch über das Pferdespektakel abzukürzen, erlaubte der Statthalter seiner Frau, am Rennen teilzunehmen. »Aber dich«, sagte er zu Pomperius gewandt, »nehme ich beim Wort und bestrafe dich, wenn ...«

»Du kannst unbesorgt sein, Herr, außerdem kann die Domina unerkannt mitreiten, denn man schaut nur auf die Sieger, während sich die Verlierer unbeachtet verdrücken können«, beruhigte ihn der Adjutant.

Für Saturnin war die Angelegenheit abgetan, und er wandte sich an Sentius mit Fragen über den Dienst in Argentoratum.

»Mit Maturus, dem Legaten, gab es anfangs große Schwierigkeiten, denn er sah in mir einen durch meine Herkunft Bevorzugten und hat mich geschunden, daß mir, wie Großvater so schön zu sagen pflegt, das Wasser im Arsche kochte.«

Pomperius lachte dröhend, auch Saturnin und Octavia schmunzelten, hörten sie doch Silvas rauhe Stimme aus Sentius' Bemerkung heraus.

»Aber jetzt«, fuhr Sentius fort, »kommen wir, wenn auch nicht gut, aber leidlich miteinander aus.«

»Wann mußt du zurück?«

»Morgen. Du erinnerst mich daran, Vater, daß ich mich zur Ruhe begeben muß.« Sentius erhob sich und verabschiedete sich. Pomperius ebenfalls.

»Paß auf dich auf«, riet Octavia.

»Du auch, Mutter, viel Glück für das Rennen, sollten wir uns bis dahin nicht mehr sehen.«

»Wir sehen uns morgen früh«, sagte Saturnin und wehrte den Abschiedsgruß des Sohnes ab.

»Warum hast du ihm deine ehrlichen Gefühle über die Niederlage in Dakien verschwiegen«, fragte Octavia, als Sentius und Pomperius das Triclinium verlassen hatten.

»Du irrst, ich habe sie ihm nicht verschwiegen. Natürlich habe ich ihm meine Betroffenheit und meinen Zorn nicht gezeigt, weil ich seinen Haß auf Domitian nicht weiter schüren und ihm das Leben schwermachen will. Dein Vater und Cornelius haben dies bereits zur Genüge getan. Ansonsten bleibe ich dabei, mich geht Moesien nichts an. Der Kaiser mag sehen, wie er die Angelegenheit bereinigt.«

»Und wenn er dich von hier abberuft und zum Oberkommandierenden am Danuvius ernennt? Geht es dich dann auch nichts mehr an?« fragte sie lauernd.

Der Gedanke allein erfüllte den Statthalter mit Unbehagen, denn er verspürte nicht die geringste Lust, die Niederlagen anderer als Erbe zu übernehmen. Das glaube er nicht, daß ihn der Kaiser an den Danuvius kommandiere, da hier, in Germanien, wichtige und langwierige Aufgaben zu erfüllen seien, sagte er mehr zu seiner als zu ihrer Beruhigung.

»Ob du es glaubst oder nicht, ob es dir paßt oder nicht, Domitian fragt nicht danach. Hat er dich für Moesien vorgesehen, dann hast du keine andere Wahl«, erwiderte sie kalt und nüchtern.

Ihre Feststellung traf ihn an einem wunden Punkt und verengte sein Gefühl, an der Macht nun teilzuhaben, auf die schmerzliche Einsicht, daß man nur so lange teilhatte, wie es dem jeweiligen Herrn auf dem Palatin gefiel, ansonsten aber wie eine leblose Figur hin- und hergeschoben werden konnte. »Das mag sein, aber mit mir wird Domitian nicht so verfahren«, suchte er wiederholt nach einer Beschwichtigung.

Octavia verschwieg ihm ihre Zweifel, um seinen Unwillen nicht herauszufordern, wußte sie doch, daß er in dieser Sache äußerst empfindlich war. Sie freue sich auf das Rennen, lenkte sie ab.

»Du willst also wirklich teilnehmen?« fragte er.

»Ja, du hast es doch gestattet. Ich werde mir Mühe geben, die Antonier-Familie nicht zu enttäuschen.«

»Darum geht es nicht. Ich habe Angst, daß dir etwas zustoßen könnte. Jeder will den ›goldenen Augustus‹ gewinnen, manche werden sich mit unerlaubten und hinterhältigen Mitteln Vorteile zu verschaffen trachten. Denk an die

Skandale im Circus Maximus, wo man sich die Achsen ansägte, den Pferden tollwutauslösende Sude einflößte, dann beim Rennen selbst die Gespanne der Gegner außer Rand und Band brachte.«

Ihre Hand berührte zärtlich seinen Arm, und sie sagte, es sei schön, daß er sich um sie sorge, doch er brauche keine Angst zu haben.

»›Geht doch, die ihr immer aufs Vorsorgen bedacht seid ... Dem einen versagen in der Schlacht die Waffen, den anderen begraben ... die Trümmer des eigenen Hauses. Manch einer fiel schon vom Wagen ... Der Freßsack erstickt beim Essen ... Den Mäßigen bringt seine Sparsamkeit um. Wägst du so recht das eine gegen das andere ab, so ist überall Schiffbruch.‹ Wenn es das Schicksal will, sterbe ich im Bett, wenn nicht, dann unter Pferdehufen oder von der Hand des Henkers«, suchte sie seine Bedenken zu zerstreuen.

»Mag sein, aber Besonnenheit, Vorsicht und Durchdenken der Handlungen und deren Folgen halte ich bestimmender für unser Schicksal.«

»Wer diese Eigenschaften aber nicht besitzt, mein Lieber, der verläßt sich besser auf sein festgeschriebenes Geschick und darauf, daß dem Tüchtigen das Glück hilft. Gute Nacht!« Sie küßte ihn und verließ das Triclinium. Kopfschüttelnd sah ihr der Statthalter nach.

Am zeitigen Morgen brach Sentius auf. Saturnin und Pomperius begleiteten ihn bis zur Straße nach Borbetomagus, die über Noviomagus nach Argentoratum führte. Saturnin schlug seinem Sohn auf die Schulter, und es war ihm recht, daß Sentius wortlos den gleichen Abschiedsgruß zurückgab, denn was sollten viele Worte.

Für Saturnin folgten Tage und Wochen emsiger Tätigkeit. Er überwachte den Fortgang der Bauarbeiten am Wall und an den Kastellen, kontrollierte städtische Municipien, reiste von Ost nach West und von Nord nach Süd, um jeden Winkel seiner Provinz kennenzulernen. Sprach mit Bürgern,

Handwerkern und Bauern, ließ ihre Sorgen von einem Schreiber notieren und versicherte, die Dinge zu prüfen. Octavia bekam er nur selten zu Gesicht. Sie trainierte beinahe täglich mit Pomperius für den näherrückenden Renntag. Aus Rom erreichten ihn keine Nachrichten, die Moesien betrafen. Auch nicht von Cerealis.

So ging der Sommer vorüber. Der Statthalter hatte seine Inspektionsreisen beendet und genoß den Frühherbst in Mogontiacum. Octavia gestand ihm, daß sie nicht nur ausgeritten sei, sondern das Familienvermögen durch Kauf zweier Werkstätten, einer für Tonlampen und einer für Tongeschirr, des sogenannten Terra sigillata, vermehrt habe.

Er freue sich, daß sie sich während seiner Abwesenheit nicht gelangweilt habe, versicherte er. Sie sah ihn belustigt an und meinte, nur einfallslose Menschen langweilten sich.

Am Morgen des Rennens stand Saturnin sehr zeitig auf. Eine innere Unruhe hatte ihn ergriffen. Er war erregter als Octavia, die den Palast verließ, als unternehme sie einen gewöhnlichen Spazierritt. Klopfenden Herzens verfolgte der Statthalter das Rennen, sich bemühend, den Zuschauern und seinen Begleitern nichts von seiner Nervosität zu zeigen. Für ihn war der Sieg Octavias unfaßbar. Er hatte sie während des ganzen Rennens nicht gesehen, weil sie ihre Haare unter einer Lederkappe verborgen hatte. Nur Pomperius hatte er erkannt, der als der Anwärter auf den Sieg von allen anderen gejagt worden war oder der sie bewußt auf sich gelenkt hatte, damit Octavia unbemerkt und unbehindert dem Sieg entgegenreiten konnte.

»Eine Frau«, schrien die Zuschauer. »Die Gattin des Statthalters! Io triumphe!«

Der Preisrichter überreichte Octavia den goldenen Augustus, den sie über ihren Kopf hob und triumphierend schwenkte. Pomperius lachte Saturnin zu, als er den zweiten Preis, eine Geldsumme, in Empfang nahm. »Du Schlitzohr, du hast uns auf dich gezogen, damit die Frau des Statthalters unbemerkt und unbeachtet von hinten uns überholen

konnte«, schimpften zwei Tribunen auf Pomperius. »Hat sie nicht zu Recht gewonnen?« lachte er ihnen zu.

»Nun, habe ich mein Wort gehalten?« fragte er dann den Statthalter, der ihm anerkennend auf die Schulter schlug, aber zu Octavia blickte, die liebevoll ihren Rappen tätschelte.

Am Abend gab Saturnin ein Fest zu Ehren der Siegerin. Die Trophäe thronte auf einem marmornen Sockel und konnte von allen Gästen bewundert werden. Es war nur ein Pferderennen gewesen, aber trotzdem fühlte Saturnin Stolz auf Octavias Erfolg. Erfolg war Glück und Glück war Erfolg! Das galt immer, mehr noch im alltäglichen Leben als bei einem festtäglichen Pferderennen!

LV

Wütend hieb Saturnin auf den Schreibtisch. Es war ungeheuerlich: ein Mordanschlag auf den Adjutanten des Statthalters von Germania superior! Mit zusammengekniffenen Augen betrachtete er Pomperius, der sich an die Rücklehne des Sessels drückte, um nicht vor Schwäche zusammenzusacken. Der rechte Arm, das linke Bein und die Stirn waren mit blutdurchsickerten Verbänden umwickelt, Striemen durchzogen kreuz und quer die Wangen, das linke Auge blutunterlaufen, bot Pomperius einen bedauernswerten Anblick.

»Ich werde mich beim Kaiser beschweren«, zischte Saturnin.

»Warum? Die Mörder sind tot, Sura weiß, daß ich gewarnt bin«, erwiderte Pomperius.

»Ich habe es dir nicht geglaubt, daß Suifrarus und Sura dieselbe Person sind, doch nun glaube ich es und bin der Überzeugung, daß uns schlimme Zeiten bevorstehen, solange dieser Sura in Domitians Nähe ist. Er wird wieder versuchen, dich zu beseitigen. Er will alle Mitwisser von Luna aus dem Wege räumen. Wir können ihm nichts beweisen, bestimmt hat er die Mörder nicht persönlich gedungen. Pomperius, wir können nur auf der Hut sein. Es ist beruhigend, daß du die Halunken getötet hast. Kanntest du keinen?«

»Nein. Ich habe mir die Leichen genau angesehen.«

»Du kurierst dich aus. Sobald du einigermaßen wieder auf den Beinen bist, begleitest du die Domina und hilfst ihr bei ihren Arbeiten in den Töpfereien, ehe du wieder voll deinen Dienst beginnst. Und sei vorsichtig!«

Der Vorfall ließ dem Statthalter keine Ruhe. Waren die Mörder wirklich von Sura gedungen, dann stand es schlimm. Domitian hatte dann unbestritten einen Verbrecher in sein Vertrauen gezogen, wie es Cerealis und Cornelius gesagt hatten. Saturnin schüttelte den Kopf, denn er verstand Domitian nicht. Wie er aus der Ferne manches nicht mehr verstand. Zweifel überfielen ihn, ob er sich doch hätte lieber weigern sollen, den umstrittenen Antrag im Senat einzubringen. Was hätte es genützt? Ein anderer Senator hätte es getan, und er, Saturnin, wäre nie Statthalter geworden. Blieb die Schuld, derer ihn Macrinus angeklagt hatte. Hatten nicht alle Senatoren schuld, die dem Antrag zugestimmt hatten? Nur Silva, Paetus, Coccejanus, Macrinus und Orfitus waren ohne Schuld!

Der Statthalter wandte sich seinen Akten zu, Abrechnungen, Preisen, Steuern und Berichten, obwohl ihm die Konzentration schwerfiel. Er studierte die Meldungen aus Rom, die fiskalischen Forderungen und Verpflichtungen der Provinz Germania superior der kaiserlichen Kasse gegenüber, gesiegelt von einem der Sekretäre des Kaisers.

Als Saturnin die Schreiben in eines der Schreibtischfächer legte, ertasteten seine Finger Titus' kleines Lederpäckchen. Spielerisch drehte er es und überlegte, was der verstorbene Freund ihm wohl zu sagen hatte in auswegloser Situation? Noch bedurfte er dieses Rates nicht und legte das Päckchen zurück.

So verging der Oktober, ausgefüllt mit Verwaltungsarbeiten, einem Manöver und lustigen Festen zur Weinernte. Pomperius hatte bis auf eine Vielzahl von Narben den Überfall gut überstanden und versah wieder seinen Dienst. Der November kam dunkel und grau, Sturm und Regen wechselten oder fegten zusammen über das Land. In den letzten Novembertagen unterbrach ein Dauerregen zu Saturnins Ärger jegliche Bauarbeiten an den Kastellen und den Wällen. Gleich am ersten Dezembertag fiel Schnee. Octavia bat Saturnin, am 3. Dezember Pomperius für die Besichtigung einer neu zu erwerbenden Töpferei außerhalb Mogontiacums freizustellen.

Saturnin gestattete es mit der scherzenden Bemerkung, Pomperius sei mehr ihr Adjutant als der des Statthalters, bestand aber auf der Begleitung zweier Legionäre. Octavia verstand seine Vorsicht, befürchtete er doch weitere Überfälle auf Pomperius.

Um die Mittagszeit brach Octavia mit ihrer Begleitung auf und erreichte nach knapp zweistündigem Ritt die alte Töpferwerkstatt, zu der eine Tongrube gehörte. Mit dem Besitzer wurde Octavia schnell handelseins, so daß man noch bei Helligkeit die Rückreise antreten konnte. Auf dem Heimweg geriet Octavias Rappe in ein vom Schnee zugewehtes Wühlmausloch, strauchelte und warf seine Reiterin ab. Pomperius, der hinter ihr ritt, sprang aus dem Sattel und sprach auf die Leblose ein. Octavia rührte sich nicht. Pomperius schrie sie an. Schlug ihr ins Gesicht. Keine Regung. Er befahl einem der Soldaten, in einem nahegelegenen Pächterhaus einen Wagen zu besorgen, gleich mit Pferden, der Mann bekäme das Geschirr alsbald zurück.

»O Götter, wenn es euch gibt, dann helft ihr!« flehte Pomperius in höchster Angst. Er zog seinen Mantel aus und forderte gleiches von dem Legionär, der betreten neben ihm stand, und bettete Octavia darauf. Kein Blut und keine Wunde waren zu sehen. Hoffentlich hat sie nicht das Genick gebrochen!

Der Legionär kam zurück mit einem Pferdegespann und dem Pächter.

»Beim Jupiter«, jammerte der Bauer, »die schöne Gattin des Statthalters.«

Auf einen Wink Pomperius' legte man Octavia vorsichtig auf den Wagen.

Zephyrus, der schwarze Hengst, stand mit hängendem Kopf, als verstünde er, was er angerichtet hatte. Der Pächter deutete auf den gebrochenen Vorderlauf des Rappen. Pomperius nickte düster und befahl ihm, den Gaul bei sich einzustellen, bis man ihm das Geschirr zurückbringe. Der Pächter gehorchte wortlos.

Die Fahrt nach Mogontiacum wurde für Pomperius lang und quälend. Er saß auf dem Wagen und hielt Octavias Kopf, um die Erschütterungen zu dämpfen. Die verrenkte und unbequeme Hockstellung bereitete ihm Schmerzen, doch er rührte sich nicht. Immer wieder suchte er nach einem Lebenszeichen.

Saturnins Gesicht erstarrte, als man Octavias leblosen Körper in den Palast trug. Er schrie nach Parmenides, seinem Leibarzt. Pomperius' Erklärung nahm er kaum zur Kenntnis.

Der Grieche betastete die Leblose, hörte das Herz ab, zog ihre Augenlider in die Höhe, wandte sich aufatmend dem Statthalter zu. »Sie lebt, Herr. Nur eine tiefe Ohnmacht als Folge des Sturzes.« Der Arzt beugte sich wieder zu Octavia und hielt ihr ein Fläschchen unter die Nase, beträufelte Stirn und Lippen, massierte Schläfen und Nacken. Parmenides keuchte vor Anstrengung und schwitzte, doch sein Mühen wurde belohnt, denn Octavia öffnete die Augen, blickte verständnislos auf den Arzt und versuchte sich aufzurichten, was ihr nicht gelang.

Saturnin ergriff ihre Hand, erklärte, was geschehen war.

Nach ein paar Tagen hatte Octavia die Folgen des Sturzes überstanden, konnte sich aufrichten, jedoch die Beine nicht bewegen.

Parmenides versicherte, daß das Rückgrat nicht gebrochen sei und folglich die Beweglichkeit der Beine zurückkehren müsse. Es sei nur eine Frage der Zeit.

Das Jahr ging zu Ende, das neue begann, und noch immer versagten ihr die Beine den Dienst. Verzweifelt packte sie des Griechen Gewand und schrie: »Parmenides, ich bleibe ein Krüppel.«

»Nein, Herrin, es ist nichts gebrochen. Du mußt Geduld haben.«

»Parmenides, wenn ich nicht laufen kann, will ich nicht leben. Ich bringe mich um, hörst du!«

»Du wirst wieder laufen, Herrin«, beschwor sie der Arzt.

Auch Saturnin versuchte, sie zu trösten. Stundenlang saß er an ihrem Lager.

Parmenides riet, die Herrin müsse das rauhe Klima Germaniens verlassen. Italien sei ihrer Genesung zuträglicher.

»Es besteht also Hoffnung?« bestürmte Saturnin täglich den Griechen, der dies immer wieder bestätigte.

Saturnin beschloß, wenn auch nur schweren Herzens, Octavia im Frühjahr nach Rom zu bringen.

»Lucius, nun hast du eine gelähmte Frau«, schluchzte sie.

»Octavia, du darfst nicht verzweifeln, du wirst wieder gesund.«

Sie sah ihn ungläubig an.

»Du mußt, denn ich brauche dich. Ich bin zuversichtlich, du mußt es auch sein. Du glaubst doch daran, daß unser Schicksal geschrieben steht. Bestimmt steht aber nicht geschrieben, daß du krank bleiben mußt. In Bajae wirst du dich erholen, und Silvas judäischer Arzt wird auch dich heilen.«

»Und wenn ich nicht gesund werde, verläßt du mich dann?« fragte sie weinend.

»Du wirst gesund. Ich werde dich niemals verlassen.« Er beugte sich zu ihr. Krampfhaft umschlang sie seinen Hals.

»Ich werde dich nach Rom bringen, Domitian wird mir die Erlaubnis nicht verweigern.«

Doch Domitian verweigerte dem Statthalter die Erlaubnis, seine kranke Frau nach Italien zu begleiten, gestattete ihm lediglich, Sentius dafür abzukommandieren. Die Ablehnung bestürzte Saturnin, denn er hatte sie nicht einmal gedanklich erwogen.

Silva schrieb, daß Doktor Gamaliel, wenn es sich so verhielte, wie Parmenides annahm, Hoffnung habe, durch Bäder und andere Therapien die alte Beweglichkeit wiederherzustellen. Er käme nach Mogontiacum, um seine Tochter abzuholen. Der Kaiser habe ihm die Reise erlaubt.

Drei Tage nach den Iden des März langte Silva in Mogontiacum an. »Mädchen, was machst du für Sachen? Dein Pferdefanatismus! Einmal mußte es ja passieren«, sagte er statt einer Begrüßung. »Doch mach dir keine Sorgen, mein alter Judäer bringt das wieder in Ordnung. Ich hätte ihn gerne gleich mitgebracht, doch die Reise in den kalten Norden wäre für den Alten zu strapaziös gewesen. Du wirst wieder laufen, wenn wirklich nichts gebrochen ist, sagte er.«

Damit war das leidige Thema Krankheit für den alten Feldherrn abgetan. Ihn interessierte das Leben in Germanien. Octavia mußte ihm ausführlich über ihre Töpfereien und Tonlampenfabriken erzählen. Dann führte ihn Saturnin durch die Stadt, zeigte ihm das Legionslager und das neue Kastell auf der anderen Seite des Flusses. Langsam wanderten sie entlang einem schmalen Weg am Ufer des Flusses. Silva betrachtete interessiert die Schiffe und lauschte dem Sprachengemisch ihrer Besatzungen. »Deine Provinz gefällt mir.«

»Uns gefiel sie auch bis zu diesem Unfall. Seither ist uns alle Freude genommen.«

»Red keinen Unsinn, sie wird wieder gesund. Gamaliel schafft es. Sei froh, daß du nicht in Rom bist. Domitian regiert mit Brutalität und übt die Macht mit arroganter Anmaßung aus, daß einen das Grauen überkommt. Was Cerealis, Macrinus und ich prophezeit haben, tritt nun ein. Wenn ich bedenke, was sich Domitian, den ich als Kind schon kannte und heranwachsen sah – du hast ihn ja selbst als Halbwüchsigen erlebt, da er dich wie einen Gott verehrte –, herausnimmt, dann versagen mir die Worte. Im Senat sitzen seine Delatoren, die ihm jede Äußerung hinterbringen, ihm entgeht nichts.«

»Regulus, Messalinus und Ostorius Sabinus?«

»Nein, es müssen andere sein, die unser Vertrauen genießen, aber als des Kaisers Spitzel dienen. Zu Regulus und Konsorten äußert sich keiner.«

»Hast du einen Verdacht?«

»Nein.«

»Die Kurie muß der Bespitzelung und der Willkür Einhalt gebieten.«

Der alte Feldherr blieb stehen und musterte den Schwiegersohn, als wollte er sich überzeugen, ob der im Ernst spräche. »Du scherzt. Jeden Senator, der ihm widerspricht, streicht er gnadenlos von der Liste. Auch die, die sich in seiner Abwesenheit abfällig über ihn äußern, was ihm eben von irgendeinem oder irgendwelchen Lumpen hinterbracht wird, werden aus dem Senat ausgestoßen. Du würdest dich wundern, wie viele dir bekannte Leute nicht mehr dem Senat angehören. Und alles ist rechtens durch sein Zensoramt, für das du, entschuldige, daß ich es erwähne, so beredt plädiert hast.«

Der Vorwurf des Schwiegervaters war verletzend, doch Saturnin hatte nicht Lust noch Kraft, ihm zu widersprechen. Silva, der keine Entgegnung erwartet hatte, kam auf Palfurius Sura zu sprechen, der nun im kaiserlichen Kabinett für Sicherheitsfragen verantwortlich sei. »In jeder Taberne und in jedem Lupanar hat er seine Horcher. Am besten ist, man stellt sich stumm, wenn man bedenkt, jede Hure kann eine Denunziantin sein.«

Eine Weile liefen sie schweigend den Weg zur Stadt zurück.

»Ehe ich's vergesse, noch zwei Neuigkeiten. Domitian hat

die Kaiserin auf die Insel Pandataria verbannt als Strafe für ihr Verhältnis mit dem Mimen Paris, den er ohne Umstände von Suras Leuten auf der Straße abstechen ließ. Der Kaiser selbst hat ein Verhältnis mit seiner Nichte Julia, Titus' Tochter. Als er sie damals heiraten sollte, wies er sie ab, und nun treibt er's mit ihr. Ganz normal ist der Herr Großvetter nicht. Nun kommt eine Überraschung, die dich umwerfen wird. Rate, wer den Oberbefehl in Moesien erhielt?«

»Cerealis, Curiatius Maternus oder Frontinus bestimmt nicht, denn sie wären nicht die Überraschung, die du mir versprochen hast, sondern Ausdruck von Vernunft.«

Silvas narbiges Gesicht überzog ein hämisches Grinsen. »Cornelius Fuscus«, artikulierte er deutlich.

»Das mutet wie ein Witz an«, lachte Saturnin und wurde mit einem Schlag aus seiner bisherigen Lethargie gerissen. »Diesem Kasernensoldaten, der nie eine Legion befehligt hat und nie an einem Kriegszug beteiligt war, vertraut Domitian . . .«

»Fünf Legionen an«, ergänzte Silva.

»Das ist Wahnsinn! Einem militärischen Dilettanten den Oberbefehl im Kriegsfalle, dazu über fünf Legionen, anzuvertrauen ist Wahnsinn, ein anderes Wort gibt es nicht dafür. Die Daker sind nicht mit unbewaffneten Stadtbewohnern zu vergleichen, die Fuscus mit seinen Prätorianern einschüchtern konnte. Warum, zum Hades, gab er Cerealis, der die Lage kennt und ein ausgezeichneter Feldherr ist, nicht den Oberbefehl?«

»Hoffentlich erkennst du bald, daß Domitian nicht der ist, den du immer in ihm sehen wolltest. Jetzt läßt er Neros Palast niederreißen, um sich einen neuen und noch protzigeren errichten zu lassen. Überall müssen auf seinen ausdrücklichen Befehl seine Standbilder thronen. In Ephesos hat er eine riesige Marmorstatue auf der Terrasse oben auf dem Koressos aufstellen lassen, dazu einen Tempel allein für sich, den Gott Domitian. Was dieser Irrsinn für immense Gelder verschlingt. Ostorius Sabinus, das Finanzgenie, findet täglich neue Winkelzüge, um die Steuern zu erhöhen. Lucius, ohne Übertreibung und ungelogen, es steht schlimm um Rom.«

»Und man kann nichts tun?«

»Was? Gegen ihn putschen, ihn absetzen, ihn – töten?«

»Nein. Ehrlich mit ihm reden, von Mann zu Mann, von Vernunft zu Vernunft, die ihm doch nicht gänzlich abhanden gekommen sein dürfte. Wir, du oder ich, die wir ihn seit vielen Jahren kennen, sollten ihm das Unglückliche des eingeschlagenen Weges zeigen, ihm die Folgen vor Augen führen.«

Silva schüttelte resigniert den Kopf und bemerkte, daß dies keinen Sinn habe, da Domitian auf keinen höre außer auf Sura, der ihn in seinem Angstwahn bestärke, um seine Unersetzlichkeit nachzuweisen. »Für Ehrlichkeit hat er kein Ohr mehr. Sie würde dem Aufrichtigen nur schaden. Domitian will keine andere Wahrheit als die eigene. Seine Herrschaft wird immer mehr zu einem Monolog seiner Angst, seiner Anmaßung, seiner Selbstüberhebung und seiner Grausamkeit.«

»Deine Neuigkeiten erschrecken mich und zeigen mir, daß ich nicht ganz schuldlos bin. Aber was bleibt mir nun zu tun?«

»Nur eines: nicht weitere Schuld auf dich zu laden. Eines Tages wirst du deine Schuld begleichen oder begleichen müssen, wie wir es alle, auf diese oder jene Weise, zu tun gezwungen werden.«

Silvas düstere Nachrichten und Octavias ungewisser Zustand verstärkten des Statthalters Niedergeschlagenheit. Als Octavia mit Silva und Sentius Mogontiacum verlassen hatte, wußte er nicht, wie er es länger in Mogontiacum aushalten sollte. Zu seiner niedergedrückten Stimmung gesellte sich noch die Einsamkeit hinzu. Octavia fehlte ihm, er vermißte ihr Wort, ihren Zuruf und vor allem ihre Zärtlichkeit.

Er lud häufig Pomperius zu sich ein, um die Leere, die Octavia hinterlassen hatte, ein wenig zu füllen. »Pomperius, warum hängt unser Leben von unbedeutenden, ja beschissenen Kleinigkeiten wie einem Mauseloch oder von der zufälligen Begegnung mit Menschen ab, denen man besser nie begegnet wäre?« fragte er den Adjutanten, dabei trübe auf das vor ihm stehende Glas blickend.

»Weil es uns von den Göttern so bestimmt wurde.«

»Unsinn, Pomperius, man muß für ein Mauseloch nicht gleich die Götter bemühen.«

»Wen denn sonst?«

»Die eigene Unvorsichtigkeit und Unbesonnenheit. Warum mußte meine Frau unbedingt bei Schnee und Glätte zu dieser verdammten Töpferei reiten?« schrie Saturnin und schlug auf den Tisch, daß das Glas umstürzte. »Wäre sie doch zu Hause geblieben.«

»Dann wäre ihr hier im Palast gleiches geschehen«, wagte Pomperius zu widersprechen.

»Geh jetzt, Pomperius, du redest Unsinn.«

Der Statthalterpalast wurde Saturnin immer unerträglicher. Er entfloh ihm und stürzte sich in rastlose Beschäftigung. Unerwartet tauchte er irgendwo in der Provinz auf, um nach kurzer Zeit mit seiner kleinen, von Pomperius geführten Eskorte wieder zu verschwinden. Über das Walten der Götter sprach der Statthalter nicht mehr mit seinem Adjutanten.

So verging das Jahr, das in den letzten Tagen noch eine Überraschung brachte, den kaiserlichen Befehl, in Rom zu erscheinen.

LVI

Über Rom stand eine fahle kalte Sonne, als Saturnin den Viminal hinaufritt. Die schneidende Kälte bemerkte er nicht, war er daran ja gewöhnt und hatte sich zudem durch den scharfen Ritt erwärmt. Er warf dem verdutzt ihn ansehenden Sklaven Mantel, Helm und Schwertgehänge zu und stürmte die Stufen hinauf in Octavias Cubiculum.

»Lucius«, riefen Octavia und der anwesende Schwiegervater.

Saturnin reichte Silva kurz die Hand, dann riß er seine Frau an sich. Octavia streichelte seinen Kopf, sah ihn an und meinte, schmal sei er geworden und ein wenig grauer.

»Dein Fehlen läßt mich schneller altern. Aber du bist schön wie eh und je«, sagte er, streichelte sie, mit dem Handrücken übers Gesicht fahrend, obwohl ihm die feinen Fältchen an den Augen und die zwei scharfen Linien von den Nasenflügeln zu den Mundwinkeln nicht entgangen waren. »Wie geht es dir?«

»Besser, aber noch nicht gut. Doktor Gamaliel rät zur Geduld und empfiehlt einen längeren Aufenthalt in Cyrene oder Antiochia.«

»Nun weißt du, um welche Statthalterposten du dich bewerben mußt«, warf Silva ein.

Wie es komme, daß er mitten im Winter Rom besuche, fragte Octavia.

»Sehnsucht«, scherzte Saturnin, erwähnte dann den unerwarteten kaiserlichen Befehl.

»Willkür«, brummte Silva, »nichts als Willkür. Als du deine Frau begleiten wolltest, lehnte er ab, jetzt befiehlt er. Aber ich kenne den Grund: Moesien. Dein alter Freund Fuscus hat eine Schlappe erlitten, die nur der des Varus vor beinahe achtzig Jahren vergleichbar ist.«

Saturnin wandte sich dem Schwiegervater zu und sagte beiläufig, daß er es erwartet habe.

»Zu erwarten war es, aber nicht in der Form«, erregte sich Silva. »Fuscus zog über den Danuvius, um den Dakern, wie er dem Kaiser großmäulig versprochen hatte, eine Lektion zu erteilen. In seiner Dummheit ließ er sich in die Berge lokken, wo sich unsere Reiterei nicht nur nicht entfalten konnte, sondern noch das Fußvolk behinderte. Die Daker mähten aus dem sicheren Hinterhalt unsere Legionen nieder wie Schnitter reifes Getreide. Die V. Alaudae wurde aufgerieben und aus dem Legionenverzeichnis gestrichen. Die übrigen Legionen erlitten schlimme Verluste, die Daker erbeuteten nahezu alle Adler und Feldzeichen. Ein Glück für Fuscus, daß er gefallen ist. Domitian wird ihm nun die alleinige Schuld geben.«

»Fuscus hat für sein unrühmliches Leben ein noch zu ehrenhaftes Ende gefunden, aber das sinnlose Sterben unserer Legionäre bdrückt mich. Domitian muß nun sehen, wie er aus der selbst verschuldeten gefährlichen Lage einen Ausweg findet. Wer nicht imstande ist, die richtigen Männer mit dem richtigen Kommando zu betrauen, der soll . . .«, redete sich Saturnin in Zorn, brach aber seinen Satz ab.

»Der soll was?« fragte Silva lauernd.

»Müßt ihr dauernd über Krieg sprechen«, tadelte Octavia.

»Wir sind gleich am Ende. Lucius muß es wissen, damit er nicht zu überrascht ist, wenn Domitian ihn nach Moesien kommandiert.«

»Mich? Ich werde mich weigern, von anderen versaute Angelegenheiten wieder ins Lot bringen zu müssen.«

»Wirst du nicht, denn das wäre Meuterei.«

»Und ob ich werde, ich muß nach Germanien zurück.«

»Was du mußt, bestimmt der Kaiser.«

»Nein! Ich habe es satt, mich hin- und herschieben zu lassen und der Willkür und Gnade eines Herrschers machtlos ausgeliefert zu sein.«

Silva lächelte über den Unmut seines Schwiegersohnes. »Der alte Empörer, den Vespasian und Titus begraben hatten unter der Asche ihrer Gunst, steigt nun wie ein Phönix darunter hervor. Ein guter Weg, der dich von der Schuld wegführt, du solltest ihn beibehalten. Noch eine formale Kleinigkeit, die du bei Domitian beachten solltest, zumal er großen Wert darauflegt. Du mußt ihn mit Herr und Gott ansprechen und ihn mit Handkuß begrüßen.«

»Handkuß? Herr und Gott?« fragte Saturnin ungläubig.

»Ja, der Senat verlieh ihm diesen Titel auf Antrag des Ostorius Sabinus.«

»Bin ich in Rom oder bin ich in einer Komödie?«

»Du bist in Rom, wo eine miese Komödie, nein, eine furchtbare Tragödie mit grotesken Zügen aufgeführt wird.«

»Ich werde mit Domitian reden, ihn beschwören, den verderblichen Weg zu verlassen«, erregte sich Saturnin.

»Nichts wirst du tun! Es sei denn, dir ist nichts an der eigenen Sicherheit gelegen. Domitians Unfehlbarkeitsanspruch und sein Despotismus haben Methode und entspringen nicht einem kranken Hirn, sondern eiskalter, auf Allmacht zielender Berechnung. Nur die Angst vor dem prophezeiten gewaltsamen Ende, das nur noch neun Jahre vor ihm liegt, verleiht dem Anspruch einen Anflug von Lächerlichkeit.«

»Besteht denn gar keine Möglichkeit, an seine Vernunft und seine Einsicht zu appellieren?«

»Vernunft und Tyrannei schließen einander aus. Laß es nicht darauf ankommen, es bei Domitian praktisch zu erfahren. Versuche nicht, bei ihm etwas ansprechen zu wollen, was er nicht besitzt, wie Vernunft, Großmut, Nachsicht und Güte. Nun lasse ich euch allein, ihr habt bestimmt anderes zu besprechen«, verabschiedete sich Silva.

Saturnin nahm Octavias Hand, ihre Finger falteten sich in seine. So saßen sie eine Weile und sahen sich wortlos an. Erst mußte Saturnin das von Silva Vernommene verarbeiten und seine Betroffenheit abklingen lassen, ehe er über andere Dinge sprechen konnte. Ob sie mit ihm nach Mogontiacum zurückkäme, fragte er nach einer Weile.

»Noch nicht. Vielleicht im nächsten Jahr.«

»Es ist nicht einmal sicher, ob ich zurückkehren kann, doch warten wir's ab.« Ihm kam für einen Moment der Gedanke, den Dienst für immer zu beenden und sich als Privatmann, statt vom Kaiser hin- und hergeschoben zu werden von einem Kommando zum anderen, der Freiheit und Unabhängigkeit zu erfreuen. »Worin sieht Doktor Gamaliel die Ursache für die Unbeweglichkeit?« setzte er das Gespräch auf einer anderen Ebene fort.

»Er vermutet, daß der Schlag auf die Wirbelsäule, genau

wie ein Schlag auf den Kopf Bewußtlosigkeit hervorrufen kann, dieses Taubheitsgefühl verursacht hat. Geduld, Geduld rät er. Ach, Lucius, manchmal bin ich so verzweifelt!«

Er glaubte es, doch was sollte er Tröstliches sagen, als daß sie Hoffnung haben müsse. Sanft streichelte er sie.

»Der Unfall liegt nun schon über ein Jahr zurück, und noch immer kann ich meine Beine nicht bewegen. Ich bemühe mich um Geduld und Hoffnung, aber mitunter verlassen mich beide.« Octavia schluchzte.

Er drückte die Weinende an sich, bis sie sich beruhigte und ihm versprach, daß sie tapfer sein werde, um ihm die Anwesenheit nicht mit Klagen und Weinen zu verbittern, denn dafür habe sie Zeit, wenn sie wieder allein sei. Octavia wischte die Tränen ab und sagte, sie freue sich so, daß er da sei, fragte dann nach Sentius und Pomperius.

»Sie vermissen dich. Und Cornelius?«

»Genießt das Leben und seine Freiheit.«

Saturnin nickte, und der Gedanke, aus den kaiserlichen Ämtern und ihren Zwängen auszuscheiden, stellte sich wieder ein. Eine Sklavin, die kam, um die Kerzen anzuzünden, und nach weiteren Wünschen fragte, erinnerte Saturnin daran, daß er sich noch nicht einmal gebadet und umgekleidet hatte. Er verließ das Cubiculum, um dies schleunigst nachzuholen und kurz mit Zedekia zu sprechen, ehe er dann zum Nachtmahl zurückkehrte.

Am nächsten Morgen betrat er erstmals den neuen Palast Domitians. Größer, wuchtiger und protziger als Neros Goldenes Haus, eine verschwenderische Pracht aus Gold und pentelischem Marmor, war er Monument eines übersteigerten Machtwillens und -anspruchs, fand Saturnin. Indische und armenische Teppiche auf den Gängen dämpften die Tritte der Soldatenstiefel. Den Statthalter verwunderten die vielen Wachen, die entlang den Gängen postiert waren. Ein Tribun vertrat ihm den Weg. Saturnin reichte ihm das kaiserliche Schreiben, worauf der Tribun ihn folgen hieß. Saturnin gab sich keine Mühe, die endlosen Gänge, Hallen und

Treppen bewußt in sich aufzunehmen, erst als der Weg vor einer mit Goldreliefs verzierten Zederntür, die vier Prätorianer flankierten, endete, schaute er sich um. Der Tribun verschwand hinter der von den Wachen aufgerissenen Tür, kehrte nur den Bruchteil eines Moments später zurück und hob bedauernd die Schultern, der Herr und Gott könne den Statthalter nicht empfangen.

Saturnin hatte Mühe, seinen Zorn nicht zu zeigen. Was waren das für Gepflogenheiten? Er kam auf kaiserlichen Befehl aus Germanien und wurde wie ein lästiger Bittsteller abgewiesen. Der Herr und Gott könne ihn nicht empfangen! Domitian, du beleidigst mich nicht noch einmal, schwor sich Saturnin, als er den Palast verließ. Er schickte die Sänfte weg, um zu Fuß nach Hause zu gehen. Ein Fußmarsch in der Kälte würde ihm guttun und seine Wut mildern. Der Statthalter empfand Wut über sich selbst, weil er es hatte nie glauben wollen, was ihm Silva, Cerealis, Macrinus und selbst Cornelius über Domitian gesagt hatten. Nun erlebte er, Saturnin, der sich für des Flaviers Vertrauten und Freund gehalten hatte, dessen verletzenden Hochmut selbst. In Domitian haßte er in diesem Moment auch sein eigenes Versagen, die Entwicklung nicht vorausgesehen zu haben. Ich werde dir diesen Hochmut heimzahlen! zischte der Statthalter und schlug mit der Rechten auf die gepanzerte Brust als Bekräftigung. Bleibt nur die Frage: wie?

Geschrei drang an sein Ohr. Soldaten trieben unter Flüchen und Beschimpfungen Gefangene vorüber. Ein Dekurio schlug mit dem Speerschaft auf die an den Händen Gefesselten ein. Diese duckten sich und versuchten die Wucht der Schläge zu mildern, gaben aber keine Schmerzenslaute von sich. Saturnin interessierten die Leute, und er mischte sich ein, indem er dem Dekurio den Weg vertrat und fragte, was die Männer verbrochen hätten. Der Dekurio glotzte blöde, als könne er nicht begreifen, daß es jemand wagte, ihn an der Ausübung seiner Pflicht zu hindern. Zornig wollte er den Störer anfahren, wandelte seine Miene zu einem zahnlückigen Grinsen, als er diesen erkannte. »Saturnin, edler Saturnin, kennst du mich nicht mehr? Ich bin Trebonius, dein ehemaliger Centurio oder das, was von ihm noch übrig geblieben ist.«

»Trebonius?« musterte Saturnin den Dekurio, der den abschätzenden Blick auffing und erklärte, daß er aus den Legionen ausgestoßen und zum Wachdienst degradiert worden sei. Er müsse sich bewähren, weil er im Suff lästerliche und gefährdende Gedanken geäußert habe. Er sei noch glimpflich davongekommen, andere hätten für weniger mehr Strafe erhalten.

Was er denn gesagt habe, interessierte sich Saturnin.

Trebonius trat mit ihm zur Seite, blickte vorsichtig zu den anderen beiden Wachsoldaten, die langsam mit der Gefangenenkolonne in Richtung des Mamertinischen Kerkers weiterzogen und flüsterte, er habe nur gesagt, unter Titus wäre die Niederlage in Moesien nicht passiert.

»Was haben sie verbrochen?« wiederholte Saturnin, ohne auf Trebonius' Antwort einzugehen.

Ein Gefangener, der es gehört hatte, wollte antworten, doch Trebonius holte mit dem Pilum aus, aber Saturnin fing den Schlag auf.

»Nicht schlagen, noch sind sie nicht verurteilt.«

»Mehr als das, edler Saturnin, sie sind so gut wie tot«, lachte Trebonius.

»Wir sind Männer, die stets in ihrem Leben hart gearbeitet haben. Ich bin Färber, die anderen sind Bäcker, Seiler, Walker und Weber. Gemeinsam ist uns . . .«

»Halt's Maul!« schrie der Dekurio den Gefangenen an.

»Laß den Mann ausreden!« befahl Saturnin.

»Danke, edler Herr, wer du auch sein magst«, erwiderte der Färber, blieb stehen und mit ihm der ganze Zug. Die Wächter sahen Trebonius ratlos an, der es nicht wagte, sich seinem früheren Vorgesetzten zu widersetzen. »Gemeinsam ist uns, daß wir unsere Söhne am Danuvius durch die Schuld Kaiser Domitians verloren haben.«

»Wie kommst du auf eine solche Idee, der Kaiser sei schuld an der Niederlage?« fragte der Statthalter mißtrauisch.

»Das weiß mittlerweile jeder in Rom, sosehr man es auch zu vertuschen sucht. Händler, Verwundete und andere nicht mehr zum Kriegsdienst Taugliche, die nach Italien abgeschoben wurden, auch Söhne von uns sind darunter, erzählten davon.«

»Ich werde dir dein loses Maul stopfen«, schrie Trebonius.

»Trebonius, was ist nur aus dir geworden? Macht es dir Spaß, den brutalen Quäler zu spielen?« fragte Saturnin den Dekurio, der betroffen schwieg und den Gefangenen nicht mehr unterbrach.

»Wir forderten, daß uns der Kaiser, wenn schon nicht unsere Söhne, jedoch eine angemessene Entschädigung geben möge. Unsere Söhne, die nach Ablauf ihrer Legionsjahre unsere Werkstätten hätten übernehmen sollen, sind tot, verkrüppelt und arbeitsuntauglich. Unser Schuften über Jahrzehnte war umsonst, unsere Existenz ist vernichtet. Das ist die bittere Wahrheit, für die man uns bestraft.«

Betroffen sah Saturnin die Gefangenen an, die Trebonius nun weitertreiben ließ. Er selbst blieb mit Saturnin zurück.

»Edler Saturnin, es kotzt mich an, doch ich muß leben, ich habe eine Frau und vier Kinder. Schau mich nicht so an, ich weiß selbst, ich bin heruntergekommen und versoffen. Nur im Suff ertrage ich das Leben. Und alles, weil ich so blöde war, die Wahrheit zu sagen. Jetzt würde ich mir lieber die Zunge abbeißen. Aber, wenn du gesehen hättest, wie uns die Geten in Moesien gejagt haben, wärest du auch nicht stumm geblieben. Oppius Sabinus konnte nichts dafür, aber der ...« Trebonius schwieg, um eine Prozession von Isispriestern vorbeizulassen. »Man stellte mich vor ein Kriegsgericht und wollte mir die Rübe abhacken, begnadigte mich meiner Phaleren wegen, die ich mir unter deinem Befehl in Judaea erwarb, zu diesem Lumpendasein. Manchmal denke ich, ein ehrlicher Tod unter einem gut geführten Henkerstreich wäre besser gewesen.« Trebonius schwieg, dann brachte er sein Gesicht näher zu Saturnin und flüsterte: »Saturnin, du warst als Vorgesetzter immer ein Mann, der meine Achtung und meine Bewunderung hatte, du warst kein Schwein und kein Schinder und hast immer versucht, auch im größten Dreck, deine Leute am Leben zu erhalten. Wenn ich an die Eroberung der Oberstadt denke! Aus Dankbarkeit schulde ich dir einen Rat: Halte deine Klappe, auch wenn du schreien möchtest darüber, was du siehst und erlebst. In Rom wird bespitzelt und denunziert. Wenn du wüßtest, wie viele Leute wir auf Grund von Denunziationen schon gefangengesetzt haben, würdest du das kalte Grausen bekommen. Merk dir den Namen Sura, denn dieser Mann ist allgegenwärtig. Aber ein Prätorianeroffizier ist ihm neulich entkommen, sogar aus dem Todesverließ des Castrums. Domitian hat die ganze Wachmannschaft aus der Garde ausgestoßen, einige foltern und einige köpfen lassen, den Rest ans Ende der Welt geschickt. Weißt du, was der Prätorianeroffizier verbrochen hat? Er hat es gewagt, dem Kaiser den Titel Herr und Gott zu verweigern mit der Begründung, es sei Tyrannei.«

»Warum erzählst du mir das? Hast du keine Angst, ich könnte dich verraten?« fragte Saturnin mißtrauisch.

»Du doch nicht, Saturnin. Ein Mann wie du verrät keinen«, lachte Trebonius.

Saturnin stimmte in das Lachen ein, sagte dann, als Trebonius andeutete, daß er dem Gefangenenzug folgen müsse: »Du magst recht haben, Trebonius, es ist schade um dich, du warst ein verdammt guter Centurio und hättest zum Centurio prior, zum Primuspilus aufsteigen können.« Saturnin entging nicht das Zucken um Trebonius' Mund, als er sich abwandte.

»Er hat dich nicht empfangen?« fragte Octavia fassungslos, als ihr Saturnin von der nicht stattgefundenen Audienz berichtete. »Ist er denn noch normal? Einen eigens aus Germanien herbefohlenen Statthalter und dazu einen Vertrauten und Freund von Jugend an nicht zu empfangen?« entrüstete sie sich.

»Es ist Methode. Er will mir beweisen, daß ich ein Untertan bin wie jeder andere und keine Vorzüge genieße und mir nicht einbilden soll, auf frühere Beziehungen zu pochen oder etwa alte Vertraulichkeiten anzubringen. Was noch schlimmer ist als diese unwürdige Behandlung, die ich verdient habe, Axios, ist für mich mein Schuldgefühl. Leute wie ich sind schuldig, einen Mann wie Domitian erst ermöglicht zu haben. Wir haben ihn in seinem Tun noch bestärkt, statt dem zu wehren, und zu allem Unglück ihm alle Mittel in die Hand gegeben, mit Hilfe derer er uns terrorisieren kann. Und ich Idiot habe ihm geglaubt, daß er Senecas Milde zu seiner Maxime erheben würde. Cerealis hatte recht, daß Domitian ein vollendeter Schauspieler ist.«

»Du kannst es nicht ändern, auch wenn du dich selbst beschuldigst und selbstquälerisch verurteilst. Es wäre auch ohne dein Zutun so gekommen. Du mußt dich nur hüten, ihn deinen Sinneswandel merken zu lassen, sonst erhältst du keine Provinz mehr. In einer Provinz kannst du immerhin noch weitestgehend deinen Vorstellungen leben, besser als in Rom seinem Druck und seiner Willkür ausgeliefert zu sein.«

Sie hatte recht. Seinen Ausweg verschwieg er ihr aber, um sie nicht mit noch unwirklichen Dingen zu beunruhigen.

Täglich erwartete er einen Boten vom Palatin. Zwei Wochen waren seit seiner Ankunft in Rom vergangen. Kaiser Domitian schien ihn vergessen zu haben oder mit Absicht vergessen zu wollen. Statt eines Befehls zum Kaiser erhielt Saturnin eine Einladung von Corellius Rufus, seinem Vorgänger in Germania superior. Zum Erstaunen traf er beim alten Rufus, der schwerkrank darniederlag, Macrinus, Cerealis und Lucullus an. Corellius Rufus erkundigte sich nach Mogontiacum. Saturnin beantwortete ausführlich des alten Senators Fragen und kam dann auf dessen Leiden zu sprechen.

»Ich leide unglaublich unter den Schmerzen. Hatte ich

sie erst nur an Füßen und Beinen, so haben sie nun beinahe den ganzen Körper erfaßt. Ich müßte, wäre ich vernünftig, diese Qualen durch Freitod beenden, doch ich bin es bewußt nicht. Warum, glaubt ihr wohl, ertrage ich diese irren Schmerzen so lange? Einfach um diesen Banditen, und sei es nur um einen einzigen Tag, zu überleben.«

Betreten sahen ihn alle an. Corellius hatte keinen Namen genannt, aber jeder wußte, wen er meinte. Da wird er sich noch lange quälen müssen, dachte Saturnin.

»Saturnin, du kommandierst vier Legionen. Gesetzt den Fall, gegen Domitian würde irgendwo revoltiert, würdest du sofort deine Truppen in Marsch setzen, um dem Kaiser zu helfen?« fragte Macrinus plötzlich.

Der Statthalter stutzte und überlegte, was diese Frage sollte.

»Meine Frage ist rein hypothetisch«, ergänzte Macrinus.

»Dann gebe ich dir eine rein hypothetische Antwort: Ich würde nicht gegen die Rebellierenden ziehen, weil ich in Zukunft keine Truppen mehr zu kommandieren gedenke«, erwiderte Saturnin.

Ungläubig und erstaunt fragten Macrinus, Cerealis und Rufus gemeinsam und wie abgestimmt: Wieso?

»Weil ich mich ins Privatleben zurückziehen werde, um mich nicht länger den Launen und der Willkür mir in allen Belangen unterlegener Männer, die nur durch Zufall meine Herrscher geworden sind, aussetzen zu müssen.«

»Du bist verrückt«, stieß Cerealis aus.

»Dazu hast du kein Recht«, beschwor ihn Macrinus.

»Wenn kein Recht, dann die Pflicht. Du selbst, Macrinus, hast mir meine Schuld lauthals vorgeworfen. Ich will meine Schuld tilgen, indem ich Domitian nicht länger diene.«

Macrinus rückte näher zu Saturnin, legte ihm die Hand auf den Arm und sagte, daß ihm diese Einsicht Achtung abnötige, aber die Konsequenz daraus halte er für sinn- und nutzlos, denn seine Schuld könne er besser als Feldherr über vier Legionen begleichen.

Saturnin rückte von Macrinus ab und fragte, ob er nun verlange, daß er sich gegen Domitian erhebe?

»Unsinn. Nun komme ich auf meine hypothetische Frage zurück. Wenn sich ein erfahrener Feldherr mit vier Legionen bei innerrömischen Konflikten neutral verhielte, wäre Domitian bereits erheblich geschwächt. Du könntest das zum Beispiel durch einen Krieg mit den Barbaren, durch eine im Heer ausgebrochene Epidemie oder durch unpassierbare Straßen und Pässe erklären.«

»Du brauchst mich nicht zu belehren, Macrinus, aber alles hätte nur aufschiebende, aber keine aufhebende Wirkung.«

»Mitunter reicht die gewonnene Zeit bereits aus«, lachte Macrinus.

»Ich würde, das verspreche ich, in einem Bürgerkrieg einen Einsatz meiner Legionen verhindern oder verzögern. Aber was bringen solche Spekulationen? Einmal weiß ich wirklich nicht, ob ich im Dienst bleibe, und zum anderen wird es keiner wagen, gegen Domitian zu revoltieren.«

»Wer weiß«, erwiderte Macrinus und hob die Schultern. Dann verabschiedete er sich unvermittelt und schützte Geschäfte vor.

»Ein Großsprecher«, sagte Lucullus, der bislang gelangweilt geschwiegen hatte.

Weder Rufus noch Cerealis stimmten Lucullus zu, der, da man seine ernste Bemerkung nicht akzeptierte, zu Späßen Zuflucht nahm. Er witzelte und ahmte Domitians Art zu gehen und zu sprechen nach, plusterte die Backen auf, drückte den Bauch heraus und versuchte, die Augen hervorquellen zu lassen, was nicht recht gelang. Cerealis und Rufus lachten.

»Nur die Halbglatze kann ich nicht bieten«, entschuldigte sich Lucullus. »Wann mußt du zur Audienz?« wandte er sich zu Saturnin.

»Wann der Herr und Gott mich zu empfangen geruht.«

»Studiere ihn gut«, lachte Lucullus.

»Lucius wird andere Sorgen haben, als Domitians verkrampfte Selbstdarstellung zu beobachten«, wies ihn Cerealis zurecht.

Man trennte sich spät. Rufus hielt Saturnin noch einen Augenblick zurück und bat ihn, seine Entscheidung, den Dienst aufzukündigen, zu bedenken, denn es hieße jeglichen Einfluß und jegliche Macht zu verlieren.

Am nächsten Morgen, Saturnin schlief noch, kam der kaiserliche Befehl, sich zur vierten Stunde auf dem Palatin einzufinden.

Der Kaiser empfing ihn in einem großräumigen Arbeitskabinett hinter einem auf einer Estrade sich erhebenden Schreibtisch. Saturnin blieb unmittelbar unter dem erhöht Sitzenden stehen.

»Ah, Saturnin, ich grüße dich«, redete ihn Domitian mit einer schleppenden, näselnden Stimme an, beinahe so, wie sie Lucullus imitiert hatte. Dann reckte er seinen massigen Oberkörper über den Tisch, um dem Besucher die Hand hinabreichen zu können, die Saturnin ergriff und grüßend drückte.

Domitian nahm seine Hand nicht zurück, als sie Saturnin losließ. »Man hat dich noch nicht mit den neuen Gepflogenheiten vertraut gemacht. Jeder Besucher hat mir die Hand zu küssen und mich mit Herr und Gott anzusprechen. Diesmal lasse ich es dir noch durchgehen, aber wiederholt, mein Saturnin, kann ich einen solchen Verstoß auch dir nicht ungestraft erlauben.«

Saturnin drückte Domitians fleischige Hand widerwillig an den Mund und preßte ein ›Salve, Herr und Gott‹ heraus. Nun zog der Kaiser seine Hand zurück und fragte näselnd, wie es in Germanien stünde.

Dem Statthalter kam alles unwirklich vor, er sah zu dem über ihm thronenden dicken Mann mit den Froschaugen empor und fühlte deutlich, das war ein vollkommen fremder Mensch, der ihm nie nahegestanden hatte und mit dem er nie vertraut gewesen war. Der herablassend auf ihn niederblickte, war der Tyrann Domitian und nicht der junge Flavier, den er einmal sehr gemocht hatte.

»Nun?« drängte die schleppende nasale Stimme.

»Das Kastell auf dem anderen Flußufer, der Limes, die Legionslager im Dekumatenland sind bis auf geringe Kleinigkeiten fertiggestellt. Chatten, Hermunduren und Marcomannen verhalten sich an meiner Grenze ruhig. Der Ausbau der Municipien schreitet voran, ebenso die von mir eingeleitete Stabilisierung der kleinen und mittleren Pächter- und Kolonenanwesen. Die Abgaben an den Fiscus sind in der geforderten Höhe und zur rechten Zeit geleistet worden.«

»Gut. Du hast die Provinz zu meiner Zufriedenheit verwaltet, die Schwierigkeiten bewältigt, so daß nun jeder mittelmäßige Prokurator Germania superior verwalten kann. Du wirst von mir eine neue Aufgabe erhalten, die deiner würdig ist. Vielleicht werde ich dir den Oberbefehl in Moesien anvertrauen, vielleicht, ich weiß es noch nicht.«

Jetzt hatte er es ausgesprochen. Germanien rückte in weite Ferne. Sollte er Domitian nun bitten, ihn aus seinem Dienst zu entlassen? Oder noch nicht? Rufus' und Macrinus' Mahnung fiel ihm ein und ließ ihn noch zögern.

»Bestimmt hast du von den Ereignissen in Moesien gehört?« fragte Domitian lauernd.

»Ich habe Fuscus' Niederlage erst hier in Rom erfahren«, erwiderte Saturnin.

»Was hältst du davon?« ließ der Kaiser ihm keine Ruhe.

»Ich habe von Fuscus' menschlichen und militärischen Fähigkeiten nie viel gehalten, zumindest nicht soviel wie er selbst«, antwortete Saturnin kalt.

»Gut, sehr gut«, meckerte Domitian. »Er hat mich ge- und enttäuscht. Gegen meinen Willen ist er über den Danuvius gezogen und hat mir und Rom Schande bereitet. Einige Leute, und nicht nur in der Kurie, wollen mir die Schuld an diesem Debakel zuschieben. Aber gegen diese Verleumder und Majestätsbeleidiger gehe ich mit aller Strenge vor. Auch du mußt jeden derartigen Vorwurf gegen mich streng bestrafen. Nun habe ich zu arbeiten. Halte dich bereit, in den nächsten Tagen nach Moesien abzureisen.«

»Ja, Herr und Gott«, murmelte Saturnin und küßte die ihm zum Abschied gnädig gereichte göttliche Hand.

Also nach Germanien durfte er nicht zurückkehren. Er würde sich weigern, nach Moesien zu gehen, um dort, was er bisher an Ansehen und Erfolgen errungen hatte, zu verlieren. Qualvoll vergingen die Tage. Saturnin wog das Für und Wider ab. Silva und Cerealis rieten ihm ab, den Dienst zu verlassen, denn, so gaben sie zu bedenken, auch das Leben eines Privatmannes schütze nicht vor der Willkür eines Diktators.

Eines Morgens, er saß in der Bibliothek und las in Senecas »Seelenruhe«, überfielen ihn Cerealis und Silva.

»Heute werden Paetus, Lamia und Macrinus öffentlich enthauptet«, preßte Silva mühevoll heraus.

Saturnin war, als hätte er einen Schlag erhalten. Die Rolle entfiel seinen Händen. Erst nach längerer Zeit fragte er mit heiserer Stimme nach dem Grund.

»Verschwörung. Sie trafen sich heimlich in Grabkammern und redeten darüber, daß es in Rom so nicht weitergehen dürfe, denn Domitian ruiniere den Staat mit seiner Verschwendungssucht und gefährde das Imperium mit seiner Unfähigkeit und töte jegliche Freiheit mit seiner Tyrannei. Sie redeten nur, sie taten nichts weiter.«

Woher er dies wisse, fragte Saturnin Cerealis.

Von Macrinus selbst, denn er habe ihn zu den Treffen des öfteren eingeladen, er sei jedoch nie mitgegangen, erwiderte Cerealis.

»Zu deinem Glück«, sagte Saturnin, fragte dann, wann die Hinrichtung sei.

»In der achten Stunde. Wir sollten es uns ansehen, um es nie zu vergessen«, riet Silva.

Gemeinsam gingen sie zum Richtplatz. Keiner sprach ein Wort, jeder überließ sich seinen Gedanken. Menschenmassen säumten das Comitium. Der Henker stand schon bereit, gestützt auf sein langes zweischneidiges Schwert. Der Pöbel schrie und johlte, erwartete er doch die Hinrichtung dreier Senatoren und pries den gerechten Imperator, der ohne Ansehen des Standes strafte. Ritter und Senatoren standen in verbissenem Schweigen.

Der Kaiser nahm den Jubel huldvoll entgegen und setzte sich. Hinter ihm pflanzte sich Casperius Aelianus, der neue Präfekt, auf. Prätorianer brachten die Verurteilten, Paetus, Lamia und vier weitere, Saturnin unbekannte Männer. Macrinus fehlte. Ein Actuarius verlas das Urteil.

Caecina Paetus erblickte Saturnin und sah ihn vorwurfsvoll an. Dann packte ihn der Gehilfe des Henkers und drückte ihn auf den Richtblock. Die Klinge fuhr pfeifend durch die Luft. Der Gehilfe räumte Kopf und Kadaver zur Seite und übernahm den von Prätorianern herbeigebrachten Aelius Lamia, der den Kopf zu Domitian wandte und rief, mehr könne er ihm wahrlich nicht nehmen als die Frau und das Leben. »Domitian, ich erwarte dich in Plutos Reich, du wirst mir folgen und auch nicht freiwillig!«

Des Kaisers Gesicht verfärbte sich, und er gab mit hastiger Bewegung dem Henker das Zeichen. So starben sechs Senatoren durch das Schwert an einem Tage. Schweigend verließen Saturnin, Cerealis und Silva das Comitium. Jeder versuchte die grausige Tötung innerlich zu bewältigen. Man trennte sich bald.

Nach Tagen verbreitete sich das Gerücht, Macrinus habe sich selbst getötet.

An einem der ersten Märztage wurde Saturnin zum Kaiser befohlen. Ohne Verzug brachte ihn der diensthabende Tribun in Domitians Beratungszimmer. Saturnin hatte sich durchgerungen, im Dienst zu verbleiben und selbst in Moesien den Oberbefehl zu übernehmen. Die Hinrichtung der Senatoren hatte ihn darin bestärkt, daß es besser wäre, in Waffen zu sterben als ohnmächtig und waffenlos wie ein Schaf auf der Schlachtbank.

Domitian war nicht allein, Curiatius Maternus, Appius Maximus und Tettius Julianus waren bei ihm. Der Kaiser ließ ihn ein wenig warten, bis Maternus seinen Vortrag unterbrach. Dann hielt er Saturnin die Hand zum Kuß entgegen und erwähnte beiläufig, der Statthalter von Germania superior möge in seine Provinz zurückkehren, spätestens in vier Tagen, und sie weiter so vorbildlich verwalten. Minerva möge ihn leiten! Damit war die Audienz beendet.

Ob er sich nicht freue, fragten ihn Silva und Octavia. Wenn sie ihn begleiten würde, ja, aber ohne sie wäre wenig Grund zur Freude. Sie komme bald nach, versprach Octavia. Trotzdem wurde der Abschied nicht leichter.

Aber ganz vermochte er es nicht zu leugnen, daß ihn der unvorhergesehene Entschluß des Kaisers erleichterte und ihn vielleicht sogar ein wenig erfreut hätte, wäre nicht die entwürdigende und demütigende Art und Weise gewesen, wie Domitian dabei mit ihm verfahren war. Er mußte wieder nach Germanien, nein, er durfte! War es Gnade? War es Willkür?

LVII

Kaiser Domitian betrachtete eingehend seinen Minister Palfurius Sura, der über Aufzeichnungen gebeugt seinen Bericht verlas. Diese lächerliche Frisur, diese unschönen langen und oben abgeknickten Ohren und überhaupt das ganze Gesicht! Abstoßend häßlich, aber brauchbar und tüchtig, wog der Kaiser Aussehen und Leistung Suras gegeneinander ab.

Sura, der Domitians abschätzenden Blick nicht wahrnahm, reihte Fakt an Fakt über kaiserfeindliche Äußerungen, verschwörerische Umtriebe und seine Gegenmaßnahmen. Umfassend berichtete er über eine Gruppe von Verschwörern in Transtiber und in der Subura, die beim Beschmieren kaiserlicher Standbilder und Säulen des Forums mit staatsfeindlichen Sprüchen ertappt und hart bestraft worden war.

Der Kaiser schnitt Sura das Wort ab. Man brauche sich mit den Vorgängen in der Subura nicht so lange aufzuhalten.

Der Minister, dergleichen von seinem Herrn gewohnt, hob den Kopf und harrte der weiteren Anweisungen.

»Die drei Tribunen in Germanien?«

Sura lächelte wie ein Musterschüler, der auf die Frage des Lehrers eine umfassende Antwort vorbereitet hat. »Herr und Gott, es ist geschehen, genau wie du befohlen hattest. Die drei Tribunen sind während Saturnins Abwesenheit von meinen Leuten in Germanien hingerichtet worden.«

Der Kaiser nickte flüchtig und fragte nach weiteren Einzelheiten, die Sura lückenlos parat hatte. »Was treibt die Kaiserin auf ihrer Insel?« kam Domitian plötzlich auf seine verbannte Frau zu sprechen.

Sura zögerte, war er sich nicht ganz im klaren, was der Kaiser hören wollte. Erleichtert vernahm er, wie Domitian die Frage präzisierte auf lästerliche Reden und Hurerei. »Davon berichteten meine Leute nichts. Die Augusta liest, schwimmt und scheint mit ihrem Los zufrieden zu sein.«

Unwillig nahm es Domitian zur Kenntnis. Leiden sollte sie, die Undankbare, die Ehebrecherin, ärgerte er sich. Was er über Arrecinus Clemens habe in Erfahrung bringen können, lenkte Domitian seinen Unmut ab.

Der Minister grinste und stupste den Zeigefinger an die Stirn. »Ein netter, freundlicher alter Mann, der mitunter nicht ganz richtig hier oben zu sein scheint. Er treibt Kult mit einem toten Mädchen, ansonsten ist er harmlos, und Belastendes liegt nicht vor, so daß man ihn aus dem Kreis der Verdächtigen aussondern kann.«

»Du deckst ihn, weil er dir vor vielen Jahren einen Gefallen erwiesen hat, nachdem du ihm den Erbonkel vom Hals geschafft hattest.«

»Nein, Herr und Gott, ich diene dir und nehme keine persönlichen Rücksichten«, beschwor Sura seine Treue.

Domitian ließ es bewenden, ordnete aber an, Clemens

weiter zu beobachten. Dann erlaubte er dem Minister zu gehen.

Sura, froh, seinem Herrn wieder die Nützlichkeit bewiesen zu haben, küßte inbrünstig dessen Hand und entfernte sich unter tiefen Verbeugungen rückwärts in Richtung Tür. Als er sie öffnen wollte, riß ihm des Kaisers Stimme regelrecht die Hand zurück.

»Noch eines, Sura, ehe ich es vergesse«, näselte Domitian und freute sich seiner Methode, Beamte, die erleichtert sein Kabinett verlassen wollten, an der Tür mit schwerwiegenden Dingen, als wären sie ihm gerade noch eingefallen, zurückzuhalten und sie hilflos dem nicht mehr erwarteten Problem ausgeliefert zu sehen. »Wie steht es mit der Ergreifung des flüchtigen Prätorianers?« fragte der Kaiser freundlich lächelnd.

Sura zuckte zusammen. Dies war der einzig unerledigte Fall, und der schmerzte wie eine Wunde. Ausgerechnet in letzter Minute mußte der Kaiser daran denken! »Herr und Gott, ich tue alles, um ihn zu fangen«, versicherte Sura diensteifrig, aber mit wenig sicherer Stimme.

»Aber es ist nicht genug«, näselte Domitian. »Also tue mehr!«

Sura schwitzte vor Angst, was Domitian mit Befriedigung bemerkte, weil es ihm angebracht schien, dem Geschöpf Sura die Grenzen gezeigt zu haben. Stammelnd versprach der Minister, mehr zu tun, und durfte endlich gehen.

Der Imperator rief nach seinem Sekretär Entellus und diktierte mehrere Schreiben, die alle mit der Formel ›Es spricht der Kaiser, der Herr und Gott, der Sohn des Gottes Vespasian, der anbetungswürdige Domitian‹ begannen, was Domitian bei jedem Brief wiederholte, obwohl es der Sekretär in weiser Voraussicht schon vorgeschrieben hatte. Entellus notierte alles und verschwand nach dem Diktat wie ein Schatten.

Arrecinus Clemens betrat des Kaisers Kabinett, grüßte vorschriftsmäßig und küßte Domitians Hand.

»Es ist bewundernswert, wie du den Verschwörern auf die Schliche gekommen bist«, lobte Domitian, fügte hinzu, daß Sura nicht eine Spur entdeckt habe.

»Seine Methoden mögen das Volk und die Plebs einschüchtern, aber bei echten Verschwörern bedarf es feinerer Mittel«, erwiderte Clemens und winkte verächtlich ab.

Überheblicher Aristokrat, wenn du wüßtest, daß Suras Leute in deinem Hause sind und jeden deiner Schritte überwachen, würdest du ein wenig bescheidener sein, dachte Domitian voller Genugtuung.

»Mußtest du alle gleich töten lassen?« wagte Clemens zu fragen.

Der Kaiser furchte die Stirn über die mißliebige Frage, die einer Kritik gleichkam. »Es hat mir, dem Herrn und Gott gefallen, diese Verbrecher für ihre Taten büßen zu lassen, daran gibt es nichts zu deuteln. Auch nicht für dich! Verstanden!«

Clemens gab mit eilfertigem Nicken zu verstehen, daß er die Zurechtweisung verstanden hatte.

»Du kennst mein Prinzip, Feldherren und Statthalter nicht mächtig werden zu lassen, und ich löse sie deshalb ab, wenn sie es nicht erwarten, damit sie sich nicht sicher fühlen und keine Hausmacht gründen können. Saturnin habe ich wochenlang in Rom festgehalten, ihn im ungewissen gelassen, ob er je nach Germanien zurückkehren darf, habe ihn noch irritiert, indem ich ihm den Oberbefehl in Moesien in Aussicht stellte«, lachte Domitian.

Befremdet sah ihn Clemens an, denn er begriff nicht, was der Kaiser mit dieser Bemerkung bezweckte, sollte es aber schnell begreifen, denn Domitian fuhr fort, seine Strategie zu erläutern. »Als Saturnin nicht mehr mit Germania superior rechnete, ließ ich ihn zurückkehren, nachdem ich gewisse Dinge dort geregelt hatte. Wenn er alles an Bauten und Verwaltungsmaßnahmen bis zum letzten Punkt beendet hat, berufe ich ihn ab, weil es auf Dauer für einen begabten Mann wie ihn zu verführerisch ist, vier Legionen zu befehligen, und für mich zu gefährlich. Frontinus habe ich aus Germania inferior zurückbeordert. Wem soll ich diese Provinz geben? Rate mir!«

»Appius Maximus«, erwiderte Clemens, ohne zu zögern.

»Warum?«

»Er ist dir treu ergeben und kann Saturnin nicht ausstehen, neidet ihm die Erfolge. Stell dir vor, du würdest Germania inferior einem Freund oder Bewunderer Saturnins geben, dann hättest du im Falle einer Erhebung – in Germanien putschte schon einmal ein Feldherr namens Vitellius – sieben Legionen gegen dich.«

Domitian erschrak, denn so weit hatte er nicht gedacht. Sieben Legionen, die gegen Rom zögen, waren durch nichts aufzuhalten. Mißtrauen gegen begabte, ehrgeizige Männer wie Saturnin war immer angebracht. »Maximus erhält die Provinz Germania inferior«, entschied der Kaiser, verschwieg aber Clemens, daß er Maximus eigentlich als Legat für Tettius Julianus in Moesien vorgesehen hatte.

Noch lange berieten sich der Kaiser und Clemens über die Besetzung von Statthalter- und Beamtenposten. Bei kontroversen Meinungen mußte sich Domitian den stichhaltigeren Argumenten von Clemens beugen, was er zwar äußerst ungern, aber notgedrungen tat. Der langwährende Disput ergab für Lucullus die Statthalterschaft Britanniens, für Curiatius Maternus die Legatio nach Moesien und für Cerealis die Möglichkeit, um eine senatorische Provinz zu würfeln. Keiner der Betroffenen ahnte in diesem Augenblick, daß zwei Männer auf dem Palatin ihr weiteres Geschick bestimmt hatten.

Während sie miteinander sprachen, so schien es Clemens, verlor Domitian mit einem Male das krampfig zur Schau gestellte anmaßende Verhalten und wurde zu einem Menschen, mit dem man vernünftig reden konnte.

»Weißt du, Arrecinus, manchmal denke ich daran, daß man als Kaiser sehr einsam ist und nie um seiner selbst willen geliebt wird. Glaubst du, daß mich einer von denen liebt, die um mich herumscharwenzeln? Sie fürchten mich und lieben nur sich selbst und wollen durch die ihnen erwiesene Gnade ihre Eigenliebe befriedigen. Die Menschen, Arrecinus, kann man eigentlich nur verachten, jedenfalls die meisten. Komisch, daß ich die, die mir Achtung abnötigen, hasse, ja hassen muß, weil sie meine Feinde sind.« Der Kaiser lehnte sich zurück, sein Blick schien durch Clemens hindurchzugehen und sich in einer anderen Dimension zu verlieren. Clemens hätte gern geantwortet, unterließ es aber, um Domitian aus dem seltenen Zustand des Allzumenschlichen nicht herauszureißen.

»Glaubst du, Arrecinus, daß sie es schaffen, mich umzubringen?«

»Wer?« fragte Clemens und bereute sofort seine Torheit.

Domitians entspanntes Gesicht verkrampfte sich hochmütig. »Wer, fragst du? Das sollst du doch herausfinden! Laß Silva, Coccejanus, Orfitus und Pomposianus nicht mehr aus den Augen. Ich habe es ihnen nicht vergessen und verziehen, daß sie mir damals im Senat ihre Stimme verweigerten. Es wird Zeit, daß sie aus dem Senat und aus Rom verschwinden. Nur einen winzigen Anhaltspunkt brauche ich. Mit Silva könnte ich beginnen, er hat sich verleumderisch, wenn auch verschlüsselt, gegen mich geäußert.«

»Silva ist krank. Sein Arzt, dieser Gamaliel, hat es meinem Arzt gesagt. Zudem das Elend mit Octavia. Pomposianus, den du erwähntest, hat nicht gegen dich gestimmt.«

»Trotzdem ist Pomposianus ein Gegner. Lassen wir Silva vorerst in Frieden, wenn er sich ruhig verhält. Schließlich ist er ein Flavier. Wie lange hat er noch zu leben?«

»Nicht länger als ein Jahr.«

»Geschenkt«, sagte Domitian. »Und Flavius Josephus?«

»Schreibt an seinen Büchern. Er hat Angst und ist keine Gefahr.«

»Wenn sie mich nicht lieben, Hauptsache, sie fürchten mich«, zitierte Domitian einen seiner Vorgänger auf dem Kaiserthron. »Ich will aber jede Zeile dieses Judäers Joseph lesen. Eine verdächtige und mir mißfallende Passage, und der Beschnittene schreibt kein Wort mehr.«

Warum konnte der Kaiser nicht länger nur der Mensch Domitian sein, der er vor wenigen Augenblicken noch gewesen war? Warum diese Selbstüberhebung und Anmaßung? Ist es nur die Angst, die er kompensieren will? Ist es der unbedingte Wille, das Schicksal abzuwenden, oder der krankhafte Wille zur Macht? Clemens rätselte, doch Domitian, der den nachdenklichen Clemens scharf beobachtete, ließ ihm keine Ruhe, führte ihm die Notwendigkeit zusätzlicher Sicherheitsvorkehrungen plastisch vor Augen. Als der Kaiser schwieg, fragte Clemens lakonisch, ob der Prätorianer gefaßt worden sei.

»Das weißt du besser als ich«, rügte Domitian.

»Noch immer nicht?« tat Clemens erstaunt. »Nun wird ihn Sura nicht mehr fangen. Wer aus dem Kerker des Castrums flieht, dem ist ein Folterknecht ohne Geist, wie Sura, nicht gewachsen.«

»Sura wird ihn fangen, weil ich es will!« schrie Domitian und schlug auf den Tisch. »Und du, Clemens, hüte deine Zunge! Wenn du weiterhin meinen Minister verunglimpfst, werde ich dich einmal ihm und seinen von dir geschmähten Methoden überlassen. Vielleicht erfahre ich dann, daß du ein Verschwörer bist.«

»Verzeih mir, es soll nicht wieder vorkommen. Sura wird ihn fangen«, entschuldigte sich Clemens, denn Domitians Drohung hatte ihm Furcht eingeflößt.

Domitian genoß grinsend Clemens' Angst, fragte dann, als wäre nichts gewesen, was er, Clemens, von einer Rückberufung der Kaiserin aus der Verbannung halte?

Clemens hatte nicht mehr die Ruhe und die Konzentration, darüber nachzudenken, was der Hintersinn von des Kaisers Frage sein könnte, sondern antwortete müde, wenn es des Kaisers Wille sei, dann wäre nichts dazu zu sagen.

»Würdest du den Antrag im Senat einbringen und begründen, der Domitia schnellstens nach Rom zurückbringt?«

Clemens, den die Angst vor der Drohung Domitians noch nicht verlassen hatte, stimmte bedenkenlos zu.

»Danke, Arrecinus. Wenn ich mich etwas ziere und zunächst länger zögere, deinem Antrag nachzugeben, dann müßt ihr mich heftig bedrängen im Senat, mich anflehen, mich beschwören, die Kaiserin nach Rom zurückkommen zu lassen. Keiner, weder du noch die anderen Senatoren, wird einen Nachteil davon haben, eher das Gegenteil. Du wirst es schon gut inszenieren. Ich liebe Domitia, ich bin verrückt nach ihr, was ich aber nicht zeigen darf, um nicht meine Autorität zu verlieren.«

Clemens versprach dem Kaiser, es nach Wunsch auszuführen, worauf ihn ein huldvoller, freundlicher und gnädiger Imperator entließ, der nicht einmal Anstoß daran nahm, daß der verwirrte Besucher ihm beim Abschied Handkuß und den Titel Herr und Gott versagte.

LVIII

Hatte er an den ersten Tagen nur vor sich hinbrütend im Reisewagen gesessen und weder die Landschaft noch die ihn auf Octavias Wunsch begleitende Mikal beachtet, so änderte sich dies mit zunehmender Entfernung von Rom. Saturnin sah zum Fenster hinaus und bemerkte, daß die Natur wieder Farben hatte. Ihm schien es wie ein Wunder, was da jedes Jahr aufs neue geschah, das Altern, das Sterben, die Wiedergeburt. Seine Grübeleien über Octavias Krankheit und Domitians Verhalten verloren langsam das ihn seit seiner Abreise fortwährend Bedrückende und mündeten in klare Antworten: Octavia würde, nach Gamaliels Diagnose, wieder gesund werden; und sein Verhältnis zu Domitian war endlich, fern jeder Emotion und jedes Verbundenheits- und Dankbarkeitsgefühls und jenseits des idealisierten Bildes, auf den Punkt gebracht. Nüchtern und illusionslos sah Saturnin in Domitian einen ihm fremd gewordenen Menschen, der zwar kein

Freund, aber auch kein hassenswerter Feind war, solange er seine Tyrannei nicht auf ihn, Saturnin, ausdehnte. Die wiedergewonnene Klarheit erfüllte ihn mit Zufriedenheit, die nur durch ein wenig Verbitterung und Enttäuschung getrübt wurde. Er hatte sich von Domitian blenden lassen wie ein Jüngling von den Reizen einer Schönen, die sich dann als Dirne aus einem billigen Lupanar entpuppte.

Hundegebell drang an sein Ohr. Sosehr er sich mühte, er konnte den Ruhestörer nicht entdecken. Erst als er den Kopf drehte, um zur anderen Wagenseite hinauszusehen, konnte er einen schwarzen Wolfshund beim Zusammentreiben einer Schafherde beobachten. Saturnin wollte sich wieder abwenden, als sein Blick an Mikal haften blieb. Obwohl die Judäerin seit nahezu siebzehn Jahren in seinem Hause wohnte, bemerkte er erst jetzt, daß sie blaue Augen, ein ovales Gesicht und eine schmale, leicht gebogene Nase hatte.

»Wärest du lieber in Rom geblieben?« richtete er erstmalig das Wort an sie.

»Und wenn?« fragte sie ohne Scheu zurück.

»Hättest du es der Herrin sagen können.«

»Eine Sklavin hat nichts zu sagen, sondern zu gehorchen.«

»Sag mir, daß du zurück nach Rom willst, und ich lasse dich sofort zurückbringen.«

»Das geht nicht, denn ich habe der Herrin versprochen, alles für dein Wohl Erforderliche zu tun.«

»Alles?« fragte er spöttisch, wobei sein Blick unverhohlen ihren Körper musterte und dann bei ihrem Gesicht verweilte. Eine Schönheit war dieses Mädchen nicht mit dem zu vollen und etwas zu breiten Mund über dem zarten und schmalen Kinn, aber nicht ohne Reiz.

Leicht errötend bestätigte sie: »Alles.«

»Gut. Du kannst lesen und schreiben, Lateinisch, Griechisch und Aramäisch. Bestimmt verstehst du einiges von Hauswirtschaft. Was kannst du noch?«

»Reiten.«

Saturnins Gesicht verschloß sich, wurde ablehnend, beinahe zornig. »Nein, bloß nicht reiten!« beendete er barsch das Gespräch und wandte sich ab.

»Verzeih, Herr, ich wollte dich nicht erzürnen«, flehte sie.

Der Statthalter winkte ab und murmelte, ohne sie dabei anzusehen, es sei gut, sie könne nichts dafür.

Die Kunde, daß Saturnin auf dem Wege sei, hatte sich von der Grenze bis nach Mogontiacum schneller, als die kaiserliche Post und Kuriere es hätten melden können, verbreitet. Jubelnde Menschen empfingen ihren Statthalter, die VIII. Legion Augusta in Argentoratum hieß ihn wie einen Imperator nach siegreicher Schlacht willkommen.

Die Meldung des Legaten Maturus, Sentius sei mit zwei Centurien zum Bau des Grenzwalles abkommandiert, verstimmte Saturnin. Kaum ist der Vater weg, schikaniert man den Sohn, dachte er, als er Maturus, dem stets korrekten und pflichttreuen Beamten mit dem glatten und verschlossenen Gesicht, in die Augen sah, die unstet seinem Blick auszuweichen versuchten. Verbirgt er mir etwas? fragte sich Saturnin.

»Befiehl meinem Sohn, ohne Verzug nach Mogontiacum zu kommen!«

Maturus verneigte sich leicht, schlug mit der Faust auf den Brustpanzer und war erleichtert, als der Statthalter ohne längeren Aufenthalt seine Reise fortsetzte.

Bei Maturus hatte sich Saturnin nie wohl gefühlt, obwohl ihn die VIII. Augusta immer voller Begeisterung empfing. Mit Salvius, dem Kommandanten von Vindonissa, verhielt es sich anders, man war vertraut, man plauderte und man trank zusammen.

Mogontiacum feierte die Rückkehr des Statthalters.

»Man verehrt und liebt dich«, sagte Mikal angesichts des Jubels.

Geschmeichelt nickte Saturnin. Vor dem Statthalterpalast erwarteten Pomposianus, der die Amtsgeschäfte während Saturnins Abwesenheit geführt hatte, und die von Pomperius geleitete Leibgarde ihren Vorgesetzten.

Überrascht streifte Pomperius' Blick die noch im Wagen sitzende Judäerin. Saturnin, der dies bemerkte, glaubte, ihm eine Erklärung geben zu müssen. »Befehl der Domina, Mikal bezieht ihre Gemächer und steht allen weiblichen und männlichen Sklaven vor. Sorge dafür, daß der Domina Wille respektiert wird! In zwei Stunden sehen wir uns zu einer kurzen Lagebesprechung in meiner Bibliothek.«

Pomperius sah fragend auf Saturnin, der ihm bestätigte, daß er und Pomposianus gemeint seien.

Alles war so fremd und so vertraut zugleich. Langsam schlenderte Saturnin durch seine Amtsräume, ließ sich dann ein Bad bereiten und von seinem Kämmerer ankleiden. Als er die Bibliothek betrat, saßen Pomposianus und Pomperius bereits da. Aufmerksam hörte sich der Statthalter den Bericht seines Vertreters an, unterbrach hin und wieder mit einer Frage, nickte zustimmend, als Pomposianus geendet hatte. Pomposianus sah hilfesuchend Pomperius an, der achselzuckend den Blick zurückgab. Saturnin, dem diese stumme Zwiesprache nicht entging, fragte, ob es noch etwas gäbe.

»Paterculus, Curio und Quinctius wurden . . .« Pomposianus stockte, da ihm der Mut fehlte, weiterzusprechen und den Satz zu beenden.

»Was ist mit den drei Tribunen? Was wurden sie?« drängte Saturnin.

»Sie wurden hingerichtet«, antwortete Pomperius.

»Hingerichtet?« fragte der Statthalter, als hätte er sich verhört.

Pomposianus und Pomperius bestätigten es.

»Unmöglich! Mir als Statthalter obliegt die Gerichtsbarkeit in der Provinz, und ich habe kein Todesurteil verhängt. Oder hast du«, Saturnin beugte sich vor, um Pomposianus näher zu kommen, »in meiner Vertretung die Tribunen hinrichten lassen?«

»Nein, es waren Suras Leute«, erwiderte Pomposianus.

Pomperius und Pomposianus sahen den Statthalter an

und warteten auf seine Entgegnung, waren sogar auf einen Zornesausbruch gefaßt. Doch Saturnin schwieg. Zwischen seinen Augenbrauen stand eine tiefe Furche, seine Backenmuskeln zuckten und seine Hände preßten sich um die Sesselarmstützen. Gespannt beobachteten der Adjutant und der Legat jede seiner Bewegungen. Er schwieg noch immer. Die Stille lastete auf ihnen, denn sie wußten, daß sie nicht echt war, sondern nur das Unwetter vorbereitete.

Saturnin kämpfte einen schweren Kampf. Als Pomposianus Suras Namen in Verbindung mit dem Tod der drei Tribunen brachte, erfaßte er sofort die ganze Tragweite des Geschehens. Er hätte schreien, fluchen, brüllen, auf den Tisch hauen oder diesen zerhacken können, um die Aufwallung von Wut, Enttäuschung und Ohnmacht abzureagieren. Doch mit äußerster Anstrengung zwang er sich, seinem Drang nicht nachzugeben. Vor Untergebenen durfte man sein Innenleben, seine wahren Gefühle nicht offenbaren, sonst war man berechenbar und verlor Autorität. Pomperius und Pomposianus warteten auf seinen Wutausbruch, was er ihnen ansah. Warum? Hatte er sich in ihrer Gegenwart schon zu oft unbeherrscht gezeigt? Aber nicht heute! Er umkrampfte das Holz, daß die Hände schmerzten. Plötzliches Rumoren in den Vorzimmern, knarrende Treppen, schlagende Türen, zu Boden schepperndes Geschirr lösten die Spannung der Stille. Der Statthalter lockerte die verkrampfte Haltung und lauschte zur Tür, auch Pomposianus und Pomperius wandten den Blick von Saturnin ab. Der Lärm verebbte und alles lag wieder ruhig.

»Suras Leute haben Paterculus, Curio und Quinctius hingerichtet?« fragte Saturnin, bemüht um Festigkeit der Stimme, konnte aber nicht verhindern, daß sie unnatürlich gepreßt und fremd klang. »Wessen klagte man sie an? Wurden sie in Argentoratum, in Vindonissa hingerichtet, oder schleppte man sie nach Rom?«

»Der Verschwörung gegen Rom und den Kaiser wurden sie angeklagt. Quinctius gab sich in Vindonissa selbst den

Tod, Paterculus und Curio wurden in Argentoratum enthauptet. Der Prätor, der in Suras Auftrag und mit den von Domitian gesiegelten und unterzeichneten Todesurteilen kam, hatte die Henker bei sich.«

»Und du, als amtierender Statthalter, hast den Mord zugelassen?«

Pomposianus zuckte zusammen und sackte tiefer in den Sessel.

»Antworte!« herrschte ihn Saturnin an.

»Ich konnte nichts tun, weil ich nichts davon wußte. Erst als alles vorüber war, erfuhr ich die . . .«

»Sauerei«, ergänzte Pomperius.

»Mord, nichts als Mord war es«, sagte Saturnin. »Keine Hand regte sich, um den Henkern in den Arm zu fallen? Jeder stand still und ließ ungerührt seine Kameraden ermorden?« fügte Saturnin hinzu, und seine Stimme klang bitter.

»Du tust deinen Legionen unrecht«, widersprach Pomperius. »Salvius widersetzte sich, bis ihn der Prätor beschuldigte, selbst ein Verschwörer zu sein, wenn er ihn an der Ausübung der Pflicht hindere. Dann mußte Salvius nachgeben, ermöglichte aber Quinctius einen ehrenhaften Freitod. In Argentoratum wäre fast eine Meuterei ausgebrochen, aber Maturus hat sie unterdrückt und den Henkern volle Unterstützung gewährt.«

Maturus, dachte Saturnin, hat also davon gewußt.

»Als Sentius sich vor seine Freunde stellte und forderte, das Urteil dürfe nicht vollstreckt werden, bis du wieder zurück seiest, antwortete ihm der Prätor, du werdest nicht zurückkommen. Doch Sentius ließ sich nicht beirren, er und Voconius hätten die Exekution verhindert, wäre Maturus nicht gewesen.«

Nun muß ich allein sein, fühlte Saturnin, denn länger ertrage ich die Spannung nicht. Kurzerhand entließ er die beiden Offiziere. Seine angestaute Wut entlud sich in derben Flüchen, seine Fäuste hämmerten auf den Tisch. »Diese hinterhältigen, infamen Schlächter«, rief er wiederholt.

»Herr, ich hörte dich rufen«, drang die unterwürfige Stimme seines Kämmerers Gabinius in den Zornesausbruch.

Verdutzt sah ihn der Statthalter an, ehe er begriff, daß der etwas Schwerhörige seine Flüche als Ruf verstanden hatte. Das Komische der Situation dämpfte Saturnins Erregung, der Gabinius mit einem Wink entließ.

Warum haben Sura und Domitian während meines Fernseins die Tribunen töten lassen? versuchte er nüchtern das Vorgefallene zu werten. Willkür und Demonstration von Macht oder Drohung für mich, nicht anzunehmen, ich sei in Germanien in Sicherheit?

»Wie weit willst du es noch treiben, Domitian?« fragte der Statthalter halblaut. Hast du mir mit deinem anmaßenden und hochmütigen Verhalten gezeigt, daß dir an meiner Freundschaft nichts liegt, so laß uns ein Verhältnis haben wie Männer, die einander achten und schätzen, korrekt und auf dienstliche Belange beschränkt! Doch auch daran scheint dir nicht gelegen zu sein. Aus welchem Grunde hast du dich sonst in meine Machtbefugnisse eingemischt? Machtbefugnisse? Ich Tor habe geglaubt, daß ich an der Macht teilhabe, doch Macht ist unteilbar. Wer sie besitzt, gibt nicht ein Gran davon ab. Saturnin lachte über sich selbst.

O sancta simplicitas! Er hat mich getäuscht und mir geschickt den Glauben vermittelt, ich sei an der Macht beteiligt. Danach konnte er über mich verfügen und ließ mich schuldig werden. Aus Erfahrung hätte ich wissen müssen, daß man sich der Macht, wenn man sie nicht besitzt und ausübt, nur unterwerfen oder widersetzen kann. Teilhaben ist nur Illusion! Die Herrscher, sind sie wohlwollend und dankbar, was selten genug vorkommt, geben ihren Paladinen und Gefolgsleuten ein wenig von den Früchten der Macht, um sie bei Laune zu halten, aber niemals Macht selbst. Das ist der Trugschluß der Anhänger eines Herrschers, beides zu verwechseln. Auch ich, Lucius Antonius Saturninus, vermochte den Unterschied nicht zu erkennen.

Nachdenklich lief er in der Bibliothek auf und ab. Ihn beschäftigte die Frage, was gegen Domitians Einmischung in seinen Lebenskreis – denn die Tötung dreier Tribunen seines Vertrauens und ohne sein Wissen war eine ernst zu nehmende und bedrohliche Einmischung, vielleicht sogar eine Kampfansage – zu tun sei.

Sosehr er auch grübelte, er fand keinen gangbaren Weg, Domitians Befehlen und Zwängen wirksam zu begegnen. Schließlich war er, Saturnin, nur der Statthalter und Untergebene des Imperators, der gehorchen mußte.

»Nein, nein«, stieß Saturnin gequält aus, »diese Ohnmacht gegenüber der Willkür und dem Unrecht ist nicht auf Dauer zu ertragen.«

Erschöpft ließ er sich in den Sessel fallen. Hätte er wenigstens einen Menschen, dem er sich anvertrauen könnte. Wäre Octavia hier, und könnte er ihren Rat hören, oder Silva oder Cerealis! Ich werde Octavia schreiben, entschloß er sich, gab es resigniert wieder auf, denn bereits einmal hatte ihm ein allzu offenes Wort in Briefen Ungnade gebracht.

Was soll ich nur tun? Bin ich bereits in der ausweglosen Lage, die mich zum Lesen von Titus' Vermächtnis berechtigt? Warum nicht? Der Statthalter ging in sein neben der Bibliothek gelegenes Arbeitszimmer und suchte nach dem Lederpäckchen. Vor Schreck fuhr er zusammen, als er es nicht fand. Hastig durchwühlte er alle Fächer. Überall nichts.

Man hat es gestohlen! Bestimmt hatten Domitians Spürhunde, die allerorten waren, Titus' Schreiben längst in ihren Händen.

Plötzlich fiel ihm ein, daß er das kostbare Gut aus Vorsicht mit nach Rom genommen hatte. Erleichtert ließ er sich im Sessel nieder, sprang aber gleich wieder auf, um das Lederpäckchen aus seinem Reisegepäck zu holen.

Lange zögerte er, ob er die Naht durchtrennen oder noch warten sollte, setzte den Dolch an den Faden, um den kurzen Schnitt zu führen, aber eine unsichtbare Kraft hinderte ihn daran. Vorsichtig verbarg er den Beutel wieder im hintersten Winkel des Schreibtisches.

LIX

Drei Wochen lag seine Ankunft aus Rom bereits zurück und noch immer keine Nachricht aus Argentoratum, obwohl er Maturus befohlen hatte, Sentius sofort vom Limes zurückzubeordern und nach Mogontiacum zu kommandieren. Voller Ungeduld erwartete Saturnin seinen Sohn, versuchte sich dessen Fernbleiben zu erklären. Mikal, Zeugin seiner täglich wachsenden Unruhe, wagte tröstende Worte, die er unwirsch abtat. Er bedurfte nicht des Trostes einer Sklavin.

An einem Aprilmorgen diktierte er seinem Schreiber den Befehl für den Legaten der VIII. Legion Augusta, Maturus, sofort nach Erhalt des statthalterlichen Schreibens zusammen mit dem Tribunen Sentius Saturninus in Mogontiacum zu erscheinen.

»Ich habe es satt mit diesem Maturus!« sagte er zu Pomperius. »Nimm dir eine Dekurie, überbring meinen Befehl und kehre nicht ohne Sentius und Maturus zurück!«

Grinsend nahm der Adjutant das Schreiben an sich, fragte, was er tun solle, weigere sich Maturus. Verständnislos sah ihn Saturnin an und erwiderte, daß er dies für ausgeschlossen halte. Als Pomperius später als erwartet von Argentoratum zurückkehrte, in seinem Gefolge Sentius und zu Saturnins Erstaunen Cornelius und Lucullus, aber nicht Maturus, fiel dem Statthalter des Adjutanten Frage wieder ein. Der Legat der VIII. Augusta geriet durch die Begrüßung in Vergessenheit, erst beim abendlichen Mahl fragte er nach Maturus.

»Maturus ist tot, er hat sich selbst gerichtet. Ich erzähle dir später mehr darüber, denn Lucullus und Cornelius wird diese interne Angelegenheit nicht interessieren«, erwiderte Sentius.

Lucullus nickte und schnalzte plötzlich genießerisch mit der Zunge, als Mikal eintrat und drei Sklaven die Speisen auftragen hieß.

»Die Kleine aus Jerusalem? Dafür lohnte schon ein Sprung ins Feuer«, lachte er.

Saturnin überging den Scherz, drängte auf Nachrichten aus Rom und fragte, was Lucullus nach Germanien führe.

Lucullus hatte nichts Wissenswertes zu berichten, außer daß Appius Maximus Saturnins Nachbar in Colonia Agrippinensis werde und er der Statthalter Britanniens, während Cerealis die alte gute Provinz Asia erlost habe. Dabei aß und trank er mit gutem Appetit, schwätzte über Nichtigkeiten und entwarf schließlich ein Zukunftsbild seiner Statthalterschaft.

Saturnin war froh, als sich Lucullus bald zurückzog. Die Freundschaft zu ihm lebte nur noch in der Erinnerung. Im Grunde hatten sie einander nichts mehr zu sagen, und des ehemaligen Freundes dümmliche und oberflächliche Art wurde Saturnin in zunehmendem Maße unerträglicher. Endlich konnte man ein sinnvolles Gespräch führen. Auf seine Frage nach Octavias Zustand reichte ihm Cornelius zwei Rollenbehälter über den Tisch, die er gleich öffnete und dann zu lesen begann. Octavias Brief weckte Hoffnung, da sie bereits wieder, wenn auch nur kurze Strecken und mit Hilfe zweier Krücken, laufen konnte, endete aber mit einer traurigen Nachricht: Silva war gestorben.

Der Statthalter ließ das Schreiben sinken und blickte auf Cornelius, der daraufhin sein Gespräch mit Sentius unterbrach.

»Der zweite Brief ist von Silva. Ich habe ihn vor seinem Tode noch sprechen können«, entgegnete Cornelius auf Saturnins unausgesprochene Frage.

Silvas Brief enthielt vor allem Freude und Hoffnung, Octavias Zustand betreffend, und einige Ratschläge an den Statthalter. Es stünde schlimmer, weitaus schlimmer, schrieb Silva, als es die kühnste Phantasie hätte voraussehen können.

Saturnin gab die Briefe seinem Sohn, der sie überflog und dann zurückreichte, schließlich auf seinen toten Legaten Maturus das Gespräch brachte. »Maturus war ein Lump, der seine Hand willig den Henkern reichte, die Paterculus und Curio umbrachten. Gemeinsam mit Voconius und einigen Tribunen und Centurionen forderte ich, die Vollstreckung des Urteils bis zu deiner Rückkehr aufzuschieben. Doch die hatten es verdammt eilig. Maturus bedrohte uns und kommandierte uns an den Limes. Deinen Befehl, mich nach Mogontiacum zu beordern, hat er mir nie übermitteln lassen. Als Pomperius ihn aufforderte, vor dir zu erscheinen, hat er sich umgebracht. Maturus war ein Spitzel Suras. Curio und Paterculus müssen davon gewußt haben. Quinctius wiederum war mit ihnen befreundet und zudem ein entfernter Verwandter von Paetus. Vater, du mußt etwas tun, daß sich dergleichen niemals wiederholt!« forderte Sentius ungestüm.

Als Saturnin nicht antwortete, wiederholte Sentius: »Es ist deine Pflicht, Vater, etwas zu tun!«

Der Statthalter schwieg. Was sollte er dem Sohn antworten, der ihn bedrängte? Durfte er ihm gestehen, daß er nichts tun könne? Sentius hätte es nicht verstanden. Er nickte und wandte sich Cornelius zu, um das leidige Thema zu beenden. »Sage mir, Muse, die Taten des vielgewanderten Mannes, welcher so weit geirrt . . . und so vieler Menschen Stätte gesehen«, forderte er mit Homer den Neffen auf, über seine Reisen zu berichten.

»Aber die Freunde rettet er nicht, wie eifrig er strebte; denn sie bereiteten selbst durch Missetat ihr Verderben. Schaffen die Toren sich selbst, dem Schicksal entgegen, ihr Elend?« antwortete Cornelius ebenfalls mit Homer.

Saturnin ließ von der eintretenden Mikal die Becher füllen und gab ihr zu verstehen, daß sie nicht mehr benötigt werde und schlafen gehen könne.

»Mikal ist eine schöne Frau geworden, wenn man bedenkt, was sie für ein verstocktes, garstiges kleines Mädchen war«, bemerkte Sentius und schaute der Judäerin bewundernd nach.

»Findest du?« fragte Saturnin beiläufig, bat dann Cornelius, Homers Worte mit Beispielen zu versehen.

»In Rom, zum Teil auch in den Provinzstädten, mißtraut heute jeder jedem. Jedes Wort kann zum Verhängnis werden, auch das nicht gesagte, seit Denunzianten an der Vermögenskonfiskation der Beklagten ihren Anteil erhalten. Den Löwenanteil streicht der Kaiser ein, um seinen pompösen Lebensstil finanzieren zu können. Laufend erläßt er neue Steuern und neue Edikte zur Geldbeschaffung. In Rom läßt er ein riesiges Reiterstandbild errichten, in jeder Stadt glotzen dich seine Statuen an, überall baut er Tempel und bestellt eine große Priesterschar zum Kult seiner geheiligten Majestät. Mit Isis, Mithras, Serapis und Jupiter stellt sich der Herr und Gott Domitian auf eine Stufe. Konsul ist er bereits zum vierzehnten Male, Pontifex maximus und Volkstribun auf Lebenszeit. An den Grenzen rüsten inzwischen die Barbaren zum Sturm auf das Imperium. An der pannonischen Grenze haben die Jazygen zwei unserer Kohorten vernichtet, die Marcomannen werden bald diesem Beispiel nacheifern. Aus Moesien kommen widersprechende Meldungen. Am Hofe dichten jetzt zwei Poeten zu des Kaisers Ruhm, Martial und Statius heißen sie. Nur ein paar kleine Proben ihrer Kunst: ›Dich darf ich schauen, Hoffnung der Menschen und Liebling der Götter; Siehe, da ist Gott, da ist er, vom Vater im Himmel eingesetzt mit der Vollmacht, auf glücklicher Erde zu herrschen! Morgenstern, bringe den Tag, komm bald und laß uns nicht bangen – Roma bittet darum, daß ihr der Caesar erscheine!‹ Im Amphitheater solltest du die Akklamationen hören: ›Herr der Herren, Höchster unter den Hohen, Herr der Erde, Gott aller Dinge . . .‹«

»Hör auf, mir wird übel«, unterbrach Saturnin den Neffen.

Sentius lächelte zufrieden über seines Vaters Reaktion

und ermunterte mit einer Kopfbewegung seinen Vetter zum Weitererzählen.

»Und man muß alles erdulden, Onkel, und muß sogar mittun, um sein Leben und seinen Besitz zu erhalten. Alle hassen diesen unwürdigen Zwang und die demütigende menschenunwürdige Willkür, doch keiner, bis auf wenige Ausnahmen, wagt sich dagegen aufzulehnen. Es hätte auch keinen Sinn, denn was richten Worte gegen die Allmacht des Kaisers aus. Ein Feldherr an der Spitze von Legionen, wie du, Onkel, müßte Widerstand leisten, dann sähe die Sache anders aus.«

»Kein guter Vorschlag, denn er brächte Bürgerkrieg«, hielt Saturnin entgegen.

»Besser Bürgerkrieg, als von Domitian weiter gedemütigt und schließlich ermordet zu werden wie Paterculus, Curio und Quinctius«, widersprach Sentius seinem Vater heftig.

»Mit Worten, flammenden Reden und Beschwörungen kannst du der Gewalt und Macht Domitians nicht beikommen. Du wirst vernichtet wie ein waffenloser Mann, der in der Arena auf gepanzerte und waffenstarrende Gladiatoren trifft. Deshalb, Onkel, gibt es nur zwei Möglichkeiten für jeden Römer: Entweder man erduldet Domitians Tyrannei ohne Murren und richtet sich in ihr ein, indem man sich demütigt und sie wider besseres Wissen als höchste Freiheit lobt, wie es Martial vorgebetet hat, oder man bekämpft die Gewalt mit der Gewalt. Eine andere Möglichkeit, Onkel, sehe ich nicht.«

»Man muß Domitian bekämpfen. Du, Vater, als Befehlshaber über vier Legionen, könntest einiges bewirken«, sagte Sentius, als sein Vater Cornelius nichts erwiderte.

»Sentius, schlag dir solche Gedanken aus dem Kopf, damit du ihn nicht verlierst. Und du, Cornelius, sprichst von bewaffnetem Widerstand, du als Zivilist, der sich aus den Legionen herausgemogelt hat. Dein Aufbegehren erschöpft sich in Worten, nichts als Worten, die du selbst als nutzlos verspottet hast«, mahnte Saturnin.

»Mag sein, doch eines verspreche ich: Ich würde alles versuchen, Domitian umzubringen, täte er mir und mir nahestehenden Menschen Gewalt an«, versprach Cornelius.

Sentius pflichtete dem Vetter bei und entwarf einen Plan, Domitian zu stürzen, redete sich in Eifer, bis ihn Saturnin unterbrach.

Cornelius beantwortete des Onkels Frage, wann er weiterzureisen gedenke und wohin, mit einer längeren Aufzählung. Erst nach Colonia, um Petronius Secundus zu besuchen, dann nach Britannien, dann Ephesos, Cilicien, Cappadocien, und von dort werde er weitersehen.

Nach Mitternacht gingen Sentius und Cornelius schlafen. Der Statthalter indes blieb nachdenklich zurück. Die aufrührerischen Reden der jungen Männer gingen ihm nicht aus dem Sinn. Er mußte zugeben, daß ihnen neben jugendlicher Unbesonnenheit ein Großteil bitterer Wahrheit innewohnte. Vor allem die Worte des Neffen, man könne sich entweder vor Domitian demütigen und teilhaben an dessen Schuld oder ihm mit bewaffneter Macht entgegentreten, gaben ihm zu denken. Wie klar und nüchtern Cornelius die Alternative abgrenzte, jenseits derer keine Möglichkeit bestand, sosehr man es auch zu drehen und deuten versuchte, es gab nur dies Entweder – Oder! Und schließlich Cornelius' Versprechen, Domitian umzubringen, wendete er Gewalt gegen die Antonier und nahestehende Menschen an! War es jugendliche Großsprecherei, Pathos der Ohnmacht oder bitterer Ernst? Mögen die Götter es verhüten, wünschte der Statthalter, daß Cornelius je auf die Probe gestellt wird.

LX

»So wie ein Gespräch oder ein Buch die Reisenden täuscht und wie sie mit plötzlichem Staunen bemerken, daß sie schon angekommen sind, so werden die Vielbeschäftigten die ununterbrochene und so ungemein rasche Lebensweise nicht eher erkennen als am Ziel. Unhörbar rinnt die Zeit, unfühlbar, lautlos, unerkannt und fremd. Und doch ist sie das Kostbarste.«

Mikal legte das Pergament beiseite, nachdem sie Senecas Worte vorgelesen hatte.

Saturnin blickte versonnen vor sich hin. Unhörbar rinnt die Zeit, formten seine Lippen, und er dachte an seinen vor wenigen Wochen gefeierten achtundvierzigsten Geburtstag. Obwohl man ihn wie einen Imperator geehrt, ihn mit Geschenken bedacht, Mogontiacum ihm zu Ehren Spiele abgehalten hatte, war er nicht in der Stimmung gewesen für ein derartiges Fest. Octavias, ihm durch Sonderkurier am Geburtstagsmorgen ausgehändigter Brief hatte zuviel Erinnerungen an gemeinsam verlebte Tage geweckt. Drei Jahre war er nun Statthalter der Provinz Germania superior, und beinahe zwei Jahre lebte er von Octavia getrennt. Im letzten Jahr hatte sich ereignet, was er nicht gewollt und für möglich gehalten hatte: Mikal war seine Geliebte geworden. Seine Gewissensbisse hatte Sentius zerstreut mit den Argumenten, daß Octavia es so gewollt habe und Mikal als Sklavin zur Familie gehöre. Natürlich konnte Saturnin nicht leugnen, daß er die Bewunderung der jungen Judäerin und ihre hingebungsvolle Leidenschaft genoß. Es war anders als mit Octavia. Mikal würde es nie gelingen, ihren Platz als gleichberechtigte Partnerin und Beraterin einzunehmen, und sie schien dies auch nicht zu wollen.

Saturnins Gedanken schweiften ab, Sorgen bedrängten ihn. Hatte er versucht, seiner Provinz Wohlstand zu bringen, einen Wohlstand für alle Stände, so machten Domitians ständig erhöhte Steuern und Abgaben all seine Bemühungen zunichte. Innerhalb von zwei Jahren hatte der Kaiser die Steuern und Abgaben vervierfacht. Für seine erfolglosen Kriege und seine Verschwendungssucht benötigte Domitian höhere Landwirtschaftserträge, mehr Leder, mehr Metalle, mehr Wolle und mehr Geld. Kaiserliche Steuereintreiber und Frumentarieroffiziere kamen in Scharen nach Germania superior und schalteten und walteten hinter seinem Rükken, als wäre er, der Statthalter, gar nicht vorhanden, und wenn, dann nur als ihr Erfüllungsgehilfe. Es schien, als wolle Domitian die Provinz vollkommen ausplündern. Einem dieser Offiziere hatte er die beschämende Wahrheit entlockt: Tettius Julianus hatte bei Tapae einen Sieg über die Daker errungen, der aber Rom nicht nur keinen Gewinn, sondern sogar Verlust brachte. Domitian, als Sieger, erkaufte von Decebal, dem Verlierer, einen schmachvollen Frieden durch Kontributionen, weil zur gleichen Zeit Jazygen und Marcomannen die Grenzen bedrohten und der Kaiser das Stillhalten der Daker brauchte. Saturnin hatte sich seit diesem Tage geweigert, weiterhin die überhöhten Steuern und Naturalabgaben zu entrichten. Er hatte an Domitian geschrieben, ihm seine Gründe dargelegt und den Kaiser gebeten, die blühende Provinz nicht zugrunde zu richten. Die Antwort stand noch aus. Saturnin verspürte keine Lust, Domitians Irrsinn, so nannte er die Kontributionszahlung an Decebal, mitzutragen.

»Herr, soll ich endlich öffnen? Die Herrin hat es geraten«, fragte Mikal und hielt das Lederbeutelchen hoch. Noch in Gedanken nickte Saturnin zustimmend. Mit einem kleinen Dolch trennte Mikal die Nähte auf und zog ein zusammengefaltetes Pergament heraus, das sie dem Statthalter reichte.

»Was ist das?«

»Titus' Schreiben an dich.«

»Wer gab dir das Recht, den Beutel zu öffnen?« fragte er böse.

»Du, Herr. Ich fragte dich, und du hast es erlaubt. Die Herrin hat dich in ihrem Brief darum gebeten«, erwiderte Mikal traurig.

Saturnin, der seine verletzende Frage bereute, entsann sich, daß er zu irgend etwas genickt hatte, ohne recht zugehört zu haben.

»Bringen wir es endlich hinter uns und lüften das Geheimnis«, sagte er versöhnend und entfaltete das Schreiben.

Mikal sah, wie sein Gesicht gleichsam versteinerte. Der Statthalter blickte sie an, doch er schien sie nicht zu bemerken. Seine Augen wirkten wie erstarrt. Es dauerte geraume Zeit, ehe sich die Erstarrung löste und in die Augen wieder Leben kam.

Er las nochmals die Schrift auf dem Pergament, dann warf er es auf den Tisch und ließ es geschehen, daß Mikal es nahm und las.

»Er trachtet mir nach dem Leben!

Er hat Deine Briefe gefälscht!« las sie und wußte, worum es ging.

Diese Zeilen seines Freundes rissen die alten und nie gänzlich verheilten Wunden mit einem Schlage wieder auf. »Das Schwein hat ihn umgebracht, jetzt weiß ich es. Meine Briefe hat der Halunke gefälscht, um unsere Freundschaft zu zerbrechen, was ihm beinahe gelungen wäre. Dieser Verbrecher verdient es nicht, daß ihm jemand die Treue hält«, schrie Saturnin plötzlich seine angestaute Wut heraus.

Mikal duckte sich ängstlich.

»Ich tausendfacher Tor, hätte ich das Vermächtnis eher gelesen, ich hätte für diesen Banditen nicht einen Finger gerührt«, brüllte Saturnin und schlug sich klatschend an die Stirn.

»Ich bin schuldig geworden für diesen Verbrecher, der mich betrogen und belogen hat von Anbeginn. Er hat meinen Freund Titus, Roms besten und größten Kaiser, umgebracht«, stöhnte der Statthalter qualvoll und schlug die Hände vors Gesicht.

Unversehens erhob sich Saturnin, schlug an das Becken, worauf Gabinius, der Kämmerer, erschien.

»Entferne sofort alle Büsten Kaiser Domitians aus dem Palast!« befahl er dem verdatterten Kämmerer mit eisiger Stimme, die Mikal irgendwoher aus dem Nichts, aber nicht aus dem Körper ihres Herrn zu kommen schien, so böse, so fremd, so entschlossen.

Der Kämmerer blickte hilflos auf den Statthalter, dann auf Mikal, wollte etwas fragen, doch Saturnin schnitt ihm die Rede bereits im Ansatz ab: »Alle Büsten und Standbilder Domitians, so daß ich in einer Stunde *nirgends* auch nur eine Spur, die an den Kaiser gemahnt, mehr vorfinde!«

»Der Sockel in der großen Empfangshalle und im Wandelgang . . .«

»Ich sagte: alle! Wehe dir, ich finde, und sei es im entferntesten Winkel, noch ein Domitian-Bild vor, dann schicke ich dich ins Ergastulum. Von Stund an ist Domitian für diesen Palast – *tot*!«

LXI

Bald mußte Saturnin erkennen, daß er mit der Entfernung der kaiserlichen Büsten und Standbilder aus dem Palast seinen persönlichen Bruch mit Domitian vollzogen, aber im Grunde nicht mehr bewirkt hatte als ein Betrachter, der hinter dem sicheren Zaun seines Anwesens einem Vorüberziehenden mit der Faust droht. Domitians Schatten lag über dem Palast und verdunkelte die Räume auch ohne seine gipserne, marmorne und bronzene Präsenz. Das zeigte das vor Saturnin liegende kaiserliche Schreiben, das Antwort gab auf des Statthalters Bedenken der steigenden Steuern und Abgaben wegen.

Der Senator empfand den anmaßenden und herablassenden Ton des Kaisers als unerträglich. Wie Domitian ihm befahl, nie wieder kaiserliche Erlasse in Frage zu stellen, denn er, der Herr und Gott, wisse, was dem Imperium fehle. Jede Sesterze, jedes Granum Eisen und sonstiges Metall, jeder Digitus Leder sei berechnet und müsse abgeliefert werden. Wer daran deutle, gefährde das Wohl Roms und müsse sich die Frage gefallen lassen, ob er als Vertreter des Kaisers für die Verwaltung einer Provinz tauge.

Er droht mir, erkannte Saturnin, und nicht einmal versteckt, sondern unverhüllt. Erfülle ich nicht seine Befehle, die auf Dauer die Provinz ruinieren, setzt er mich ab oder bestraft mich. Nicht ein Körnchen und nicht eine Sesterze geht er von seinen übertriebenen Forderungen herunter, Zweifel daran ist bereits Widersetzlichkeit! Und als Gipfel des Hohnes rät er mir, den Sold der Legionen zu stunden oder zu kürzen, damit ich die Gunst meiner Soldaten verliere! Doch du sollst dich getäuscht haben, Domitian.

Der Statthalter rief seinen Schreiber und befahl, das kaiserliche Schreiben mehrfach zu kopieren. Den Magistraten der großen Städte ließ er eine Abschrift des kaiserlichen Befehls zukommen. Vor den angetretenen Legionen in Mogontiacum, Argentoratum und Vindonissa wurde in Gegenwart des Statthalters Domitians Schreiben verlesen. Zufrieden beobachtete Saturnin die überall gleiche Reaktion der Offiziere und Soldaten: anschwellendes Murren, das durch Tribunen und Centurionen angestachelt, sich zu tumultartiger Empörung steigerte. Der Statthalter ließ die Legionäre den berechtigten Zorn ungehindert austoben, dann hob er die Hand, und nachdem Ruhe über den Plätzen lag, versprach er ihnen, daß er, auch in der aussichtslosesten Lage, niemals daran denke, ihren wohlverdienten Sold zu kürzen. »Legionäre, ich werde, solange ich lebe und euer Feldherr bin, nicht dulden, daß einer von euch durch Suras Henker getötet wird wie Paterculus, Curio und Quinctius. Das schwöre ich bei allen Göttern! Ich werde mich vor euch stellen bis zu meinem Tode und hoffe gleiches von euch!« schloß er seine Ansprache. Und überall, in Argentoratum, in Mogontiacum und Vindonissa der gleiche ohrenbetäubende Jubel, die gleichen Treuebekenntnisse der Soldaten.

»Vater, ich muß dir einiges abbitten«, gestand Sentius.

»Ich wüßte nicht, warum.«

»Du weißt es. Mir ist unerklärlich, woher dein plötzlicher Sinneswandel kommt.«

»Sinneswandel?«

»Vater, hör auf, dich zu verstellen. Bisher hast du alles,

verzeih das harte Wort, in beinahe törichter Weise verteidigt, was Domitian auch tat. Weißt du, wie Domitian und Sura das nennen würden, was du vor den Legionen zelebriert hast?«

»Du machst mich neugierig?«

»Verhetzung der Legionen durch Herabwürdigung des Herrn und Gottes.«

»Unsinn«, erwiderte Saturnin kalt. »Ich habe lediglich den Herrn und Gott mit eigenen Worten sprechen lassen. Was kann ich dafür, wenn sie den Soldaten nicht gefallen.«

Auf den Einwand seines Sohnes, daß das kaiserliche Schreiben nur für den Statthalter und nicht die Legionen bestimmt gewesen sei, entgegnete Saturnin, daß er keinen Grund sehe, seine Soldaten nicht wissen zu lassen, was der Kaiser hinter ihrem Rücken beschließe.

Kopfschüttelnd betrachtete Sentius den seit der letzten Begegnung völlig veränderten Vater und fragte, was er vorhabe.

»Nichts«, antwortete Saturnin.

»Schade, Vater, daß du kein Vertrauen zu mir hast. Du verbirgst mir etwas.«

Der Statthalter sah dem Sohn in die Augen, und ihm entging nicht dessen Enttäuschung. In einer Aufwallung von Zärtlichkeit legte er ihm die Hand auf die Schulter und überlegte, ob er ihm die Wahrheit schon zumuten durfte. So schritten sie entlang der Straße bis zum Tor des Legionslagers, wo Pomperius mit der Leibwache wartete.

»Sentius, versprich mir, was ich dir jetzt anvertraue, vorläufig keinem Menschen, auch deinem Legaten Voconius nicht, mitzuteilen, erst dann, wenn ich es gestatte, darfst, nein, mußt du es verbreiten.«

Als der Sohn ihm das Versprechen gegeben hatte, erzählte er ihm von Titus' Vermächtnis.

Sentius blieb stehen, krampfte seine Hände in des Vaters Mantel. »Er ist ein Schurke, ich sagte es doch immer. Warum hast du Großvater, Macrinus, Cornelius und mir nicht geglaubt? Vater, wie konnte ein Mann wie du so blind sein?«

Saturnin zuckte hilflos die Achseln, ging langsam weiter, nahm die Zügel seines Pferdes aus Pomperius' Hand, winkte dem Sohn zu, der ihm nachrief, er freue sich über die Wandlung und auf die VIII. Augusta könne er jederzeit bauen.

»Nicht nur auf die VIII. Augusta, auch auf die XI. Claudia, die XIV. Gemina Victrix und die XXI. Rapax«, ergänzte Pomperius lachend und hob grüßend zu Sentius die Faust und gab das Zeichen zum Aufbruch.

Es dämmerte bereits, als Noviomagus, das auf halber Höhe zwischen Argentoratum und Mogontiacum lag, sich im abendlichen Dunst am Horizont abzeichnete. Eine Ansammlung zerlumpter und abgerissener Männer und Frauen mit beladenen Karren und Wagen, schreienden Kindern, versperrte den Zugang zur Stadt. Ungehalten befahl Saturnin, Pomperius möge die Masse zerstreuen. Der Adjutant ritt zu den die Straße blockierenden Leuten, sprach mit ihnen und kam zu dem in gebührendem Abstand wartenden Statthalter zurück, erklärte, es seien Pächter und Bauern aus der Umgebung, die ihre Dörfer verlassen mußten, weil sie durch die Abgaben verschuldet seien. Um nicht zu verhungern, unternähmen sie den Versuch, sich in der Stadt zu verdingen, notfalls als Sklaven. Der Kommandant habe die Tore schließen lassen und Gewalt angedroht, räumten sie morgen die Straße nicht.

Kaum hatte Pomperius seine Erklärung beendet, ritt Saturnin zu den Bauern und sprach auf sie ein, wobei er durch Gesten seinen Worten Nachdruck verlieh. Mit Erstaunen bemerkte Pomperius, wie sich der die Straße versperrende Menschenhaufen nach beiden Seiten auseinanderzog und eine schmale Gasse zur Stadt freigab. Auf des Statthalters Wink folgte Pomperius mit der Leibgarde. Die Wache öffnete das Tor und ließ Saturnin, seine Begleiter und drei Bauern ein, die auf Saturnins Befehl ihnen folgten. Der Kommandant verneigte sich vor dem Statthalter, der auf die drei Bauern deutete und bemerkte, dies seien die Dorfältesten dreier verlassener Ansiedlungen, deren Schulden er zu streichen verfügt habe, gingen sie morgen in ihre Dörfer zurück. Des Kommandanten Sekretär solle es den Bauern schriftlich ausfertigen. Die drei Bauern verneigten sich vor Saturnin und folgten dem herbeigerufenen Sekretär.

Beim Abendessen gestand der Kommandant von Noviomagus, daß ihm die Landflucht Sorge bereite, da sie die Versorgung der Stadt und der Soldaten gefährde. Es sei ein Glück, daß der Statthalter gerade in einem sehr kritischen Moment erschienen sei, in dem er völlig ratlos gewesen sei.

Was aber geschieht dort, wo ich nicht helfend eingreifen kann, dachte Saturnin.

Am nächsten Tag von Pomperius beim Weiterritt befragt, ob er plötzlich sein Herz für die Bauern und Pächter entdeckt habe, antwortete der Statthalter barsch, ein Herrscher müsse für alle ihm anvertrauten Untertanen ein Herz haben. Landlose Bauern und Pächter, vertriebe man sie von ihrem Besitz, vermehrten sonst das städtische Gesindel in unvertretbarer Weise, klärte er Pomperius auf. Dann sprengte der Statthalter plötzlich los, als hätte er besondere Eile. Als Pomperius und die Leibwächter Mogontiacum erreichten, rekelte sich Saturnin bereits im Bad.

Erfrischt betrat er das Triclinium und bat Mikal, ihm Gesellschaft zu leisten. Auf ihre Frage, ob er Sorgen habe, antwortete er lachend, Sorgen sei untertrieben, doch damit dürfe man sich den Abend nicht verderben. Sanft zog er sie an sich, streichelte ihre Brüste und küßte sie.

Sie spürte sein drängendes Begehren, das sich auf sie übertrug, doch dem sie im Moment nicht nachzugeben gewillt war. »Herr, ich wollte dich schon immer einmal fragen, ob du mich liebst.«

Saturnin ließ sie erstaunt los und sah sie an.

»Ich weiß, daß ich als Sklavin kein Recht habe, danach zu fragen, sondern gehorchen muß. Doch ich frage trotzdem.«

»Natürlich liebe ich dich«, sagte er.

»Nicht mich, meinen Körper«, widersprach sie.
»Dein Körper, das bist du.«
»Unsere Körper haben voreinander keine Geheimnisse, aber unsere Gedanken, unsere Seelen. Du liebst mich nicht wie die Herrin, mit der du alle Gedanken, Sorgen und Wünsche teilst, was ich auch nicht verlange, sondern nur ein klein wenig Vertrauen.«
»Man kann als Mann nicht jede Frau in gleicher Weise lieben. Dich liebe ich, wie du bist, als Mikal. Die Herrin ist anders als du, also muß ich sie anders lieben, so wie du Zedekia anders liebst als mich.«
Mit einer abrupten Bewegung wandte sie sich ab und sagte: »Zedekia habe ich nie geliebt. Ich habe immer nur dich geliebt, schon als kleines Mädchen betete ich dich an. Du kamst gleich nach meinem Gott Jahwe. Klingt nicht alles wie ein Märchen? Der starke Mann, der sein Leben einsetzt, um die Geliebte den Flammen zu entreißen?«
»Du warst ein Kind. Mir stand eher der Sinn nach deiner griechischen Kinderfrau«, sagte er.
Sie lehnte sich wieder an ihn und flehte, er möge ihr doch die Illusion lassen, denn sie sei so schön.
»Natürlich. Ich liebe dich doch, reicht das nicht?«
Es reicht tausendfach, dachte sie, als er sie umarmte und ihr das Gefühl gab, als wären ihr und sein Körper untrennbar miteinander verbunden.

Früh am Morgen, Mikal schlief noch, verließ Saturnin ohne Begleitung den Palast und ritt zum Legionslager hinauf. Trotz der frühen Stunde – die Nebel krochen die Böschung des Flusses hinauf, und die Sonne stand noch niedrig über den Wäldern des fernen Chattenlandes – war das Leben im Lager bereits erwacht. Nur im Hause des Legaten Pomposianus schien noch alles im tiefen Schlaf zu liegen. Saturnin stieß die Tür auf und sah den Legaten bleich, übernächtigt, das unrasierte Gesicht auf die Hände gestützt am Tisch sitzen und blicklos vor sich hinglotzen.

Erst nach mehrmaligem Ansprechen gab Pomposianus dem Statthalter Antwort. »Mein Vater wurde hingerichtet«, sagte er mit unnatürlich dumpfer Stimme.

»Woher willst du das wissen? Seit Wochen kam kein Kurier aus Rom.«

»Zu mir schon. Tribun Festus wird dir die Boten zeigen.«

Als Pomposianus nichts weiter sagte, verließ ihn Saturnin. Auf dem Gang stieß er mit Festus zusammen, der zum Legaten wollte. Der Statthalter hielt ihn zurück, um sich die Boten aus Rom vorführen zu lassen. Der Tribun bat Saturnin, ihm in ein flaches Gebäude zu folgen. Die Krankenstation, dachte der Statthalter, als er hinter Festus das Haus betrat. Ein Pfleger behandelte drei auf Pritschen liegende Männer. Saturnin erschrak, als er sah, daß einer der Verletzten kein Gesicht mehr hatte. Ein Ohr fehlte, ein Auge, über der Stirn begann eine tiefe, kaum verheilte Wunde, die sich wie eine blutige Spur durch die Haare fraß. Das eine Auge musterte Saturnin, dann versuchte der Entstellte zu lächeln, was aber durch die Narbenwülste über den Lippen und am Kinn nicht so recht gelang.

»Lucius, sei gegrüßt. Ich bin nicht mehr ganz so ansehnlich wie früher, dafür haben Domitians Folterknechte, die ihr Handwerk vorzüglich beherrschen, gesorgt. Ich bin Liberalis.«

»Liberalis? Titus' Tribun?«

Der Gesichtslose richtete sich auf und nickte düster, deutete dann auf die beiden anderen, die der Pfleger behandelte. »Auch von der alten Garde, sie retteten mir das Leben«, fügte Liberalis hinzu.

»Das sind doch Gemellus und Trebonius«, stieß der Statthalter aus.

»Ja. Sie haben Wundfieber. Ich sehe es dir an, du brennst auf eine Erklärung. Nach Titus' Tod ging es mit mir nicht mehr so recht voran, so war ich froh, einen Posten als Centurio bei der Wachmannschaft im Castrum zu erhalten. Männer meiner Centurie, nicht einmal ich selbst, hatten Dienst, als dieser Prätorianer floh. Meine Leute ließ Domitian köpfen, zur Zwangsarbeit verurteilen, mich aber folterte man, um mir den Namen des Fluchthelfers zu entlocken. Mich richtete man nicht hin, weil man dachte, ich krepiere an meinen Wunden. Trebonius verhalf mir zur Flucht, und Gemellus gesellte sich zu uns, weil er als Freund des alten Pomposianus in höchstem Maße gefährdet war. Von Gemellus stammte die Idee, uns hierher durchzuschlagen. Trebonius meinte auch, bei dir seien wir sicher.«

Saturnin lachte bitter. »Bei mir sicher! Suras Leute kommen nach Germanien und köpfen meine Tribunen und versuchen, meinen Adjutanten zu ermorden. Sicherheit gibt es hier nicht, doch ihr könnt gerne bleiben.«

»Danke, Saturnin«, sagte Liberalis und reichte dem Statthalter die Hand, hob die andere und versprach, daß sich Saturnin auf diese beiden Hände jederzeit verlassen könnte.

Saturnin ritt aus dem Lager und lenkte den Braunen in Richtung des Rhenus flumen, galoppierte den Uferweg entlang, Wäscherinnen erschreckend, die kreischend dem Reiter auswichen, zügelte das Pferd, als weit und breit kein Mensch zu sehen war. Saß ab, ließ den Braunen grasen und folgte einem durch Gebüsch sich schlängelnden Pfad bis zum Fluß, setzte sich und sah abwechselnd auf das Wasser und zum Himmel.

Warum diene ich Domitian weiter? bedrängte ihn die entscheidende Frage. Er hat Titus umgebracht, mich belogen und betrogen, er unterjocht, unterdrückt, foltert und mordet, bedroht mich, tötet meine Vertrauten, plündert meine Provinz, und ich – diene ihm weiter! Ich habe mit ihm innerlich und geistig gebrochen, aber leiste weiter Dienst. Ist das nicht Irrsinn? Was aber kann ich tun? Mit vier Legionen kann ich nicht gegen das gesamte Imperium antreten! Ich bin in einer nahezu ausweglosen Lage, als wäre ich in eine Schlucht gestürzt und taumle zwischen den sie begrenzenden steilen Felsen, die da heißen Haß und Ablehnung des Tyrannen Domitian und Dienst als dessen Untertan, hin und her und stoße mich wund. Ich kann so nicht länger leben, es muß etwas geschehen! Soll ich mich umbringen? Nein! Ich habe eine Frau, einen Sohn und einen Neffen, die mich brauchen. Außerdem mißgönne ich Domitian und Sura diesen Triumph! Flucht zu den Chatten, deren neuer Fürst Chattomerus mir Freundschaft und Dankbarkeit versicherte? Es gab keine Lösung! Überall war Schiffbruch!

Als der Statthalter den Palast erreichte, kam ihm Pomperius erregt entgegen, um den Besuch aus Rom anzukündigen. Im Empfangssaal harrten ein Tribun und zwei Centurionen der Rückkehr Saturnins, grüßten betont lässig, beinahe herablassend überreichte einer der Centurionen dem Statthalter einen Metallbehälter mit kaiserlichem Siegel. »Es ist gut, ihr könnt gehen. Ich werde die Botschaft lesen«, sagte Saturnin.

»Der Herr und Gott hat befohlen, du mußt sie gleich lesen und einen der Befehle sofort erfüllen!« ereiferte sich der Tribun.

»Ich muß gar nichts«, erwiderte Saturnin eisig.

»Der Herr und Gott hat . . .«

»Du sagtest es bereits«, unterbrach ihn der Statthalter. »Ich werde gnädig sein und dir heute abend meine Antwort geben. Bis dahin könnt ihr euch in Mogontiacum vergnügen. Mein Adjutant wird dir und deinen Begleitern ein Quartier zuweisen.«

»Die Folgen hast du selbst zu tragen, Saturnin«, drohte der Tribun, wandte sich brüsk um und verließ mit den Begleitern den Saal.

»Du hast ihm die Hochnäsigkeit gut zurückgezahlt, doch er wird dem Kaiser Meldung machen«, bemerkte Pomperius. Saturnin winkte ab und bedeutete dem Adjutanten, den Boten die Unterkunft anzuweisen. Dann las er Domitians Botschaft. Unpersönlich, anmaßend und herablassend war des Kaisers Schreiben, als hätten sich Saturnin und Domitian nie gekannt und nie ein Wort miteinander gewechselt. Doch das war noch zu ertragen, aber was Domitian forderte, erschreckte den Statthalter. Der Kaiser befahl, die Legion VIII. Augusta und die XXI. Rapax Aurelius Fulvus, dem Prokurator Raetiens, sofort nach Erhalt dieses Befehls zuzuführen. Saturnin las den Befehl nochmals, um sicher zu sein, keinem Irrtum zu erliegen. Es sollte aber noch schlimmer kommen in Domitians Schreiben. Die Legaten Pomposianus, Salvius und Voconius, der Tribun Pomperius und weitere fünf namentlich aufgeführte Tribunen sollten auf kaiserlichen Befehl in Ketten gelegt den Boten überstellt werden, um in Rom für ihre kaiserfeindlichen Vergehen abgeurteilt zu werden.

Der Statthalter ließ das Schreiben sinken. Warum hat Domitian nicht Sentius und mich gleich mit angefordert? Dieser Befehl des Kaisers, wußte der Statthalter, war eine Herausforderung, die ihn zu einer Entscheidung zwang. Wich er vor diesem tyrannischen Druck weiter zurück, dann lud er eine Schuld auf sich, die nie mehr zu tilgen war und die ihn für immer ehrlos machte.

Der Stundenausrufer verkündete die neunte Stunde. Drei Stunden blieben ihm für eine Entscheidung, drei kurze Stunden, die über sein weiteres Schicksal entschieden.

Heute, erkannte Saturnin und wunderte sich, daß er die Erregung und den ersten Schreck beim Lesen des Ungeheuerlichen so schnell überwunden hatte, fällt eine Entscheidung, eine Entscheidung, welche Felswand ich erklimmen werde, um der Schlucht zu entsteigen.

LXII

Unentwegt rollte das Wasser unten gegen den Felsen, schäumte auf, wurde zurückgeworfen, ein nicht endender Vorgang.

Ob er auch einst hier gestanden hat, um das Schauspiel der Vergänglichkeit und der ewigen Wiederkehr zu beobachten, das sich da unten an dem schroff abfallenden Fels ständig wiederholt, dachte Domitian, als er von der Terrasse, die den auf der höchsten nordöstlichen Spitze Capreaes gelegenen Tiberius-Palast umgab, hinabblickte. Eine gute Idee war es gewesen, die Villa Iovis des alten Kaisers wieder bewohnbar zu machen, fand der Flavier und sah über den Golf zu den Vorgebirgen Pausilypon und Misenum hinüber, zwischen denen im leichten Dunst des Spätsommertages Bajae und Puteoli zu erkennen waren. Langsam schlenderte der Kaiser entlang der Balustrade vom nördlichen zum südlichen Ende der Terrasse.

»Capreae scheint auf ihn eine beruhigende Wirkung auszuüben«, sagte Arrecinus Clemens zu der neben ihm sitzenden Kaiserin, mit der er Domitians gemächlichen Rundgang beobachtete.

»Hier kann man mit ihm sogar normal reden, mitunter, von Mensch zu Mensch und nicht von Mensch zu Gott«, erklärte Domitia mit spöttischem Lächeln.

»Mich befremdet sein Tiberius-Kult, dann die fixe Idee, die verfallene Villa Iovis wieder zu errichten, um hier die Sommermonate zu verbringen«, erwiderte Clemens.

»Dies war nicht seine schlechteste Idee. Das Beste daran ist, daß er dich und mich in seiner Gesellschaft haben will und Sura nicht erlaubt, ihn hier zu besuchen.«

Domitian trat zu ihnen und ließ sich in einem elfenbeingeschnitzten Lehnstuhl neben der Kaiserin nieder, klatschte in die Hände, worauf Sklaven eilends eine weiße Marmorbüste herbeibrachten und unmittelbar vor dem Kaiser aufstellten. Domitians Augen wanderten von den kurzgeschnittenen Haaren, die wie ein Fransensaum die breite Stirn abschlossen, über die leichtgekrümmte Nase zu dem hageren Kinn unter dem kleinen, schmalen Mund, der, obschon er fest geschlossen war, als hätte er niemals und nichts gesprochen, einen Zug von Hohn, Mißtrauen und Ekel nicht verleugnen konnte.

»Man beschimpfte und schalt Tiberius, nannte ihn einen blutrünstigen Tyrannen, einen finsteren Despoten und vergaß stets zu fragen, warum er so wurde«, begann Domitian zu sprechen, leise, als führe er ein Selbstgespräch. »Aus Schwermut, aus Enttäuschung, aus Verbitterung über eine undankbare Welt und verräterische Menschen wurde er so«, fuhr er mit lauter Stimme fort. »Geht es mir nicht ähnlich? Ich weiß, daß man mich einen Tyrannen, einen Despoten nennt, der ich mitnichten bin. Im Gegenteil! Martial hat es erkannt, daß man unter keinem Herrscher in Rom je größere Freiheiten hatte als unter meiner segensreichen Herrschaft. Nur die Dummköpfe wollen und können nicht einsehen, daß der Weg ins Goldene Zeitalter dornenreich und schwierig ist, daß er Unterordnung und Unterwerfung unter einen genialen Willen bedeutet. Ich muß streng sein wie ein Vater, der will, daß aus seinen Kindern etwas Rechtes werde. Ich muß strafen um des Zieles willen! Undank und Verrat sind der Lohn! Man verschwört sich gegen mich, bedroht mein Leben und verleumdet mich, wehre ich den Anschlägen. Ich kann auf meinem steinigen Weg zu Glanz und Ruhm, wie sie Rom noch niemals erlebt hat, nicht einmal mehr auf meine Freunde zählen, einsam und ganz allein muß ich mich dem Kampf stellen, mich opfern und aufopfern, damit Rom wachse, blühe und gedeihe.«

Clemens sah zu Domitia, deren schönes Gesicht während der letzten Jahre spürbar gealtert war, und sah ihre Trauer und ihren Kummer.

»Warum willst du dich aufopfern für ein Goldenes Zeitalter, dessen dic Menschen nicht würdig sind und das sie vielleicht gar nicht wollen?« fragte die Kaiserin gequält.

Mit einem Ruck drehte Domitian ihr den massigen Kopf zu und bohrte seinen Blick in den der Kaiserin, zögerte einen Augenblick, ehe er sich laut lachend wieder abwandte und zu Clemens sagte: »Hast du das gehört, Arrecinus? Eine derartige Frage von der Frau, die an meiner Seite in das Goldene Zeitalter aufbricht? Doch ich gebe eine Antwort.« Domitian streckte die Beine weit von sich, rief nach den Sklaven, um die Tiberius-Büste wegbringen zu lassen. »Die Menschen, meine Liebe«, wandte er sich zu Domitia, »sind ihrer genialen Herrscher nie würdig, weil sie in ihren Niederungen nie sehen, fühlen und erkennen können, was der erhobene und begnadete Mensch zu Gesicht bekommt. Er ist deshalb ausersehen, die Unwürdigen zu dem Ziel – auch mit Gewalt – zu führen, das ihm erkennbar und erstrebenswert ist. Ob sie es wollen oder nicht, das ist völlig uninteressant, Hauptsache, der Herrscher will. Und ich will, denn ich bin dazu ausersehen.«

Clemens fröstelte trotz der Hitze bei Domitians Worten. Domitia senkte resigniert den Kopf.

Der Centurio der Leibwache meldete einen Boten aus Rom.

Der Kaiser nickte, hatte er doch einen Schnellruderer Kurs auf die Insel nehmen sehen. Er riß dem Boten das Schreiben aus der Hand, erbrach das Siegel und las Suras Schreiben, das ihm lakonisch mitteilte, Saturnin weigere sich, die kaiserlichen Befehle zu erfüllen. Domitians Stirn furchte sich, seine Augen traten noch weiter heraus. Er reichte Clemens das Schreiben, der danach der Kaiserin.

»Ich verstehe nicht«, sagte Domitia. Auch Clemens' Miene deutete auf Unverständnis.

Unwirsch erläuterte Domitian die Hintergründe.

»Was willst du tun?« fragte Clemens.

»Ihn bestrafen, indem ich ihn als Statthalter ablöse und ihn verbanne«, erwiderte der Kaiser zornig.

»Höre ihn doch erst einmal an. Diese Nachricht ist von Sura und nicht von Saturnin selbst. Warum nimmst du ihm plötzlich zwei Legionen und forderst, er solle dir seine Legaten und Tribunen in Ketten überstellen?« widersprach Domitia.

»Weil sie Verschwörer sind, Feinde. Die Legionen brauche ich in Raetien, außerdem sind mir vier Legionen in Saturnins Hand zu gefährlich.«

»Du hast seine Würde verletzt«, entgegnete die Kaiserin.

»Ich brauche keine Menschen mit Würde, ich brauche gehorsame und mir bedingungslos ergebene Menschen. Saturnin ist aufsässig, widerspenstig, er dünkt sich zu gut, mir bedingungslos zu dienen. Bisher hat er sich verstellt, nun zeigt er sein wahres Gesicht, da er beweisen soll, ob er treu zu mir steht. Er wird mich kennenlernen!« Domitians Gesicht färbte sich dunkelrot vor Zorn. Plötzlich sprang er auf, schrie, daß er sofort nach Rom müsse und verschwand im Innern des Palastes.

»Leb wohl, Augusta«, sagte Clemens, erhob sich und ging.

Domitia betrat das Atrium und sah den Kaiser durch die Räume hetzen. Lächelnd sah sie ihm zu, wie er schwitzend, zornrot und nervös seine Abreise vorbereitete. Als er es bemerkte, herrschte er sie an, es sei keine Zeit für Späße, da das Imperium bedroht sei.

»Und von wem?«

»Von Saturnin«, schrie er.

Er sehe Gespenster, Saturnin sei sein Freund, und dieses lächerliche Mißverständnis sei leicht beizulegen mit ein wenig Vernunft, versuchte sie ihn zu beschwichtigen, obwohl sie sich nicht so recht sicher war.

»Freund? Ein schöner Freund, der sich meinen Befehlen widersetzt. Ein undankbarer Schurke ist er. Ich habe ihn zu dem gemacht, was er ist, und er? Er wagt es, meine Befehle zu mißachten. Das ist Meuterei. Jawohl Meuterei!« schrie er und stampfte wütend auf, stieß mit dem Fuß gegen eine Bodenvase, die auf dem Marmorfußboden zerschellte.

Der Kämmerer Sigerius meldete, daß alles zur Abreise bereit sei. Domitian fragte nach Arrecinus Clemens. Er sei im Begriff aufzubrechen, so der Kämmerer. Domitian hastete hinaus und erreichte Clemens im letzten Moment, rief ihm zu, er möge sich in Rom zu seiner ständigen Verfügung halten.

Verstimmt reiste Clemens ab. Er hatte nicht erwartet, daß die schönen Wochen auf Capreae mit einem solchen Mißklang enden würden. Und alles nur, weil dieser Saturnin mit seiner Widersetzlichkeit den Kaiser herausforderte. Er hatte ihn nie leiden können, diesen Saturnin, der sich schon immer für sehr wichtig und sein Schicksal für das der Welt gehalten hatte. Was bezweckte er mit seinem Ungehorsam? Er reizte nur unnützerweise den Machtwillen des Kaisers und provozierte schlimme und in den Folgen unübersehbare Maßnahmen.

Nachdenklich bestieg Clemens den Reisewagen, nachdem ihn das Fährboot an Land gesetzt hatte, und überlegte, wie der Konflikt zu vermeiden sei. Es war nicht auszudenken, wenn Saturnin nicht nachgab und den Kaiser demütig um Vergebung bat. Plötzlich kam ihm ein rettender Einfall. Er befahl dem Kutscher, nicht nach Cumae weiterzufahren, sondern in Richtung Bajae abzubiegen.

»Arrecinus Clemens? Welch eine Überraschung«, empfing Octavia den unerwarteten Besucher auf der Veranda ihres Landhauses.

Er sei auf der Durchreise und habe ihr einen Besuch abstatten wollen.

Sie sah ihn zweifelnd an, glaubte ihm kein Wort. »Du hast Glück, Clemens, mich noch anzutreffen, denn ich wollte bereits gestern nach Rom zurückkehren. Doch nun nenne die Gründe deines Besuches! Ich weiß, daß mein Vater dich gern mochte, doch mein Mann und ich hatten zu dir sozusagen ein Nichtverhältnis. Verzeih mir meine Offenheit, doch du kommst nicht, um mich zu besuchen, sondern willst etwas von mir.«

Ihre direkte Art verwirrte ihn, er fingerte verlegen nach den Trauben, die Zedekia hingestellt hatte. »Du mußt nach Mogontiacum, um deinen Mann vor einer Dumm ... vor einer unüberlegten Handlung zu bewahren.«

»Schickt dich Domitian?«

»Bei allen Göttern, nein. Er darf es nie erfahren, daß ich bei dir war. Ich komme aus Freundschaft zu Silva und aus Besorgnis, was geschehen könnte, wenn Saturnin nicht ...«

»Nachgibt und sich demütigt. Ich weiß alles, Clemens, mein Mann und ich haben keine Geheimnisse. Doch du kennst die Vorgeschichte nicht. Ich werde dich ins Bild setzen und sehen, ob du dann noch ein Nachgeben meines Mannes verlangen kannst.« Octavia berichtete lückenlos, was ihr Saturnin durch zwei verläßliche Boten über die Ereignisse in Germanien seit seiner Rückkehr hatte mitteilen lassen.

Clemens lauschte mit angehaltenem Atem. Als ihm Octavia von Titus' Vermächtnis erzählte, schrie Clemens auf. Nun gab es keine Versöhnung mehr zwischen den beiden Männern, wenn Saturnin jenes schreckliche Geheimnis kannte. Dies konnte kein Mann von Würde und Ehre je verzeihen. Aber daß Domitian an Titus' Tod schuldig war, traf Clemens wie ein Schlag, obwohl er den Toten gehaßt hatte.

Octavia erschrak über seinen Aufschrei und über sich, daß sie ihm alles anvertraut hatte. Sie bat ihn flehentlich, das Geheimnis für sich zu behalten, denn die Folgen könnten unausdenkbar sein.

»Ich sehe, edle Octavia, keinen Ausweg mehr. Es muß laufen, wie es läuft. Die Welt hat wahrscheinlich nicht Platz für einen Domitian und einen Saturnin zusammen. Doch du bist in Gefahr, du mußt fliehen. Ich beschwöre dich, reise noch heute nach Rom und dann sofort nach Mogontiacum zu deinem Mann. Beeile dich, ehe Domitian in Rom eintrifft und mit Sura spricht.«

Octavia zitterte bei Clemens' beschwörenden Worten. Zwang sich aber zu einem Lächeln, um ihre Angst zu verbergen. »Was wollen sie mir tun, mir, einem Krüppel? Domitian ist mein Großvetter.«

Clemens verschlug ihre Naivität die Sprache. Nach einer Weile ermahnte er sie nochmals und eindringlicher als zuvor.

»Danke, Clemens, du meinst es gut.«

»Sura ist nicht wählerisch in seinen Mitteln. Er wird sich deiner als Geisel bedienen, um Saturnin, der dich liebt und dir niemals ein Leid geschehen ließe, zur Unterwerfung zu zwingen.«

Octavia konnte ihre Tränen nicht mehr zurückhalten.

»Bitte, Octavia, rette dich und Saturnin, indem du sofort nach Mogontiacum aufbrichst. Besseren Rat vermag ich dir nicht zu geben. Nun leb wohl, ich muß gehen. Die Götter mögen dich schützen und – Saturnin.«

»Sei bedankt, Arrecinus, für deinen Besuch und deinen Rat.«

»Herrin, ich habe alles gehört«, sagte Zedekia, als Clemens das Haus verlassen hatte. »Wir müssen fliehen, Clemens hat recht.«

Octavia wischte die Tränen ab und sagte: »Fliehen? So einfach flieht man nicht und läßt Hab und Gut zurück.«

»Wenn man muß, schon, Herrin, und wir müssen!«

»Morgen verlassen wir Bajae, dann werden wir weitersehen.«

Am Abend des anderen Tages erreichten sie den Palast auf dem Viminal.

Octavia verspürte keinen Hunger, sondern ließ sich nach dem Bad in das Arbeitszimmer ihres Mannes tragen. Zedekia betrachtete besorgt ihr blasses Gesicht mit den vom Weinen geröteten Augen. Er fragte, ob sie morgen aufbrächen.

»Geh, Zedekia, du wirst müde sein. Bring mir Pergament und Schreibzeug, ich will schreiben, morgen werden wir sehen.« Als er ihr das Gewünschte gebracht und sich zurückgezogen hatte, schrieb sie an Saturnin. Sie schrieb ihm, daß sie stolz auf ihn sei, auf seinen Mut, Domitian die Stirn zu bieten. Man dürfe es dem Bösen nicht leicht machen, indem man fortwährend zurückwiche und ihm laufend mehr Raum überließe. Es sei gut, daß er dem Kaiser die Grenzen seiner Macht zeige, und er möge sich nicht beirren lassen und brauche auf sie keine Rücksicht zu nehmen ...

Octavia hielt inne, kämpfte gegen die Tränen und schrieb dann weiter. Er, Saturnin, solle tun, was er tun müsse, was sein Gewissen ihm befehle, und möge sich nicht durch sie

darin behindert sehen. Sie wisse, daß er sie liebe wie sie ihn, daran könne niemand und nichts je etwas ändern.

Sie legte die Feder beiseite. War es ein Abschiedsbrief? Würde sie ihn und Sentius je wiedersehen? »Wäre ich gesund, ich ritte das schnellste Pferd zuschanden, um dir beizustehen!« Sie schlug die Hände vors Gesicht, saß so eine Weile, als leises Pochen an der zum Garten hinausführenden Tür sie aus ihrem Brüten riß. Sie hörte die Tür zuschlagen, vernahm Keuchen im Vorraum, und plötzlich trat Zedekia mit einem jungen Mann herein.

»Herrin, es ist zu spät. Sie werden kommen und dich holen«, rief Zedekia aufgeregt.

»Ich bin Entellus, Sekretär auf dem Palatin. Die Augusta schickt mich, dich zu warnen. Es gelang mir, das Gespräch des Kaisers mit Sura zu belauschen, der dich festnehmen will, um deinen Gatten nach Rom zu locken. Die Augusta fleht dich an, dich zu verbergen.«

Diese Worte besiegelten ihr Schicksal. Es gab keinen Ausweg als den einen, den sie als letzten aller Wege sich freigelassen hatte, und es war auch der letzte Liebesdienst, den sie ihrem Mann erweisen konnte. Sie danke der Augusta, sagte sie Entellus, der mit Zedekia unmittelbar danach den Raum verließ.

Octavia griff zur Feder und ergänzte den Brief an Saturnin: »Wenn Du meine Nachricht in den Händen hältst, bin ich tot. Es schmerzt mich, nicht mehr für Dich tun zu können. Ein würdiger Tod ist besser als ein unwürdiges Leben. Mein Vater wäre genauso stolz auf Dich, wie ich es bin. Leb wohl, danke für all die Jahre, die schön waren. Deine Octavia.«

»Nun bist du verloren, Herrin, wenn du dich nicht beeilst«, drängte der eintretende Zedekia.

»Irgendwann ist jeder verloren. Diesen Brief mußt du meinem Mann bringen, hörst du, du mußt! Vor Morgengrauen brichst du auf.«

»Nicht ohne dich, Herrin.«

»Für mich ist es zu spät. Ich bleibe hier«, erwiderte sie und wunderte sich über ihre Ruhe. Kalt und bestimmt befahl sie dem Sekretär, alles Geld mitzunehmen, verfügte seine und aller Sklaven Freilassung.

»Ich gehe nicht ohne dich«, beharrte er.

»Bring mich in das kleine Zimmer!«

Zedekia reichte ihr die Krücken, griff ihr stützend unter den Arm und brachte sie in den kleinen Raum, entzündete die Öllampen und geleitete sie noch zu dem schweren Holzsessel mit der hohen Rückenlehne, wo sie sich niederließ.

»Geh, Zedekia, die Zeit drängt. Ich befehle es! Ehe du das Haus verläßt, nimmst du Abschied von mir!«

Zedekia ging und schwor, daß er sie mitnehmen werde, wenn nötig mit Gewalt. Der Herr würde es ihm nicht verzeihen, die Herrin im Stich gelassen zu haben. Kurz entschlossen befahl er dem Pferdeknecht, den Reisewagen anzuspannen. Dann betrat er wieder den Raum, um es der Herrin zu sagen. Wie versteinert blieb er stehen, als er sie seltsam verrenkt, den Kopf in einer Schlinge, über der Lehne hängen sah. Die Herrin war tot. Zedekia rutschte vor ihr auf die Knie, drückte ihre Hand an seine Wange und schrie laut auf.

Es war noch dunkel, als er auf Octavias schnellstem Pferd Rom in nördlicher Richtung verließ. Bei Sonnenaufgang umstellten Suras Männer den Palast. Zur dritten Stunde erschien Sura, hämmerte ans Tor und begehrte im Namen des Herrn und Gottes Einlaß. Der Nomenklator ließ den Minister und seine Begleiter ein. Esther führte ihn vor die Tote, die nun mit geschlossenen Augen, als schliefe sie, im Sessel lehnte. Sura befahl Esther, ihre Herrin zu wecken. Die Sklavin schrie, die Herrin sei tot.

Sura erschrak und trat an den Sessel. Kein Zweifel, Octavia war tot. Diese tote Frau, erkannte er instinktiv, würde vieles zerstören, was er sich mühsam aufgebaut hatte. Ihn schwindelte. Er mußte sich an dem Sessel festhalten. Wie von einer Schlange gebissen, prallte er zurück, als er die

Hand der Toten berührte. Unbändige Wut erfaßte ihn, er schlug Octavia ins Gesicht, schrie: »Du verfluchtes Miststück!« Den Sklaven drohte er, sie alle kreuzigen zu lassen. Jammernd beschworen sie ihre Unschuld und beschuldigten Zedekia. Der Minister ließ den Palast durchsuchen, jeden Winkel durchwühlen, alles um und um stülpen, doch der Judäer war nicht zu finden.

Sura schrie die Sklaven an, schlug auf sie ein, ließ erst ab, als der Pferdeknecht Zedekias Flucht meldete. Er ließ alle Sklaven gefangensetzen und den Palast bewachen.

Domitian glaubte seinen Ohren nicht trauen zu dürfen, als ihm Sura Octavias Tod meldete. Er packte den um einen Kopf kleineren Minister und würgte ihn, stieß ihn dann von sich und schrie mit wutverzerrter Stimme: »Du Versager, du mieser Taugenichts! Weißt du, was du mir eingebrockt hast, du Idiot? Köpfen sollte ich dich lassen oder in den Steinbruch zurückschicken, wo du hingehörst.«

Sura stammelte, daß Octavia bereits tot gewesen sei. Er habe sie in der Nacht verhaften wollen, jedoch ...

»Schweig!« schrie Domitian. Er erkannte, daß er es gewesen war, der, in dem Glauben, am Morgen sei auch noch Zeit, Sura zurückgehalten hatte. Jemand aus dem Palast mußte Octavia gewarnt haben.

»Sura, du mußt den Verräter im Palast finden, der unser Gespräch belauscht hat. Weiterhin mußt du verhindern, daß Saturnin vom Tod seiner Frau erfährt, sonst wehe dir. Und nun verschwinde und geh an die Arbeit!«

Wie ein Schatten huschte Sura hinaus. Der Kaiser ließ sich auf den Lectus fallen. Dem Herrn und Gott war elend zumute. Alles hätte geschehen dürfen, nur das nicht! Ratlos starrte er zur Decke, sein Herz hämmerte vor Angst. Saturnin würde ihn umbringen und die Prophezeiung der Chaldäer erfüllen. Als er sich ein wenig beruhigt hatte, ließ er nach Clemens schicken.

Verwundert sah Arrecinus Clemens den Kaiser auf dem Sofa liegen und hörte ihn mit matter Stimme grüßen. Es stehe schlecht, er fühle sich unwohl, jammerte Domitian, dringend bedürfe er Clemens' Hilfe, fügte hinzu, Octavia sei tot.

»Was?« schrie Clemens. Leise und stockend berichtete der Kaiser von ihrem Freitod, erhob sich und brachte Clemens Saturnins Schreiben, das der Anlaß allen Übels war. Arrecinus Clemens las, sah zu Domitian und fragte, ob er den Brief genau gelesen habe. Entrüstet über die Frage, antwortete der Kaiser unwirsch: »Natürlich.«

»Saturnin schreibt, daß er deinen Befehl bezüglich der beiden Legionen und der Verhaftung seiner Vertrauten nicht befolgen könne, weil er ihn für übereilt und nicht glücklich halte. Ein Feldherr und Statthalter, der seine Untertanen, für deren Wohl und Leben er verantwortlich sei, grundlos dem Henker überantworte, sei unwürdig. Ehe er, Saturnin, seine besten Offiziere der Willkür opfere, bedürfe er einer notwendigen und hinreichenden Begründung. Und diese, mein Domitian, bist du ihm schuldig geblieben.«

»Ich bin Saturnin keine Begründung schuldig. Schon der Gedanke, daß ein Herrscher gegenüber seinen Untertanen seine Befehle begründen soll, ist eine strafwürdige Tat!«

»Octavia ist tot. Es ist keine Zeit für große Worte«, erwiderte Clemens respektlos. Ihn widerte das Gehabe seines ehemaligen Schützlings an, und ihm war im Augenblick gleichgültig, wie der Kaiser reagierte.

Domitian riß überrascht die Augen auf und wollte ihn scharf rügen, doch Clemens ließ ihn nicht zu Wort kommen. »Es kommt noch schlimmer«, sagte er triumphierend, »Saturnin weiß, daß du seine Briefe gefälscht hast und nicht unschuldig am Tode seines Bruders bist.«

»Das ist nicht wahr«, brüllte Domitian.

»Doch. Titus hinterließ Saturnin ein Schreiben, worin er dich dieser beiden Vergehen beschuldigt.«

»Lüge, alles Lüge! Titus, dieser Hund, will mir noch über seinen Tod hinaus schaden!« schrie der Kaiser mit sich überschlagender Stimme und rannte im Zimmer auf und ab, dabei ständig schreiend, seinen Bruder verfluchend und beschimpfend. Erschöpft und außer Atem setzte er sich wieder auf das Sofa und fragte Clemens, was nun geschehen solle.

»Es gibt nur einen Ausweg: Du mußt Sura als Schuldigen an Octavias Tod hinrichten lassen und die Befehle an Saturnin als dessen eigenmächtige Übertretungen verurteilen und zurücknehmen.«

Domitian starrte Clemens an, als sähe er etwas Furchtbares und nie Geschautes. Dann entlud sich seine Wut: »Ein solcher Vorschlag ist Hochverrat, Aufruhr und kommt einem Anschlag auf mein Leben gleich!«

Auch Clemens packte der Zorn über Domitians bösartige Beschimpfung. In diesem Moment konnte er Saturnin verstehen, denn es gab einen Punkt, über den hinaus man einen Menschen nicht verletzen und demütigen durfte. Diesen Punkt hatte Domitian in seiner Anmaßung, seinem krankhaften Machtanspruch und seiner Selbstüberhebung längst überschritten.

»Du wolltest meinen Rat«, verteidigte sich Clemens.

»Einen Rat, aber keinen majestätsbeleidigenden Angriff.«

»Dann bitte ich dich, mich in Zukunft nicht mehr zu fragen. Laß deine Probleme von Sura lösen. Er wird dich gut beraten, wie man mit Folter und Hinrichtungen die Menschen ins Goldene Zeitalter führen kann. Ihr beide erreicht euer Ziel, aber nur wenige werden eure Freude zu teilen vermögen, weil ihr alle anderen umgebracht habt. Euer Paradies wird eine Folterkammer, eine Schinderhütte und ein Richtplatz sein. Gratuliere, Domitian, du bist ein wahrer Beglücker der Menschheit. Lebe wohl, du brauchst mir nicht zu drohen, ich weiß, daß ich mein eigenes Todesurteil gesprochen habe. Ein letzter guter Rat, der Rat eines Freundes, der ich einmal war: Kehre um von deinem verderblichen Weg, nutze deine letzten Jahre für bessere Dinge, denn ich weiß nun, daß die Wahrsager recht haben werden, du kannst keines natürlichen Todes sterben, genausowenig wie ich, der ich mitschuldig bin. Wenn du genau hinhörst, Domitian, wirst du die Schritte der Furien deutlich vernehmen, denn sie sind schon im Palast und suchen dich.«

Er muß wahnsinnig geworden sein, dachte Domitian. Unfähig zu einer Erwiderung saß der Kaiser auf dem Lectus und hinderte Clemens nicht daran zu gehen. Erst als dessen Schritte verklungen waren, fand der Imperator seine Sprache wieder. »Clemens, alter seniler Narr, ich werde dich wie eine Laus zerquetschen. Aber erst, wenn ich Saturnin vernichtet habe. Ich werde Saturnin, diesen Zwerg, der es wagt, meine Befehle zu mißachten, vernichten, werde diesen Aufruhr mit aller erdenklichen Strenge ahnden. Dieser Wicht denkt, mit vier Legionen mir trotzen zu können, obwohl ich ihm sechsundzwanzig entgegenstellen kann! Sechsundzwanzig gegen vier, lachte Domitian.

Domitian verging das Lachen, als ihm Frontinus riet, zum gegenwärtigen Zeitpunkt einen Bürgerkrieg zu vermeiden. Was er vorschlage, fragte der Kaiser den erfahrenen Feldherrn und Kriegstheoretiker.

»Schreibe Saturnin, du wünschst ein Gespräch, um die Mißverständnisse aufzuklären. Locke ihn nach Rom, wo du ihm fernab seiner Macht den Prozeß machen kannst. Eine militärische Lösung wäre jetzt äußerst schwierig. Der Winter steht vor der Tür. Wen willst du Saturnin entgegenstellen? Curiatius Maternus, der einzig gleichwertige Feldherr, ist in Dakien gebunden, Aurelius Fulvus in Raetien ist ein alter kranker Mann und hat wenig Truppen, blieben Trajan in Spanien und Maximus in Germania inferior. Ob beide Saturnin gewachsen sind, wage ich zu bezweifeln. Es besteht die Gefahr, daß sich Maximus Saturnin anschließt. Lucullus in Britannien ist ein Freund Saturnins und wird nicht gegen ihn kämpfen. Du siehst, Herr und Gott, eine Strafexpedition, die Ungehorsamen zu züchtigen, ist im Moment so einfach nicht. Versuche es mit der List, aber sende Eilboten nach Spanien, Raetien und Germania inferior, um die Legionen gegen Saturnin in Marsch zu setzen.«

Domitian kaute nervös an der Oberlippe. Damit hatte er

nicht gerechnet, als er über das Verhältnis von sechsundzwanzig zu vier frohlockt hatte. Er werde Saturnin schreiben, stimmte er zu, nein, besser Frontinus, der Kriegslistenreiche, entwürfe den Brief. Der Feldherr versprach, sofort damit zu beginnen.

Ein paar Tage später brachen drei Boten des Kaisers nach Mogontiacum auf.

LXIII

Als Sentius und Salvius unangemeldet eintraten, gefolgt von Pomperius und Gemellus, die Zedekia stützten, fühlte er, daß wieder etwas geschehen war, was den Konflikt mit Domitian weiter vertiefte.

»Vater«, keuchte Sentius, »Furchtbares ist geschehen, Mutter ist tot!«

»Tot?« fragte Saturnin fassungslos.

»Ja, Domitian hat sie in den Tod getrieben. Zedekia, dem die Flucht gelungen ist, wird dir alles erzählen.« Sentius winkte Pomperius und Gemellus, die den am Bein, an der Hüfte und am linken Oberarm Verletzten behutsam in einen Sessel betteten.

Octavia war tot! Schmerz und Bitterkeit würgten Saturnin, er rang nach Luft, ein schmerzhafter Stich fuhr ihm in die linke Seite. Sein ganzer Körper krampfte sich zusammen, um dann kraftlos in sich zusammenzusinken. Er schien um Jahre gealtert, ganz plötzlich, von einem Moment zum anderen. Sentius sah, wie sein Vater litt und doch angestrengt versuchte, sich dies nicht anmerken zu lassen.

Mit heiserer Stimme forderte der Statthalter Zedekia zum Erzählen auf.

Das war der Rubicon, hinter den es kein Zurück mehr gab! Zedekias Bericht zerstörte Saturnins letztes Fünkchen Hoffnung, sich mit dem Kaiser auf irgendeine Weise doch noch arrangieren zu können. Beim geringsten Entgegenkommen Domitians hätte er die Fälschung der Briefe, Titus' und der Tribunen Tod vergeben können, aber jetzt, da er eine kranke Frau als Faustpfand benutzen wollte, gab es keine Möglichkeit einer Verständigung mehr. Wie abgrundtief schlecht und vertiert mußten Menschen sein, die solches taten? fragte sich Saturnin.

»Was willst du tun, Vater?«

»Wollen kann ich nichts mehr, mir bleibt nurmehr das Müssen. Es sei denn, ihr ratet mir, nach Rom zu gehen und mich Domitians Henkern auszuliefern.«

»Deine Legionen stehen alle zu dir, Saturnin«, sagte Salvius.

»Ich habe von Voconius die Vollmacht, dir die Ergebenheit der VIII. Augusta zu verkünden«, schloß sich Sentius an.

Auf die beiden Legionen in Mogontiacum unter Führung von Pomposianus und Labienus könne er jederzeit zählen, meldete sich Pomperius.

Saturnin dankte und gab ihnen zu verstehen, daß er gerne mit Zedekia allein gesprochen hätte, er ließe sie bald wieder rufen.

Zedekia gab ihm Octavias Brief. Hastig faltete der Statthalter das zerknitterte und blutbeschmierte Pergament auseinander. Beim Lesen zuckten seine Lippen, sein Kehlkopf bewegte sich vom häufigen Schlucken. Er bat Zedekia, ihm alles noch einmal zu erzählen, auch wie ihn Suras Leute bis nach Germanien verfolgten.

Domitian und Sura haben meine Vernichtung beschlossen. Ich habe keine andere Wahl als bewaffnete Empörung oder einen sinn- und nutzlosen Tod, erkannte Saturnin. Einen Frieden zwischen Domitian und mir kann es nach Octavias Tod nicht mehr geben!

»Um der Herrin, um Titus' und der Gerechtigkeit willen, Herr, du wirst Domitian doch nicht weiter dienen?« fragte Zedekia heftig.

»Nein!«

Saturnin rief nach Parmenides und Mikal, in deren Obhut

er Zedekia zurückließ, während er sich eilig entfernte. Er durchquerte das Peristyl und betrat das am äußersten Ende des Säulenganges gelegene Zimmer. Ein Kohlebecken verbreitete angenehme Wärme, zwei Öllampen brannten vor einer weißen Marmorbüste.

»Wer hat dich hereingelassen?« fragte er Sentius, der auf Octavias Büste starrte. Niemand sollte dieses Zimmer seiner Frau betreten, so hatte er es angeordnet, und nun hatte der Kämmerer seinen Befehl übertreten.

Sentius antwortete nicht, und Saturnin fragte nicht mehr, sondern ließ sich auf dem Polster neben seinem Sohn nieder. Schweigend saßen Vater und Sohn und betrachteten Octavias Büste.

»Die Legionen erwarten von dir, daß du Domitian den Gehorsam aufkündigst«, beendete Sentius das Schweigen.

»So, sie erwarten das. Daß dies Bürgerkrieg bedeutet, daran denkt aber keiner.«

»Doch. Der Haß gegen Domitian ist so groß, deine Rede letztens und die Legaten und Tribunen, denen du das Leben gerettet hast, bestärkten sie darin, daß die Legionen in Argentoratum und Vindonissa Domitian den alljährlich geforderten Treueeid verweigern werden. Die Ermordung von Curio, Paterculus und Quinctius wird kein Legionär vergessen. Gemellus, Trebonius und Liberalis verfehlten ihre Wirkung auch nicht. Die Forderung Domitians nach Auslieferung der Legaten und Tribunen hat den Haß auf die Spitze getrieben.«

»Und wenn ich nicht will?«

Entgeistert sah Sentius seinen Vater an, dann lachte er.

»Vater, du hast nun wahrhaftig keine Wahl mehr. Du findest, selbst wenn du dich vor dem Kaiser demütigen würdest, bei ihm keine Gnade mehr, und bei deinen Legionen wärest du auch erledigt. Überall ist Schiffbruch, aber im Kampf gegen Domitian erreichen wir das Ufer.«

Sentius hatte es ausgesprochen, hatte es auf den Punkt gebracht. »Von allen Seiten werden sie über uns herfallen, um den Aufruhr, die Verschwörung abzuwürgen. Viele werden fallen, verwundet und verkrüppelt werden, ganz zu schweigen von denen, die Domitian und Sura in die Hände fallen, die man martert und schindet, ehe sie der Tod erlöst.«

»Vater, wir kämpfen dafür, daß es keine Tyrannei mehr gibt, daß Schinder und Mörder wie Sura aus Rom verschwinden und man wieder frei atmen kann ohne Angst, daß Spitzel und Henker hinter einem stehen. Viele werden sich uns anschließen. Es muß nur einer den Anfang machen, denn das Schwierigste ist der Ausbruch aus dem Netz der Angst, der Demütigung und der Bedrohung. Wenn einer nein sagt, dann beginnt es im Räderwerk der Despotie zu knirschen, weil ein Stein hineingeraten ist. Es läuft zwar weiter, aber nicht mehr reibungslos. Und wir, Vater, werfen den ersten großen Brocken in Domitians Räderwerk der Tyrannei und bringen es zum Stehen! Bisher haben sich Aufrührer immer gegen Rom verschworen, bei dir, Vater, ist es anders. Verschwörung für Rom wird man deine Tat nennen, heute und noch in tausend Jahren.«

Der Statthalter lächelte über den Eifer seines Sohnes. Es ist alles richtig, was er sagt, ich habe keine andere Wahl, aber die ungeheure Verantwortung, die ich auf mich lade, kann ich sie tragen? befragte er sich. Es ist ein gewaltiger Abgrund, der übersprungen werden muß. Ich muß nun springen: Hic Rhodus, hic salta!

Saturnin verließ mit seinem Sohn Octavias Zimmer.

Für den Abend lud er die Legionslegaten und ausgewählte Tribunen zu einer Lagebesprechung ein, die bis in die frühen Morgenstunden dauerte. Als die Offiziere sich zur Ruhe begaben, diktierte Saturnin seinem Sekretär drei Briefe: an Cerealis, Lucullus und Appius Maximus. Unmittelbar danach verließen die Kuriere Mogontiacum, um die Botschaften nach Germania inferior, Britannien und Asia zu bringen. Eine Stunde später brach ein weiterer Kurier ins Land der Chatten auf, der Chattomerus eine vertrauliche, nicht schriftlich fixierte Botschaft zu überbringen hatte.

Saturnin sah die blakenden Fackeln im Palasthof, hörte das Klappern der Hufe. Bald verstummte es, die Fackeln verlöschten. Der Hof und der Palast lagen wie ausgestorben, als der Statthalter sich schlafen legte.

Der Würfel war gefallen, des Schicksals Boten waren aufgebrochen, nun gab es kein Zurück.

LXIV

Sieben Tage später kehrte der Bote aus Colonia Agrippinensis zurück und brachte die Antwort des Appius Maximus. Widersprüchlich war dessen Schreiben, einmal drückte es Empörung und schroffe Ablehnung von Saturnins Wunsch nach Waffenhilfe gegen den Kaiser aus, zum anderen aber enthielt es eine verlegene Begründung für Maximus' Verweigerung.

Unwirsch legte Saturnin den Brief zur Seite. Was hatte er von dem häßlichen Vogel auch anderes erwarten können? Den Angriff aus dem Norden hatte er in seinen Verteidigungsplan einbezogen, so daß er keine Überraschung bringen konnte.

Einen Tag später überbrachten Domitians Boten die Bitte des Kaisers, mit Saturnin in Rom sprechen zu wollen. Der Statthalter wußte nicht, ob er über die plumpe Falle lachen oder sich ärgern sollte.

Zedekia, der den kaiserlichen Brief las, bemerkte, Domitian nehme an, Saturnin wisse nichts von Octavias Tod. Sura habe ihm bestimmt seine Flucht verschwiegen.

Saturnin pflichtete ihm bei, denn anders war dieses Ansinnen nicht zu erklären. Er entließ die Boten mit der Antwort, der Kaiser möge zu ihm nach Germanien kommen, denn ihm, Saturnin, sei die Luft in Rom zu ungesund, dort stürben zu viele Menschen.

An einem frostigen Spätoktoberabend meldete Gabinius dem in der Bibliothek noch arbeitenden Statthalter einen

Besucher, der seinen Namen nicht nennen wollte und Saturnin unter vier Augen sprechen müsse.

Ein hochgewachsener Mann in einem schwarzen Soldatenmantel mit bis ins Gesicht gezogener Kapuze trat ein, die er, als Gabinius gegangen war, zurückschlug.

»Petronius Secundus«, staunte Saturnin.

»Leise. Niemand darf erfahren, daß ich hier bin. Ich tue es aus Freundschaft zu Cornelius. Ich komme aus Rom und reise nach Colonia zu Maximus. Domitian hat dich zum Staatsfeind erklärt und mobilisiert gegen dich. Von drei Seiten werden sie gegen dich marschieren, von Spanien, von Raetien und von Germania inferior. Der Aufmarsch hat sich verzögert, weil Aurelius Fulvus gestorben ist und Domitian nicht wußte, wen er zum Prokurator ernennen sollte. Schließlich entschied er sich für Norbanus, Manius Acilius Glabrio ist sein Vertreter. Trajan, Norbanus und Appius Maximus werden dich angreifen, jeder sprüht vor Ehrgeiz, den berühmten Saturnin, den Sieger von Masada und Bezwinger der Chatten, zu vernichten. Übrigens, Domitian hat deinen Namen in den Archiven streichen lassen, auch Flavius Josephus erhielt den Befehl, deinen Namen aus seiner Geschichte des Judäischen Krieges zu entfernen. Du bist also gar nicht in Masada dabeigewesen! Für Domitian bist du bereits tot, bist eine Unperson, die nie gelebt hat. Verzeih, daß ich dir die bittere Wahrheit verkünden mußte.«

»Ich werde ihm zeigen, daß ich noch lebe. Er muß mich erst besiegen. Du wirst also gegen mich kämpfen?«

Der Tribun meinte, daß er es müsse.

Saturnin nickte, fragte dann nach Cornelius, über dessen Verbleib Petronius Secundus nichts wußte.

Der Tribun verabschiedete sich, Saturnins Einladung, über Nacht zu bleiben, ausschlagend. »Leb wohl, Saturnin, die Götter mögen verhindern, daß wir unsere Schwerter kreuzen müssen. Ich wünsche dir viel Glück, denn du kämpfst für die bessere Sache.«

Dann möge er doch an seiner Seite kämpfen, schlug ihm der Statthalter vor.

Das könne er nicht, erwiderte Petronius Secundus und verließ mit hochgeschlagener Kapuze die Bibliothek.

Und dann stieß Jupiter den Stein des Sisyphus an, und unaufhaltsam rollte der Fels ...

Rom hatte Saturnin bereits den Toten zugerechnet, all seine Spuren getilgt, während Germanien ihn zum Gipfel des Ruhms und der Macht emportrug. An einem verschneiten Novembertag betraten Abordnungen der vier in Germania superior stationierten Legionen den Statthalterpalast, um Saturnin zu verkünden, daß die Legionen XI Claudia, XIV Gemina Victrix, VIII Augusta und XXI Rapax ihn zum Kaiser des Imperiums erwählt hätten.

»Heil, Augustus Caesar Imperator Saturninus!« akklamierten die Gesandten. Pomposianus, als ihr Sprecher, bat Saturnin, näher zu treten. Zwei Tribunen legten dem Statthalter den purpurnen Imperatorenmantel um die Schultern, während Labienus ihn mit dem goldenen Lorbeerkranz krönte.

Saturnin brauchte eine Weile, um zu begreifen, was mit ihm geschah. Er, Lucius Antonius Saturninus, war von seinen Legionen zum Imperator, zum Kaiser des Imperiums, ausgerufen worden! Wenn auch nur als Gegenkaiser zu Domitian, doch das konnte sich nach einem Sieg schnell ändern! Besiegte er Domitian, dann war er der Kaiser des Imperiums!

»Ich danke euch, daß ihr mich für würdig befunden habt, euer Imperator zu sein. Niemals werde ich euch das vergessen! Wir werden Domitian besiegen und ein neues Rom errichten!«

Saturnin übergab Mantel und Lorbeer dem Kämmerer und sagte lächelnd, gefeiert werde später, denn erst käme die Arbeit. Er erbat die Berichte über die Lage an den Grenzen.

In Raetien habe Norbanus die Truppen abmarschbereit

versammelt, jedoch der vorzeitige Wintereinbruch habe den Aufbruch noch verhindert, meldete Salvius. Trajan habe Spanien mit zwei Legionen verlassen und marschiere nach Aquitanien, schloß Voconius seine Mitteilung an. In Germania inferior sei noch alles ruhig, da der Norden unter einer hohen Schneedecke läge, die alle Straßen nahezu unpassierbar mache, beendete Pomposianus die Berichte über die gegen Saturnin aufgebotenen Legionen.

»Chattomerus hat mir Waffenhilfe angeboten. Als Preis fordert er die Rückgabe des von mir vor fünf Jahren eroberten Dekumatenlandes. Es schmerzt, auf Barbarenhilfe angewiesen zu sein und römisches Gebiet abzutreten, doch wir haben keine Wahl. Chattomerus muß uns den Rücken frei halten von Maximus' Legionen, während wir im Süden Norbanus' und Trajans Legionen abwehren.«

»Ist auf die Chatten Verlaß?« fragte Salvius.

»Ich hoffe. Besser wäre, Lucullus käme uns aus Britannien zu Hilfe und bände Maximus' Truppen in dessen eigener Provinz, denn dann könnten wir Trajan und Norbanus unsere ganze Heeresmacht entgegenstellen«, entgegnete Saturnin.

»Und wo setzen die Chatten über den Rhenus? Du weißt, daß bei Confluentes und Antunnacum nur schmale und nicht gerade stabile Brücken den Fluß überspannen. Aber ein Heer überzusetzen kann Tage dauern. Eisgang kann die Brückenpfeiler zerstören«, gab Voconius zu bedenken.

»Die Chatten werden nördlich von Confluentes den zugefrorenen Strom überschreiten«, warf Pomperius ein.

»Und bei Tauwetter?« fragte Salvius.

»Dem Tapferen hilft das Glück«, lachte der Statthalter. »Es darf nicht tauen! Für alle Fälle bleibt Labienus mit der Gemina Victrix hier im Norden und hält Maximus auf, sollte dieser die Chatten überrennen.«

»Mir gefällt nicht, daß wir auf die Chatten angewiesen sind. Gibt es keine andere Möglichkeit?«

»Keine«, antwortete Sentius statt seines Vaters dem Legaten Voconius. Saturnin bekräftigte seines Sohnes Antwort mit der Bemerkung, man erhalte keine weitere Hilfe. Lucullus werde nicht und Cerealis könne nicht helfen.

Als keiner der Legaten eine weitere Frage äußerte, erläuterte der Imperator seinen Feldzugsplan.

»Wir werden mit drei Legionen Norbanus auf der Linie Aventicum – Vindonissa entgegentreten. Norbanus muß geschlagen sein, ehe Trajans Legionen auf dem Schlachtfeld erscheinen. Beide kommen wegen des Schnees nicht voran. Aber wir, wir müssen vor ihnen da sein! Haben wir Norbanus besiegt, ziehen wir in Eilmärschen nach Norden zurück und wenden uns gegen Maximus, wenn die Chatten von ihm noch etwas übriggelassen haben. Trajan mag dann kommen, er ist keine Gefahr mehr. Domitian wird erst im späten Frühjahr neue Legionen gegen uns aufbieten können und das nur, indem er die Grenzen entblößt oder aus Syrien, Ägypten, Armenien und Moesien Truppen heranbringt. Vielleicht hat er auch gar keine Legionen mehr, die gegen uns kämpfen werden. Sobald das Schneetreiben nachläßt, marschieren wir, Pomposianus und ich, mit der Legion ab. Salvius und Voconius, ihr solltet vorher aufbrechen. Lebt wohl, wir sehen uns bald.«

Sentius, der als einziger bei seinem Vater zurückblieb, sah nachdenklich auf die Karte. »Es wird schwer werden, Vater, und wir werden wirklich alles Glück des Tüchtigen brauchen, aber dein Plan ist gut und der einzig erfolgversprechende in unserer Situation. Was folgt einem Sieg über Norbanus und Maximus? Ziehen wir nach Rom?«

»Erst müssen wir sie besiegen! Alles andere ergibt sich dann.«

»Und Domitian? Ist dein Haß so stark, daß du ihn töten wirst?«

Saturnin sah von der Karte auf und überlegte. Sagte dann leise, daß er Domitian hasse, weil er Octavia und Titus getötet habe, aber . . .

Sentius betrachtete seinen Vater, befremdet und verständnislos, weil er eine harte und eindeutige Antwort erwartet hatte.

»Um Domitian und mich geht es nun nicht mehr. Unsere Gefühle und persönlichen Beziehungen sind belanglos geworden. Es geht um Rom und das Imperium! Ein Mann wie Domitian, unfähig, alles nur seiner Angst und dem Kult um seine Person unterordnend, ein grausamer Despot mit einem Mörder und Verbrecher als Minister, darf Rom nicht länger beherrschen. Der Schaden, den er dem Imperium zufügt, ist unermeßlich. Ob ich ihn hasse, vielleicht, nein, bestimmt sogar, aber mehr bemitleide und verachte ich ihn.«

»Du würdest ihn nicht töten, fiele er in deine Hand?«

Saturnin fiel plötzlich Tigellinus ein, den er abgrundtief gehaßt und nicht getötet hatte, für Domitian hatte er einmal Freundschaft empfunden. »An derlei Dinge will ich nicht denken, es hieße, das Fell eines unerlegten Bären zu verteilen. Doch, um deine Frage trotzdem zu beantworten, ich würde Domitian nicht töten, denn das werden andere tun.«

»Bist du sicher?«

»Ganz sicher.«

»Er aber würde mit dir und mit uns kein Erbarmen haben«, entgegnete Sentius.

»Deshalb müssen wir siegen!«

LXV

Im Morgengrauen verließen Saturnins Legionen das Lager in der Nähe Vindonissas. Warm blies ihnen der Wind entgegen. Der tauende Schnee patschte unter den Hufen der Pferde. Der Wechsel der Mondphase hatte das Wetter umschlagen lassen. War man von Mogontiacum bei klirrender Kälte abmarschiert, so schien hier mitten im Winter der Frühling ausgebrochen zu sein.

Norbanus' Legionen hatten zwischen dem Lacus Venetus und Vindonissa ihre Stellung bezogen.

An diesem trüben Dezembertag würden die Waffen entscheiden.

Rom gegen Rom streitet hier an der Grenze Germaniens und Raetiens, dachte Saturnin, als er an den Marschkolonnen vorbeiritt. Sein roter Mantel bauschte sich über der Kruppe seines Rappen. Zuversichtlich winkten und riefen ihm seine Legionäre zu.

Das Schlachtfeld war erreicht. Gegenüber zogen Norbanus' Truppen auf. Saturnins Legionen kamen zum Stehen. Der Imperator nahm den Helm ab, hängte ihn über das Sattelhorn, in der Mitte vor der verharrenden Armee zügelte er den tänzelnden Rappen.

»Legionäre«, schmetterte seine Stimme über die gepanzerten Reihen. »Wir stehen heute im Kampf gegen Domitians Tyrannei, um Rom von ihr zu befreien. Unser Sieg wird ein Sieg der Gerechtigkeit über das Unrecht, ein Sieg der Würde über die Grausamkeit sein. So wie ich für jeden von euch mit meinem Leben einstehe, so verlange ich gleiches auch von euch gegenüber eurem Imperator. Der Sieg wird uns gehören!«

Die Legionäre schlugen gegen ihre Schilde und riefen: »Heil Caesar Imperator Saturninus!«

Saturnin galoppierte auf den linken Flügel, von wo aus er den Aufmarsch überblicken konnte. Meldereiter sprengten heran, jagten wieder davon, den Legaten die Befehle des Imperators überbringend.

Die Legionen zogen sich auseinander und formierten sich tiefgestaffelt in drei Treffen zu je zehn Manipeln. Die erste Kohorte jeder Legion trug die Adler und das Bild des Imperators. Nun schmetterten die Tuben zum Angriff. Der Kampf begann. Grausig klang der Aufschrei der Getroffenen, deren Blut den nassen Schnee rötete. Die Heere verkeilten sich ineinander, Waffenklirren, Todesschreie, schrill und durchdringend, von Mensch und Tier, gnadenlos zertrampelten die vorwärts wälzenden Kolonnen die Verwundeten und Gestürzten.

Sentius, der die Reiterei auf dem rechten Flügel befehligte, überrannte mit dem von der Mitte abschwenkenden Voconius Norbanus' linken Flügel. Sie trieben ihn in die Flucht, kehrten dann zur Unterstützung des Mitteltreffens zurück. Saturnin selbst wechselte seinen Beobachtungsposten, galoppierte zu Pomposianus, der im Mitteltreffen wenig Boden gewann. Erst als Voconius und Sentius zu ihm stießen, gelang der Vorstoß.

Ein Kurier sprengte heran und meldete, Salvius und Gemellus auf dem linken Flügel seien umzingelt und benötigten sofortigen Entsatz.

Er werde selbst mit der Reiterei Salvius zu Hilfe eilen, entschied der Statthalter.

»Imperator, ich kann das erledigen, du sollst dich nicht in Gefahr begeben«, warnte Pomperius.

Saturnin lachte, stülpte den Helm mit dem violetten Busch auf. »Was wäre ich für ein Imperator, hielte ich mich dem Kampf fern.«

Ein weiterer Melder jagte heran. »Imperator, Norbanus' Legionen fliehen im Mitteltreffen, sein rechter Flügel ist in völliger Auflösung, nur auf der linken Flanke führt Norbanus selbst den Angriff und setzt uns zu.«

»Das wird sich ändern«, versprach Saturnin und sammelte die Reiterei zum entscheidenden Angriff. Pomperius beobachtete besorgt, wie der Imperator sich an die Spitze setzte.

Blutige Breschen schlug Saturnins Schwert in Norbanus' Abwehrreihen. Er suchte den Prokurator. Endlich entdeckte er ihn, wie er sich mit mehreren Angreifern schlug und einen nach dem anderen aus dem Sattel stach. Hart schlug Saturnins Schwert auf Norbanus' blitzschnell hochgerissene Waffe, ein weiterer Schlag riß dem Prokurator die Klinge aus der Hand. Saturnin hob das Schwert zum tödlichen Streich, aber etwas hielt ihn davon ab, Norbanus zu erschlagen. Dieses Zögern nutzte Norbanus, wendete seinen Schimmel und trieb ihn zu wilder Flucht. Nun floh des Prokurators ganzes Heer.

Plötzlich einsetzendes Schneetreiben verhinderte die Verfolgung der Flüchtenden.

»Wir haben gesiegt«, rief Saturnin triumphierend seiner Reiterei zu. Trebonius, der mit einer Truppe Fußsoldaten aus dem Flockenwirbel auftauchte, winkte dem Imperator mit dem blutigen Pilum.

»Blast zum Sammeln!« forderte Saturnin und galoppierte davon. Er suchte Sentius. Plötzlich spürte er einen harten Schlag im Rücken. Schmerz bohrte sich wie ein glühendes Eisen bis zur Brust und nahm ihm den Atem. Langsam sank er vornüber.

Trebonius, der gesehen hatte, wie ein am Boden Liegender sich aufgerichtet hatte und mit dem Pilum auf den vorüberreitenden Saturnin warf, schrie auf, rannte zu dem lachenden Legionär und stieß ihm den Speer in den Leib. Dann zog er das Schwert und zerhackte den hinterhältigen Pilumwerfer in grenzenloser Wut. Eine Gruppe Reiter rief er zu Hilfe, die Saturnins Rappen einholte. Nur mit letzter Kraft hielt sich der Imperator im Sattel. Vorsichtig hoben ihn die Legionäre herunter und betteten ihn auf mehrere übereinandergelegte Soldatenmäntel, einer sprengte davon, um Parmenides und Sentius herbeizuholen.

»Vater«, schrie Sentius verzweifelt. »Du darfst nicht sterben, du hast gesiegt!«

»Wir ... haben ... gesiegt. Feld ... zug ... wei ... ter wie ... bespro ...« Saturnins Kopf sank zur Seite, sein Blick wurde starr.

»Nein!« brüllte Sentius und warf sich schluchzend auf den Toten.

Pomperius, Salvius, Liberalis und Trebonius standen wie versteinert. Das durfte nicht sein, Götter, nach diesem großartigen Sieg durfte ihr Feldherr nicht fallen, fallen durch einen hinterhältigen Speerwurf! Als die Kunde vom Tode Saturnins sich über das Schlachtfeld verbreitete, verstummte das Siegesgeschrei, und Trauer und Verzweiflung standen in den schmutzigen und blutigen Gesichtern.

Pomposianus übernahm die Führung. Die siegreichen Legionen zogen nach Mogontiacum nicht im Triumphzug, sondern in aller Stille. In ihrer Mitte, auf einem Wagen ihr toter Imperator, bedeckt mit dem roten Purpurmantel und gekrönt mit dem goldenen Lorbeer. In Mogontiacum sollte der Scheiterhaufen errichtet werden.

Sentius saß wie ein lebender Leichnam im Sattel. Pomperius beobachtete ihn besorgt.

Im großen Saal des Palastes wurde der Leichnam aufgebahrt. Mikal trat zu dem Toten, berührte sein kaltes Gesicht und ergriff zum Abschied seine Hand, dann ging sie in ihr Cubiculum und stieß sich ein Messer in die Brust. Durch Zufall fand sie eine Sklavin, die dann schreiend durch den Palast rannte. Parmenides zuckte die Achseln, als ihn Zedekia fragte, ob die Judäerin überleben werde.

Einen Tag später traf die Schreckensbotschaft ein, Labienus' Legion sei von Maximus' Truppen nahezu aufgerieben worden. Die Chatten hatten tatenlos am anderen Ufer zusehen müssen, da das geborstene Eis des Rhenus ihren Übergang verhindert hatte. Nur eine kleine Truppe hatte die Brücke überschritten und zusammen mit Labienus der Übermacht Widerstand geleistet.

Pomposianus zog Maximus entgegen. Nördlich von Mogontiacum kam es zur entscheidenden Schlacht. Vom Süden rückten die von Norbanus gesammelten und neu formierten Legionen heran. Zwischen zwei Fronten wurden Saturnins bei Vindonissa siegreiche Legionen vernichtend geschlagen. Hinter Norbanus, nur zwei Tagesreisen entfernt, marschierten Trajans Legionen aus Spanien heran.

Sentius, Pomposianus und Pomperius fochten als letzte mit ihren Legionären gegen die Übermacht und lehnten es ab, sich der Gnade des Maximus zu ergeben. Zedekia, Trebonius, Gemellus, Liberalis, Voconius und Salvius waren bereits gefallen.

Maximus zog im Triumph in Mogontiacum ein. In Saturnins Palast ließ er eine Siegesfeier richten.

»Er ist tot, der Empörer«, sagte der häßliche Vogel Maximus und betrachtete eingehend Saturnins aufgebahrten Leichnam. »Ich werde dem Herrn und Gott seinen Kopf senden.«

Petronius Secundus, der ihn begleitende Adjutant, zuckte zusammen bei Maximus' Worten.

Zwei Centurionen trugen eine metallbeschlagene Kiste herein, meldeten, es seien die Briefe des toten Aufrührers.

Maximus' kleine Augen weiteten sich. Was er damit tun solle, fragte er Secundus.

»Verbrennen, ohne sie anzusehen. Soviel Ehre wirst du dem gefallenen Gegner doch erweisen.«

Nach längerem Nachdenken ordnete Maximus die Verbrennung an.

Norbanus betrat den Saal und näherte sich gesenkten Hauptes dem Aufgebahrten.

»Du willst dir den toten Verräter ansehen, Norbanus?« fragte Appius Maximus.

Verräter? dachte Petronius Secundus und sah den Statthalter verächtlich an, für mich war er ein Mann, der für seine Überzeugung von einem anderen Rom in den Tod ging.

»Feldherr«, riefen Tribunen in den Saal, »das Fest kann beginnen. Es ist alles angerichtet, Mogontiacum hält Wein für uns bereit.«

Maximus folgte ihrem Ruf und forderte Norbanus und Secundus auf, ihm zu folgen. Doch beide zögerten.

»Willst du nicht feiern, Norbanus?« fragte Petronius Secundus.

»Mir ist nicht nach Feiern zumute. Saturnin hätte mich am Lacus Venetus töten können, aber er hat mich geschont. Niemals mehr kann ich ihm danken.«

Petronius Secundus legte ihm die Hand auf die Schulter und sagte leise, dessen wäre er an seiner Stelle nicht so sicher. Norbanus sah ihn befremdet an. Secundus flüsterte ihm zu, er möge sich als Kriegsbeute Saturnins judäische

Geliebte ausbedingen, um sie Domitians Rache zu entziehen. Auch habe Saturnin einen Neffen, der nun einer schützenden Hand bedürfe.

Norbanus nickte und sah dabei auf den toten Feldherrn. Plötzlich fragte er, ohne seinen Blick von dem Toten abzuwenden, ob Saturnins Empörung irgendeinem Menschen genutzt habe oder vollkommen sinnlos gewesen sei.

Als erwarte er keine Antwort, drehte sich Norbanus jäh um und verließ den Saal.

Petronius Secundus lauschte seinen verklingenden Schritten nach und fand, so angestrengt er auch nachdachte, im Augenblick ebenfalls keine Antwort. Und dabei waren gerade er und Norbanus dazu ausersehen, aller Welt diese Antwort zu geben.

EPILOG

Domitian ließ Saturnins Kopf auf eine Stange gespießt in Rom ausstellen. Freunde und Anhänger des Statthalters von Germania superior wurden hingerichtet, unter ihnen Cerealis, Lucullus, Coccejanus und Orfitus. Nach Saturnins Aufstand steigerte sich Domitians Angst zum Verfolgungswahn. Seine Grausamkeit traf Freund und Feind gleichermaßen. Ihr fielen Arrecinus Clemens und alle noch lebenden Verwandten des Kaisers zum Opfer. Aber auch die Verschwörungen gegen die unerträgliche Tyrannei rissen nicht mehr ab. Es gelang jedoch, alle aufzudecken und zu unterdrücken. Als Domitian beschloß, die Kaiserin und Männer seiner engeren Umgebung hinrichten zu lassen, wovon die Bedrohten durch Zufall Kenntnis bekamen, war sein Schicksal besiegelt. Die Todgeweihten kamen dem Kaiser zuvor. Im September des Jahres 96 (dem 849. Jahr nach Gründung der Stadt Rom) fiel Domitian einem Anschlag zum Opfer. Unter den Attentätern waren die Gardepräfekten Norbanus und Petronius Secundus, die Kämmerer des Kaisers, der Sekretär Entellus und der Prätorianercenturio Cornelius. Kaiserin Domitia war in die Verschwörung eingeweiht. Der Senat verhängte über den Herrn und Gott Domitian das Urteil der Damnatio memoriae – Ächtung seines Andenkens – und ließ alle Statuen und Büsten zerstören. Palfurius Sura wurde hingerichtet. Der Senator Marcus Coccejus Nerva bestieg als Nachfolger Domitians den römischen Kaiserthron.

ZEITTAFEL

um 40 u.Z.	Lucius Antonius Saturninus geboren
54	Nero wird römischer Kaiser
59	Ermordung Agrippinas
62	Tod des Präfekten Burrus, Ofonius Tigellinus wird Prätorianerpräfekt. Ermordung der Kaiserin Octavia. Nero heiratet Poppaea Sabina.
63	Ermordung des Annäus Serenus
64	Brand Roms. Erste große Christenverfolgung
65	Pisonische Verschwörung. Tod des Philosophen Seneca (geb. 4 u. Z.), der Kaiserin Poppaea und des Dichters Lucanus
66	Tod des Titus Petronius Elegantiae Arbiter (geb. 16 u.Z.)
	Todesurteile gegen Thrasea Paetus, Barea Soranus und dessen Tochter Servilia. Verschwörung des Vinicianus. Beginn des Judäischen Krieges
67	Neros Kunstreise nach Griechenland (Achaia)
	Todesurteil gegen Corbulo
68	Selbstmord Neros. Galba wird Kaiser
69	Vierkaiserjahr: Galba, Otho, Vitellius, Vespasian
70	Sieg Roms über die aufständischen Judäer, Zerstörung Jerusalems durch Vespasians Sohn Titus
73	Eroberung Masadas, der letzten judäischen Festung
79–81	Kaiser Titus
81	Domitian, Vespasians jüngster Sohn, wird Kaiser
83/84	Besiegung der Chatten, Eingliederung des Dekumatenlandes, Beginn des Limesbaus
84	Senat verleiht Domitian des Zensoramt auf Lebenszeit

85	Saturnin wird Statthalter von Germania superior
86	Domitian nimmt den Titel »Herr und Gott« an. Niederlagen Roms gegen die Daker. Erste Senatsverschwörungen
88/89	Aufstand des Saturninus
	Niederschlagung des Aufstandes durch Appius Maximus und Licinius Norbanus. Hinrichtung der Senatoren Cerealis, Lucullus und aller Anhänger Saturnins
90–95	Senatsverschwörungen, Welle von Hinrichtungen
96	Domitian wird das Opfer einer Verschwörung im eigenen Palast, am 18. September wird er ermordet.
96–98	Kaiser Nerva
98	Trajan wird Kaiser